国家出版基金项目
NATIONAL PUBLICATION FOUNDATION

"十四五"国家重点图书出版规划项目

中共早期
工人运动史

曾成贵 / 著

ZHONGGONG ZAOQI
GONGREN YUNDONG SHI

海峡出版发行集团 | 福建人民出版社
THE STRAITS PUBLISHING & DISTRIBUTING GROUP | FUJIAN PEOPLE'S PUBLISHING HOUSE

图书在版编目（CIP）数据

中共早期工人运动史 / 曾成贵著. --福州：福建人民出版社，2025.4. -- ISBN 978-7-211-09834-7

Ⅰ. K261.3

中国国家版本馆 CIP 数据核字第 20258TF791 号

中共早期工人运动史

ZHONGGONG ZAOQI GONGREN YUNDONG SHI

作　　者：曾成贵
责任编辑：韩腾飞
美术编辑：王　玮
责任校对：李雪莹
出版发行：福建人民出版社　　**电　　话**：0591-87533169(发行部)
网　　址：http://www.fjpph.com　　**电子邮箱**：fjpph7211@126.com
地　　址：福州市东水路 76 号　　**邮政编码**：350001
经　　销：福建新华发行（集团）有限责任公司
印　　刷：福州德安彩色印刷有限公司
地　　址：福州市金山工业区浦上 B 区 42 幢
开　　本：787 毫米×1092 毫米　1/16
印　　张：37.75
字　　数：540 千字
版　　次：2025 年 4 月第 1 版　　2025 年 4 月第 1 次印刷
书　　号：ISBN 978-7-211-09834-7
定　　价：118.00 元

目　　录

第一章　华彩开篇

中国共产党是工人阶级政党，工人阶级是党的阶级基础。这一以“无产”为本质特征的劳动阶级，在近代中国半殖民地半封建的社会条件下，在外国资本大量侵入、本国资本缓慢生长的历史过程中形成，并在五四爱国运动的澎湃浪潮中开始以独立的姿态登上政治舞台。民国肇建，国势依旧衰颓。寻求救国救民之道的先进中国人，运用马克思主义的基本理论和方法分析国情，看到了工人阶级的先进性和革命性，把改造中国的依靠力量放到了工人阶级的身上，“非把知识阶级与劳工阶级打成一气不可”①。“在中国人民和中华民族的伟大觉醒中，在马克思列宁主义同中国工人运动的紧密结合中”② 产生的共产党，肩负起带领工人阶级和人民大众破坏旧世界、建设理想社会的历史使命，努力探索前行，领导工人运动华彩开篇。

一　中国工人阶级的形成与开始觉醒

1. 中国工人阶级的形成及其状况

恩格斯指出：“无产阶级是指没有自己的生产资料，因而不得不靠出卖劳动力来维持生活的现代雇佣工人阶级。”③ 历史地看，“无产

① 守常（李大钊）：《青年与农村》，《晨报》1919 年 2 月 20 日。

② 习近平：《在庆祝中国共产党成立 100 周年大会上的讲话》（2021 年 7 月 1 日），人民出版社，2021，第 3 页。

③ 恩格斯在《共产党宣言》1888 年英文版上加的注，载《马克思恩格斯文集》第 2 卷，人民出版社，2009，第 31 页。

阶级是由于工业革命而产生的"[①]。在中国，工人阶级的产生，则是外国资本主义侵略的直接结果。

1840年6月，鸦片战争爆发。战后，清朝政府与英国签订中国近代史上第一个丧权辱国的不平等条约——《南京条约》，被迫向侵略者割地、赔款、协定关税，开放广州、厦门、福州、宁波、上海为对外通商口岸。君主专制、自给自足的"天朝上国"，被迫打开国门，由封建社会开始向半殖民地半封建社会转变。随着国门洞开，外国资本配合其商品输出和原料掠夺，开始在中国经营船舶修造企业和航运企业。

1844年，在远东经营航运的英国大英轮船公司，将伦敦至锡兰（今斯里兰卡）航线延长至香港，次年，大型铁壳机船就开进了广州黄埔。同年，英国人柯拜在广州黄埔兴建船坞，雇佣中国工人作业。1858年中英《天津条约》规定清政府向外国开放内河航行权。随后，一批外资轮船公司陆续在中国成立或开展对华业务。到1894年甲午战争前夕，在华外国工业企业有100余家，雇佣工人约3.4万人。[②]

第二次鸦片战争结束后，清政府中央和地方官僚中形成以曾国藩、李鸿章、左宗棠、张之洞及恭亲王奕䜣为代表的洋务派，主张"师夷长技"以富国强兵，兴起洋务运动。洋务运动前期集中于兴办军事工业，全部由政府出资兴办；后期范围扩大到民用企业，经营方式由官办扩大到官商合办、官督商办。洋务运动30年间，先后创办工业企业40多个，现代工人队伍新增中国官办产业的工人4万左右。[③]

洋务运动期间，中国私人资本企业，即通常所说的民族资本企

---

① 恩格斯：《共产主义原理》（1847年10月底—11月），载《马克思恩格斯选集》第1卷，人民出版社，1995，第230页。

② 参见刘明逵、唐玉良主编《中国近代工人阶级和工人运动》第1册，中共中央党校出版社，2002，第2页。

③ 参见刘明逵、唐玉良主编《中国近代工人阶级和工人运动》第1册，中共中央党校出版社，2002，第2页。

业破茧而生。1873年，广东南海从南洋归国的华侨陈启源在其家乡简村兴办了国内首家民办企业——继昌隆缫丝厂。1884年以后，上海缫丝、面粉、火柴、造纸、印刷等业的民族资本工厂相继建成。到甲午战争前，经过20余年的努力，民族资本企业有100多家，雇佣工人2.7万到3万人。[①] 这样，自鸦片战争后外资企业在华兴办以来，50年间，外资企业、中国官办和民办企业所雇佣的产业工人，发展到10万人左右。

甲午战争结束，清政府与日本签订《马关条约》，除割地、赔款、增加通商口岸等以外，还允许外国资本在华投资设厂。自此，契合帝国主义扩张需求的外国列强在华投资设厂，有了条约的保障。列强在其势力范围内修筑铁路，开发矿产，设立工厂。到1913年，各国在华设立的重要矿场和资本在10万元以上的工厂136家，资本总额超过1亿元。[②] 随着外国资本投资的扩大，新增加一大批铁路、海运、采矿等行业的产业工人及其他各种企业的工人。

清政府官办企业继续有所发展。辛亥革命后，中华民国南京临时政府鼓励工商业发展，颁布了一系列积极的经济政策。北京政府设立工商部、交通部等机构，陆续颁布发展实业的条例、章程、细则、法规。资本主义经济在中国得到合法地位，官办企业、民办企业都有一定程度的发展。截至1913年，全国新建的资本额1万元以上的民族资本厂矿共464家，资本总额超过1亿元，涵盖纺织、食品、煤矿、制造、水电、建材、航运等业。中国官办、民办企业的增多，使工人阶级的队伍相应地壮大。据不完全统计，这时期，合计全国中外工矿企业中的工人数，增加到50万到60万人之间。[③]

1914年至1918年的第一次世界大战，使中国民族资本客观上得

---

① 参见刘明逵、唐玉良主编《中国近代工人阶级和工人运动》第1册，中共中央党校出版社，2002，第3页。

② 参见刘明逵、唐玉良主编《中国工人运动史》第1卷，广东人民出版社，1998，第42页。

③ 参见刘明逵、唐玉良主编《中国近代工人阶级和工人运动》第1册，中共中央党校出版社，2002，第4页。

到前所未有的黄金发展期。这期间，西方老牌帝国主义诸国卷入战乱，无暇东顾，对华经济侵略有所放松。日本则乘虚而入，加紧经济扩张。1914 年至 1921 年间，日资在华开设的规模较大的厂矿企业有 222 家。中国民族企业乘势而进，得到较大的发展。在战前，中国官办、民办工业共有工厂 698 家，资本额为 3.3 亿元，到 1920 年，增加到 1759 家，资本额为 5 亿余元。① 其中，以纺织、面粉、卷烟、造纸、制革等轻工业的发展尤为迅速，采矿、运输业也有相当的发展，就业人数相应地大幅度增加。

由于缺乏完整、全面的统计，以及现有各种统计资料标准不一，五四运动前后中国工人队伍的规模，只能是一个估计数字。1923 年，邓中夏说："新式工业下的工人可统计的只不过六十三万余名，连不可统计的，充其量亦不过一百万名"②。1924 年，他又说："据我们最近的考订，中国所有产业工人总人数是一百八十万余人（手工业工人当然不在其内，合手工业工人总人数据农商部民国四年的统计，是一千余万人）"③。1925 年，毛泽东说："中国因经济落后，故产业工人（工业无产阶级）不多。二百万产业工人之中、主要为铁路，矿山，海运，纺织，造船五种产业"④。

中国工人阶级的最大来源是破产农民，这是农业社会向工业社会转变的产物，也是世界资本主义兴起阶段的普遍现象。由于新式企业主要集中在通商口岸，所以，19 世纪末到 20 世纪初，通商口岸的人口增长非常迅速。破产农民、乡村手工业者和手工工人向产业工人转变，无论其身份置换还是习惯养成，都是一个较长的历史过程。在这个过程中，他们继续与原生地保持往来，人际关系和生活习俗仍深受农村社会的影响。这使得中国工人阶级在革命中，既有

---

① 参见刘明逵、唐玉良主编《中国近代工人阶级和工人运动》第 1 册，中共中央党校出版社，2002，第 4、5 页。

② 中夏（邓中夏）：《论工人运动》（1923 年 12 月 25 日），《中国青年》第 9 期。

③ 中夏（邓中夏）：《我们的力量》（1924 年 11 月），《中国工人》第 2 期。

④ 毛泽东：《中国社会各阶级的分析》（1925 年 12 月 1 日），汕头书店，1927，第 20 页。

能够与农民阶级结成同盟的优越性，同时又带有农民阶级的一些落后习性。庞大的产业后备军的存在，也会在一定程度上影响到在业工人开展经济和政治斗争。

女工和童工在工人总数中，占有相当大的比重。这在世界资本主义发展的初期，也是普遍现象。女工和童工的使用，能够使资本家大大降低工人的平均工资水平，以比成年男工少得多的成本，榨取同样多的剩余价值。在中国现代工业发展的初期，缫丝、棉纺织、火柴、造纸、卷烟等轻工业部门，都普遍地大量使用女工和童工。据北京政府农商部不完全统计，1912 年至 1920 年间，全国女工人数在 16.7 万到 24.5 万之间徘徊，在全部工人总数中的占比少则 33.7%，多则达到 44.7%。①

1845 年，恩格斯《英国工人阶级状况》出版，该书深刻描述了英国工人阶级工作和生活状况的极端恶劣，资产阶级的残酷剥削和压迫导致无产阶级所处的悲惨境地。大半个世纪以后，外国帝国主义、本国封建主义和资本主义三重压迫下的中国工人阶级，其悲惨的遭遇较之恩格斯笔下英国工人阶级的状况，简直有过之而无不及。

劳动时间长。许多现代化的工厂和矿山都采用日夜两班制，每班 12 小时。除了极少数工厂，一个劳动日很少低于 10 小时，通常是 12 小时，最长的达十二三小时以至十五六小时。1922 年 4 月，上海《民国日报》报道："本埠杨树浦某英国纱厂的布厂是做十六点钟的工作（早上四点半进工，晚八点半放工）；又每逢礼拜日，各纱厂加什么二五工，半工，二五工是先晚六点钟进工，次日九点半钟放工；半工是先晚六点钟进工，次日十二点钟放工；这样简直超过十六点，做十八点钟的工了！"另据 1924 年北京政府农商部统计，在全国铁路系统 26 家工厂中，18 家年工作超过 310 天，最离谱的常班、加班累计折合竟达 390 天。②

---

① 参见刘明逵、唐玉良主编《中国近代工人阶级和工人运动》第 1 册，中共中央党校出版社，2002，第 218、219 页。

② 参见刘明逵、唐玉良主编《中国近代工人阶级和工人运动》第 1 册，中共中央党校出版社，2002，第 252、253、275 页。

工资低。各业工人通常在低工资条件下出卖劳动力，除少数技术工人外，一般工人每日工资最高不过5角，最低的不及2角，一般是二三角，甚至还有的不及1角。各工种、各产业、各地区之间，技术工人与非技术工人之间、熟练工人与非熟练工人之间、中外工人之间，工资标准都有差别。

劳动条件十分恶劣。在纺织、缫丝、烟草、火柴等企业中，厂房狭窄、设备简陋、缺乏阳光、空气污浊是普遍现象。矿山的劳动条件比工厂更坏，矿工不仅要从事极其繁重的体力劳动，而且时刻面临塌方、透水、起火的危险。恶劣的劳动条件，过长时间的、超强度的劳动，经常造成劳动灾害、工伤事故的发生，以及职业病、传染病的流行，严重损害了工人的身体健康。

人身关系的依附性。包工制在各企业中长期存在，尤其在矿业、航运、搬运等行业中盛行。在矿业中，由包工头雇佣的工人叫“外工”，公司直接雇佣的工人叫“里工”或“雇工”。学徒制本是旧式工业的雇佣制度，有雇佣和传艺相结合的特点。这一时期，纺织、针织、地毯、火柴、机械等行业，普遍保留并利用这种制度以雇佣童工。养成工制由日本传入，盛行于上海各日本纱厂。工头将未成年女子招收进厂，集中管理，训练成纺织工人。包身工制与养成工制相似，其区别仅在于它不限于招收未成年女童。包工头将女子招募进城，介绍入厂工作，提供基本生活，代管工人工资，工人的工资大半落进了工头的腰包。

严酷的劳动管理。各工厂和企业普遍以厂规、督工、滥罚来维持劳动纪律，甚至动用军警管束工人。

瞿秋白说：“中国劳动者的团体，很早便有自己特殊的历史”①。传统社会的行会，主要服务于士绅、商人和学子的会馆，依赖同乡权威人士维系的帮口，以及传统社会的秘密组织——帮会，虽非为工人而兴，但都发挥了融合和联系的作用。帮口对工人的直接影响

① 瞿秋白：《中国职工运动的问题》（1929年8月19日），载《瞿秋白文集》政治理论编第6卷，人民出版社，2013，第459页。

更大一些。有其独特社会系统的青帮、洪帮、哥老会、三点会，充斥着大量的游民无产者，历来有工人加入其中。

一般说来，这一历史时期，中国工人的文化水平普遍处于落后状态，不识字或识字很少的占了很大的比例，业余生活单调、贫乏，不少人染上吸大烟、赌博、嫖娼等陋习，社会心理沉浸在宗法社会的影响中。

工人阶级遭受沉重的政治压迫。清政府统治下，人民毫无政治权利可言。中华民国成立，南京临时政府颁布《临时约法》，规定人民享有言论、集会、结社等自由权利，人民身体非依法律不得逮捕、拘禁、审问、处罚，但没有施行。相反，北京政府颁布条例，限制工人活动。1912 年 3 月，北京政府颁布《暂行新刑律》，在“妨害秩序罪”内规定：“从事同一业务之工人，同盟罢工者，首谋处四等以下有期徒刑、拘役或三百以下罚金。”1918 年 8 月，又颁布《治安警察法》，把“同盟罢业”视为“骚扰安宁秩序”“妨害善良风俗”，列为犯罪项目。1921 年 4 月 7 日，孙中山在广州召开国会非常会议，宣布恢复《中华民国临时约法》，废除北京政府的上述法条，但其效力未能及于全国。

马克思指出：“经济条件首先把大批的居民变成劳动者。资本的统治为这批人创造了同等的地位和共同的利害关系。所以，这批人对资本说来已经形成一个阶级，但还不是自为的阶级。”① 到五四运动时，中国工人阶级已经成长为一支重要的新兴阶级力量，壮大了反帝反封建的资产阶级民主革命阵营。在当时全国近 4 亿人口中，产业工人只占很小的比例，但他们集中分布在铁路、采矿、海运、纺织、制造等国民经济的重要部门，集中分布在工商业都会、交通沿线的节点市镇和农村采矿地区，集中存在于与现代生产力相联系的集体劳动中，这就造成工人阶级具有不同于其他任何阶级的团结力、组织力和行动力。它与非产业工人结合，与农民同盟，更能形

① 马克思：《政治经济学的形而上学》（1847 年上半年），载《马克思恩格斯选集》第 1 卷，人民出版社，2012，第 274 页。

成巨大的阶级力量。1912年7月，列宁预言："由于在中国将出现更多的上海，中国无产阶级将日益成长起来"①。在其成长岁月中的中国工人阶级，不间断地为争取自身权益而斗争，终将独立登上政治舞台，并从"自在的阶级"变成"自为的阶级"。

2. 自发斗争与开始独立登上政治舞台

哪里有压迫，哪里就有反抗。中国工人阶级自产生以来，深受外国帝国主义、本国封建主义和资本主义三重压迫，社会地位低下，生活极端贫困，人权毫无保障，不能不酿成反抗心理，努力改变现存不合理、不平等的现象。只是这时的工人阶级，还属于"自在的阶级"，不能理性地看待劳动者受压迫被剥削的根源，不了解资本家发家致富的真正秘密，不懂得劳动者的个人疾苦只是整个工人阶级状况的反映，旧式组织对工人的维系也是松散的、落后的。他们的反抗斗争，往往是零星的、自发的，主要是经济性的。工人阶级需要在日常斗争中，把个别利益上升为阶级利益，在维护阶级利益的斗争中逐步变成"自为的阶级"。

有工运史家统计，从鸦片战争后到甲午战争前的50多年间，全国工人举行罢工71次。其中，产业工人罢工28次，城乡手工业工人、苦力、旧式矿工罢工43次。产业工人的罢工，几乎全部发生在外资企业和中国官办企业里。据记载，1868年10月，上海英资耶松船厂广东籍工人为反对资本家降低工资，最早拿起了罢工的武器。1872年、1873年、1890年，上海江南制造局工人先后3次罢工，这可能是这个阶段官办企业和所有产业工人中规模最大的罢工，参加者一次多达600人。②

从甲午战后到第一次世界大战之前，全国工人举行经济性罢工277次，其中，上海发生116次。武汉、苏州、杭州等工商业中心和手工业比较集中的地区，都发生了较多罢工。这一阶段，全国产业

① 列宁：《中国的民主主义和民粹主义》（1912年7月15日〔28日〕），载《列宁选集》第2卷，人民出版社，1995，第296页。

② 参见刘明逵、唐玉良主编《中国近代工人阶级和工人运动》第2册，中共中央党校出版社，2002，第2—4页。

工人罢工 143 次，占到罢工总数的 51.6%，① 主要集中在缫丝、棉纺织、煤矿和铁路工人当中。产业工人的同盟罢工和几个不同行业的非产业工人同时罢工的情形，开始出现。

从 1914 年到 1919 年五四运动前，全国发生经济性罢工 185 次，平均每年罢工 34.7 次。1918 年罢工 60 次，1919 年头 4 个月 24 次，此起彼伏，日趋频繁。产业工人罢工 114 次，占罢工总数的 61.6%；有 25 次突破了行会或帮口的界限，初步具有同盟罢工的性质。其中，18 次发生在上海。这一时期的罢工，出现了规模大、时间长、斗争激烈的情况。

在半殖民地半封建条件下，中国工人阶级的斗争，只要一带有反对外国帝国主义和本国封建主义的因素，就不再是单纯的经济斗争而具有一定的政治性质。孙中山和中国同盟会领导历次反清武装起义，以建立资产阶级共和国为目标，同盟会及其所发动的起义都有工人参加。武昌起义爆发后，全国各地，特别是武汉、上海、广州等地，工人群众非常积极地投入，成为重要的革命力量。

在现代工会组织出现以前，中国工人阶级的日常斗争，只能借助会馆、行会、帮会这些旧式组织和非正式组织帮口。随着资本主义经济的发展，国际国内政治环境的改变，现代工人组织形式被移植进来，政党的力量开始往工人群体渗透，现代工人运动的帷幕悄然拉开。

辛亥革命后，会馆、行会、帮会和帮口在工人群众中继续发挥着组织和纽带的作用，同时，冠以“工会”“公会”名号的组织纷纷出现，其性质是劳资合作的，形式则由传统型向现代型转变。在上海，仅 1919 年就成立了中华工业协会、中华工界志成会、中华工会、中华全国工界协进会、中华电器工界联合会等组织。这些团体名头大，其负责人有的有国民党背景，有的有企业主经历，他们热衷于上层活动，能够吸引一部分工人群众。

政党和政治力量渗透到工人群体中，是显著的变化。孙中山领

① 参见刘明逵、唐玉良主编《中国近代工人阶级和工人运动》第 2 册，中共中央党校出版社，2002，第 17—22 页。

导辛亥革命，注重运用工人的力量。辛亥革命后，孙中山的人格力量和国民党以南方为其活动舞台时作出有选择的支持，使其在工人群众中保有持续的影响力。到 1921 年，广州工会组织有 100 多个，不少工会不同程度地受国民党影响。

1911 年 11 月，中国社会党成立，江亢虎为总代表，设本部于上海，号称“主张纯粹社会主义”，且为国内“最初惟一之团体机关”。该党宣言有“劳动者，神圣也”之语，① 实际上，并不主张废除资本主义所有制。随着该党 1913 年被解散，其所组织的工人团体亦昙花一现。1912 年 1 月，中华民国工党成立，其《简章》《宣言书》明确表示该党为劳资合作的组织，并非阶级性的工人政党。声言工党若“只为工人之工党，窃恐深沟自筑，妨害共和”，“今日万不可无工党，而工党之组织万不可屏逐资本家于局外”。② 工党成立后，在工人中吸收党员，宣传主张，其活动一度停顿，1916 年恢复并改名为中华工党，1917 年再次停止活动。

无政府主义者在中国有众多互不统属的小团体。他们“主张灭除资本制度”，“本各尽所能各取所需之义，组织自由共产之社会”，③故重视在工人中开展活动。他们主张“工团当纯粹由劳动者自行组织，完全拒绝资本主（东家行）之干预”；实行工团主义，“以社会革命为最终之标的，以劳动复权为运动之脊髓”，不参加选举等政治活动。④

综上所述，从鸦片战争到五四运动，中国工人阶级无论投入反帝斗争还是反清革命，都是以资产阶级、小资产阶级追随者的姿态

---

① 《中国社会党宣告》，载中国第二历史档案馆编《中国无政府主义和中国社会党》，江苏人民出版社，1981，第 175—176 页。

② 《中华民国工党宣言书》，转引自刘明逵、唐玉良主编《中国近代工人阶级和工人运动》第 2 册，中共中央党校出版社，2002，第 815 页。

③ 师复（刘师复）：《无政府共产主义同志社宣言书》（1914 年 7 月 4 日），载葛懋春、蒋俊、李兴芝编《无政府主义思想资料选》上册，北京大学出版社，1984，第 304—305 页。

④ S. S.：《劳动者之自觉》（1918 年 6 月 20 日），载葛懋春、蒋俊、李兴芝编《无政府主义思想资料选》上册，北京大学出版社，1984，第 378 页。

出现的。他们英勇斗争，出生入死，作出很大贡献，但没有独立的旗帜作为引领。辛亥革命后，政党作为新的政治力量开始涉足工人运动，转型期的工人组织形式上开始变新了，性质属于劳资合作，旧社会秩序所“遗留下的流毒”，在相当长的一段时期中，仍是“中国新起的无产阶级组织的障碍”。①

1919 年爆发的五四运动，是中国工人阶级成长的历史标志。工人阶级开始觉醒，独立登上政治舞台。

五四运动是在新的社会历史条件下发生的。1915 年 9 月 15 日，陈独秀在上海创办《青年杂志》（次年改名《新青年》），举起“民主”“科学”两面大旗，兴起思想解放和文学革命的新文化运动。1917 年 1 月，陈独秀应北京大学校长蔡元培邀请、并经教育部批准任北京大学文科学长。《新青年》编辑部随之迁至北京箭杆胡同 9 号。陈独秀成为新文化运动的旗手和精神领袖。11 月 7 日，列宁领导的俄国十月革命爆发，建立了世界上第一个社会主义国家，影响及于中国。在新文化运动的洗礼和十月革命的感召下，产生的具有初步共产主义思想的知识分子、革命的小资产阶级知识分子群，成为五四运动的领导者。

巴黎和会上中国外交失败的消息传来，打破了人们对“公理战胜强权”的幻想。1919 年 5 月 4 日下午，北京大学等 13 所大中专学校学生 3000 多人，云集天安门前举行示威游行。学生们提出“外争主权，内除国贼”“废除二十一条”“还我青岛”等口号，强烈要求北京政府拒签巴黎和约，惩办亲日派官僚交通总长曹汝霖、驻日公使章宗祥、币制局总裁陆宗舆。学生们结队前往东交民巷，向美、英、法使馆陈情，到日本使馆交涉。受阻后，学生们不顾军警的阻拦，转向赵家楼曹汝霖的住宅继续示威。激愤之下，示威学生痛打章宗祥，火烧曹宅。军警当场逮捕示威学生 32 人。

5 月 5 日，北京各大中专学校学生宣布实行罢课，通电各方请求

---

① 瞿秋白：《中国职工运动的问题》（1929 年 8 月 19 日），载《瞿秋白文集》政治理论编第 6 卷，人民出版社，2013，第 463 页。

支援，营救被捕学生。5 月 6 日，北京中等以上学校学生联合会成立。7 日，北京政府释放了被捕学生。9 日，北京大学校长蔡元培被迫辞职出走。19 日，北京学生总罢课。罢课后，学生们组织“救国十人团”上街演讲，宣传群众，鼓动提倡国货、抵制日货。鉴于北京政府一方面为曹、章、陆辩护和粉饰，一方面下令恐吓和镇压爱国学生，6 月 3 日，北京 20 余校数百名学生继续上街讲演，被军警逮捕 178 人。次日，又有 700 多人被捕。

6 月 3 日北京的大逮捕，激发了更大规模、更大范围的反抗斗争。为声援北京学生的爱国行动，达成“外争主权，内除国贼”的目标，5 日，上海同时爆发了学生罢课、商人罢市、工人罢工。工、商、学的联合斗争震撼沪上，影响全国，五四运动的中心由北京转移到上海。

上海工人阶级在“三罢”中异军突起，发挥了主力军作用。6 月 5 日，上海各校学生 2 万余人全体罢课，南市、北市商家罢市，工人以空前的规模开始罢工。是日上午，上海日商内外棉第三、第四、第五纱厂五六千工人全体罢工；下午，日华纱厂、上海纱厂等工人相继而起，第一天 2 万多人罢工。6 日，华商电车公司、法商电车公司、英商电车公司（部分）工人，求新机器厂、锐利机器厂、英商祥生铁厂、锦华丝厂、小烟囱丝厂全体工人，海关造册处全体职员和印刷工人参加罢工。是日，钱业开始罢市。7 日，英商别发印书房、兴发荣机器造船厂、信通织布局工人，以及一些手工工人参加罢工，银行公会决定即日起暂停营业。8 日，日商内外棉第七、第八、第九纱厂工人参加罢工，内外棉各厂上万名工人举行了示威游行。9 日，罢工规模进一步扩大，铜铁机器业工人、江南造船厂、英商耶松船坞、瑞镕机器造船厂、日商公兴铁厂、章华造纸厂、上海电气公司、全市汽车行、美孚和亚细亚火油栈、美商慎昌洋行、英美烟厂、海员、码头工人以及清洁工人，都加入到罢工的行列。10 日，罢工继续扩大。美商奇异电灯厂、茂生洋行、日商铃木商行、英商和平铁厂、伊文思图书公司、荣昌火柴厂、华昌盒片厂、大有榨油厂、各马车行、外商电话公司工人以及沪宁、沪杭铁路工人一起罢工。海员和铁路工人的罢工，使上海和外地的水陆交通一度完全断绝。据工运史家推算，6 月 5 日至 11 日，上海各业工人陆续参加罢工者累计约 11 万人。① 成立不久的中华工业协会等工界团体，起了组织作用。

上海工人的大罢工，形成了不容小觑的阶级力量。6 月 8 日，淞沪护军使卢永祥会同沪海道尹沈宝昌联名急电北京政府，请速罢曹、章、陆之职，说“此次沪上风潮始由学生罢课，继由商人罢市，近且将有劳动工人同盟罢工”，“星星之火，可以燎原，失此不图，将成大乱。上海为东南第一商埠，全国视线所及，内地商埠无不视上海为转移”。② 次日，江苏督军李纯、省长齐耀琳联名致电大总统徐世昌，称“沪宁路工人罢工，行将实现，深恐蔓延愈广，则收拾愈难”③。同日，江苏省交涉员杨晟向北京政府报告，称“查上海苦工不下数十万人，罢工后必有暴动，糜烂地方，此后种种痛苦，不堪言喻”④。不仅如此，上海工人的行动推动了全国各地的罢工风潮，罢工扩展到全国 20 多个省 100 多个城市。中国工人阶级特别是产业工人，以如此巨大的规模参加反对帝国主义和反对军阀政府的政治斗争，是前所未有的。⑤

此时的北京政府内外交困：巴黎和会失败，日本借口“过激派”

---

① 参见刘明逵、唐玉良主编《中国工人运动史》第 2 卷，广东人民出版社，1998，第 63—67 页；沈以行、姜沛南、郑庆声主编《上海工人运动史》（上卷），辽宁人民出版社，1991，第 46—49 页。邓中夏称这次罢工的人数无确实统计，大概有六七万人，见《邓中夏文集》，人民出版社，1983，第 430 页。

② 转引自沈以行、姜沛南、郑庆声主编：《上海工人运动史》（上卷），辽宁人民出版社，1991，第 52 页。

③ 《李纯等报告南京等地持续罢课罢市电》（1919 年 6 月），载中国社会科学院近代史研究所、中国第二历史档案馆史料编辑部编《五四爱国运动档案资料》，中国社会科学出版社，1980，第 274 页。

④ 《杨晟报告上海三罢运动持续发展密电》（1919 年 6 月），载中国社会科学院近代史研究所、中国第二历史档案馆史料编辑部编《五四爱国运动档案资料》，中国社会科学出版社，1980，第 260 页。

⑤ 参见中共中央党史研究室：《中国共产党历史》第一卷（1921—1949）上册，中共党史出版社，2011，第 41 页。

在上海活动，派军舰来华，伺机派兵登陆，以武制华；上海工人罢工、学生罢课、商人罢市的斗争如火如荼，引领全国各地罢工、罢课、罢市此起彼伏，汇成势不可当的斗争浪潮。轻重权衡之下，北京政府被迫于6月8日起，陆续释放北京被捕学生；10日，下令免除亲日派曹汝霖、章宗祥、陆宗舆的职务；28日，中国代表顾维钧拒绝在《巴黎和约》上签字。五四运动“外争主权，内除国贼”的直接目标，在中国人民的奋力抗争和怒吼声中得以实现。

五四运动中的工人大罢工，标志着工人阶级开始以独立的姿态登上了政治舞台，这尤其在上海得到充分体现。首先，这次大罢工完全是政治性的。罢工工人将国家利益、民族利益置于首位，内外棉纱厂工人高呼“不替仇人做工”的口号，率先冲出厂门实行罢工。求新机器厂6月6日发出罢工公告说：“吾国外交失败，国势颠危，凡属国民，同深愤激……吾工界中人同此热血，同此天良，际此时期，奚忍坐视。故自今日始全体罢工，与商学界一致行动”。别发印书房的罢工启事写道：“敝同人为政府之不良，压制学界，同人等自愿于七号九时全体罢工，一致要求，以尽国民之义务”。① 《字林西报》报道工人言论，也有这样的话语：“我们都是穷人，但我们绝对不要我们的国家变成朝鲜第二，那里的一片景象是惨不忍睹的”，“我们看到我们的国家将要沦为朝鲜第二，我们怎能照常安心工作呢？”②

其次，这次大罢工完全是自主性的。“三罢”初起，各团体成立上海商学工报联合会，以期统一行动步调。这个会议，没有工人代表参加。大罢工的兴起和坚持，是在“三罢”协同的总原则下，工人阶级基于自身的意志独立地发展开来的，并不附属于学界和商界。当然，这种自主性，是在帮会、帮口等传统组织和中华工业协会等新型团体，在各自领域发挥其动员和组织作用的条件下实现的。罢

① 中国人民解放军政治学院党史教研室编《中共党史参考资料》第1册，内部版，1979，第310、311页。

② 上海社会科学院历史研究所编《五四运动在上海史料选辑》，上海人民出版社，1960，第309、307页。

工起来后，外国资本家纷纷“劝阻”工人罢工，以虞洽卿为会长的上海总商会，被讥为“贵族商会”，也频频出手影响罢工，都试图把工人的行动纳入范围，遏制罢工规模的扩大。罢工工人站稳了脚跟，没有跟着别人走。面对那些劝阻罢工的人，工人们说：“各位都是学生和商人，你们比我们多受了一些教育，也比我们富足一些。你们有没有想一下，我们工人难道没有良心，难道我们不能对于卖国贼表示我们的愤怒吗？你们稍微想一下，难道爱国精神只限于你们这些阶级才能表现出来吗？”① 当沪宁、沪杭两条铁路的工人酝酿罢工时，有学生代表提出把预定的罢工往后推两三天，工人们不同意。他们说：“诸位学生是爱国的，你们想一想，难道我们工人就不是爱国的吗？诸位学生宣告罢课已经这么久，你们现在还要求我们推迟我们罢工的日期吗？”② 他们按原计划举行了罢工。

再次，这次大罢工带有一定的同盟色彩，在一定程度上突破了地区和行帮的界限，初步实现了较大范围的团结和联合。海员罢工时，先进工人朱宝庭等将焱盈社的火夫、均安公所的水手、联义社的服务员联络起来，实现了中国海员第一次5000人的大罢工。华商电车公司的售票员和司机、英美烟厂的男女工人、铜铁机器公所全行业工人，都是经过开会酝酿，冲破雇主阻挠，实现了联合罢工。水木工人素有本帮、宁绍帮、苏帮之分，罢工风潮兴起，水木工人突破帮口一起罢工。沪宁、沪杭两条铁路，分别连接上海与南京、上海与杭州，铁路工人分处不同地区。两路罢工由沪宁铁路机器厂工人发起，在吴淞厂内提议，全体签名赞成，然后通知上海、南京与杭州闸口机厂，经两厂工人一致签名同意，不同地区工人的罢工联合发动起来。罢工斗争中，各业工人看到了团结的力量和联合的重要性。复工后，工人代表召开大会，讨论设立共同机关、成立中

---

① 上海社会科学院历史研究所编《五四运动在上海史料选辑》，上海人民出版社，1960，第308页。

② 中国人民解放军政治学院党史教研室编《中共党史参考资料》第12册，内部版，1985，第104页。

华工界大会、救济罢工工人等问题。[①]

毫无疑问，五四运动中工人大罢工，主要是民族矛盾激化的产物，具有特殊性。在上海，它所呈现出全新的局面，其坚持时间之长，罢工规模之大，阶级意识之凸显，无论开埠以来，还是全国范围以内，都是前所未有的，意义极其深远。它在某种程度上标志着工人群众开始意识到自己的共同利益之所在，直接行动的优势之所在。马克思认为，当着工人对资本说来已经形成一个阶级以后，他们在斗争中逐渐团结起来，所维护的利益上升为阶级利益，所进行的斗争是政治斗争，就“形成一个自为的阶级”[②]。五四运动中上海工人大罢工所体现的阶级觉醒当然还只是初步的，但它确已构成由“自在的阶级”向“自为的阶级”转变的重要转折点。中国工人阶级在五四运动中所显示出来的觉悟和力量，相应地产生了积极的社会效应，博得从事社会运动的政治力量的青睐，“劳工神圣”“劳动组合”从此时髦起来，新型工会日见增多。

二　马克思主义与中国工人运动的初步结合

1. 马克思主义传播锻造了锐利思想武器

马克思主义是中国共产党指导思想的理论基础。马克思主义在中国的传播，经历了几个阶段。中国人对于国际工人运动和社会主义的接触，最早可追溯到 1871 年法国巴黎公社革命的发生。1899 年，马克思、恩格斯之名即通过《万国公报》被介绍进来，那时，“康密尼人”“康密尼人党”“康密尼党”，即为“共产主义者”的音译。20 世纪以来，由于一衣带水的地缘关系和日文使用大量汉字的“同文”之便，旅居日本的中国革命者、政治流亡者、留学生将日文

① 参见刘明逵、唐玉良主编《中国工人运动史》第 2 卷，广东人民出版社，1998，第 82、83 页。

② 马克思：《政治经济学的形而上学》（1847 年上半年），《马克思恩格斯选集》第 1 卷，人民出版社，2012，第 274 页。

马克思主义图书译成中文传入中国，“社会主义”“共产主义”“马克思主义”经日文汉译进入中文词汇，并开始了交流和讨论。同期，旅居欧洲的知识分子也做了新思想新学说的传播工作，1907年，他们在法国巴黎出版画册《近世界六十名人》，首次在中文出版物中刊印了马克思的肖像。在这个阶段，马克思主义被作为新学、西学引进来，是零散的、介绍性的，呈现鱼龙混杂的状态，影响范围十分有限。

俄国十月革命在马克思主义传播中国的过程中，具有里程碑意义。十月革命在世界上第一次把马克思主义的科学理论，变成了活生生的现实。传播的目的是实践，实践的榜样是苏俄。这样，再经过五四运动，马克思主义在中国的传播，便进入了新阶段。

李大钊是中国共产主义运动的先驱，最早在中国举起马克思主义旗帜，开辟了马克思主义传播中国的新天地。他在日本留学期间，深受日本马克思主义学者河上肇的影响。俄国十月革命后，他率先发表文章，热烈赞扬十月革命。1918年7月至12月，李大钊先后发表《法俄革命之比较观》《庶民的胜利》《Bolshevism的胜利》，指出十月革命是庶民的胜利，是新时代的象征；布尔什维克的战争是阶级战争，是全世界无产庶民对于世界资本家的战争；布尔什维主义是20世纪世界革命的新信条。他预言：“由今以后，到处所见的，都是Bolshevism战胜的旗。到处所闻的，都是Bolshevism的凯歌的声。”[①] 1919年，他写出《我的马克思主义观》，在《新青年》分两期连载，重点论述了唯物史观、阶级斗争学说、剩余价值学说，率先整体性地传播了马克思主义基本原理。他指出：“马克思是社会主义经济学的学祖，现在正是社会主义经济学改造世界的新纪元”；《共产党宣言》“檄告举世的劳工阶级，促他们联合起来，推倒资本主义；大家才知道社会主义的实现，离开人民本身，是万万作不到的，这是马克思主义一个绝大的功绩”；马克思主义“实在是一个时

① 李大钊：《Bolshevism的胜利》（1918年12月），《新青年》第5卷第5号。

代的产物；在马氏时代，实在是一个最大的发见”。①

《新青年》是传播马克思主义的前锋。1919年5月出版的《新青年》第6卷第5号，几乎就是马克思研究专号。该期设置“马克思研究”专栏，刊登了马克思传记，发表了一组整体宣传马克思主义的文章。5月5日，《晨报》出版“马克思研究”专栏，直到11月11日止，长达6个月。这个时期，《每周评论》《国民》《新潮》《星期评论》《建设》《少年中国》《湘江评论》《新社会》《武汉星期评论》《广东中华新报》《解放与改造》，以及《时事新报》副刊《学灯》、《民国日报》副刊《觉悟》等报刊，都注重发表宣传马克思主义、介绍社会主义的文章，马克思主义的传播形成一股强大的意识形态洪流。

马克思主义经典名著出版了中文全译本。1920年，马克思、恩格斯的《共产党宣言》由陈望道译，社会主义研究社出版，这是马克思主义著作的第一个中文全译本；恩格斯的《科学的社会主义》由郑次川译，系节译自《社会主义从空想到科学的发展》的第三章，上海群益书社、伊文思图书公司发行。1921年，马克思的《工钱劳动与资本》即《雇佣劳动与资本》由袁让译，列宁的《劳农会之建设》即《苏维埃政权的当前任务》由李立译，列宁的《讨论进行计划书》由沈泽民译，均由广州人民出版社出版。这些或者是马克思主义的元典，或者是俄国革命的经验。阐释马克思主义的著作、社会主义运动与流派的著作出版得更多：1920年，马尔西的《马格斯资本论入门》由李汉俊译，社会主义研究社出版；考茨基的《马克思经济学说》由陈溥贤译，商务印书馆出版；柯卡普的《社会主义史》由李季译，新青年社出版；生田长江、本间久雄的《社会主义概观》由周佛海译，中华书局出版；1921年，郭泰（即赫尔曼·哥尔特）的《唯物史观解说》由李达译，中华书局出版；考茨基的《阶级争斗》由恽代英译，新青年社出版；罗素的《到自由之路》由李季、黄凌霜、沈雁冰合译，新青年社出版；哈列的《工团主义》

① 李大钊：《我的马克思主义观》（1919年），《新青年》第6卷第5号。

由李季译，新青年社出版；等等。马克思主义经典著作和诠释马克思主义的著作的出版，在具有初步共产主义思想的知识分子和早期马克思主义者的成长中，为他们启蒙思想、引航导向，起了十分重要的作用。

马克思主义在中国的传播，既是整体性的，又聚焦于唯物史观、剩余价值学说、阶级斗争学说等几大专题。《新青年》第6卷第5号除发表李大钊的《我的马克思主义观》外，还有顾兆熊的《马克思学说》、黄凌霜的《马克思学说批评》、陈启修的《马克思的唯物史观与贞操问题》、陈溥贤的《马克思的唯物史观》等文；杨匏安在《广东中华新报》连载《马克思主义（Marxism）（一称科学的社会主义）》，还写了《共产主义》《马克斯主义浅说》。他指出："自马克斯氏出，从来之社会主义，于理论及实际上，皆顿失其光辉，所著《资本论》一书，劳动者奉为经典"，"马氏以唯物的史观为经，以革命思想为纬，加之以在英法观察经济状态之所得，遂构成一种以经济的内容为主之世界观"。[①] 李达综述马克思主义的丰富内容，列举其重要原则是唯物史观、资本集中说、资本主义崩坏说、剩余价值说、阶级斗争说，指出"马克思社会主义是科学的"，德国社会民主党人将其弄"堕落"了，"今日却能因列宁等的发扬光大，恢复了马克思的真面目"。[②] 施存统系统介绍了科学社会主义的基本原理，指出"马克思是一个科学的社会主义者，他的社会主义是有科学的体系的"[③]。

唯物史观的基本原理得到传播。唯物史观在社会运动中的实践，就是阶级斗争。考茨基《阶级争斗》以浅显通俗的文字叙述了人类社会的生产，劳动阶级、资产阶级两大对抗阶级，人类社会未来的

---

① 杨匏安：《马克思主义（Marxism）（一称科学的社会主义）》（1919年11月—12月），载中共中央文献研究室、中央档案馆编《建党以来重要文献选编（一九二一——一九四九）》第1册，中央文献出版社，2011，第438页。

② 李达：《马克思还原》（1920年12月26日），《新青年》第8卷第5号。

③ 存统（施存统）：《马克思底共产主义》（1921年8月14日），《新青年》第9卷第4号。

共同生活，以及实现其目标的不二路径——阶级斗争。恽代英将作者的理念传达给中国读者：无产阶级要取得最后的胜利，必须抛弃乌托邦社会主义；社会主义运动，需要无产阶级的党来领导。在这方面，《共产党宣言》"给了现代社会主义一个科学的根据"，"马克司昂格斯的学说，给劳动者阶级战争一个完全新性质"。①

马克思研究商品，创立剩余价值学说，揭示了资本主义生产方式在生产、交换、分配和消费的一切主要方面所呈现的规律，发现了无产者之所以穷、资产者之所以富的秘密。马尔西的《马格斯资本论入门》讲述商品、价值、价格、剩余价值、资本和劳动的关系，复原剩余价值在商品的生产、流通、交换和消费中产生的全过程，以及剩余价值就是工人的剩余劳动而被资本家无偿占有的事实，说明了工人团结起来以"阶级的共同一致"开展斗争，就获得"所向无敌的武器"的道理。②

社会主义得到了广泛的讨论。《新青年》连续开设"社会主义讨论"专栏。陈独秀发表《谈政治》《社会主义批评》，回答了为什么要讲社会主义、为什么能讲社会主义、应该讲何种社会主义的问题，指出社会主义有工团主义、基尔特社会主义、无政府主义、国家社会主义和共产主义的不同流派，重点分析了共产主义与国家社会主义的区别，指出只有坚持阶级战争、直接行动、无产阶级专政和国际运动的俄国布尔什维克党，才是实行真正的马克思主义，中国所应实行的应当是马克思的社会主义。③ 李达、李汉俊、恽代英、瞿秋白、李季等纷纷发表文章，涉及思想理论、社会运动、经济生产、社会生活、社会制度，讨论的范围十分广泛，逐步集中到科学社会主义。

对国际共产主义运动和苏俄情况的介绍，体现了马克思主义传播的时代新特色。1920 年，列宁的肖像首次印作图书封面传入中

---

① 柯祖基（考茨基）：《阶级争斗》，恽代英译，新青年社，1921，第 181 页。

② 马尔西：《马格斯资本论入门》，李汉俊译，社会主义研究社，1920，第 50 页。

③ 参见陈独秀：《社会主义批评》（1921 年 1 月），《新青年》第 9 卷第 3 号。

国。《新青年》开辟“俄罗斯研究”专栏，登载李汉俊、李达、杨明斋、陈望道等人的翻译文章33篇。李大钊在专栏中发表《俄罗斯革命的过去和现在》，并和李达、李汉俊分别撰文介绍了第一国际、第二国际和第三国际的历史。马克思主义的传播，不再像过去那样主要依赖日本渠道和间接资源。

马克思主义的传播，造就了初步具有共产主义思想的革命知识分子群，为先进的中国人打开了革命思想的无限空间。经过五四运动，他们思考中国问题，立志改造社会，开始聚焦到工人阶级和劳动问题。1920年“五一”国际劳动节纪念活动的开展，就是革命知识分子到工人中去，把马克思主义的传播与工人运动结合起来的结果。

“五一”国际劳动节是全世界各国工人阶级的盛典，它起源于1886年5月1日美国芝加哥工人争取“八小时工作制”的大罢工。为纪念工人阶级的这次伟大斗争，1889年7月14日，第二国际在其成立大会上宣布将每年5月1日定为国际劳动节。然而，几十年过去了，中国从来没有过成规模、群众性的“五一”国际劳动节纪念。曾有个别资料记载，1913年5月1日，广州几个工团和社会主义者联合搞了一次纪念活动。[①] 但总的情况诚如李大钊所说，那时，人们对于“劳工神圣”的纪念日是淡漠的，不入清梦。1919年5月1日，北京《晨报》副刊第一次在国内报纸上出版“劳动节纪念专号”，李大钊说：中国今年今日注意到这个纪念日的人还少，“可是明年以后的今日，或者有些不同了！或者大不同了！”[②] 这种“大不同”的局面，果真就在1920年出现了。

早在1920年3月间，陈独秀就决计利用《新青年》第7卷第6号恰于5月1日出版之机，做一本纪念号。5月1日，《新青年》“劳动节纪念号”如期出版。同时，《星期评论》出版了“劳动日纪念”号，由往日的一张两张扩版到10张。上海《民国日报》副刊《觉悟》、《新社会》、《北京大学学生周刊》等报刊，均出版了纪念号。

① 参见吴雨铭：《五一纪念略史》，《中国工人》第5期。

② 守常（李大钊）：《“五一节”May Day杂感》，《晨报》1919年5月1日。

北京《晨报》、天津《大公报》、上海《民国日报》，以及《申报》《时报》《新闻报》等各大报纸，都报道了纪念活动的实况。香港的《香江晨报》也出版了劳动节纪念增刊《劳动号》，孙中山题写刊名，刊印了马克思夫妇和列宁等人的肖像。

李大钊《“五一”May Day运动史》是《新青年》“劳动节纪念号”的开篇文章。李大钊纵论“五一”国际劳动节的由来，歌颂各国工人阶级不屈不挠的斗争，褒扬为工人阶级的利益不惜牺牲的英雄人物。他把目光由历史投向现实，指出纪念“五一”国际劳动节，不要只是几家报馆的纪念日，只是三五文人的运动，只是纸面上的笔墨运动，而要成为劳工阶级的运动，成为街市上的群众运动，成为劳工社会的纪念日；工人阶级要认它“作一个觉醒的日期”。[①] 这篇文章同时全文刊登在《星期评论》“劳动日纪念”号上。

《劳动者底觉悟》是陈独秀4月2日在上海船务栈房工界联合会的演说。他指出世界上“只有做工的人最有用最贵重”，呼吁广大劳动者鼓足勇气，努力发展劳动运动。[②] 上海厚生纱厂招收湖南女工引发各方批评和讨论，一时成为社会热点，陈独秀将这些文章汇集起来刊于“劳动节纪念号”，并旗帜鲜明地亮出观点。基于剩余价值原理，他明确指出：工人劳动的所得应当是“工值”而不是“工资”，“‘工值’是什么？是工人每日劳力结果的生产额在市面上的价值，不是资本家任意定的三角两角。三角两角以外的剩余工值，都被资本家——股东——用红利底名义抢夺去了，工人丝毫分不着”。他认为集合资本振兴实业是必要的，但正当的途径是以公共的力量把社会资本集中到社会的工业上来。“像现在个人的工业，牺牲了无数的穷苦工人，利益都集中到少数的资本家个人手里”，那可“千万别跟欧美日本人走这条错路！”[③]

陈独秀是马克思主义在中国的主要传播者之一，《新青年》“劳

---

① 李大钊：《“五一”May Day运动史》（1920年5月1日），《新青年》第7卷第6号。

② 陈独秀：《劳动者底觉悟》（1920年4月2日），《新青年》第7卷第6号。

③ 陈独秀：《上海厚生纱厂湖南女工问题》，《新青年》第7卷第6号。

动节纪念号”的编成，与他的思想由民主主义向社会主义转变密切相关。这一期杂志形式多样，内容丰富，更引人注目的是突破知识界小圈子，与工人发生了直接联系。当期所刊登的纪念题词，除了孙中山的题词“天下为公”，蔡元培的题词“劳工神圣”，吴稚晖的题词“人日”以外，来自工人和工界团体的题词有13幅，大多弘扬劳动的意义，反对不劳而食，也有的表达了政治观念。随文插入各行业工人劳动场景的照片33幅。同期，介绍了国际工人运动。

这一期杂志用了很大的篇幅刊登劳动状况调查。年初，新青年编辑部发布社会调查表，发动社会力量调查各地生产生活各方面的情况，有的地方的调查由陈独秀亲自联系。这批调查成果中，综合调查有上海、北京、唐山、太原、大同、江都、芜湖、无锡和长沙，单一产业调查有皖豫鄂浙冶铁工人状况、天津造币厂工人状况。上海和北京的调查覆盖面广，北京调查了本地36个行业，上海的调查分机械工业、手工业、运送业、服务业四大类，各类又细分不同门类。印刷工人廖维民在调查报告中说：“劳工解放”“劳工神圣”的声调已经很高，而工人的现状却并未改变，过去从事劳动运动的人不了解实情，现在晓得了，希望“帮助我们共除那种不平等的事”，“拿智识道德，来灌输我们，指导我们”。[①]

工人群众提出了这样的要求，先进的知识分子也有这方面的认识。如李汉俊主张知识分子“自身应该从精神上打破‘智识阶级’四个字的牢狱，图‘脑力劳动者’与‘体力劳动者’的一致团结，并且一致努力，对于‘体力劳动者’智识上开发做功夫”[②]。施存统从工读互助团和新村的试验中，认识到仅由小团体的实验决不能实现大社会的改造，他发出呼吁：“我们要改造社会，我们还须投向资本家底下的生产机关去！”[③] 这就是到工人中去。

① 编辑者李次山：《上海劳动状况》，《新青年》第7卷第6号。

② 先进（李汉俊）：《最近上海的罢工风潮》（1919年10月26日），《星期评论》第21号。

③ 存统（施存统）：《〈工读互助团〉底实验和教训》（1920年4月10日），《星期评论》第48号。

由于上海工人已在1919年的大罢工中一展身手，五四运动前后成立的中华工业协会、中华工会总会、中华电器工界联合会、中华全国工界协进会、中华工界志成会、上海船务栈房工界联合会和药业友谊会等团体，决定联合发起召开“五一”国际劳动节纪念大会。中华工业协会负责人黄介民任筹备会主席。陈独秀应邀参加纪念大会的筹备，并被聘为顾问。他将这个大会命名为“世界劳动纪念大会”。经过研究，筹备会决定：除电车、电灯、自来水、电话、电报这些直接关系到人民群众日常生活的公用事业外，其他各业一律于5月1日休假一天，在南市西门体育场召开劳动节纪念大会。

筹备会致函各业工人说：“每年五月一日，是世界劳动工人公认的劳动节，各国工人，每逢这个盛节，都开会庆贺，热闹得很。现在我们的劳动界也很发达，也应当随着世界劳动工人公同庆祝这个盛节，才可以表示我们中国工人的志气并不在各国工人之下”，“也是中国工人和各国工人开始携手的先声”。[①] 同时，筹备会在市面上散发传单，预热气氛。传单写道：“今天五月一日是什么日子？是全世界工人的纪念日子。五月一日是甚（什）么纪念？是‘作工八点钟！休息八点钟！教育八点钟！’运动成功底纪念。这个运动怎么会成的？是世界劳动者的‘血’同‘汗’造成的。我们不该空过这个日子！我们努力造成这个日子！我们永远纪念这个日子！”[②] 筹备会致函各厂主、店东和报馆，请其放假一天，以便工人到会庆祝，并函告了淞沪护军使署和上海警察厅。

淞沪护军使署和上海警察厅获悉，立即发出布告禁止工人举行这场政治集会。4月30日晚，全市戒严。5月1日，上海防守司令、警察厅长、步兵团长、宪兵营长等军警头目纷纷出动，大批武装军警占领了西门公共体育场，从火车站到市中心，到处布满了军警。各租界同时采取了警备措施。

5月1日下午1时许，与会工人和各界人士陆续到达西门公共体

---

① 《时事新报》1920年4月28日。

② 《时事新报》1920年4月27日。

育场，多达四五千人。由于受到军警的阻拦，人群无法入场。经过临时几次变动，他们最后决定在青年会体育场开会。青年会体育场门前，树起两面红旗，一书中文“劳动纪念”，一书英文“劳动日”。全国各界联合会、上海各界联合会、全国学生联合会、复旦大学学生分会、神州女学学生分会、同德医专学生分会、圣玛利亚女塾、海宁路商界联合会、法租界商业联合会等团体，分别赠送的写着“劳工神圣”“劳动万能”“人力万能”“互助万岁”等字样的各色旗帜在体育场内飘扬。

当纪念会即将开始时，军警赶来会场，将入场的人群悉数赶出。不得已，大会只好移到靶子路后面的荒场上举行。这时，参加纪念会的人群大多流散，只剩下几百人。人们的情绪仍然饱满激昂，工人代表慷慨陈词，学生和商界的代表也作了演说，大会在“劳工万岁”的口号声中结束。出席这次纪念会，“到会者大部分皆纯粹之工人，商学界仅居其少数”，“工人中，有一部分均执纸质赤帜，当散会后，三五成群，手扬小旗，呼啸而过街衢，市人见者，为驻目焉”①。

当晚，7 个团体联合起草了《上海工人宣言》《致俄国劳农政府对我国通牒之答书》。前者写道：上海军警今日强行破坏纪念大会的召开，使人们“由惊讶而怀疑，由怀疑而认识，由认识而决心，由决心而奋斗。从今天起，我们中国工人觉悟的团结的精神，已经足以使压制我们的人，胆战心惊！”② 后者表示要和苏俄工人阶级同心合作，共同去创造新的、美丽的、永久和平的人类世界。

上海五一纪念大会的召开固然很不顺利，但毕竟造就了工人阶级觉醒起来纪念自己节日的第一桩事实，具有强烈的现实意义和深远的历史意义。

群众性的纪念活动，还在北京、唐山、漳州、广州、汕头、哈尔滨等地举行。李大钊主持了在北京大学第二院召开的纪念大会，校工和学生 500 多人参会，大会号召人们“把全世界人人纪念的五

① 《益世报》1920 年 5 月 4 日。

② 《新闻报》1920 年 5 月 3 日。

一节，当作我们一盏引路的明灯，我们本着劳工神圣的信条，跟着这个明灯走向光明的地方去”。工读互助团雇了两辆汽车，每车载4人，手执红旗，上书“劳工神圣”“资本家的末日”“劳动纪念”等字样，分头驶向东城、西城，沿途高呼口号，散发《五月一日北京劳工宣言》。平民教育讲演团分成5组，每组10人，上街讲演劳动节的历史，听众颇多。

概而言之，新文化运动兴起以后，特别是俄国十月革命后，马克思主义在中国的传播进入新阶段，五四运动促进了马克思列宁主义在中国的传播。以李大钊、陈独秀为代表的具有初步共产主义思想的知识分子，开始以马克思主义的立场、观点和方法去观察和分析中国问题，逐步把注意力和着力点集聚到劳动问题和工人阶级的身上。把马克思主义与中国工人运动结合起来，到工人中去，从实际出发，从具体问题做起，锻造改造社会的强大物质力量，已经初步在他们心中绘出了蓝图。

2. 中国共产党早期组织的工人运动尝试

1920年2月，李大钊护送陈独秀离京，途中，他们商讨了建立中国共产党的问题。共产国际、俄共（布）重视中国建立共产党的工作。4月，维经斯基来华，分别同李大钊、陈独秀交换建党意见，“同中国革命运动的所有领袖都建立了联系”，并成立由他本人和4名中国革命者组成的革命局（亦译作“革命委员会”）。① 维经斯基所起的作用，在同期共产国际和苏俄来华人员中最为突出。

陈独秀是中国共产党的主要创始人之一。1920年6月，他和李汉俊、俞秀松、施存统、陈公培等开会商议，决定成立党组织。② 8月，党的第一个早期组织在上海法租界老渔阳里2号《新青年》编辑部正式成立，陈独秀被推为书记。12月，陈独秀应陈炯明之邀担

---

① 《维经斯基给某人的信》（1920年6月）、《维经斯基给俄共（布）中央西伯利亚局东方民族处的信》（1920年8月17日），载中共中央党史研究室第一研究部译《联共（布）、共产国际与中国国民革命运动（1920～1925）》，北京图书馆出版社，1997，第28、31页。

② 参见《俞秀松日记》，原件藏上海龙华烈士纪念馆。

任广东教育委员会委员长，其书记职务先后由李汉俊、李达代理。党在上海的早期组织通过写信联系、派人指导或具体组织等方式，推动各地中共早期组织的建立，发挥了发起组的作用。共产国际来华人员利金指出："上海小组具有领导作用，不仅因为它是中心组，而且也因为有陈独秀同志参加。"①

10月，北京的中共早期组织在北京大学成立，最初成员为李大钊、张申府和张国焘，取名为"共产党小组"，到年底，决定成立"共产党北京支部"，李大钊任书记。在前述报告中，利金指出："毫无疑问，李守常教授（即北京大学颇孚众望的讲课人）参加我们的小组，起了很大作用。"②

在上海和北京党组织的联络和推动下，各地党的早期组织纷纷建立起来。1920年8月③，董必武、陈潭秋、刘伯垂等成立武汉的中共早期组织，取名"共产党武汉支部"，包惠僧为书记。同年初冬，毛泽东领导长沙新民学会的先进分子成立党组织。1921年1月，广州"开始成立真正的共产党"④，先后由陈独秀、谭平山任书记。1921年春，王尽美、邓恩铭领导成立济南早期共产党组织。在国外，施存统、周佛海建立了旅日华人早期党组织；张申府、赵世炎发起建立了旅法华人早期党组织。

1921年6月10日，张太雷在给共产国际第三次代表大会的书面报告中提到，建立早期党组织的地方还有天津、香港、南京。或许是因为地缘的关系，这三处可能分别相应被列入了北京、广州、上

---

① 《利金就在华工作情况给共产国际执委会远东部的报告（摘录）》（1922年5月20日），载中共中央党史研究室第一研究部译《联共（布）、共产国际与中国国民革命运动（1920～1925）》，北京图书馆出版社，1997，第88页。

② 《利金就在华工作情况给共产国际执委会远东部的报告（摘录）》（1922年5月20日），载中共中央党史研究室第一研究部译《联共（布）、共产国际与中国国民革命运动（1920～1925）》，北京图书馆出版社，1997，第89页。

③ 1936年陈潭秋在履历表中写作"10月"。

④ 《广州共产党的报告》（1921年7月），载中共中央文献研究室、中央档案馆编《建党以来重要文献选编（一九二一——一九四九）》第1册，中央文献出版社，2011，第17页。

海。7月，恽代英在湖北以互助社成员为基础成立共存社，打出共产主义团体的旗帜，他们是独立进行的。

党的早期组织建立后，除了自身建设以外，主要的工作一是有组织地传播马克思主义，二是开展工人运动。这几件工作，是互相联系的。

1920年11月，陈独秀主持起草了《中国共产党宣言》，从经济、政治和社会3个维度阐述了中国共产主义者的理想、目的和途径，指出共产主义者的理想是将生产工具收归社会共有共用，消灭私有财产制度，废除政权，消灭剥削阶级，“创造一个新的社会”。“要组织一个革命的无产阶级的政党——共产党”，“引导革命的无产阶级去向资本家争斗”，用总同盟罢工的方法，从资本家手中夺取政权，建立无产阶级专政。“一直等到全世界的资本家的势力都消灭了，生产事业也根据共产主义的原则开始活动了，那时候的无产阶级专政还要造出一条到共产主义的道路。”① 11月7日，《共产党》月刊创刊，主编李达。这是一本半公开的理论杂志。陈独秀撰写《短言》，阐明了党的性质和宗旨。

《中国共产党宣言》和《共产党》月刊《短言》正式在中国公开竖起了共产党的旗帜，两者根据《共产党宣言》的基本原则和十月革命经验，第一次系统地提出了中国共产党人的终极目的和根本主张，确立了指导思想上的先进性。

科学社会主义创立以后，社会主义继续发展出多个不同流派。1920年10月，持基尔特社会主义立场的英国著名哲学家罗素应邀来华讲学。基尔特是Guild的译音，意为“行会”。这个流派主张通过行会和平地取代资本主义制度，反对无产阶级专政。罗素建议中国先发展资本主义，反对搞劳农专政，极大地推动了基尔特社会主义在中国的流行。进步党人张东荪发表文章积极呼应罗素的观点，强

① 《中国共产党宣言》（1920年11月），载中共中央文献研究室、中央档案馆编《建党以来重要文献选编（一九二一——一九四九）》第1册，中央文献出版社，2011，第485—489页。1921年1月21日，毛泽东致蔡和森信，内有“宣言即仲甫所为”之语。见《毛泽东文集》第1卷，人民出版社，1993，第4页。“仲甫”即陈独秀。

调中国应在发展资本主义上下功夫；梁启超认为中国连劳动阶级都没有，哪有什么社会主义运动的资格，当务之急是对资本家采“矫正”态度，在现行经济制度之下，徐图健实地发展资本主义。

陈独秀、李大钊、李达、李汉俊、蔡和森、陈望道、邵力子等纷纷发表论文、讲演，强调从根本上改变社会制度，才能使中国摆脱贫困，这就要搞马克思的社会主义。陈独秀指出，中国的贫穷和人民得不到“人的生活”，都是资本主义生产制度所造成的，无论外国资本家、中国资本家，都不能使多数人“都”过上“人的生活”。拔除这个病根，“非废除资本主义生产制采用社会主义生产制不可”[①]。李大钊指出：中国的经济情形不能超出世界的经济势力之外，世界经济组织已由资本主义以至社会主义，中国的实业虽较不发展，但受国际资本压迫深重，“所以今日在中国想发展实业，非由纯粹生产者组织政府，以铲除国内的掠夺阶级，抵抗此世界的资本主义，依社会主义的组织经营实业不可”[②]。李达也指出：资本主义是社会的病，社会主义是社会健康的标准，社会主义运动是治病而复于健康的药。

针对所谓中国没有资本家、没有劳动者、工人程度低不配实行无产阶级专政的问题，《共产党》月刊《短言》予以坚决反驳，称：“我要问中国农工商矿一切生产分配交换方法是资本制度还是共产制度?”“我要问中国人底衣食住等各生产品是何人造成的? 欧美各国的华工又是什么人?”“我要问中国劳农的智识人格比徐世昌梁启超还低几何?”[③] 中国生产力是处于落后状态，但可以通过政治的变革，创造条件把生产力水平提上去，而不应当等到生产力发展到相当程度再搞社会主义。

早期共产主义者反对在社会主义问题上搞兼容并包，认为那样只能滑到资本主义方向去。陈独秀揭露了基尔特社会主义的本质，

---

① 陈独秀：《复东荪先生的信》（1920 年 12 月 1 日），《新青年》第 8 卷第 4 号。

② 李大钊：《中国的社会主义与世界的资本主义》（1921 年 3 月 20 日），载中国李大钊研究会编注《李大钊全集》第 3 卷，人民出版社，2006，第 277—278 页。

③ 《短言》，《共产党》第 3 号。

指出它主张经济组织由行会管理，政治组织由国家管理，既失了工团主义阶级战争的精神，又失了国家社会主义由国家干涉生产事业的作用，其本质是实行劳资调和，“免得剧烈的革命”。[①] 李达揭露了温情主义的弊害，指出“谁可以矫正资本家？国家是受资本家维持的，绅士式的智识阶级是受资本家豢养的，社会改造论者的空言是无补的，有实力者唯有劳动家，而劳动家却被温情主义缓和了”[②]。毛泽东在与蔡和森的通信中表示不认为罗素以教育的方法使有产阶级觉悟是合适的，指出“共产党人非取政权，且不能安息于其宇下，更安能握得其教育权？如此，资本家久握教育权，大鼓吹其资本主义，使共产党人的共产主义宣传，信者日见其微。所以我觉得教育的方法是不行的”[③]。

无政府主义者一度是早期共产主义者传播马克思主义的同路人，有的还参加了共产党早期组织。但是，无政府主义毕竟与科学社会主义存在根本区别。因此，从 1920 年 8 月《新青年》变为中共上海早期组织机关刊物时就开始论辩，《共产党》更把同无政府主义者论战作为发稿重点之一。陈独秀同区声白三度往还，深入批判无政府主义，揭露其乌托邦本质。李达、施存统等从国际共产主义运动历史，人类社会组织运转的角度，揭示无政府主义的空想性质，指出从私有制资本主义到公有制共产主义，不能不经过无产阶级专政。毛泽东表达了对无政府主义的怀疑，称“我的理由却不仅在无强权无组织的社会状态之不可能，我只忧一到这种社会状态实现了之难以终其局”[④]，进而排斥了无政府主义。

早期共产主义者还同国家社会主义划清了界限。陈独秀揭示了国家社会主义与共产主义即科学社会主义的根本区别，指出主张国

---

① 陈独秀：《社会主义批评》（1921 年 1 月），《新青年》第 9 卷第 3 号。

② 李达：《讨论社会主义并质梁任公》（1921 年 4 月 8 日），《新青年》第 9 卷第 1 号。

③ 毛泽东：《致蔡和森等》（1920 年 12 月 1 日），载中共中央文献研究室编《毛泽东书信选集》，中央文献出版社，2003，第 4 页。

④ 毛泽东：《致蔡和森等》（1920 年 12 月 1 日），载《毛泽东书信选集》，中央文献出版社，2003，第 6 页。

家社会主义的社会民主党，“其实并不要求社会的民主主义，也不要求产业的民主化，只主张把生产工具集中在现存的国家——现存的资产阶级底军阀官僚盘踞为恶的国家——手里”，这种主义，实在只好叫国家资本主义。[①] 毛泽东、李达等都认为国家社会主义者的理想与现实完全相反，理论上说得好听，事实上做不到。

传播马克思主义并使其与中国实际相结合，同基尔特社会主义者和无政府主义者论战，既是面向社会大众的，也锻炼了初生的中共早期组织和早期共产主义者自身，具有举红旗、走正路的意义。同时，此举也有利于深刻认识到工人中去的必要性和重要性，深刻认识现代工人运动在中国社会变革中的决定性作用，以及工人运动的正确道路，增强其行动的自觉性。

“共产党小组的特色，是到工人中间去。”[②] 政治宣传固然是早期党组织的重头戏，但作为行动者必须工作落地。1920 年 8 月 22 日，第一个社会主义青年团成立于上海，陈独秀派党组织中最年轻的成员俞秀松任书记。随后，各地早期党组织相应地领导成立了本地青年团。起初，党组织与团组织并未分开，一些地方党组织的负责人同时又是团组织的负责人，党的组织和活动是秘密的，而青年团则完全公开，因而成为发动和领导工人运动的重要力量。

工人运动的初阶是阶级意识和革命意识的启蒙，党的早期组织通过出版通俗工人读物，传播先进思想，为此，在上海创办周刊《劳动界》，在北京创办周刊《劳动音》，在广州创办周刊《劳动者》。

1920 年 8 月 15 日，《劳动界》创刊，新青年社发行，1921 年 1 月 23 日终刊，共出刊 24 期。该刊首开马克思主义大众化的先河，以向工人群众传播马克思主义，唤醒工人觉悟，推动工人组织起来为宗旨，表现形式丰富多彩，设《演说》《国内时事》《国外时事》《国内劳动界》《国外劳动界》《本埠劳动界》《调查》《通信》《读者

① 陈独秀：《谈政治》（1920 年 9 月 1 日），《新青年》第 8 卷第 1 号。

② K. B. 舍维廖夫提供：《张国焘关于中共成立前后情况的讲稿》，《百年潮》2002 年第 2 期。

投稿》《诗歌》《小说》《闲谈》《趣闻》等栏目，配有插图，言语表达力求通俗易懂，老少咸宜。

《劳动界》宣传了劳动创造世界、工人创造价值的思想。陈独秀在开篇就提出两个工人的疑问：劳动、劳动者、劳动力是什么？他作了解答：劳动就是做工，劳动者就是做工的人，劳动力就是人工，“人工如此重要，所以有人说什么‘劳工神圣’”。第二个疑问设而未答，他问：“有许多出力做工的人做出粮食房屋或是衣服，却仍然没得吃没得住没得着，有许多人不劳一点力不做一点工，反来吃得很阔住得很阔衣服也穿得很阔，这还不算，还要把出力做工的人压在脚底下不当人看待，这又是什么缘故呢？”[①]《劳动界》多篇文章解答了这一问题，讲述了马克思所发现的剩余价值的秘密。

李汉俊分析了金钱和劳动的关系，指出钱是代表劳力的，它尊贵是因为它是工人、农夫的劳力创造出来的，那些只有钱而不做事的人，人人尊敬他，而工人、农夫反而受人轻视，被叫作下等人，“这都是因为我们工人农夫，不晓得钱是代表劳力的东西。不晓得做了几多工就要几多钱。使做东家、有钱的人，把我们劳力做出来的钱拿去了，来压制我们的缘故”[②]。沈玄庐以上海浴室搓澡工为例，解说了剩余价值生产及其被资本家无偿占有的过程。李震瀛抨击了当时社会的不平等，指出不劳动者不得食，不劳而获“是社会的寄生虫，阻碍社会进化，那些劫夺劳动生产的，便是人类社会的蠹贼，罪大恶极，比强盗还利害咧”[③]。

《劳动界》宣传了资本主义私有制必然为社会主义公有制所代替、资本主义必然灭亡、社会主义必然实现的思想。戴季陶讲述了资本主义生产的过程，指出机器生产与私有制相结合形成了资本主义私有制。这个“资本万能”的制度，“就是少数的人，占领着一切生产机关。如机器，房屋，材料，土地之类，都归他们少数人阶级

① 陈独秀：《两个工人的疑问》，《劳动界》第1册。

② 汉俊（李汉俊）：《金钱和劳动》，《劳动界》第2册。

③ 震瀛（李震瀛）：《无工无食“No work，no bread.”》，《劳动界》第14册。

所有”的制度，“就历史上说，是一个空前绝后的东西”；它“制造出劳动阶级，又来作劳动阶级的敌人，结果却必要被劳动阶级打破”，其灭亡是必定的，“万不能不破灭的”。[①] 李达、陈为人讲述了工人阶级与社会主义的关系，以及工人阶级在推翻资本主义制度中的责任，指出社会主义主张推倒资本主义，废止财产私有，各尽所能，按需分配，“这是劳动问题的根本解决方法，所以劳动者非信奉社会主义，实行社会革命把资本家完全铲除不可”[②]。现在，工人阶级“为甚么还要饮恨吞声的服从那资本家，不去实行社会主义，不去打破那资本家的阶级；难道我们自己不去奋斗，还望别人来替我们奋斗吗?”[③]

《劳动界》宣传了工人群众起来，效法俄国工人的榜样，建立自己团体的思想。陈望道指出：劳动者唯一的“靠著”，就是“劳动联合”，就是工人自己起来组织团体。[④] 张赤的文章呼吁工人群众不可拿目前的遭遇当作“天命运数”，说：“你们没听说么？现在世界已经有了真正纯粹由农工劳动，由穷人，作主的地方了（便是北边的俄罗斯)。既然有了这样的好榜样，你们为甚么还不努力？几个人的力量如果小，你们为什么不联合?”[⑤] 陈独秀告诉工人要建“真的工人团体”，“工人要想改进自己的境遇，不结团体固然是不行。但是像上海的工人团体，就再结一万个也都是不行的。新的工会一大半是下流政客在那里出风头，旧的公会公所一大半是店东工头在那里包办”。他呼吁：“觉悟的工人呵！赶快另外自己联合起来，组织真的工人团体呵!”[⑥]

《劳动界》用较多的篇幅揭露了中国工人在帝国主义、封建主义和资本主义三重压迫下所过的苦难生活，翔实报道了工人的工资、

---

① 季陶（戴季陶)：《劳动者应该如何努力?》，《劳动界》第10册。

② 立达（李达)：《劳动者与社会主义》，《劳动界》第16册。

③ 陈为人：《今日劳工底责任》，《劳动界》第15册。

④ 陈望道：《劳动者唯一的“靠著”》，《劳动界》第17册。

⑤ 张赤：《打破现状　才有进步!》《劳动界》第6册。

⑥ 独秀（陈独秀)：《真的工人团体》，《劳动界》第2册。

休息、工作时间、劳动条件和政治待遇等各方面的状况，及时发布了上海、唐山、济南、南京、无锡、苏州、杭州、福州、芜湖、武昌、汉阳、长沙、南昌、九江、广州、佛山等地工人的斗争情况，以及上海、长辛店、长沙等地组织工会和成立劳动补习学校的消息，报道了国外工人运动。

《劳动界》注意建立与工人群众的直接联系，创刊伊始，就刊登启事欢迎工人投稿，刊登劳动调查表。工人和其他读者积极参加互动，反映各地工人状况和工人斗争的来稿，反映工人思想认识的文章，不断投到编辑部来。《劳动界》所刊文章，既有通俗易懂的理论，启发工人的阶级觉悟，又有感同身受的故事，吸引工人的目光，自然受到欢迎。杨树浦电灯工人文焕给陈独秀写信说："现在有了你们所刊行的《劳动界》，我们苦恼的工人，有话可以讲了，有冤可以伸了，做我们工人的喉舌，救我们工人的明星呵"！①

《劳动界》及时反映先进工人的觉悟，工人的反馈也说明它取得了很大的成功。印刷工人潘阿芳的来文，表明了其思想水平的提高。他明确提出要反对劳动运动的两种障碍物：一种是借口中国没有资本家，工业还不发达，反对劳动运动；一种是借了劳动运动的名义，去做上层阶级的政治运动，扩张他们的政党势力。他欢迎来自包括《劳动界》在内的帮助，认为"真正能够和我们表同情的思想家，文字鼓吹啦，露天讲演啦，种种设法帮助我们，使我们得有觉悟的一天"②。造船工人李中的来文，表明了其投入工人运动的坚定性，他提出：第一"要认定我们的地位"，工人运动已经成为潮流，"我们工人就是这个潮流的主人翁，这个潮流的主人翁，就要产生工人的中国"；第二要贯彻工人之间的联络；第三"要奋发我们的热心"，"吾们工人，最好一方面是做工，一方面是联络。做工是各人的天职，联络是成功的手段。终其身可以不变的"。③

---

① 《通信》，《劳动界》第 5 册。

② 潘阿芳：《现时中国的劳动运动与劳动者》，《劳动界》第 24 册。

③ 李中：《一个工人的宣言》，《劳动界》第 7 册。

上海店员是一个很大的群体，是工人阶级的组成部分。《劳动界》创办不久，陈独秀就与俞秀松、李汉俊在外国语学社内与上海工商友谊会的代表面商合作出版《店员周刊》事宜，开辟面向普通店员宣传革命思想的园地。经议定，刊名为《上海伙友》，工商友谊会负责编辑和推销，陈独秀、沈玄庐、李汉俊参加编辑，新青年社负责印刷发行，每期印 4000 份，1920 年 10 月 10 日上海工商友谊会正式成立之日出刊。《上海伙友》的政治倾向，引起资本家不满，从第 8 册起，工商友谊会退出合作，单独处理《上海伙友》的编辑和出版事务。

1920 年 11 月 7 日，《劳动音》创刊，在对外宣传中，假托由长辛店工人出版。邓中夏写了发刊词，指出"'劳动'是人类生存在世界上第一个要件"，创办《劳动音》之目的就是要"来提倡那神圣的'劳动主义'，以促世界文明的进步，增进人生的幸福"；世界并不公平，要排斥不劳而食的人，就"不可不有充足的智识和善良的方法，做我们排斥他们的利器，阶级战争的工具"；因此，《劳动音》的任务就是"阐明真理增进一般劳动同胞的智识，研究些方法，以指导一般劳动同胞""改良社会的组织"；促进与世界劳动者携手，"共同去干社会改造的事情"。①

《劳动音》主张把理论宣传与实际运动结合起来，批评过去宣传社会主义作出种种"谬误"的举动："只向智识阶级作'学理'的宣传，而不向无产阶级作实际的运动"，"只立一种最高尚最圆妙的自由分配制度为目的，偏不讲求达到目的之方法"。② 今后的劳动运动当要改弦易辙，积极从事于教育与组织的实际活动。

《劳动音》注重用具体事实作宣传案例，集中报道了 1920 年 10 月唐山煤矿发生的瓦斯爆炸事件，以及 12 月南京万余机织工人反对江苏省议会通过取消茧行条例的斗争。在报道南京事件以后，它向

---

① 心美：《我们为什么出版这个〈劳动音〉呢？》（1920 年 11 月 7 日），载《邓中夏文集》，人民出版社，1983，第 1、2 页。

② 兼（黄凌霜）：《劳动运动的新生命》（1920 年 11 月 7 日），载刘明逵、唐玉良主编《中国近代工人阶级和工人运动》第 3 册，中共中央党校出版社，2002，第 827 页。

全国工人运动提出带有普遍意义的 4 个斗争目标，即：组织工会，专办于工人有利的事；提高工资，缩短工时；增加工人的组织；举行示威游行。

《劳动音》受到长辛店等地工人的欢迎，印数多时每期 2000 多本，出到第 6 期遭禁，改出《仁声》，后因缺乏经费，出到第 3 期后亦停刊。

1920 年 10 月 3 日，《劳动者》创刊，广东群报馆经销，共出版 8 期。因主办者及撰稿群体的原因，《劳动者》带有无政府主义的色彩，但其主调是批判资本主义私有制，鼓动工人建立自己的组织，并未越出初步开展的工人运动的范围。

《劳动者》否定资本主义私有制，指出中国社会制度的不良，是由于分配不平均，“由工人手中做成的生产品，不能听凭工人自由分配，却要特设一种非生产阶级，不必劳动的，来掌管消费的分配权。我们相信这种制度，是生活问题的祸根”。要从根本上从事制度的改革，就要开展工人“自己起来掌管生产和分配的运动”。①

《劳动者》认为从事劳动运动“应该将‘科学实验室的态度’洗除‘空想的乌托邦态度’”，目前要集中力量于组织劳动团体。② 它认为广东的工人团体，要不就是废物，如行头会馆；要不就是时髦品，虽号称“工会”“工团”，不过几个无聊政客、社会游民假借的招牌罢了。对于前者，“急要工人觉悟，起来改良”；对于后者，“更马上要铲除光净”。③

《劳动者》鼓吹罢工，认为工人运动历史上有 3 种罢工：第一种是工联主义的罢工，第二种是政治运动的罢工，第三种是工团主义的罢工。它认为工联主义是苏俄所提倡的各业工人的联合，政治运动罢工是社会民主党人为参政而发动的罢工，只有工团主义的罢工，“才是有真意义的罢工，才是最有价值的罢工”④。其实，工联主义是

---

① 我亦工人：《劳动者呵！》《劳动者》第 1 号。

② 兼生（黄凌霜）：《实际的劳动运动》，《劳动者》第 1 号。

③ 冰：《广东现在所有的工人团体》，《劳动者》第 7 号。

④ 初：《罢工的意义》，《劳动者》第 6 号。

流行于英国、蔓延于西方各国的改良主义思潮，其核心是把工人阶级的斗争局限于经济斗争；工团主义则正是无政府主义的一种，主张把生产资料转入工会而不是无产阶级专政的国家手中。

1921 年 2 月 13 日，《劳动与妇女》周刊出版，它以对劳动群众和妇女进行宣传教育为宗旨。陈独秀宣传了提倡劳动运动和妇女运动的意义，沈玄庐揭示了劳动和妇女问题的根源在于阶级制度及建筑其上的经济制度，谭平山用广州方言宣传了阶级斗争理论。

1920 年“五一”国际劳动节后，党的济南早期组织出版了《济南劳动周刊》，王尽美、王翔千等负责。该刊以《大东日报》副刊的形式面世，其宗旨“为的是促一般劳动者的觉悟，好向光明的路上去寻人的生活”。其进行方针，一是“增进劳动者的智识”；二是“提高劳动者的地位”；三是“改造劳动者的生活”。① 后因经济困难，该刊出刊不到一年即停办。

工人教育具有现场、直接、互动的优点，各地早期党组织都注重创办工人学校，开展面对面的宣传教育。上海小沙渡工人半日学校、北京长辛店劳动补习学校办得最有成绩。

上海沪西小沙渡地区是纺织工人集中区。中共早期组织成立后，就指派李启汉到小沙渡创办工人半日学校。李启汉是党的工人运动实干家。学校建在沪西槟榔路锦绣里日商内外棉九厂的一栋楼房里，李启汉根据纺织工人上下班规律，开设早晚两个班，采用基督教青年会编的普通识字课本作教材。由于宣传不够，加以纺织工人劳动强度大，上学要求不强烈，参加学习的工人并不多。为吸引工人参加进来，李启汉转而将半日学校改为游艺会。

1920 年 12 月 19 日，上海工人游艺会成立大会召开，到场工人 400 余人。李启汉在主持大会时说：“我们从前只是各人苦着，饿着；我们想要免去这些困苦，就要大家高高兴兴的联合起来，讨论办法；我们不独得到这样的游艺而已，什么金钱万能，劳工无能，

---

① 《〈济南劳动周刊〉宣言》（1921 年 5 月），载山东省总工会、山东省档案馆合编《山东工人运动历史文献选编》第 1 集，内部版，1984，第 3 页。

我们都要改革，打破!”[①] 杨明斋、沈玄庐、邵力子等出席大会并讲演。运用工人游艺会的形式，寓宣传鼓动于娱乐活动之中，比较容易拉近与工人群众的距离，有利于建立联系。1921 年春，工人半日学校重新开学。它的活动引起租界当局注意，很快就被查封。不久，学校改名上海第一补习学校，李震瀛任校长。李启汉在办学中认识一个在帮的纺织女工，经她引荐，拜了她的师父，加入青帮。通过这个途径，李启汉等人得以进入在帮工人群体中，工人教育活动也由小沙渡发展到杨树浦各纺织厂、浦东的烟草工厂。[②]

北京市区工业落后，但在长辛店集中了京汉铁路工人 2500 多人。京汉铁路北起北京前门，南至汉口大智门，是中国第一条纵贯南北的交通大动脉。长辛店是京汉铁路北段最大的站点。长辛店工人参加了五四运动，500 余人加入了“救国十人团”。北京早期党组织决定在长辛店创办劳动补习学校。

正好当地工人也有办学要求。1920 年 11 月 21 日，《劳动界》报道了张国焘撰写的长辛店工人发起劳动补习学校的消息，刊发了《募捐启事》《简章》《预算案》，发起人为陶善琮、史文彬等 10 人。12 月 19 日，张国焘、邓中夏、张太雷和杨人杞到长辛店，与当地工人具体商议办学事宜。张国焘讲述了创立劳动补习学校的必要性，他说：为什么我们工人终日辛苦做工，而不得温饱，而那班不做工的官僚、政客、资本家等却住高楼大厦，衣锦食肉？他们的钱哪里来的？他们的衣食住哪里得的？还不都是由我们工人的血汗造成的。所以我们没有得享受，弄到这般困苦。现在我们想得到幸福，非先有知识不行，所以要办这个学校。他演说时，“在座听的工人，个个都点头像有点感动的觉悟的意思”[③]。

1921 年 1 月 1 日，长辛店劳动补习学校在长辛店镇内祠堂口 1 号正式成立。办学具体事宜，由当地有地位的工头承担。日班工人

---

① 为人（陈为人）：《上海工人游艺会成立大会记》，《劳动界》第 20 册。

② 参见《包惠僧回忆录》，人民出版社，1983，第 67 页。1929 年张国焘在莫斯科作关于中共成立前后情况的报告，谈到 1921 年七八月间烟草工人罢工中李启汉打入青帮。

③ 心美（邓中夏）：《长辛店旅行一日记》，《晨报》1920 年 12 月 21 日。

子弟上课，课程与普通高小课程略同。夜班工人上课，注重国文、法文、社会常识、科学知识即工场和铁路知识。吴雨铭（即吴汝铭）被派到长辛店任住校教员。以后到这里任教的，还有李梅羹、王复生、李骏和杨人杞。办学目的本来就是教育工人提高阶级觉悟，因此，政治性便与知识性融合起来。据《北京共产主义组织的报告》记载："我们教工人什么呢？我们经常不断地向他们说，他们遭受他们的厂主资本家的掠夺，不得不过着牛马般的生活；其次，向他们介绍外国工人运动史。我们不断地向他们指出组织起来的意义和方法，时常给他们讲课，教他们识字，同时，还教他们习惯于用文字来表述自己的思想，让他们写出关于家庭生活和日常生活情况以及工厂里发生的一切不公平事件的书面报告。"①

长辛店劳动补习学校的创办，成功开辟了接近工人的有效途径，《北京共产主义组织的报告》指出："我们和工人之间逐渐产生了亲密友好的感情；我们不止一次地向工人提出鼓舞他们的重要建议，结果，我们看到，认为必须提出各种阶级要求，像增加工资、缩短工时、成立工会等思想，在工人中间不断增长起来"②。

通过举办工人学校，以及以各种方式进入工人之中，早期共产党人认为开辟工人运动路径，可以有 4 个步骤：第一步，工人运动的发动者与工人之间建立友好关系；第二步，选拔工人领袖；第三步，教育工人领袖牢记组织工会的目的，开展同雇主的斗争，激化阶级仇恨；第四步，利用每一个机会，推动群众举行游行示威和罢工。③ 显然，这些认识只是初步的，需要在实践中去粗取精，提炼升华。

---

① 《北京共产主义组织的报告》（1921 年 7 月），载中共中央文献研究室、中央档案馆编《建党以来重要文献选编（一九二一——一九四九）》第 1 册，中央文献出版社，2011，第 12 页。

② 《北京共产主义组织的报告》（1921 年 7 月），载中共中央文献研究室、中央档案馆编《建党以来重要文献选编（一九二一——一九四九）》第 1 册，中央文献出版社，2011，第 11 页。

③ 参见《北京共产主义组织的报告》（1921 年 7 月），载中共中央文献研究室、中央档案馆编《建党以来重要文献选编（一九二一——一九四九）》第 1 册，中央文献出版社，2011，第 12 页。

除开长辛店，北京早期党组织努力扩大工作范围。听说哪里发生罢工，张国焘和罗章龙就乘车赶到哪里。可是，人们不相信能够从外人那里得到帮助，他们的尝试没有成功。这说明新局面的开辟绝非轻而易举。

党的广州早期组织在机器工人中开办夜校，计划取得完全成功以后，着手去做其他学校的工作。① 校址设在机器工会内，办学之初，陈独秀叮嘱办学人员，机器工人比较先进，革命要先发动和依靠他们，我们得设法在那里做试验。②

武汉地区的现代工运从工厂调查起步。1920 年 2 月 4 日至 7 日，陈独秀应邀在武昌文华大学、武昌高等师范学校等处演讲，其间结识文华大学校工郑凯卿，发动郑凯卿组织学生作工厂调查。受陈独秀的影响，中共武汉地区党的早期组织成立后，郑凯卿即加入了共产党。《新青年》第 8 卷第 1 号发表了刘云生的《汉口苦力状况》③、文华大学学生的《武昌五局工人状况表》，包惠僧在《民国日报》副刊《觉悟》发表了《我对于武汉劳动者的调查和感想》。党的武汉早期组织也有过办学活动。据吴德峰回忆：在工人中的活动，是用在工厂办识字班的办法和工人接近。这种识字班办得很广泛，主要有武汉第一纱厂、英美烟公司和汉阳兵工厂，其他如裕华纱厂、震寰纱厂、纱麻四厂、南洋烟厂、汉口一家日资纱厂以及铁路工人中都有这种识字班。④

早在 1917 年，毛泽东就倡议在湖南第一师范附属初级小学内创

---

① 参见《广州共产党的报告》（1921 年 7 月），载中共中央文献研究室、中央档案馆编《建党以来重要文献选编（一九二一——一九四九）》第 1 册，中央文献出版社，2011，第 19 页。

② 参见谭天度：《回忆广东的“五四”运动与共产主义小组的建立》，载中共中央党史资料征集委员会编《共产主义小组》（下），中共党史资料出版社，1987，第 755—756 页。

③ 黄钢等编《黄负生纪念文集》，武汉出版社，2003，第 12 页，称“刘云生”系刘子通、陈潭秋、黄负生的笔名。

④ 参见吴德峰：《党成立前后武汉地区的一些情况》，载中共中央党史资料征集委员会编《共产主义小组》（上），中共党史资料出版社，1987，第 456 页。

办工人夜学，并亲自用白话写了招生广告。1920年他担任一师附小主事，在初小部办了平民夜校，后来在高小部办补习班。通过创办文化书社，组织湖南俄罗斯研究会，开展湖南自治运动，以及主办平民夜校等途径，毛泽东和党的长沙早期组织成员建立了与工人群众的联系。他在回忆这段经历时说："一九二〇年冬天，我第一次在政治上把工人们组织起来了，在这项工作中我开始受到马克思主义理论和俄国革命历史的影响的指引。"[①]

宣传、教育的目的是把工人群众组织到阶级工会里。党的早期组织建立了第一个工会——上海机器工会。陈独秀在《劳动界》的来稿作者中发现了青年工人李中。李中原系湖南第一师范学生，后到上海进江南造船厂作锻工。陈独秀将其发展成为党员，由李中出面牵头筹组上海机器工会，并一起拟定了章程。1920年10月3日下午，机器工会发起会在渔阳里外国语学社召开，发起人有来自江南造船厂、杨树浦电灯厂、厚生纱厂、东洋纱厂、恒丰纱厂等企业的80人，陈独秀、李汉俊、李启汉、杨明斋等6人以参观者的身份出席。

李中以筹备会书记身份主持发起会。他的致辞清晰地表达了办会宗旨：不要变为资本利用的工会，不要变为同乡观念的工会，不要变为政客和流氓把弄的工会，不要变为不纯粹的工会，不要变为只挂招牌的工会。这"五不要"，实际是揭露当时各种工会的弊端，鲜明地揭示了机器工会的阶级性、革命性、先进性和群众性。陈独秀高度赞赏机器工人的行动，希望机器工会能大发展，来年今日，"就有几千或几万的会员，建设一个大力量的工会"。他勉励与会者关心工会，"要把他糟的处所改造，把坏的分子驱出；尽力负责去干"，[②] 促进机器工会健康发展。发起会通过了陈独秀参与制定的《上海机器工会简章》，推陈独秀等6人为名誉会员，决定在杨树浦设立事务所，在领导机构正式成立前暂设经募处，陈独秀为主任，李中、陈文焕等人为办事员。

---

① 埃德加·斯诺：《红星照耀中国》，董乐山译，新华出版社，1984，第135页。

② 《上海机器工会开发起会纪略》，《劳动界》第9册。

11 月 21 日，上海机器工会在上海公学召开成立大会。参加大会的有本会会员、各工会代表及来宾近千人。大会由李中主持。孙中山、陈独秀等发表演说。陈独秀强调了工会的阶级性，指出工人团体“须完全工人组织，万勿容资本家侧身其间，不然仅一资本家式的假工会而已”①。杨明斋等也参加了这次会议。机器工会的日常工作机构是理事会，吕树仁为书记，李中任庶务，陈文焕任会计，出版《机器工人》，创办英文义务学校。从发起到正式成立，不到两个月，上海机器工会即发展会员 370 余人。它的成立，得到外国工会的注意，美国的世界工人联合会发来贺信②，《劳动界》载文称萌芽中的中国工人运动与外国劳动界联系，要算这是破天荒第一遭！

机器工会成立后，印刷工人开始组织统一的工会。1920 年 12 月，上海印刷工会成立事务所，制定了简章，铅印部工人 300 余人与石印部工人统一组织，会员达到 1346 人。印刷工会创办《友世画报》，“专为提倡劳工底生活增高，并以改造社会为主旨”③。《共产党》月刊载文称赞机器工会和印刷工会是“办理得有精神有色彩的工会”④。李启汉以上海工人游艺会为基础，帮助纺织工人筹建工会，以上海纺织工会或纺织工会沪西部的名义开展活动，同兴纱厂工人孙良惠为负责人。

1920 年 5 月 1 日，长辛店铁路工人会宣布成立，制定了《京汉路长辛店铁路工人会简章（草案）》，工人会以“联络感情，实行互助，谋改良地位，增高生活，得到共同幸福”为宗旨，规定凡长辛店铁路工人、车站工人都可入会，虽非工人而特别尽力于本会的人，经本会干事会认可或推荐，可以认作本会名誉会员。其领导机构实行大会、干事会两级，主任干事由干事会选举，代表本会，总理本会一切事务。工人会计划开展娱乐（俱乐部、游艺会等）、救济抚

---

① 《民国日报》1920 年 11 月 22 日。

② 《美国 I. W. W. 致上海机器工会书》，《劳动界》第 24 册。

③ 《上海又有一个工会成立了…… “上海印刷工会” 》，《劳动界》第 18 册。

④ 《上海劳动界的趋势》，《共产党》第 6 号。

恤、教育（学校、书报室、讲演会等）等业务，帮助同路工人组织团体。[1]《共产党》月刊发布消息，称其“办理很有条会［理］”[2]。

由于历史的原因，广州现代工会组织有上百个，它们或者受无政府主义者影响，或者在国民党人的掌控下。因此，有所谓“想在广州市内想找出一个确实能够称得工会两个字而无愧的，恐怕象（像）恒河沙粒中寻出一颗小小的金粒”。[3] 这当然是极而言之。鉴于此，广州早期党组织一方面与国民党人保持联系，一方面“极力设法单独组织工会”[4]。

1921年2月10日，广州理发工会成立，陈独秀出席并演说。他指出：中国的工会运动处于开始时期，广州工会团体虽多，但多无组织可言，甚至连章程都没有。理发工会有详细完备的章程，到会者多是纯粹的工人，这是好现象。他鼓励理发工会多多联络同业，组成一个大工会，并加强自身建设。[5] 陈公博强调工人建立组织是为了解决自身问题，行动要有独立性；“为着推翻资本化的制度我们不妨战争，为着排除恶社会的制度，我们不妨战争，如为着什么无聊的政治问题，或资本家的本身问题，我们犯不着替他捧场作傀儡”[6]。沈玄庐也出席了成立会并讲话。1921年一二月间，经谭平山安排，梁复然、郭植生等人到木匠、泥水匠中活动，成立了广东土木建筑工会。接着，他们到佛山，先后成立理发工会、土木建筑工会。

“五一”国际劳动节纪念活动，融政治性、群众性、文艺性于一体，融宣传、教育、鼓动于活动之中，是对工人阶级进行阶级教育，

---

① 参见《京汉路长辛店铁路工人会简章（草案）》，载刘明逵、唐玉良主编《中国近代工人阶级和工人运动》第3册，中共中央党校出版社，2002，第837—840页。

② 《长辛店工会成立》，《共产党》第6号。

③ 谭平山：《广州劳动运动的曙光》（1921年5月27日），载《谭平山文集》编辑组编《谭平山文集》，人民出版社，1986，第200页。

④ 《广州共产党的报告》（1921年7月），中共中央文献研究室、中央档案馆编《建党以来重要文献选编（一九二一——一九四九）》第1册，中央文献出版社，2011，第19页。

⑤ 参见《陈独秀在理发工会演说辞》，《劳动与妇女》第1期。

⑥ 《陈公博在理发工会演说辞》，《劳动与妇女》第1期。

启发其阶级觉悟，促成阶级团结的重要方式。由于党的早期组织成立后立即投身于工人群众之中，这个新要素，使 1921 年的“五一”国际劳动者纪念活动又与 1920 年的形势“大不同”。

在北京，党组织早在 4 月 6 日就开始筹备，决定印发《五一节》《工人的胜利》等小册子和传单，并研究了如何协助长辛店工人开好纪念会的问题。5 月 1 日，长辛店 1500 多人齐聚娘娘宫前，参加者除本地工人外，还有天津、保定等地来的工人，以及工界国民学校和劳动补习学校的学生。纪念会的安排和内容别开生面。首先由学生唱歌两首。其一：“美哉自由，世界明星，拼吾热血，为他牺牲。要把强权制度一切消除尽，记取五月一日之良晨”。其二：“红旗飞舞，走上光明路，各尽其能，各取所需，不分贫富贵〈贫〉贱，责任唯互助，愿大家努力齐进取”。工会主任报告了组织工会的情形，提出近期目标。来宾、工人和补习学校学生纷纷发表演说，或讲述“五一”国际劳动节的历史，或控诉资本家的专横，或预祝工会名副其实。会后，工人们组成游行队伍，高举写有“工会成立了”等字样的旗帜，唱着革命歌曲，高呼“劳工万岁”“五一节万岁”“增加工资、缩短工时”的口号沿街行进，散发传单、小册子数十种数万份。“沿途观者无不拍掌欢迎。一时叫号声唱歌声拍掌声杂出。几乎把火车汽笛的声音都压住了。”①

在上海，4 月 17 日，李启汉就在外国语学社内主持筹备会议，到会者 28 人来自 10 多个团体，包惠僧、陈望道、李中等出席。筹备会决定于 5 月 1 日全市工人停工，在公共体育场召开纪念大会。稍后，李启汉又两次开会具体研究筹备纪念大会有关事宜。法租界巡捕房得悉，立即加以干涉。5 月 1 日下午，纪念大会被迫变更地点，分散举行。李启汉亲自参加了纪念大会，据上海工部局《警务处日报》记载：“五一劳动节庆祝筹备会主要发起人李启汉及其他跟

① 参见《北京共产主义组织的报告》（1921 年 7 月），载中共中央文献研究室、中央档案馆编《建党以来重要文献选编（一九二一——一九四九）》第 1 册，中央文献出版社，2011，第 13 页；《劳动节之长辛店工人大会》，《晨报》1921 年 5 月 2 日。

随者约20人从山东路工商友谊会出发……彼等首先搭电车至麦根路，大部分人在该处分手，其中8人则沿西苏州路步行至宜昌路，然后过苏州河进入闸北，在途中曾散发传单若干。”[①] 杨树浦会场差不多有万余人，车袋角会场不下几千人，“发言的很多，并且都十分激烈，几有不得到工作八小时，教育八小时，休息八小时，虽至官厅捕房如何干涉，决不与资本家干［甘］休之势”[②]。会后，两处会场的工人准备结队游行，因天色已晚，细雨纷纷而临时取消。当日，《民国日报》副刊《觉悟》出版“劳动节纪念号”，李达的文章阐述了纪念“五一”国际劳动节的意义，强调今后工人运动努力的目标和方向，一定要突破“八小时工作制”，要采取积极的努力奋斗的手段，对社会组织进行根本的改革。

长沙第一次举行了“五一”国际劳动节纪念活动。5月1日上午，湖南劳工会在湖南第一师范大礼堂举行游艺会。湖南劳工会正式成立于1920年11月21日，该会骨干黄爱、庞人铨都是湖南甲种工业学校学生，当过工人。黄爱曾在上海《新青年》编辑部任缮写，后因有志从事劳动运动而回到长沙。经与庞人铨商议，并得到何叔衡的支持，黄爱筹备成立湖南劳工会。10月27日，黄爱给陈独秀写信，告诉其劳工会的宗旨和简章内容。《劳动界》发表了劳工会成立的消息。该会实行合议制，不设主要负责人，其中，黄爱任教育部主任，庞人铨任出版部主任，王光辉任会计部主任。劳工会成立后先后举办《劳工》月刊、《劳工周刊》，并发动声势浩大的湖南第一纱厂公有运动，为此，黄爱在王光辉被捕后“自首入狱”。

1921年4月30日，湖南当局宣布省城戒严，禁止“五一”游行。劳工会决定改办游艺会，湖南省省长、湘军总司令赵恒惕电话制止，后改由戒严司令部派队前来监视。评议部主任李彤作主旨演讲，会员、来宾相继演说，痛诉劳动者的痛苦。演说完毕，表演庞

① 转引自沈以行、姜沛南、郑庆声主编《上海工人运动史》（上卷），辽宁人民出版社，1991，第132页。

② 《民国日报》1921年5月4日。

人铨创作的剧目《万恶的金钱》，抨击资本对劳动的剥削。① 下午，各厂工人、9所学校男女学生、大同合作社社友共200余人，冲破政府禁令，冒雨游行，一路散发传单七八种上万份，并在闹市区火宫殿聚众演说。听众有的说："我们工人如果真有团结，硬要饿死些吃人的东西。"巡警赶来干涉，"游行的人锐气更见增长，大家把五一的要义，向那派来的巡警十分的开导，他们巡警也听得口口称是"。② 当天，长沙各大报刊出版劳动节纪念专号，谢觉哉、李六如、庞人铨等撰写了纪念文章。

在广州，5月1日被定为休息日，各工团3000余人举行化妆巡游，类似嘉年华，为"空前未有之盛举"。游行队伍以铜乐开道，各工会、团体组成方阵，或持各种劳动工具，或扛各式写有口号的标牌，或装扮资本家各种丑态，列队行进。一般游行人员，"均穿着短衫，工人装束，一律手持小旗，上书不劳动者不得衣食住，作工八时等字样，精神奕奕"③。社会主义青年团散发了"五一"国际劳动节的由来、军阀与财阀联手欺压工人为内容的图画等宣传品。机器工会等团体派发了传单。《广东群报》出版增刊，总编辑陈公博介绍了一年间广州工人运动状况。谭平山以广州街头所见所闻的大量事实，驳斥了所谓中国"没有资本家""没有资本压迫"的谬论，向劳苦大众发出呼吁："我们不要做政家［客］的走狗！不要做官僚的厮役！不要做洋大人的忠仆！不要做军人刽子手！不要做资本家的孝子贤孙！还要快快地去努力奋斗？还要快快地努力共资本家决场胜负！"④

自中共早期组织建立起，不到一年时间，马克思主义的光辉照进了工人群体，觉悟起来的先进分子开始认识到工人阶级的地位、使命和未来，着手建立阶级性的工会组织。随着统一的中国共产党

① 参见长沙《大公报》1921年5月2日。

② 《民国日报》1921年5月8日、5月12日。

③ 《民国日报》1921年5月10日。

④ 谭平山：《万国庆祝声中我们中国劳动界的鏖战声》（1921年5月5日），载《谭平山文集》编辑组编《谭平山文集》，人民出版社，1986，第190—191页。

的创建，工人阶级有了自己的先锋队，吹响了“劳动运动的真正开始”[①] 的号角。

三　中国共产党的创建与工人运动的真正开始

1. 中共一大、二大的召开及其工人运动部署

1921 年 7 月 23 日，中国共产党第一次全国代表大会在上海法租界望志路 106 号开幕。李达、李汉俊、董必武、陈潭秋、毛泽东、何叔衡、王尽美、邓恩铭、张国焘、刘仁静、陈公博、周佛海，以及受陈独秀指派的包惠僧出席了大会，代表着全国 50 多名党员。[②] 张国焘被推为大会主席。共产国际代表马林和尼克尔斯基参加了会议。会议排除租界暗探和巡捕的骚扰以后，8 月初，在嘉兴南湖的一艘画舫上胜利闭幕。[③]

大会听取了各地早期组织活动和工作情况的报告，研究了党的纲领、政策和当时的重点工作。大会制定了党的第一个纲领，规定党的名称为“中国共产党”；规定党的纲领是推翻资本家阶级的政权，直到社会的阶级区分消除为止；承认无产阶级专政，直到阶级斗争结束；消灭资本家私有制，没收其生产资料归社会公有；联合第三国际。大会确定党的政策是：承认苏维埃管理制度，承认党的根本政治目的是实行社会革命，党彻底断绝同黄色知识分子阶层及其他类似党派的一切联系。[④]

---

① 毛泽东：《新民主主义论》（1940 年 1 月），载《毛泽东选集》第 2 卷，人民出版社，1991，第 697 页。

② 1922 年 6 月 30 日，陈独秀在给共产国际的报告中提到中共一大召开时全党党员 50 多名。其时的党员人数，另有 53 人、57 人、58 人、50—60 人等几种不同说法。

③ 关于中共一大的闭幕日期，目前有 7 月 30 日、7 月 31 日、8 月 1 日、8 月 2 日、8 月 5 日等几种不同说法。8 月 5 日说，见于 1921 年 10 月 13 日驻赤塔赤色职工国际代表斯穆尔基斯的信件，该信件同时提到了中共一大于 7 月 23 日开幕。

④ 参见《中国共产党第一个纲领》（1921 年 7 月），载中共中央文献研究室、中央档案馆编《建党以来重要文献选编（一九二一——一九四九）》第 1 册，中央文献出版社，2011，第 1 页。

大会讨论了当时的重点工作，认为共产党既是工人阶级的党，就应把大部分力量投入到工人运动中去，组织工人运动总机关，指挥全国工人运动，出版书报、办工人夜校，吸收工人入党。大会选举产生了党的中央临时领导机构，由陈独秀、张国焘、李达组成中央局，陈独秀为书记，张国焘负责组织工作，李达负责宣传工作。中共二大召开之前，改用中共中央执行委员会的名义活动。

“中国产生了共产党，这是开天辟地的大事变。”① 从此，中国革命有了以马克思列宁主义武装起来的、与人民群众保持血肉联系的领导核心。从《中国共产党宣言》《共产党》创刊号《短言》，到党的第一个纲领，根源于马克思主义奠基之作的《共产党宣言》的基本思想一脉相承。党的纲领条文，说明了中国共产党一开始就是以马克思列宁主义为指导，以实现共产主义为终极目标，为中国工人阶级和劳苦大众的翻身解放而奋斗的无产阶级政党。党一经诞生，“就把为中国人民谋幸福、为中华民族谋复兴确立为自己的初心使命”②，从来不曾忘怀、动摇和改变。党的政策部分，确立未来社会苏维埃管理模式，要学习俄国革命经验；决定共产党与其他党派和资产阶级知识分子之间相隔离，体现了初生的无产阶级政党对其政治纯洁性的强烈追求。

陈独秀在中共三大上说，那时，“并不明白我们的任务，谈的是无产阶级专政”③。中国作为半殖民地半封建的落后国家，当时迫切需要推翻帝国主义及其代理人北洋军阀的统治，争取民族独立。这场斗争具有资产阶级民主革命的性质，也就是列宁所定义的“民族革命”。中共一大制定的纲领是最高纲领，还没有提出解决当时政治问题的方案，这就意味着，党需要及时制定指导当前活动的最低纲

---

① 毛泽东：《唯心历史观的破产》（1949 年 9 月 16 日），载《毛泽东选集》第 4 卷，人民出版社，1991，第 1514 页。

② 习近平：《在庆祝中国共产党成立 100 周年大会上的讲话》，人民出版社，2021，第 3 页。

③ 李玉贞译：《共产国际代表马林关于中国共产主义运动及中共创建的五份文献》(1921 年 6 月—1923 年 6 月)，《党的文献》2011 年第 4 期。

领，取得将马克思主义基本原理与中国实际结合起来的政治成果。

制定党的最低纲领的任务，在共产国际的帮助下完成了。1920年七八月间，共产国际第二次代表大会指出，落后国家的共产党面临的任务是进行民族革命，共产党应当在这个革命中同资产阶级民主派结成联盟。这个精神通过不同渠道传到中国。1922 年 4 月，共产国际二大文件集《第三国际议案及宣言》即经沈泽民翻译，由人民出版社在广州出版。

为了推动共产国际二大决议的落实，1922 年 1 月 21 日至 2 月 2 日，远东民族代表大会在苏俄召开，出席会议的中国代表团有表决权的代表 39 人，有发言权的代表 5 人。张国焘代表中国共产党并任代表团团长，张秋白代表国民党，于树德、王尽美、邓培、邓恩铭、冯菊坡、林育南、夏曦、高君宇、马念一、赵子俊、梁鹏万、宣中华、王寒烬、欧阳笛渔等分别以社会主义青年团、劳工团体、社会界别、地方代表等不同的名义出席，瞿秋白以东方劳动者共产主义大学代表名义出席。[①] 会议期间，列宁抱病接见了张国焘、张秋白、邓培等人，询问中国国民党与中国共产党之间能否实现合作，表示了他希望国共两党能够合作的意向，对中国铁路工人运动也寄予厚望。远东民族代表大会对于中国共产党制定最低纲领，起了关键性的催化和引导作用。同时，出席这个大会的共产党人、青年团员和工人代表经受洗礼，增强了推动第一次工人运动高潮的精神动力。

1922 年 6 月 15 日，中国共产党第一次就时局问题发表主张，17 日，印成小册子，广为发行。这份文告肯定了辛亥革命在中国政治史上开辟新纪元的意义，明确提出无产阶级在目前最切要的工作，乃是联络民主派共同建立一个民主主义的联合战线，推翻军阀，建设民主政治。

7 月 16 日至 23 日，中国共产党第二次全国代表大会在上海召开。出席大会的有中央局成员、党的地方组织的代表和参加远东民

---

① 参见中共一大会址纪念馆编《中共首次亮相国际政治舞台（档案资料集）》，上海人民出版社，2016，第 302—313 页。

族代表大会后回国的部分代表共 12 人，代表着全党 195 名党员。

陈独秀主持了大会，代表中央局报告了一年的工作情况；张国焘报告了出席远东民族代表大会的经过及第一次全国劳动大会的情况；团中央代表施存统报告了社会主义青年团第一次全国代表大会的经过及其决议。

大会通过了《中国共产党第二次全国代表大会宣言》，在分析国际国内形势和中国社会性质的基础上，提出党在目前的奋斗目标是：消除内乱，打倒军阀，建设国内和平；推翻国际帝国主义的压迫，达到中华民族完全独立；统一中国本部（东三省在内）为真正民主共和国；等等。党的目的是：组织无产阶级，用阶级斗争的手段，建立劳农专政的政治，铲除私有财产制度，渐次达到一个共产主义的社会。①

《中国共产党第二次全国代表大会宣言》以“两步走”的思想阐述中国革命，指出现阶段中国革命的性质是民主革命；革命的对象是帝国主义和封建军阀；革命的动力是工人、农民和小资产阶级，民族资产阶级也是革命的力量之一；革命的策略是组成各革命阶级的“民主的联合战线”；革命的任务和目标是打倒军阀，推翻帝国主义的压迫，实现民族独立和国家统一；革命的前途是由民主革命转变到社会主义。这就把党的最低纲领与党的最终奋斗目标统一起来，从而实现指导方针的重大转变，党由宣传机关真正变成政治机关，有利于把党的工作落到推动社会变革的实处，并由此推动马克思主义中国化的进程。

中共二大通过了《关于“民主的联合战线”的议决案》《关于“工会运动与共产党”的议决案》等一系列决议，制定了第一部党章，选举产生了中央执行委员会。大会选举陈独秀、张国焘、蔡和森、高君宇、邓中夏为中央执行委员，选出候补中央执行委员 3 名，

---

① 参见《中国共产党第二次全国代表大会宣言》（1922 年 7 月），载中共中央文献研究室、中央档案馆编《建党以来重要文献选编（一九二一——一九四九）》第 1 册，中央文献出版社，2011，第 133 页。

陈独秀当选为中央执行委员会委员长，蔡和森、张国焘分别负责党的宣传工作、组织工作。大会正式决定加入共产国际，成为共产国际的中国支部。

发展工人运动，是两次代表大会的主要议题之一。在中共一大上，马林向代表们介绍了在荷属爪哇的活动，建议“要特别注意建立工人的组织”。经过讨论和研究，鉴于“党至今几乎完全由知识分子组成，所以代表大会决定要特别注意组织工人，以共产主义精神教育他们”；由于党员人数少，“决定集中我们的全部精力组织工厂工人”，[①] 对于组织农民和军队问题则未作相应决议。

《中国共产党第一个决议》有 6 个部分，以大半篇幅规定了领导工人运动的任务。关于工人组织，决议强调“本党的基本任务是成立产业工会”，任何地方凡有一种以上产业者，即应组织一产业工会；在没有大工业而只有一两个工厂的地方，也应成立比较适合于当地条件的工厂工会；“党应在工会里灌输阶级斗争的精神”，警惕工会成为其他政党的玩物，防止其他政治路线的渗透。对于现存的手工业工会，党可派人加入其中予以改组。会员人数达 200 人以上的，可成立同业工会，本党至少要派两名党员到该工会去工作。

关于宣传，决议强调党的中央和地方的一切宣传和出版工作，都应在党的领导下进行。党的任何出版物，均不得违背党的原则、政策和决议。这自然包含了有关工人运动的宣传原则和方针。

关于工人学校，决议指出“工人学校是组织产业工会过程中的一个阶段”，这种学校“应逐渐变成工人政党的中心机构”，其基本方针“是提高工人的觉悟，使他们认识到成立工会的必要”。因此，各种产业部门均应成立这样的学校。其校务委员会和学校管理处，只能由工人组成；本党聘任的老师可出席校务委员会会议。

关于工会组织的研究机构，决议指出：“成立这种机构的主要目

---

① 《中国共产党第一次代表大会》（1921 年），载中共中央文献研究室、中央档案馆编《建党以来重要文献选编（一九二一——一九四九）》第 1 册，中央文献出版社，2011，第 21、24 页。

的，是教育工人，使他们在实践中去实现共产党的思想。”这种机构应由各种产业的领导人、有觉悟的工人和共产党员组成，特别要关注组织工会、援助工人运动中的其他行业的工人，以及研究其他工会和无产阶级组织的工作情况。为更加合理地做出安排，这种工会研究机构可分设成若干研究小组，如工人运动史、组织工厂工人的方法、马克思的经济学说、各国工人运动现状等等。决议还强调要特别关注中国工人运动的问题。①

1921 年 9 月中旬，陈独秀从广州返归上海主持中央局工作。11 月，他签发通告，要求各区党组织在第二年召开第二次大会之前，必须办到 4 件事，其中要求上海、北京、广州、武汉、长沙的党组织必须有直接管理的工会一个以上，其余的工会也须有切实的联络；关于工人运动的发展，提出应以全力组织全国铁路工会，上海、北京、武汉、长沙、广州、济南、唐山、南京、天津、郑州、杭州、长辛店诸同志，都要尽力实施这项计划。②

1922 年 6 月 30 日，陈独秀以中共中央执委会书记的身份向共产国际报告了党的情状和将来计划。共产国际执委会远东部主任维经斯基高度评价陈独秀的报告，认为中国共产党的“工作方针是正确的”，“已开始走出马克思主义小组状态，并作为一个政治组织而站立起来”。他建议党在工人群众中的工作应集中到两个方面：一是出版关于中国现实政治问题、一般的马克思主义问题和其他国家阶级斗争问题的小册子、传单和宣传文章，达成面向工人群众的教育任务；二是通过工会、工人互助会、医疗储金会、工人俱乐部和学校等不同形式，完成组织工人群众的任务，要把所有精力都切实放到

① 参见《中国共产党第一个决议》（1921 年 7 月），载中共中央文献研究室、中央档案馆编《建党以来重要文献选编（一九二一——一九四九）》第 1 册，中央文献出版社，2011，第 4—6 页。

② 参见《中国共产党中央局通告——关于建立与发展党团工会组织及宣传工作等》（1921 年 11 月），载中共中央文献研究室、中央档案馆编《建党以来重要文献选编（一九二一——一九四九）》第 1 册，中央文献出版社，2011，第 47 页。

组织各地的工人群众上面来。[1] 中共二大关于工人运动的决议，与此颇为一致。

中共二大通过的《关于“工会运动与共产党”的议决案》，根据民主革命的任务和工人运动的形势，总结一年来开展工人运动的实践，借鉴国际工人运动的经验，第一次明确规定了“切实研究”工人运动的现状，“集中、扩大和正当指挥这种运动，是中国共产党的根本任务”。为完成这一根本任务，确立了“根本方针”19条，归纳起来主要是：

第一，强调了无产阶级，即产业工人，是劳动阶级和劳苦群众中“最进步和最能战斗的部分”，劳动阶级和劳苦群众的解放斗争必须伴随着无产阶级的利益而进行。为此，党“必须集中他的力量为产业工人的组合运动”，如铁路、海员、五金、纺织工人等。

第二，强调了工会的阶级性质和行动准则。确认“工会就是保护工人切身的利益和为工人的利益奋斗的机关”，是劳动者的群众性组织；工会在劳资斗争中不能站在“调和”的地位；工会应该努力去做改良工人状况的运动，参加民主革命进程，并在联合战线中“占独立的重要的地位”；工会开展反对雇主和工头的运动，非专为反对个人而反对，应使之“真正变为阶级的行动”。

第三，强调了工会最重要的职责，就是取得和实行团体契约权，争取同工同酬。工会是战斗团体，不专是共济的机关，互相帮助和联络感情不是它的主要目的。

第四，强调了工会的教育职责。为了发展工人群众的阶级自觉，“工会自身一定要是一个很好的学校”，要运用工人运动的实践和经验教训去教育工人群众。

第五，强调了工会所体现的工人阶级的团结和力量，必须依靠“中央集权的和有纪律的产业组合”，产业工会内部不能形成依职业

① 参见《维经斯基给中共中央的信》（1922年8月），载中共中央党史研究室第一研究部译《联共（布）、共产国际与中国国民革命运动（1920～1925）》，北京图书馆出版社，1997，第117—119页。

划分的所谓“自治”组织；工会的基本组织是工厂委员会；要使全阶级都联合起来，必须要有“阶级一致和纪律的训练”。

第六，强调中国工会是国际工人运动的组成部分，各国革命的工会必须有统一的联合，中国共产党领导的中国工会立于赤色工会国际旗帜之下。

第七，强调了中国共产党与工会的关系，党与其他工会的关系。指出“共产党是所有阶级觉悟的无产阶级分子的组合，是无产阶级的先锋军，有一定的党纲，是一个以打倒资产阶级和资本主义为目的的无产阶级的政党；工会是所有工人的组合（不管政治见解怎样）”；共产党为实现其目标，必须在工会、工厂委员会和其他劳动团体中建立强有力的团体。共产党人在国民党、无政府党或基督教所组织的工会中活动，积累势力，“夺得领袖地位”；在为工人群众利益的奋斗中，共产党人需要与其他党派团体合作，但要使工人群众知道：“只有共产党是工人的先锋，是工人的政党。”为实现工会活动的群众性，议决案附带 3 项次要决议：规定党组织开展工人运动，要利用工人消费合作社；要进入较进步的行会，从中改造出新工会；要进入与工人有关的其他团体、俱乐部、学校，组建小团体。①

总之，从中共一大到二大，党的完整的纲领被制定出来，作为实践当前纲领的主要部分，党领导的工人运动及其各项任务、基本原则和指导方针逐步具体化。党的工运决议既有由马克思主义基本理论转换而来的政策阐述，也借鉴了国际工人运动的实践经验和具体做法，这就为党领导下的工人运动的开局并掀起第一次全国性的高潮，指明了方向。中国共产党创立，“形成了坚持真理、坚守理想，践行初心、担当使命，不怕牺牲、英勇斗争，对党忠诚、不负

① 参见《关于“工会运动与共产党”的议决案》（1922 年 7 月），中共中央文献研究室、中央档案馆编《建党以来重要文献选编（一九二一——一九四九）》第 1 册，中央文献出版社，2011，第 150—155 页。

人民的伟大建党精神”[①]，开启了实现中华民族伟大复兴的宏伟征程。发展现代工人运动是实现民族复兴的内在要求和重要内涵。各级党组织和共产党员弘扬伟大建党精神，奋力开辟工人运动的新局面。

2. 中国劳动组合书记部的成立与良好开局

根据中共一大的决定，8 月 11 日，中国劳动组合书记部在上海成立。它的名称，据张国焘称系出自共产国际代表马林的建议。中央局成员张国焘为书记部主任，工作人员有李启汉、李震瀛、包惠僧、许白昊等，办公地址设在上海公共租界北成都路 19 号。

劳动组合书记部不是中共中央的内设机构，也不是群众性的工会组织，而是党中央直接领导的工人运动机构，面向全国独立开展合法的、公开的工人运动。党的中央局成员主持书记部工作，这就把党本身的工作及其对书记部的领导完全结合起来了。由于党处在秘密状态，书记部因而成为“中共中央领导下一个最活跃的部分，大多数的党团员都参加了这部分的实际工作”[②]，是完全可以理解的。

8 月 16 日，书记部以张国焘等人的名义发表了《中国劳动组合书记部宣言》，揭露资本主义制度下中国工人的苦难，指出这种不堪忍受的苦难，必将导致工人的有力反抗。但是，劳动者如果没有组织，只有旧式的公所和没有意义的工会，只有宁波帮、广东帮、江北帮之类的帮会团体，是不能有效地与资本家进行斗争的。“只有把一个产业底下的劳动者，不分地域，不分男女老少，都组织起来，做成一个产业组合”，这样，“劳动者才能用他们的组织力，做奋斗事业，谋改良他们的地位”。宣言说明了中国劳动组合书记部的由来、宗旨和任务，指出：“中国劳动组合书记部是由上海——中国产业的中心——的一些劳动团体所发起的，是一个要把各个劳动组合都联合起来的总机关。它的事业是要发达劳动组合，向劳动者宣传组合之必要，要联合或改组已成的劳动团体，使劳动者有阶级的自

---

① 习近平：《在庆祝中国共产党成立 100 周年大会上的讲话》，人民出版社，2021，第 8 页。

② 张国焘：《我的回忆》第 1 册，现代史料编刊社，1980，第 168 页。

党，并要建立中国工人们与外国工人们的密切关系。”[①]“总机关”当然是自我设定。宣言呼吁所有业经成立的劳动团体，加入书记部以共策进行。

建立工会要有阶级性，组织罢工要有战斗力，前提是要让广大工人群众觉悟起来。所以，书记部起始就创办《劳动周刊》，张国焘任编辑部主任，包惠僧、李震瀛、李启汉、李新旦、刘苠人、董锄平、韦素兰、杨慧贞、汪洋等为编辑。这份报纸四开四版，逢周六出版，设有《评论》《工会消息》《劳动界消息》《世界要闻》《转载》《来件》《小说》《随感》等栏目。

《劳动周刊》发刊词阐明了办报宗旨，指出："我们这个周刊是不比得有产阶级的报纸，有产阶级的报纸，是只记得金钱，那里记得什么公道正义呢！我们的周刊不是营业的性质，是专门本着中国劳动组合书记部的宗旨为劳动者说话，并鼓吹劳动组合主义。我们希望中国的工人们都拿材料来供给这个惟一的言论机关，都来维护这个惟一的言论机关，扩大解放全人类的声浪，促进解放全人类的事业实现。”[②] 后来，在报纸的边旁用大字登出全国工人运动的斗争口号："世界工人们联合起来啊！劳动者获得罢工权力”“增加工资，减少工作时间”“劳动者有集会、结社、出版的绝对自由”等。

《评论》《劳动界消息》《特别纪事》《特载》是《劳动周刊》的重点栏目。李震瀛、李启汉等就当时工人运动中的重大事件发表评论，指点方向；《劳动界消息》报道各地工人运动新进展，张大声势；《特别纪事》《特载》重点发表各地工人运动中的重大事件，详加披露，鼓舞人心。

---

① 《中国劳动组合书记部宣言》，《共产党》第6号。本期标注出刊时间为1921年7月7日，实际上推迟了。劳动组合书记部的成立和发表宣言的时间，依据1921年10月13日驻赤塔赤色职工国际代表斯穆尔基斯的信件，见中国革命博物馆党史研究室编《党史研究资料》(3)，第49页。1923年6月23日，共产国际代表马林在《致共产国际执行委员会的信》中称“我为这个书记部写了宣言”，见中共中央党史研究室第一研究部编《共产国际、联共（布）与中国革命文献资料选辑（1917～1925）》，北京图书馆出版社，1997，第478页。

② 《上海劳动组合创办劳动周刊》，《共产党》第6号。

《劳动周刊》前6期赠送，第7期起每份收铜圆1枚，代派者按对折收费。第10期以前，每期印4000份，印数最高时达到5000份。除了邮寄外地，《劳动周刊》主要集中在上海的杨树浦、斜桥、车袋角一带、高昌庙及浦东一带的工人群众中散发。由于内容丰富，贴近生活，文字浅显，通俗易懂，该报很受工人欢迎，出版到第41期，为租界当局所查禁。

发传单也是常用手段。书记部成立后的10个月中，英美烟公司罢工时发传单2种，各数百张；机器工会开会时发传单1种数百张；印刷工会开会时发传单2种，各数百张；双十节发传单3000份；反对太平洋会议发传单3000份；香港海员罢工时发传单5000张；浦东纺纱工人第一次罢工代其发宣言2万份，代发传单600张；邮务工人罢工代发工会章程300份，传单2种，每种2000张；浦东纺纱工人第二次罢工发传单9次，每次数百张；在杨树浦、小沙渡向纺纱工人发传单3000张；追悼湖南工运领袖黄爱、庞人铨发传单2种，每种1000张；《全国劳动大会宣言》发5000份；《劳动周刊》被封发传单300份；《赤色职工国际告中国工友》发2000张。

由中国劳动组合书记部担任总发行，广州人民出版社出版了施存统编写的《劳动运动史》，供各地开办工人学校使用。该书介绍各国工人运动的经过、现状、趋势和教训，旨在使中国初起的工人运动对世界各国工人运动有一个明确的观念，得知中国工人运动“应当取的途径，不致再走别国劳工走错过了的路”。[①] 至1927年3月，该书仍被列为新青年社丛书继续出版。

劳动组合书记部致力于促进上海各业工会的联合，发展真正的而非徒有其名的工会组织。其时，上海商、教两界发起召开国是会议，排斥工界参加。11月2日，书记部与中华劳动联合会、中华电器工界联合会、上海中文印刷工会、首饰工业会、上海机器工会、中华全国工界协进会、上海工商友谊会、中华工会总会、上海纺织工会、浦东烟草工会、杭州糖业工会等12工团发表宣言，发起召开

---

① 《劳动学校教科用书劳动运动史出版了！》《新青年》第9卷第6号。

上海各工团联席会议，以准备召集“工人的国是会议”。

这是书记部成立后的一桩重大行动，如果达成目标，必将大大提升其知名度，扩大社会影响力，蹚开新型工会建设的路子。陈独秀十分重视，提出6条意见：鼓励各业工人团结起来，不可闹意见以至于分裂；选举职员不可学政客的样子，须知是尽义务而不是争权利；除衣、食、住、教育等生活问题以外，工人运动也要奋力争取自身的政治权利，不可跟着政客打电报、出风头；万万不可赌钱吃鸦片烟，让人说工人有恶习；组织团体宜从各地方企业工会做起，不可滥用些欺人自欺的空名义；工与商决无友谊可言，万万不可令妙想天开的工商联合、工商友谊等团体加入。[①] 上述主张，足见陈独秀期望之殷，其导向性、针对性和指导性极为明确。相应地，书记部提出主张：否认商、教两界的所谓“国是会议”，预备召集真正全国工人、农民的国是会议；暂设全国劳工总通信处于上海，至全国总工会成立为止；成立上海各业工会代表团，以作为成立上海总工会的筹备等。[②] 李震瀛、李启汉参与筹备工作，主张以“上海各业工会代表团”作为未来上海总工会的基础。李震瀛与电器工界联合会的代表起草了上海各业工会代表团章程草案，并经筹备会议通过。

11月12日，《劳动周刊》刊发了《上海各业工会代表团简章》。同日，各工团代表将举行联席会议通过这份简章。会前，李震瀛发表文章，他把这一天看作上海工人“齐集出征的日子”，这份简章“如果通过去，我们上海真正工人团体算有了新生命。要通不过去，恐怕我们又要不能真组织起来了!”他表示“无论各方面如何掣肘，我们工人们一定众排万难的组织成了这个代表团”。[③] 下午，联席会议即将举行时，会上散发了中华劳动联合会代表起草的未经筹备会研究的章程草案，工商友谊会代表童理璋以未出席筹备会议为由，否认筹备会章程草案的正当性，中华全国工业协进会的代表更以组

① 参见只眼（陈独秀）：《告上海工人》，《劳动周刊》第12号。

② 参见震瀛（李震瀛）：《中国劳动组合书记部加入上海各工团联席（会）所主张的》，《劳动周刊》第12号。

③ 震瀛（李震瀛）：《今天是甚么日子?》《劳动周刊》第13号。

织代表团与联席会议初衷不符，持不同意见者应退出会议相要挟。见此，李震瀛、李启汉当即宣布退席。李震瀛提醒在场的真正工人的工会代表们注意，千万不放过组织真正工人的真正团体的机会，不要叫一班非工人的工会所利用。①

在场的“真正工人的真正团体”，就是机器工会、纺织工会、烟草工会和印刷排字石印工会，由李中负责召集，孙良惠、韩荫生、张瑞轩、张占刚等参加，继续按照书记部的方案进行。经过5次筹备会议，完成上海各业工人代表团的筹备，为1925年上海总工会的建立奠下第一锹土。11月15日，陈独秀高度赞扬说：“鄙人对于新组织的上海各业工会代表团，抱有无穷的希望；现在他们居然能够觉悟，居然能够离开非工人的招牌工会，居然能够集合机器纺织印刷烟草等真正工人的工会筹备组织，更加令人不能不欢迎佩服了。”②这是书记部成立后，在发展工会组织上的一次重要尝试。

起初，劳动组合书记部设想要领导一切罢工运动，在罢工运动中组织工人。检查下来，发现尚未建立基础。上海机器工会虽有500名会员，但具有职业性质，分散在不同企业，一下子不能作为罢工的发动者。③ 英美烟厂工人罢工，书记部抓住了时机。

1921年7月20日，上海英美烟厂老厂机车间工人反对外籍监工克扣工资、殴辱工人，要求厂方将其撤换，资方置之不理，工人愤激举行罢工，新厂机车间工人起而响应。外籍经理勾结警署逮捕工人，激起两厂全体工人一齐罢工。当时，书记部尚未挂牌，张国焘从报纸上获悉烟厂工人罢工，决定立即参加进去一试身手，遂派李启汉帮助工人组织罢工领导机构。

在李启汉的指导下，烟厂工人推选刘凤臣、刘荣才等10多人为代表，组成代表会议，在吴家厅附近租下房子作办事处。代表会议

---

① 参见《中国劳动组合书记部退出上海各工团联席会的宣言》，《劳动周刊》第14号。

② 只眼（陈独秀）：《再欢迎上海各业工会代表团》，《民国日报》1921年11月15日。

③ K.B. 舍维廖夫提供：《张国焘关于中共成立前后情况的讲稿》，《百年潮》2002年第2期。

起草了罢工宣言和传单，提出普遍增加工资，按月加薪，撤换虐待工人的监工，罢工期间的工资照发，不准虐待工人，星期六半天及星期日的工资照发，年节假期发工钱，不准开除工人代表等 8 项复工条件。7 月 27 日，新老两厂全体工人大会在吴家厅召开，通过了罢工宣言和 8 项条件。

烟厂资本家拒绝工人们的要求，收买工头王凤山破坏罢工。王凤山本是青帮头目，李启汉从王凤山的徒弟中，发展了 6 个罢工领头人，发动工人历数王凤山的劣迹，有人当场痛哭流涕。第二天，工人汪有才用西瓜瓢装粪便打王凤山，大杀了王凤山的威风，汪有才被捕。8 月 5 日，工人集合游行，行到淞沪警察厅，要求维持生计，释放汪有才。警察厅不仅不理，反而拘留了工人代表刘凤臣。工人群情激愤，将警察厅团团围住，迫使警察厅释放刘凤臣，并答应将汪有才提前一日释放。

罢工进入第 16 天，资方损失很大。英美烟草公司总大班毛利斯被迫同工人代表谈判，工人代表坚持复工条件不变。再次谈判，双方仍未达成协议。李启汉与工人代表沟通，认为罢工已经持续一段时间，工人群众生活十分困难，不如把握火候，在罢工取得基本胜利的前提下，以必要的让步换取复工条件的达成。8 月 10 日上午，双方达成协议，罢工工人提出的 8 项条件仅罢工期间工资照发一项改为罢工期间赔偿损失 1800 元，其他各项资方均予接受。同日下午，英美烟厂工人复工。罢工结束后，在书记部的帮助下，成立了上海烟草工人会，刘凤臣为会长、张子根为副会长。会所设在劳动组合书记部所在地。①

由于英美烟厂资方并未真正履行复工条件，10 月 25 日，新厂机车间工人因厂方拒绝工人的正当要求，且有意开除工会负责人而再次罢工。次日，新老两厂全体同盟罢工，提出 6 项要求：撤换总管

---

① 参见刘明逵、唐玉良主编《中国工人运动史》第 2 卷，广东人民出版社，1998，第 184—287 页；沈以行、姜沛南、郑庆声主编《上海工人运动史》（上卷），辽宁人民出版社，1991，第 92—99 页。

张文元，凡工会职员不准借端开除，新厂机车间工人立刻允其复职，罢工期内工资一概照发，两厂各间用人或停人，须征求工会同意，不准开除代表。[①] 取得工会团体契约权、保护工会干部代表，是这次斗争的新成果。

经过上次罢工和成立烟草工会，第二次罢工局面大不相同。《劳动周刊》报道说：这次罢工的目的是争自由、争人权，1 万人的群众队伍，听从工会号令，秩序井然，“居然能维持得没有一点不一致”，“男女大小都没有一个说怨言的”，足足“见得出他们的觉悟了！”[②] 10 月 27 日，资方大班派代表到吴家厅烟草工会办公处与工会代表协商复工事宜，经过谈判，双方达成复工条件。28 日复工，书记部领导罢工斗争旗开得胜。中国劳动组合书记部的牌匾，也在烟厂罢工胜利后公开挂了出来。

前期，中国劳动组合书记部的工作主要集中于上海，国内各重要地方相继建立分部，或称支部，分别负责各自所在地区的工人运动。

中共一大后，党的北京地方委员会成立，李大钊为书记。11 月 1 日，中国劳动组合书记部北方分部建立，罗章龙为主任，[③] 工作范围包括直隶、山东、山西、陕西、河南及东北三省，以北方地区铁路工人和开滦矿工为工作重点。

大约于 1921 年 7 月，《工人周刊》创刊，罗章龙为主编。这是一份四开四版报纸，以工人周刊社名义出版，也曾托名长辛店工会出版。《工人周刊》是党的机关报，也是北方劳动界的喉舌。作为党报，它十分注重宣传马克思主义和共产国际的活动；作为劳动界的言论机关，其编辑方针与《劳动周刊》相同，发稿内容相近。其常设栏目有《评论》《劳动新潮》《内外要闻》《工人谈话》《劳动调查》

---

① 参见《民国日报》1921 年 10 月 27 日。

② 震瀛（李震瀛）：《请大家注意我们上海劳动界最近发生的一个重大事件》，《劳动周刊》第 11 号。

③ 参见《北方分部报告》（1921 年 12 月 12 日），转自李自华：《中国劳动组合书记部北方分部成立情况及初期工作的新考释》，《中共党史研究》2012 年第 10 期。

《劳动文艺》《随感录》等，报道范围不限于北京和北方，凡全国有关工人生活、工会组织和大众的消息和言论，都一一刊登。报纸的边旁，经常刊登鼓舞工人斗争的基本口号。该报逢周日出版，初时，每期印 2000 份，大部分销行北方铁路工人中。

长辛店是北京党组织最早开辟工人运动的地方。1921 年 5 月 1 日长辛店铁路工人会成立，参加者主要是机车厂工人。劳动组合书记部北方分部成立后，加强了长辛店的工作。修车厂、工务厂相继成立工人会。10 月 23 日，机车厂、修车厂、工务厂工人代表召开联席会议，“共图一致，以利会务进行”①。在工人组织从无到有的起步阶段，运用工头是合适的选择，可以借助工头的影响较快地把工人动员起来。随着工人觉悟的提高，工人会与工头的矛盾不可避免地日益激烈，遂决定排除工头，并改用“工人俱乐部”为新名称，“实际上是工会之变名”②。

唐山是京奉铁路制造厂和开滦煤矿的所在地，自然就成为劳动组合书记部北方分部另一重点工作地区。该厂广东籍工人占到全厂工人总数的 1/4，文化水平整体高一些。中华民国工党成立时，700 多名工人加入唐山工党。华民工党成立，工人加入的也不少。不过，这些政党存在的时间都不长。五四运动期间，青年工人邓培、梁鹏万等人发起成立以反帝爱国为宗旨的职工同人联合会，邓培为总干事。张国焘、罗章龙同邓培商议建立工人组织以后，1921 年 1 月，邓培将职工同人联合会进行了整顿和改组，入会者不再限籍贯和工种，但工头、员司、路警则不能加入，邓培被选为委员长。远东民族代表大会在俄罗斯召开，邓培、梁鹏万参加了会议，邓培还受到列宁的接见。3 月，李树彝应聘到唐山职工学校任教。7 月，唐山社会主义青年团成立，李树彝为代理书记。他与邓培、刘玉堂等建立良好关系，担任工人夜校教员。12 月，唐山工人图书馆创办，它被

---

① 《京汉铁路工会大活动》，《劳动周刊》第 11 号。

② 邓中夏：《中国职工运动简史一九一九——一九二六》（1930 年 6 月 19 日），载《邓中夏文集》，人民出版社，1983，第 436 页。

着力打造成为提高工人知识水平、联络工人感情的“夜明珠”。

1921年“五一”国际劳动节，党的北京早期组织印发小册子《五一节》《工人的胜利》，其中有上海机器工会给天津工人的一封信。信中呼吁天津工人也和上海工人一样，成立工会同资本家做斗争，“至少应提几项起码的要求，运用有效的手段，非达到目的不止”。这些要求是：实行八小时工作制，增加工资和设立学校、图书馆、医院等事业。信中说：“假如各地同业都联合起来，还有什么办不了的事呢”?① 天津工人代表参加了长辛店铁路工人纪念“五一”国际劳动节活动，见证了长辛店铁路工人会的成立，受到启发。通过这些渠道，共产党的动员力量送到了天津工人之中。9月11日，在李大钊的指导下，革命知识分子于树德、安体诚创办了天津工人工余补习学校并执教于该校。学校设在恒源纱厂附近，学员以纱厂徒工为多，也有天津北站的工人，与学校经常联系的工人有数百人之多。后来，校内又附设一家工人图书馆。天津工人补习学校成为团结教育工人，指导工人运动最初的基地，被誉为“天津劳工运动的一道曙光”②。

1921年11月，陇海铁路工人胜利地举行了全线大罢工。这是中国共产党成立后，直接领导的一次大规模、同盟性的产业工人罢工。河南民间流行秘密团体老君会，铁匠工人奉老君（道教祖师老子）为祖师，故工人组织也以“老君会”相称。10月21日，开封铁路工人成立老君会，会员180人。同月，洛阳铁路工人成立洛阳陇海路同人俱乐部，部员500人。徐州铁路工人则于10月10日成立徐州陇海工业补习所，会员300人。这几处工人团体的建立，奠定了陇海铁路大罢工的组织基础。

当时，陇海铁路西起河南陕县观音堂，东至江苏徐州，在郑州、徐州分别与京汉铁路、津浦铁路交会，是横贯东西的交通干线。陇海铁路系向法国、比利时借款修筑，全线管理权由法、比两国操纵。

---

①《工人的胜利》，转自天津市总工会工运史研究室编《天津工人运动史》，天津人民出版社，1989，第31页。

② 天津市总工会工运史研究室编《天津工人运动史》，天津人民出版社，1989，第32页。

1921年3月，法籍洋员若里任洛阳机务厂总管，这是陇海路规模最大的工厂。到任后，若里实行更加苛刻的管理措施，半年中竟无理开除工人75人，处罚65人。其倒行逆施招致工人们无比的痛恨和反抗。洛阳方面便派代表到开封、徐州，开封、徐州方面也派代表到洛阳，彼此联络，形成一致意见，沿路盖戳，呈告交通部陇海路督办施肇曾，攻击若里。11月20日，徐州车站机务处工人因挤破8号栅门两人被开除而一举罢工。同日，洛阳机务厂副厂首、比利时人狄蒙置厂方规定于不顾，在第三遍上工号声未响之前，即不许工人拿牌进厂，并对工人施以拳脚。适逢陇海路副工程师到洛阳，工人们请其做主，得不到答复。于是，在洛阳陇海路局工程师游天洋领导下，依托洛阳陇海路同人俱乐部，成立由游天洋、白眉珊、王符圣、黄文渊等参加的罢工委员会，即日起罢工。陇海铁路工人的罢工，就这样东西两端不约而同地爆发了。

罢工的指挥中心在洛阳。游天洋是河南最早的中共党员，与《工人周刊》保持联系，他一面派人赴京请求支持，一面派人与郑州、开封、徐州联络，共策进行。罢工发生后，加盖“汴省陇海老君会”图章的《敬告全国各路同胞同业弟兄们恳乞救援》的宣言书张贴于开封各街头，刊于11月25日北京《晨报》。宣言书揭露洋总管若里10条罪状，陈述了此次罢工的直接起因，表示“同人等不能忍做亡国奴之耻”，做无人格之工人，呼吁“各路工人协力，与本路工人作同一之举动，以救同人，为中国争人格，不受外人无理之欺凌”。[①]

陇海路工人罢工的消息传到北京，中共北京地委即派罗章龙前往洛阳，以书记部名义领导和推动这次罢工。21日晚，罗章龙到达洛阳，会见游天洋，拟定了坚持罢工斗争的方案，内容包括：选出7个具有代表性的罢工中坚分子组织中心委员会（工人与员司比例为5∶2），统一领导罢工委员会；加强罢工中的团结一致，经济公开，一切日常工作经过民主讨论决定；坚持条件，非达目的不止；欢迎书记部派员指导全路工作。次日，游天洋主持召开罢工委员会紧急

① 《一九二一年陇海铁路工人罢工斗争——陇海路大激战》，《劳动周刊》第16号。

会议，详细研究了坚持罢工的行动方案，统一了思想，罢工措施进一步具体化。罗章龙代表书记部慰问罢工工人及其家属，“勉励大家奋勇向前，工人阶级作事要敢作敢为！事在必成！书记部决以全力为陇海路工人作后盾”[①]。

开封是陇海铁路第二大站，工人大都属湖北帮，老君会正干事魏荣珊有江湖气派，与当地官绅也有往来。稳住魏荣珊，开封罢工就不乱。11 月 23 日，罗章龙、王符圣赶到开封面见魏荣珊。经过一番了解和交谈，魏荣珊向罗章龙表示：“确知先生来自北京，关心我们工人利益，非他人可比，我们一定披肝沥胆，听书记部话，陇海东路一切由我承担下来”[②]。见此，王符圣将洛阳罢工委员会的决议交给魏荣珊，魏即在南关老君会前广场召开全体工人大会。罗章龙以劳动组合书记部代表名义讲话，号召工人阶级内部应不分彼此，团结一致，共同对敌，一切服从陇海全路总工会，不得总工会命令决不复工。大会当即决议，从即日起把开封老君会改成开封工会，同洛阳工人一道加入劳动组合书记部。

陇海铁路工人罢工，得到全国各地工人特别是铁路工人的声援和支持。长辛店工人召开会议决定了援助办法，表示如即日不得圆满解决，当与陇海路工人采取一致的行动。大罢工造成陇海路局平均每天损失 7 万元，交通堵塞，邮电不通，一片混乱。“洛阳、开封二处路局曾以军队的武力压制工人，工人不屈；又以厚礼相诱，工人亦为不动”[③]。北京政府深恐罢工风潮蔓延，造成更大的危机，急令交通部派员赴洛阳处理。11 月 21 日，特派员施肇曾着手调停，经多次谈判，26 日，劳资双方达成协议，立为契约。27 日，全线复工。

陇海铁路大罢工引领北方工人运动进入新境界。罗章龙当年评价说，1922 年北方工人运动异军突起，“摇撼整个军阀政治，构成中国革命历史上最光荣的时代，便是继续这次罢工的扩大运动，所

① 罗章龙：《椿园载记》，生活·读书·新知三联书店，1984，第 158 页。

② 罗章龙：《椿园载记》，生活·读书·新知三联书店，1984，第 160—161 页。

③ 《北方分部报告》（1921 年 12 月 12 日），转见李自华：《中国劳动组合书记部北方分部成立情况及初期工作的新考释》，《中共党史研究》2012 年第 10 期。

以他的意义是很伟大的”①。

中共一大后，武汉地方委员会成立，1922年初，升格为武汉区执行委员会，包惠僧、陈潭秋先后担任委员长。1921年10月，中国劳动组合书记部武汉分部成立，包惠僧兼任主任，后由林育南担任。武汉分部成立后，派李书渠到武昌徐家棚开办工人补习学校。徐家棚机务厂厂长孙镜芳的儿子孙瑞贤入了团，通过这层关系建立了联系；孙的弟弟孙叠芳是工匠，在工人中有威信。得孙氏兄弟的支持，徐家棚工人补习学校就办了起来。

徐家棚是粤汉铁路北部起点站。1921年10月13日，机车处工人反对英籍总管卡麦克尔裁撤工人，要求增加小工工资的要求被拒绝，徐家棚、岳州、长沙新河、株洲各站机务工人837人，以全体辞职的方式实行罢工，并通电驱逐外籍总管。罢工后，车辆停驶，全线瘫痪。时值湘鄂战争结束不久，直系军阀吴佩孚急电湖北督军萧耀南妥为办理。16日，江汉关督办、湖北督军署派人到粤汉铁路机车处职工联合会进行调停，粤汉路局方面宣布职工联合会所提条件15条，除3条有待磋商外，余均认可。职工联合会又向调停人提出今后招收或开除工人，不得由洋总管一人擅专，不得因罢工开除工人，不得扣留罢工期间的工资。这些条件，终被全部接受。17日，机车处全体职工复工，被开除的81名小工同时复职，罢工取得胜利。

中国劳动组合书记部高度重视粤汉铁路工人的斗争。《劳动周刊》连续3期分别刊载了罢工宣言、罢工条件15条和罢工通电，向全国详细披露了罢工的由来和全过程，总结了这次斗争胜利的经验，通电庆贺罢工胜利。报道指出粤汉铁路工人的胜利来自“互助的精神”和“团结的效力”，各地工人群众“应该把他们这次罢工所赐给我们的教训；常常放在心中，也去组织些团体，而为将来作战的‘利器’”②。11月16日晚，劳动组合书记部发出快邮代电，高度评

① 罗章龙：《椿园载记》，生活·读书·新知三联书店，1984，第171—172页。

② 锄平（董锄平）：《从粤汉路罢工中所得的两大教训》，《劳动周刊》第11号。

价这次罢工的意义，指出粤汉铁路工人“能够自觉，能够立刻挺身跑到第一层战线上，和资本家做第一个交战者，得到胜利，这真是阶级争斗史上的光荣哪!”并推而广之，勉励各地工友“擂起战鼓”“高唱联合组织的声音”“踢翻现代恶社会的种种坏制度，建设劳动者的理想社会”“努力奋斗到光明的路!”①

汉口租界人力车夫罢工斗争，完全是武汉分部一手领导的。汉口人力车多达 1500 辆，由 18 家车行经营。其中，法商利通车行一家经营 490 辆。4 名车夫轮流拉一辆车，每人每日不过得到五六百钱。车行扬言把车租提到大洋 7 角，合铜钱 1 串 100 文。12 月 1 日，就在利通车行宣布加租的同时，租界各车行车夫一起宣布罢工。人力车夫无正式组织，包惠僧、林育南以《劳动周刊》记者的名义，找到人力车夫领头人樊一狗，请他派代表到施洋律师事务所，共同商议进行办法。包惠僧、林育南和施洋一起接待了樊一狗、袁告成等人，施洋接受了代理诉讼的委托，他们一起商定罢工策略，拟定了《罢工宣言》《告各界父老兄弟姊妹书》。

罢工发生后，人力车夫在大智门铁路外空场集合，散发传单，向社会申述罢工的理由，表示“我们不是暴动，我们是要我们的生路，我们不是反抗他，我们是保护自己”，声言罢工所“要求的是一种条件，就是分文不加”。② 12 月 3 日，汉口人力车夫会在罢工斗争中成立，租用大智门品记里 13 号为会所，樊一狗、袁告成、彭一汉等当选为执行委员，施洋被聘为法律顾问。人力车夫会提出 3 项解决罢工条件：车行取消加租议案，准车夫成立车夫会，将车租减为 600 文。12 月 7 日，雨后严寒，人力车夫举行示威游行，6000 余人，破帽短装，鹑衣百结，一路行乞，绕英租界到法租界，游行队伍冲破了法国巡捕的阻挡。资本家以马车包车、另雇车夫拉车等办法破坏罢工，人力车夫会见招拆招，打破了资本家的企图。

经汉口总商会等团体调停，车行老板与罢工工人双方达成解决

① 《庆贺粤汉路工友们的胜利!》，《劳动周刊》第 10 号。

② 《民国日报》1921 年 12 月 8 日。

办法：车价照旧，两个星期内不加，待调查会成立后，共同筹议解决；车行允免租价3天，所免费用作为成立车夫会的资金；8日上午7时30分，各车夫至各车行一律出车。至此，罢工胜利结束。

汉口人力车夫罢工意义重大，诚如包惠僧所指出的：罢工虽然起初是自发的，但在党的力量进入后，加强领导，提出了合法斗争的方式，整理了罢工斗争的内容，团结了斗争的力量，争取到社会舆论的同情，扩大了罢工的影响；处于工人运动启蒙时期的人力车夫，向来没有正式组织，难于结成一体，通过宣传教育，6000多人忍饥挨饿，同仇敌忾，是罢工坚持到底的保证；劳资协议中组织车夫会的条款得到资方签字认可，巡捕房准予备案，这在工人组织没有法律保障的条件下，是重大的政治胜利。[①] 李汉俊指出，汉口人力车夫罢工的胜利，显示了工人群众的觉悟和力量，促进了当地工人运动的发展。他从这一事例中得出结论，认为热心劳动运动的知识分子，应秉持“实行底哲学”，把理论与实践结合起来，积极投入到工人群众中去。[②] 邓中夏充分肯定汉口人力车夫的罢工以及粤汉铁路工人的罢工，“完全为共产党武汉党部所领导”，其结果，“开了当地一个新纪元，职工运动从此有一个顺利的进展”。[③]

1921年10月10日，中国共产党湖南支部建立，毛泽东任书记。11月，中国劳动组合书记部湖南分部成立，毛泽东兼主任。湖南分部以湖南全省和江西安源为其工作范围。

安源属江西省萍乡县。安源煤矿是汉冶萍公司的组成部分，为长江以南最大煤矿，有铁路与株洲相通，有矿工1.2万人，铁路工人约1100人。1921年9月，湖南中华工会机械会组织安源分会，吸收200余名机械工人参加，但排斥煤矿工人。劳动组合书记部湖南

---

① 参见包惠僧：《包惠僧回忆录》，人民出版社，1983，第76—77页。

② 汉俊（李汉俊）：《汉口人力车夫罢工底教训》，《民国日报》副刊《觉悟》1922年1月3日。

③ 邓中夏：《中国职工运动简史一九一九——一九二六》（1930年6月19日），载《邓中夏文集》，人民出版社，1983，第439页。粤汉铁路徐家棚工人罢工，得到中国劳动组合书记部的高度关注和大力支持。这次罢工是该机车处职工联合会发动的。

分部成立后，特托人介绍与安源路局火车房几名工友通信，此后书记部所有各种书报、各处工人运动消息陆续传到安源，《工人周刊》等出版物时常张贴在工厂附近的墙壁上。宣传之功，终收其效。“于是要求解放之念，在此少数工友之心中，乃如雨后春笋，勃然怒放!”觉悟起来的工人，反对贵族式、排他式的机械会，于12月间致函书记部，“请求派人到安帮助并指导一切”。[①]

当月，毛泽东与李立三、宋友生、张理全一同到安源考察。毛泽东等考察了矿井总平巷内的西平巷和东平巷煤台，以及炼焦处、锅炉房和工人餐宿处。西平巷掌子面工人最集中，工作环境恶劣，陪同人员劝毛泽东不去掌子面，毛泽东说你们天天在那里干活，我去一次怕什么。掌子面通风不良，积水成河，工人赤身裸体躺在地上挖煤，毛泽东关心地问他们为什么不穿衣服，工人回答说穷得没有衣服穿，只有一块“三尺布”在井下包头当矿帽，出井时围腰当遮羞布。毛泽东还亲自爬上3层床看看工人油渣般的破棉被，亲口尝了霉米饭、没油菜。在这次考察中，毛泽东等“先以朋友的关系与各工友接洽，渐谈及工人受痛苦受压迫及有组织团体之必要等情，于是大得工友欢迎”[②]。书记部决定在安源办一所工人补习学校，派李立三、蔡增准为教员。就此，毛泽东安源考察写下了共产党领导安源工人运动的第一页。

当时，长沙最有力量、最有影响的工人组织要数湖南劳工会。该会初创时受无政府主义影响，劳动组合书记部湖南分部积极争取、团结这个工人团体。1921年10月下旬，湖南劳工会选派王光辉为代表，和夏曦等一道出席远东民族代表大会。11月21日，劳工会成立1周年，毛泽东在该会主办的《劳工周刊》上撰文，赞赏劳工会

① 刘少奇、朱少连：《安源路矿工人俱乐部略史》（1923年8月10日），载中国社会科学院近代史研究所、安源工人运动纪念馆编《刘少奇与安源工人运动》，中国社会科学出版社，1981，第4—5页。

② 刘少奇、朱少连：《安源路矿工人俱乐部略史》（1923年8月10日），载中国社会科学院近代史研究所、安源工人运动纪念馆编《刘少奇与安源工人运动》，中国社会科学出版社，1981，第5页。

“这一年来的艰难缔造，在湖南劳动运动史上已写完了头一叶”，并提出 3 点希望：第一，“劳动组合的目的，不仅在团结劳动者以罢工的手段取得优益的工资和缩短工作时间，尤在养成阶级的自觉，以全阶级的大同团结，谋全阶级的根本利益”；第二，工会组织要由民主产生精干的全权办事机构，“旧的行会式的组织固然要不得，职员太多、分部太繁、权力太分也要不得”；第三，工会应有自己的基金，工人应该自己养活工会，交纳最低限度的会费。文章最后以“不劳动的不得食！”“劳工神圣！”“各尽所能，各取所值！”“全世界劳动者团结起来！！”等口号，鼓励劳工会会员进行新的斗争。[①] 何叔衡也撰文赞扬劳工会取得了好成绩。黄爱、庞人铨接受毛泽东的建议，改组了湖南劳工会，将合议制改为书记制，将原来 8 个部集中为书记、宣传、组织 3 个部，并请毛泽东助理会务。

12 月中旬，共产国际代表马林经张太雷陪同由上海前往桂林同孙中山会谈，途经长沙时，毛泽东、易礼容与马林会见，邀请黄爱、庞人铨等出席，马林向在场的工人和青年介绍俄国革命情况。月底，毛泽东请易礼容邀请黄爱、庞人铨到清水塘办公地谈话。事后，他对易礼容说：“谈得很好！他们的见解看法同我们是一样的，愿意同我们一起干。”[②] 在毛泽东的帮助下，黄爱、庞人铨由倾向无政府主义转而信仰马克思主义，加入了中国社会主义青年团。12 月 25 日，湖南劳工会与长沙各界联合举行反对太平洋会议的游行大会，黄爱任大会主席，参加的工人万余人，散发传单 30 余种 20 万份。

1922 年 1 月 13 日，湖南第一纱厂工人要求参照上海、汉口纱厂先例发放年终双薪，遭纱厂承租商华实公司拒绝。工人愤而罢工，提出 12 月工资发双薪、实行八小时工作、撤销省政府监察处军队等 15 项要求。罢工当日，黄爱即抵纱厂了解情况。15 日，他亲赴华实公司驻省事务所，同公司总理黄藻奇等人交涉，支持罢工工人的正

---

① 毛泽东：《所希望于劳工会的》（1921 年 11 月 21 日），载《毛泽东文集》第 1 卷，人民出版社，1993，第 6—7 页。

② 中共中央文献研究室编《毛泽东年谱（1893—1949）》上卷，中央文献出版社，2013，第 89 页。

当要求，斥责监察专员李汝贤违法用刑，要求该公司和平办理。黄爱表示劳工会方面“牺牲一切，出任调停，否则敝会亦自有相当对付”①。黄藻奇答应与李汝贤交涉，愿与劳工会协商条件，并取出2000元支票作为调停费，黄爱掷于桌上，不受收买。16日夜间，黄爱、庞人铨、张理全在劳工会办事处等待华实公司总理黄藻奇等前来签署协议。隆冬天气，室外落雪，格外寒冷。忽然，一伙全副武装的士兵冲进室内，不由分说，将黄爱、庞人铨捆绑走。17日，就在长沙浏阳门外茫茫的积雪上，黄爱、庞人铨壮烈牺牲，劳工会亦遭封闭。共产国际代表马林在发往荷兰《论坛报》的报道中指出：这“象（像）野兽一般的残忍！连审讯也没有。就这样，立宪在最优秀的湖南人的血泊中举行了洗礼仪式”②。

黄爱、庞人铨是中国共产党领导工人运动以来最早的牺牲者。毛泽东闻讯，即召集有共产党员、劳工会会员和进步人士参加的会议，商讨对湖南军阀赵恒惕的斗争和稳定工人情绪问题，决定以湖南工界3.1万余人的名义，通电驳斥赵恒惕强加给黄、庞的种种诬蔑诽谤之词，出版《血祭》，发动驱赵运动，并亲自到武昌、上海活动。中国劳动组合书记部通电非常大总统孙中山，请其惩办赵恒惕。中国社会主义青年团发表宣言，号召全国无产阶级和劳动者团结起来，同资本家、军阀进行阶级斗争。李大钊写《〈黄庞流血记〉序》，高度评价黄、庞是“劳动阶级的先驱”，他们“为救助他的劳动界的同胞脱离资本阶级的压制而死，为他所信仰的主义而死”，“是成功的代价”，号召人们继续黄、庞未竟的事业，奋勇前进。③ 长沙、上海、北京、天津、广州等地，纷纷举行了追悼活动，化悲痛为力量。远在欧洲的周恩来惊闻觉悟社社友黄爱牺牲，写了悼诗《生别死离》，认定流血牺牲就是赤旗飞扬共产花开的必要代价，并表明了

---

① 《血钟》五一增刊（1922年5月1日），载刘明逵、唐玉良主编《中国近代工人阶级和工人运动》第4册，中共中央党校出版社，2002，第176页。

② 《从中国发回为荷兰〈论坛报〉写的文章》（1922年5月6日），载李玉贞主编《马林与第一次国共合作》，光明日报出版社，1989，第360页。

③ 李守常（李大钊）：《〈黄庞流血记〉序》，《民国日报》1922年3月26日。

“举起那黑铁的锄儿，开辟那未耕耘的土地；种子散在人间，血儿滴在地上”的浩然心志。①

中共一大后，党的广东支部成立，谭平山为书记。中国劳动组合书记部成立后，建立了广东分部，谭平山兼主任。广东分部在广州等地积极引导工人组织工会。

8月16日，广州土木建筑工人要求增加工资，举行罢工，党领导下的土木建筑工会发挥了组织作用。广州土木建筑工人有2.5万多人，其传统组织分为十堂五市。12日，工人代表借土木建筑工会会所开会，一致主张每工加银2毫，不达目的则举行罢工，并推举了罢工领导人，成立办事机构西友团，组织纠察部，维持秩序。罢工开始后，6000多工人大游行，部分东家行慑于罢工威力，陆续允诺增加工资。20日，纠察队与某行东冲突，警方捕去工人8人。纠察队被拘，西友团组织千余人赶到公安局，要求放人，警方以有违警律为由拒绝释放。至21日，2000多工人冒着酷热，包围公安局不散，迫使警方放人。26日，省政务厅厅长古应芬出面调停，东家行承诺大工每工一律6毫，小工面议，食用问题仍照旧章。这是广东党组织建立后的一次胜利罢工，《共产党》月刊称赞这是广州土木建筑工人“有阶级觉悟而团结巩固的效果”，鼓励他们“努力向前谋根本解决才好”。②

综上所述，中国共产党既经创立，初心奠定，便将发动工人阶级和开展工人运动作为主要任务之一，强力驱动，着实开展。沉浸式地进入，多样化地宣传，多形式地动员和组织工人群众，产业工人工会组织的建立与由经济而政治的罢工斗争相互促进，并相继取得胜利，在在都显示了“劳动运动的真正开始”。“东风潮信满”。中国共产党成立后，工人运动的第一次高潮就要到来了。

---

① 中共中央文献研究室编《周恩来年谱（1898～1949）》（上卷），中央文献出版社，2007，第56页。

② 《广东土木建筑工人大罢工始末》，《共产党》第6号。

第二章　洪波涌起

从1922年1月香港海员大罢工爆发，到1923年2月京汉铁路工人实行全线大罢工，中国共产党成立后掀起了全国工人运动的第一次高潮。中国共产党顶层设计，各地党组织和劳动组合书记部倾力作为，全国劳动大会初步构建了工人阶级的全国性团结，劳动立法运动发出了工人阶级的政治呼声，地方和产业总工会的建立与罢工斗争互相支持、互相促进。中国共产党第一次经受了大规模的实战锻炼，其领导力和组织力得到提高，号召力和影响力因之增强。二七斗争深刻警醒了共产党人，工人阶级单枪匹马不易取得更不易巩固胜利成果，建立民主联合战线不但是开展国民革命进行反帝反军阀斗争的迫切需要，也是开展工人运动争取和维护其自身利益的迫切需要。

一　第一次工运高潮的到来

1. 中华海员工业联合总会的成立与罢工的发动

中华海员工业联合总会是香港海员大罢工的策动者和领导者，1921年3月6日正式成立于香港。[①] 此时，香港物价腾贵，工人要求提高工资的斗争不断。海员工会一成立，即酝酿争取加薪。5月17日，干事部决定向各轮船公司提出加薪要求。6月4日，工会就

---

① 参见邓中夏：《中国职工运动简史一九一九——一九二六》（1930年6月19日），载《邓中夏文集》，人民出版社，1983，第461页。关于中华海员工业联合总会的成立日期，另有1920年12月某日、1921年2月18日、2月28日等不同说法。

加薪问题再次讨论，决定成立加工维持团以专责处理。

海员工会制定了加工维持团细则。加工维持团下设征求队、劝进队、宣传队、防护破坏罢工队、交通队以及各种秘密机关，在广州设立罢工总办事处，下分总务科、财政科、粮食管理处、纠察队、宣传队、慰问队、骑车队、招待处等，苏兆征为总务科主任，是总办事处的大管家。海员工会在广州联兴街预备12间宿舍，购备2个月粮食，并在香港、汕头设立罢工分办事处。

各项工作准备就绪，9月、11月，海员工会先后向各国轮船公司提出增加工资、工会有权介绍海员就业等要求，均被资方拒绝。1922年1月12日上午，海员工会经由律师第三次发出加薪要求函，并限24小时内给予圆满答复，否则一致罢工。时至正午，不见资方有何动静。海员群聚港岛中环辅德道中135号工会会所询问，会长陈炳生称至13日上午9点如仍无切实答复，即可全体罢工。情绪激烈的海员当场“大为鼓噪，谓本会已经三番四次致函东家，皆不理会，此种无用之函件，若不先行罢工，不特二十四点钟无答覆，恐二十四个月，亦无答覆也”。有人提议立刻罢工，“于是一唱百和，而罢工之举遂实行矣”。①

当日，凡从香港开往澳门、广州、江门、梧州等地轮船，以及英、荷、法、日、美等国到港的远洋轮船上的海员，约1500人相率离船罢工。次日下午，部分罢工海员回到广州，互助总社、联义社等团体各揭旗帜到站欢迎。香港海员的罢工立即影响到其他口岸，有的船半路开始罢工，有的不敢开到香港，不出一个星期，罢工人数增加到6500人。

海员工会发表罢工宣言并制定了停工规则。宣言书揭示了罢工缘由，指出“本会顺潮流而崛起”，“实践工党主义，维持工人生计幸福，谋于公共”，此次要求加薪，船东再三拒绝。宣言书把海员的前程生计与工会的荣枯盛衰紧密联系在一起，指出“今日本会，完全海员组织，有本会一日之名目，即有海员一日之光荣。万一此次

① 《申报》1922年1月22日。

失败，固知本会之名目颓落，而数万海员之光荣尽丧矣”，要求罢工海员务必遵守停工规则 10 条，主要有：凡罢工回广州者要向海员工会报告，其膳宿、车费由工会提供；不愿赴广州者，罢工期间费用自备；加薪问题解决后，工会负责罢工海员各回原职；罢工期间，任何人不得有越轨行为，不得私自复工。①

海员大罢工震动了港英当局。华民政务司夏理德亲赴海员工会，作半带欺骗半带威吓的劝告，说：“本港政府是不允许此种罢工行动的，你们有条件可交本大人，替你们斟酌办理。你们罢工，不怕饿肚吗?”据邓中夏记载，苏兆征当即予以驳斥，说：“我们提条件已经三次了，而且通知了政府，政府何以早不出来说话? 现在我们已经罢工了，要复工除非完全承认我们的条件。我们饿肚子是我们自己的事情，政府不必担心。”② 说完，群众和声如雷，夏理德无果而返。

一计不成，又生一计。1 月 13 日，华民政务司发出告示，称各船东已允就海员困难磋商办法，如彼此仍有未协之处，将由政府委托的人员出为调处，其商妥所加本金，定由本年 1 月 1 日起加，各船员须于 1 月 16 日一律回船做工，否则无磋商调处之希望。这个告示既未明示加薪详情，又以先行复工为前提。照此，实际上就瓦解了罢工。陈炳生等听信加薪允诺，印发了 1 月 16 日复工的通知。

14 日，工会代表翟汉奇等在华民政务司召集的协商会上收回了复工决定，表示工人要得到增加工资的实数，并经签字认可，方能复工。在港海员了解到协商信息，一致表示“须船主方面一律签字，认肯加至若干成，始肯复职”。事后，工人在海员工会门口“大书特书‘凡我海员工人，须候船东认允加工签妥字，方可开工’字样”。③苏兆征了解到这个情况，立即以驻省全体罢工海员的名义致函广州报界公会并转各报社，指出所谓“加薪问题，已得解决，嘱同人等

① 《申报》1922 年 1 月 22 日。

② 邓中夏：《苏兆征同志传》(1929 年)，载《邓中夏文集》，人民出版社，1983，第 393 页。

③ 《申报》1922 年 2 月 1 日。

即回开工”云云，全非事实，“显系二三办事人所为”。此次罢工，“宗旨已决，加薪条约，一日未得有保证之签字，则一日未便开工”。同时，他致电华民政务司，郑重声明“当加工条约未签字之前，决不开工”。[①]

17日，华民政务司再发告示，通报各轮船公司的加薪方案，要求工人在增加部分工资的条件下先行复工。海员工会召开全体干部会议，认为船东方案与工会的要求相差太远，进而提出增加工资的具体标准，并印发传单，“不允听华民政务司所劝，先行开工，以待解决”[②]。各轮船公司眼见罢工海员不为所动，恼羞成怒，决定不再与工人磋商，撤回增资条款。18日，华民政务司发出第三次告示，公布了各轮船公司的决定。

海员工会为了向资方增加压力，计划将罢工面扩大。当时，香港已有工团总会、华工总会两个联合组织，另有20多个工会独立其外。海员工会即与煤炭苦力、侨港集贤起落货职工会、同德夫力工会、海陆理货员、港九轮船起落货工会等12个工会加强了联络，协商行动。由于轮船越停越多，运输工人无工可做，海陆理货、同德、集贤等工会已经开展间歇性罢工或怠工，并决定不发罢工公告，趁过年领取工资后回乡，乘势留在广州，罢工人数增到3万以上。

1月31日，港英当局下令戒严。2月1日，夏理德召集海陆理货、同德、集贤等运输工会负责人到华民政务司署，警告他们说，今后如有煽动或威迫他人罢工者必递解出境，令海陆理货、同德、集贤诸工会各召集三五十人前来报到。工会负责人回称工人返了广州，找不到人。夏理德勃然大怒，将工会负责人带往中区警署关押，随后，召集100余间海员宿舍的负责人，要他们签名退出海员工会。统治者终于撕下了“中间人”“第三者”的面纱，港督司徒拔和行政会议借口“运动他项工人罢工，以碍香港生活”，“危及香港之治安

① 《海员罢工风潮三志》，载刘明逵、唐玉良主编《中国近代工人阶级和工人运动》第4册，中共中央党校出版社，2002，第219—220页。

② 《申报》1922年2月1日。

与秩序”，宣布海员工会为非法团体。当晚，警察拘捕海员工会职员，抄走文件，摘除工会牌匾，封闭会所。稍后，海陆理货、同德、集贤等运输工会同遭厄运。

至此，香港海员大罢工由增加工资、反对包工的劳资争议发展成劳资争议与维护工会的政治斗争并进，由主要针对轮船资本家发展到包括港英殖民当局的反抗资本帝国主义的斗争。

2. 国共两党和工人阶级的支持与罢工的胜利

1922 年 6 月底，中共广东支部有党员 32 人。3 月间，广州市有青年团员 400 余人。香港海员罢工后，全部党团员参加招待及演讲，以共产党名义散发传单 3000 份。① 陈公博任所长的宣讲员养成所办公地址广州高第街素波巷，被用作海员工会联络通信处，负责收转国内外各地捐款和信件。中国劳动组合书记部广东分部有 6 个人办事，因担心国民党说“包办工会”而“名目不公开”。②

罢工爆发后，工人与资方进入胶着状态，港英当局加剧了对罢工工人的压迫。见此，中共广东支部发表宣言书，肯定海员罢工“对资本家宣战，而发起阶级战争”，是“伟大豪迈之行为”。为了夺取罢工的最后胜利，呼吁罢工海员“须牢记下述四点”：一是坚持到底。海员工会所提出的增加工资标准，不过为最低条件，万不可因压力或引诱而退让一寸，不达目的，必不轻诺。二是固结团体。劳动者可制胜资本家的优势在于人数众多，但若不能行动如一人，则资本家不难破坏团体。三是严守秩序。当恪遵文明方法，言行不可逾出范围。四是注重自治。罢工工人人数众多，一切当慎重考虑，避免授人以柄。宣言书表示将“竭我全力，为其后援”，引领以盼“荣誉凯旋”。③

---

① 《中共中央执委会书记陈独秀给共产国际的报告》（1922 年 6 月 30 日），载中央档案馆编《中共中央政治报告选辑（一九二二——一九二六）》，中共中央党校出版社，1981，第 1、6 页。

② 《平山致国昌信》（1922 年 3 月 6 日），载中央档案馆、广东省档案馆编《广东革命历史文件汇集（群团文件）》（1922 年—1924 年），内部版，1982，第 2 页。

③ 《民国日报》1922 年 2 月 28 日。

为阻止包工公司招募海员以破坏罢工，防护破坏罢工队刺杀了宝泰办馆经理，行凶者被捕并被判死刑。谭平山发表评论，指出事件的本质是“万恶的资本主义”“杀人不眨眼的资本家”“凶暴残酷的资本政府”对于中国工人的压迫。工人群众在此斗争中，“兵寡敌众，重被包围，只有杀开血路死地求生，求一个根本解决的方法”[①]。他呼吁广东政府以最光明磊落的态度，发表堂堂正正的主张，为罢工工人出一份力帮一把忙。

轮船公司撤回增资条款终止协商，打了另行招工的如意算盘。宝泰办馆致电上海福安公司桂阿茂，请其代聘海员来港。1 月 20 日，海员工会电告中国劳动组合书记部，请其阻止海员受雇来港破坏罢工。27 日下午，书记部邀请中华全国工界协进会、工商友谊会、中华工会总会、印刷工会、机器工会、纺织工会等团体代表开会，均安水手公所、焱盈南社等处已签名盖章，因故临时缺席。李启汉、张秋人、董锄平参加了会议。李启汉报告了筹组香港海员后援会的进展，会议决定以劳动组合书记部为其办公地址，董锄平等负责日常工作，并推李启汉等 4 人劝告桂阿茂。30 日，李启汉与邵博强、钱孝裕到桂阿茂住处。桂阿茂已提前报告巡捕房，谎称受人恐吓，李启汉等一到即被捕。钱孝裕先被保释，李启汉、邵博强直到 2 月 8 日才被释放。[②]

李启汉获释的当天下午，劳动组合书记部召开后援会第二次会议，出席者除原发起各团体代表外，以个人资格参会的海员还有很多，巡捕房派人到场监听。李启汉主持会议，讨论了援助香港海员的具体办法，一是组织捐款，二是派人劝告海员不要赴港。书记部现场捐银 150 元，李启汉捐 2 元，工界协进会邵博强、机器工会李中、纺织工会孙良惠等均踊跃捐款。会议还决定成立上海的中华海员联合会，通电香港海员，“坚持到底，勿擅让步”。[③] 捐款活动结束

---

① 谭平山：《港政府枪毙华工》（1922 年 3 月 6 日），载《谭平山文集》编辑组编《谭平山文集》，人民出版社，1986，第 241—242 页。

② 参见《民国日报》1922 年 1 月 31 日，2 月 2 日、2 月 9 日。

③ 《民国日报》1922 年 2 月 9 日。

后，李启汉携带捐款南下慰问了罢工海员。

中国海员人数最多的是广东帮，其次是宁波帮。桂阿茂在上海招到了1000多人。启程赴港前夕，宁波帮均安水手公所负责人朱宝庭赶到轮船码头，劝阻本帮工人不要赴港。朱宝庭说："兄弟们！你们知道你们上哪里去吗？那里去不得。上海工人罢工，香港工人不会来的。现在香港工人罢工，咱们也不要去。咱们工人都是一家人，大家要团结起来，工人不能破坏工人的事。"工人们知道了真相，当场有一半人留下来。去往香港的人，途经汕头时被罢工分办事处说服又留下了一部分，最后抵达香港的已不足300人。①

劳动组合书记部发动全国各工会组织后援会。2月3日，陇海铁路总工会发表援助香港海员罢工宣言，呼吁全路工友"作各路的先锋"，机车工、养路工、车务工一致捐出一日工资。5日，总工会发出快邮代电，赞扬香港海员"奋斗之勇猛，精神之一致，团体之坚固，诚中国有史以来空前的盛举。不仅为中国工人争荣誉，抑且为中国劳动运动史上开一新纪元"②。

由京汉铁路长辛店工人发起，并征求京汉、京奉、陇海、京绥等铁路工人同意，成立了北方香港海员罢工后援会。11日晚，由北京开往汉口的快车插上白面红字旗帜，大书"援助香港海员""香港海员罢工北方后援会"等字样。12日，同样的旗帜，在汉口开往北京的快车上迎风招展，引人瞩目。这种声援旗帜，遍插长辛店的火车头。长辛店工人捐助的款项很快收齐，京汉、京绥、京奉各路工人均积极筹措捐款。

中国劳动组合书记部武汉分部联合江岸京汉铁路工人俱乐部、汉口租界人力车夫工会、徐家棚粤汉铁路工人俱乐部成立了香港海员罢工后援会，各工会积极捐款，通电声援。

广东是孙中山的家乡，国民党长期经营之地，"一直到海员罢工

---

① 转引自刘明逵、唐玉良主编《中国工人运动史》第2卷，广东人民出版社，1998，第313页。

② 《民国日报》1922年2月11日。

时，比较进步工人都在国民党影响之下”①。海员罢工后，国民党、总统府、省政府给予了重要的支持。孙中山在桂林致电慰问罢工海员，表示关切。担任陆军部长、内政部长、广东总司令、广东省省长的陈炯明过问了罢工事务，多次派人与海员工会商量办法。省政府为罢工提供了一个相对安全的环境，使罢工总办事处得以无惧港英当局的压力，安然指挥罢工。拨借公共场所供工人暂住，提供安身之所，增强了海员坚持到底的信心。海员工会原已筹备一笔经费，随着罢工的持续，回广州的人越来越多，经费日见拮据，省政府借出约10万元。当港英当局中断广九铁路交通，省政府以广九铁路系中英合办，香港方面无权单方面断绝交通为由提出抗议。罢工期间，国民党要员经常出席晚间演讲会，招呼海员工人入党。

香港地狭人稠，物资全凭外来供给。海员罢工致所有轮船停航，物流中断，不仅轮船公司损失惨重，就是大众生活也受影响。这迫使港英当局不得不收起强硬手段，转而继续通过中间人谈判解决。香港各有关团体无法置身事外，也有意介入，以期早日恢复常态。先有行船馆代表和华工总会代表分别介入，后有东华医院等团体代表介入。

2月7日，罢工总办事处决定派4名代表赴港谈判，并确定了解决罢工的9项条件：（1）工人工资在每月30元以上的加30%，在30元以下的加40%；（2）不得以任何理由令复工工人歇业或降职；（3）增加工资适用于现在香港停泊的轮船，和从各埠向香港开驶的轮船；（4）船主雇用海员，须由海员工会介绍；（5）签订雇用合同时，须有海员工会派证人到场；（6）无论海员或海员工会的职员，不得无故递解出境；（7）加薪日期由1922年1月1日起；（8）复工后，雇主须加以平等待遇不得苛虐；（9）恢复中华海员工业联合总会原状及被封各工会，释放被拘禁的办事人员。②港英当局坚持不予

① K.B.舍维廖夫提供：《张国焘关于中共成立前后情况的讲稿》，《百年潮》2002年第2期。

② 《民国日报》1922年2月13日。

解封工会，罢工工人则坚持无论如何必须恢复工会原状，方能进入劳资争议的调停。

2月15日，海员工会代表翟汉奇、苏兆征、卢俊文、陆常吉与香港东华医院、保良局、华商会、华工总会、工团总会代表讨论调停办法。东华代表卢颂举提出恢复工会属于政治范围，不妨将会名改几个字，另找地点，以便解决问题。苏兆征当即表示，我们的第一项要求就是恢复中华海员工业联合总会。外间每将局势糜烂归咎于海员工会，殊不知完全是政府与船东不谅所致，今不问是非，猝然解散，是为不公。律师周俊年提出解散海员工会的命令，已刊于宪报，没有收回之理。现在改个名目，从前的会员可告无罪。苏兆征答复说："弟未来港之前，各同人对于海员工会十个字"，坚持大众一心，谓若不恢复会名，宁愿一齐死在广州城，都不愿回港。可谓斩钉截铁！东华代表陈少霞提出折中方案，以为暂按政府所定"中华航海总会"之名，一年半载后再将原名完全恢复，这样，双方的面子都过得去。

然而，围绕恢复海员工会的斗争，绝非什么"面子"之争，而是一场严肃的政治斗争。海员工会既被港英当局列为非法团体，一日不摘帽子，一日便没有合法地位；即使改名另设，"不合例社会""非法罢工"的"前科"俱在，终究不能作为香港海员的领导者合法活动。

其间，华民政务司署电召各代表到署，得到的消息是：海员代表返省布告大众速行复职，督宪可将中华海员工业联合总会恢复，加薪条件，"交由公正人判断"。根据这个新情况，16日，广州海员工人又开紧急会议研究对策。因陈炳生涉嫌杀妻被捕，后于5月2日被特赦，会议首先选举代理会长，苏兆征当选，其谈判代表职务由林伟民继任。在苏兆征的主持下，会议决定继续注意工会问题，在得到解决后，即可一面与船东磋商条件，一面开工。

2月17日，海员工会派代表翟汉奇、林伟民、卢俊文回港交涉。双方坚持各自立场，互不相让，谈判又告失败。其间，苏兆征致电海员代表，强调一定先要政府完全归复工会，再妥定所加薪金标准，务得船员满意，如两个条件不能达到，则无继续磋商的必要。22

日，罢工海员召开大会，听取赴港代表交涉情况的报告，一致反对港英当局提出的条件。来宾黄焕廷提出答复港英政府条件的建议，谢英伯演说鼓励工人坚持到底。苏兆征作总结，安排 4 名代表再赴港交涉，重申各同人切不可误听谣言前往开工。

此时，香港各工会开联席会议，议决援助海员办法，决定如果运输工人同情罢工不能取得胜利，则一致举行总同盟罢工。海员工会据此向各工会活动，香港电车竞进会、酒楼总工会、茶居工会、牛羊行工会、洋务等 70 多个工团，都表示同情，但未能立即罢工。各工会派出 7 名代表到广州与海员工会商议筹备组织全港同情罢工办事处。

24 日，香港华人机器会等发起全港工团会议，磋商调停海员罢工。会上成立全港工团调停罢工会，他们宣传说：海员罢工应该援助，而现在最需要的是经济援助，可以捐款，但不必急于罢工；海员罢工势成骑虎下不得背，应该援助他们下背。海员工会得此消息，即派在广州筹商同情总罢工的代表回港制止所谓调停罢工会，决议不接受任何工人的调停，呼吁香港工人切勿组织调停机关。

27 日，港英当局悍然通过《1922 年紧急则例》，宣布香港进入战争状态，防范共产主义者煽动扰乱社会秩序，调集 16 艘军舰到香港，英军出防边界和各交通要点，下令广九铁路停驶。这一措施只能激起更大范围的不满和反抗。28 日，酒楼总工会、茶居工会、酒宴总会、牛羊行工会、驳艇业协进总工会、茶叶集成工会等 70 余团体不发声明、宣言，在工人领取薪资后加入同盟罢工行列。罢工立时蔓延到邮局、银行、酒店、茶居、菜场、海底电缆、山顶缆车、报馆、印刷局、渡轮、饼干店、面包店、公事房、牛奶公司等行业和部门。就连外籍人士流连的食肆、会所的厨师和服务员，家中的家务助理、园丁等亦加入罢工行列。3 月初，罢工人数激增至 10 万以上。全港死寂，生产停顿，商场休市，路面无人打扫，粪便无人清理，其景象实属罕见。①

① 参见刘明逵、唐玉良主编《中国工人运动史》第 2 卷，广东人民出版社，1998，第 325、326 页。

3月4日，罢工工人2000余人离开香港，行抵沙田附近，遭到军警拦截，当场被打死4人、打伤8人。沙田惨案引起全港市民更大的愤怒与恐慌，也成为广东政府正面介入谈判、促成解决罢工的契机。事发后，苏兆征、严日生以海员罢工工团联合办事处代表的名义呈报广东省长公署，要求省政府“提出抗议，向英领使严重交涉，以重民命，而敦国交”[①]。

至此，港英当局不得不在政治上向海员工会让步，以求早日解除香港的经济社会瘫痪状态；航运业资本家损失高达500万元，再也不能拖下去，不得不满足工人的加薪和用工条件。在广东政府协调下，海员工会代表回香港与轮船公司谈判加薪和用工事宜，同时与当局谈判恢复工会。

经过3月4日、5日两天的谈判，最终由海员工会与资本家订立解决罢工的条件，主要内容有：1922年1月1日起海员工资增加如下——华人内河船加三成，其余华人轮船1000吨以下者加三成，省港轮船公司加二成，其余英人轮船公司（以省港澳轮船公司之工资为底）加二成，沿岸轮船加三成，远洋轮船各线路均加一成半。确定日期各船员一律回工。罢工期间工资照新定价减半支给。实行新的雇佣船员办法，以尽量减少一切关于支付船员工资的弊病。船东委员会代表包特伦，英国驻广州总领事詹米生，广州交涉署秘书陆敬科，海员工会代表翟汉奇、林伟民、陆常吉、卢俊文分别签字。[②]

所有海员的工资，均有不同比例的增加，虽尚未完全满足工会的要求，差距略在2.5%或5%，只有沿岸轮船少加15%，总体上还是可以接受的。次日，港英当局发表布告，宣布“督宪会同行政局

---

① 《中华海员罢工工团联合办事处代表苏兆征、严日生呈文》，载中共广东省委党史研究委员会办公室、中共珠海市委党史办公室编《苏兆征研究史料》，广东人民出版社，1985，第4页。

② 参见《中华海员工业联合总会与香港航业资本家签订的条约》（1922年3月5日），载刘明逵、唐玉良主编《中国近代工人阶级和工人运动》第4册，中共中央党校出版社，2002，第273—274页。

遵照上开则例，宣布中华海员工业联合总会为不合例社会之命令取消”[①]，下午，将工会招牌送回挂在原处。随后，被捕工会人员获释，沙田惨案遇难者每人获抚恤金 1000 元。

3 月 6 日，是海员工会揭牌一周年的日子，香港海员在广西会馆举行全体大会，各行工人及团体代表数千人参加。陈炯明到会讲话，“多系勉励工人之语”。翟汉奇报告了在港交涉 10 小时终达成协议的情况，林伟民解释了罢工期间工人的工资损失补偿一半的原因。苏兆征在讲话中指出：此次罢工现已大体解决，尚待因罢工被港政府拘禁的工人释放，才算全部了结，各位不要自行回港开工。[②] 被捕工人获释后，罢工总办事处宣布 3 月 8 日返港复工，参加同情罢工的香港各工团亦相继复工。

持续 56 天的香港海员大罢工是中国工人运动的重要里程碑，意义至为重大：

第一，它是第一次大规模、长时间、全行业同资产阶级和港英当局进行的阶级斗争，是广大海员与帝国主义和资产阶级的一次正面较量，体现了中国工人阶级的阶级觉悟和战斗力量。

第二，香港海员大罢工作为第一波怒涛，引领了第一次全国工人运动的高潮。罢工期间，在中国劳动组合书记部的领导下，形成了各地工会与海员工会的互动，香港海员的壮举感召了各地工人。李大钊评价说：“有这样一种集体团结力量，加上每个罢工成员那种团结心和坚韧力以及由此所取得的成就，所有这些都将会直接间接地给中国各地的各种团体以强有力的鼓励和支持。”[③] 在海员大罢工的带动下，各地罢工风起云涌，总数达上百次，参加人数当在 30 万以上，形成此伏彼起高潮澎湃的奇观，极大地冲击了帝国主义势力和北洋军阀的统治。

---

① 《申报》1922 年 3 月 14 日。

② 《申报》1922 年 3 月 14 日。

③ 李大钊：《就中国工人运动问题与〈北京周报〉记者的谈话》（1922 年 3 月 12 日），载中国李大钊研究会编注《李大钊全集》第 4 卷，人民出版社，2006，第 59 页。

第三，这次大罢工积累了宝贵的经验。邓中夏认为“罢工有相当准备；选择的时机适当（中国旧历年关），群众完全了解并兴奋；团结力甚强；领导者聪明而坚决；援助力量有莫大的作用（运输工人甚至全港工人的同情总罢工）；应对策略的适宜（特别是封锁香港的饥饿政策）”[①]，这对于中国工人运动有示范意义，并为1925年的省港大罢工奠定了基础。

第四，海员大罢工锻炼了一批工人运动骨干，造就了苏兆征、林伟民这样的工人领袖。苏兆征在筹备罢工时被推为罢工总办事处总务科主任，罢工发生后，被推为谈判代表，后担任代理会长，成为海员工会的实际领导人。林伟民是海员工会的筹建者之一，负责干事部交际事务，罢工期间担任谈判代表。他们出以公心，立场坚定，旗帜鲜明，每每在罢工斗争的关键时刻作出果断决定，把握了坚持到底的正确方向。

第五，海员大罢工第一次使中国工人运动产生了国际影响。罢工震动英国朝野。海员工会通过苏联在广州的华俄通讯社将罢工消息向国际传播，并致电法国共产党《人道报》，请其转告各国工人阶级予以援助。其时，报载1月16日俄国工党代表到广州罢工工人宿舍同罢工领导人见面，“力赞工人此次罢工之毅力，且力任援助”[②]。

第六，海员大罢工的胜利促使国共两党认清形势，相向而行，建立合作关系，共同为开展反帝反军阀的国民革命而打拼。国民党没有发起海员罢工，但在事后关注和支持罢工。中国共产党在共产国际二大精神的指引下，通过包括香港海员大罢工在内的各种事实，重新认识国民党，调整中共一大不同其他党派建立任何关系的政策，加快了与国民党合作、共同建立民主联合战线的进程。

---

① 邓中夏：《中国职工运动简史一九一九——一九二六》（1930年6月19日），载《邓中夏文集》，人民出版社，1983，第478—479页。

② 《申报》1922年2月2日。

二　第一次全国劳动大会的召开与劳动立法运动的开展

1. 第一次全国劳动大会的召开

1922年5月1日至6日，第一次全国劳动大会在广州举行。大会由中国劳动组合书记部发起，广东分部承办。这个大会的胜利召开，扩大了共产党在全国工人中的影响，劳动组合书记部站到了领导全国工人运动的前台。

3月间，出席远东民族代表大会的代表回到上海，中央局便决定由书记部发起召开第一次全国劳动大会。在中国，共产党建立民主联合战线，不仅要以国民党等民主派为对象，而且要建立工人阶级内部的统一战线，召开全国劳动大会便是促进工人阶级全国性团结的必然选择。再者，也是发展全国工人运动的现实需要。书记部成立后，主动作为，积极开拓，在北方铁路工人中，在武汉、长沙等地工人中确立了领导地位，但在上海、广州的实际影响还很有限。工人组织派别林立，不利于工人运动的发展，也不利于进行反帝反封建的革命斗争。建立全国工人组织之间的联系，势在必行。

香港海员大罢工及其胜利，为全国劳动大会的召开创造了条件。罢工期间，各地工会组织群起声援，多方支持，客观上出现了全国性联合的局面。书记部居间指挥、联络、协调，极力往指挥中心的位置走，其领导作用人所共见。因此，在远东民族代表大会结束和香港海员大罢工胜利后，乘势而为，第一次全国劳动大会的召开可谓水到渠成。

4月10日，中国劳动组合书记部发出通告，邀请全国各工会派代表到广州，于5月1日召开全国劳动大会，并宣布了此次大会的4项宗旨：(1) 纪念“五一”国际劳动节；(2) 联络全国工界感情；(3) 讨论改良生活问题；(4) 决定各代表提议事件。会期定为5天。各代表自备川资，在广州的食宿费用由书记部提供。上海招待处设于公共租界北成都路19号劳动组合书记部，广州招待处设于素波巷宣讲员养成所。书记部的倡议，得到全国各地各派工人组织的响应。

根据中央局的安排，第一次全国劳动大会期间，还将在广州举行中国社会主义青年团第一次全国代表大会。4月下旬，陈独秀、张国焘南下广州，加强对两个大会的指导。在中共广东支部的会议上，陈独秀论述了两个大会的重要意义和国共关系问题。当时，孙中山与陈炯明之间矛盾公开化，陈独秀提出“第一次全国劳动大会应避免卷入国民党内部的斗争，力求各地工会不分党派，团结合作，使能形成一个全国性的工人组织”[①]。

《新青年》于1921年9月出版第9卷第5号后处于停顿状态，中央局便利用青年团刊物《先驱》发表文章，给全国劳动大会导航指向。陈独秀明明白白讲出7件事：一是指出工人运动的重点应当集中于工厂、矿山、交通等3个方面的产业工人，只有他们才是无产阶级的中坚；二是指出现时做劳动运动的人，本身既非劳动者便万不可乌合一班非劳动者组织假冒的劳动团体（这话是说给那些招牌工会的头头脑脑听的）；三是指出劳动组织有3种系统，其性质不同，作用也不同；四是指出应该研究劳动者对于政治应取的态度；五是指出劳动者不要亲近那些延长资本制度生命的基尔特社会主义者，不要相信那些迷信个人和小团体自由的无政府主义者，而“最应该亲近的，是革命的社会党——即共产党”；六是强调争取八小时工作和星期日休假是现时劳动运动的基本目标；七是强调罢工这一对付资本家的唯一武器，需要审时度势合理地运用。他借此特别阐明了工人阶级参加民主革命和建立统一战线的思想，指出：“劳动者在自己阶级（即无产劳动者阶级）没有完全力量建设革命的政府以前，对于别的阶级反抗封建式的政府之革命党派，应该予以援助”，“对于普通选举及废止束缚集会结社出版罢工等法律的运动，劳动者也不能不拼命去干，万万不可空唱高调，把实际的劳动运动上重要

---

① 张国焘：《我的回忆》第1册，现代史料编刊社，1983，第223页。

基础忽视了”。[①] 陈独秀的话，针对性非常强，对于第一次劳动大会的成功举办，以及后来开展劳动立法运动，都有指导意义。

蔡和森阐述了中国劳动运动应采取的方针，认为唯有“‘早日在中国实行社会革命以促成世界革命，用国际共产主义的资本开发中国的实业’”[②]。蔡和森在中国共产党的创建中多有贡献，1921 年底他从法国回国。此处所论，还只是按照马克思主义的基本理论和国际工人运动的一般路数说话。李达的文章高度评价了即将召开的全国劳动大会，认为“是中国劳动界破天荒的举动”，务实地提出“要组织永久的全国劳动大同盟”，“各处工会要设法化除乡土观念”，“工人不要怕社会主义”，以及要开展劳动立法等具体任务。[③]

5 月 1 日，齐聚广州的全体劳动大会代表偕同本地工人和各界群众举行盛大集会，隆重纪念“五一”国际劳动节。游行队伍以“中国劳动组合书记部”大旗开道，浩浩荡荡行进到广州第一公园。人们手持小红旗，上面书写“全世界无产者联合起来!”“八小时工作日万岁!”“五一劳动节万岁!”“共产国际万岁!”“青年共产国际万岁!”“苏俄万岁!”共产党和社会主义青年团以及工会的领导人先后在会上讲话。入夜，游行变成狂欢，几乎通宵达旦。[④]

2 日上午，第一次全国劳动大会在珠江南岸的中国机器总会礼堂开幕。参加大会的代表 173 人，代表全国有组织的工人 34 万。[⑤]张国焘以中国劳动组合书记部主任的身份宣布大会开幕。本着建立

---

① 陈独秀：《告做劳动运动的人》（1922 年 5 月 1 日），载《陈独秀文集》第 2 卷，人民出版社，2013，第 246—247 页。

② 和森（蔡和森）：《中国劳动运动应取的方针》，（1922 年 5 月 1 日），载《蔡和森文集》，人民出版社，1980，第 85 页。

③ 李达：《对于全国劳动大会的希望》（1922 年 5 月 1 日），载《李达文集》编辑组编《李达文集》第 1 卷，人民出版社，1980，第 140—141 页。

④ C. A. 达林：《中国回忆录 1921—1927》，侯均初等译，中国社会科学出版社，1981，第 88—89 页。

⑤ 两个数字出自《第一次全国劳动大会宣言》。大会代表数，邓中夏、张国焘记载为 162 人；工会会员数，《向导》周报第 155 期、张国焘记载为 20 万，邓中夏记载为 27 万。

全国工人组织统一战线的初衷，参会代表来自各个方面，政治色彩复杂。大会推举主席团时，提出的名单有广东总工会黄焕廷、中华海员工业联合总会林伟民、中国劳动组合书记部广东分部谭平山、唐山铁路工人邓培、广州互助总社谢英伯。[①] 围绕谢英伯的提名，会场产生不同意见，后来就由谭平山一人主持到底。出于联络感情的宗旨，大会的活动安排相当丰富。除了大会议程以外，代表们 2 日下午出席国民党欢迎会；3 日下午出席互助总社欢迎会；4 日下午出席广东总工会、互助总社、海员工会共同举办的欢迎会；5 日下午出席合并举行的社会主义青年团第一次全国代表大会开幕式、马克思诞辰纪念会及劳动大会代表欢迎会，晚间出席机器工会欢迎会；6 日下午参加车衣女工会等举办的欢迎会。

出席会议的代表踊跃向大会提交提案。经过审查委员会审查，代表们提出的提案，有的因其内容相同或相近而予以归并，有的因提议人缺席或提议理由不足而保留或自行注销，最后有 10 种提案交由大会讨论并得到通过。这些决议案是：《罢工援助案》，由中国劳动组合书记部代表李启汉提出；《八小时工作制案》，由李启汉提出；《全国总工会组织原则案》，由长辛店京汉铁路工人俱乐部代表邓中夏提出；《订定中国劳动歌及劳动旗帜案》，由唐山京奉铁路机务处同人联合会代表、徐家棚粤汉铁路工人俱乐部代表吴海堂提出；《湖南劳工会黄爱庞人铨被杀及香港沙田海员被杀案》，由湖南劳工会代表张理全、中华海员工业联合总会代表苏兆征提出；《组织全国人力车夫联合会案》，由汉口人力车夫会代表彭大汉提出；《中国在相当期间内的劳动运动，只做经济运动不与闻政治案》，由吴海堂提出；《尊重劳工节及惩戒工界虎伥案》，由中国劳动同盟会上海总部代表谭竹轩提出；《规定第二次全国劳动大会案》，由中国机器总工会代表邓汉兴提出；《全国总工会未成立以前，请中国劳动组合书记部为

① 参见张国焘：《我的回忆》第 1 册，现代史料编刊社，1983，第 224 页。成立大会主席团的过程，邓中夏的记载有所不同。

全国通讯机关案》，系临时动议。[①]

《罢工援助案》提出，一地工人罢工各地工人可以采取拒绝资本家雇佣，捐助维持罢工经费，甚至举行同情罢工等方式予以支援。这既体现工人阶级团结奋斗的牺牲精神，也对争取罢工胜利，扩大罢工政治影响具有积极意义。《八小时工作制案》提出，应以本会名义要求大总统明令规定，凡不实行者以同盟罢工对待，女工童工每日工作不得超过 8 小时。《全国总工会组织原则案》提出，建立工会应以组织产业工会为原则，不能组织产业工会的才组织职业工会，各地方组织本地劳动联合会，由各地方劳动联合会组成全国总工会，全国总工会未成立前，先设总通讯处，委托中国劳动组合书记部担任。《尊重劳工节及惩戒工界虎伥案》提出，"五一"国际劳动节应予工人休息并给付工资。对于投靠资本家压迫工人、破坏工会而为虎作伥的工贼，必须加以惩戒，以保障罢工胜利。[②]

会议决定每年召开一次劳动大会，仍以 5 月 1 日为开幕日期。在全国总工会未成立前，劳动大会仍由中国劳动组合书记部召集，大会筹备处改为大会事务所，定第二年会址于汉口。

大会采纳李启汉的提议，闭幕后发表了《全国劳动大会第一次会议宣言》。该宣言是充满共产党精神和主张的文告，向全国工人阶级展示了这次大会的政治成果，指出本次大会"开了全国工人们联合起来的新纪元"；阐明了工人阶级团结起来，共同向着资产阶级奋斗的必要性；指出工人阶级决不要分地域，决不要分党派，决不要分男女老少，只应按照产业组织起来；工会是以阶级的组织力进行奋斗的机关，而不仅仅是娱乐、教育或抚恤的组织；强调工人阶级面临多种敌人，"国际帝国主义和本国军阀也是我们的敌人""要结合全国的农人，至与小资产阶级暂时联络，共同向着那些敌人奋

① 《新申报》1922 年 5 月 24 日。《广东群报》报道决议案为 9 种，实际列出 8 种，系将《规定第二次全国劳动大会案》与临时动议合并，未提及《中国在相当期间内的劳动运动，只做经济运动不与闻政治案》。

② 《全国劳动大会经已闭会议决提案九种》，载刘明逵、唐玉良主编《中国近代工人阶级和工人运动》第 4 册，中共中央党校出版社，2002，第 311—314 页。

斗”。宣言号召：“我们要即刻联合起来，组成一个阶级的强固的紧密的阵线，向着资产阶级和压迫阶级为不断的奋斗”；宣言高呼：“全世界劳动者和被压迫人民联合起来，共同向着资产阶级和压迫阶级前进呀！”①

5 月 5 日下午，中国社会主义青年团第一次全国代表大会开幕式，与纪念马克思诞辰 104 周年和欢迎全国劳动大会代表活动一并在广州越秀南路东园红楼举行，与会者共达 1500 余人。这也是对劳动大会代表的一次政治洗礼。

陈独秀发表演说，指出马克思科学的社会主义和空想社会主义不同，我们须以马克思的实际研究精神来研究学问，以马克思实际研究的精神研究社会现实问题，不要就书本论书本，要按照他的学说去干社会的革命，要把马克思学说当作社会革命的原动力，不要当作老先生大少爷太太小姐的消遣品。②

同日，中国劳动组合书记部编印的《马克思纪念册》出版。该书由《马克思诞辰一百〇四周纪念日敬告工人与学生》，威廉·李卜克内西撰、戴季陶译《马克思传》，陈独秀撰《马克思学说》组成。同时，书记部组织人员在上海怀恩堂、广州东园，以及各地党组织、青年团中散发该书，共分发 2 万本。《马克思学说》是陈独秀传播马克思主义原理的重要文章，它由 4 月 23 日陈独秀在上海吴淞中国公学的讲演整理而成。陈独秀集中传播了唯物史观、剩余价值学说、阶级斗争学说和无产阶级专政的理论。

第一次全国劳动大会达到了预期目的。中国共产党通过劳动组合书记部发起大会，并在会前提出指导思想，会议过程中，共产党人具体组织，拿出关键性提案，发挥了领导核心作用。这次大会，在工人领袖和工会组织中传播了马克思主义基本理论、民主革命和统一战线思想，传授了组织工会和开展经济政治斗争的方式、方法，

① 《民国日报》1922 年 6 月 8 日。

② 参见陈独秀：《马克思的两大精神》（1922 年 5 月 5 日），载《陈独秀文集》第 2 卷，人民出版社，2013，第 249—250 页。

初步建立了全国工人组织的联系。劳动组合书记部成立之初自我设定为联合全国工人组织的“总机关”，在这次大会上它被认定为“总通讯处”，向前迈出了一大步，“开始获得了领导地位”①，共产党人更有意把它塑造成“唯一的领袖”②。大会所取得的这些成果和与会代表受到熏陶，无疑地成为全国工人运动在此后爆发式发展的促进因素。大会期间，与国民党往来，与劳动组合书记部体系外的工会组织协调，也是中共二大作出正式决议之前，共产党人为着建立与国民党的统一战线和工人阶级内部统一战线的预演。

2. *劳动立法运动的开展*

1922 年 8 月，由于受到上海租界当局破坏，中国劳动组合书记部迁往北京。10 月间，中共中央机关也迁到北京。

北迁后，书记部制定了章程，规定“本部以‘促成各业工人组织团体，增高工人地位及促进工人国际联合’为宗旨”，这个阐述有其连续性。“以社会主义者及有觉悟的工人组织之”，加入者须“绝对赞成”其宗旨，经 5 人以上介绍，得总部或分部认可。③ 既强调政治色彩，又规定高门槛，与自我设定“唯一的领袖”相匹配。章程规定总部设于北京，内设正、副主任各一人，总理全国劳动事务；暂设分部于武汉、上海、长沙、广州、济南、天津、南京等处，设主任一人，管理该管地方劳动运动事务；本部得斟酌地方情形，派出特派员。这就明确规定了书记部的组织架构，管理权责，以及活动方式。透过章程条文，可见其“变”与“不变”。不过，无论“变”或“不变”，劳动组合书记部依旧是中国共产党领导下承担指导工人运动之责的工具性机构，而非通常意义的工会组织。

陈独秀赴苏出席共产国际第四次代表大会，党内事务由张国焘

① 张国焘：《我的回忆》第 1 册，现代史料编刊社，1983，第 225 页。

② 邓中夏：《中国职工运动简史一九一九——一九二六》（1930 年 6 月 19 日），载《邓中夏文集》，人民出版社，1983，第 485 页。

③ 《中国劳动组合书记部章程》，载湖北省总工会工运史研究室、武汉市总工会工运史研究室编《湖北工运史研究资料》第 5 辑。

代为负责，因此，中国劳动组合书记部总部主任一职改由第二届中央执行委员邓中夏担任，原北方分部主任罗章龙为副主任。邓中夏拟定了《劳动法案大纲》，发起劳动立法运动。

通过立法，争取和保护劳动者的合理报酬、依法休息、集会结社、同盟罢工、团体契约、国际联合等基本权利，是社会进步的必需，也是党所领导的工人运动的常规内容。中共二大所制定的《关于“工会运动与共产党”的议决案》已经规定了工会进行劳动者的经济改良运动，必须进于为劳动立法运动，以便从根本上改变工会运动处于非法的状态；同时，《关于议会行动的决议案》对于实行革命的议会行动，也作了相关规定。

此时将劳动立法提上日程，还与局势缓和国会重开有关。1922年6月，第一次直奉大战结束，大总统徐世昌辞职下台。11日，被赶走的原大总统黎元洪复职，号称“法统重光”。8月1日，国会第二期常会在北京复会，并准备召开宪法审议会。直系首领吴佩孚就国会制宪发表通电，内有“劳动既为社会实力之中坚，其保护待遇，尤不能不具确定之保障”，“故保工规条，亟应附之根本大法”之语。[①] 国会参众两院议员不乏进步人士，相当一部分隶籍国民党，个别是共产党员，李大钊与部分议员有交往。劳动组合书记部提出《劳动法案大纲》并发起劳动立法运动，即乘势而为，要求国会把《劳动法案大纲》纳入新宪法的审议范围，并通过社会力量形成政治攻势以督促其实现。

8月间，中国劳动组合书记部发布关于开展劳动立法运动的通告，指出：“惟吾等之自由屡受他人侵害，正式劳动工会始终未为法律所承认，同盟罢工屡为军警所干涉。凡此种种，均缘法律尚未承认劳动者有此种权利之故也。”目前国会重开，制宪在即，开展劳动立法，机不可失。通告要求全国各工人团体从速开会讨论，将其结果报告劳动组合书记部，并通电国务院及全国工商学各界，“以增吾

① 《晨报》1922年8月6日。

劳动界之声势”。[①]

书记部确定了劳动立法4项原则：一是保障政治上自由。《临时约法》规定公民有言论、集会、结社等自由，然自袁世凯政府公布《治安警察法》后，实际上被无形取消，同盟罢工则为法律所明令禁止。“我等为脱离此种束缚计，非将此种非法命令及‘刑法’中制止劳动运动之条文完全铲除不可”；“劳动者之团体契约权，亦应受法律之正式承认”；劳动者的国际联合，亦“应要求法律之承认”。二是改良经济生活。劳动者处在资本制度之下，遭受的待遇之残酷为世所少见。欧美各国劳动者已经通过法律改良其境遇，“我等应参照西欧诸国之劳动法规，实现我劳动阶级之利益”。三是参加劳动管理。“为解放劳动者并与以管理之经验计，应使其有参加经济机关、企业机关及国家劳动检查局之权利。”“设吾等能有参加管理之权，则必能明了生产与经济之情况，改良工厂管理制度，并匡正雇主之错误。一方促进劳动阶级之利益，他方则为将来无产阶级管理工厂之准备，故吾等应要求法律承认劳动者有此种参加之权。”这显然取法于苏联劳动运动。四是劳动补习教育。社会之不公平起于教育之不公平，工人及其子弟丧失接受教育的机会，永世成为资产阶级的奴隶，故“应要求政府以法律保证男女劳动者有受补习教育之机会”。[②]

根据上述原则，劳动组合书记部起草劳动法案大纲19条，《工人周刊》全文公布如下：（1）承认劳动者之集会结社权。（2）承认劳动者之同盟罢工权。（3）承认劳动者之团体的契约缔结权。（4）承认劳动者之国际的联合。（5）日工不得过8小时，夜工不得过6小时，每星期连续42小时（应为连续24小时之休息）。（6）18岁以下青年男女工人及吃力的工作，不得超过6小时。（7）禁止超

---

① 《中国劳动组合书记部关于开展劳动立法运动的通告》(1922年8月)，载中国人民解放军政治学院党史研究室编《中共党史参考资料》第2册，内部版，1979，第311页。

② 《中国劳动组合书记部拟定的劳动立法原则》，载中国人民解放军政治学院党史研究室编《中共党史参考资料》第2册，内部版，1979，第312页。

过法定的工作时间，如在特别情形须得工会同意才得增加工作时间。（8）农工的工作时间虽可超过 8 小时，但所超过之时间的工值，须按照 8 小时制的基础计算。（9）须以法律担保一般不掠夺他人劳动之农人的农产品价格，此项价格由农人代表提出，以法律规定之。（10）吃力的工作及有碍卫生的工作对于 18 岁以下的男女工人，绝对禁止超过法定时间。绝对禁止女工及 18 岁以下男工做夜工。（11）体力的女工产前、产后各 8 星期休工，其他工作之女工产前、产后各 6 星期休工，均照常领取工资。（12）禁止雇佣 16 岁以下之男女童工。（13）为保障工人适当以至低限度的工钱，国家须制定这种保障法律。当立此项法律时，须准全国总工会代表出席。无论公私企业或机关的工资，均不得低于此项法律保障的至低限度。（14）各种工人，由他们产业组合或职业组合保障，可选举代表参加政府经济机关及企业机关，以及政府所管理的私人企业或机关之权。（15）国家对于全国公私各企业均须设立劳动检查局。（16）国家保障工人有完全参加国家所设劳动检查局之权。（17）一切保险事业，须由工人参加规定之，以所有在政府的、公共的、私人的企业和机关内的工人之损失或危险。保险费完全由雇主或国家出之，受保险者决不分担。（18）各种工人和雇用人，一年工作中有 1 个月之休息，半年中有 2 个星期之休假，并领薪之权。（19）国家须以法律保证男女工人有受补习教育的机会。①

大纲公布后，劳动组合书记部即通知全国各工会和劳动团体，一致起来进行劳动立法运动，得到各地工会和劳动团体的积极响应。

---

① 参见《中国劳动组合书记部拟定的劳动法案大纲》（1922 年 8 月），载中共中央文献研究室、中央档案馆编《建党以来重要文献选编（一九二一——一九四九）》第 1 册，中央文献出版社，2011，第 176—178 页。该文件首先刊登在 1922 年出版的《工人周刊》上，1922 年 9 月《先驱》第 11 期转载。1928 年 12 月王清彬等编《第一次中国劳动年鉴》，1930 年 6 月邓中夏《中国职工运动简史一九一九——一九二六》，1958 年中华全国总工会中国职工运动史研究室编《中国工会历史文献》第 1 集分别收录，文字略有不同。

唐山社会主义青年团讨论了劳动立法问题，认为“要给工人些觉悟”[①]。他们所在的唐山京奉路制造厂职工会以全体3000余人的名义通电支持劳动法案大纲。由于还有几千工人没有表态，他们便积极联络矿务局、纺纱厂、洋灰公司工人组织唐山劳动立法大同盟。各地积极与书记部遥相呼应，劳动立法的呼声方兴未艾。郑州铁路工人致请愿书于国会，长辛店铁路工人致电劳动组合书记部、国会参众两院，陇海铁路总工会投书北京《晨报》，湖南各劳动团体成立劳动立法同盟，致电国会参众两院，武汉各工团致电国会参众两院，山东劳动界和天津劳动界分别致电北京国会参众两院，一致表示拥护书记部提出的劳动法案19条，呼吁两院议员体察民情，顺应潮流，切实保护劳工。书记部上海分部主任袁达时联络部分工会和劳动团体，积极筹组劳动立法大同盟。

然而，上海方面却出现了反对劳动立法的杂音。具有国民党背景的中国劳工同盟会拒绝浦东纺织工会的善意劝告，坚持公开发表反对劳动立法的通告，并串联30多个工团试图统一行动。被串联的各工团立场、观点不尽相同。中国劳工同盟会明确否认劳动组合书记部具备代表全国劳动界的资格，也否认黎元洪复职和国会重开的合法性。[②] 中国海员工业联合总会上海支部认为国会丧失代表民意的资格，不赞成请愿立法。湖南劳工会驻沪办事处则表示对于劳动立法暂守沉默。

国会宪法审议会期临近，书记部决定举行招待会，召集北方各铁路工会代表康景星、王荷波等14人，以及其他代表12人到京参加，进一步营造劳动立法的舆论氛围。8月31日下午，新闻记者招待会在北京大学第三院举行。邓中夏呼吁记者们主持公道，谅解工人迫于生活的要求，以给予积极的援助。工人代表相继演说，慷慨陈词。会上发言的记者一一表态支持劳动立法。《江声报》记者更明

---

① 《阮章关于讨论工人运动及〈先驱〉销售情况等致尚德的信》（1922年8月27日），载中央档案馆、河北省档案馆编《河北革命历史文件汇集》（甲）第1册，内部版，1997，第41页。

② 参见《民国日报》1922年9月6日。

确提出不仅要在宪法中作出规定，而且要单行立法。开展劳动立法运动，必须“以团结为基础，以罢工为手段”。邓中夏最后表示：劳动立法并非最后目的，我们的目的在于创造工人的国家。①

9月初，书记部向国会众议院议长吴景濂递交了劳动立法请愿书，提出《劳动法案大纲》19条，请愿人分别为中国劳动组合书记部总部邓中夏、上海分部阮大时（即袁达时）、武汉分部林湘浦（即林育南）、湖南分部毛允滋（即毛泽东）、广东分部谭平山、山东分部王尽美。童启曾等22位国会议员为递交请愿书的介绍人。②

9月3日下午，国会议员招待会在北京大学第三院举行。邓中夏阐明了制定劳动法的必要性和紧迫性，呼吁各位议员从维护绝大多数人民的幸福出发，切实制定出这部法律。10名工人代表先后发言，力言不达目的，誓不罢休。与会议员的发言对劳动立法持积极和肯定的态度，有人劝告手段不必过激，有人对立法前景悲观，也有人认为幸福不是白手得来的，只是请愿不成，必须有武器做后盾，用革命手段去干。③

劳动立法的基本原则和具体条文，存在个别超越中国发展阶段之处，有从国外“拿来”的成分，但其基本内容和主导方向是符合中国工人阶级利益和工人运动发展的。只是其时政局动荡，国会风雨飘摇，宪法审议沦为直系军阀谋取总统职位的工具，因而未能成事。邓中夏认为“虽然如此，而这十九条劳动法大纲却深入了工人群众之中，变成了罢工高潮中斗争的纲领”④。张国焘也认为劳动立法运动，“是工人群众争夺自由之必须的初步办法，也是工人群众进行政治运动的发端”⑤。这些均给予了劳动立法运动充分的肯定。

---

① 参见《劳动组合书记部招待新闻界宣传劳动立法运动》，载刘明逵、唐玉良主编《中国近代工人阶级和工人运动》第4册，中共中央党校出版社，2002，第354—357页。

② 参见长沙《大公报》1922年9月6日。

③ 参见《民国日报》1922年9月7日。

④ 邓中夏：《中国职工运动简史一九一九——一九二六》（1930年6月19日），载《邓中夏文集》，人民出版社，1983，第488页。

⑤ 张特立：《“二七”前后工会运动略史》（1925年6月1日），《新青年》第2号。

三　北方工运潮

1. 北方各铁路工会的建立

中国铁路长期处在北洋军阀政治集团交通系的控制之下。交通部特设职工教育委员会，开办职工教员养成所，普遍开设扶轮学校，并且运动其属下以同乡、同事的关系建立同乡会、传习所等各种名目的职工团体，是共产党发展铁路工人运动的障碍。第一次直奉大战以后，内阁改组，新任交通总长高洪恩系吴佩孚的亲信，一上任就清洗交通系势力。李大钊通过与北京政府内务总长孙丹林、吴佩孚的政务科长白坚武的私交关系，向高洪恩推荐人才到交通部担任密查员。张昆弟、安体诚、陈为人、何孟雄、包惠僧等被分派到各主要铁路从事密查。[①] 他们使用化名在铁路上自由活动，可以直接与高洪恩联系。这样，吴佩孚“保护劳工”之说提供政治新气氛，又有密查员身份作掩护，共产党人发展铁路工人运动得到了便利条件。

长辛店是北方铁路乃至整个北方地区工人运动的发祥地。1922年4月9日，长辛店铁路工人俱乐部正式成立，部员1500多人。邓中夏和陈为人、朱务善等专程从北京前来出席俱乐部成立大会，郑州铁路工人凌楚藩，陇海路、京绥路、京奉路和京汉路彰德（今安阳）、信阳、江岸等车站的代表参加。[②] 史文彬被选为委员长。长辛店铁路工人俱乐部成立后，深受工人群众信任，且为京汉铁路沿线各站所仿效。

京绥铁路南起北京西直门，北至绥远（今呼和浩特），张家口是该路最大的站点。1922年，邓中夏、何孟雄、张昆弟到张家口指导铁路工人运动，何孟雄常驻。在他的指导下，张家口、南口铁路机

---

① 参见包惠僧：《包惠僧回忆录》，人民出版社，1983，第98页。邓中夏《中国职工运动简史一九一九——一九二六》、张国焘《我的回忆》均称密查员为6人，未具名。

② 参见《民国日报》1922年4月12日。

厂建立了工业研究所，各站机务工人建立精业研究所，车务工人成立车务同人会。京绥铁路内部三大系统各站均建立了工人组织。车务同人会只搞了不到 1 个月，即因员司破坏停顿了。何孟雄找到李连升，李以自己是粗糙的工人，无力承担这样的大事而推辞。何孟雄说："你就算是个泥胎，你会说话，你这个人心直口快，不会写，我帮助你写。"结果，李连升被推举为车务同人会会长，会员全部是工人，没有员司加入。[①] 12 月 27 日，车务同人会出面召开全路车务厂务工人代表会议，选出王藻文、李连升等 6 人负责筹备成立京绥铁路总工会。

员司加入不加入的问题，在组建工会之初具有一定的普遍性。单纯产业工人一般说来缺少文化或者文化程度不高，所以，劳动组合书记部的特派员往往直接充当工会秘书长的角色，把工会撑起来。没有特派员的地方，员司因其知识分子的地位，容易掌控工会实权。因此，简单地排斥员司不能真正解决问题，需要从进步工人中培养领袖和积极争取员司立场转变两个方面下手，这也就导致工会的发展和巩固必然有较长的过程。

京奉铁路西南起于北京正阳门，东北至奉天（今沈阳），唐山、山海关是途中主要站点。

劳动组合书记部北方分部继开辟唐山工作局面之后，延伸到山海关。1922 年 4 月，北方分部派张宝昆到山海关，联络佟惠庭等 15 名工人积极分子，联名上书临榆县令，要求成立山海关工人俱乐部，未获准。8 月，王尽美到山海关开展宣传和组织工作，仍用佟惠庭等人的名义，再次写禀帖，要求成立俱乐部，获准。8 月 15 日，山海关京奉路工友俱乐部正式成立。这期间，罗章龙、邓培、王尽美与佟惠庭等研究了工作方案。[②]

正太铁路东端始发站原设于河北正定，西至山西太原，故称

① 《李连生（升）访问材料》，刘明逵、唐玉良主编《中国近代工人阶级和工人运动》第 4 册，中共中央党校出版社，2002，第 87 页。

② 参见罗章龙：《椿园载记》，生活·读书·新知三联书店，1984，第 191 页。

“正太”，后由正定改在石家庄。正太铁路第一名共产党员是孙云鹏。孙系石家庄机器厂刨工，罗章龙经过史文彬结识他，并发展他入党。1922年2月，石家庄正太工界联合会成立，孙云鹏参与其事，但联合会落入工头控制之中。8月，张昆弟来到石家庄，帮助孙云鹏工作。随后，袁之贞、贾玉清等先后被派到石家庄。9月3日，他们决定另行成立石家庄机器厂工会，后改名石家庄正太铁路工业研究会传习所。10月8日传习所成立，张昆弟、史文彬、孙云鹏、施恒清出席成立大会。阳泉、太原相继成立传习所。11月，正太铁路总工会成立，宋宗臣、滕邦忠分任正、副会长，孙云鹏为秘书，贾玉清为工会指导员。①

津浦铁路北起河北天津，南至江苏浦口。津浦铁路机厂设在毗邻浦口的浦镇。1921年3月14日，浦镇机厂成立了中华工会，钳工王荷波被选为副会长，后任会长。年底，罗章龙由徐州到浦镇作调查，为交通系人员所困，王荷波带人前往成功解围。事后，浦镇机厂中华工会加入中国劳动组合书记部北方分部，成为中共领导的工会组织。王荷波经罗章龙介绍加入中国共产党，成为津浦铁路第一名工人党员。他深受工人的爱戴，被誉为“品重柱石”。1922年夏，北方分部派王振翼到浦镇，协助王荷波筹建津浦铁路各站工会和总工会。

1922年7月，中国劳动组合书记部山东支部成立，后称山东分部，王尽美为主任。7月9日，支部创办《山东劳动周刊》，宣布该支部是旨在联合山东各个劳动团体的总机关，以发达劳动组合，提高劳动者的觉悟，建立山东工人与各地工人的密切联系为目的。此前，6月18日，津浦铁路济南机车厂成立工会。该厂有工人1000余人，工会成立后，组建工友读书会，并计划与各大铁路联络，近期以恢复职工学校，减轻工人的压迫为目标。

① 参见刘明逵、唐玉良主编《中国工人运动史》第2卷，广东人民出版社，1998，第268页。

2. 北方铁路工人大罢工

第一次全国劳动大会后，北方铁路工人的罢工斗争，以长辛店首开纪录。长辛店铁路工人罢工经过了几个月的准备。早在1922年4月间，罗章龙等就到长辛店与史文彬、陶善琮等研究工作方案，最初形成12项条件，后整理成8项。大工头邓长荣本系京南一霸、交通系喽啰，俱乐部决定先拔除他这个障碍，迫使邓长荣不得不离开长辛店。8月20日左右，书记部召集长辛店党和俱乐部负责人到北京开会，决定向京汉路局提出8项条件，如无圆满答复即举行罢工。部署既定，罗章龙赶到长辛店，住进铁匠营工友家中，以资现场指导。①

8月22日，长辛店工人俱乐部向京汉路局送上8项条件呈文，局长赵继贤采取拖延手段，不理不睬。23日，工人代表在俱乐部中讨论对付办法，决定实施罢工，"不达目的，势不转圜"。24日早7时开始，所有长短客票列车完全停驶。3000余人手执白旗，上书"不得食不如死""打破资本专制""情愿一死""不达目的不止""劳工奋斗""打倒国贼高洪恩"等字样，遍布于长辛店一带。②

俱乐部发布罢工宣言，公布了革除火车房总领班郭福祥等5人的要求和改善生活等8项条件：（1）要求今后厂中进人开除人须通过工人俱乐部；（2）工人应即每日加薪一毛，以后凡做工两年者如没有增加工资应即增加；（3）短牌工人凡做工满两年者应改为长牌；（4）应明白布告司机工人的头等工资做工多少年才能得到；（5）在直奉战争中开车生火的工人应每人加薪一级；（6）路局应在北京、琉璃河、高碑店、保定等处盖房供行车工人休息；（7）路局应在长辛店盖房以供工人住宿；（8）工人因公受伤患病者应发给工资。宣言书称以上条件都是工人合理的要求和应得的权利，并未超出铁路规章之外，"我们原不想攻击上司，他们自己天天压迫我们攻击上司，我们原不想罢工，铁路当局竟强迫我们罢工，谁是谁非，曲直

---

① 参见罗章龙：《椿园载记》，生活·读书·新知三联书店，1984，第180—183页。

② 《申报》1922年8月27日。

当有公论”①。为避免军阀借口军事干涉罢工，军用车照常开驶。

罢工开始后，京汉路局局长赵继贤密商北京卫戍司令王怀庆，决定派兵南下长辛店。200 多名士兵到了前门车站，工人先是不给开车，后来到了长辛店，罢工工人拥至车站，扬旗列队，严阵以待。士兵未便下车，不得不原车撤回。下午 3 点，第四次客车由汉口开到，工人上前拦车。有宪兵王司令称受巡阅使曹锟命令，护送“要公”到京，并以调停者自任，工人坚持不放行。至 6 点 20 分，工人要求列车长将请愿工人带到北京，直接向路局交涉。放行时，罢工工人一拥而上，将白旗插上火车头。车到北京后，工人先到京汉路局，提出新增要求 11 条，继而包围交通部和高洪恩住宅，要求得到有保障的答复。

长辛店罢工后，25 日，郑州铁路工人决定举行援助罢工。当晚，安阳、新乡等处响应，南来列车开至新乡不能北上。26 日，郑州铁路停车、关厂。许昌、郾城（今属漯河）、信阳等处，传出响应罢工消息。京绥、京奉、正太、津浦各路工人，均派代表到长辛店加以援助，表示交通当局再不圆满答复，各路一致起而罢工。陇海铁路总工会发出宣言书，宣称京汉路罢工不解决，陇海全路当随之响应。

长辛店工人坚持斗争，两次截军车，两次截票车。交通系指使流氓分子混入厂中企图破坏，俱乐部早有防范，当场将其捕获。一方面，威吓和破坏都不生效，另一方面，罢工有蔓延之势，且舆论纷纷称系剑指交通总长高洪恩。赵继贤为避免局势不可收拾，只好派警务处长到长辛店谈判，接受俱乐部提出的条件：承认开革郭福祥，其余人查实撤革；俱乐部可以荐人；第一段从 9 月起、第二段从 10 月起、第三段从 11 月起每日加薪一毛；从 9 月起短牌工人凡过两年者一律换长牌；司机工薪凡递进至最高工薪即为头等工资；直奉战争中开车升火工人由机务处开单候奖；北京、琉璃河、高碑店等处由工务处盖房以供开车工人休息；在长辛店酌建休息官房；

① 《申报》1922 年 8 月 27 日。

工人因公受伤者患病期间不得扣薪，罢工期内不扣薪。[①] 俱乐部认为这次罢工的目的基本达到，26 日正式上工。

罢工结束后，工人俱乐部发表宣言和告全国父老书，肯定这次胜利成果来源于同业们万众一心的奋斗，指出："中国的劳动运动正在起始，资本家、军阀派的压迫大部仍是存在，我们将来的奋斗长着呢！全国工友，赶快武装起来，我们要联合的加入战团冲他们的第二道战线。"[②]

长辛店罢工所争的利益，不限于长辛店一地，而是普遍于京汉全路。罢工发生，各地工人援助。罢工胜利，京汉路中段、南段工人同样增加了工资。邓中夏说："这使全路工人发生休戚相关的深刻印象。这就可以解释统一全路总工会为什么首先成为京汉铁路工人的迫切要求，以至于为了成立总工会，不惜与军阀搏斗，作最大的牺牲。"[③]

长辛店罢工的胜利，极大地鼓舞了北方各铁路的工人，一连串的罢工相继发生，犹如开闸之洪流，一发而不可收。

早在 1922 年 8 月下旬，京奉铁路山海关铁工厂工人俱乐部代表佟惠庭、景树庭等 15 名工人联名递呈，控告该厂总管赵璧营私舞弊欺压工人，要求京奉路局将其开除。当时，长辛店工人罢工甫告结束，路局担心产生连锁反应，同意撤革赵璧，但该厂英国总管包孟和工程师陈宏经拒不执行，反将景树庭开除。佟惠庭、景树庭再到天津告状，路局不得不派人前来督办。9 月 14 日，赵璧被开除。但厂方随后以其弟赵二为总管，并将佟惠庭开除。工人闻讯愤怒至极，要求厂方收回成命。工人俱乐部随即向厂方提出从速开革陈宏经，佟惠庭、景树庭二人复职，增加工资等 6 条要求，同时一并递交京奉路局。25 日，俱乐部召开全厂工人大会，一致表示坚持到底，誓必取得最后的胜利。

---

① 《申报》1922 年 8 月 27 日。

② 《顺天时报》1922 年 8 月 28 日。

③ 邓中夏：《中国职工运动简史一九一九——一九二六》（1930 年 6 月 19 日），载《邓中夏文集》，人民出版社，1983，第 446—447 页。

直到9月30日，京奉路局仍然轻描淡写，答复条件不及1/10，且对于开革陈宏经，佟惠庭、景树庭复职只字不提。当晚，俱乐部决定以快信批驳路局。次日，全体工人大会再次召开。这是一场罢工的誓师大会，会场当中书写有“劳动神圣”的大白旗高高树立，迎风招展，上百幅书写“是阶级斗争的表现”“是生死存亡的关头”“驱逐工贼陈宏经”“从此打破奴隶制”等口号的各式旗帜装点四周，参会工人在纠察指挥下井然有序列队入场。

佟惠庭主持大会，报告了京奉路局答复工人条件的情况，提出：“大家既认为不满意，我们就抖起精神来，从此奋斗下去，不达目的，誓不终止。”来自唐山、秦皇岛的工人代表讲话，表示将采取一致行动支持山海关工人。工人代表讲话，有的痛斥陈宏经恶劣行径，有的提出工人不要受交通系的利用。王尽美在会上说，本厂贴出告示威胁我们，若罢工就闭门不开，“其实我们劳动运动的终极目的，就是收归一切工厂由工人自己管理。于今他们若闭门不干了，那正好我们趁此机会，收回来我们自己去管理，岂不爽快”。[①] 听众情绪热烈，立时大呼“好极了”。最后，佟惠庭宣布，路局若10月3日晚还不答复就罢工，众人鼓掌通过。

10月4日，罢工开始，全厂1100多工人一致停止工作。俱乐部发表罢工宣言，公布了6项条件。唐山、长辛店、江岸等地工人组织纷纷来电声援，唐山制造厂职工会在通电中宣布，若13日当局还不予山海关工友圆满答复，即采取一致的行动。

京奉路局妄图以拖的办法，消磨工人斗志，使工人于生活困难后而自行上工。俱乐部决定一方面把筹集到的钱发给工人，一方面阻断列车通行，以加强压力。10月9日清晨，开往北京的客车将要出站，工人们躺上铁轨阻挡行车。司机紧急刹车，随车的英国机务科纠察悍然抢过手把要接着开，被司机抢过去将车刹住，避免了一场血腥事故。车站站长一面报告京奉路局，一面请临榆县令出面调停。临榆县令担保3天之内答复工人的要求，列车停车4个小时后

① 《晨报》1922年10月4日。

才被放行出站。

10 月 12 日，京奉路局被迫同意革除陈宏经，佟惠庭、景树庭复职，发给停工期间的工资，普遍增加工人工资，承认俱乐部为正当团体，其职员和部员不得无故开除等 10 项条件。俱乐部发出复工宣言，13 日正式复工。

山海关工人复工之日，京奉铁路唐山制造厂工人罢工。早在 9 月间，该厂职工同人会改为职工会，邓培任会长。罗章龙偕长辛店工人王俊、须永德到唐山，见了邓培，了解当地情况后，建议立即组织罢工委员会，并起草了罢工宣言。[①]

9 月 13 日，职工会向厂方和路局提出增加工资、改善待遇 5 项要求，厂方拒不答复。14 日，邓培组织全厂工人集会，3000 余人到场，长辛店、山海关 5 名工人代表参加。邓培报告了与厂方交涉不被接受的情形，工人一致表示要以罢工来对待。王俊介绍长辛店罢工的经验就是不怕武力压迫，佟恩荣表示山海关工人将与唐山工人一致同资本家斗争。就餐之前，王俊致辞指出，工人分南方北方、某省某地的界限是顶不好的现象，我们工人要认清楚自己都是“卖力气”“赚工钱”的人，不要受资本家和他的走狗煽动。“我们都是一家人，都是无产阶级。我们不要自己和自己争斗”[②]。

警方禁止工人集会，工人不管不顾，再次盛大集会，诉说苦情声泪俱下，听众掌声震天，三呼“万岁”而散。警方发现工人团结一心，秩序井然，也就莫敢若何。至月底，厂方答应了职工会提出的部分要求，工人甚为不满。职工会进一步提出路局应承认职工会为工人代表，厂中雇佣或开除工人须经职工会通过，改善工人生活条件，废除包工制度等 6 项新条件，限路局于 10 月 12 日前答复。

10 月 12 日晚，中共唐山地委召集制造厂各分厂工人代表和积极分子举行紧急会议，决定 13 日举行全厂罢工。会议当场成立罢工事务所，选举邓培、王麟书、佟耀庭、罗占先等 25 人组成罢工委员

① 参见罗章龙：《椿园载记》，生活·读书·新知三联书店，1984，第 192 页。
② 《晨报》1922 年 9 月 18 日。

会，邓培为委员长，下设各股处理罢工事务，以“十人团”为骨干组织纠察队，任命50名积极分子为纠察队长，还组织了调查队、守望队，制定了罢工纪律。

13日上午，全厂工人按时上班，摘牌后，将各厂房大门锁好，在各代表的率领下离开工厂实行罢工。罢工委员会发表宣言，指出“为争生存计，为争人格计，不得已才出此最后罢工的手段”，呼吁全国工友速速来作后援军。[①] 京汉铁路总工会筹备处发出通电，积极予以声援。

京奉路局多方破坏罢工，敦请交通部通令严查，请求地方警察解散工会，随时拿办首要。派往天津联络声援的罢工委员罗占先因工头出卖被警方拘捕。天津警察厅派出300名警察，分驻开平、唐山待命，从滦州调来直系军队一个营，随时准备弹压。军人对工人的苦状抱有几分同情，宣称如果保安队打工人，他们就要打保安队，以致保安队不敢过于放肆。同时，厂方想方设法分化工人，他们对北方籍工人说，广东人参加罢工，以后要全部开除；如果北方人不参加罢工，以后要提级加薪。但是，这套分化工人团结的说辞被人戳破，效力减少了。

于是，厂方又贿买火车房20多名工人破坏罢工，纠察部长刘玉堂率千余人将火车房团团包围，厂方求助于美国兵营，工人严词质问美国士兵，责其趁早退出。[②]

罢工坚持了8天，京奉路局和制造厂损失不小，被迫派出代表谈判，并请出天津警务处处长吴大廷、唐山警察局姚桐章出面调停。20日，双方达成9项条件，工人所提各项要求大部得以实现。10月21日，工人复工。罗占先获释回厂，工人齐聚唐山车站热烈欢迎，庆祝胜利。职工会的合法地位虽没有得到路局承认，但继续公开活动。

直奉战争后，京绥路局借口战争影响，8个月不发工人工资，却在9月间给员司每月加薪5元。车务同人会连续3次向路局递交

---

① 《民国日报》1922年10月16日。

② 《晨报》1922年10月19日。

请愿书，要求发给欠薪、增加工资。第三次请愿时，张家口、大同、康庄、北京西直门等站各派两名代表到北京向局长余埁请愿，毫无结果。10月26日，在何孟雄的指导下，车务同人会在张家口召集全路车务工人代表开会，决定向路局提出补发欠薪和改善生活待遇要求，限定24小时答复，否则一律罢工，并派代表向察哈尔都统张锡元递交了公函。同时，车务同人会积极作罢工准备，购买米面，搭好炉灶，准备工人罢工后集中在会馆内吃住，又组织了宣传队、纠察队、敢死队，以防镇压和破坏。①

27日，路局仍然拒不答复。于是，全路60多个站1500多名车务工人一体罢工。车务同人会发表罢工宣言，向社会诉说苦情，称“这次罢工，系因被生活的压迫不得已而出此，完全是自己自决的，决没有受何党何系之指使”②。宣言还公布了增加工资、改善生活和承认车务工人同人会有代表车务工人之权等7个条件。

京绥路局指使张家口机务段长林宝杰收买落后工人，让他们开车捣乱，将第四次列车开出了车站。同人会会长李连升率领敢死队抄近道跑到新安街东口处，卧轨截车。机务工人赶来增援，将机车零件、风闸卸下，使机车无法行驶。察哈尔都统张锡元应路局请求，派来警察和军队，企图威吓工人复工，没有成功。

28日下午，张锡元派参谋长孟士魁率军包围车站，要李连升前往谈判。李连升对同伴们说：“今天不比往日，来势不善。这回可要看咱们的团体了，团体要是坚固，大伙儿一条心，坚决干到底，定能达到圆满解决。要是团体不坚固，还没怎么样就拉了稀，往后退，咱们谁也活不成！”他表示要坚决斗争到底，“大家既然举我当了会长，就要替大家办事，我就要领导大家去斗争，有刀山，我李连升第一个上，要是死，我死个样子给大家看！”③ 说完，他和三四百名

① 李树亭整理：《1922年京绥路车务工人的罢工斗争》，《中国工运史料》第1—8期下，工人出版社，1984，第23—24页。

② 《民国日报》1922年10月30日。

③ 李树亭整理：《1922年京绥路车务工人的罢工斗争》，《中国工运史料》第1—8期下，工人出版社，1984，第26—27页。

工人一起走进了车站大厅。孟士魁的副官喝令将李连升绑起来，李连升面无惧色，据理力争。室内室外的工人高呼口号，鼓劲助威，孟士魁眼见杀威无效，理屈词穷，让士兵给李连升松了绑。晚上，李连升等到北京参加谈判。京绥路局在请示交通部以后，同意了罢工工人的大部分要求。

29日，京绥铁路全线车务工人复工。同人会发出复工宣言，强调这次罢工得到本路机务、机厂及各地工友援助，感觉到同一阶级的工友，是能共生死的兄弟，“从此我们知道我们工人要想谋幸福争福利，只要我们自己有紧密的团结”，“我们如果要争生存自由，那就应该大家联合起来，一步一步的向前进呀!”①

12月15日，正太铁路工人1000多人罢工。早在正太铁路工业研究会传习所成立时，工人就向路局提出增加工资、改善待遇、工会有介绍工人参加工作之权等9项要求。正太路局不但不接受，反而唆使工头王纯加以破坏，开除加入传习所的工人赵永庆。经过开展驱逐王纯的斗争，赵永庆等复了工，但工人的要求并未得到满意答复。12日，正太铁路总工会在张昆弟、孙云鹏的领导下，召开了石家庄机器厂积极分子会议，决定于15日举行罢工，并组织调查队、纠察队，维持罢工秩序。

罢工开始后，正太铁路全线客货列车一律停驶，车站、机器厂水电全停。正太铁路总工会发出宣言，公布罢工缘由和复工9项条件；17日，发出第二次宣言，重申9项条件，并增加承认正太铁路总工会有代表全路工友之权、短工均改长工、罢工期间不得扣薪等5项条件。宣传队走上街头巷尾，分赴车站、剧院、客栈等处，演说罢工的道理。纠察队轮班把守厂门，日夜巡逻，防止坏人破坏和捣乱。

正太铁路工人罢工得到唐山制造厂职工会、汉冶萍总工会、浦镇津浦路工会、京汉铁路总工会筹备处等工会的声援。全国铁路总

---

① 转引自刘明逵、唐玉良主编《中国工人运动史》第2卷，广东人民出版社，1998，第396页。

工会筹备委员会发出通电，痛斥正太铁路当局百般腐败，酿成罢工，应负全部责任，呼吁“凡属于工人阶级中的队伍，尤望本同一阶级切肤之痛，实力援助，使正太工友得到最后胜利，不然，一处工友失败，各处工友都关联的”①。

正太铁路管理权控制在法国人手中。罢工伊始，法国资本家即电告法国驻华公使，请其与中国政府严重交涉。曹锟派来一个团，直隶省长王承斌派来300名保安队员，以武力相威吓。机器厂法籍总办拉巴耶唆使法籍工人入厂开动机器，被纠察队员发现切断了电源。厂方收买个别工匠私自上工，总工会发现后加以教育，阻止了破坏罢工的行为。

罢工坚持到第10天，不少工人生活产生困难，加上工贼煽动破坏，部分工人有所动摇。京汉路正定工人俱乐部委员长康景星将各处捐助的现洋分装在几只箱子里，箱底垫上一部分杂物，现洋铺在上面。发放救济款时，有意让工人看见，以为满箱都是银洋。这一招“洋钱计”，发挥了稳定军心的作用。

罢工发生后，各方势力纷纷以调人身份出面斡旋，法国资本家直到路局损失30万元以上，才不得不与工会代表达成14项条件，内容包括：加薪、做工钟点一律照长辛店新办法办理；短工升为长工，时间缩短为一年；假日给薪，假日工作者给双薪；因公受伤治疗期间不扣薪，因公受伤死亡者给一年薪资；此次罢工给7天薪资，不开革罢工工人；等等。总工会的合法地位虽然没有得到承认，但协议中同意工人代表可以向路局介绍工人工作。

12月27日，罢工工人复工。工人群众手执“罢工胜利”“全世界的劳动者联合起来呵”等种种旗帜，举行庆祝游行。总工会开工宣言大呼：“胜利了!”兴奋和喜悦溢于言表。宣言书指出：这次胜利“不是和我们早先一样的散漫的群众所可得到手的，是我们有了团结之后才能得到的”，经此一役，“我们更感觉得劳动者阶级的团结之必要，所以我们要高呼：‘全世界的劳动者联合起来’，并祝

① 《晨报》1922年12月24日。

'劳动万岁'"[①]。

1923年1月9日，王荷波带领浦镇机厂工人，联合浦口码头工人举行罢工，2000多人参加，要求增加工资，改善生活条件，迫使津浦铁路南段火车停止通行，结果取得相当胜利。

自长辛店工人罢工开始后，半年中，北方各铁路罢工此起彼伏，连绵不断，先后参加的工人超过1.1万人，震动社会各界。中国共产党通过劳动组合书记部领导罢工，具体组织者为名称尚未统一的工人组织，共产党人、特派员和工人领袖成为罢工的中坚。虽然各路工人的组织程度高下不一，但罢工斗争向工人群众鲜活地灌输了阶级斗争观念，帮助他们形成并加强工人阶级大团结的意识，打破帮口、帮会、地域的束缚和各种职业组织的局限，逐步从文宣变成了实践。劳动立法运动所争取的集会结社、同盟罢工、缔结契约、国际联合等基本权利，在这些罢工的胜利成果中得到一定程度的体现。

3. 开滦五矿工人大罢工

开滦煤矿是中国最早采用新式技术开采的企业。开滦矿务局实际操控在英国人手中，下辖唐山、赵各庄、林西、马家沟、唐家庄5矿，方圆百里，当时全年出煤400余万吨，占全国煤产量的20%。1922年大罢工时，唐家庄矿正在兴建，矿务局系统的秦皇岛港口工人参加了罢工，故"五矿罢工"实系唐山、林西、赵各庄、马家沟和秦皇岛。

开滦矿工达3.7万余人。他们的苦情，李大钊曾经有过转述：一是劳动条件极其恶劣。"他们终日在炭坑里作工，面目都成漆黑的色"，"有时炭坑颓塌，他们不幸就活活压死，也是常有的事"。二是劳动时间长。"常常把两星期的工，并在一星期来作。在这一星期中，无昼无夜，不停工作，不睡眠，不休息，不盥漱，不沐浴"。三是工资极其低廉，工人命不如骡马。"骡马的生活费，一日还要五

① 《晨报》1922年12月31日。

角。万一因劳动过度，死了一匹骡马，平均价值在百元上下”，而“一个工人的工银，一日仅有二角，尚不供给饮食。若是死了，资主所出的抚恤费，不过三四十元”。四是实行包工制。“资本家对于工人不生直接的关系，那包工的人对于工人，就算立在资本家的地位”，普通矿工深受资本家和包工头双重剥削。五是工人没有自己的团体，没有形成阶级意识。六是生活习惯落后。“除嫖赌酒肉外，不知道有比较的稍为高尚的娱乐方法，可以慰安他们的劳苦，也靡有供他们别样娱乐的设备”。[①] 由于极端贫困，苦难深重，工人争生存的斗争经常发生；也由于没有组织起来，这些斗争往往旋起旋灭。

这种局面，必然在工运大潮的激荡碰撞中发生变化。1922 年 9 月初旬，成立不久的唐山矿大同社、林西矿工余补习社改为工人俱乐部，其余各矿亦先后建立，并以唐山为依托，成立开滦五矿工人俱乐总部，也称“开滦五矿工人联合会”，设办公地点于火车站附近的华宾楼。9 月 21 日，俱乐部发出致开滦工友传单，内称：“诸位工友们呀！现在机会到了。什么呢？就是我们劳动工人各处都结合团体喽。现在，仅我们开滦的工友们仿佛像一盘散沙一样，所以屡次要求加薪，都被上司侮弄与压迫。如今京奉路已结成团体了。须要晓得，我们工人系同舟共济，休戚相关的。我们应该同他们联合一堆，结合成一个工人总团体，将来凡事有了后盾，方不致受资本家苛待与压迫。”[②]

10 月 15 日，邓培召集开滦煤矿、启新洋灰公司等厂矿的工人代表开会，通报制造厂罢工情况，要求各厂矿工人紧急动员起来，相互支援，联合行动。[③] 16 日，由林西、唐山、赵各庄、秦皇岛和马家沟的 8 名代表向总矿师比利时人杜克茹递交增加工资、改善生活待遇 6 项条件的英文请愿书。杜克茹一不承认工人组织，二不作出

---

① 明明（李大钊）：《唐山煤厂的工人生活》，《每周评论》1919 年第 12 期。

② 《开滦五大厂矿致开滦工友传单》，载唐山市总工会办公室工运史研究组编《唐山工运史资料汇辑》第 1 辑，内部版，1985，第90 页。

③ 参见刘明逵、唐玉良主编《中国工人运动史》第 2 卷，广东人民出版社，1998，第 404 页。

任何承诺。

有鉴于此，五矿工人俱乐部即作罢工准备，成立罢工委员会，其成员有罗章龙、王尽美、邓培以及各矿工人代表共20多人，总会长只奎元担任罢工委员会委员长。罢工委员会内设纠察部、调查部，纠察部以牌、队、团为单位，矿工达2000人。另外，委员会还制定罢工规则4条、会员规约3条，强调一切行动听从罢工委员会及委员长的指挥，任何人不得私自上工。

略早，唐山警方已获知矿工得铁路工人的援助即将罢工的情报，直隶全省警务处知会了开滦矿务局。矿务局总矿师杜克茹收到工人代表的请愿后，即与开滦煤矿董事、启新洋灰公司经理李希明密谋策划，并赶赴天津面见开滦矿务局英籍代理总理杨嘉立，迅即形成一套对付工人的策略。他们决定采取强硬方针：请求直隶省长王承斌、直隶全省警务处长（天津警察厅长）杨以德增派200名警察分赴唐山、林西，充实镇压力量，矿局承担出警费用；分化工人，不承认工人联合会，只作个别接触，允许所谓表现好的、在职3年以上的工人申请加入储蓄会；同时，准备在与矿局保持一致的前提下，增加工人工资10%。他们的内部通信把这种两手策略和盘托出："我们的策略等于让他们看到一手持棍，另一手持糖。当你要使用棍子的时候，你应该采取适当强硬的腔调；当你施展用糖的手段时，你可以随意装出柔和和友好的面孔来。"① 20日，矿局贴出布告，宣布从当月起所有每月工资在30块钱以下的工人，一律按数增加一成。同时，威胁工人不要听信外人煽动，出了乱子警察一定要严办。

无论杜克茹的"糖"也好"棒"也好，工人们一概未予理睬。22日，工人代表在林西开联席会议，研究罢工的具体问题。杜克茹获悉，派保安队抓走6人，各代表乃决定于次日罢工。于是，他们回矿分头发动工人，并派人夜赴秦皇岛。

23日晨，唐山矿、林西矿、赵各庄矿以及秦皇岛港务工人同时

---

① 《杨嘉立致寇伯理私函》（1922年10月19日），载唐山市总工会办公室工运史研究组编《唐山工运史资料汇辑》第1辑，内部版，1985，第115页。

罢工。罢工委员会发表宣言，控诉外国资本家监禁工人代表，一贯视工人如奴隶，工人命不如骡马，声言“我等于是固结团体，竭力奋斗，欲圆满逃脱此压迫”，呼吁全国工人“速起而共襄此举”。[①]

24日，罢工委员会以唐山、赵各庄、林西、马家沟、秦皇岛工人俱乐部全体会员的名义上书开滦矿务局杨嘉立，驳斥杜克茹对工人的种种诬蔑和镇压行径，指出这次罢工完全是被逼出来的。强烈表示：“现在我们决意斗争到底。我们现在所提出的要求是最低的，除非接受全部要求，我们决不恢复工作，也不进入你矿。我们宁愿死。”[②] 同时，在上次请愿书提出6个条件以外，又增加提出承认五矿工人俱乐部有代表工人之权等4个条件。

同日，赵各庄矿工人在大戏院开会。杜克茹得知，立即派50名警察乘火车前往破坏。当车行到古冶站时，该矿外籍煤师梅尔麦德乘车前往迎接。车刚出赵各庄就被纠察队拦住，梅尔麦德无视工人的警告执意前行，被拉下车，挨一顿打，逃回矿里。等在古冶车站的警察未能按计划赶到赵各庄，工人的集会得以顺利进行。杜克茹获悉，当即致电杨嘉立，声称“需要特别保护”，“主张尽力地获得外国军队，如果军队来矿，他们最好带着充足的给养以备自用，并接济在矿上的外国人和中国人”[③]。

也在这一天，林西矿务局拉拢少数工人下矿工作，被罢工者强行拉出来。矿务局又从马家沟矿雇来上百人，用火车运到林西。林西工人相率横卧铁轨之上阻止通行。保安队强令司机开行，司机不忍残害同胞而停车不发。马家沟矿工人感到受了欺骗，纷纷表示不愿到林西工作，原车返回。

25日，杜克茹致电杨嘉立，报告罢工已经使他们陷入窘境：

---

① 《申报》1922年10月26日。

② 《开滦五矿工人俱乐部致开滦矿务局总理函》（1922年10月24日），转引自刘明逵、唐玉良主编《中国近代工人阶级和工人运动》第4册，中共中央党校出版社，2002，第425页。

③ 《总矿师致总理第584号电报》（1922年10月24日），载唐山市总工会办公室工运史研究组编《唐山工运史资料汇辑》第1辑，内部版，1985，第118页。

“全部的中国人都离开了林西矿和赵各庄矿。如果事态继续下去，外国职员立刻就要完全筋疲力尽”；赵各庄、林西间的交通线被阻断；少许职员、工人愿意回来，但要有警察保护；天津所派 200 名警察与矿上警察不协调。他要求杨嘉立出面请直隶省长或全省警务处处长下令查抄工人总部，“逮捕这些直到现在还逍遥法外的破坏分子”①。当日，英军装备来复枪的印度士兵 100 人抵达唐山。他们又调集 200 名夫役以备林西使用，26 日续派 100 名。

林西为开滦矿区汲水及绞车的总机关，又是唐山公用电灯的总闸门，矿方看守严密。25 日上午，杜克茹亲率英兵 100 人，乘火车直扑林西。纠察队员赶到古冶车站，封锁通往林西的岔道。黑压压的人群覆盖了路基和铁轨，在这千钧一发之际，军车紧急刹车，纠察队员冲上前去，包围了军车。直到林西的警察赶到，杜克茹才弃车而去，率队经田间小道走到林西。次日，由林西至赵各庄的火车仍因罢工受阻，50 名英兵不得不步行到赵各庄。

25 日夜间，工人齐聚唐山矿务局南门，罢工领导人用大喇叭喊话：明日先攻警局，后进矿局，将仍在矿中的重要工匠抢出来。20 多名警察前来扰乱，被工人围困起来，经守备队前来调解才得以解围。26 日一大早，罢工工人与保安队形成严重对立。由于 7 人被警方收押，罢工指挥部组织工人游行示威，要求释放被捕工人。警察先是迫令工人解散，继而举枪乱放。其时，工人有在粥厂开会的，有在俱乐部的，闻枪声而至，枪愈响而工人愈多。工人手执“唐山五矿工人俱乐总部”的大旗以攻保安队，相持 3 个小时之久。“全市秩序大乱，工人与军队触处格斗，枪声、杀伐声、马蹄声、工人呼号声，嚷成一片”②，酿成一场人间惨剧。后经查实，此次血案，当场有 6 名工人遇难，轻重伤 57 名，失踪者无算。③

惨案发生后，罢工指挥部向全国发表了第二次宣言，揭露警察

---

① 《总矿师致总理第 590 号密电》(1922 年 10 月 25 日)，载唐山市总工会办公室工运史研究组编《唐山工运史资料汇辑》第 1 辑，内部版，1985，第 119 页。

② 天津《大公报》1922 年 10 月 29 日。

③ 参见《晨报》1922 年 11 月 11 日。

开枪镇压工人的暴行，提出赔偿死伤者损失、保安队警察立即撤出矿区并向工人谢罪为谈判的先决条件，呼吁全国同胞加以援助。27日，秦皇岛矿务工友俱乐部发表痛告国人书，披露此次血案事实，宣布“我们的力竭了，我们的声嘶了，然而我们决不畏缩，决不为恶势力所屈服”①。28日，启新洋灰公司6000余工人举行声援罢工。11月1日，马家沟矿工人正式罢工。至此，罢工规模号称5万余人。

中国劳动组合书记部痛斥杨以德收受矿局重金贿赂，到唐山枪杀工友，号召全国工人一齐起来援助，“为生存而战，为自由而战，打倒军阀警阀，打倒外国资本家”②。北京马克思学说研究会听取罢工情况报告，决定联合各团体成立唐山矿工罢工后援会，建立10支募捐队公开募捐。长辛店工人俱乐部通电声援并宣布捐现洋3000元。唐山制造厂职工会、粤汉铁路总工会、京汉铁路总工会筹备处、安源路矿工人俱乐部、津浦铁路机务工人参考机件联合会浦镇分会先后通电声援。据警方查抄的清单，由只奎元经手，收到唐山制造厂职工会捐助大洋1000元，香港电海员工友俱乐部大洋2000元，京汉路驻马店机件研究所工友俱乐部捐170元，津浦路浦镇机件研究所捐100元，津浦路济南机件研究所捐洋50元，山海关工友俱乐部捐洋500元，南洋新加坡总工党捐洋1万元，京汉路长辛店工友俱乐部捐洋200元，北京马克思学说研究会代捐300元。③ 唐山大学学生组织赈工会积极募捐，创办《唐山潮声》为工人发声。

11月1日，杨以德带领50名警察到达唐山，镇压罢工。次日，他在车站发表讲话，威胁工人再不上工就要用镇压手段。在外国资本家的宴席上，杨以德叫嚣“罢工的事情，全是由工会发生出来的，若是将工会的办事人枪毙十个二十个，则罢工的事，立刻可以断

① 《秦皇岛矿务全体工人痛告国人书》（1922年10月27日），载刘明逵、唐玉良主编《中国近代工人阶级和工人运动》第4册，中共中央党校出版社，2002，第429页。

② 《晨报》1922年11月19日。

③ 《杨以德致开滦协理王劭廉函》（1922年11月11日），载唐山市总工会办公室工运史研究组编《唐山工运史资料汇辑》第1辑，内部版，1985，第173—174页。

绝”，“与其中国亡了，也不让工会成立”，博得席间一片喝彩。[①] 经过与第十七混成旅旅长董政国、开滦镇守使殷本浩、唐山警察局长姚桐章等密谋和协调，杨以德悍然出手，决计以严厉手段对付“煽惑者”，以及罢工领袖。[②]

此时，上海英国总领事馆领事丹汉向杨嘉立通报了邓培的行踪，指出他作为京奉路代表出席了第一次全国劳动大会，是通过决议的主要人物，这个会议在布尔什维克的庇护下举行。杜克茹亦致电杨嘉立，密报邓培是唐山罢工真正的首脑，人在北京，宣称逮捕一些人会使罢工很快地结束。[③] 杨以德要求京师警察厅协助缉拿邓培、只奎元。

11 月 4 日，开滦五矿工人俱乐部、启新洋灰公司工友总会被查封。次日，唐山制造厂职工会和唐山工人图书馆被查封。书记部特派员彭礼和等 8 人被捕，各工会和图书馆内财物、现金均被洗劫一空。随后，唐山大学因罢课支持罢工被解散，5 名代表被捕。杨以德亲自审问彭礼和，巡警将两个茶碗反扣在地，强迫他露出双膝跪上去。彭礼和不从，遭皮鞭毒打。杨以德厉声问：“你是不是过激党派来的?”彭礼和说：“我本是一个工人。没有什么人派我不派我。”杨大怒，叫嚣“刑法还是没有上够”，命左右取出一根重达 15 斤的铁棍强迫彭礼和双手举起。彭礼和始终不作声，没有暴露自己的真实身份。[④]

杨以德的镇压暴行激起全国公愤，声讨杨以德的通电如雪片飞来。国会议员纷纷提出质问书，要求政府对杨以德和开滦的洋人“严行查办，分别惩撤”。11 月 9 日，董宏猷、常振庸、梁鹏万等 10

① 《晨报》1922 年 12 月 31 日。

② 《开滦总矿师致开滦总理报告》(1922 年 11 月 27 日)，载唐山市总工会办公室工运史研究组编《唐山工运史资料汇辑》第 1 辑，内部版，1985，第 184 页。

③ 《上海英国总领事馆领事丹汉致杨嘉立函》(1922 年 11 月 2 日)；《杜克茹致杨嘉立电报》(1922 年 11 月 9 日)，载唐山市总工会办公室工运史研究组编《唐山工运史资料汇辑》第 1 辑，内部版，1985，第 167、169 页。

④ 《晨报》1922 年 11 月 16 日。

人到北京请愿。次日，他们再次到总统府、国务院、内务部请愿，并向参、众两院递交了控诉呈文。

随着开滦五矿工人俱乐部被封闭，罢工进入更加艰困的阶段。一方面，罢工领导人和工人骨干或被通缉，或被捕，或在北京请愿，留在矿区的领导力量大为削弱；军方严禁在唐山及其周边举行任何公开集会，通过集会来保持联系和团结的渠道被堵塞，只有散发传单继续鼓舞士气。另一方面，持续罢工使解决吃饭问题的压力越来越大。罢工之初，指挥部通告每天给罢工工人发两角钱，累计起来就是一笔相当大的开支。罢工经费纯系临时筹措，势必捉襟见肘，入不敷出。为解决吃饭问题，工人开办了粥厂，每日向受雇于矿方的外工提供两餐伙食。受雇于包工头的里工，则继续由其原有的“锅伙”食堂提供伙食。随着罢工捐款被洗劫，粥厂受破坏，一些“锅伙”食堂被关闭，矿局的“饥饿政策”使罢工工人陷于饥寒交迫之中。

在此极其艰困和复杂的时刻，活动在矿区的荷兰籍天主教神父薛礼渊起了涣散人心的作用。据杜克茹说，薛礼渊经常一天几个小时不停地在工人中游说，“使他们了解他们的行动是违法的，并使他们许多人睁开眼睛看清楚这次罢工确实是属于布尔什维克性质的”。林西、赵各庄有人发生动摇，但唐山的罢工领导人仍“强烈地孕育着布尔什维主义思想”。①

11 月 14 日，直隶全省警务处贴出布告，胡说工人在矿局工作和矿局对待工人如何之好，罢工影响实业前途，此次事件为“奸人主使”，限定工人于出示 3 日之内上工，矿局按百元以下者统加工价一成，并加奖工资 7 日。② 同日，杜克茹亦发出布告，摆出和软的面孔，宣称“本局素来是真正保护工人的，凡愿意即刻上工的人，本局一概欢迎，决不因罢工开革一人”，“凡在本月十六日以内上工的

① 《杜克茹致杨嘉立函》（1922 年 11 月 15 日），载唐山市总工会办公室工运史研究组编《唐山工运史资料汇辑》第 1 辑，内部版，1985，第 181—182 页。

② 参见《直隶全省警务处布告》（1922 年 11 月 14 日），载唐山市总工会办公室工运史研究组编《唐山工运史资料汇辑》第 1 辑，内部版，1985，第 179 页。

人，本局多给工资七天作为奖励，并且每月一百元以内的工资一概增加一成”。[①]

员司头目因月工资100元以内者有份增加工资，便纷纷鼓动工人复工。至16日公示期满，马家沟、林西矿已经复工；16日，唐山矿复工；19日，秦皇岛码头复工。

开滦五矿工人大罢工未能实现预期目标，但丝毫不减它的历史意义：

第一，它是继香港海员大罢工以后，又一次直接同帝国主义的斗争。香港海员罢工后，大部分撤回广州，脱离港英当局的统治范围。开滦罢工则直接暴露在帝国主义和军阀政府的势力之下，英帝国主义出动军队，中国统治者调派正规军、地方军、保安队，合力实行铁血镇压，两次拘捕，一场血案，秘密通缉，罢工工人虽然手无寸铁，但无所畏惧，毕竟“今天的中国工人不像往昔时候，而是完全地变了”[②]。大罢工在极其困难的条件下坚持27天，给资本家造成74万多元的直接损失，致使帝国主义者及其走狗焦头烂额。

第二，罢工是工人阶级的大学校，彰显了开滦工人特别能战斗的力量。开滦工人组织起来的时间不长，组织得也不算严密，几乎是仓促上阵，但增加工资、改善生活条件是广大工人的共同心愿，罢工是实现共同心愿的主要手段。罢工以后，“工人虽多鸠形鹄面，衣冠不整，然精神焕发，与平日作工时大异”，“每天上下午各有讲演大会，轮流讲演，内容无非是激动大家坚持到底，求得最后胜利”，“每一讲演辄至三四小时，鼓掌喝彩之声不绝于耳”。纠察队设岗守望，巡行街市，其纪律之严，“俨然节制之师”。[③] 共产国际代表马林指出：“最近最重大的大罢工在开滦煤矿爆发，这个罢工真值得全国人民的注意”，它充分证明“劳动者已在中国社会上成为一种新

---

① 《杜克茹布告》(1922年11月14日)，载唐山市总工会办公室工运史研究组编《唐山工运史资料汇辑》第1辑，内部版，1985，第178页。

② 《南满铁路山本总裁致杨嘉立电报》(1922年11月2日)，载唐山市总工会办公室工运史研究组编《唐山工运史资料汇辑》第1辑，1985，第169页。

③ 《唐山罢工之详情》，《京报》1922年11月7日。

势力，在将来一定会站于极重要的地位”。[1]

第三，大罢工把北方地区的工人运动推到了高潮。这次大罢工参加人数最多，时间最长，范围最广，条件最艰苦，斗争最激烈，以矿局作出一定让步而告结束。邓中夏赞之曰“更是光芒万丈”[2]。1925 年 12 月，毛泽东在分析中国社会各阶级的经济地位及其对革命的态度时，即以包括开滦五矿在内的 1922 年以来的罢工运动为例，指出包括开滦五矿工人在内的工业无产阶级“做了民族革命运动的主力”，他们“特别能战斗”。[3]

不可讳言，这次罢工存在准备不充分、组织不严密、经费十分短缺等问题，特别是党的领导力量薄弱。陈独秀在中共三大的报告中指“邓同志在唐山和科乌（应指开滦）矿工罢工时犯了严重错误”[4]，苏联政府特使越飞以唐山矿工罢工失败为例，力主中共中央机关尽速迁到北京以加强党的领导。这些都是对后来罢工的警示。

四　武汉工运潮

1. 湖北全省工团联合会和汉冶萍总工会的成立

在共产党和青年团未从组织上分开之前，武汉地区年龄不满 30 岁的党员同时都是团员，青年团内设劳工运动委员会。在党的领导下，共产党员、青年团员、书记部部员一身数任，忘情地投入到发展工人组织之中。共产国际代表马林在其个人记录中大加赞赏，称

---

① 孙铎（马林）：《中国劳动群众的觉醒》，《向导》1922 年第 11 期。

② 邓中夏：《中国职工运动简史一九一九——一九二六》（1930 年 6 月 19 日），载《邓中夏文集》，人民出版社，1983，第 449 页。

③ 毛泽东：《中国社会各阶级的分析》（1925 年 12 月 1 日），汕头书店，1927，第 20、21 页。

④ 陈独秀：《在中国共产党第三次全国代表大会上的报告》（1923 年 6 月），载中共中央文献研究室、中央档案馆编《建党以来重要文献选编（一九二一——一九四九）》第 1 册，中央文献出版社，2011，第 246 页。此处“邓同志”当指第二届中共中央执行委员邓中夏，邓时任中国劳动组合书记部总主任。

“汉口工人运动发展很顺利”[①]。第一次全国劳动大会决定在汉口召开第二次大会，激励大家“都万众一心的干起来了”[②]。

汉口江岸是京汉铁路南段最大的站点，分布了机车处、工务处、机车厂、车站等单位，刘家庙一带有1000多名铁路工人。他们习惯性地分成地域性帮派，迫切需要进行阶级意识的启蒙。1921年11月陇海铁路工人罢工，包惠僧奉劳动组合书记部之命，由武汉到开封活动。为了打开京汉路工作局面，他在返程中结识了郑州铁路工人凌楚藩，又经凌楚藩介绍认识了杨德甫。杨德甫是江岸机车厂翻砂工，湖北帮的头面人物，他同意把江岸的工人组织起来。

杨德甫、黄桂荣、林祥谦、曾玉良等到了武昌黄土坡劳动组合书记部武汉分部的所在地，包惠僧、陈潭秋、黄负生、李汉俊等接待了这几位工人领袖。黄桂荣属江南帮，林祥谦属福建帮。见面会上，他们当场决定发起组织京汉铁路江岸工人俱乐部。杨德甫要包惠僧介绍适当的人担任俱乐部的文书和联络工作，包惠僧想到了在模范大工厂做工的项英。第二次筹备会上，推定杨德甫、黄桂荣为筹备委员，林祥谦为财务干事、周天元为庶务干事、曾玉良为交际干事。这些人事上的安排，是经过事先同各帮口协商均衡安排的。项英被聘为秘书干事，常住刘家庙，同京汉铁路工人生活在一起，不久，由包惠僧介绍入党。[③]项英初小毕业进工厂做工，受五四运动影响，对俄国十月革命很感兴趣，从加入江岸工人俱乐部起走上了工人运动道路。

1922年1月22日，京汉铁路江岸工人俱乐部在刘家庙老君殿召开成立大会。是日，雪后初晴，路途泥泞，到会的工友们不下八九百人，并有各厂长、工程师、技师、警长及各界来宾共数十人出席。会场布置洋溢着喜庆气氛，头道二道门张灯结彩，大门扎松柏枝牌坊，讲演台上方，高悬红底黑字的“劳工神圣”匾额，左右张贴

① 《关于杭州会议后活动的报告》（1922年10月14日），载李玉贞主编《马林与第一次国共合作》，光明日报出版社，1989，第86页。

② 湘浦（林育南）：《武汉通信》，《工人周刊》第43期。

③ 参见《包惠僧回忆录》，人民出版社，1983，第86—89、94页。

“劳动创造世界”“机器巧夺天工”的对联，门口置军乐队。俱乐部主任杨德甫主持大会，宣布本俱乐部的成立，全是各工友努力的结果，以后还盼望大家更加努力，互相辅助，共谋进步。俱乐部的宗旨是：保证生活，增高人格，改良习惯。江岸工人俱乐部制定了章程。[①] 到了“五一”国际劳动节，俱乐部发展成京汉铁路南段总部，施洋被聘为法律顾问。

武昌徐家棚粤汉铁路工人俱乐部的成立，以工人补习学校为基础，李书渠负责徐家棚的工作，包道贞作专职教员。2 月 26 日，该俱乐部正式成立，主任一职先后由李树金、余友文担任，李书渠任秘书干事，施洋被聘为法律顾问。俱乐部以联络感情、交换知识为宗旨，重视工人教育，举办工余学校、子弟学校、阅报室、演讲会等等，很受工人欢迎。短短几个月内，俱乐部会员发展到 500 人。

同月，毛泽东为黄爱、庞人诠被害事，赴上海组织反对赵恒惕的运动，途经武昌时，向包惠僧 、陈潭秋等提出产业劳动要采取产业组合的方式，京汉铁路工人与粤汉铁路工人必须密切联合。[②]

7 月 2 日，汉口谌家矶扬子机器厂工人俱乐部成立，陈天为主任，参加俱乐部的工人有七八百人。附近丹水池煤油厂工人要求建立自己的俱乐部，因条件不成熟，扬子机器厂工人俱乐部把他们吸收进来作为名誉部员。

8 日，汉阳钢铁厂工人俱乐部筹备处成立。许白昊在第一次劳动大会结束后回汉，负责汉阳钢铁厂工作。汉阳钢铁厂罢工胜利，俱乐部即宣布为工会，会员 2000 余人。工会还制定工会章程 10 条，内容主要有：会员须遵守本会规约；自治为本会会员重要精神；宗旨在联络感情；本会会员须灭清省界，化除意见，互相亲爱，互相规劝。许显庭被选为执行委员长，王绍清为秘书。工会成立宣言诉说了工人的深重苦难，申明了成立工会的正当性。声言本工会与任

---

① 参见须除（李书渠）：《汉口江岸京汉铁路工人俱乐部成立大会盛况》，《工人周刊》第28 号。

② 中共中央文献研究室编《毛泽东年谱（1893—1949）》上卷，中央文献出版社，2013，第 90 页。

何党派没有丝毫关系，当然是策略性自我保护的表态，以免在军阀统治的大环境中被扣上“红帽子”。宣言书发出自我鼓励的声音，表达了建立广泛团结的意愿，誓言“我们要努力创造社会的文明！我们也要平等享受社会上的文明！”①

15日，武昌造币厂工人俱乐部成立。在以上这几个工人组织的带动之下，汉阳兵工厂、汉口既济水电公司、武昌纱麻四局以及汉阳各机器厂，都在积极酝酿成立工人俱乐部。武汉地区工人组织纷纷成立的情形，被新闻报道喻为“秋花之怒放，夏水之暴涨”。武汉以外，10月，大冶下陆铁矿工人俱乐部成立。11月，大冶钢铁厂工人俱乐部成立。这两处都是林育英负责策划和组织的。

为着支援汉阳钢铁厂工人罢工，7月23日，汉口租界人力车夫会、江岸京汉铁路工人俱乐部南段总部、徐家棚粤汉铁路工人俱乐部、扬子机器厂工人俱乐部发起成立了武汉工团临时联合会。汉钢罢工胜利后，联合会转为正式组织。劳动组合书记部武汉分部主任林育南担任武汉工团联合会秘书主任。

武汉工团联合会是中国共产党领导的最早的地方总工会，是武汉地区工人运动的发动者、组织者和坚强后盾。工团联合会以汉口大智路品记里13号为办公地址。此处原由人力车夫会租用作为会所，因费用支绌，工团联接手完成房屋的改造修建，并与车夫会共同使用。建造会所，事务纷繁，艰难万状。施洋“奔走数月，负债累累，劳怨忧烦，集于一身”②。这是武汉工人阶级依靠自己的经济力量独立设置的第一个工会会所，也是本地工人运动的大本营。武汉工团联合会成立后，武昌造币厂、汉口既济水电公司、丹水池煤油厂、纱麻四局的工人组织及武汉染织工会纷纷加入其中。

为促成湖北全省范围的工人团体大联合，书记部武汉分部积极推动武汉各工团成立湖北全省工团联合会。9月28日，武汉各工团

---

① 《汉阳钢铁厂工会成立宣言》，载刘明逵、唐玉良主编《中国近代工人阶级和工人运动》第4册，中共中央党校出版社，2002，第742页。

② 林育南：《施伯高传》，《林育南文集》，人民出版社，2014，第129页。

联席会议在汉口东亚酒楼召开，为筹备湖北全省工团联合会做准备。29 日下午，在工团联合会品记里会所召开筹备会议。京汉铁路工人俱乐部南段总部、徐家棚粤汉铁路工人俱乐部、扬子机器厂工人俱乐部各派代表 3 人，汉阳钢铁厂工会、武汉轮船工会、武汉机器工会、武昌造币厂工人俱乐部、汉口既济水电公司工会、汉口机器米厂工会、丹水池煤油工人俱乐部等 7 个团体各派代表 2 人出席。①

会议开始，即有工厂代表演说。新闻报道隐匿了演说人的姓名，可能是林育南。演说人讲了工人应当结成强大组织的道理，陈述了应当成立全省工团联合会的 5 个理由：一是地方联合是全国性联合的基础；二是工团联合起来，才可以实现平和的发展，可以按计划统一行动，凝集力量；三是工人与其依赖官僚资本家讲良心、讲信用，不如依赖自己的团结力，迫使官僚资本家不能不讲良心、讲信用；四是这次粤汉铁路罢工成功，一半由于粤汉工人的坚持，一半由于京汉及各工团的援助。而其最为关键，是吴佩孚为对奉系起见，不能不强从我们的志愿，假若日后他的战争成功，翻悔前言，我们就要先自立于不败之地，能否做到，就看能不能坚实其联合的组织；五是工人的联合，能改变世界政治上、社会上的许多错误。所以，工团联合是取得胜利的第一要素。②

这些理由足以服人，既从理论层面说明了工团联合是工人阶级进行阶级斗争的工具，也从现实角度指出了工团联合是应对军阀统治的利器。与会代表一致鼓掌赞成。会议确定了组织大纲，推举了筹备员，俟章程拟妥，即召开成立大会。

10 月 10 日，湖北全省工团联合会宣布成立。这天是辛亥革命武昌首义 11 周年纪念日。武汉 28 个工团工友及各界代表齐集大智路品记里举行纪念大会，会后游行。工友们高举各工团旗帜，手持写有“劳工神圣”“承认苏维埃俄罗斯”“打倒国际资本帝国主义”“要求普遍选举”“劳动立法”“男女平权”“集会结社绝对自由”“言论

---

① 参见《民国日报》1922 年 10 月 4 日。

② 参见《民国日报》1922 年 10 月 4 日。

出版绝对自由”“废止治安警察条例”等各种标语，在大智门铁路边集合，冲破汉黄镇守使杜锡钧的阻挠，结队向水塔方向前进。游行队伍浩浩荡荡，所经之处，路人无不鼓掌欢呼，群情振奋。这是工人团结的大展示，也是工人力量的大展示。

省工团联一经成立，就决定统一工会名称，将工人俱乐部、职工联合会等一律改名为工会，并且恢复了7月初被官厅解散的汉口租界人力车夫工会。10月28日，省工团联召开武汉各工团特别会议，通过了关于组织问题的决议。省工团联的最高决议机关是各工团全权代表会，复决机关是各工团代表会，执行机关是干事局。代表大会的决议，经各工团全权代表会讨论通过后，交由干事局执行。

11月26日，代表大会召开，选举产生了湖北全省工团联合会领导机构。其中，主席杨德甫，副主席张虆，总干事陈天，秘书科主任许白昊，宣传科主任林育南，组织科主任项英，经济科分司库、司账、庶务，由马冬阳等分管，聘请施洋担任法律顾问，包惠僧为组织顾问，李汉俊为教育顾问。早前，杨德甫、陈天加入了中共外围组织马克思学说研究会，施洋在6月间加入了中国共产党。

省工团联创办《真报》，以拥护劳苦工人及一切无产阶级之利益为宗旨。郭祖贲为社长，郭寄生为总编辑，林育南、周无为、张孑余为编辑。报社设在汉口笃安里。

湖北全省工团联合会成立后，积极促进各企业建立工会，壮大工会队伍，到1922年底，共拥有工会会员4.8万余人。同时，积极介入各企业的罢工斗争，施以援手，促成胜利。

汉冶萍总工会是规模仅次于省工团联的跨省域产业工会。中共湖北、湖南两区委和两个劳动组合书记部分部都高度重视在汉冶萍公司所属各企业中开展活动。11月12日，安源路矿工人俱乐部代表朱少连、朱锦堂，汉阳钢铁厂工会代表许显廷、马冬阳等，汉冶萍轮驳工会代表向忠发等，大冶钢铁厂工人俱乐部代表胡少华等，在汉阳钢铁厂工会召开筹备会议，商定了筹备总工会成立的各项事宜。会议结束后，各代表赴大冶参观了大冶、下陆两个俱乐部。向忠发由许白昊介绍，加入了中国共产党。

12 月 10 日，汉冶萍总工会成立大会在汉阳三码头老街举行。会场的布置新潮，各界所赠匾额联语，琳琅满壁。到会代表、各界来宾、汉阳钢铁厂和轮驳公司工友不下数千人，济济一堂。大会在鼓乐声鞭炮声中热烈开幕。

安源路矿工人俱乐部总主任李立三致开幕词。李立三说："今天是汉冶萍总工会成立之日，即是我们汉冶萍这个大产业之下的三万余工人团结携手之日；我们无量欣慰。我们汉冶萍三万多工友，所处的境况，非常惨淡悲哀。大家感受了这层层的痛苦，大家都感觉得是因为没有团结以图自救的原故。因此我们工友都有组织团体的急迫要求。现在我们汉阳，安源，大冶，以及轮驳，共有五个团体，都组织成立了。这五个团体，今天更进一步联络起来，成一个产业组合的汉冶萍总工会。"

李立三向与会代表宣传了必须组织工会的道理，说："我们要知道组织团体，是工人运动必要的要求；是社会进化自然的现象；因产业进化，机器工业兴，而手工业失败；劳动者自己不能管理生产工具，只能终日勤苦的卖劳力于资本家，仅换得少许的工资，勉强维持其生活；于是要求增加工资，改良待遇，这是必然的趋势。年来国内各处工团，接踵而起，继续不断，其起原即是如此。本会之成立，也就是以上所说的自然结果。"

李立三提出了汉冶萍总工会应当致力于完成 3 项任务：一是求政治法律的保障；二是求经济的改善；三是求人格和地位的增高。他告诫众人："我们现在的力量，虽是薄弱，但我们仍要奋斗努力，勇猛前进，不稍懈怠"。①

林育南代表书记部武汉分部讲话。他指出：资本主义的发展把劳动阶级压迫到九层地狱去了，也促起了广大工人的觉悟。现在我们不甘心受资本家的压迫和掠夺，要保障我们的利益，就不能不团结起来，做成阶级斗争强固的战线，去打倒万恶的资产阶级，建立劳动者管理的世界。他说：主张调和的人不是为工人谋利益的，"我

① 《晨报》1922 年 12 月 15 日。

们必要自始至终的主张阶级争斗”，“必要用不妥协不调和直接行动的手段，即是革命的手段，收回我们一切应有的权利”，“由此就可以建立我们劳动者的国家和世界”。他高呼：“我们工人要专政呀！工友同志们！这就是我们工人解放自身、解放人类的唯一手段和使命！”①

上述讲话说出了全体代表和广大工友的心声，会场掌声如雷，声震屋瓦。来宾和代表 20 多人陆续登台演讲，直至掌灯时分才告结束。

许白昊是汉冶萍总工会章程草案起草人。章程为 7 章 25 条，各项条款严密而具体。内容主要有：会名定为汉冶萍总工会；会址设于汉阳；以联络感情，互相辅助，群策群力，谋工人阶级之利益为宗旨；由安源路矿工会、汉阳钢铁厂工会、大冶钢铁厂工会、大冶下陆铁矿工会、汉冶萍轮驳工会组织之，各分会以其会员总数按规定比例选出代表，组成代表会议，为总工会最高决议机关，设执行委员会为代表会议闭会期间最高机关；设干事会为总工会最高执行机关，实行选举制，以各工会每月收入为标准，抽取 5%为总工会经费。李立三被选为汉冶萍总工会执行委员会首任委员长。

中国劳动组合书记部武汉分部为汉冶萍总工会的成立发了祝词，高度评价汉冶萍总工会的成立，结成一条强固精密的阶级战争的广大战线，开中国劳动运动未有之创局，足以使资产阶级惊心丧胆。祝词激扬与会者的全部热情，动情地说：“看哪，这是何等的伟大！何等的雄壮！我们的心跳跃了！我们的血沸腾了！雄鸡鸣了！晨钟响了！东方亮了！世界赤了！”最后高呼：“汉冶萍总工会万岁！工友们的联合万岁！劳动者的世界万岁！”②

在汉阳钢铁厂工会和汉冶萍总工会成立的影响下，汉阳兵工厂

① 林育南：《在汉冶萍总工会成立大会上的演说词》（1922 年 12 月 10 日），载《林育南文集》，人民出版社，2014，第 44 页。

② 《中国劳动组合书记部武汉分部致汉冶萍总工会成立大会的祝词》（1922 年 12 月 10 日），载中华全国总工会中国职工运动史研究室编《中国工会历史文献》第 1 集，工人出版社，1958，第 25—26 页。

工人积极筹组工会。12 月 30 日，工人通过了会章，决定依会章推举代表组织代表会，待新厂长到任时，要求正式承认工会。全厂工人入会者达 2000 余人。

1922 年底，劳动组合书记部武汉分部创办了《劳动周报》。本来，武汉报界就是很活跃的，而《劳动周报》以代表工人利益、发展工人组织、促进工人运动为宗旨，成为武汉工界的喉舌，独树一帜。该报大幅报道国内外工人运动消息，也配发言论，如项英《省帮与阶级》就是一篇警醒工人群众打破帮口旧习、提高阶级觉悟的导向文章。

2. 武汉各业工人大罢工

1922 年 7 月 22 日，汉阳钢铁厂工人罢工。这次罢工，以工人俱乐部的成立为导火线。成立俱乐部的申请，递到该厂厂长吴任之的手里，吴以即赴大冶铁矿为由不予批复，转交化铁股领工处理。明里说，办俱乐部须得有志成明白人经理方好，暗地里向军警报案。7 月 15 日夜间，军警进厂按俱乐部名册搜捕负责人员。接着，列名于俱乐部的 72 名工人全被开除。林育南、许白昊、施洋等按期出席俱乐部成立大会，发现大门已被封闭，当即与工人商量办法，决定 22 日举行全体大罢工。

为争取社会同情和各工团的支持，俱乐部发表了罢工宣言，痛斥厂方勾结军警镇压工人。宣言书说："同胞们，工友们！我们犯了什么法，把我们当强盗土匪对待，约法所定的人民有集会结社的自由在那里！唉，我们处在强徒之下，一切失了保障，痛苦万分，生命莫保，呼吁无门，只有在此炎威烈日之下，忍饥耐饿，停止工作"①。工人们提出的复工条件包括：解除军警压迫，恢复俱乐部并不得干涉工人团体；被开除的工人复职，发给停工期间的工资；赔偿俱乐部被解散及工人停工的损失；免除化铁股长陈次青职务，登报恢复工人名誉等 6 项。

吴任之获悉工人罢工，连忙赶回汉阳。他躲着不出面，只派几

① 《民国日报》1922 年 7 月 26 日。

名领工去同工人代表谈判。领工们依厂主的意思，拒不承认解散和封闭俱乐部与厂方有关，反指责工人罢工无理，宣称工厂的损失应由工人赔偿。他们威胁说："你们如果再不上工，我就要停办工厂，你们也找不着工厂，那末，你们底生活，岂不要发生危险吗？"

参加谈判的工人代表不吃这一套，逐条作了驳斥，说："我们底俱乐部，是我们联络感情，企图娱乐的团体，与厂中丝毫不生关系，为什么要封禁呢？要说军队是保护兵工厂的，为什么他们这几天的食用，都要本厂供给呢？要说封禁俱乐部，是军队奉上司底命令，但是上司底命令是怎样来的呢？开除七十二人，也是上司底命令么？我们罢工，是因为受了陈次青无理的压迫。厂中底损失，请厂主向陈次青要赔偿。要我们上工，除非是厂主完全承认我们底要求，不然，我们死也不上工的。如果厂主要停办工厂也好，我们好去改图别业，免得在这里受这种无理的压迫。"

这次谈判之前，化铁股主任陈次青见罢工风潮扩大，深恐砸了自己的饭碗，托人向罢工工友表示，愿意承认 6 项条件的前 3 项，余下条件再作磋商。可是，转个身，厂方变脸不承认。武汉工团临时联合会的代表严正批评厂方代表说："你们厂主这样没有诚意，昨天还承认三条，今天就反了齿，还要用这种威吓手段来欺压工人，这是什么道理了。请各位领工，转达贵厂主，请他不要过于固执，不要用激烈手段来办这桩事，不要激起了我们武汉全体工友们底公愤，到那时恐怕'悔之晚矣'呵。"①

为了推进罢工取得胜利，林育南、许白昊于夜间乘小划子从汉阳过长江到江岸同项英商量对策。他们在江岸与汉阳钢铁厂的 7 名工人领袖会了面，大家表示只要有办法就干下去。次日，林育英发现汉阳钢铁厂方向还有一只大烟囱在冒烟，一打听，是厂里最大的化铁炉仍在生火。大化铁炉是全厂生产的核心，只要它不停产，对工厂就不会有根本威胁。若化铁炉一个星期不升火，整个炉膛就会凝固成一堆废铁。原来，厂方收买了化铁炉的工头韩老三，化铁炉

① 《民国日报》1922 年 7 月 31 日。

没有熄火。

罢工委员会紧急商量对策。会上，有的主张豁出去，把化铁炉毁掉，即使失业也算了；有的主张让它开着，免得失业。许白昊认为这两个办法都不好，他征求林育英的意见，林育英说："对工贼不要太文，对工友们不要太武，以免引起以后的不和气。现在坏的是工贼韩老三一个人，并不是化铁炉的全体工友。所以我以为只提出一个'打死工贼韩老三'的口号就够了。"[1] 这个分化瓦解的办法，大家都赞成。会后，大家分头行动，汉阳的大街小巷，到处贴满了"打死工贼韩老三"的标语，一直贴到了化铁炉车间。韩老三成了众矢之的，不敢露面，化铁炉终于熄火了。

汉阳钢铁厂罢工得到粤汉铁路工人俱乐部、京奉路唐山制造厂职工会等的声援，他们发出快邮代电，呼吁"无产阶级大团结起来"，"一面表示我们工人互助之精神，一面劈我们工人生命的道路"。[2] 武汉本地四大工团实施援助，特地成立了武汉工团临时联合会。

汉钢的心脏眼看就要停止跳动了，厂主不得不赶紧请出各工团领袖再作调停，终于接受了复工条件：承认工人组织工会；照给停工期间的工资；化铁炉长工工资增为 3 角 3 分，并口头声明恢复俱乐部原状，被开除的工人一律复职。7 月 26 日，汉阳钢铁厂工会发表复工宣言，总结这次罢工经验，指出今后"我们唯一的要务就是好好的结合我们的团体，赶快把我们的工会组织起来，大家尽力的拥护、发展，以谋得我们应有权利"[3]。

汉阳钢铁厂罢工结束后，粤汉铁路工人罢工。粤汉路局局长王世堉指使监工张恩荣、员司苗凤鸣，利用同乡关系成立工人研究所，与工人俱乐部唱对台戏。张、苗二人不仅造谣恐吓工人，而且利用

---

① 《汉阳钢铁厂罢工斗争的坚持与胜利》，载中华全国总工会中国工人运动史研究室编《张浩纪念集》，上海人民出版社，1986，第 196 页。

② 《长沙粤汉铁路工人俱乐部之快邮代电》，《劳工周刊》第 34 期；《民国日报》1922 年 8 月 4 日。

③ 《民国日报》1922 年 8 月 1 日。

职权百般欺压工人，直至无故开除。工人俱乐部要求王世堉革除张恩荣、苗凤鸣，王置之不理；又致电交通部，到期仍无答复；最后通告于路局，限于9月5日前作答复。

眼见路局答复无望，工人俱乐部决定将张、苗二人的恶行向全国公布，并准备罢工。粤汉铁路徐家棚、岳州、长沙新河、株洲4个大站都建立了工人俱乐部，9月6日，成立粤汉铁路工人俱乐部联合会。8日，联合会发布宣言，实行罢工。

罢工发生后，王世堉一面商请军队和保安队到徐家棚车站弹压，一面组织天津籍同乡接手开车，武昌开往岳州、长沙方向的客货列车，在军队保护之下继续行驶。9月10日晚，罢工工人百余人及家属妇幼，采取卧轨行动，阻止火车开行。军警施以残暴手段，横拖直拽，肆行杀伤，致伤者上百人，投水失踪者10余人，被捕者9人，受重伤者30余人，受伤命危者8人。长沙北上的列车行至岳州，郭亮带领铁路工人和家属卧轨拦截。军方调来军队两个连，刺刀乱杀枪托乱打，当场遇难6人，重伤60余人，37人被押解到武昌，郭亮被列为“首犯”羁押在陆军监狱。此日惨案，工人被军警杀伤者达200余人。[①]

粤汉路局勾结军警镇压罢工的暴行，并没有使工人群众屈服。9月11日，俱乐部联合会提出解决问题的4项要求：（1）撤退弹压军队，惩办行凶军警；（2）革除并惩办王世堉；（3）从优抚恤死伤工人及其家属；（4）完全承认工人此前提出的7项条件，不达目的，决不上工。联合会先后发出快邮代电、《泣告全国国人书》，呼吁一致主张公道，予以实力援助。

武汉工团联合会及其所属各工团，及时采取各种措施，积极声援和大力支持罢工。11日，京汉铁路工人俱乐部南段总部发出通电，痛斥交通系与工人不共戴天，要求查办王世堉，撤退军警，抚恤死难工人，满足工人要求，否则，举行罢工；同时，派出11名代

---

① 参见《1922年秋交通界三大罢工之原委》，载刘明逵、唐玉良主编《中国近代工人阶级和工人运动》第4册，中共中央党校出版社，2002，第538页。

表，分赴京汉北段及京绥、京奉、津浦、陇海、道清、正太、沪宁各路，请为粤汉工人后援。同日，株萍铁路工人罢工。12日，京汉铁路工人俱乐部南段总部、扬子机器厂工人俱乐部、人力车夫会、纱麻四局工人联合会、造币厂工人俱乐部等工团代表30余人，在法租界永庆里开会，决定通电声援、派员慰问、捐款接济，并指出如果粤汉路局再以武力压迫工人，各工团将一并罢工，以为后援。13日，长沙新河铁路工人通电声援。①

9月13日晚，交通部派人到汉。随后，交通部次长劳之常经与洛阳吴佩孚商量对策后到汉，他拜访了湖北督军萧耀南，并召王世堉和工人代表到督署，商议解决办法。20日，劳之常到徐家棚车站察看，发放慰问金，然后携带工人要求条件返京。同日，京汉路局南段处长冯沄到粤汉路局调停，至24日，调停仍无结果。

19日，武汉工团联合会、京汉铁路工人俱乐部南段总部、汉阳钢铁厂工会、扬子机器厂工人俱乐部、汉口既济水电工会、丹水池煤油工人俱乐部、汉口租界人力车夫会、武汉轮船工会等八大工团代表，向粤汉路局提出解决工潮条件：（1）释放被捕工人，用专车送回原处，此为先决条件；（2）撤退弹压军队，严惩张恩荣、苗凤鸣；（3）从优抚恤死伤工人，赔偿损失；（4）承认粤汉铁路工人所提出的7个条件。武汉工团联合会向王世堉发出了最后警告书，要他从速省悟，克日完全承认上述条件，以平众怒，否则，定率武汉全体工友，重演从前故事，再次包围他。

24日，武汉各工团及京汉、陇海各路工人代表千余人，齐集江岸扶轮公会，决定于次日晚举行大罢工。同日，冯沄急电交通部，请速定办法解决风潮，以免延及京汉路南段。为防止南北交通同时瘫痪，25日，交通部急电王世堉，令其从速解决工潮。吴佩孚除电王世堉负责解决外，并电饬鄂督萧耀南督促办理。粤汉路局终于被迫接受了罢工工人的全部条件，历时17天的全路大罢工，胜利结束。

---

① 参见《1922年秋交通界三大罢工之原委》，载刘明逵、唐玉良主编《中国近代工人阶级和工人运动》第4册，中共中央党校出版社，2002，第540页。

经过这次罢工，工人得到 3 条经验教训：一是部分工友听信上司、工头的离间计，破坏了团结，造成罢工不彻底，以致久拖不决，今后再不要上当受骗，“防备他们以乡土观念离间工友的相互亲密关系”；二是罢工的胜利，得益于全国各业工友，特别是武汉各业工友的大力援助，“以后更要联络得密切，更要互相援助”；三是要取得胜利，哀求上司不成，调和让步也不成，“只有我们的团结力和坚持力，是惟一的使我们胜利的武器，愈团结得紧，愈坚持得久，愈能得胜利”①。

江南徐家棚铁路工人罢工尚待结束，9 月 25 日，江北谌家矶扬子机器厂工人罢工，提出改善生活待遇 6 项条件。厂方拒不接受，封门停工。30 日，筹备中的湖北全省工团联合会致函该厂厂长王光，予以警告。时值美国军舰到厂，该舰长以罢工不能修理为由向厂方提出交涉。吴佩孚恐牵动外交，急电萧耀南从速解决。经省工团联调停，坚持了 13 天的罢工于 10 月 5 日胜利结束。

硚口英美烟厂是规模较大的外资卷烟企业，有男女工人 3000 人。10 月 14 日、21 日烟厂工人举行了两次罢工。罢工的起因，一是监工克扣工人工资，本来按日计酬，改为论时计酬，本来全数按照大洋计算，改为不足一元的以小洋支付；二是女工长期遭受虐待，稍不如意，就将女工用纸枷枷住，置于高台之上，用红绿笔将其面部尽情涂抹，肆意侮辱。

现在，湖北全省工团联合会成立了，烟厂工人找到自己的娘家。22 日下午，烟厂工人全体集合，在大智门品记里召开大会，省工团联法律顾问施洋首先在会上演讲，“痛述洋资本家压逼我华工之惨状，及吾人应为民族、为阶级死力奋斗。言时悲愤激昂，至于放声大哭，因之全场皆呼号痛哭，会场充满阴森悲惨之气象，群众已深下拼命奋斗之决心”②。大会通过了开除虐待工人的管厂、工头，增

① 《民国日报》1922 年 10 月 3 日。

② 转引自刘明逵、唐玉良主编《中国工人运动史》第 2 卷，广东人民出版社，1998，第 440 页。

加工资等8项条件，推定男工代表26人、女工代表36人组织香烟工会，会所暂附设于省工团联内。省工团联发表通电，揭露外国厂主素视华人如牛马，管厂工头奴颜婢膝，对男女工人加以种种虐待，致全厂工人处于水深火热之中，因此，全体一致罢工，誓死不屈，呼吁全国各界从速起而主持公道，鼎力相助。①

23日、24日，省工团联连续召开会议，研究坚持罢工对策，抵制少数工人私自上工。25日，工人代表赴烟厂与管工交涉，管工称所提条件均好商量，但须先行上工。代表们认为这种办法，不过是外国人愚弄工人的计谋，非俟条件解决，万万不能上工。如得不到圆满结果，全体工人长期罢工，哪怕厂主永远停办。27日，烟厂工人举行第二次游行，散发传单，揭露外国资本家虐待工人的罪行。28日，省工团联召集武汉18个工团50余人开会，提出本会应代表香烟工会向上海英美烟厂总办娄斯提出条件，实行直接交涉；各工团分别捐款维持烟厂工人基本生活，把罢工坚持下去。与会代表，一致赞成。②

罢工持续了近半个月，上海英美烟厂害怕工潮久拖不利，特派代表到汉，要求省工团联出面调解，双方经过两次交涉，初步达成解决方案。10月30日，杨德甫等与36名罢工代表到英美烟厂大楼当面谈判，达成复工条件9条。11月2日，全体工人复工。

可是，复工后，资本家并不履行劳资双方签订的协议，仍然无故开除工人。1923年1月3日晚，烟厂工会召开全体大会，决定次日起再行罢工。7日，省工团联召开各工团会议，研究支持烟厂工人二次罢工的办法。9日，省工团联致函烟厂，责其不履行协议，将该厂所送给工团联的匾额，写上违约事实，退还给该厂。

烟厂资本家受到各方谴责，不仅不思悔改，反而设计报复工人。当数百女工进厂领取欠薪时，惨遭巡捕殴打，受伤者20多人。省工团联获悉，当即向厂方发出最后警告书："不必再用欺诈手段，迅速

① 《大汉报》1922年10月22日；10月25日。

② 《大汉报》1922年10月30日。

允许工人之要求条件，否则决以敌对地位号召我国人断绝通商关系，禁绝贵厂纸烟”[①]。

烟厂资本家被迫请求省工团联再作调停。1月19日、20日，连续进行了3次谈判。资方代表上海总办娄斯、汉口大班其林姆，烟厂工会男女代表，以及施洋、陈天、许白昊、周无为等仲裁人参加谈判。娄斯把酿成二次罢工的责任推给烟厂工人，施洋当即指出：工会有权代表工人交涉，已成世界通例，即英国通行此项制度已逾百年，中国香港早已废除工头制度，代之以工会负责维持工人，“故不必认工会代表制度，欧西各国可行，而中国不能仿效也”；对于偶犯厂规的工人，“遽尔除名，迹近专断”。[②] 第二次、第三次谈判集中于具体条件的讨价还价，双方数次交锋，谈判几乎破裂。直至20日午夜3时半，方告达成协议13条。在取得承认工会权利，增加工资，改善待遇等条件后，工人于22日复工。

烟厂工人二次罢工期间，1923年1月10日上午，汉口英租界英资隆茂、平和洋行打包厂棉花工人组织工会分发徽章，隆茂洋行买办杨景笙横加干涉，工人以停工相抵制。买办指挥看厂巡捕抓人，引起工人激烈反抗。英租界义勇队全体出动，拘捕工人33名，并宣布临时戒严，将前后花楼街铁门紧闭，在交通要道和隆茂、平和两洋行及巡捕房门口，架设机枪，防范工人暴动。省工团联闻讯，即开紧急会议，决定向英领事交涉、要求惩办肇事买办。11日，花厂工人3000余人同盟罢工，提出承认花厂工会有代表工人之权、惩办有关头目等要求7条。巡捕房将中国工人以扰乱治安治罪，分别判刑8个月至3个月不等。

1月12日、13日，省工团联连续召开各工团代表会议，研究对策，一致认为此次花厂罢工，“系外人摧残华工而起，望吾鄂各界力争，以维团体，万勿以寻常罢工视之”[③]。15日，汉口花厂工会组织

---

① 《大汉报》1923年1月17日。

② 《大汉报》1923年1月21日。

③ 《大汉报》1923年1月13日。

工人举行游行，并发表快邮代电，痛斥官厅成为洋人的奴隶，不为老百姓出头办事。值此隆冬时节，“我们与其冻饿而死，不如拼命前去打我们的仇人，仇人是那个，就是洋资本家，就是侵略我国领土的外国人”①。呼吁各界同胞、各业工友火速联合起来，援助花厂罢工工人。花厂工人的反帝罢工，得到武汉社会各界的声援。湖北自治促进会、省宪讨论会、民生研究会等10个团体讨论雪耻办法，提出6项交涉条件。

15日，警方释放了部分被捕工人。16日，汉口总商会会长万泽生等函约省工团联许白昊、刘伯勤、陈式谟等到商会筹商调停办法。万泽生提出省工团联的条件应予修改，方有调停余地。许白昊、刘伯勤、陈式谟先后发言，坚持认为“此次罢工并非忍饥受饿，敢与资本家抵抗，只为援救羁押西牢工人及争回我们工人人格起见，不能不有所表示”。已经提出的条件，前4条绝无磋商的余地，调解无果而终。②

直到1月18日，又经两次谈判，外国资本家被迫接受工会的条件：承认工会有代表花厂工人之权；各花厂增加工人由花厂工会介绍；各花厂自行取缔虐待工人的工头；隆茂洋行赔偿工会损失1750串；实行8小时工作，被捕工人全部释放；等等。各花厂工人于18日复工。

综上可见，从1922年1月起的13个月间，武汉地区始终处在工潮澎湃之中，为全国所少见。这应完全归因于中国共产党的领导：

第一，在中共湖北区委领导下，劳动组合书记部武汉分部、社会主义青年团同心合力，形成了人数较多坚强有力的领导团队。陈独秀在中共三大的报告中指出：“湖北的炼铁、制烟和纺织等产业部门的工会，以及人力车夫组织，也与我们有联系。”

第二，在工人组织的发展上，通过从俱乐部到工会循序渐进的路径，从个别组织的建立到实行高级组织的联合，逐步推进，步步

① 《大汉报》1923年1月16日。

② 《大汉报》1923年1月18日。

为营；从争自由、争人权的高度争取和维护工会的合法地位，把湖北全省工团联合会办成了公开的有威信的工会领导机关。陈独秀在上述报告中指出："汉阳工会很有希望，是中国最大的工会，可以作为榜样。"[①]

第三，在斗争策略上，利用帮口来破除帮口的消极作用，以真正的工人组织抵消交通系职工组织的影响；在斗争中，不怕流血牺牲，也不排除斡旋谈判；坚持以政治斗争与经济斗争相结合；一处罢工，八方支援，工人阶级由守望相助上升到阶级团结。粤汉铁路工人罢工实现了两湖铁路工人的密切联合和共同行动。

第四，重视并加强面向工人和群众的政治宣传。为纪念 1922 年"五一"国际劳动节，组织《武汉星期评论》及《大汉报》等 7 家报刊同时出版"五一特刊"，包惠僧、陈潭秋、林育南等发表文章。这次主题宣传持续 3 天，共刊文 16 篇，形成一个空前的宣传声势。游艺会参加者 800 多人，500 张入场券送给了工人，很多工人登台演说，现场发放传单 10 余种，气氛十分热烈。

五　湖南工运潮

1. 粤汉铁路总工会和湖南全省工团联合会的成立

1922 年 5 月 1 日，安源路矿工人俱乐部成立，李立三任主任，行车部总司机朱少连任副主任。同日，粤汉铁路新河工人俱乐部成立，张万荣任主任。俱乐部成立后，即开办工人补习学校。时值"五一"国际劳动节，毛泽东在衡阳参加学联举办的纪念会，并作讲演。同日，他在长沙《大公报》发表文章，提出号称"自治"的湖南更应当注意劳工的生存权、劳动权和劳动全收权，指出省宪法"美其名曰全民政治，实际抛弃了至少百分之九十九的劳工"，这些

① 陈独秀：《在中国共产党第三次全国代表大会上的报告》（1923 年 6 月），载中共中央文献研究室、中央档案馆编《建党以来重要文献选编（一九二一——一九四九）》第 1 册，中央文献出版社，2011，第 245 页。

问题不解决，“‘殷鉴不远’，俄罗斯的资本阶级、贵族阶级就是个榜样，他们现在是已经悔之不及了！”①

夏初，毛泽东到岳州了解铁路工人情况。8月，派郭亮到岳州组织发动工人，15日，岳州铁路工人俱乐部成立，陆汉胡任主任，郭亮任秘书。俱乐部成立后，即创办工人补习学校。9月5日，长沙泥木工会召开成立大会，毛泽东为该会起草了章程，任树德任委员长，易礼容任秘书。21日，长沙铅印活版工会成立，毛泽东兼任该会秘书。②

至11月，湖南的工人组织已有安源路矿工人俱乐部、粤汉路新河铁路工人俱乐部、粤汉路岳州铁路工人俱乐部、水口山工人俱乐部、长沙织造工会、泥木工会、缝纫工会、理发工会、笔业工会、铅印活版工会、石印工会、机械工会、人力车工会、鞋靴技师工会等14个团体，罢工斗争此起彼伏，工人迫切要求联合起来，组织全省工团联合会的条件已经成熟。

11月1日，粤汉铁路总工会在长沙新河成立。该会由新河、岳州、徐家棚工人俱乐部和株萍铁路工会联合组建，以“群策群力，共谋工人阶级之利益”为宗旨。毛泽东主持召开成立大会，来自粤汉铁路总工会各组成单位、中国劳动组合书记部湖南分部、长沙泥木工会、铅印活版工会、湖南学联等30多个团体的80多名代表参加。卢士英被推为总干事，毛泽东为秘书主任，郭亮为教育部主任。总工会成立后，各俱乐部一律改称分会。

这次会上，株萍铁路工会代表朱少连提议组织湖南全省工团联合会，与会代表均表赞成。联合会第一次代表会议随即召开，毛泽东被推为联合会主席，并代表劳动组合书记部湖南分部发表了演说。当日，会议作出决议：（1）凡产业工会及职业工会均有加入本联合会的资格。（2）推举粤汉铁路总工会起草全省工团联合会简章，并

① 毛泽东：《更宜注意的问题》（1922年5月1日），载《毛泽东文集》第1卷，人民出版社，1993，第9页。

② 参见中共中央文献研究室编《毛泽东年谱（1893—1949）》上卷，中央文献出版社，2013，第95—100页。

召集第二次会议。（3）以本日为第一次代表会议，由第二次代表会议议定简章。[①]

5日，第二次代表会议在长沙新河粤汉铁路总工会内召开，参加会议的有粤汉铁路总工会及岳州铁路分会、新河铁路分会、株萍铁路工会、安源路矿工人俱乐部、长沙泥木工会、理发工会、笔业工会、人力车工会等9个工会的代表，代表会员3万余人。毛泽东主持会议，通过了《湖南全省工团联合会章程》。会议选举毛泽东为湖南全省工团联合会干事局总干事，郭亮为副总干事，省工团联下辖15个工会。

湖南全省工团联合会的成立，标志着全省工会组织的统一，它也是当时全国仅有的两个省级工会组织之一，领导并推动了湖南工人运动的向前发展。

随着工人运动的发展，劳资纠纷日见增多，政府压迫、破坏罢工的事件不断发生，工人愤慨和恐慌的情绪日甚一日，毛泽东认为实有必要与行政官厅进行直接交涉。为此，他以湖南全省工团联合会总干事的身份，率领粤汉铁路、泥木、理发、铅印活版等11个工会的代表杨润玺、郭亮、任树德、张汉藩、谭影竹等共22人，于12月11日会见长沙县知事周瀛干、省警察厅长石成金，12日，会见省政务厅长吴景鸿，13日，会见省长赵恒惕，同他们就10个问题进行交涉。

第一个问题是关于请政府表明对于工界的态度。政府方面表示对于工人采取保护主义，并无压迫之意，近来各处罢工，政府并未干涉。赵恒惕提及黄爱、庞人铨被害事件，多方辩解。毛泽东肯定了政府对于劳工的表态，对于黄、庞事件则予以反驳，指出：所谓“黄庞收买枪支，勾结土匪，及运动造币厂罢工，谓实不是事实”；并说工人方面杀一两个人，封闭一两个工会，固然是损失，但并不因此停止他们必须的活动。而政府方面受通国的责难，名誉上法律上的损失真不可数计。即此亦足证明工人与政府隔阂之不好。

---

① 参见《湖南工人运动史》编写组编著《湖南工人运动史》，中国工人出版社，1994，第135页。

第二个问题是关于集会结社。毛泽东和代表们提出，官厅总说先要立案才可结社，近来集会常有暗探到场，多方阻挠，甚至动用武装警察勒令解散，这都有悖于省宪法的规定及其精神。赵恒惕制定《湖南省宪法》本来只是为了装点门面，从来没有打算真正实行。那些“民主自由”的条文，现在成了毛泽东和工会代表与之斗争的合法工具。赵恒惕等被迫表态“宪法当然完全有效。只要人民是守法的，政府当然不干涉”。

第三个问题是关于工人的态度。毛泽东说：“工人所希望的是社会主义，因为社会主义确于工人有利，但中国目前尚难做到。目前政治，自然以民治主义为原则。至官厅文告常有工人盛倡无政府主义之语，全违事实。工人并不信仰无政府主义”；至于工人对于现政府的态度，只要政府待工人有好意，工人对政府断无恶意。近来正在兴起的劳动运动，并不超出增加工钱、减少时间和改良待遇这3件事，真正的工会纯粹为解决劳动者自身痛苦而行动，与招牌工会不可同日而语，政府应当将这两种不同的工会区别开来。

第四至第十个问题，分别是：工人与政府接头；设劳资仲裁所；归还人力车工会会牌；理发工会自由营业；尽早解决笔业罢工；机械工会改选和更名；缝纫工会旧总管不交财产文卷问题。经过毛泽东和工会代表的交涉，这些基本上得到了解决。①

毛泽东率领工人代表与湖南政府官员的交涉，是一场民主主义的合法斗争。交涉的经过和结果，长沙《大公报》连续报道，社会周知。这就公开宣传了工人的立场和要求，高扬了社会主义的旗帜，阐明其合理性和前瞻性，同时阐明了工人运动在目前民主革命中的现实任务，扩大了湖南全省工团联合会在工人中和社会上的影响。这场交涉所争取到的湖南官方的政治表态，也为工人运动的发展创造了一定的有利条件。

---

①　参见长沙《大公报》1922年12月15—17日；中共中央文献研究室编《毛泽东年谱（1893—1949）》上卷，中央文献出版社，2013，第105页。引文中“谓实”似应为“委实”。

2. 安源路矿及湖南各业工人大罢工

邓中夏曾经评价湖南罢工潮堪“与武汉争辉并美”。在黄爱和庞人铨牺牲、湖南劳工会被封后，经过几个月的艰苦努力，共产党人推动罢工进入“最澎湃的时期”。[①]

1921 年 12 月，毛泽东考察安源，决定在安源创办工人补习学校。1922 年 1 月，工人补习学校在安源五福斋巷成立，李立三、蔡增准为教员。李立三曾赴法勤工俭学，因里昂大学斗争与蔡和森等被法方遣送回国，党中央分配他回湖南工作。因其家乡醴陵与萍乡毗邻，李立三了解安源一带的风土民情，他的父亲与萍乡县商会会长有私交，这些都是他能扎根下来的条件。2 月，中共安源支部成立，李立三任书记，这是湘区也是全国最早建立的产业工人党支部。

安源工人补习学校办起来，每晚参加学习的工人有 60 余人，以株萍路局的工人为多。李立三等人在教学中“略事宣传‘工人在世界上之地位及有联合起来组织团体与资本家奋斗以减少痛苦解除压迫之必要与可能’”[②] 的故事和道理，常与各处工友接洽联络。越来越多的工友觉悟起来，并辗转传播，与李立三等人接谈的也越来越多，便集议组织俱乐部。经过一个半月 3 次会议的筹备，5 月 1 日，安源路矿工人俱乐部正式成立了。李立三为俱乐部主任，朱少连为副主任，办公地址定在安源镇内牛角坡 52 号。

俱乐部以保护工人利益，减除工人的压迫与痛苦为宗旨。俱乐部的墙上，悬挂革命导师马克思、恩格斯、列宁、卢森堡、李卜克内西的画像。成立之初，俱乐部偏于宣传和联络工人感情，加入者并不十分踊跃，只有二三百人。于是，他们创办消费合作社，向加入俱乐部的工人提供便宜商品，加入者日渐增多，不到二三个月增加到 1000 多人。当然，这在整个安源路矿工人群体中还是少数。只

---

① 参见邓中夏：《中国职工运动简史一九一九——一九二六》（1930 年 6 月 19 日），载《邓中夏文集》，人民出版社，1983，第 450、451 页。

② 刘少奇、朱少连：《安源路矿工人俱乐部略史》（1923 年 8 月 10 日），载中国社会科学院近代史研究所、安源工人运动纪念馆编《刘少奇与安源工人运动》，中国社会科学出版社，1981，第 5 页。

有 6 名党员的中共党支部，到 7 月，发展党员到 30 多人。

7 月，汉阳钢铁厂因建立俱乐部而罢工并取得胜利的消息传到安源，俱乐部乘机加强宣传，安源矿局了解到这些情况，加强了防范。9 月上旬，副矿长舒楚生乘李立三去长沙之机，先以笼络，继而恐吓，企图赶走朱少连、蒋先云、蔡增准等人，进而瓦解俱乐部。朱少连等不为所动，且公开声明："秉正大光明之宗旨，作正大光明之事业，死也不怕！" 9 月 9 日，李立三由长沙返回安源，"态度更为坚决，誓死不离安源"。路矿当局转而敦请萍乡县正式出示，训令俱乐部自行关闭。①

此时，粤汉铁路工人罢工，路矿当局深恐安源受其影响，请李立三不要发表萍乡县的训令，并承诺疏通关系保护俱乐部。李立三等审时度势，向路矿两局提出 3 项要求：（1）路矿两局须呈请行政官厅出示保护俱乐部；（2）路矿两局每月津贴俱乐部常月费 200 元；（3）从前积欠工人存饷限 7 日内发清。以上条件，限于 2 日内完全答复，如不圆满答复，即行罢工。

就在罢工爆发的前夕，毛泽东给李立三等写信，提出了罢工的指导思想和策略方针，其大意是：罢工胜利的条件首先要靠工人群众有坚固的团结和坚固的斗志，同时必须取得社会舆论的同情和支持，因此必须运用"哀兵必胜"的道理，提出哀而动人的罢工口号。② 9 月 11 日，刘少奇受中共湖南区委和毛泽东的委派，来到安源，加强领导力量。刘少奇于上半年结束苏联东方大学的学习，归国后被分配回湖南工作。

9 月 12 日，路矿两局作了答复，俱乐部认为不圆满，再通告两局限即时答复，并做最后对付的准备。当日，路矿两局再次答复，但未接受处理存饷的要求。俱乐部进而提出增加工资、减少剥削等

① 参见刘少奇、朱少连：《安源路矿工人俱乐部略史》（1923 年 8 月 10 日），载中国社会科学院近代史研究所、安源工人运动纪念馆编《刘少奇与安源工人运动》，中国社会科学出版社，1981，第 7 页。

② 参见《李立三同志谈安源工人运动》，载中国社会科学院近代史研究所、安源工人运动纪念馆编《刘少奇与安源工人运动》，中国社会科学出版社，1981，第146 页。

条件。安源路矿工人大罢工已然张弓搭箭，中国劳动组合书记部恰又发来号召书和动员令。来函称："请你们努力作最后的对待：不要为官威所降服！我们奋斗的精神，自有奋斗的代价。我们因压迫而死，毋宁奋斗而死，死有代价，死有价值！我们对于你们表无限的同情，决设法为诸君的声援！"① 当晚，李立三、刘少奇召集紧急会议，布置罢工斗争，决定成立罢工指挥部，李立三任总指挥，秘密策应；刘少奇任全权代表，长住俱乐部应付一切。会后，俱乐部通过各种形式，进行罢工的最后准备。

湖南与江西接壤的萍浏醴一带历来流行红帮（亦即"洪帮"）。安源普通工人加入红帮的很多，红帮头子是矿上的顾问，包工头大多是他的徒弟。资本家利用红帮压迫工人，红帮又以"义气""保护穷人""为穷人谋幸福"来拉拢工人。李立三自到安源后，就重视做红帮的工作。通过说服教育，帮助个别小头目提高认识，吸收一两人入党，打开缺口。罢工前，李立三带上礼物亲自拜访红帮头子，喝完鸡血酒，提出工人要罢工，希望讲义气、多帮忙，红帮头子满口答应。李立三乘机提出 3 点希望：罢工期间鸦片馆关门；街上的赌摊收起来；不发生抢劫案。红帮头子拍着胸脯，连声说"我包了"，并将前两点写在布告上于罢工后张贴出来。这项工作，一下子解决了多年不能解决的问题，对于罢工后维持正常秩序起了重要作用。② 同时，俱乐部也在工人中加强说服教育，各处工人代表均表示齐心维持秩序，罢工期间工人的举动甚至要比平时更加文明。

9 月 13 日，火车房工人即无心做工，人人相遇即聚谈罢工，矿局窿工及各处工人也都跃跃欲动。午夜 12 时，俱乐部发出罢工令。14 日凌晨，安源路矿 1.3 万余名工人（号称 2 万余人）举行大罢工。开往株洲的列车停开，车头及各重要机器全部被卸下；机务处不放

---

① 刘少奇、朱少连：《安源路矿工人俱乐部略史》（1923 年 8 月 10 日），载中国社会科学院近代史研究所、安源工人运动纪念馆编《刘少奇与安源工人运动》，中国社会科学出版社，1981，第 7 页。

② 参见《李立三同志谈安源工人运动》，载中国社会科学院近代史研究所、安源工人运动纪念馆编《刘少奇与安源工人运动》，中国社会科学出版社，1981，第148 页。

早班上班号；夜班工人一群群拥窿而出，大呼“罢工”。窿口竖立大旗，上书“罢工”二字，窿口被树枝填塞。洗煤台、炼焦处均停止工作。只有八方井锅炉和电机处电机按俱乐部的指令继续运转。

工人俱乐部发表宣言说：“我们要命！我们要饭吃！现在我们饿着了！我们的命要不成了！我们于死中求活，迫不得已以罢工为最后的手段。”这样说，就是贯彻“哀兵必胜”的策略。宣言提出了包括俱乐部改为工会、改良待遇、增加工资等内容的17项条件。俱乐部同时函告路矿两局：“如欲调商，请即派遣正式代表由商会介绍与俱乐部代表刘少奇接洽。”并致函萍乡县署及赣西镇守使署，说明了罢工原委。①

罢工发生后，路矿当局首先想到的招数就是实施破坏。总监工王鸿卿召集全体窿工工头会，由各工头去请工人，入窿不做工仍发工资。少数工人受到煽惑，罢工纠察不许其入窿，入窿者则不许出窿，直到次日俱乐部下令，才将这少数人放出来，自后再无一人自行上工。王鸿卿另生一计，派人暗杀李立三，并悬赏600元。工人听闻，宣布俱乐部主任若被害，当使路矿两局全体不得生离安源，并加强了对李立三的保卫。这些招数失灵后，王鸿卿转而乞灵于军队。赣西镇守使肖安国将安源划为戒严区域，设立戒严司令部，准备镇压工人。

14日上午，商会及地方绅士代表出面调停。晚上，他们传出口信，称路矿两局对于工人所要求各条皆可认可，但现时做不到，请工人先上工，再慢慢磋商条件。刘少奇指出：“工人所希望的在于解决目前生活问题，若路矿两局不派全权代表从磋商条件下手，徒用一句滑稽空言作回答，事实上恐万不能解决！”② 15日，李立三等与

① 刘少奇、朱少连：《安源路矿工人俱乐部略史》（1923年8月10日），载中国社会科学院近代史研究所、安源工人运动纪念馆编《刘少奇与安源工人运动》，中国社会科学出版社，1981，第9—11页。

② 刘少奇、朱少连：《安源路矿工人俱乐部略史》（1923年8月10日），载中国社会科学院近代史研究所、安源工人运动纪念馆编《刘少奇与安源工人运动》，中国社会科学出版社，1981，第13页。

路矿当局全权代表到商会谈判。路矿当局仍以先开工后商谈条件为辞，工人代表予以拒绝，谈判无结果。

16日中午，路矿当局请俱乐部派代表到戒严司令部谈判。戒严司令部设在矿局工事房会客厅，刘少奇冒着生命危险，毅然亲自前往。谈判桌上，你来我往，唇枪舌剑。刘少奇义正词严，坚持如不从磋商条件入手，则罢工解决无望。戒严司令李鸿程恼羞成怒，宣称："如果坚持作乱，就把代表先行正法！"刘少奇毫不为动，斩钉截铁地说："万余工人如此要求，虽把代表砍成肉泥，仍是不能解决！"李鸿程自恃有几根枪杆子，气焰嚣张得很，说："我对万余人也有法子制裁，我有万余军队在这儿！"刘少奇针锋相对，愤然说道："就请你下令制裁去！"工人们担心刘少奇的安全，数千人一齐出动，将戒严司令部围得水泄不通，喧声如雷，大呼"请代表出来"，要李鸿程和矿长到俱乐部去再作商量。副矿长无法维持秩序，只好请刘少奇出面安抚。经刘少奇向工人讲话，现场才稳定下来。李鸿程也只好请刘少奇下午再来商量。刘少奇坚持说："若不磋商条件，即可以不来；至说用别的方法可以解决，请你们把我斫碎罢！"①

同日，工人俱乐部以全体工人的名义再次发出宣言，声言："我们不能饿着肚子做工，所以要加工钱；我们不能赤着身体做工，所以要加工钱"；"我们从前过的生活，简直不是人的生活，简直是牛马奴隶的生活"，"我们决不愿再过这种非人的生活了，所以要改良待遇"；喊出了"从前是牛马，现在要做人"的口号，并呼吁全国各界急起援助。②

17日，安源煤矿锅炉房存煤即将用尽，并有工人冲进锅炉房硬

---

① 刘少奇、朱少连：《安源路矿工人俱乐部略史》（1923年8月10日），载中国社会科学院近代史研究所、安源工人运动纪念馆编《刘少奇与安源工人运动》，中国社会科学出版社，1981，第14—15页。

② 刘少奇、朱少连：《安源路矿工人俱乐部略史》（1923年8月10日），载中国社会科学院近代史研究所、安源工人运动纪念馆编《刘少奇与安源工人运动》，中国社会科学出版社，1981，第14页；《李立三同志谈安源工人运动》，同前书，第146页。

要熄灭炉火，矿井面临被淹没和烧毁的危险。路矿当局不得不再与工人代表谈判。下午 4 时，俱乐部代表李立三、路矿两局代表、作为中间人的商会代表再次坐下来谈判，至深夜 2 时谈定 13 条协议。李立三表示："条件无可再让步，允则开工，不允则走开。离安源，听众工所为"[①]。矿长李寿铨估摸李立三的意思，达不成协议就不管了，听工人暴动去。他深感时机紧迫，连夜召集各方人士于次日再作商议。

9 月 18 日，工人俱乐部、路矿两局三方全权代表在路局机务处签订正式协议共 13 条。俱乐部提出的 17 条中承认工人俱乐部有代表工人的权利，不得随意开除和殴打工人，答应发清拖欠的工资，罢工期间工资照发等主要条件均得到承认。至此，大罢工胜利结束。

下午，安源工人举行庆祝大会。李立三登台讲话，他说："我们这一次罢工胜利，全在各位齐心。希望各位将此种精神永远保持着。因为我们工友的痛苦很多，一次是不能完全解决的。"俱乐部发出上工宣言，指出这次胜利凭借了"秩序、齐心、勇敢"，"是安源工人出头的第一日，是露布安源黑暗的第一日，我们从今日起，结紧团体，万众一心，为我们自己权利去奋斗！"[②] 大会结束，李立三、刘少奇带领工人举行庆祝游行，一时旗帜蔽天，爆声震地，为安源历来所罕见。

同日，中国劳动组合书记部致函安源路矿工人俱乐部并全体工友，祝贺大罢工取得胜利，高度赞扬安源工人"很有战斗能力和组织能力"，指出这个胜利不是工人的终极胜利，终极的胜利"是在于把资本阶级打倒，将全世界的产业由劳动者自己管理，建设共产主义的新社会之后"。现在还不到实行社会革命的时期，因此，工人阶级一方面要发展其战斗能力和组织能力以便打倒资产阶级，一方面要练习管理能力，以待将来管理一切产业，建设共产主义社会。祝

① 《李寿铨日记》，载中国社会科学院近代史研究所、安源工人运动纪念馆编《刘少奇与安源工人运动》，中国社会科学出版社，1981，第 141 页。

② 刘少奇、朱少连：《安源路矿工人俱乐部略史》（1923 年 8 月 10 日），载中国社会科学院近代史研究所、安源工人运动纪念馆编《刘少奇与安源工人运动》，中国社会科学出版社，1981，第 16—17 页。

函最后高呼："全世界劳动阶级万岁！共产主义万岁！"①

罢工胜利后，工人更踊跃地加入俱乐部，李立三、刘少奇乘机改组俱乐部，选举各级代表和职员，李立三为总主任、朱少连为路局主任、刘少奇为窿外主任、余江涛为窿内主任，选出总代表 45 名、百代表 140 余名、十代表 1382 名，并委任了各股股长、职员。

常宁水口山铅锌矿工人的罢工，"其雄壮不亚于安源"②。安源工人罢工胜利的消息传到水口山，工人深受鼓舞，推选机械科工人刘东轩向安源求援。李立三、刘少奇当即派蒋先云和工人谢怀德、李庆余、方福胜前往，帮助组建工人团体。

11 月 22 日，蒋先云等一到水口山，就受到矿工热烈欢迎。当晚，即邀集积极分子商量组织工人俱乐部的办法。次日，召开筹备会，成立湖南水口山工人俱乐部筹备处，公推罗同锡为主任，刘东轩为副主任，各科推选临时总代表，成立临时代表会。蒋先云为全权代表，谢怀德、李庆余、方福胜为参事员。会后，加紧宣传和组织工作，散发传单，发展成员。27 日，在康家戏台召开大会，3000 多人到会，蒋先云讲话，宣告水口山工人俱乐部正式成立。30 日，俱乐部即向矿局局长、总务科科长递交信函，提出承认工人俱乐部、增加工资等 4 项要求。

矿局局长赵铭鼎人在长沙，有关职员对工人的要求置之不理。12 月 4 日晚，俱乐部秘密召集各科临时代表紧急会议，决定罢工。各代表表示能负完全责任，保证罢工期内工友听从指挥，一切举动比平时还要文明。深夜 3 时许，乘工人未进班，俱乐部一面派人将各处锅炉停掉，火车头停火，电灯维持照明；一面派监察队手持"罢工""救命"旗帜，分守各门。5 日，天一放亮，全山机器尽行停止，3000 余工人一体罢工。

---

① 《中国劳动组合书记部祝安源路矿工人俱乐部罢工胜利函》（1922 年 9 月 18 日），载中华全国总工会中国职工运动史研究室编《中国工会历史文献》第 1 集，工人出版社，1958，第 22—23 页。

② 邓中夏：《中国职工运动简史一九一九——一九二六》（1930 年 6 月 19 日），载《邓中夏文集》，人民出版社，1983，第 449 页。

俱乐部发出罢工宣言，学习安源采用“哀兵动人”的办法，申述罢工理由，呼吁：“米也贵了，布也贵了，百物都贵了，只有我们的工钱，还是照从前一样，怎能养活自身呢？怎能养活父母妻子呢？我们屡次请求当局增加工钱，均分红奖，他们竟置不理，陷我们于死地，我们要救命，不得不罢工！我们组织俱乐部，原为联络感情，增进幸福。当局不但不承认俱乐部有代表工人之权，而一面施以矫柔和缓的阴谋，一面要杀我们俱乐部的发起人和代表。我们要救命，不得不罢工！”[①] 提出包括承认俱乐部有代表工人之权、增加工资等18条要求。9日，俱乐部发出传单，请求各界援助；14日，发出快邮代电，请求各公团援助。

中国劳动组合书记部和湖南分部分别发出通告，援助水口山工人。粤汉铁路总工会、京汉铁路总工会筹备处、安源路矿工人俱乐部、衡阳学界等团体纷纷发表援助文电。

赵铭鼎得知工人罢工，辞去局长职务。赵恒惕派亲信团长刘世涛接任，派矿务总局李昌郁、肖文一起收拾局面，并部署一个独立炮兵连。19日下午，赵铭鼎派亲信到俱乐部，请蒋先云、刘东轩到矿局磋商。蒋先云、刘东轩一进矿山围门，矿警即将所有围门紧闭，上百名矿警荷枪实弹，禁止工人往来。有工人见势不妙，当即向俱乐部报告。矿方威胁蒋先云、刘东轩，不下令明日开工，就要扣留他们并依法严惩。蒋先云毫不畏惧，坚定地说，代表只能代表工人，断不能置数千工人于死地，如要扣留，则听其扣留，如要杀头即立时杀头。数千工友闻讯将矿局包围起来，高呼：“杀一蒋先云尚有数千个蒋先云；杀一刘东生［轩］，尚有数千刘东生［轩］！”赵铭鼎等见此，不得不将蒋先云、刘东轩放出矿局。经此情形，工人愤激异常，纷纷表示矿局使用这般手段，“我工人等决无情面可言，如不答覆条件誓不上工”。[②]

---

① 《湖南水口山工人俱乐部罢工宣言》（1922年12月5日），载中华全国总工会中国职工运动史研究室编《中国工会历史文献》第1集，工人出版社，1958，第27页。

② 《晨报》1922年12月30日。

矿局并不甘休。选矿科长手持短枪，胁迫敲砂工人上工，监察队闻讯缴了他的手枪。矿局又想私贿蒋先云，被蒋先云高调说破，后又转而企图收买刺客杀害蒋，亦因工人防范严密而不能得逞。俱乐部依靠工人群众，粉碎了矿局的破坏阴谋，维持了良好的秩序，入山军队眼见工人纪律严明，罢工意在改善待遇，非武力所能解决，对罢工工人采取了中立态度。这样，矿局就不得不坐到谈判桌前。经过谈判，俱乐部提出的条件全部得到承认，并由4项增加到18项。25日，湖南省有矿局李昌郁、肖文、炮兵连长徐堃泉、水口山矿局赵铭鼎、俱乐部全权代表蒋先云、俱乐部临时正主任罗同锡、副主任刘东轩分别签字，历经23天的罢工宣告结束。

27日上午，举行罢工胜利庆祝大会，蒋先云讲话，宣布双方订立的条件。全体矿工举行欢庆大游行，在场的军人也参加进来。鼓乐高奏，鞭炮齐鸣，旗帜飘飘，呼声阵阵，长长的队伍绕山而行，为“水口山从来所未有的盛况”①。

长沙各业手工工人同样罢工不断，理发业、织造业、缝纫业、笔业、铅印活版业均先后罢工，以泥木工人大罢工最具代表性。

1922年10月初，毛泽东在清水塘住处同长沙泥木工会任树德等人研究罢工问题，认为时机已完全成熟，可以提出罢工口号。5日，泥木工会召开会议，一致赞同毛泽东的意见。6日，泥木工人全体罢工并发表罢工宣言，提出“现在我们采取的唯一办法，就是冒得三角四分（甲工）和二角六分（乙工）钱一天的工价，我们全体同盟，决定不做”②。

20日，泥木工人2000多人在长沙教育会坪开会，讨论继续罢工问题，坚持增加工资的要求，决定于23日举行请愿大会。22日，长沙县署贴出布告，禁止请愿。这时，有人担心再次发生黄爱、庞人铨被害事件。毛泽东连夜找任树德等谈话，说明当时形势与黄庞事

---

① 鸣非：《湖南水口山工人俱乐部纪实》，载刘明逵、唐玉良主编《中国近代工人阶级和工人运动》第4册，中共中央党校出版社，2002，第572页。

② 长沙《大公报》1922年10月6日。

件时大不相同：现在，工人有了组织，有长沙和全国工人阶级、社会各界的支持；长沙和全国各地都在发生罢工运动，长沙县公署很孤立；这次罢工与赵恒惕的直接关系不太大，赵有可能不会那样顽固。他鼓励大家坚持斗争到底。[①] 次日，在任树德、易礼容的带领下，泥木工人举行游行请愿大会，2000 多人冒着大雨，向长沙县署进发，县知事避而不见，游行工人静坐到傍晚时分。

24 日，毛泽东率任树德等工人代表到湖南省政务厅，与厅长吴景鸿进行说理斗争。经过 3 个小时谈判，吴答应由泥、木两行具一呈文，说明要求增加工资、营业自由，经政府批准。毛泽东当场将工人代表与吴景鸿的谈话记录下来，写成呈文交省长赵恒惕。

25 日，以毛泽东，以及任树德、仇寿松、杜仲堃、黄少梅、李海珊等湖南 6400 余泥木工人名义起草的《呈省长文》在长沙《大公报》发表。呈文指出：营业自由，载在宪法，工价之争，官府不必过问。泥木工人以 3 角 4 分工价请求开工，“独长沙县知事，坚持不决，实属违反省宪，阻抑工情，既蒙省长维持，复承政务厅吴厅长于今日工等代表进见之时，代表省长表示允照工等主张办理”。现工等全体集合省教育会坪前，请省长明白批示，以安人心。[②]

当日，毛泽东又率任树德等 12 名代表至省政务厅催批呈文，获准。吴景鸿向等候在教育会坪的泥木及其他工团工人 1.5 万余人宣布：“营业自由，省宪已经规定，官厅当然不应抑制，希望此后社会日有进步，你们的工价能随时加那就很好”。吴景鸿的讲话，得到与会者的热烈鼓掌欢迎。[③] 经过 20 多天的罢工，泥木工人在湖南全省工团联、长沙各工团和中国劳动组合书记部的支援下，获得了完全胜利。

综上观之，湖南工运潮呈现 3 个鲜明特点：

第一，中共湖南区委的领导坚强有力。区委书记毛泽东推动并

---

① 参见中共中央文献研究室编《毛泽东年谱（1893—1949）》上卷，中共中央文献出版社，2013，第 100 页。

② 长沙《大公报》1922 年 10 月 25 日。

③ 《民国日报》1922 年 10 月 31 日。

指导粤汉铁路总工会的成立，一手创立了湖南全省工团联合会，开辟了安源工人运动，建立了最早的产业工人党支部。把党员发展与工人组织建设结合起来，形成工人组织的核心力量，是一条宝贵经验。毛泽东、李立三、刘少奇以及郭亮、蒋先云等不仅运筹帷幄，而且深入群众，靠前指挥，坚持战斗在第一线，既作领路人，又是主心骨。陈独秀在中共三大上高度肯定了湖南区委发展工人运动的成绩，指出："湖南几乎所有拥有三万人以上的工会，都在我们的影响之下。"①

第二，讲究斗争策略和方式、方法。尽量争取社会力量的同情、理解和支持，最大限度地减少工人斗争的阻力。安源路矿罢工中"哀兵动人"的策略，泥木工人罢工中与湖南当局直接交涉，都收到了积极效果。

第三，安源路矿工人运动创造了成功经验，并在水口山得到成功运用。安源路矿工人俱乐部不仅有群众性、服务性，还具有鲜明的政治性，重视在工人中传播革命理论，开展党的建设，这是它优于其他工人组织的地方。安源罢工从罢工的布置和实施、谈判斗争、罢工总结，到罢工后俱乐部的完善，形成整套流程，其经验具有原创性和可复制性。更为重要的是，安源工人运动和水口山工人运动，为后来湘赣边界秋收暴动和湘南暴动锻炼了产业工人力量。

六　上海和广东工运潮

1. 上海工会组织的发展

上海是中国共产党的诞生地，是全国最大的工商业中心，也是工人阶级人数最多的地方。党从早期组织开始就深入工人群众之中，发展工人自己的阶级组织，截至 1922 年 6 月底，党领导建立

① 陈独秀：《在中国共产党第三次全国代表大会上的报告》（1923 年 6 月），载中共中央文献研究室、中央档案馆编《建党以来重要文献选编（一九二一—一九四九）》第 1 册，中央文献出版社，2011，第 245 页。

的工会有5个，即烟草工会、机器工会、印刷工会、纺织工会和邮务工会。

然而，上海毕竟是国际帝国主义侵略中国的大本营，国际资产阶级积累了上百年应对工人运动和工会的经验，对于刚刚兴起的中国工人运动堪称“优有余裕”，他们对付罢工和工会主要采取3个策略：一是无论如何不让罢工胜利，不与工人订立条约，宁愿听其多罢几天工，宁愿罢工后由厂方自动增加工资，显得增加工资非由工人斗争而来，而是资本家的“恩赐”；二是无论如何不让工人组织自己的工会，不承认工会的合法地位；三是即使有时对工人让步，也往往以开除工人领袖为交换条件。[①] 香港海员大罢工结束后，工部局提前防范，建议外国资本家认真地协调处理工人的要求，尽量避免发生罢工，一旦酿成罢工，就要加强调解，迅速予以解决。租界密探长期对陈独秀、李启汉等跟踪盯梢，认定李启汉是上海工潮的主要组织者，劳动组合书记部是极有组织的罢工司令部。1922年6月1日，工部局以“煽动罢工”的罪名逮捕了李启汉，判坐监3个月。出监后，李启汉又被引渡给淞沪护军使何丰林，关进龙华监狱，直到1924年10月才出狱。《劳动周刊》被勒令停刊。7月12日，劳动组合书记部被查抄，并于18日被封闭。

上海是现代工会出现最早的地方之一，也是所谓“招牌工会”集中的地方。邓中夏指出，“他们假借工会招牌，在劳资斗争起来的时候，招摇撞骗，从中捣鬼。这种市侩的或流氓的招牌工会，的确是当时工人组织自己阶级工会的极大障碍物”[②]。之所以是“极大障碍物”，说明这些组织在工人群众中具有较大的影响力，这才使得共产党要与之进行剧烈的斗争，并需经过很大的努力才著成效。

此外，工人中帮派、帮口流俗的长期存在，以及手工工人、女工、童工在工人总数中占比较高，也是工会组织发展所面临的客观

① 邓中夏：《中国职工运动简史一九一九——一九二六（1930年6月19日）》，载《邓中夏文集》，人民出版社，1983，第452页。

② 邓中夏：《中国职工运动简史一九一九——一九二六》（1930年6月19日），载《邓中夏文集》，人民出版社，1983，第440、441页。

困难。实现工人内部的团结和觉悟的提高，势必需要经过时间的磨砺和斗争的洗礼。

1922年3月19日，上海纺织工会浦东分会（即浦东纺织工会）在上海公学召开成立大会，300余人参加。陈独秀、李启汉、邵力子出席并讲话。陈独秀讲述了香港海员大罢工胜利的意义，指出上海的工厂和工人比广东多，工会反不及广东发达，“虽说两个地方的政治权力有保护劳工与压制劳工之分，但无论如何工人们总要自己去做的呀！”[①] 他号召上海工人团结起来，热心去做工会运动。日华纱厂工人郭文英当选为工会委员长。

4月间，李启汉在邮务工人中活动，帮助筹建邮务工会，起草了章程并散发300份，又散发传单两种各400张。邮务工会在邮务工人罢工之际宣布成立，经过两天半罢工，增加工资的问题得到解决，但工会没有获得承认。筹备工会的积极分子周启邦等转而发起成立上海邮务友谊会。5月21日召开友谊会成立大会，390余人出席。中华邮政局监理处派人到会查询，要求邮务工人不要成立这个组织，袁杜南、瞿锡坤等向来人说明组织团体的宗旨，以及工人种种困苦情形。当日，大会通过了章程，选举袁杜南、瞿锡坤、周启邦等35人为委员。[②]

上海海员人数众多，帮口团体也很多，迫切需要统一起来。香港海员大罢工期间，李启汉、董锄平等就在海员中做工作，宣传“天下工人是一家”。第一次劳动大会期间，李启汉与上海均安水手公所代表朱宝庭结识了林伟民和苏兆征，朱宝庭邀请中华海员工业联合总会派人到上海帮助建立海员工会。会后，林伟民受中华海员联合工业总会的委派，与钟筱明等4人到上海。林伟民与朱宝庭等深入各条轮船中，进行细致的联络和说服，讲解建立统一的工会组织的重要性和必要性。经过一个多月的筹备，7月2日，借西藏路宁

① 唐宝林、林茂生：《陈独秀年谱》，上海人民出版社，1988，第163页。

② 参见《上海邮务友谊会的成立》，载刘明逵、唐玉良主编《中国近代工人阶级和工人运动》第4册，中共中央党校出版社，2002，第798页。

波同乡会召开成立会，中华海员工业联合总会上海支部（即上海海员工会）正式成立，林伟民为支部正部长，以上海百老汇路163号为办公地址，初期有会员2700余人。[①]

9月16日，上海金银业工人俱乐部在迎薰路职工教育馆召开成立大会，全行业2000余人中1600余人到会。会议由俱乐部负责人张静泉（即张人亚）主持，劳动组合书记部上海分部主任袁达时，以及高君宇、俞秀松、陈为人、邵力子、王一知等共产党员和青年团员参加大会，并发表了演说。[②]

上海烟草工会被迫停止活动后，袁达时派郭景仁到英美烟厂活动，在该厂印刷部中物色到几个积极分子，后由印刷部扩大到卷烟部，从新厂发展到老厂，广泛吸收会员。10月1日，浦东烟草印刷工人俱乐部在宁波同乡会宣告成立，1000余人出席成立大会，袁达时、高君宇等在大会上演说。周耕庐为俱乐部委员长、郭景仁任秘书。

2. 上海各业工人大罢工

1922年间，上海工人共举行大小不等的罢工54次，参加人数在8.5万以上。其声势之壮与规模之大，仅次于五四运动期间的“六三”大罢工，呈现了英勇斗争的风貌。在风起云涌的氛围中，罢工总是互相影响的。劳动组合书记部加强在上海工人和工会中的活动，领导了主要的罢工斗争。

年初，香港海员大罢工爆发，书记部即邀请上海各工团成立香港海员后援会，积极开展援助活动。为此，李启汉一度被巡捕房拘捕。香港海员罢工胜利，鼓舞和推动了上海罢工运动的兴起。

4月17日，浦东陆家嘴日华纱厂一、二两厂3800余人罢工。事前，浦东纺织工会3次给该厂大班后藤去信，提出增加工资的要求，均被拒绝。4月16日，工会在复大班的信中说：“现在先生既不允许我们的要求，我们又不能饿着肚皮做工，只好与贵厂暂时别离，静

① 参见《民国日报》1922年6月29日。

② 参见《民国日报》1922年9月17日。

候厂主速醒”。同时，向工友发出休工通告，“从今日起，无论大小男女的工人一律休工，不得到厂门前观望”，“我们休工的日子，也是要厂主给我们工钱的，请各工友静候回音罢”。通告社会大众的宣言，陈述了纺纱工人生活的困苦，日本厂主对工人要求的漠然置之。“我们不能饿着肚皮作工，我们只好另谋生计了，我们再不能忠于日华一二两纱厂，如牛马一样，日夜伺候他的机器了”①。

罢工发生后，浦东纺织工会以日华一、二两厂全体工人的名义向全国各界发出请求援助的呼吁：“我们苦极了，我们现在更苦极了”，“然而我们无论如何，是要饿着肚子与厂主力争的，若不得完满的答覆，我们誓不上工”。又以上海纺织工会浦东部的名义发出通函，呼吁各团体急起援助。②

劳动组合书记部代浦东纺织工会发宣言 2 万份，发传单 600 张。纱厂工人顾晋发等 4 人在杨树浦工人区散发传单，被巡捕抓走。为支持日华纱厂工人，书记部联合中华电器工界联合会等 10 余工团成立浦东纺织工人经济后援会，董锄平为书记，许白昊等 8 人为交际，设 4 个通讯处，中国劳动组合书记部为其一。后援会累计向各界募得大洋 267 元、小洋 164.5 元、铜圆 220 枚、米 2 石。③ 董锄平等代表后援会将募集的钱物送往工会，慰问罢工工人。

浦东三区警署署长介入调停，经多次谈判，部分增资额度下调，报纸公布了拟定协议内容，可是，厂方仍不签字。4 月 24 日，工会致函后藤：“贵厂既不允许我们的要求，我们不能另谋生计，请将我们男女工人所有的存工，一齐算清，于二十六日上午十时交给本会，以便转付各工友”，否则“工友向贵厂索讨，若另生他事，则本会不能负其责也”。④ 同时，工会将此函录致警署署长。工人闻讯，相约厂方若于限期内不能照付存工，将届时亲自去索讨。

---

① 《民国日报》1922 年 4 月 17 日。

② 《民国日报》1922 年 4 月 19 日。

③ 参见沈以行、姜沛南、郑庆生主编《上海工人运动史》（上卷），辽宁人民出版社，1991，第 122 页。

④ 《民国日报》1922 年 4 月 25 日。

此时纱价正旺，日华的丹凤牌纱涨势更好，罢工如果持续下去，一旦存纱售完，市场份额就会被其他竞争对手分走，吃亏就大了。于是，该厂总大班大岛不得不亲自出马谈判，与工人代表签订协议，同意增加工资、赔偿工人罢工损失、每年加薪一次、不准无故停歇工人、工会有权与厂主交涉工人受虐待情况等 5 项条件。26 日，工人复工。散发传单的 4 名工人被拘留一个星期后，于罢工结束之日被释放。

5 月 20 日，日华纱厂工人再次罢工。原来，经纱车间生手女工要求与熟手女工一样实行按件计酬，而非按日计酬，工会副会长张益章致函该厂大班，提出经纱车间女工一律实行按件计酬的要求。资本家不仅不允，将经纱车间女工驱逐出厂，并借女工口角小事，将第二厂厂门锁闭，不让工人上工，且悬牌告示与纺织工会断绝一切关系，引发工人相率罢工。19 日晚，浦东纺织工会召开紧急大会，全体通过实行罢工，提出承认工会、撤换虐待工人的日本监工山内等人、赔偿停工损失、经纱车间女工一律实行计件工资等 6 项复工条件。当晚，工人林小毛在陆家嘴一带通知工人休业，被警方以“煽动罢工，妨碍营业”为由拘留。

罢工发生后，劳动组合书记部联合 30 多个团体发起援助，并组织工人向各处散发传单 9 次，每次数百张，在杨树浦、小沙渡两处纺织工人集中的地方，散发传单 3000 张，号召他们起来组织工会应援浦东纺纱工人。① 22 日，上海纺织工会在杨树浦召集 16 家纺织厂的 78 名代表开会，讨论援助浦东工友的办法。学生组织了罢工经济后援会，连续上街募捐。社会主义青年团中央委员会发表宣言，呼吁全国各界各团体急起援助日华纱厂工人。共产党主办的平民女校等妇女机构派人到工人中演讲，鼓励工人坚持罢工。

同日，三区警署通知工会代表到警署谈话，威胁他们说，个别

---

① 《中共中央执委会书记陈独秀给共产国际的报告》（1922 年 6 月 30 日），载中央档案馆编《中共中央政治报告选辑（一九二二——一九二六）》，中央文献出版社，2011，第 5 页。

条件可以做到，承认工会则不可能，叫工人赶快上工，不然就要封工会。工人们听到这些情况，认为“第一条不承认，就是不封工会，也与封了无异。大家通过，虽饿死亦不承认”[①]。警署将工人林小毛、张益章、王春鑫送往警察厅，严加审讯，并宣布取缔浦东纺织工会。

纱厂工人当即召开会议，坚持所提出的各项条件，强烈要求释放工人代表。在以上海纺织工会浦东部的名义致警署的函中，工人明确表示：“若不将我们代表从速放出，将我们要求的条件完全承允，我们是至死不上工的。”厂中翻译与驻厂巡官到各女工家中劝导复工，女工异口同声表示代表不放出，要求的条件不应允，虽饿死亦不复工。[②]

资本家竭力破坏罢工，先是收买工贼，以日华纱厂工人一分子的名义，散发蛊惑人心的传单，威胁、诱骗工人上工；继而贴出布告，以分班发付工钱的名义诱骗工人上工。这两招都未能生效，资本家只好请三区警署署长继续出面调停。几经谈判，双方达成协议：承认前次加薪条约；监工山内听其自动辞职；罢工期间发给工资两天；经纱车间女工满一年半者照熟手论件计算工资；被拘押警厅的工人宣告无罪；代表张益章辞退厂内职务，给薪 3 个月。[③] 6 月 5 日，工人复工。这次罢工斗争，工人的经济要求基本得到了满足，但工会仍未被承认，工会领导人也被变相开除。

4 月 24 日下午，专职送信的邮务工人 400 余人宣布罢工，提出增加工资、限定工作时间、改进储蓄金管理办法等 4 项条件。李启汉找邮务工人谈话，帮助建立邮务工会。邮政当局试图以高级职员邮务员临时派送信件来抵制罢工，遭到邮务工人的暴力反对，致使邮务员不敢出门送信。25 日晚，全市邮局内各部门 300 多名传事、300 多名拣信人都加入了罢工队伍。两部分罢工人员重新向邮政当局提出 4 项要求。

---

① 《民国日报》1922 年 5 月 24 日。

② 《民国日报》1922 年 5 月 25 日。

③ 参见《民国日报》1922 年 6 月 4 日。

26日下午，邮务长传达交通部的意见，承认每日减少工作时间一小时，每人每月增加工资一元，限令当日3点钟回班上工，再有不遵，即予斥革。邮务工人认为没有达到要求，遂决定提取储金与当月工资后全体辞职，邮政当局被迫再作谈判，最后达成协议：储金限定60元，存工每月一元，退职时全数发还；工作时间改为9小时；邮差、拣信生、传事一律加薪2元半。[①] 27日，邮务工人复工。

5月21日，邮务工人成立上海邮务友谊会。邮政当局随即用“过激党”的帽子加以恐吓，对为首分子加以打击迫害。7月21日，为时仅两个月的邮务友谊会就因外力破坏而自行取消了。

8月5日，上海海员罢工。罢工之前，海员工会连续3次给招商局和中小轮船公司写信，要求援引中华海员工业联合总会与香港船东达成的加资协议，从1月1日起增加工资，资方不予回复。海员工会即以全体同人的名义发出布告，呼吁广大海员“必要毅力坚持，大众一心。必要罢工期内不可破坏，听从我们所托付的海员工会上海支部才好”[②]。

海员工会成立了罢工事务所，统筹指挥罢工事务。事务所在十六铺中华楼设立招待处，船员上岸后，纷纷到海员工会签名，以示自愿罢工。经与均安水手公所、焱盈社等海员团体讨论，事务所拟定参加罢工的海员由海员工会每日津贴伙食费大洋3角，寄宿处由均安水手公所、焱盈社等团体安排，有家室在上海者听其便。参加罢工的轮船留人值班，以防破坏。黄浦江上，插有海员工会旗号的舢板往来游弋，维持秩序。首日到港轮船参加罢工者为13艘600人，到第8日，参加罢工的海员达到1100余人。[③]

罢工发生后，中华海员工业联合总会及汕头等地海员支部纷纷来电声援。怡和公司的海员表示愿意将已加的薪水汇给上海海员作罢工费用，提督公司和太平洋轮船公司“麦迪生总统号”、“俄国皇

① 参见《民国日报》1922年4月27日。
② 《民国日报》1922年8月6日。
③ 参见《民国日报》1922年8月13日。

后号”上的粤籍海员也纷纷汇款接济，上海各界送来了捐款和慰问品。

上海有外资太古、怡和及中资招商局三大船务公司。太古、怡和接受了加资条件，独招商局以加薪数额巨大为由予以拒绝。因此，海员罢工的对象就主要是招商局。海员工会向船东提出 5 项条件，中小轮船公司经不起罢工，纷纷派代表与海员工会谈判，讨价还价。为了集中力量对付招商局，林伟民决定作必要的妥协，对有关条件作了调整，分别与中小船东达成协议。凡达成协议的，第二天就开航。到罢工的第 4 天，就有 8 家公司与海员工会签订了加资协议。几天后，虞洽卿的三北公司也签了协议。

然而，招商局一意孤行。14 日上午，各船主出面通知各船的水手、火夫、管事等头目，约他们下午至招商局磋商一切，企图分化海员与工会的关系。15 日、23 日，招商局两次写信给领事团，乞求他们协助镇压海员罢工，封闭海员工会，还要求警察厅取缔海员事务所。

16 日，林伟民签署海员工会致招商局总船主函，严正提出 5 项条件：（1）招商局曾在香港 3 月 8 日协定上签字，因此，增加工资应追溯至 1922 年 1 月起算；（2）除招商局外，其他华洋各公司凡签过该协定的，均承认该协定在上海有效；（3）海员所要求分所应得的；（4）既是中国人的公司，应如外国公司一样，以同等公平对待自己的同胞；（5）罢工迁延不决，各方面包括招商局在内，都受严重影响和巨大损失。该函表示：“最后我们愿意指出，中国沿海商船船员，亦曾采取中国海员所用的同一方法，来获得工资的增加。”①

17 日，宁波同乡会理事长李徵五以私人身份调停，招商局坚持只与水手、火夫以及他们的老团体均安公所、焱盈社等单独接洽。之前，受邀到招商局磋商的各头目，就当面向林伟民表示：“完全托付海员工会，此后凡所接洽，当然由海员工会出面，决无由我等私

① 《海员联合会上海分会致招商局总船主函》，载刘明逵、唐玉良主编《中国近代工人阶级和工人运动》第 4 册，中共中央党校出版社，2002，第 653 页。

自接洽之理”[①]。所以，招商局的这一招又不起作用。最后，索性发出通告，片面宣布从 7 月 1 日起增加工资，限海员于一星期内上工，否则开除。罢工海员不为所动，继续坚持斗争。

至 8 月 23 日，招商局所属江海轮船 30 艘中参加罢工的已达 24 艘。码头上，货物堆积如山，报关行的商人叫苦不迭，招商局不断受到来自各地货主的压力，罢工再不解决，各庄号就要与其他轮船公司另立合同了。在罢工和货主的双重压力下，招商局不得不坐下来与海员工会谈判。25 日下午，经李徵五和粤商欧锦堂斡旋，海员工会与招商局达成 5 项协议：（1）工资增加 2 成；（2）自 5 月 1 日起加给；（3）罢工期内工资照发；（4）船员履行签字手续时需工会派代表监视；（5）开除船员不当者，工会可提出纠正。[②] 26 日，林伟民代表海员工会签署复工通告，所有罢工海员于当日 12 时一律返工。历时 21 天的上海海员大罢工胜利结束。

10 月 7 日，金银业工人俱乐部发动了罢工。事前，他们向银楼公所提出增加工资等 5 项要求。银楼公所不予理睬，反乘中秋节假期，将俱乐部委员张静泉、吴忠发、庄向初开除。工人闻讯，又向银楼公所增加两个条件：要求承认工人俱乐部有代表全体工友之权；被开除的 3 人复职，限 24 小时内答复。庆福星等 18 家银楼工匠 800 余人首先罢工，接着，十几家银楼工人参加，前后达 2000 余人。俱乐部发表罢工宣言，指出首饰工人遭受残酷剥削，俱乐部不被资本家承认，工人不得不罢工，不得不牺牲一切，与资本主拼死力争，并开列了复工的 9 个条件。[③]

罢工后，南京路商界联合会会长方椒伯出面调停。由 18 家银楼组织的大同行所聘请的代表姜步七，提出增加工资的要求可以商量，但承认工人俱乐部这一条没有讨论余地。俱乐部召集全体大会，讨论方椒伯提出的将承认俱乐部改为默认案，多数意见认为万不能让

① 沈以行、姜沛南、郑庆生主编《上海工人运动史》（上卷），辽宁人民出版社，1991，第 140 页。

② 参见《民国日报》1922 年 8 月 27 日。

③ 《民国日报》1922 年 10 月 9 日。

步，请南京路商联会再同店主磋商，呼吁各工团援助，并函外地银楼工人采取一致行动。会后，俱乐部发出紧要通告，向罢工工人强调："我们的幸福，是我们自家争来的，不是资本家给我们的。""我们在这奋斗的时候，定要记牢一句话'坚持到底'，就是资本家强迫我们上工，我们也不上工。要我们出店，死也不出店。""若是有一个店家硬要强迫我们工友上工的，我们就只好全体同他去算账，要他赔偿我们罢工损失。"①

16日，大同行再次在报上刊登通告，片面决定罢工期间工资照给，限3日内上工，如不上工，亦不派代表去磋商，则依法解约。俱乐部再次印发告工友书，要求罢工工人遵守如下规定：一切均听俱乐部指挥，没有俱乐部命令不得上工；每家作坊推代表2人，和俱乐部办事人接洽，并推出纠察2人，维持作坊内一切秩序；罢工期内，一切要格外和平，无论店主怎样强迫，我们只是不做就是了。②

18日，费文元、老凤祥等数家银楼勾结中西包探，强令工人上工。工人拒绝上工，将行李搬出店堂，店主停止向工人提供食宿。由16家银楼组织的新同行也片面决定加资四成，限工人于20日一律上工。20日，庆华银楼复工，罢工工人前往阻止，守卫该银楼的印度巡捕乱捕工人，工人愤不能平，一拥而将铺面捣毁。当场工人被打伤六七人，被狼犬咬伤三四人，被捕22人。同日，俱乐部第三次发出告工友书，指出罢工已经13天，"店主的压迫一天加重一天，我们的奋斗精神也该一天坚猛一天"，"大家同心协力的坚持到底，胜利就在我们眼前了"。再一次强调："我们的生命，完全寄托在我们的俱乐部。我们务必抱定店主不承认我们俱乐部的条件我们是死不上工的"。③

22日，2名工人被捕。25日，俱乐部委员吴忠发被捕，张静泉、庄向初被通缉，金银业工人俱乐部被取缔。罢工群龙无首，工

---

① 《民国日报》1922年10月17日。

② 参见《民国日报》1922年10月18日。

③ 《民国日报》1922年10月20日。

人被捕25人。大同行扬言工人若再坚持，即将工人尽数开除，另行招聘，新同行则继续坚持只同意增加工资。在李徵五、方椒伯的调停下，劳资双方代表达成7点协议，工人在经济方面得到一些利益，但承认俱乐部这一主要目标没有实现，张静泉等3名委员亦不予复职，工人还被迫向庆华银楼赔礼道歉。① 11月4日，坚持了28天的上海金银业工人罢工结束。

9月28日，浦东纺织工会被警署封闭。次日，工会向全国发出通电，痛斥警方“破坏我工人团体，长资本家之威风”，“敝会同人均视我工会如我们第二生命，工人义务学校，亦我们刻不可少之机关，我们将生死与共”。② 工会两次致函该厂大班，要求转请警方启封，均无消息。11月1日下午6时，日华纱厂3800多人罢工，向该厂大班宣布“工会一日不蒙启封，工人一日不能上工”③。罢工工人提出启封工会、赔偿损失等7项要求。此时，花涨纱跌，日本资本家乘机宣布关厂停工。淞沪护军使何丰林下令警察厅将工会负责人张益章等拘案严究，勒令工人照常上工。

日华纱厂工人罢工后，11月2日，英美烟厂新、老两厂9700余人举行声援日华工人的同盟罢工。烟草印刷工人俱乐部成立罢工委员会，提出启封纺织工会、承认工人俱乐部等9项条件。英国资本家先后4次把工人代表约到该厂买办家中谈判，未获进展。13日，烟厂发出通告，限定工人于15日上午8点前上工，否则作自动解雇。同时，另行招聘一些工人顶班上工。罢工工人阻止新工人上工，与带工头目发生冲突，部分工人拥到该厂买办汪薇舟的家中，捣毁其门窗家具。几百名工人聚集在三区警署门前，要求法办破坏罢工的工贼，警察厅调派大批军警前来镇压。23日，工人被迫复工，200多名积极分子被开除，烟草印刷工人俱乐部被迫停止活动。

11月18日，警署召集日华纱厂各部工头10余人与厂方代表李

① 参见《民国日报》1922年11月2日。

② 《民国日报》1922年9月30日。

③ 《民国日报》1922年11月2日。

国士等人谈判，署长按照厂方的意思，胁迫各工头同意4条协议，内容包括纺织工会改换名称，修订章程，呈请官厅立案等。罢工工人1000余人在吴家厅开会，提出启封工会、取缔通缉张益章等6条要求。会上，工人抨击李国士等人，与警察发生冲突，致工人受伤。愤怒的工人拥到李国士家中，将其家具捣毁。26日，警察厅派督察长与三区警署署长一道，到日华纱厂与总大班大岛磋商解决办法，坚持18日提出的4项条件，并进而提出开除工人48人。11月26日，日华纱厂工人忍痛复工。

第一次工人运动高潮中的上海工人运动呈现了波澜起伏的状态。在党的领导下，中国劳动组合书记部及其上海分部努力发挥组织和指导作用，组建产业工会和维护产业工会地位，一直是上海工运潮的主要内容。由于上海特殊的政治经济地位、特定的产业结构和工人阶级成分结构，以及工人运动的历史积淀，造成这一阶段工人斗争较少得到重大的胜利成果。

3. 广东工运潮

1922年5月9日，广州盐务工人罢工。盐业工会是在劳动组合书记部广东分部的影响下成立起来的。罢工之前，工会向盐东提出增加工资等3项要求，没有得到答复。罢工后，盐业罢工办事处成立，发表宣言，指出工人屡次上书盐东要求加薪，盐东拒不作复，盐工“如此与牛马终身，为他人作嫁而死，何如爽爽快快争回固有之生存权，与资本主义拼死，还死得好汉英雄”①，呼吁各处工友，给予支持。

罢工起始就得到劳动组合书记部广东分部的支持，《广东群报》给予详细的跟踪报道，扩大其社会影响。罢工后，盐船到广州参加罢工者很快增加到60余艘，每艘船有工人二三十人，合共1000多人。每艘船运盐400余包，每包250斤，时值连日阴雨，船舱积水，罢工造成不小的损失。省河盐业配兑工会支持盐业工人，不开秤，

① 《盐业工人实行罢工》，载刘明逵、唐玉良主编《中国近代工人阶级和工人运动》第4册，中共中央党校出版社，2002，第682页。

罢工得此援助，“声势甚为壮大”。盐业工人罢工连带盐商停市，盐商用广东币缴纳税款，停市造成省币流通不畅，币值下跌。这样，盐东被迫召集同业会议，函请转运使出面调停。可是，盐东提出的条件与盐业工人的要求相差太远。工会发出第二次宣言，指出盐业工人“实实在在感受资本主义的压迫侮辱而痛苦”，罢工前后，五六次上书资本家，没有得到一个字答复，“反用危言恐吓我们，反施卑劣手段挑拨离间我们的团体”，“现在我们为争人格，为争生存权起见，敢诚告诸君，倘他们资本主（盐商）在这‘十八小时’内没有完满答复我们，我们惟有采取最正当最猛的手段，以对付他们”。[①] 盐业工会发出公告，援引第一次全国劳动大会罢工援助议决案精神，决定于5月17日召开全省各工会援助大会，共同讨论解决办法。书记部广东分部转知上海中国劳动组合书记部通告全国工界并转函广东各工会共同设法援助。

正当盐业工人准备采取进一步措施时，广东省政府以没有立案为由，勒令解散盐业工会，盐业工人罢工失败。为此，谭平山抨击当道一面颁行《暂行工会条例》，作出保护劳工的样子于前，一面干着毒杀勾当压迫于后，“戴着一副假面目自欺欺人”[②]。

6月3日，澳门华工举行总罢工。罢工由澳门工团联合会总会发动，72个工团3万余人参加。起因是5月28日下午，葡萄牙士兵当街调戏中国妇女，华工向前施救，痛殴葡兵，葡警赶来拘捕华工数人，华工纷纷聚集到警察局，要求放人，警察局拒绝并招葡兵助威。双方对峙到29日上午，澳葡当局下令开枪，“当场毙命者百数十人，溺海毙命者数十名，因其伤过重不能逃走者，均被葡兵以枪剑痛刺至死”，“竟达二百余人”。[③] 澳门工团总会当即召开会议，决定派代表向澳葡当局交涉，要求惩办凶手，抚恤死伤民众，并请求孙中山

① 《盐业工人罢工风潮四志》，载刘明逵、唐玉良主编《中国近代工人阶级和工人运动》第4册，中共中央党校出版社，2002，第684页。

② 谭平山：《为被压迫的劳工呼吁并告广东当局》（1922年5月26日），载《谭平山文集》，人民出版社，1983，第250页。

③ 《民国日报》1922年6月16日。

政府作外交交涉。工团总会与澳葡当局的交涉毫无结果，遂发表《全澳华工告同胞书》，揭露澳葡当局残杀华工的罪行，说明澳门华工总罢工的真相，呼吁各界同胞急起声援。

罢工工人离开澳门，他们的行状，有报道说："各以白布书有逃生回粤或书罢工回粤字样，其一种激昂态度，令人可钦，而睹其行李萧条，极形狼狈，又觉可惨"①。罢工办事处设于湾仔镜湖医院，罢工工人分驻前山、湾仔两处。罢工办事处宣传部连日派人在罢工工人中演讲，所到之处，极受欢迎。澳门华商也投入了斗争，实行罢市。

5 月 31 日，广州工人及各界群众在第一公园集会，提出请愿政府速行收回澳门等 6 项要求。会后，他们先到省政府请愿，接着向孙中山请愿。6 月 3 日，广东政府向澳葡当局发出抗议照会，提出道歉、惩办肇事者、抚恤死者家属等 5 项条件，澳葡当局拒绝接受。

"葡案"发生后，张太雷代表社会主义青年团加入广州外交后援会。他写了一篇文章，由于没有钱印传单，就送到《广东群报》，该报改用共产党的名义对外发表。② 6 月 12 日，中国劳动组合书记部散发传单，指出此次惨案"死者达一百七十人以上，伤者无算"，"如果认为这仅仅是广东的事件而不加抗议的话，那末我们的国家不久也就要灭亡了"。传单说："本书记部系全国劳动大会设立的中央通讯机关，正向全国各工会发出这一文件，要求他们召开会员大会，举行示威，向当地当局请愿，要求他们对葡萄牙人的行动提出抗议。"③ 书记部联合中国工会等 9 团体组织澳门外交后援会，定于 6 月 25 日召开国民外交大会。

---

① 《民国日报》1922 年 6 月 20 日。

② 《春木致和森、秀松、国昌信》（1922 年 6 月 10 日），载中央档案馆、广东省档案馆编《广东革命历史文件汇集（群团文件）》（1922 年—1924 年），内部版，1983，第 7—8 页。

③ 《中国劳动组合书记部为澳门葡兵惨杀华人事件的传单》（1922 年 6 月 12 日），载中华全国总工会中国职工运动史研究室编《中国工会历史文献》第 1 集，工人出版社，1958，第 9 页。

6月16日，陈炯明叛乱，广东政局剧变，政府与澳葡当局的交涉完全停顿。虽罢工民众决心务达收回领土之目的，至少亦须较海员罢工之条件，稍加严重，方能了结，但终未能实现。

香港海员大罢工以后，工运高潮在全国范围内前波后浪汹涌澎湃，而广东则相对落后，这自有其内在原因。一方面，广东得风气之先，孙中山政府有“保护劳工”的姿态，1922年3月公布了《工会法》，承认工人的结社权、罢工权，因此，广东的工会组织数量众多，其规模较大、历史较长的工会如机器工会、广东总工会、互助总社在政治谱系中都属于国民党体系。无政府主义在手工工人中也较有影响，一度控制三十几个工会。共产党作为发展工会组织和工会运动的后来者，开拓阵地需要时间、毅力，以及正确的策略和方法。劳动组合书记部广东分部试图联络广东总工会内的重要分子，做油业、轮船、革履、机织等工会的工作，努力组织爱群通讯社，并筹备出一份周报，但这个通讯社没过多久就解散了。另一方面，广东党组织的负责人陈公博、谭植棠等在政治上倾向于陈炯明，《广东群报》几乎为“陈之机关报”，张太雷奉命加以改组，感到困难很大，表示“要改组非我一人之力能办到”①。党团员倡言社会主义，宣传工夫做得比较多，却较少深入工人群众中去，而且直接从事工人运动的“人才甚少，于精神上还欠缺工夫”②。苏兆征后来说，“当时到处找共产党，总找不到手”③。他到1925年才由朱务善等介绍在北京加入中国共产党。1924年林伟民在苏联经罗亦农等介绍入党。正是这两位海员工人领袖加入共产党，才确立了共产党对海员工会的领导。这也反证了当时广东党组织的领导力是薄弱的。

---

① 《春木致文亮信》（1922年6月30日），载中央档案馆、广东省档案馆编《广东革命历史文件汇集（群团文件）》（1922年—1924年），内部版，1983，第10页。

② 《啸仙致存统信》（1923年5月19日、20日），载中央档案馆、广东省档案馆编《广东革命历史文件汇集（群团文件）》（1922年—1924年），内部版，1983，第60页。

③ 邓中夏：《苏兆征同志传》（1929年），载《邓中夏文集》，人民出版社，1983，第395页。

七　第一次工运高潮的顶峰

1. 京汉铁路总工会的筹备和成立

1922年2月，震惊中外的京汉铁路工人大罢工爆发，成为第一次工人运动高潮的顶峰。这次全路大罢工，反抗直系军阀压迫，争人权、争自由，起源于京汉铁路总工会的成立。中国共产党甫经成立，就把组建全国铁路工会提上了日程，第一次工人运动高潮，促进了各大铁路总工会的成立，京汉铁路总工会的成立也水到渠成。

4月9日，长辛店铁路工人俱乐部成立，全路有14个站的代表到会。其间，俱乐部首次筹划了成立总工会事宜。8月10日至12日，俱乐部在郑州举行第二次会议，14名代表出席，中国劳动组合书记部派人到会指导，会议交流了各俱乐部的工作和情况，研究了章程和组织制度，确定会名为“京汉铁路总工会”，以权力集中、经济集中为基本原则，会址设于郑州，在长辛店、江岸设办事处，总工会及其办事处的地址，得由总工会执行委员会随时议决迁移。会后，俱乐部即以京汉铁路总工会名义活动，积极投入劳动立法运动。到年底，全线16个大站的工人俱乐部均告建立。

1923年1月5日，京汉铁路总工会筹备委员会议在汉口举行，鉴于全路工会已经完成统一，遂定于2月1日在郑州召开总工会成立大会，执行委员会委员长为杨德甫，副委员长为凌楚藩、史文彬，秘书为李震瀛。除向各团体发出专函约请外，筹备会还在报纸刊登通告。

中共中央十分重视这次会议的召开。1922年中国共产党提出集中力量组织全国5个大的产业组合，条件最好的就是组织全国铁路总工会。京汉铁路工人运动在全国铁路系统中最有势力，具有示范引领作用，该路总工会的成立必将大大加快成立全国铁路总工会的进程。为此，中央特派张国焘现场指导。①

京汉铁路总工会成立大会即将揭幕，京汉路局局长赵继贤、南

① 参见张国焘：《我的回忆》第1册，现代史料编刊社，1983，第265页。

段段长冯沄亟亟奔走于直系军阀曹锟、吴佩孚之前。吴佩孚一度博得“保护劳工”的好名声，甚至得到苏联政府特使越飞的赞赏，成为其争取的对象之一，中共中央也“与吴佩孚有过来往”[①]。1922 年以来，北方铁路相继罢工，整个铁路系统形成联动效应，京汉铁路是最长的干线，全路工人的空前团结，势必威胁直系军阀的统治。1 月 25 日，吴佩孚得到赵继贤电报，了解到京汉铁路总工会即将在郑州召开成立大会，29 日，致电驻郑陆军第十四师师长靳云鹗，指责工会“明目张胆，聚众招摇”，“隐患堪虞”，令靳云鹗“预为防范”，“设法制止”。[②] 吴佩孚内部有令，风声随即放出，河南督理张福来及靳云鹗均宣称将武力禁止开会。28 日，郑州警察局局长黄殿辰直接跑到总工会办公地花地岗玉庆里 4 号，声明禁止开会，遭到工人的激烈反对。

各地各铁路工会及工人组织和社会团体的代表，按约纷纷前往郑州，共襄盛举。到会的有长辛店、琉璃河、高碑店、保定、正定、邢台、安阳、新乡、黄河、郑州、许昌、漯河、驻马店、信阳、广水、江岸各分会正式代表 65 人，京奉、津浦、道清、正太、京绥、陇海、粤汉等铁路代表 60 余人，武汉 31 个团体 130 余人，还有各地学生及记者 30 余人。

30 日，吴佩孚电召工会代表赴洛阳谈话，杨德甫、凌楚藩、李震瀛、史文彬、李焕章等 5 人前往。吴佩孚却避而不见，拖到次日上午，在各位代表的坚持之下，才出来软硬兼施说了一通。吴佩孚自诩对工人的事没有不赞成的，借口郑州是军事区域，又答应了路局局长的要求，已下令制止开会，他是军官不可能收回成命。还说什么“我以后保护你们的日子还多咧。你们说开会没有什么，我亦知道，不过——你们若是非要开会不可，我可没有办法了”。各代表

① 陈独秀：《在中国共产党第三次全国代表大会上的报告》（1923 年 6 月），载中共中央文献研究室、中央档案馆编《建党以来重要文献选编一九二一——一九四九》第 1 册，中央文献出版社，2011，第 244 页。

② 《吴佩孚致靳云鹗电》（1923 年 1 月 29 日），载中华全国总工会工运史研究室等编《二七大罢工资料选编》，工人出版社，1983，第 716 页。

据理力争，吴佩孚顾左右而言他，其实是“明以告之，使其无备，激之使进，而假手爪牙以尽歼之”①，何其毒也！

31日晚，赴洛代表返郑，即在会所召集全路代表会议。张国焘赶到了郑州。代表们对吴佩孚禁止开会强烈不满，认为根据民国约法，工人有权开会，决定不顾禁令，按原计划行动不变，并且相信举行一个总工会成立仪式，大致是不会受到干涉的。②

1月31日起，郑州全城即实行特别戒严。直系驻郑师长靳云鹗、警察局长黄殿辰指挥大批军警，荷枪实弹，沿街排列。沿街商店闭门，行人断绝，气氛极度森严。下午1时，全体代表及郑州工人千余人毫不惧怕，仍旧在住地集合，抬上大书“劳工神圣”的金面木质匾额，以军乐为前导，各地各团体送来的牌匾、对联等祝贺物品次之，旗手们手持各团体旗帜，浩浩荡荡，直向会场花地岗玉庆里普乐戏园前进。

至会场附近，军警阻断去路。几名代表上前与军警长官交涉许久，仍被强力阻止前行。相持2个小时，人群汹涌不已，对于军阀的无理压迫愤怒至极，各代表和工友赤手空拳冲破了军警的防线，一拥而入普乐戏园。张国焘宣布奏乐开会。杨德甫报告了京汉铁路总工会筹备经过和同吴佩孚谈话的情况，施洋讲话，各路代表和来宾先后讲话，群众高呼“京汉铁路总工会万岁！”③ 黄殿辰入内制止开会，遭工人一顿痛骂，责问他：“我们今天开会是吴佩孚已经允许了的，为何又来禁止？你们想官僚军阀吃的饭，是不是我们工人做的，穿的衣，是不是我们工人做的，住的房子，是不是我们工人做的，你们积年剥削蹂躏，我们工人总不过问，我们仅仅的开一个会，又不干你甚事，你们还要这样压迫，你们就不能够手拍良心想一想

---

① 中国劳动组合书记部：《二七大屠杀的经过》（1923年2月27日），《向导》1923年第20期。

② 参见张国焘：《我的回忆》第1册，现代史料编刊社，1983，第265页。

③ 《杨德甫自述》，载中华全国总工会工运史研究室等编《二七大罢工资料选编》，工人出版社，1983，第632页。

吗！我们今天拼着枪炮打死，总是要开成立会的。”[①] 延至下午4时，各代表结队冲出重围，离开会场。

回到旅馆，工人们仍遭军警监守。总工会在万年春菜馆所定的饭菜，被禁止开席。一时工人们完全丧失自由，连吃喝都没有。总工会会所被军队占据，室内一切文件物品，尽被捣毁。各团体所赠的匾额礼物，被毁弃一地。

鉴于总工会会所被封闭，全路各分会代表秘密议决将总工会迁往江岸，4日午刻实行总同盟罢工，议决张国焘、李震瀛、杨德甫、史文彬、高斌等主持罢工事务。[②] 随即，总工会发出紧急启事：“自二月三号起，本会移至汉口江岸，所有一切对内对外全路交涉通讯事宜，均请向汉口江岸京汉铁路总工会临时总办公处接洽为盼”[③]。

2. 京汉铁路工人大罢工与二七惨案

武汉代表当晚乘车南下，在车上一致议决誓死援助京汉铁路总工会。车抵刘家庙，代表们下车入江岸分会，推出代表演说经过情形，随即拟致郑州总工会声明誓死援助电文，各代表亲笔签名，用快邮代电发出。

2月2日，张国焘到达汉口，即召集中共党员和工会负责人研究罢工问题。张国焘认为一次大规模的罢工或可争回一些自由，即使失败，也不过是工会不能合法存在。会上，大家认为罢工是可以获

① 《激成罢工之始末情形》，载中华全国总工会工运史研究室等编《二七大罢工资料选编》，工人出版社，1983，第117页。

② 参见僧（包惠僧）：《二七惨案略史》（1926年），载中华全国总工会工运史研究室等编《二七大罢工资料选编》，工人出版社，1983，第602页。关于京汉铁路工人大罢工的领导群体，仅见事后回忆资料，众说纷纭。包惠僧所列名单包括中国劳动组合书记部2人，江岸、郑州、长辛店铁路总会各1人，有代表性。肖甡综合研究后认为，其主要领导成员可认定为张国焘、罗章龙、包惠僧、项英、李震瀛，其他领导成员为杨德甫、史文彬、凌楚藩、吴汝铭、高斌、张连光、康景星。见中国革命博物馆党史研究室编《党史研究资料》第3集，四川人民出版社，1982，第245页。按其确定人选的标准，应增加邓中夏（中国劳动组合书记部总部主任）、林育南（中国劳动组合书记部武汉分部主任）、林祥谦（京汉铁路总工会江岸分会委员长）。

③ 《民国日报》1923年2月7日。

得胜利的。2月2日至4日，李大钊应邀在武昌高等师范学校、湖北女权运动同盟会等处演讲，其间在汉口与施洋会面。施洋参加京汉铁路总工会成立大会归来，这是他们平生第一次也是最后一次相聚，两人商谈了声援京汉铁路工人罢工有关事宜。

2月2日，京汉铁路总工会发表罢工宣言，揭露军阀镇压总工会的事实，呼吁全体工友和受压迫的同胞擦亮眼睛，认清那些压迫我们的，剥夺我们自由的，解散我们工会的，侮辱我们人格的，都是误国殃民的军阀和他们奸险的爪牙。宣言书表现了不怕牺牲的大无畏精神："反抗呀！进攻呀！我们是没有一点恐惧的，因为仇人的势力，都在我们被压迫的无产阶级手里。被穷苦压迫而去求生的警士和兵士，都是我们无产阶级的兄弟朋友。他们明白了，他们决不会帮助仇人压迫我们。我们无产阶级有最大的权力，我们劳苦群众的团结，就是我们最大的权力。我们还有最精良最坚强的武器。我们现在为反抗我们仇人，为保障我们的人格，为争回我们的自由，我们要拿出我们的武器了，我们要发出全体动员令了，我们要向前进攻了。"① 宣言书这样说话，体现了无所畏惧的胆量和气魄，但对所面临的巨大压力明显地估计不足，对以罢工战胜军阀的武力的估量盲目乐观。

总工会宣布自2月4日正午起全路一律罢工，并提出解决罢工的最低限度条件5条，内容如下：(1) 要求由交通部撤革京汉路局局长赵继贤和南段处长冯沄，要求吴、靳及河南当局撤革查办黄殿辰。(2) 要求路局赔偿开成立大会的损失6000元。(3) 所有当日在郑被军阀扣留的匾额礼物，要求郑州地方长官用军队奏乐送还总工会郑州会所；所有占领郑州分会的军队立即撤退；郑州分会匾额重新挂起，一切会中损失，由郑州分会开单索赔，并由郑州地方长官到场道歉。(4) 要求每星期休息，并照发工资。(5) 要求农历年放

① 《京汉铁路总工会全体工人罢工宣言》，载中华全国总工会工运史研究室等编《二七大罢工资料选编》，工人出版社，1983，第127页。上海《新闻报》发表时署时间为"二月四日"，中国劳动组合书记部发出号召响应的通电，署时间为"冬"即2日，可知京汉铁路总工会所发宣言应为2月2日。

假一星期，并照发工资。宣言书发出了工人阶级打倒军阀的高呼："工友们！无产阶级呀！为争自由而战呀，为争人格而战呀，为争我们切身的利益而战呀！""全国被压迫的同胞呀！起来呵！一同前进呀！向仇人进攻呀！打倒军阀呀！"①

中国劳动组合书记部立即向全国发出通电，发动各地工人和工会组织，"本阶级斗争之精神，切实援助"，指出军阀之暴行今日施于京汉，他日即可施于他处，京汉工人的斗争乃"为争自由而战"，"如吾人今日饮泣吞声，不复与较，非为［惟］全国工会将悉受摧残，吾劳动界恐永无宁日"。②

2月4日，京汉铁路工人大罢工。上午9时起，郑州罢工；10时起，江岸罢工；11时起，长辛店罢工；至12时，全路所有客货军车一律停驶。千里铁路线，死气沉沉。

为严肃罢工纪律，总工会发出紧要通告，要求全路罢工工人遵守秩序和规约，以彰显工人阶级团结守纪的精神。临时规约如下：（1）罢工期内，须遵从工会一切命令，不得自由行动。（2）须遵守秩序，不得扰乱地方安宁。（3）罢工期内，须静居家中或工会，不得三五成群在外闲游。（4）罢工期内，一切事务均由委员会办理，私人不得接洽或交涉。（5）罢工期内，遇紧急事时，不得退缩或躲避。③ 同时，发出《敬告旅客》，解释罢工缘由，发出《敬告本路司员》，呼吁共同奋斗。

5日，汉黄镇守使署参谋长张厚生至江岸，迫令司机及生火工人照常工作。工会纠察团侦知，通报工人一齐进厂，列队对抗，并乘机将两名司机拉回。军官请工会派代表与张厚生接洽，工会方面

① 《京汉铁路总工会全体工人罢工宣言》，载中华全国总工会工运史研究室等编《二七大罢工资料选编》，工人出版社，1983，第127—128页。

② 《中国劳动组合书记部反对军阀破坏京汉铁路总工会成立大会的通电》（1923年2月2日），载中华全国总工会中国职工运动史研究室编《中国工会历史文献》第1集，工人出版社，1958，第35—36页。

③ 参见《京汉铁路总工会紧要通告》（1923年2月4日），载中华全国总工会工运史研究室等编《二七大罢工资料选编》，工人出版社，1983，第129页。

推出代表项英、张连光、罗海臣、潘云章等 4 人与张厚生谈判。张假借德安府发生匪患，须派军队剿匪，要求工会开车，遭到严词拒绝。同日，湖北全省工团联合会发出紧急宣言，声言一致实力援助京汉铁路工人大罢工，若达不到目的，将实行同情罢工。

6 日上午，汉冶萍总工会、汉阳钢铁厂工会、粤汉铁路总工会、花厂工会、人力车夫工会等 20 余工团，组织罢工慰问团，集中到刘家庙江岸分会门外空场，各工团慰问队和罢工工人到会者，总数不下 4000 人。声援者张扬一面白布大旗，画上一颗人头，头旁画一把大刀，表示决心一齐送死。上千面大小旗帜，写满“声援罢工”“打倒军阀”“争自由”“争人权”的口号。

杨德甫代表总工会对于各工团前来慰问表示感谢，声言只有工界同胞，才是罢工工人的真正援助者。此次出于迫不得已，“始采用总罢工之最后手段，向军阀奋斗，我们若欲获得最后之胜利，必当从根本上着手，以打倒一切军阀为口号，以直接行动为手段，勇往直前”，呼吁各工友一齐努力，向压迫人民的军阀进攻。[①] 李震瀛致辞说：“我们此次大罢工，为我们全劳动阶级运命之一大关键，我们不是争工资争时间，我们是争自由争人权。我们是自由和中国人民利益的保卫者。”[②] 湖北工团联合会总干事陈天、汉冶萍总工会代表许白昊等 40 余人相继演说，一致主张提高觉悟，实行直接行动，与军阀决斗。会后，举行了大游行。

史文彬从郑州返回长辛店，即召集会议作罢工的准备。4 日上午，会员大会在娘娘宫前广场召开，报告总工会罢工的决定，群众热潮如狂，呼声动天地，均愿为自由而战。大会遂以京汉铁路总工会长辛店分会名义发表罢工通电，揭露总工会成立大会被破坏、会所被封闭的事实，申述大罢工就是要争我们的自由，争我们的人格，

---

① 参见《汉工团慰问路工》，载中华全国总工会工运史研究室等编《二七大罢工资料选编》，工人出版社，1983，第 171 页。

② 中国劳动组合书记部：《二七大屠杀的经过》（1923 年 2 月 27 日），《向导》1923 年第 20 期。

一切行动均听总工会指挥。[①]

5日，赵继贤发出布告，限工人于12小时内立即照常上班，恢复交通，否则即视为与本路脱离关系，路局将另行招人做事。[②] 工人不为所动，甚至连路局内茶役工友亦实行同情罢工。恐吓布告无效，赵继贤派3名宣慰员同工会谈判，要求先开工，再谈条件，亦被工人严词拒绝。吴佩孚宣称有500工兵可以助其恢复交通，令赵继贤放手做事。下午，即有3个营1个连的部队部署到长辛店，禁止工人往来、交谈、开会。密探出没，调查工会负责人的住址。长辛店分会向军队发传单，呼吁不要残害手无寸铁的工人。

6日，长辛店分会第二次向全国发出宣言，再次把斗争的矛头集中到赵继贤、冯沄、黄殿辰，重申停工以后，“我们本全路一致精神，各分会什么条件都不提起，专听江岸总工会的命令。总工会叫我们怎么办，我们就怎样办。在罢工事件未解决以前，除了听总工会的指挥外，别的什么全不知道，这是我们至死不变的信条”[③]。

郑州罢工后，分工会发表罢工宣言，要求工人谨守秩序，静听总会解决。4日晚，靳云鹗召高斌、姜海士、刘文松到其司令部，施以谩骂，他看了总工会的罢工通告，说高斌等是听总工会命令的，无权，不同他们谈。5日晚，巡官将高斌、姜海士从家中带到十四师俱乐部扣留，戴上脚镣手铐。刘文松闻讯，自行前往，以示共同负责，亦被扣留。6日一大早，军警又从工人家中拘捕2人。上午，军警将高斌等5人绑赴车站示众，激起工人更大的愤慨。中午，警署雇人鸣锣，招呼工人上工，工人置之不理。

江岸罢工坚持到2月7日，已有4个昼夜。有警官传达督军萧耀南的命令，请总工会派代表与张厚生谈判，并要总工会开列全权代表名单。李震瀛、张连光接见来人，发现一些破绽，没有提供代表的真实姓名。来人改而约定总工会全权代表于当日下午5时半在

---

① 北京工人周刊社：《京汉工人流血记》，1923年5月，第22、24页。

② 参见《京汉铁路管理局布告》（1923年2月5日），载中华全国总工会工运史研究室等编《二七大罢工资料选编》，工人出版社，1983，第714页。

③ 《晨报》1923年2月7日。

会所等候，参谋长张厚生将亲自到会。5时20分左右，总工会代表正欲赴会，半途枪声大作，流血惨剧开幕了！

张厚生以为总工会重要人物已经集中起来，便亲率全副武装士兵2个营，分3路从江岸车站出发，一路由福建街抄工会左后方，一路由三道街横抄工会右后方，一路由车站直抵总工会，直击大罢工指挥中心，企图一网打尽。三道街枪声响起，张厚生和汉口江岸第八区警察分所长站在江岸分会前面，手持军刀，亲自指挥。在工会门前守候消息的工友躲避不及，又都赤手空拳，顿时被乱枪打死、马刀砍死。纠察团副团长曾玉良，纠察队员徐廷发、吴海发、林开庾、晏佑来、陈芝怀、丁道启等当场牺牲。江岸分会委员长林祥谦在家中被捕。张国焘、杨德甫只身脱逃。

下午7时，张厚生集合军队，分布步哨，将被捕工友一一捆绑在江岸车站电杆上。张厚生召集警察分所长、车站厂长、段长于车站内，亲自提灯在被捕工友中寻找林祥谦。张厚生问段长吴成禧："此人是否工会长？"吴答："是。"张命刽子手割去绳索，迫令林祥谦下上工命令。

林祥谦不睬。张命刽子手砍一刀，再问："上不上工？""不上！"林祥谦抗声回答。张再命砍一刀，问："到底下不下命令上工？""上工要总工会下令的！但今天既是这样，我们的头可断，工不可上的！"张厚生又命砍一刀，林祥谦昏厥过去了。待他醒来，张笑声问："现在怎样？""现在还有什么话可说！可怜一个好好的中国，就断送在你们这般混帐忘八蛋的军阀走狗手里！"林祥谦切齿愤声地回答。张厚生大怒，命令刽子手当场杀害了林祥谦，并割下首级悬于电杆示众。[①] 中国共产党成立以来，第一名产业工人党员为了革命事业义无反顾地献出了宝贵的生命。

在这场惨杀案中，江岸罢工工人死于敌人枪口之下多达32人，3人被枭首，受伤者200余人，被捕60余人。大批军警乘机在工人家中肆行抢掠，福建街铁路工人区，一夜间被洗劫3次，满目疮痍，

① 北京工人周刊社：《京汉工人流血记》，1923年5月，第40、41页。

一片狼藉，妇孺老幼，哭声动地。

当晚，施洋在汉口寓所被捕，并立即解至武昌，拘于陆军监狱。吴佩孚忌惮施洋在工人群众中的崇高威望，电令萧耀南就地正法。2月15日，大年除夕。行刑之前，执法官让施洋写信回家。施洋呼喊着说："我有什么信可写，我只希望中国的劳动者，早点起来，把军阀官僚资本家和你们这般替他们做走狗的人，一起都食肉寝皮"。刽子手连开数枪，施洋身中第二枪时，仍高呼"劳工万岁！"①

对京汉铁路工人的大屠杀，直系军阀做了密谋策划和统一部署。江岸屠杀之际，长辛店被杀5人，重伤60余人，吴雨铭、史文彬、陈励懋等11人被捕，押送保定军法处。郑州被捕5人，高斌因刑讯成病以致牺牲。据统计，全路各处共有49人惨遭杀害，300多人受伤，40多人被捕入狱，1000多工人被开除。另有3人参加二七斗争后来牺牲，经批准列为二七烈士，故二七死难烈士共52人。中国工人阶级为实现本阶级的利益和革命运动的发展，作出了巨大牺牲。

江岸惨杀发生，湖北全省工团联合会当即召集紧急会议，讨论援助办法。军阀当局镇压工运的屠刀举起，自然不会放过湖北工团联合会。军警包围了品记里会所，数十名工人代表被捕，会所内什物牌匾被毁劫一空。湖北全省工团联合会被封闭，《真报》馆也被查抄。随后，武汉各工会一律被封禁。

罢工受到严厉镇压，张国焘要求停止罢工，湖北地方领导人认为这会失去工人的信任。接到省工团联总罢工的命令，徐家棚工人拟于8日罢工，但遭胁迫而恢复工作；汉阳钢铁厂工人、汉冶萍轮驳工人，同样在军警的围迫之下上工；丹水池工人宣布停工一日，以追悼江岸被难工友；扬子机器厂工人因工会被封闭，延至最后亦不得已而恢复工作；其他工团如武汉电话、电灯、自来水及其他工人，事前都被军队包围，不许外出，罢工不能实现。

鉴于同盟罢工无法实现，为保存元气，张国焘以劳动组合书记

---

① 《施洋遇难》，载中华全国总工会工运史研究室等编《二七大罢工资料选编》，工人出版社，1983，第235页。

部全权代表的名义下令复工。2 月 10 日，湖北全省工团联合会、京汉铁路总工会分别发出紧急通告，劝导工人忍痛复工。省工团联指出：本联合会极希望我亲爱工友镇静忍痛，不因此灰心，不因此出厂。须知吾人此时唯有忍痛在厂工作，才有报仇之日，才有打倒敌人之日。杀吾工界领袖林祥谦之仇誓死必报！言论出版集会结社罢工之自由誓死必争！军阀官僚中外资本家誓死必打倒！唯知其此，所以我们要忍痛入厂工作才有以后的种种办法。① 京汉铁路总工会鼓励广大工友："我们决不要灰心，决不要怕死，这口气是必定要争的，杀我们弟兄的仇是必定要报的。曹锟、吴佩孚、萧耀南等军阀，都是杀我们弟兄的凶犯，我们从此是要下决心打倒军阀的。"②

各铁路代表从郑州返回当地，当即组织同情罢工，声援京汉铁路工人。2 月 4 日下午，孙云鹏召集正太铁路总工会紧急会议，讨论援助京汉铁路工人办法；当晚，召开会员大会，1000 余人到会，决定 3 日内如无解决即罢工支援，并派纠察队员 40 人到石家庄，帮助京汉路工人夜间守望。7 日，正太铁路工人举行罢工，坚持到 10 日。王荷波在返回途中，向津浦路各站报告了军阀压迫京汉铁路工人的暴行，津浦铁路总工会通电声援，积极筹备于 13 日全路罢工，后以京汉铁路工人复工而暂缓。2 月 4 日，道清铁路工人罢工，坚持 9 天。京奉路工会通电声援，全路代表会议提出解决善后办法 6 条。由于军阀加紧防范，京绥铁路代表召集了秘密会议，同情罢工的行动未能实现。粤汉铁路总工会发表宣言声援，7 日起罢工，坚持到次日晚 11 时。其他铁路工人，亦以不同的方式进行了声援。

各地各团体和人民群众纷纷声援。在北京，2 月 4 日，中国劳动组合书记部、民权运动大同盟、北京学生联合会等通电声援。9 日，北京学生联合会召开全市学生大会，参加者有学生、工人、市民 4000 余人，长辛店工人及家属在会上控诉军阀暴行，会后举行游

---

① 北京工人周刊社：《京汉工人流血记》，1923 年 5 月，第 46 页。

② 《京汉铁路总工会紧急通告》（1923 年 2 月 10 日），载中华全国总工会工运史研究室等编《二七大罢工资料选编》，工人出版社，1983，第 271—272 页。

行。当晚，中国劳动组合书记部、全国铁路总工会筹备委员会代表到会者向北京政府提出7条要求。3月22日，北京各界举行“二七”死难烈士大会，5000多人参加。部分国会议员也参加到善后调处之中。同月底，罗章龙就将这次伟大斗争写成《京汉工人流血记》，不久，即以北京工人周刊社的名义出版，广为发行。《晨报副镌》也发表了诗歌《悼林祥谦》。在天津，天津西站机车厂工人举行同情罢工3天。在上海，劳动组合书记部上海分部联合各团体召开声讨大会，组织募捐，3月下旬举行了追悼大会。在湖南，省工团联组织援助京汉路委员会，通电声援，组织募捐，安源路矿工人捐出大洋680元，在长沙举行的追悼大会，2万余人参加。对军阀暴行的声讨，对京汉工人的声援，遍布各地各界，函电飞驰，群情汹涌，形成强大的社会舆论。

作为京汉铁路工人大罢工的领导者，中共中央发表文告，深刻揭露北洋军阀吴佩孚“保护劳工”的假面具，指出“惟有共产党是真正保护劳工为劳工阶级利益而奋斗的党”，吴佩孚“不仅是工人阶级的敌人，乃是全国争自由的人民的敌人”，号召全国人民同工人阶级一道起来，打倒一切压迫工人的军阀。同时，也说明了共产党在特定条件下在一定限度内，“并不反对那些开明一点进步一点的党派和势力”所采用的所谓“保护劳工”政策的必要性，通过这种统一战线政策的运用，达到发展工人组织和厚积工人力量，“一步一步成就劳工阶级的势力与使命”。[①] 中国劳动组合书记部在《向导》周报发表《二七大屠杀的经过》，谴责直系军阀镇压工人的暴行，讴歌铁路工人的英勇斗争，还发表《中国劳动组合书记部为“二七”惨案告全国工人书》《中国劳动组合书记部敬告国民书》《中国劳动组合书记部为京汉铁路局长赵继贤惨杀长辛店工人事通电》《中国劳动组合书记部为京汉流血事宣言》等一系列文告。中国社会主义青年团中央亦发表宣言，宣传全国民众。

---

① 《中国共产党为吴佩孚惨杀京汉路工告工人阶级与国民》（1923年2月），《向导》1923年第20期。

京汉铁路工人的英勇斗争，得到共产国际的高度评价。共产国际指出“你们最近罢工的口号——‘工人自由集会结社’，你们当努力的坚持到底。确实说，你们的行动是已经走到世界无产阶级的组织了”，勉励中国工人阶级从此更加紧密地团结在中国共产党的周围，“徐图全世界工人阶级的共同革命”。[①] 稍后，共产国际执委会又发宣言，致敬中国铁路工人，“深信你们从今以后不会放下手中的红旗”，指出“年轻的中国共产党在斗争中坚定地和你们站在一起，她不屈不挠地同这些杀害京汉铁路罢工工人的刽子手进行斗争”，强调“你们和这个党，走的是一条路”，“你们和中国共产党在一起，你们就加入了领导全世界无产阶级进行斗争的共产国际的行列”。[②] 运输工人国际宣传委员会、全俄铁路工会中央委员会等组织也发表了声援文告，全俄铁路工会中央委员会支援京汉铁路总工会 3 万卢布。中共中央特派张国焘专程到莫斯科向共产国际作了汇报，5 月下旬，张才返回上海。

京汉铁路工人大罢工是工人阶级争自由、争人权，直接同直系军阀搏斗的政治大罢工，它把中国工人运动的第一次高潮推到了顶峰。这场大罢工遭到直系军阀的残暴镇压，第一次工人运动高潮亦消散了最后一个怒涛。但是，京汉铁路工人的壮举，二七烈士的丰碑，长存在中华大地上。在中国共产党伟大建党精神的孕育中，形成了“听党指挥，严守纪律，不怕牺牲，英勇斗争”的二七精神，既赓续弘扬伟大建党精神，又造就第一次工人运动高潮的共同遗产，成为中国共产党人革命精神的一部分。正如李大钊所说：“他们的精神，还是像车轮——京汉火车的车轮，不息的在工友方面转，好像指导我们后死者要不断地前进”[③]。

---

① 《第三共产国际为二七屠杀告中国铁路工人》（1923 年 2 月），载中华全国总工会工运史研究室等编《二七大罢工资料选编》，工人出版社，1983，第 307 页。

② 《共产国际执委告中国铁路工人宣言》（1923 年 3 月 3 日），载中华全国总工会工运史研究室等编《二七大罢工资料选编》，工人出版社，1983，第 309 页。

③ 李大钊：《在广州追悼列宁并纪念“二七”大会上的演讲》（1924 年 2 月 7 日），载中国李大钊研究会编注《李大钊全集》第 4 卷，人民出版社，2006，第 394 页。

二七斗争的意义何在？1925年发表的《二七运动的意义》有过精到的分析和概括，该文指出：二七运动乃“是中国工人阶级由日常生活的争斗，到政治争斗的空前伟大的运动”；“是继承五四以后中国反对军阀、反对帝国主义之更深入的真正革命的群众运动”；“是中国工人阶级第一次所表现的有力量的不妥协的革命的运动”。它揭开中国民族解放运动史的新时期：中国民族解放运动至此第一次为反帝反军阀而流血，民族解放运动不但开始大规模发展，而且深入下层群众，明显地表示出工人阶级开始在事实上成为国民革命的主力军和领导者。在中国工人运动史上，它表现了工人阶级的力量比任何阶级都伟大，它有组织、有纪律、不妥协、具有阶级的同情，这些“伟大的精神”便是“构成工人阶级的伟大的力量的东西”。此外，二七斗争还具有世界的意义。[①]

的确，二七斗争集中体现了中国产业工人阶级的革命性，有信仰、讲团结、守纪律、敢于斗争、不怕牺牲。陈独秀、李大钊、毛泽东、邓中夏、瞿秋白、张太雷、恽代英等都先后明确指出只有工人阶级是中国革命的先锋、主力和领导者。比如，恽代英就以京汉铁路工人为例，分析了产业工人阶级特别富于革命性的原因，指出：他们经济地位低下，没有什么牵挂，所以“对于革命事业特别勇敢”；直接受军阀、中外资本家压迫，“仇人相见分外眼明，敌对的态度很明显”；所受的政治经济压迫相同，所以“一致的与压迫势力相反抗”；工作和居处集中，因而“容易互相宣传煽动，亦容易互相督促约束”；其工作集中于重要产业，易于认识自己的力量，“与压迫阶级相抵抗”。所以，“产业无产阶级遂成为最容易觉悟的革命势力，遂成为最富于革命性的阶级力量”。[②]

二七斗争的残酷性证明了中国革命的任务是极其艰巨的，绝非高喊几个“社会革命”的口号就可以完成。在工人运动勃兴时期，

① 《二七运动的意义》（1925年2月7日），载中华全国总工会工运史研究室等编《二七大罢工资料选编》，工人出版社，1983，第517—521页。

② 代英（恽代英）：《为什么产业无产阶级最富于革命性？》，《黄埔潮》第34期。

党内对革命前景普遍抱乐观态度，以为可以不经过国民革命而无产阶级的革命可以马上成功。[①] 二七惨案说明工人阶级所面临的敌人是强大的，帝国主义与中国统治势力相勾结，各派军阀成为帝国主义在中国的代理人，他们面目或有不同，但在关键时刻无情镇压工人阶级和人民群众则是一致的。不推翻帝国主义和北洋军阀在中国的统治，工人阶级就得不到结社、集会的自由等基本权利，社会革命更没有基础可言。一方面，敌对势力强大；另一方面，工人阶级的力量相对弱小。中国革命无论就其性质还是现实而言，都必须建立革命的统一战线，应当避免工人阶级孤军奋斗。

第一次全国劳动大会前，陈独秀提出劳动者最应该亲近的是共产党。一些地方的工人斗争为避免遭到敌对势力的诬蔑、干扰和破坏，往往宣称与任何党派没有关系。安源路矿工人罢工，喊出“共产主义万岁”的口号，京汉铁路工人大罢工中明明白白揭示中国工人运动和工会组织就是中国共产党领导的。工会的性质也从强调互助、教育、娱乐、共济，到实际成为阶级斗争的工具。高君宇在《京汉工人流血记》的后记中明确提出，“工人们需要一个政党”，高呼“中国共产党万岁!”这些都是第一次工人运动高潮所带来的重大转变。当然，在这一阶段，党还不是群众性的党，工会也大多只有上层组织而没有下层组织。党对工会的领导主要不是组织行为，往往表现为个人行为，所以还不可能把在短时间内突击式发展起来的工人组织巩固下来。这在党的发展、工人运动发展的初期，也是难以避免的现象。

---

① 蔡和森：《中国共产党史的发展（提纲）》（1926年），载中央档案馆编《中共党史报告选编》，中共中央党校出版社，1982，第46页。

第三章　逆境重兴

京汉铁路工人大罢工的失败，标志着第一次工人运动高潮的结束。直系军阀的残酷镇压，导致迅猛发展的全国工人运动跌入逆境。中共中央机关不得不辗转迁移，仆仆于途。中国劳动组合书记部也被迫迁回上海，并且无法公开活动。共产党人奋力拼搏，在低潮中坚守，工人运动于逆境处重兴。第一次国共合作的实现，推动了工人运动在广东的发展，并为其在全国范围内复兴创造了条件。1924年北京政变重创直系军阀所掌控的中央政府的统治，工人运动在北方逐步复兴。经过国共合作以来的探索，中共四大明确提出了无产阶级在民主革命中的领导权问题，加强了对工人运动的组织领导。第二次全国劳动大会的召开和中华全国总工会的成立，显示着工人运动全面复兴，为迎接大革命高潮的到来做了准备。

一　第一次国共合作下的机遇与挑战

1. 工运低潮中的坚守

二七惨案后，北洋军阀政府加强了对工会的镇压。2月22日，大总统黎元洪下达禁止工潮的命令，宣称“罢工滋扰，亦为刑律所不容”，着主管机关“妥拟工会法案，咨送国会议决，克期公布，俾资遵守”。[①] 曹锟、吴佩孚以其军阀本性，对工人运动挥舞狼牙大棒。

---

① 《大总统令》（1923年2月22日），载中华全国总工会工运史研究室等编《二七大罢工资料选编》，工人出版社，1983，第720页。

曹锟通电直系势力范围各军政头目，严查铁路罢工消息，“务宜特别注意，弭患未萌”①。吴佩孚致电新任交通总长吴毓麟，要求交通部“乘此时机，通令各路工会一律取消”，并请其转内政、外交两部，“将上海所有之各种工团，一律设法禁闭”。② 这意味着他们企图将长江流域以北的革命工会清零，一网打尽。交通部则使出怀柔花样，新设职工保育委员会，欺骗工人听凭他们拿出办法，“毋受人煽惑，毋被人利用，安心作事，以尽职工之天职”③。白色恐怖之下，工人运动陷入低迷状态。

中共中央直接领导铁路工人运动。到 1923 年 11 月，经过大半年的努力，各铁路工运得到不同程度的恢复。正太路有 9 名党员 20 几名青年团员，“人都很好，并且都勇敢努力”，工会组织潜在活动，执行委员会保持举行会议。京奉路唐山、山海关、天津、丰台等处工会秘密存在，“尤以唐山和山海关更好”。京汉路江岸、郑州保留了秘密小组，信阳站由江岸派专人负责，长辛店已着手恢复。津浦路浦镇有 30 余人坚持活动，北段则只有几个活动分子。胶济路组织了一千六七百人的工会，党组织与之建立了联系，每期寄去《工人周刊》200 份。京绥路车务工会继续活动，与铁总保持书信往来。道清路起步晚，只有一名同志从事活动和宣传。陇海路总工会掌控在工头手中，铁总与该处的联系中断。④

《工人周刊》仍以工人周刊社的名义存在，实际上转为全国铁路总工会筹备委员会的刊物。由于环境所限其不能按期出版，改出小册子，出版《京汉工人流血记》，修订重版 1921 年编印的国际工人运动史《五月一日》。“五一特刊号”发表高君宇、罗章龙等人的文章，

---

① 《曹锟通电》(1923 年 2 月 8 日)，载中华全国总工会工运史研究室等编《二七大罢工资料选编》，工人出版社，1983，第 715 页。

② 《民国日报》1923 年 3 月 2 日。

③ 《交通部布告》，载中华全国总工会工运史研究室等编《二七大罢工资料选编》，工人出版社，1983，第 717 页。

④ 参见《中共中央局向三届一次中央执行委员会会议的报告》(1923 年 11 月)，载中共中央文献研究室、中央档案馆编《建党以来重要文献选编（一九二一——一九四九）》第 1 册，中央文献出版社，2011，第 337 页。

宣传工人团结起来解放自己的思想，宣传恢复工人运动的策略原则。

据党内地方组织报告，在北京，由于缺乏人力财力，救助“二七”失业和被捕工人及其家属的生活最为困难。在湖北，省工团联合会被解散，重新组织尚在活动中。由于工运领袖 17 人被通缉，工人运动缺乏负责人。党内设劳动运动委员会，“今后须向工厂去寻勇敢分子以教育训练之”。在上海，机器工会迭经失败，已“无形消灭”，邮差运动受压迫而停顿。相关人员已在吴淞设工人学校，拟在高昌庙办工人夜学，已着手联络店员组织。沪宁、沪杭两条铁路的旧式组织工人进德会，“颇为工会运动之障碍”。在湖南，工厂歇业工人星散，纺纱、造币、黑铅等业俱乐部“顿形冷寂”，手工业工会仅能保持原状，唯安源“现状颇好”。在山东，王尽美在青岛努力活动，联络张店路工 10 余人，与津浦路车务工人保持了联系。在广东，有组织的只有建筑、油业、机器工会及粤汉路机料工团①，劳动节的纪念会很热烈，陈独秀、蔡和森、张太雷等出席并发表了演说。

值此消沉期，安源路矿工人俱乐部“巍然独存”。1923 年 4 月，李立三调离安源。刘少奇及时作了人员调整，9 月，俱乐部换届选举，刘少奇任总主任，朱少连任路局主任，陆沉任窿外主任，朱锦棠任窿内主任，李求实任文书股长，毛泽民任合作社总经理。他们修订了俱乐部章程，加强组织建设，以全体十代表会为最高机关，总代表会为全体十代表会闭会期间的最高机关，执行委员会在两个代表会闭会期间执行各种决议，处理各种事务，干事会则为具体办事机构，规定了选举办法、经费管理办法，以具体章法落实“权利集中”“经济集中”原则，被称为路矿工人的“最高苏维埃”“人民委员会”。②

在俱乐部领导下，包工制被真正打破了。工头不能照旧剥削工人，便密谋组织游乐部以资对抗，并扬言刺杀李立三。工人发现后，将有关工头送到司法科关押，6 名工头被开除。俱乐部进而废除包

---

① 《中共三届一次中央执行委员会各委员报告》（1923 年 11 月），载中共中央文献研究室、中央档案馆编《建党以来重要文献选编（一九二一——一九四九）》第 1 册，中央文献出版社，2011，第 339—347 页。

② 《安源劳动运动现状》，《工人周刊》第 57 期。

工制，改为合作制，与工头议定合作条约，工头每月工资自10元起至30元止，工人工资照罢工时条约不改，由工头掌控的各项消耗归合作社账内开支，所得红利，工头占15%，管理处占5%，剩余80%由工人平分。各工头加入俱乐部，成为名誉部员。“萍矿工人受包工制之痛苦已二十余年，至此始完全打破”①。工人因之获得实在利益，矿局亦因之去除一大痼疾。

俱乐部领导了第二次增加工资的斗争。6月，矿局给少数工人增加工资，牵动全矿工人要求照样增加工资。风潮日益扩大，俱乐部与矿局反复磋商谈判，7月11日，刘少奇与矿长签署7项条件，内容主要包括：薪资每日一元以上的工人，上年罢工时未增加工资者照原薪增加5%；矿局每月津贴俱乐部经费1000元，7月起付给；俱乐部维持煤的出产照现人数平均每日达到2300吨以上；工人及代表应遵守矿局所定守则等。②

俱乐部还致力于工人事业的建设，设立工人学校7所，工人读书处5处，工人图书馆一所。在学校就读的人员中，工人子弟学生700余人，工人补习学生600余人。另外，俱乐部还办消费合作社2所，资本2万元；建筑一个能容纳2000人的讲演厅，购买房产3栋。安源的工人，“作完了工可以读书，可以看戏，可以听讲，又可以做各种游艺；子女读书不要钱，秩序有自己的纠察团维持，不受兵警的蹂躏；犯事有自己的裁判委员会裁判，不致受腐败法庭的虐待；青年工人有工会的青年部游戏教育，不致常年失学；买东西有自己工会的合作社，不致受商家的剥削”③。

俱乐部取得骄人成绩，与具体环境有关，但最主要的因素还是

---

① 刘少奇、朱少连：《安源路矿工人俱乐部略史》（1923年8月10日），载中国社会科学院近代史研究所、安源工人运动纪念馆编《刘少奇与安源工人运动》，中国社会科学出版社，1981，第21页。

② 参见刘少奇、朱少连：《安源路矿工人俱乐部略史》（1923年8月10日），载中国社会科学院近代史研究所、安源工人运动纪念馆编《刘少奇与安源工人运动》，中国社会科学出版社，1981，第24页。

③ 刘少奇：《“二七”失败后的安源工会》（1925年4月），《中国工人》第4期。

共产党人的坚强领导。与其他所有俱乐部不同，安源的俱乐部是共产党人一手建立并全面经营的，这个领导群体“抱定社会主义的思想”，初心既定，一头扎进工人群众之中，且保持清醒的认识，耐心帮助工人克服“幼稚的毛病，盲目的奋斗”，教育工人“不能吃了饭不做工”。他们律己甚严，勇于公开检讨缺点和错误。如指出李立三“太疏忽”，“俱乐部内部办事无秩序，主任团的散漫，多半是他这等错误的缘故”；刘少奇“作事精神不好”，“平时工友的交际和谈话都表现一种不愿意的懒散态度”；朱少连“做事不能负专责”；余江涛“对于工人运动的意义不明了”；陆沉“态度过于强硬”；[①] 等等。这种民主精神、批评和自我批评的精神是极其可贵的。

安源赢得“小莫斯科”之称，路矿工人俱乐部成绩斐然，堪称“硕果仅存”。大罢工胜利周年之际，中国劳动组合书记部、全国铁路总工会筹备委员会分别发出纪念贺函，高度赞扬俱乐部和安源工友“已增了中国劳动运动历史的光荣不少”[②]。

2. 中共三大的召开与国共合作的实现

1923 年 6 月 12 日至 20 日，中国共产党第三次全国代表大会在广州东山恤孤院后街 31 号召开。出席大会的代表 30 多人，代表全国 420 名党员，其中工人党员 164 人。[③] 历经第一次工人运动高潮，

---

① 刘少奇：《对俱乐部过去的批评和将来的计划》（1923 年 8 月 20 日），中国社会科学院近代史研究所、安源工人运动纪念馆编《刘少奇与安源工人运动》，中国社会科学出版社，1981，第 29—39 页。

② 《中国劳动组合书记部祝安源路矿工会罢工胜利周年纪念》（1923 年 9 月 18 日），载中华全国总工会中国职工运动史研究室编《中国工会历史文献》第 1 集，工人出版社，1958，第 57 页。

③ 参见中共中央党史研究室：《中国共产党历史》第一卷（1921—1949）上册，中共党史出版社，2011，第 108 页。1923 年 6 月 21 日瞿秋白给季诺维也夫的信，内称中共三大于 6 月 10 日至 19 日举行，见《瞿秋白文集》政治理论编第 2 卷；同月 22 日马林给共产国际执行委员会的报告称，中共三大于 10 日至 19 日举行，会议代表为 40 人，见《共产国际代表马林关于中国共产主义运动及中共创建的五份文献》（1921 年 6 月—1923 年 6 月），李玉贞译，《党的文献》2011 年第 4 期。三大通过的党章有 7 月 10 日至 20 日的会期记载，其中“7 月”为“6 月”之误，见中共中央文献研究室、中央档案馆编《建党以来重要文献选编（一九二一——一九四九）》第 1 册，第 275 页。

工人党员增加 130 人，凸显工人运动在党的发展中起了重要作用。大会主要讨论了共产党员加入国民党实行国共合作问题，确定了党在当时的主要任务，通过了有关决议，选举产生了第三届中央执行委员会。中央执行委员为陈独秀、李大钊、蔡和森、王荷波、毛泽东、朱少连、谭平山、项英、罗章龙，候补委员 5 人。[①] 陈独秀、蔡和森、毛泽东、罗章龙、谭平山组成中央局，陈独秀任委员长，毛泽东任秘书，罗章龙任会计，负责中央日常工作。中央委员会组成人员大都从事过工人运动，6 人系工人出身。

共产国际代表马林建议共产党以党员个人身份加入国民党的方式实行国共合作，共产国际采纳了他的建议。1922 年 8 月杭州西湖会议决定，共产党人以个人身份加入国民党，党的政治策略有了很大改变。二七惨案促使共产党人认识到建立统一战线的必要性，但并未在理论上真正解决问题。因此，三大代表进行了热烈讨论。争论的要点集中在是直接行动建设群众性的共产党，还是共产党人加入国民党为群众党建设准备基础；是发展独立的工人运动，还是产业工人全部加入国民党。

这是互相关联的两个问题。张国焘认为国民党不可能同英、美帝国主义斗争，“改变国民党的老政策是不可能的”；“发展共产党的唯一途径是独立行动，而不是在国民党内活动”。“在中国没有哪一支力量的发展速度能与工人力量的发展相比”，“我们的党在北方工人中占有主导地位”，“至少应在北方打出共产主义或劳动组合书记部的旗帜去独立开展工会工作”。他进一步强调自己的立场和观点，表示“也许我们是错误的，但我们宁可保持左，左的错误比右的错误容易改正”。林育南认为：“资产阶级不可能是革命的因素，无产阶级必须领导”；工会运动令人乐观，“不加入国民党我们也能帮助做国民运动”；“我们不能牺牲自己的利益站在他们一边，不能对他

① 参见马林：《向共产国际执行委员会、工会国际和共产国际执行委员会东方部远东局的报告》（1923 年 6 月 25 日），载中共中央党史研究室第一研究部编《共产国际、联共（布）与中国革命文献资料选辑（1917—1925）》，北京图书馆出版社，1997，第 492—493 页。

们的改组抱有希望”。同时，他也表示同意加入国民党，这在南方可以使我们得以开展工作。蔡和森指责陈独秀“把工人置于国民党旗帜之下”，违反了共产国际决议，认为建立独立的工人政党并非破坏国民运动，而是促进国民运动。邓中夏认为国民党内部利益关系复杂很难改造，让孙中山听取新党员的意见十分困难，建议劳动组合书记部承担党的工会工作。长辛店代表认为“国民党是资产阶级的政党，是我们的敌人，我们不能帮助他们。不能扩大他们的影响”。北京代表认为在北方我们有机会发展自己的组织。这一派，主要是怀疑参加国民党的必要性，强调共产党独立活动的必要，对工运形势持乐观态度。

与上述意见不同，李大钊指出：“过去和将来国民运动的领导因素都是无产阶级”，因此，不要害怕参加国民运动，“应站在运动的前列”；“我们已加入国民党，但还没有工作。没有迹象表明我们没有希望”。瞿秋白指出：“只有国民党能把不同的利益统一起来”，我们的职责是无产阶级推动国民党，使其摆脱资产阶级的妥协政策；“国民党的发展，并不意味着牺牲共产党。相反，共产党也得到了自身发展的机会”。毛泽东指出：“小资产阶级控制了国民党”，农民和小商人是国民党的好成分，“我们不应该害怕加入国民党”。邓培支持陈独秀关于与国民党合作的主张。广东代表提出应在全国范围内发展国民党。[①] 这一派，主要是强调了国共合作和共产党人加入国民党的必要性。

马林是党内合作的首倡者和推动者，他强调大会讨论问题应以共产国际的决定为基础，澄清了有关陈独秀或他本人想搞垮中国共产党的议论不是事实，所谓崇拜国民党的说法也不正确，特别指出张国焘关于党内左派、右派的说法不对。

会议以 21 票赞成 16 票反对通过了陈独秀起草的《关于国民运动及国民党问题的议决案》。该决议融合共产国际二大决议和共产国

---

① 《斯内夫利特笔记（中国共产党第三次代表大会关于国共合作问题的讨论）》（1923 年 6 月 12 日—20 日），载中共中央党史研究室第一研究部编《共产国际、联共（布）与中国革命文献资料选辑（1917—1925）》，北京图书馆出版社，1997，第 471—476 页。

际执委会1923年1月决议精神，也吸收了与会代表提出的一些意见，确认半殖民地半封建的中国需要国民革命，开展国民革命需要集中革命势力形成国民革命运动大本营，“中国现有的党，只有国民党比较是一个国民革命的党”。认为由于现代产业落后，中国工人运动“尚未能强大起来成功一个独立的社会势力”，这就“自然不能发生一个强大的共产党——一个大群众的党”。基于此，中共中央感到共产国际决议的必要并加以遵行，决定“我们加入国民党，但仍旧保存我们的组织，并须努力从各工人团体中，从国民党左派中，吸收真有阶级觉悟的革命分子，渐渐扩大我们的组织，谨严我们的纪律，以立强大的群众共产党之基础”。这就规定了实行国共合作时，一方面，须努力扩大国民党的组织于全中国；另一方面，“我们特别的工作，须努力促成全国总工会之独立的组织，从事经济的及政治的争斗”。[①] 该决议以党内最高规格作出了共产党员加入国民党以实行国共合作的决定，协调安排了实行国共合作与发展工人组织、增强党的力量两个方面的重要工作，是很有价值的政治设计和比较全面的工作部署。决议中所谓“只有国民党比较是一个国民革命的党”“工人阶级尚未强大起来”“不能发生一个强大的共产党”的认识，有绝对化和模式化的缺点，也是共产国际精神的再现。共产国际决议强调“中国唯一重大的民族革命集团是国民党”，“只要国民党在客观上实行正确的政策，中国共产党就应当在民族革命战线的一切运动中支持它”。[②]

大会通过了《劳动运动议决案》，对工人运动作出具体部署，主要有：在目前形势下，党的活动须多于工会活动，积极宣传恢复工会；铁路总工会筹委会应从速召开各路代表会议讨论各路统一等工

① 《关于国民运动及国民党问题的议决案》（1923年6月），载中共中央文献研究室、中央档案馆编《建党以来重要文献选编（一九二一——一九四九）》第1册，中央文献出版社，2011，第258—259页。

② 《共产国际执行委员会关于中国共产党与国民党的关系问题的决议》（1923年1月12日），载中共中央党史研究室第一研究部编《共产国际、联共（布）与中国革命文献资料选辑（1917—1925）》，北京图书馆出版社，1997，第436—437页。

作；重视哈尔滨、山东的工人运动；广东方面须注意从事产业工人运动，整顿手工工人的组织；改组香港方面的职业组织为产业组织；加强与南洋华工的联系；劳动组合书记部今后重点组织天津、哈尔滨、山东、上海等处已组成之路矿工会以外之各种工会，并附设妇女部，开展女工运动；加强大的产业工会，尤其是海员工会，应加强与赤色职工国际的联系；等等。

1922 年西湖会议后，李大钊、陈独秀即以个人身份加入了国民党。陈独秀参加了国民党改组的初期工作。但是，这项深刻改变国民党面貌的政治工程，直到 1923 年 10 月苏联顾问鲍罗廷到达广州才取得实质进展。1924 年 1 月 20 日至 30 日，中国国民党第一次全国代表大会在广州举行。共产党人为这次大会的成功召开作出了重大贡献。出席开幕式的代表 165 人中，共产党员有 20 多人，其中包括李大钊、谭平山、林祖涵、张国焘、瞿秋白、毛泽东、李立三等。李大钊被孙中山指派为国民党改组委员，参加办理国民党改组事宜；大会召开，又被指派为主席团成员，参加主持日常会务；代表共产党在大会上发表声明，并散发了书面声明。谭平山任共产党党团书记，代表国民党临时中央执行委员会在大会上作工作报告。孙中山力排保守派势力的阻挠，与共产党人密切合作，完成了改组国民党的任务。李大钊、谭平山、林祖涵（即林伯渠）、毛泽东、瞿秋白、张国焘等 10 名共产党员当选中国国民党中央执行委员或候补执行委员，约占其委员总数的 1/4。

《中国国民党第一次全国代表大会宣言》是国共合作的政治基础。它由孙中山委托鲍罗廷起草，瞿秋白翻译、汪精卫润色。宣言根据共产国际执行委员会主席团《关于中国民族解放运动和国民党问题的决议》精神，对三民主义做了合乎时代潮流的新解释，使三民主义产生了质的飞跃。毛泽东称为“新三民主义，真三民主义，是新民主主义的三民主义”①。它的各项主张，在其基本原则上与共

① 毛泽东：《新民主主义论》（1940 年 1 月），载《毛泽东选集》第 2 卷，人民出版社，1991，第 692 页。

产党的新民主主义革命纲领是一致的。

重新解释后的三民主义确立了扶助农工的政策。它充分肯定了工人、农民在国民革命中的重要地位，指出“国民革命之运动，必恃全国农夫、工人之参加，然后可以决胜，盖无可疑者”[①]。过去，国民党利用农工，从来没有真正认识到必须依靠农工。依靠农工，必当扶助农工。宣言指出国民党“一方面当对于农夫、工人之运动，以全力助其开展，辅助其经济组织，使日趋于发达，以期增进国民革命运动之实力；一方面又当对于农夫、工人要求参加国民党，相与为不断之努力，以促国民革命运动之进行”[②]。在其对内政纲中，明确规定应制定劳工法，改良劳动者的生活状况，保障劳工团体，并扶助其发展。

国民党改组以后，孙中山强调工人运动要为国民革命服务，为反对帝国主义、废除不平等条约服务。他提倡工人“立一个志愿，组织一个工人大团体”。这个大团体首先要担负起抬高国家地位的责任。因为“要抬高工人的地位，便先要抬高国家的地位”，“要抬高中国国家的地位，便先要中国脱离了外国经济的压迫”。由此，“中国工人不只是反对本国资本家，要求减时间、加工价，完全是吃饭问题，最大的还是政治问题”。[③]

但是，孙中山否认劳资间存在阶级矛盾，反对工人的阶级斗争。他认为由于现代产业不发达，中国并未发生劳资分化，帝国主义侵略中国，中国资本家没有压迫工人的能力。“现在中国工人所受的最大痛苦，是由于外国的经济压迫。”“中国工人现在不但是不受本国资本家的压迫，并且反想种种方法来压迫本国资本家”，“中国工人

---

① 《中国国民党第一次全国代表大会宣言》(1924 年 1 月 23 日)，载中国第二历史档案馆编《中国国民党第一、二次全国代表大会会议史料》(上)，江苏古籍出版社，1986，第 87 页。

② 《中国国民党第一次全国代表大会宣言》(1924 年 1 月 23 日)，载中国第二历史档案馆编《中国国民党第一、二次全国代表大会会议史料》(上)，江苏古籍出版社，1986，第 87—88 页。

③ 孙中山：《在广州市工人代表会的演说》(1924 年 5 月 1 日)，载广东省社会科学院历史研究室等编《孙中山全集》第 10 卷，中华书局，1986，第 145—150 页。

所处的地位，是驾乎本国资本家之上”。[①] 实际上，中国工人身受三重压迫，处于社会最底层。孙中山的观察和评价没有反映本质，是历史唯心主义的，后来一再被国民党右派所利用。

以前，国民党有一些成员从事工运活动，未设专责机构。国民党一大后，从中央到地方都设立了工人部。国民党中央工人部首任部长为著名的国民党左派领袖廖仲恺。廖仲恺主持工人部 1 年又 8 个月。这是工人运动由复兴到高涨的重要时期。他坚决执行扶助农工的政策，对于广东工人运动的勃兴和省港大罢工的实现做出了重要贡献。北京执行部工人部部长为丁惟汾，上海执行部工人农民部部长为于右任。各工人部有共产党人任职，冯菊坡为国民党中央工人部秘书，张昆弟为北京执行部工人部秘书，王尽美为助理，邵力子为上海执行部工人农民部秘书，邓中夏为干事，刘伯垂为汉口执行部工人农民部部长，项英为干事，刘尔崧为广东省工人部部长，郭亮为湖南省工人部部长，张朝燮为江西省工人部部长，王授金为陕西省工人部部长，向忠发、丁觉群先后为汉口特别市工人部部长，等等。

孙中山以中华民国陆海军大元帅名义公布了《工会条例》。1922 年 2 月 24 日，孙中山曾以大总统名义公布《暂行工会条例》，这是中国历史上第一部劳工法规，其开创性意义在于赋予工会以合法地位。新形势下制订新的工会条例，其指导思想是：“首在确认劳工团体之地位，次在允许劳工团体以较大之权利及自由，三在打破其妨碍劳工运动组织及进行中之障碍，使劳工团体得渐有自由之发展。”[②] 新条例规定工会为法人，与雇主团体立于对等地位，这就得以避免以前出现的劳资混合的弊病；它规定工会的首项职责是主张并拥护会员的利益，过去的条例则规定其首项职责是图工业的改良发展；它赋予工会以罢工权、言论出版自由权，规定了工会的仲裁权，参与规定工作时间、改良工作状况和工厂卫生权；它特别规定北京政

---

① 孙中山：《在广州市工人代表会的演说》（1924 年 5 月 1 日），载广东省社会科学院历史研究室等编《孙中山全集》第 10 卷，中华书局，1986，第 148—149 页。

② 《工会条例草案理由书》（1924 年 11 月），载中国第二历史档案馆编《中华民国史档案资料汇编》第 4 辑（上），江苏古籍出版社，1986，第 105 页。

府所颁布的《暂行新刑律》《治安警察条例》中所加以限制的聚众集会等条文不适用于本条例，从而以法规形式保障了工人结社、集会、言论、罢工的自由，保障了工人开展政治斗争、经济斗争的自由。《工会条例》21条，只比《暂行工会条例》增加1条，革命性却大为增强。

这样，有机构管事，有人做事，有政策规定，有法规保障，国民党的改组就为工人运动的恢复和发展，也为共产党人进行革命活动，提供了有利条件。

3. 党内分歧与政策调整

在国共合作实现后最初的几个月里，工人运动并没有出现大的转机和起色。个中原因，客观上，军阀统治严酷，除广东外，军阀统治区的工运处于再发动、再组织阶段，一时难以跨越消沉期。主观上，一方面，共产党全党不过400余人，大部分人力投入到了改组国民党的工作中；另一方面，也更重要的是，党内分歧不因决议的通过而消弭，政策的落实免不了变异，理论上和认识上的偏差，导致产生消极对待工人运动的倾向。

陈独秀是主要代表者。中共三大前后，他发表一系列文章，阐述国共合作和国民革命的必要性，对于克服当时党内存在的关门主义倾向，发挥了积极作用。但是，他对民主革命中无产阶级地位和作用的认识发生摇摆。随着二七惨案后工人运动的低落，他从重视无产阶级转为重视资产阶级。陈独秀认为，“工人阶级在国民革命中固然是重要分子，然亦只是重要分子而不是独立的革命势力”，“工人阶级不但在数量上是很幼稚，而且在质量上也很幼稚”。他认为中国资产阶级虽然也很幼稚，但其力量“究竟比农民集中，比工人雄厚”。他的看法实际是：中国民主革命只能以资产阶级为主体。对于民主革命的前途，他认为“在普通形势之下，自然是资产阶级握得政权”，若有特殊情况，“工人阶级在彼时能获得若干政权，乃视工人阶级在革命中的努力至何程度及世界的形势而决定”。[①] 陈独秀的

① 独秀（陈独秀）：《中国国民革命与社会各阶级》（1923年12月1日），《前锋》第2期。

这种思想，不能说漫无根据，却是未能突破世界历史的先例和模式，在实际斗争中对于共产党开辟中国特色革命道路是不利的。

与之不同，邓中夏通过分析中国社会各阶级的状况及其对于革命的态度，多侧面、系统地论证和阐述了无产阶级领导权思想。他指出“工人的群众不论在民主革命或社会革命中都占在主力的地位”，“中国欲图革命之成功，在目前固应联合各阶级一致的起来作国民革命，然最重要的主力军，不论现在或将来，总当推工人的群众居首位”。[①] 他提醒人们：“不论革命的政策为了应付时局的必要而要如何变更，然而工人运动却是任何革命方式之下，应该特别重视而不可变更的”。如果指望有了统一战线的国民党便有了一切，不巩固、不发展自己的阶级队伍，那不管“高唱什么样式的革命，终归是建屋于沙土之上，恐怕墙壁未立，屋瓦未覆，已是歪歪斜斜的坍塌了”。[②] 邓中夏使用“主力”“主力军”“首位”等概念，强调在统一战线中，革命各阶级不是平起平坐的，只有无产阶级居领导地位，旗帜鲜明地阐明了无产阶级领导权问题。国民党改组后，邓中夏也指出，发展工人运动应克服过去幼稚和急躁的弊病，“‘社会革命’、‘劳农国家、‘无产阶级专政’这一类口号，唱得呱呱的叫。其实这类口号不仅是使压迫阶级见之吐舌而惊，就是劳动阶级亦是闻之掩耳而走”。“实现一个自由独立的真民主国家，是中国革命唯一的出路”。[③]

可是，国共两党毕竟性质不同，结构性矛盾客观存在。共产党为了发展革命，为了保持独立性，不能不对国民党行使批评权。对此，即便是孙中山也很难容忍，至于反对国共合作的保守派就更不用说了。在中共党内，一些人认为既以国民运动为中心，便应集全力于国民党的工作；既加入多阶级的国民党，便只好实行劳资妥协；应该帮助整个的国民党，不必助长其左右派的分裂。这样，国共两党的界限不知不觉模糊了，两党的工作也似乎混一了，从而导致

---

① 中夏（邓中夏）：《论工人运动》（1923 年 12 月 15 日），《中国青年》第 9 期。

② 中夏（邓中夏）：《论工人运动》（1923 年 12 月 15 日），《中国青年》第 9 期。

③ 中夏（邓中夏）：《论劳动运动》（1924 年 3 月 22 日），载《邓中夏文集》，人民出版社，1983，第 67 页。

“右倾的错误比‘左’倾的错误更危险，而且更普遍”①。

为了纠正党内偏差，加强对工人运动的领导，1924 年 5 月 10 日至 15 日，中共中央在上海召开了扩大执委会议。与会者 25 人，工人出身的同志占 1/2。会议听取了中央局报告，各地方组织交流了本地情况，通过了多项决议，及时调整了党的政策和策略。共产国际代表维经斯基出席会议，这次会议的成果，是基于对中共三大以后党的实践总结和理论思考所产生的，也与共产国际的干预有直接关系。

会议强调要坚持国民党一大宣言规定的革命政纲，以这个政纲作标准来正确对待国民党内部左右派之争，指出所谓国民党左右派之争，“其实是我们和国民党右派之争”，“假使现在我们因为巩固扩大国民党起见而取调和左右派的政策，那就是一种错误”。决议提出 6 条原则以巩固国民党左翼，其中主要有两点：一是宣传更重要于组织；二是组织产业工会，通过工会帮助国民党开展反帝国主义斗争，“反对国民党右派思想在工人里的影响”，“要求国民党赞助工会反对外国的及本国的资本家苛待工人”。②

会议提高了共产党在国共合作条件下必须加强对工人运动的领导的认识，认为“劳动运动尤其近代产业工人运动是我们的党之根本工作，我们在国民革命运动中若忽视了这种工作，便无异于解散了我们的党”③。为此，具体规定了新形势下的工运方针和策略。

决议指明了发展工运的必要性，提出工人阶级的人数在全国人口中虽然至今还只占很小比例，但单是从事纺织、矿山、铁路、航

① 《对于民族革命运动之议决案》(1925 年 1 月)，载中共中央文献研究室、中央档案馆编《建党以来重要文献选编（一九二一——一九四九）》第 2 册，中央文献出版社，2011，第 221 页。

② 《共产党在国民党内的工作问题议决案》(1924 年 5 月)，载中共中央文献研究室、中央档案馆编《建党以来重要文献选编（一九二一——一九四九）》第 2 册，中央文献出版社，2011，第 60—62 页。

③ 《此次扩大执行委员会之意义》(1924 年 5 月)，载中共中央文献研究室、中央档案馆编《建党以来重要文献选编（一九二一——一九四九）》第 2 册，中央文献出版社，2011，第 59 页。

运的工人至少已有 60 万，“这些工人都是我们党的基础。只有联结这些工人，我们的党才能发达而成一政治上的势力”，从事产业工人运动的工作，“是我们党的事业”。对于如何去促进工会的发展，决议规定在组织形式上，以工会小组为基础，灵活地开展活动，由小组代表选举产生高一级机关。不能组织工会的地方，则组织互助会、俱乐部、合作社、普通教育学校、技术教育学校等机构，然后着手建立工会小组。工会是工人的群众性组织，是独立组织，不受党籍、国籍、帮口的限制，工会有责任“发展会员的阶级意识”，由日常的争斗“发展成为总的民族斗争与阶级斗争”。决议首次决定在工会中设立共产党小组，直接受党的某一级机关指导。决议改变了组织工人加入国民党的策略，决定“凡在可能的范围内我们不必帮助国民党组织上的渗入产业无产阶级”，对于国民党的最好帮助就“是先组织纯粹阶级的斗争的工会，于每次用得着的时候，指挥这些工会赞助国民党所指导的国民革命运动”。[①] 决议还决定加强海员、纺织工人的工会工作。

为了实现党的上述职责，决议规定党的中央和地方委员会工农部，均应设立工会运动委员会，设立巡行指导员指导铁路、矿山工人运动，中央机关报的宣传报道，工人运动要占第一等的地位，各地宣传部应注意满足当地工人运动的需要。决议还指出，要介绍自己的同志到国民党工人部中工作，以建立统一的工人战线。10 月，党在上海创办《中国工人》，传播党中央关于工人运动的指示精神，报道各地工人运动的发展情况和新鲜经验。

中共中央扩大执委会议的召开是及时而有效的。它不仅对纠正党的工作中的偏差，巩固和发展国共合作起了积极作用，而且以新的正确的方针推动了工人运动的复兴。根据国共合作形势的变化，7 月 21 日，陈独秀、毛泽东签发第 15 号中央通告，规定“今后凡非表示左倾的分子，我们不应介绍他入国民党”，“须努力获得或维持

---

① 《工会运动问题议决案》（1924 年 5 月），载中共中央文献研究室、中央档案馆编《建党以来重要文献选编（一九二一——一九四九）》第 2 册，中央文献出版社，2011，第 64—68 页。

‘指挥工人农民学生市民各团体的实权’在我们手里”。[①]

中央扩大执委会后，陈独秀发表文章，指出国民党作为各阶级合作的党，不能单纯代表资产阶级的利益。各阶级合作不是各阶级合并。这种合作是政治合作，不是劳资妥协的经济合作。若是轻视工农，轻视下层劳动阶级，则国民革命是不能成功的。[②] 他的这种认识，是调整了指导思想的积极反映。

二　广东工运的发展

1. 广州工人代表会的成立

第一次国共合作的实现，推动了广东工人运动的发展。由于政治背景和信仰的不同，大大小小的众多工会分属不同系统，呈现零乱复杂的格局。机器工人维持会是跨行业的具有职业特征的组织，国民党人林直勉、吴稚晖、张静江等是它的支持者，该会在机械工人中较有影响。广东总工会是主要由手工工厂主、工人、手工业者和店东、店员组成的劳资混合团体，它依靠国民党人谢英伯、吴铁城等的支持。国共合作前，阮啸仙、刘尔崧等积极策动，将广东总工会改组成广东工会联合会，在广州仙邻巷44号办公。不久，失去支配地位的茶居、丸散、搭棚等工会的领导人从广东工会联合会中分裂出来，重新打出广东总工会的招牌，在西瓜园办公。广东工会联合会打下了共产党领导广东工运的初期组织基础，由于以手工工厂工人、手工业者和店员为主要成分，人员分散，组织起来困难大，加以人手不够，实际上还“不能成为有实力的能活动的劳工群众团体”[③]。

① 《中央通告第十五号——对国民党右派的斗争》（1924年7月21日），载中共中央文献研究室、中央档案馆编《建党以来重要文献选编（一九二一——一九四九）》第2册，中央文献出版社，2011，第105页。

② 参见独秀（陈独秀）：《国民党与劳动运动》（1924年6月18日），《向导》1924年第71期。

③ 参见阮啸仙：《一年来之团粤区》（1924年4月4日），载《阮啸仙文集》编辑组编《阮啸仙文集》，广东人民出版社，1984，第130页。

还有些工会属于互助社派、工人合作社派、无政府主义派，或者无所归属。这种格局不利于工人运动的发展。中共广东区委一方面加紧在新的产业工人特别是在铁路工人中活动，一方面力谋现有工会的统一。

共产党人杨殷是广东铁路工运的开拓者。他以国民党工运特派员的身份在粤汉（广州至韶关段）、广三（广州至三水）、广九（广州至九龙）铁路工作，先后吸收了粤汉路陆枝、谭炳桂，广三路陆芬、黄豪，广九路周祯、伍昌等进步工人加入共产党，并将粤汉路车务、机务两个工人团体合并改造成艺余工社。1924 年 4 月，参加全国铁路工人第一次代表大会的粤汉路代表返回广州，即准备把三大铁路的工会组织联合起来。粤汉路工人率先成立了粤汉铁路工会。广三、广九铁路工人在平定杨希闵、刘震寰叛乱后，也分别成立了工会。共产党员在粤汉路工会中担任重要职务，基层也有人活动，能够完全指挥工会。广三路中有青年团和“十人团”成员工作。共产党人通过上层活动，也能指挥广三、广九两总工会。[①] 以此为基础，中共筹设三大铁路工会联合办事处。海员、洋务、印务等工会的先进分子被吸收加入共产党，建立了联系。利用国民党这面旗帜在广东工人中开展活动，收到了积极效果，一般工人称共产党人特派员“是‘好国党’、‘新国党’”。[②] 这些活动，为实现广州地区工会的统一做了前期准备。

廖仲恺积极支持共产党建立广州工人代表会的主张。3 月 5 日，国民党中央工人部在广州西关太平戏院召开 1000 多人参加的工会骨干大会。廖仲恺、谭平山先后发表演说，号召广州工人加强团结，统一组织，参加国民革命。与会各方赞同统一，愿意加入广州工人代表会。[③]

---

① 参见《广东工人运动报告（节录）》，载广东省档案馆、中共广东省委党史研究委员会办公室编《广东区党、团研究史料（1921—1926 年）》，广东人民出版社，1983，第 160—163 页。

② 阮啸仙：《一年来之团粤区》（1924 年 4 月 4 日），载《阮啸仙文集》编辑组编《阮啸仙文集》，广东人民出版社，1984，第 131 页。

③ 参见罗醒：《第一次国共合作时期广州工人代表会的沿革》，载广东革命历史博物馆等合编《广东文史资料》第 42 辑，广东人民出版社，1984，第 125 页。

会后公布了工代会代表选举条例。

5月1日上午，广州各工团代表1万余人，在太平戏院隆重集会。这既是对国际劳动节的盛大纪念，又是广州工人代表会成立前的检阅。廖仲恺任大会主席。孙中山出席会议并讲话，号召各业工人团结起来，组成一个工人大团体，参加国民革命，废除不平等条约。会后，举行了庆祝游行。各团队高呼“职业由工人团体介绍”“破除省界县界”“一种产业一个团体”“学徒不做夜工”“同业划一工价”“参加国民革命”等口号，沿途散发传单。这些口号，实际上是广州工人代表会的行动纲领。

4日下午，广州工人在省教育会礼堂举行代表大会，200多个工会的代表300余人参加，也有工厂工人及青年工人出席，济济一堂。廖仲恺主持大会，并就中国政治状况发表演说。刘尔崧报告筹备经过。各工会代表历数受压迫种种情形，发表了统一各业工会并对其进行整理的主张。

会议连续举行几天，通过了20个决议案。这些决议涉及工人组织、职业保障、劳动管理、工人教育和武装自卫等重大问题，重点是指导各业工会内部统一以及相关产业间工会的联合。广州工人代表会执行委员会由21人组成，委员长由国民党中央工人部部长担任，选举20个工会为执行委员团体单位，各推委员1名。委员会委员长为廖仲恺，刘尔崧、鲍武、周祯、黄天伟、麦锦泉为常务委员，刘尔崧实际主持工代会工作，杨殷为顾问。

广州工人代表会的成立，是国共合作实现后，在工人阶级内部建立统一战线的胜利。广州各工会开始由职业组织向产业组织转变，由组织涣散向统一联合转变。广州工会联合会因所属工会全部加入工代会，不再发挥实际作用，后仅偶尔以名义出现。工人代表会作为广州地区工会的领导机关，在国民党中央工人部指导下，影响及于广东全省，对全省工运的发展也有引领作用。

广州工代会借油业工会会所创办工运讲习所，培养骨干。到1924年底，接受共产党的领导，正式加入广州工人代表会的基层工会已达70多个。

2. 沙面工人大罢工

沙面是广州珠江上的椭圆形小岛，第二次鸦片战争后成为英法两国租界，各国驻广州的领事署多设于此。1924年6月19日晚，法国领事在沙面域多利酒店宴请殖民统治者越南总督梅林，越南革命志士范鸿泰投掷炸弹行刺未遂而投江牺牲。帝国主义者以维持治安为由，实行戒严，30日，通过《发行通行证条例》（即新警律12条），规定7月15日起，沙面华工出入概须携带贴有本人照片的通行证，而所有外国人不在此列。帝国主义者这种蔑视中国国权、侮辱华人人格的恶劣行径，激起了中国人民的强烈愤慨和坚决反对。

沙面洋务工会是广州工人代表会的团体成员。新警律颁布后，刘尔崧、施卜等深入沙面，在华工中开展反对新警律的准备工作。7月13日，各界反对沙面苛例大会的组织在茶居工会成立。英领事查那士强迫领署内华工照相制证，根据洋务工会的部署，受雇于英、法领署和粤海关税务司宿舍的华工率先罢工。至此，英领事仍不肯取消新警律，只允展期至8月1日实施。

7月15日下午6时，沙面中国雇员，包括办事员和女佣，一律罢工。东山、河南、芳村、花埭一带的洋务员辞职响应。16日，沙面中国巡捕48人罢岗。各界联合反对沙面苛例大会在珠江水面紫洞艇办公，后迁入海珠戏院。该组织的执委主任是海员工会的邝达生，副主任是工代会的施卜。

16日晚，广州工人代表会在海员工会召开紧急会议，讨论援助罢工问题。19日，工代会通电抨击英帝国主义者“妄立苛例，取缔华工，虐待我国民，蔑视我国体”的不法行径，号召“各界同胞，合力扶持，罢工诸君，坚持到底”。[①] 驳载工会和集贤工会首先表示不为沙面外国人驳载货物。

罢工发生后，不仅沙面商行无法正常营业，就是外国人的日常

① 《广州民国日报》1924年7月19日。

生活都极为不便。帝国主义者一面以武力相威胁，一面要求广东政府制止罢工。广东政府支持沙面工人的反帝斗争。7月19日，孙中山面复英领事，称："华人此次因争人格发生合理循轨的罢工，政府实不能加以取缔，苟或有之，即为剥夺人民自由之违法行为。"并指出沙面为中国领土，外人"实无取缔华人权"。[①] 7月30日，陈独秀在《向导》发表文章，指出沙面罢工是"为民族的人格与自由权利而战斗"，广东政府"岂止应该鼓动"，"更应该为此事堂堂正正的出头"，[②] 支持罢工斗争。

面对广东政府和罢工工人的坚决态度，沙面外国领馆不得不坐下来谈判。政府方面派伍朝枢、马超俊出面协调。工人提出永远取消新警律12条及其他不平等待遇；华工复职，不得借故开除；罢工期内工资照发等5项条件。[③] 英国人殊无诚意，在谈判中不断横生枝节。是日，孙中山召集罢工领导人，提出从速解决罢工。8月2日，英、法领事同谒孙中山，孙也劝导他们从速解决。英、法领事满口应承，但仍要求保留公共雇佣权。事后达成7条协议：新警律取消；修改旧通行证，华人、外人一律平等；一年期通行证附相片，临时通行证不附相片；每晚10时以前不用通行证；私家雇役一律复工，补发薪水；工役一律复工补薪，唯巡捕许其自动辞职，双方不得借故报复。12日，廖仲恺出席了罢工工人欢送会。

8月13日，中国巡捕按协议先往沙面复工。但是，英领事却不许他们进工务局，法领事则欺华捕不识法文，诱使其签押辞职书。协议书约定"巡捕许其自动辞职"，实际上是英、法领事坚持保留公共雇佣权的伏笔。他们采用极不光彩的手段，迫使华捕"自动辞职"，这种翻约丑行令罢工工人义愤填膺，遂决定继续罢工，实行劳

---

① 孙中山：《与英国驻广州领事的谈话》（1924年7月19日），载广东省社会科学院历史研究室等编《孙中山全集》第10卷，中华书局，2006，第423页。

② 独秀（陈独秀）：《沙面罢工与民族主义者》（1924年7月30日），《向导》1924年第76期。

③ 《广州民国日报》1924年7月21日。

工绝交、经济绝交，海员总罢工，封锁沙面，甚至准备断绝与香港的交通。

广州各界反响热烈，外地团体慰问声援，函电交驰，罢工风潮益趋激烈。英、法领事的所作所为给沙面的正常业务和生活带来损失和不便，也引起租界区其他国家人士的不满，迫使他们不得不再谒并致函孙中山，就翻约行为致歉。时值商团闹事亟待解决，孙中山着马超俊与罢工领导人磋商复工事宜。在得到英、法领事的切实答复之后，罢工工人于19日下午4时全体复工。

沙面罢工为抗议颁行新警律而起，新警律的取消是国共合作以来中国工人反对帝国主义的第一个胜利。

3. 工团军的建立及参加平叛斗争

广东民间有保持非正式武装的传统，乡间有民团、商界有商团。包括广州在内，各地工会无不经常受到旧式武装势力，尤其是商团的侵扰，有必要成立自己的武装以资保卫。

广州工团军的建立与对付商团有直接关系。广州商团成立于1912年初，初名粤商维持公安会。1924年，全市有10个分团4000余人，加上后备力量达6000余人。省城以外商团加入联防的有138埠，形成以广州为中心，遍及全省的非正式武装体系。商团领导权掌握在资本家、买办的手中。广州商团团长陈廉伯系英国汇丰银行广州分行买办，佛山商团团长陈恭受担任过警察厅秘书长。他们与陈炯明关系密切，反对广东政府的税收政策，在英帝国主义扶植下，扬言要建立“商人政府”取而代之。商团对工会和工人施加压迫，5月，江门油业永生祥店老板、商团第四分团团长李超群，袭击油业工会，枪杀工人。香山小榄各工会也先后遭到商团袭击。因此，广州工人代表会成立时，就通过《商团问题决议案》，规定商团不得干涉工会，不得侵犯工人自由，工会应组织工团军自卫。

8月13日晚，广州工人代表会开执委特别会议，讨论组织工团军问题，决定由油业、土木建筑、茶居、海员、理发、车衣、酒业、轮渡、碾谷、驳载、集贤等工会、锦纶织造工业联合会、互联、广三互成两俱乐部、艺余工社等15个团体为筹备委员单位，各推委员一人负责筹备。19日，又扩大机器工人维持会、集木、电政、西餐饼干协进工会、人力车夫俱乐部、船主司机工会为筹备单位。

26日，工团军冠以广东全省名义正式组成，施卜为团长，刘公素、胡超为副团长，共600余人。[①] 工团军宣告“为自身利益与国家利益而武装，以拥护工人利益辅助革命进行为职志，以保护劳工之革命政府之法律为范畴”[②]。次日，全体工团军团员着工装，身披书有“广东工团军”字样的蓝色绶带，从国民党中央党部出发，巡游请愿。在广东省署前，廖仲恺发表讲话予以勉励。

8月29日、9月1日，《工团军简章》《工团军组织大纲》先后公布。这两个文件明确规定了工团军的职责、编制、隶属关系、饷械来源，规定工团军团员非工人代表会所属工会会员不能担任，于训练会操外，如工人发生事故，得派队巡查，工人如受外界压迫，有正当防护之责。广州工团军的建立，是常备工人武装的先声。

8月10日，阴谋叛乱的陈廉伯、陈恭受，雇佣丹麦轮船“哈佛”号偷运大批武器、弹药到达广州，政府发现后将其扣留。扣械事件发生后，广州和其他外地商团纷纷向孙中山请愿，并以罢市相要挟。英帝国主义直接支持广州商团发动叛乱，不仅提供沙面作为基地，而且陈兵广州白鹅潭。英领事在致大元帅府函中竟蛮横地宣称，奉香港舰队司令命令，“如遇中国当道有向城市开火之时，英国海军即以全力对待之”[③]。

在这种形势下，对于如何处理商团事件，国民党内出现了几种不同的态度。廖仲恺等主张采取坚决措施，没收商团偷运的军火，解散商团。共产党支持这种主张。广东省省长胡汉民、广州市市长兼民团督办李福林等谋求妥协。驻广州的各省军队将领如范石生等，

---

① 《广州民国日报》1924年8月28日。1925年11月谭平山在国民党广东第一次全省代表大会的报告中提到工团军为300余人。

② 《民国日报》1924年9月22日。

③ 《大元帅抗议外人干涉内政》，《民国日报》1924年9月10日。

表面支持孙中山，实际上也与商团有所勾结。孙中山本人坚决反对帝国主义就扣械事件的讹诈，但对如何解决扣械问题，一时犹疑未决。

广州工人代表会反对广州商团偷运枪械弹药阴谋暴乱。8月13日，工代会召开特别会议，决定通电揭露商团反动行径，建议政府拨发被扣枪械办理工团军、农团军。在呈孙中山文和致各界通电中，均要求政府“将扣留之枪弹全数没收拨为组织工团军农团军之用。以便国民革命之进行，而保护农工之发展”，“广州全市工人誓为政府之后盾”。[①] 工人代表会发传单，呼吁商团团员不要上少数野心家的当。

这时，第二次直奉大战爆发，孙中山赴韶关督师讨伐直系军阀，商团乘机在后方制造动乱。10月初，李福林提出由商人报效北伐军费20万元，在此前提下，发还被扣枪械。9日，商人向政府第二次发出罢市的通牒。孙中山急于出兵北伐，同意李福林的主张，10日，代理大元帅胡汉民将所扣枪械发还给商团。

当日下午，广州工代会所属工会、工团军及其他革命团体5000余人在第一公园举行“双十节”大会，纪念辛亥武昌首义。会后结队游行，得到枪械的商团，气焰极为嚣张，在太平路、西濠口等处，向游行队伍施放排枪，打死20人以上，伤100余人，抓走145人。赤手空拳的工团军小队长、油业工人黄驹被打死，商团竟将其剖腹，并割去阴囊示众；[②] 讲武堂学生符公铁死后被割去头颅。其手段之残酷，令人发指。商团制造惨案后，在闹市西关一带遍贴孙中山下野的布告，请陈炯明回省主事。

“双十”惨案是政府妥协政策的产物。广州反帝国主义大同盟、广州工人代表会、工团军等29个团体联名致书《向导》周报转全国民众，揭露商团制造惨案的真相。孙中山在血的教训中清醒过来，10月12日，命令革命委员会平叛。14日，胡汉民下达解散商团令。北伐部队连夜回师戡乱。

① 《晨报》1924年8月24日。

② 参见《告全国国民》，《向导》1924年第89期。

10月15日晨，平叛的总攻击开始。工团军积极投入战斗。政府军、工团军兵分5路，包围了商团在西关的大本营。激战多时，商团不支，被缴械歼灭，从西关撤退时，残杀了参加工团军的理发工人数十人，放火焚毁民房，自西濠起，绕十三行、桨栏街、普济桥、太平门、西瓜园至惠爱西路大市街止，毁屋数百间。

商团叛乱的平定，使革命根据地度过了一次危机。工团军在斗争中牺牲甚大，平叛结束，工团军改为革命工人同志会，继续为发展国民革命推进工人运动做贡献。扣械潮发生，蔡和森就指出事件的本质是“帝国主义买办阶级雇佣军阀以及国民党右派分子伙同宰割革命政府”[①]。通过商团事变，共产党人认识到买办式的资产阶级是极端的反革命分子，比任何封建军阀只有过之而无不及，是革命的对象。当然，平定商团叛乱是为了维护广东政府的执政地位，并非普通意义上的反对资产阶级，实行社会革命。

4. 工人团体力促国民会议召开

1924年10月，从直系军阀营垒中分化出来的将领冯玉祥发动北京政变，推翻曹锟政府，吴佩孚也因第二次直奉大战失败而下野。冯玉祥组织国民军，电邀孙中山北上共商国是。11月10日，孙中山发表《北上宣言》，主张召集国民会议以解时局之困，国民会议召集前，可先召集预备会议，工会是参会的9种团体之一。

召集国民会议，依靠人民的力量解决国内政治问题，是中共中央于1923年7月在第二次对于时局的主张中首先提出来的。11月13日，孙中山离粤北上。19日，中共中央第四次就时局发表主张，重申前旨，指出解决局势的办法，“不是各省军阀的和平会议或国是会议，也不是几头元老的善后会议，乃是本党去年北京政变时所主张的及中国国民党现在所号召的国民会议”。[②] 中国共产党不仅赞成

① 和森（蔡和森）：《商团事件的教训》，《向导》1924年第82期。

② 《中国共产党对于时局之主张》（1924年11月19日），载中共中央文献研究室、中央档案馆编《建党以来重要文献选编（一九二一——一九四九）》第2册，中央文献出版社，2011，第169页。文中“去年北京政变”指直系军阀曹锟驱逐大总统黎元洪。

尽快在北京召集国民会议预备会议，而且进一步主张在正式政府成立之前，由预备会议行使临时国民政府的职权；还制定了包含废除不平等条约、废止治安警察条例及罢工刑律、实行八小时工作制等内容在内的 13 条最低限度政纲，预备向临时国民政府和国民会议提出。

广州工人代表会积极支持召开国民会议以解决国内政治问题。12 月 6 日，在廖仲恺主持下，广州工人代表会讨论了国民会议问题，并于次日发出通电，拥护《北上宣言》。16 日，国民党中央宣传部召开各团体联席会议，讨论成立广东国民会议促成会及游行示威问题。廖仲恺、阮啸仙、周恩来、施卜、刘尔崧等被推为筹备委员。20 日，广东国民会议促成会成立，500 余工团的代表 2 万余人，参加了在第一公园举行的盛大集会。各演说者一致拥护召开国民会议，会后举行了示威游行。广东工人除工人代表会及其所属工会参加外，广东总工会所属工会、机器工人维持会都参加了，江门、东莞、佛山、番禺、花县、南海等外地工会也参加了。碾谷工会、海员工会、派报工会、人力车工会还单独发表了通电。

12 月 26 日，广东国民会议促成会举行第一次代表大会，制定章程，选举 11 个执行委员团体、6 个候补委员团体，广州工人代表会为执行委员单位之一。该会派出 10 名代表，参加了在北京举行的国民会议促成会全国代表大会。

5. 太平洋运输工人会议在广州召开

1924 年 6 月 17 日至 23 日，太平洋运输工人会议在广州召开。会议是根据共产国际东方部和赤色职工国际的倡议进行的。受邀请到会的代表来自中国、菲律宾、爪哇（今属印度尼西亚），日本和印度的运输工人代表因受各所在国官方的阻挠未能出席。中国代表由中华海员工业联合总会和全国铁路总工会派出。

会议的目的是建立太平洋沿岸国家和地区间运输工人的联系，会议确定了 3 项任务：（1）充分发展各国运输工人的组织，其已有组织者切实整顿，使之坚强有力，变为东方反抗资本主义的主要力量。(2)就现有各国运输工会(铁路、海员、邮政、电话、电车、电报等)完成大联合,积极开展政治和经济斗争。(3)太平洋运输工人于创立坚强组织之外,应与世界的革命工人联合。这3项任务是在赤色职工国际代表的报告中提出来的。会议专此作出决议,表示完全接受,并认为太平洋沿岸殖民地民族解放运动均有赖于此等国家工人之结合,才能阻止帝国主义的吞并。会上,成立了由中国、菲律宾和日本的3名书记组成的太平洋运输工人书记处,并拟在马尼拉、香港、新加坡和爪哇组成运输局。①

太平洋运输工人会议能够在广州召开,首先是因为中国工人运动兴起第一次工运高潮和国共合作实现前后广东工运的发展,表现出了非凡的进步和巨大的潜力。没有中国工会的参加,太平洋沿岸国家和地区运输工人的联合是不完整的。这次会议所确定的工作对象,不只是通常意义上的运输工人,它包括运输、交通、邮政、电信,是一个较大范围的联合。会议的召开,建立了太平洋运输工人间的初步联合,开始了中国工人运动同国际工运的直接联系。除来自广东的代表外,参加会议的还有来自华中、华北的铁路工人代表,有助于工人运动的复兴,"给予中国职工运动之转机以很大的影响"②。

6. 工会发展中的派别纷争

广州工人代表会成立后,各派工会实现了初步联合。沙面大罢工,平定商团和滇桂军阀叛乱,各派工会都进行了合作。但是,广东总工会、机器工人维持会并没有放弃自身的组织,它们以所属工会各自的名义参加广州工代会的活动,又以自己的名义单独活动。随着形势的发展和政治上的分野,1924年底,广东总工会和机器工人维持会相继脱离广州工人代表会。

① 参见《共产国际执委会东方部给共产国际执委会主席团的报告(摘录)》(1925年5月16日),载中共中央党史研究室第一研究部译《联共(布)、共产国际与中国国民革命运动(1920—1925)》,北京图书馆出版社,1997,第620页;《太平洋运输工人会议报告》,《中国工运史料》第1—8期(下),第36页。

② 邓中夏:《中国职工运动简史(一九一九——一九二六)》(1930年6月19日),载《邓中夏文集》,人民出版社,1983,第527页。

发生分裂的根本原因，是国民党右派破坏国共合作。国民党改组后，大地主大买办阶级的政治代表伺机向共产党发起进攻。1924年6月，邓泽如、张继、谢持等首先发难，借口共产党员在国民党内设有党团，向国民党中央执委会提出《弹劾共产党案》，声称共产党员和青年团员加入国民党是该党生存发展的重大妨碍，主张绝对不宜党中有党。被国民党中央执委会拒绝后，8月，张继等又发表《护党宣言》，公开反对反帝反军阀的政治纲领。中共中央领导各级党组织坚决反击了国民党右派的进攻。8月20日，在孙中山主持下，国民党中央政治委员会通过了《国民党内之共产派问题》《国民党与世界革命运动》两个草案。次日，国民党一届二中全会正式通过这两个文件，坚持了国共合作的正确方针。国民党右派不甘失败，不断制造纠纷，破坏工人运动的统一。

爆发口是"油机事件"。6月，油业工会所属昌泰厚榨油厂工人，为改善工作条件和生活待遇，向资方提出要求，形成了劳资争议。刘尔崧等多次与资方交涉。在解决争议已有眉目的时候，机器工会会员、艺坚机器厂经理何沛石建议昌泰厚老板向该厂购买榨油机器。昌泰厚老板购得榨油机，便不与油业工会谈判，转请机器工会派技工负责生产，开除大批工人。这表面上是使用机器而裁员，实际上是机器工会与油业工会的矛盾激化。昌泰厚厂工人罢工，要求停止安装机器，并与机器工人发生冲突。国民党官僚林直勉、刘石心等为机器工会出谋划策，机器工会与艺坚厂资方、机器制造业资方集团——联益公会联合行动，一面煽动机器工人，说不准安装机器就是要机器厂关门，就是迫使机器工人失业，一面派出打手，向昌泰厚厂工人进攻。结果，工厂厂房在冲突中被打毁，生产陷于停顿。后来，昌泰厚资方将这部机器运往上海新厂安装生产，但"油机事件"并未结束。右派和工贼一面布置昌泰厚厂主向法院控告艺坚机器厂未能如期安装机器，要求赔偿损失；再由艺坚厂反诉，说机器早已按期安装，因油业工会阻止试机、生产，造成损失责任在油业工人。一面由机器工会捏造事实，硬指油业工人包围殴打安装机器机工，"致有死伤"，甚至"毁尸灭迹"，向法院提出诉讼，向各界提出申诉。他们还就此次事件组织所谓油机交涉委员会，由机器工会派出主要头目，分赴港澳、东南亚，到处招待华侨、记者，对共产党领导工人运动，对国民党的三大政策，进行恶毒的造谣和攻击。右派官僚和工贼互相配合，一时闹得满城风雨。后来，工代会采取灵活策略，使机器工会再也不能因此事而煽动会员，并促成了机器工会内部的分化。[①]

广东总工会在工代会所属土木建筑工会之外，另组建筑工人研究社，在锣木工会之外，另组开料贯抖工会，在土洋杂货店员工会之外，另组土洋杂货华强工会等等，派出打手，强令工人入会。工代会派出秘书孙律西，把原来分裂为海陆丰籍的手车工人俱乐部，包工头组成的白话籍、客家话籍手车工会，组成统一的手车工人工会，广东总工会掌握不了这个工会，就煽动白话籍、客家话籍手车工人打架闹事。

反对国民党右派官僚破坏工运，最典型的事例是广东兵工厂工人同马超俊的斗争。马超俊实际操纵了广东总工会和机器工人维持会，任职兵工厂厂长，长期拖欠工人工资，禁止工人组织工会，引起工人强烈的不满。罗绮园、彭粤生等在兵工厂办工人补习学校，组织工人"十人团"，冲破马超俊的阻挠，成立了工人俱乐部。据阮啸仙向共青团中央的报告，马超俊在厂中"诸多摧残，被借端开除之同志达过半数，被株连者七十余人，青工学校也停办"。团广东区委"联络被开除者七十余人，向马某下总攻击，各产业机关工人都纷纷响应"。[②]

9月，工人代表向马超俊提出索薪要求，马置之不理。工人在兵工厂门口大道挂起长串瓦煲，大书"出粮无期，沙煲挂起"。马见状大怒，辱骂工人代表，并命护厂队将其扣留起来。马的镇压行径不仅引起兵工厂工人的愤怒，也引起全市工人的不满和指责，他不

---

① 罗大明等：《大革命时期广东工运情况的回忆》，载广东革命历史博物馆等合编《广东文史资料》第42辑，广东人民出版社，1984，第154—155页。

② 阮啸仙：《给团中央的两个报告》（1924年10月5日、10月27日），载《阮啸仙文集》编辑组编《阮啸仙文集》，广东人民出版社，1984，第142页。

得不将工人代表释放。事后，马超俊又使其妻请全体工人代表吃饭，每人发港币50元，加以拉拢。除个别人外，代表们拒不接受。回厂以后，工人代表在全体工人大会上揭露了马超俊收买代表的经过，马的兄弟竟令护厂队包围工人，欲加镇压。不久，马超俊以“聚众要挟，图谋不轨”为名，开列黑名单，由公安局局长吴铁城拘捕工人代表。

25日，在广州工人代表会的支持下，兵工厂工人宣布了马超俊十大罪状，要求国民党中央开除其党籍。孙中山闻报，下令释放被捕工人，派前兵工厂厂长朱中和负责到厂细究查办，并免除了马超俊的厂长职务。翌年，马超俊在北京张罗成立全国各省区工会联合会，企图夺取全国总工会的印把子。第二次全国劳动大会将其列为工贼通告全国。

在广东工会运动中，派别纷争时有消长起伏，且呈益趋激烈之势。其重大事件的发生，往往不仅制约工运的开展，而且成为当时政治形势的晴雨表。引起这种派别纷争的具体原因和偶发因素很多，其主要原因则总是国民党右派反对国共合作和对革命工会发起进攻。

三 军阀统治区工人运动的恢复

1. 中华全国铁路总工会的成立

1924年10月，冯玉祥发动北京政变，直系军阀控制的中央政府垮台。共产党乘机在全国范围内恢复工会，工人运动逐步复兴。

1924年2月7日至10日，全国铁路工人第一次代表大会在北京秘密召开，来自全国9条铁路的代表20余人出席。张国焘主持大会并作了《国民革命与铁路工会的任务》的报告。

这次大会经过了长时间的筹备，制定了《全国铁路总工会简章》，规定其宗旨是：改良生活增高地位，谋全体铁路工人之福利；联络感情，实行互助，化除地域界限，排解工人相互争端；增高知识，促进工人阶级的自觉；帮助各路工人组织各路总工会，并与全国各业工人和世界工会建立密切联系。[①]

大会规定了此后的任务：工会建设方面，各路已有组织的要更加严密；被封闭的要设法恢复；尚未成立的要从速成立；各路工会之间要加强联系；加入万国运输联合会，实现与全世界工人的联合。救济工作方面，对于参加斗争而死伤、被捕、失业的工友要力图救济。政治经济斗争方面，以前各路罢工已提出的条件均应力争实现，把工人运动与国民革命结合起来，“所有救国救民，以及反抗军阀官僚之横暴和外人之侵略等国民运动，亦当视能力之所及，参加而促进之”[②]。上述宗旨和任务，载于《全国铁路总工会成立宣言》，于2月20日通过《新民国》杂志对外公布。

大会选举产生了全国铁路总工会执行委员会，执行委员互选委员长1人，副委员长3人，选任总干事、秘书各1人。孙云鹏当选为首任委员长，张国焘被选任为总干事。会址设于北京铁匠营21号。

全国铁路工人第一次代表大会的召开和全国铁路总工会的成立，是二七惨案以后全国工运的重大事件。它继承二七精神，是自五四运动以来，革命知识分子深入铁路工人中开展活动，特别是共产党人致力于铁路工运的结果。铁路总工会是共产党直接领导的第一个全国性产业工人组织，它的成立不仅促进了铁路工人运动，被誉为“简直是我全体铁路工友于痛苦不堪之中得着一颗光芒万丈的救星”[③]，而且成为全国工运复兴的潮头。

5月13日，直系军阀萧耀南在汉口破获了国民党组织。汉口执行部工农部干事、京汉铁路总工会委员长杨德甫被捕，供出了全国铁路总工会和张国焘的地址。21日，京师警察厅派出侦缉队查抄了北京铁匠营铁总会所，在腊库胡同16号杏坛学社内逮捕了张国焘夫妇。张国焘经不住刑讯拷问，供出了在北京的共产党人名单，其中包括中共北方区委李大钊、张昆弟、范体仁等10人，接着又供认警

① 参见《全国铁路总工会成立宣言》，《新民国》第1卷第4期。

② 《全国铁路总工会成立宣言》，《新民国》第1卷第4期。

③ 《全国铁路总工会成立宣言》，《新民国》第1卷第4期。

方所获各路共产党人名单。李大钊闻讯事先转移，但范体仁被警方拘捕。石家庄警方根据张国焘供出的名单地址，拘捕了孙云鹏。同时被捕的有道清路吴鹏九、津浦路叶云卿等人。一时间，北京、天津、石家庄、保定、郑州、胶济路的铁路工会负责人，被拘捕、通缉、开除者达 40 多人。铁路工运显露生机的幼苗，又遭寒流袭击。直到北京政变发生，共产党设法从北京、天津、保定等地监狱救出二七惨案以后被捕的共产党员和工会负责人。张国焘出狱后，向党隐瞒了真相。

当时，河南由国民二军控制。1925 年 2 月 7 日至 10 日，全国铁路工人第二次代表大会在郑州公开举行。京汉铁路总工会宣布恢复。京汉、粤汉、京奉、京绥、津浦、中东、南满、正太、胶济、陇海、道清、粤汉南段、广三等铁路工会代表 41 人出席会议，其中二七罢工的参加者 32 人、因罢工入狱获释者 14 人。他们代表着全国有组织的铁路工人 3.58 万人。[①]

开幕日，与会代表和郑州工人、市民 2 万余人在郑州车站后面广场举行追悼"二七"死难烈士大会。全体起立，唱哀悼歌："你们为着阶级而牺牲了，开中国阶级斗争第一声！你们将一切交与国民了，生命，幸福和自由！你们长埋在地狱的墓中了，万恶的军阀和帝国主义！我们踏着你们的碧血而前进，继你们的事业以慰你们！我们踏着你们的碧血而前进，继你们的事业以慰你们！！"[②] 这是与烈士的对话，是向大众的宣告。慷慨悲歌、革命化的仪式也对广大民众进行着鲜活的革命传统教育。

会议期间，代表们听取了总会及各路工作报告、工人阶级与中国现状的报告、今后工作方针的报告、太平洋运输工人会议、汉堡万国交通工人会议及莫斯科国际运输工人会议的报告，研究了会务

---

① 《开会纪事》，《中国工运史料》第 1—8 期下，工人出版社，1984，第 32 页。有组织的工人数，见少还：《全国铁路总工会与铁路青年工人》，《中国青年》第 101 期。会议代表亦说为 45 人，见乐生：《全国铁路总工会第二次代表大会之经过与结果》，《向导》1925 年第 104 期。

② 《开会纪事》，《中国工运史料》第 1—8 期下，工人出版社，1984，第 33 页。

问题，通过了《关于铁路总工会执行委员会报告的决议》《工人阶级与中国现状之报告及决议》《本会目前进行方针报告及决议》《宣传问题决议案》《救济死伤及失业问题决议》《审查“二七”救济委员会抚恤款项问题决议》《关于工贼问题的决议》《全国铁路总工会与赤色职工国际之关系报告及决议》《全国铁路总工会简章》等文件。

大会对铁总执行委员会一年间在领导各工会反对帝国主义，反对北洋军阀，救助工友等方面所做的大量工作表示满意，进一步明确了铁路工人在国民革命中的责任，指出“国民革命若没有大多数的工农阶级援助，就不会成功。因此，我工人阶级应当参加国民革命运动，以达打倒帝国主义、打倒军阀的目的，并且要求将来的国民革命政府，应当是一个能保护大多数工人农人利益的政府”①。

大会确定此后的工作方针是：（1）恢复工会，不只是恢复工会招牌，还要恢复斗争能力；不能公开的地方，要秘密去组织。（2）统一工会，务使每路只有一个总工会，每厂每站只有一个分工会，统一在全国铁路总工会的领导之下。（3）确立工会经济基础。（4）解决救济及失业问题。（5）力争从前已得的条件。（6）谋工人切身利益。（7）继续争自由。（8）训练工友，工友懂得了工人阶级的意义才有工人阶级的斗争。（9）加入国民会议。（10）实行国际联合。② 这10条方针的制定，正确地把握了铁路工运发展的政治方向，规定了当前发展组织，开展政治、经济斗争的基本原则。

二七惨案后，工贼活动猖獗，原京汉铁路长辛店负责人张德惠、原京汉铁路南段管理救济费的张连光，贪污救济款项，破坏工会活动。这次大会组织审查委员会考核救济款项收支，既证明了张德惠、张连光骗款事实确凿，又揭破了工贼因此项经济问题造谣中伤的真相。大会宣布张德惠、马超俊等人“为全国工界之贼，以示与众共

① 《工人阶级与中国现状之报告及决议》，《中国工运史料》第1—8期下，工人出版社，1984，第53页。

② 《本会目前进行方针报告及决议》，《中国工运史料》第1—8期下，工人出版社，1984，第54—56页。

弃之意”[1]。

大会选举执行委员18人，王荷波为委员长，他作为中共代表出席过1924年在苏联莫斯科召开的共产国际第五次代表大会，以中国工会代表的身份出席了赤色职工国际第三次代表大会。张昆弟为总干事。会址设于郑州。2月10日，大会通过《全国铁路总工会第二次代表大会宣言》，宣布“我们的工会运动从此又到一个新时期了”[2]。

全国铁路工人第二次代表大会召开期间，2月8日，中共北方区委机关刊物《政治生活》出版纪念二七惨案两周年专刊，刊登施洋、林祥谦烈士遗像及其为革命英勇献身的悲壮事迹，赵世炎发表专文《二七纪念与列宁主义》《二七纪念与中国工人阶级》，头条文章《二七纪念》高度评价“‘二七’是中国无产阶级争斗的第一声；‘二七’是中国劳动运动血史的第一页”，指出“中国无产阶级要得解放与自由，只有继续‘二七’的奋斗”。[3]

2. 华北工人运动的恢复

1924年3月8日，中共北京区委改组，李大钊为委员长，张昆弟负责工人运动。全区有中共党员（含候补）75人，其中工人占1/4强。区委“能管理并指导一切行动”，“同志皆努力工作”。[4] 李大钊还在国民党北京执行部中任组织部长，发挥着重要作用。

北京作为政治中心所在，军阀政府的统治极其严酷，但是，进入1925年，罢工斗争“却呈空前未有之现象”，各业工人纷纷要求增加工资、改良待遇。[5]

天津是华北地区最大的工业城市，仅纺织工人就有3万余人，

---

① 《关于工贼问题的决议》，《中国工运史料》第1—8期下，工人出版社，1984，第80页。

② 《全国铁路总工会第二次代表大会宣言》，《向导》1925年第104期。

③ 《二七纪念》，《政治生活》第30期，1925年2月8日。

④ 《京区报告》（1924年5月），载中共中央文献研究室、中央档案馆编《建党以来重要文献选编（一九二一——一九四九）》第2册，中央文献出版社，2011，第51页。

⑤ 邓中夏：《中国职工运动简史（一九一九——一九二六）》（1930年6月19日），载《邓中夏文集》，人民出版社，1983，第530页。

占工厂工人总数的约1/3。这种集中的优势，使天津工人运动“颇有发展希望”[①]。中共中央和北京区委都十分重视天津工运的恢复。共产党小组以于树德为组长。直隶省和天津市国民党两党部，均由共产党人主持，在北方属情形最好的。这极大地便利了共产党在工人中公开进行宣传活动。1924年3月，共产党人江浩以国民党员和国会议员身份借用省议会礼堂举行追悼列宁大会，天津各界40余团体出席，京奉路和唐山工人代表应邀参加。于树德向与会者介绍了列宁的事迹，革命导师的光辉形象，印入了工人群众的脑海。

8月，共产党员李培良、卢绍亭进入工厂区，分别在河东郑庄子庆元里、河西小刘庄耦耕里开办平民学校，发展党员，建立工会。同年底，天津工会会员有1430人，主要是纺织工人。[②] 印刷工会由工人自发组织的印刷工人联合救国会改造而成，与几十家印刷企业的3000多人建立了联系。到1925年5月，印刷工会吸收会员150多人。永华、同昌、同新等3个印刷局的工人组织起来开展增加工资、改良待遇的斗争，取得了每人每月增加工资4元的胜利。

党的唐山地委8名正式党员全是工人，“情形颇好”。[③] 京奉路唐山制造厂工人中的党、团员，以个人名义加入国民党，成立了国民党南厂区分部。1924年秋，国民党唐山区党部成立，邓培为负责人。华新纱厂和唐山制造厂是唐山工运的两个重点。1924年上半年，华新纱厂700名童工罢工，激起二七罢工以后唐山工潮的第一朵浪花，标志着唐山工运的复兴。

华新纱厂童工，分华字班和新字班。他们上大班，每班劳动时间长达十二三个小时，每摇一车纱才得一分钱；还受超经济强制，

---

① 《京区报告》(1924年5月)，载中共中央文献研究室、中央档案馆编《建党以来重要文献选编（一九二一——一九四九）》第2册，中央文献出版社，2011，第51页。

② 参见天津市总工会工运史研究室编《天津工人运动史》，天津人民出版社，1989，第43—49页。

③ 《京区报告》(1924年5月)，载中共中央文献研究室、中央档案馆编《建党以来重要文献选编（一九二一——一九四九）》第2册，中央文献出版社，2011，第51页。

稍不如意便被罚跪、打竹板，罚扣工资更是名目繁多。某日，摇纱车间新字班童工300余人罢工，要求增加工资、改善待遇。资本家扣留一名代表，开除两名代表。次日上午，童工们在大红桥南边集会，唐山地委来人把他们组织到原工人图书馆开会，商量对策。接着，细纱车间300多名童工也宣布罢工，与摇纱车间童工会合，700余名童工举行游行示威。资本家只好同工人代表谈判，被迫同意释放被扣押的代表，被开除的代表复工，保证不再打骂童工，摇纱包活工资每车增加两厘，细纱童工的工资保证在最短期内给予调整，今后如有劳资纠纷，可由工人代表随时商谈，[①] 罢工取得了完全胜利。

11月，唐山制造厂工人开展反裁员斗争。吴佩孚当权时，占用铁路基金充作军饷。京奉路局机务处处长兼唐山制造厂厂务经理詹姆森和工程师纽麻赤，以材料缺乏、无法生产、无法支薪为由，停止厂内大部分生产，陆续裁撤2000余人。工人试图反抗，因在吴佩孚统治下，开会不自由，工人内部也未达成一致，故未实现。国民军控制天津后，被裁工人举行露天集会，推选程帝钦、李震瀛等5人为代表，赴天津向路局请愿。11月19日，发表宣言，揭露詹姆森、纽麻赤帮助吴佩孚、狠毒残酷、任用私人、贿赂公行等4条罪状。北方区委领导人赵世炎在《向导》发表文章，揭露军阀战争的本质，声援被裁撤工人。唐山制造厂由洋员把持，工人的复职要求，迟延时日颇久，方得解决。从这次事件中，工人们觉悟到："洋资本家在中国一天，中国工友必有为奴隶一天。我们要解放，非先将他们打倒不可"[②]。

1925年2月17日，华新纱厂工人又因不堪工头、员司的虐待发起罢工。次日，罢工工人在厂外集会，推举工人代表，发表罢工宣言，并组织了纠察队、交通队、讲演队。厂内便衣捕走讲演队工人

---

① 参见唐山市总工会工运史志研究室编《唐山工人运动史》，中央文献出版社，1993，第106—107页。

② 《京奉路代表报告》，《中国工运史料》第1—8期下，工人出版社，1984，第59页。

代表 3 人，将其“背缚吊于梁上，私刑拷打，血肉横飞”。罢工工人坚持斗争，向资本家提出 5 条要求：（1）不准厂内有打骂工人之惨无人道行为；（2）工人因事告退或被革，所欠工资应照数给清，不得充公；（3）要求加薪，摇纱一车增加工资 3 厘，细纱工人每日增加 5 分，粗纱工人加 2 钱，不得无故克扣，并须体恤童工；（4）请厂方破除畛域，待遇应一律平等，复工后不得借端开除工人；（5）罢工期间的工资应照平常数目发给。资本家企图用另募新工的办法加以抵制，新招的工人在厂外受阻于罢工纠察队。社会各界也对华新工人境遇表示同情。资本家不得已被迫答应了工人的部分条件，罢工方告结束。①

在工人运动的复兴中，一批先进分子脱颖而出，成为工人运动和革命斗争的骨干。中共唐山地委选拔刘玉堂、甘学露、王麟书、齐景林、程胜（即程哲夫）、张宝仁、朱怀瑞、梁鹏万、阮华瑞等人分 4 批到苏联学习，选送程帝钦、程步观、麦连登、杨文斌等到黄埔军校学习，孙少林到广州农民运动讲习所学习。② 以如此不大的区域选送人数之多，全国少见。

1923 年 10 月 6 日，中共山东地方委员会成立。1924 年 4 月，国民党山东临时省党部成立，王尽美为执行委员之一。5 月，青岛市临时党部成立，邓恩铭为委员之一。共产党和青年团将国民运动所属的工作，全部纳入国民党名义之下。国民党老党员对于工人运动简直“和门外汉差不多”③，故工人运动全部掌握在共产党人手中，胶济路被确定为工作重点。

胶济路东起青岛，西达济南。青岛是山东工业比较集中的地方，

---

① 参见唐山市总工会工运史志研究室编《唐山工人运动史》，中央文献出版社，1993，第 112—113 页。

② 参见唐山市总工会工运史志研究室编《唐山工人运动史》，中央文献出版社，1993，第 115 页。

③ 《山东地方报告》（1924 年 5 月），载中共中央文献研究室、中央档案馆编《建党以来重要文献选编（一九二一——一九四九）》第 2 册，中央文献出版社，2011，第 55 页。

四方机厂有工人2000人，是青岛第一大厂。四方机厂钳工郭恒祥组织本厂铁工、木工、油漆工成立具有行会性质的圣诞会。在王荷波的帮助下，郭恒祥提高了觉悟，参加全国铁路工人第一次代表大会归来，“勇气与决心更增百倍，他俨然以山东总工会创办自任，以首领自期”①，除在铁路上活动外，还在青岛水道、电灯、纱厂工人中活动。1924年农历二月十五日，圣诞会照例敬神演戏，胶济路局寻找借口，将郭恒祥等4人开除。9月，路局又封闭了圣诞会。

鉴于工人组织还不严密，不足以与路局正面冲突，邓恩铭提出郭恒祥等4人无论能否复职，“决不激烈抵抗，俟实力充足再说”。郭恒祥等“亦颇明此意，均愿忍耐时日，作秘密活动”。② 他们用圣诞会的经费，在工厂附近开设会仙居饭馆，继续领导工人斗争。郭恒祥被开除，还影响了胶济路张店和济南胶济车房工人组织的建立。

经过第二次直奉大战，胶济路管理权落入交通系之手。山东地方实力派筹划组织罢工，企图利用工人的力量谋私利。邓恩铭、王尽美与四方机厂的工人积极分子商议，决定利用这个机会，实现全线大罢工，借以提高工会地位，改善劳动条件。

1925年2月8日，四方机厂工人罢工，向路局提出5项条件，主要是以后厂中有关工人事件须与工会交涉，因办工会被开除的工友复职。同时，车务处员司也实行罢工。车务处复工以后，四方工人不为所动，继续罢工，非达到目的不止。17日，路局同意了工人提出的上述主要条件，并发放了年终奖金。郭恒祥等4人在欢呼声中复工，罢工斗争达到了预期目的。不久，胶济铁路总工会正式成立，会址设于四方，在青岛、高密、坊子、张店、济南和四方机厂设有分会，全线工人完全组织起来。这次大罢工，是山东工人运动

---

① 《邓恩铭关于青岛工运工作等问题致刘仁静的信》（1924年3月18日），载山东省总工会、山东省档案馆合编《山东工人运动历史文献选编》第1集，内部版，1984，第31页。

② 《邓恩铭关于四方工潮事件致刘仁静的信》（1924年3月24日），载山东省总工会、山东省档案馆合编《山东工人运动历史文献选编》第1集，内部版，1984，第34页。

复兴的标志。

4月，青岛日商纱厂工人罢工。日商在青岛经营的纱厂，有大康、内外棉、隆兴、钟渊、宝来、富士，雇佣中国工人2.5万余人。“日资本家平日对于工人之苛扣虐待，无所不至其极”①。青岛大康、内外棉与上海的大康和内外棉分属同一企业。2月，上海日商纱厂大罢工直接影响到青岛。胶济铁路总工会成立后，共产党组织加强活动，在大康厂动员300多个小头目加入秘密小组。大康厂从济南招募的练习生，暗中联络工人组织工会。在司铭章、苏美一等带领下，秘密成立工会，会员2000多人。日本资本家发觉后，大约在4月14日，搜走工会名册，逮捕活动分子，开除工会发起人。群情怒不可遏，罢工遂于4月19日下午在大康纱厂爆发。

山东地委主要成员王尽美、邓恩铭、尹宽等齐集青岛，坐镇指挥。罢工后，他们领导工人组织罢工委员会，推定执行委员9人，各代表团成员30多人；组织纠察队300多人，调查队60多人，宣传队40多人。“全体工友都极服从命令，秩序极其严整”②。罢工委员会提出条件21项，包括承认工会，增加工资一角，免收房费，延长吃饭时间，不得打骂工人，每年给假一个月并发工资，女工每月给假2日不扣工资，平等对待工人等。厂方不仅置之不理，并且调动保安频频示威。罢工委员会起草了《青岛大康纱厂全体工人泣告书》，《向导》周报全文刊登。21日下午，全体罢工工人结队游行，4人一排，工会纠察团大旗开道，工人手执小旗，高呼口号，绵延2公里有余，声势颇为壮观。

23日，内外棉工人响应。24日，隆兴工人罢工。四方一带沿海岸的纱厂全部陷入瘫痪，罢工者已逾万人。其他日本纱厂唯恐波及，让工人在工潮未解决前停止工作，凡回乡者发给旅费。位于沧口的钟渊、富士、宝来等纱厂工人也跃跃欲试。

日本资本家不得已，向工人代表答复3项条件：公司廉价供给

---

① 吴雨铭：《青岛纱厂工人罢工之始末》，《向导》1925年第116期。

② 硕甫：《青岛日本纱厂工潮之扩大》，《向导》1925年第114期。

面粉，增加15分钟休息，增加补助金日币一钱。工人不满意，坚持罢工。上海工会代表张佐臣、江元青到青岛传授了经验和战术。青岛大学学生联合各团体成立了罢工后援会，捐资援助。

罢工的坚持和蔓延，引起日本政府的极大不安。日公使芳泽照会中国外交部要求阻止罢工。驻青岛总领事崛内连访戒严司令部和胶澳督办温树德，要求严厉镇压。5月4日，邓恩铭被捕，并于一周后被驱逐出青岛。

李慰农受中共中央委派，由济南返回青岛领导工人继续斗争。鉴于罢工已达18天，工人的生活十分困难，党的领导者认为必须在迫使资本家让步的条件下，早日结束罢工。5月7日，由戒严司令部出面，邀请商会参加调停。厂方被迫承认工会为工人代表机关；工友出勤15日以上给白面一袋、扣洋3元，如面价增高不另扣钱，面价跌落则少扣；饭钱加洋一分；取消押薪制度；工人因公致伤工资照发，医疗费在外；降低房费，改纳原价的1/4；吃饭时间延长20分钟；日人不得打骂华人；公司所收罚款交工会作补习教育之用；罢工期间的工资发放1/2。[①] 10日晚6时，罢工工人复工。资本家心有不甘，迫使各代表自动辞职，其中大康25人，内外棉、隆兴26人。代表们表示："牺牲个人不足为惜，惟望工会能持久存在，谋工界同仁幸福，是所愿耳。"[②]

在济南，工人运动率先在理发和印刷工人中展开。1924年山东纪念"五一"国际劳动节的集会便由济南理发会举行，会上发表宣言，指出这个纪念是"劳动阶级对于资产阶级反抗的表示"。理发会有会员2000余人，地域扩充至七八县。济南印刷工人借理发会地址也开展了纪念活动，因有基本会员六七十人，准备组织俱乐部。[③] 共青团济南地委重视在青年工人中发展团员，建立支部，开展补习教

① 《民国日报》1925年5月16日。

② 《民国日报》1925年5月16日。

③ 参见《民国日报》1924年5月4日；《山东地方报告》，载中共中央文献研究室、中央档案馆编《建党以来重要文献选编（一九二一——一九四九）》第2册，中央文献出版社，2011，第57页。

育，为粗识文字的工人提供《平民之友》《青年工人》《苦力》《工人周刊》等报刊，并着手组织俱乐部，扩大在工人中的影响。

3. 华东工人运动的恢复

在上海，1923年罢工斗争仅20次，参加人数1.6万余人，较上年大为减少，且绝大多数是手工业工人自发的斗争。1924年3月10日发生祥经丝厂大火案，烧死女工100余人，伤多人。这样重大的惨剧，竟未激起全市工人的抗争，足见工运低落的程度之深。

造成这种困难局面，除了全国性的原因以外，也有上海特殊的原因。第一，上海的发展处于各帝国主义的控制之下，帝国主义与中国反动势力狼狈为奸，共同压迫和破坏工人运动，为害至烈。第二，上海的流氓比任何地方都多，青洪帮十数万人。这些人为遂一己之私，不惜与帝国主义的巡捕房勾结，成为工人运动的大障碍。第三，工人籍贯复杂，地方观念浓厚。女工占全部工人半数以上，其战斗力和觉悟程度都较男工为弱。第四，由于交通便利，周边地区破产手工业者和农民不断涌入，造成劳动力供过于求，同业间竞争激烈，减弱了工人与雇主斗争的决心和信心。第五，招牌工会的发展。这种工会虽与工人关系不大，但影响工人的宣传和组织很厉害，并且波及全国。第六，共产党从事工运的力量薄弱，人手不够，经验不足，还没有深入到工人中去。①

1924年5月，中共中央执委扩大会议召开，上海工运的复苏出现转机。由邓中夏担任委员长的上海地委检讨了过去的工作，自责“工人运动这样没有成绩，这是我们上海同志最说不过去的一件事”②。根据形势发展的需要，中共中央充实了上海地委的领导力量，将李立三从汉口调上海任劳动运动委员会书记，项英也转移到上海。

① 参见《上海地方报告》（1924年5月），载中共中央文献研究室、中央档案馆编《建党以来重要文献选编（一九二一——一九四九）》第2册，中央文献出版社，2011，第37页。

② 《上海地方报告》（1924年5月），载中共中央文献研究室、中央档案馆编《建党以来重要文献选编（一九二一——一九四九）》第2册，中央文献出版社，2011，第39页。

吸取过去没有在工人中扎根的教训，上海地委加强在工人中发展党员，建立组织。1924 年 5 月，上海地委有党员 47 人，工人党员仅 8 人。到 11 月，党员发展到 109 人，新增工人党员 32 人。原先没有工人小组，这时建立了店员联合会、南洋烟厂、杨树浦、小沙渡等 4 个工人小组，每星期开会一次。过去党的劳动运动委员会带研究性质，这时已转到实践上来。杨树浦、小沙渡两个工人区的党组织，注意工厂小组，从下层做起，努力夯实产业工会基础，出版《上海工人》广泛宣传。

平民教育是开展工人教育的有效形式。至 1924 年 5 月，上海地委已在杨树浦、吴淞、南市西门、上海大学设立平民学校，还准备在虹口、浦东两个工人区开办这种夜校。上海大学在开展工人教育中起了重要作用。国民党元老于右任是上海大学校长，邓中夏为总务长，瞿秋白为社会学系主任。它不仅是培养革命青年，锻炼干部的熔炉，也为实施平民教育、发展工人运动做出了重要贡献。4 月 15 日，上海大学附设平民学校开学，多数学员是童工。学校首期 6 个班，每班约 60 人。第 2 期 460 余人，1925 年又办了第 3 期。上海大学师生还到沪西、沪东、吴淞、浦东、闸北、南市等工人区促进平民教育。刘华、杨之华就是上海大学学生中从事工运而迅速成长起来的佼佼者。

通过平民教育，共产党人深入到工人之中，取得他们的信任，发现和培养积极分子，成立工人团体，确立工运基础。1924 年 8 月，在沪西小沙渡工人补习学校的基础上，共产党领导工人成立沪西工友俱乐部，设识字班、文化补习班、演讲会。从这所补习学校和俱乐部走出来的工人领袖就有孙良惠、顾正红、陶静轩、戴器吉、盛松林、刘贯之等人。俱乐部刚成立时只有二三十人，数月后发展到七八十人。小沙渡党小组就是在他们中吸收党员建立起来的。他们以各种方式吸引、团结、影响了沪西地区更多的工人，参加工厂小组的就近 1000 人。同年秋，在沪东杨树浦以平民学校为基础，共产党建立了工人进德会，它所团结的积极分子，在沪东各纱厂发展工厂小组成员，也达 300 余人。[①]

这时期，革命工会不能立足，但打着工会旗号宣称是“纯正”工人团体而在沪上招摇过市的倒为数不少。1924 年 3 月 8 日，上海工团联合会成立。该会“性质极为复杂”，会内分子既不纯，同情心当然不厚，且其主要人物“多与国民党右派相接近，主张以议会手续改进工界之生活”。[②] 7 月，上海工商友谊会总部、南洋烟草职工同志会、上海船务栈房工界联合会等 13 个团体，发起成立所谓上海总工会，其影响不及上海工团联合会。

其实，这些组织都不过是少数个人与上层的结合，但他们热衷于开会议、发宣言、会记者，在社会上颇有影响。1924 年上海纪念“五一”国际劳动节的集会，就是工团联合会所属的一些组织发起，在北河南路天后宫举行的，2000 余人出席，汪精卫、邵力子在会上讲话。工潮渐起，他们插手其间，有时也能为工人争得些许利益，吸引一部分群众。革命工会初时还无力与之竞争。上海地委“不得不竭力想法改组”，计划在两三个月内“组织或恢复十个左右的工会加入改组”，[③] 后因无法成事，不得不另行组织上海总工会。

复兴期中，上海的罢工斗争增多。1924 年罢工 23 次，参加者达 3 万人以上。另据统计，本年罢工 16 次，按其分类，服用品工业 7 次，器具业制造业 3 次，饮食品工业、交通运输业、教育事业、卫生事业、奢侈品装饰品工业及杂项各 1 次。[④] 其中规模最大的是虹口

---

① 参见沈以行、姜沛南、郑庆声主编《上海工人运动史》（上卷），辽宁人民出版社，1991，第 179—183 页。初时，共产党领导的工团参加了上海工团联合会的活动，意在改造工联会。《第一次中国劳动年鉴》将沪西工友俱乐部归入工联会系统是不对的。见该书第 52 页。

② 王清彬等编《第一次中国劳动年鉴》，北平社会调查部，1928，第 8 页。

③ 《上海地方报告》（1924 年 5 月），载中共中央文献研究室、中央档案馆编《建党以来重要文献选编（一九二一——一九四九）》第 2 册，中央文献出版社，2011，第 39 页。

④ 参见沈以行、姜沛南、郑庆声主编《上海工人运动史》（上卷），辽宁人民出版社，1991，第 177 页；王清彬等编《第一次中国劳动年鉴》，北平社会调查部，1928，第 161—214 页。

地区丝厂和南洋烟厂的罢工。

6月15日，虹口地区云成丝厂女工首先罢工，同丰永丝厂继起。次日，永泰等7家丝厂卷入，规模继续扩大，最后发展到14家丝厂1.4万余人同盟大罢工。罢工为反对虐待而起，真正的动因则是要求增加工资、缩短工时。厂方勾结警署镇压，捕走女工9人，后释放7人。女工们没有屈服。6月20日，罢工工人提出16项条件，严正要求释放在押女工，每天工资由4角5分增至5角，每天工作10小时，禁止一切虐待。随后，他们又发表宣言，声明工资不恢复4角5分不上工，工作时间不恢复到10小时不上工，不释放被捕姐妹不上工，不恢复工会不上工。[①] 日工资4角5分是上年标准，新茧上市，厂方以亏损为由，声言减至4角，实发也只有4角2分。

共产党人参加了丝厂女工的罢工斗争。罢工开始后的第四天，共产党人和几个女工代表联系上了，成立一个行动委员会领导罢工，帮助女工组织工会，这个行动委员会由党中央领导。陈独秀在《向导》发表文章，呼吁社会各界，尤其是主张改良工人生活的国民党，公开出来加以援助。邓中夏在《民国日报》发表文章，全力支援女工自救的合理的行动。向警予多方奔走，支援罢工。

这次罢工是自发开展起来的，领导权掌握在穆志英主持的丝纱女工协会手中。6月28日，罢工女工复工。工潮平息后，穆志英与丝茧公所订立条约，由丝茧公所津贴丝厂女工会议处月费300元，该会议处的职责之一，便是各厂女工如有请愿事件得报该处讨论，由该处与丝茧公所交涉，“不得有罢工情事”[②]。后来，穆志英继续控制丝厂女工达两年之久，直到1926年6月罢工潮再起，女工们才完全识破穆志英的真面目，接受上海总工会的领导。

南洋烟厂工人罢工是第一次工运高潮结束以后，共产党领导的第一次上海工人罢工，邓中夏称之为“复业开张”。

1924年2月，南洋烟草职工同志会改选，新选委员大多数是工

---

① 参见独秀（陈独秀）:《上海丝厂女工大罢工》,《向导》1924年第71期。

② 《民国日报》1924年7月30日。

人，原主要负责人邝公耀落选。资方将邝公耀任命为公司工务长。4月间，邝公耀伙同李援迎合资本家，将工人病假给资的旧例削减，又新订管理工人的苛例30余条，工会屡次交涉均无结果，反被陆续开除10余人，两名工会女代表也被开除。9月8日，7000余人大罢工，要求增加工资，恢复被开除工人的工作，取消一切苛章，开除高级职员邝公耀和李援。资本家与邝、李勾结，破坏罢工。① 他们贿买巡捕，拘捕工人活动分子；雇用流氓打手拦路殴打工人，强拉女工上工；以复工者发双薪、升散工为长工等手段，分化罢工工人。罢工10余天后，部分工人自动复工。资方乘机宣传，限工人于9月24日一律复工，否则开除出厂。25日，上海工团联合会头目王光辉、郭寄生与资方雇用的流氓，武力强占了工会会所，重新改组工会，并捏造罪名报请官厅通缉原工会所有工作人员，坚持罢工的1700余人也被资方全部开除。

罢工发生后，共产党发动店员联合会、机器工人俱乐部和闸北市民协会等团体声援。《向导》连续发表文章，揭露资本家的毒辣手段。部分工人复工后，共产党发动37个工团，推派代表调解，争取使罢工获得较好的结果，但为资本家所拒绝。在援助罢工问题上，共产党同国民党右派进行了激烈的斗争，对主持国民党上海执行部党务和任《民国日报》主笔的叶楚伧违背国民党保护工人利益的宣言和政纲的所作所为，进行了严正的批评。罢工失败后，共产党又发动各团体组织南洋失业工人救济委员会，救济和安置失业工人。②《中国工人》刊登李立三的文章，向社会大众公布了这次罢工的事实真相。

从这次罢工中，共产党人总结了经验教训。项英指出罢工必须具备“组织强固”“时机适宜”两个必要条件，而南洋烟厂罢工均不具备：职工同志会只是部分长工的组织，几千名散工流落在外，无

---

① 参见《民国日报》1924年9月10日。

② 参见《民国日报》1924年10月3日、12月1日、2日、24日；《向导》1924年第83—85期。

法统一行动，组织不强固；江浙战争造成香烟销售下降，资本家正欲减少生产，时机不适宜。今后，应当注意加强工会的组织建设，加强训练；必须集中权力，形成铁的纪律；罢工要把握适当的时机。他指出南洋烟厂素以“劳资调协”相称，这次罢工的结果说明劳资利害相反，“并无协妥调和之可言”；“工人利益是靠工人自己力量来争”，不要指望宣言保护工农的国民党。[①]

1925年2月，上海日商内外棉八厂工人罢工。2日晨5时许，八厂粗纱间一女童因打瞌睡被日本领班踢伤腿部，女童的姐姐与日本领班交涉，也被打了耳光。全车间男女工人怒不可遏，群起与之评理，厂方遂将甲班50余名男工一律削除工籍。日本资本家企图借机用养成工代替成年男工。当日，乙班男工自动罢工，与甲班男工共进退。4日，甲班男工要求算还工资，乙班工人依旧入厂，皆为厂家所拒绝，几名工人代表被捕。工人忍无可忍，酝酿罢工。9日下午4时，东、西五厂，七、八、十二厂全体工人9000余人同盟罢工。10日，罢工工人200余人到九、十三、十四厂实行“打厂”，在厂工人蜂拥而出。同日，八厂全体养成工也参加了进来。至12日，内外棉11家工厂1.7万余人全部罢工。[②]

中共中央和上海地委高度重视，认为这是领导工运的极好时机，当即成立专门委员会，指定李立三、邓中夏负总责，上海100余名党员全体动员，以沪西工友俱乐部为公开指挥机关，全力组织这次罢工。[③]《向导》周报连续发表《上海小沙渡日本纱厂之大罢工》等文扩大宣传。

沪西工友俱乐部从租界搬到了苏州河北岸的潭子湾。这里既属华界，又与内外棉东、西五厂，七、八、十二厂隔河相望。俱乐部散发传单，提出不准外国人打人，增加工资2成，八厂被开除工友

---

① 得龙（项英）：《南洋烟厂罢工失败的原因与所得的教训》，《中国工人》1924年第1期。

② 参见《民国日报》1925年2月5日、10—13日；《申报》1925年2月12日。

③ 邓中夏：《中国职工运动简史一九一九——一九二六》（1930年6月19日），载《邓中夏文集》，人民出版社，1983，第537页。

复职，承认工人俱乐部为工人代表，罢工期内工钱照发等 6 项要求。9 日，内外棉纱厂工会成立，当即议决罢工办法 10 条，在宣言中提出 7 项要求：以后不准打人；工资增加 1/10，不得无故克扣；恢复第八厂被开除工友的工作，释放被拘押的工友；工资每两周发放一次，不得延期；储蓄金发还工友，储蓄赏算为工钱按期发给；不得无故开除工人；罢工期间工资照发。[①] 2 月 14 日，该会发表《敬告各业工友书》，呼吁大家联合起来援助。

内外棉工人罢工潮起，日华第三、四厂工人代表立即前往接洽。2 月 14 日，该两厂 3500 余人罢工声援，工会提出最低限度要求 8 条。同日，杨树浦大康纱厂第一、二厂 4000 余人罢工，提出 7 项要求。东亚麻袋厂 1500 余工人也投入了罢工。15 日，丰田纱厂第一、二厂 6000 余人罢工，提出 9 项要求。16 日，同兴纱厂 2000 余人罢工，提出 8 项要求。18 日，裕丰纱厂第一、二厂 4000 余人罢工，提出 8 项要求。各厂所提要求内容大体相同。这样，卷入罢工的就有日本在沪 6 个会社 21 个工厂 3 万余人。

为使原始状态的罢工保持秩序，李立三、邓中夏等差不多每日在潭子湾组织一次群众大会，每日发出几种新闻式、俚歌式的传单，或是通报罢工动向，或是指示罢工办法，各厂组织纠察队维持秩序。同时，尽量扩大罢工规模。在对外的策略上，以“反对东洋人打人”为主要口号，争取社会各界的支持和援助。

上海各业工人热烈援助纱厂工人罢工。机器工人俱乐部等发表通启，呼吁社会各界支持内外棉工友的 7 项要求。恒丰纱厂等厂工人踊跃捐款。上海国民会议促成会等组织了东洋纱厂罢工后援会，发表宣言声援，并募捐救济。这次罢工限于日本纱厂，对中国纱业资本家有利，故他们也用工人名义捐款 1000 元。杭州、绍兴工界团体通电予以支持。

日商纱厂工人大罢工震动了日本政府。日本外务当局认为“罢工性质已非专对资本家之单纯劳动争议，而带有排外之性质”，公然

① 参见《民国日报》1925 年 2 月 11 日。

指令驻华使节向北京政府和上海地方官厅交涉，“要求取缔”。[①] 日海军“对马”“伏见”两舰停泊上海，实行武力恫吓。

2月16日，日本内外棉株式会社社长阿部彦太郎专程来沪，紧急召集各厂人马策划对付罢工的办法。内外棉厂企图以发“红簿子赏”的办法引诱工人上工，但工人无一人去领。大康厂则宣布不上工者，概行逐出厂房。日本驻沪总领事矢田抱怨公共租界工部局取缔罢工不力，其实，工部局对中国工人丝毫不手软，先后拘捕工人领袖、罢工工人及援助工人的学生共达60余人。

淞沪警察厅积极参与了镇压工人的活动。厅长常之英发出布告胁迫工人“安分上工”，警察署一再制止罢工工人在潭子湾集会。2月17日，大批警察拦阻结队游行的工人，在冲突中拘捕30人，包括邓中夏在内。淞沪警察厅为虎作伥，矢田称其“具有相当之诚意”，“已有良好之影响”。[②]

招牌工会的头目们插手罢工，企图施加影响。2月11日，上海工团联合会讨论了罢工问题。15日，成立维持内外棉纱厂罢工委员会，标榜“引工人趋于正轨”[③]，与官厅达成如下协议：①“官厅承认工团联合会为正当的诚意的调解，于必要时并可酌量保护其进行”；②“工团联合会须随时侦查工潮之状况，向交涉署报告”；③“工团联合会须设法抑止工人之暴动。如工人必须集会时，须由工团联合会召集，并报告官厅派员到场弹压”。[④] 他们到底如何假调停之名，行破坏之实，于此昭然若揭。各工会联合登报，揭破工贼徐锡麟等假托上海纺织总工会破坏罢工的骗局，拒绝他们参与调停。

大罢工使日本资本家受到严重损失。2月25日，资方代表内外

---

① 上海日本商业会议所编《我国纺织业罢工事件与五卅事件以及各地的动荡》，载上海社会科学院历史研究所编《五卅运动史料》第1卷，上海人民出版社，1981，第341页。

② 参见日本外务省档案显微胶卷第564卷，载上海社会科学院历史研究所编《五卅运动史料》第1卷，上海人民出版社，1981，第367页。

③ 《申报》1925年2月16日。

④ 《申报》1925年2月20日。

棉株式会社董事长武居绫藏、该社上海支店经理冈田源太郎及大班元木不得不坐到谈判桌边，与工会代表谈判。参加谈判的工会代表是同兴厂刘贯之、大康厂张佐臣、日华厂李瑞清、裕丰厂万金福、内外棉朱国平、丰田厂张应龙以及工会雇请的英国律师克威。上海总商会副会长方椒伯及上海各路商界总联合会总务主任潘冬林等18人出面调停。淞沪警察厅长常之英和交涉使的代表临场监视。26日，双方签订协议，资方接受了工人代表所提8项条件中的4项：以后如有虐待，准告厂主办理；工人回厂照旧工作，储蓄金满5年发还，未满5年而被开除者，平时在厂有成绩的可发给；工资每两星期发一次。①

3月1日下午，沪东、沪西分别召开工人大会宣告复工。沪东大会在引翔港工会后面空场举行，由大康工会张佐臣、裕丰工会万金福主持。沪西大会在潭子湾沪西工友俱乐部后面空场举行，2000余人出席，俱乐部代表刘华演说，指出在这次罢工组成了工会，掀起一大工潮，是一个大胜利，"今后只要各位对工会热心维护，我想就不愁得不到胜利!"②

3月2日，各厂工人复工。被警察厅拘押的工人领袖和工友陆续释放，邓中夏和孙良惠、戴器吉最后脱离禁锢。被租界巡捕房拘捕的则全部押送到会审公廨由日本领事陪审，49人被判处罚金至徒刑6个月不等。

复工后，李立三召集俱乐部和各纱厂工会20余人研究了今后的工作，决定各纱厂已宣布成立工会的，一律组织工厂委员会，未成立的设法成立。工厂委员会下设小组，暂不公开；准备成立纱厂总工会，未成立前用工会联合办事处名义指导工作；推举项英等7人为联合办事处委员，项英为主任，刘华为副主任兼宣传主任，孙良惠为组织主任，李瑞清为组织副主任，刘贯之为总务主任；办事处

① 参见《申报》1925年2月27日。

② 〔日〕宇高宁：《支那劳动问题》，上海社会科学院历史研究所编《五卅运动史料》第1卷，上海人民出版社，1981，第452页。

设在潭子湾，刘华、刘贯之常驻。[①] 工部局警务处惊呼："闸北潭子湾工友俱乐部，原来是为主持二月罢工而组织的，现在却成为一个永久性机关，每天都在那里举行会议。"[②] 邓中夏及时作了总结，指出这次罢工解决了"时机是否相宜""组织是否坚固"这两个先决问题，运用了成功的战术，如事先领得工钱、临时组织得力、口号适当、传单得力、对准敌方弱点猛攻、有自卫的特殊组织等等。通过这次罢工，工人群众增强了对工会的信仰，入会积极性大为提高。至3月下旬，小沙渡、杨树浦、曹家渡地区登记工会会员2万多人，声势为之大振。

当时，上海在行政区划上属江苏省。据统计，1923年，江苏其他地区还发生罢工10起，其中苏州2次，徐州、镇江、浦口、无锡、常州各1次，扬州3次；1924年发生罢工10次，松江2次，苏州8次。其中8月21日至24日的苏州木机织工罢工，参与者达到1万余人。

在浙江，据统计，1923年发生罢工7次，其中湖州3次，杭州、宁波、绍兴、高邮各1次；1924年发生罢工6次，其中湖州2次，宁波、绍兴、嘉兴、余姚各1次。影响最大的是余姚盐民罢工。

5月1日，杭州举行了纪念"五一"国际劳动节活动，这是国民党浙江省党部组织的。省党部负责人、共产党人宣中华任大会主席并讲话。杭州劳工协会、印刷工人俱乐部、社会主义青年团等团体代表与市民2000余人参加。大会散发了宣传品，组织了游行。

同年3月，共产党员赵醒侬主持成立了国民党江西临时省党部。5月，中共南昌特别支部成立。青年团的组织则除南昌外，还发展到九江。4月，南昌铅印工会成立，这是共产党江西地方组织建立的第一个工会组织。此后，南昌海员工会、拣茶工会、店员工会陆续成立，在吉安、景德镇、乐平等地，也成立了共产党领导的工会。

九江日清码头工人反日罢工，是这时期江西工人最重要的反帝

---

① 参见刘贯之：《关于1924—1925年上海工人运动的回忆》，《中国工运史料》第1—8期下，第113—114页。

② 《上海工部局公报》，载上海社会科学院历史研究所编《五卅运动史料》第1卷，上海人民出版社，1981，第461—462页。

斗争。5月30日，青年团九江地委发表《九江码头工人罢工宣言》，抗议日清轮船公司大班佐藤诬陷码头工人刘财明偷米，唆使职员将刘推入江中淹死，提出惩办凶手、抚恤死者、增加工资、优待工人等4项要求。[①] 日清公司强迫死者家属签字入殓，两名工友不签字即被警察拘捕。6月3日，罢工进入第五天，死者家属得到200元抚恤金，不再问事，日本领事宴请中国官厅打通关节，工人被迫陆续复工。

4. 两湖工人运动的恢复

1923年4月，中共中央调李立三任武汉区委委员长，许白昊任秘书。军阀当局发出通缉令，捉拿项英、许白昊、杨德甫等17人，区委不得不设秘密机关，挂“湖南布庄”的招牌掩人耳目。1924年春，武汉区委撤销，改组为武昌地委和汉口地委，陈潭秋任武昌地委委员长，包惠僧任汉口地委委员长。工人运动事务主要由汉口地委承担。

二七惨案后，汉口20多个工会，或被封闭，或名存实亡。汉口地委有党员47人，在汉阳钢铁厂、江岸铁路、粤汉铁路及徐家棚站和汉阳轮驳工会中分别建立了党小组。青年团有5个地委。党和团极力打破沉寂，设法在工人中活动，秘密吸收工厂工人，其中以青年工人居多，在非工厂工人中，车夫工会是工作重点。[②] 到1924年2月，青年团武昌地委在造币厂、电话局、麻布局及湘鄂印书馆成立了支部，徐家棚有工人团员21名，汉阳有52名。“工厂支部同志对《工人周刊》、《青年工人》均能热心细读，对非同志之工人，则取‘拜把’之形式，作联络宣传之初步。”[③] 林育南编纂了《施洋先生纪念录》，湖北全省工团联合会、京汉铁路总工会驻沪办事处编辑出版了《二七工仇》，传扬英勇斗争的悲壮故事。

---

① 参见《九江码头工人罢工宣言》，《向导》1924年第68期。

② 参见《汉口地方报告》（1924年5月），载中共中央文献研究室、中央档案馆编《建党以来重要文献选编（一九二一——一九四九）》第2册，中央文献出版社，2011，第40—42页。

③ 《团武昌地方报告》（1924年2月11日），载中央档案馆、湖北省档案馆编《湖北革命历史文件汇集（群团文件）》（1922年—1924年），内部版，1983，第180、181页。

湖北全省工团联合会、京汉铁路总工会驻沪办事处，负责办理二七惨案善后事宜。办事处发表宣言指出：军阀吴佩孚、萧耀南禁止京汉工人集会结社，乃是剥夺一切人民自由的先声；他们惨杀京汉工人，是惨杀他处工人的先声。因此，二七惨案不仅是京汉工人的事，乃是全国工人的事；不仅是全国工人的事，乃是全国各界同胞的事。后死者要为被难工友复仇，要为全国同胞争生存、争自由，要联合全国同胞来完成打倒军阀的任务。宣言书疾呼："军阀不死，大乱不止"。

1923 年 3 月，汉阳钢铁厂厂长报前次大罢工之仇，一口气开除 224 人，并请军队驻扎厂内，强迫被开除的工人缴工牌出厂。被开除的工人因工牌失落没有缴的，承认赔偿罚款还被送押警署，迟迟不能释放。工厂当局纠合汉阳警方，封闭工会，停办工人子弟学校，对在厂工人严加看管，简直如同对待牢囚一般。接着，全部开除化铁炉车间 800 余人，准备另行招聘。此时，汉阳钢铁厂工会没有实力反抗，只有通电揭露厂方高压和军警摧残、剥夺工人生存权的暴行。

12 月 19 日，汉口发生田仲香案。日本珠宝钟表商本多洋行副班怀疑该行厨师田仲香偷窃金表链，不容其申辩，对其加以毒打，并押至俄租界巡捕房（时俄租界已由中国政府代管，汉口市特二区尚未成立），后引渡到日租界巡捕房，酷刑逼供。田仲香因伤致命，含冤而死。日本巡捕房推卸责任，谎称田系自缢身亡。田仲香之死激起武汉各界人民的无比愤怒。25 日，武汉国民大会召开，到会 2 万余人。接着，武汉学生联合会、武汉国民外交后援会等团体，纷纷集会，一致主张对日经济绝交，以示抗议。武汉商界自动宣布不卖日货。汉口受雇日商的 1000 余中国工人，发起成立同行总会，以维护中国工人的人身安全。全国各地也极为关注此次事件。在大规模抗暴运动的压力下，北京政府外交部向日本驻华使馆提出外交交涉。围绕田仲香事件的抗争，以及反对日本凭借"二十一条"侵略中国的斗争，刺激了工人群众的情绪，小规模罢工斗争连续发生，此起彼伏。

1924 年 1 月，国民党第一次全国代表大会召开，湖北和汉口代表刘伯垂、李立三、廖乾吾参加了大会。会后，刘伯垂被任命为国民党湖北省党部筹备员。4月，国民党汉口执行部成立，覃振、张知本、林伯渠为常务委员会委员。覃振、张知本未就职，部务由林伯渠主持，林伯渠兼组织部长，刘伯垂任工人农民部部长，李立三、许白昊为组织部干事，项英、杨德甫为工人农民部干事，林育南为青年部干事，夏之栩为妇女部干事。以上除杨德甫外，都是共产党人。5月，国民党湖北省临时省党部成立。共产党员、青年团员占到临时省党部职员的大半。

5月13日，国民党湖北省临时省党部、中共汉口地委机关，同时被军阀当局破获，刘伯垂、许白昊以及杨德甫等6人被捕。林伯渠被迫离汉返粤，汉口执行部停止工作。事件发生后，19日，陈独秀、毛泽东联名签署中共中央第14号通告，就“汉口官厅因反对国民党运动逮捕了许白昊”等人一事，要求各地即速表示抗议。吴佩孚命令将所有被捕者专车押解洛阳，亲自审问，判决10年监禁。1924年北京政变后，他们才被营救出狱。

董必武接手完成并主持了国民党临时省党部的创建工作，北京政变后半公开活动。9月，汉冶萍总工会恢复，所属汉阳钢铁厂、汉冶萍轮驳工会在被封期间一直保留着秘密小组，大冶铁矿工会一度复活。1925年4月12日，湖北全省工团联合会秘密恢复，并与蜕化堕落的湖北全省工团联合会驻沪办事处划清界限。陆续加入联合会的有汉冶萍总工会、纱厂工会、蛋厂工会、香烟工会、洋火工会、棉花厂工会、码头工会、人力车夫工会。

1925年3月3日，汉口人力车夫以力争徐典事件公平解决而罢工。2月17日，徐典拉车经过英租界鄱阳街，因避让汽车误撞巡捕，被巡捕殴打致死。人力车夫向官厅提出5个条件：惩办凶手，抚恤死者家属，不许巡捕殴打车夫，巡捕房对车夫不得任意处罚，开除虐待车夫的巡捕。官厅置之不理，车夫代表12人请愿，过英租界时竟有6人被捕，人力车夫愤而罢工。汉冶萍总工会、轮驳工会、汉阳钢铁厂工会等发表宣言支持车夫斗争。镇守使署、洋务公所与车夫代表谈判，再与英领事署交涉，最后取得了缉凶、恤死、取缔巡捕毒打车夫的胜利。5 日，人力车夫复工。[①] 到 1925 年上半年，各种罢工累计 16 次。武汉工人罢工的一系列胜利，表明工人运动已经复兴。

1924 年 4 月，国民党湖南临时省党部成立，中共湖南区委委员夏曦任执委主任兼组织工作，区委委员郭亮负责工农运动。鉴于国民党在湖南具有合法地位，区委确定“一切社会运动，如劳动运动，农人运动，妇女运动，学生运动，外交运动，平民教育运动……等概统一于国民党之下”[②]。国民党湖南临时省党部是以共产党人为核心的，工人运动按此计划即在共产党领导下用国民党的名义去开展。

湖南产业工人以青年居多。共产党和青年团把开展工人补习教育作为宣传、教育、训练和组织工人的主要手段，先后成立了湖南全省工团联合会补习学校、泥木工会工人补习学校、长沙县平民教育促进会平民学校，还成立了铅印活版工会会员俱乐部、湖南青年工人互助团、湖南铁工厂附设艺徒补习学校学友会。补习学校因“教员难得其人，每不能合工人心理”[③]，但发挥的作用还是不小。工人入党入团者，多出自这两所补习学校。

湖南工运同样处在低潮，1923 年 11 月，水口山工人俱乐部被武力解散，2000 余工人遭开除，2 人入狱，2 人被枪杀。各业工人为改善经济待遇，不断举行小规模罢工，大多数属自发行动，只有一部分由工会领导。影响较大的是湖南第一纱厂和炭塘子锰矿的罢工。

1924 年 4 月 15 日，湖南第一纱厂细纱部工人因纺 32 支纱产量减少，工资下降，要求补足前额，“少数工友，倡率停工”。公司因近来花涨纱跌，兼以外间收回公办的空气浓厚，宣布全厂停工。工人散发传单，反对公司闭厂，要求完全承认细纱部工人条件，并马上开工。停工 4 日后，纱厂因政府指令复工。细纱部工人工资有所

---

① 武汉市总工会工运史研究室编《武汉工人运动史》，辽宁人民出版社，1987，第 86 页。

② 《湘区报告》（1924 年 5 月），载中共中央文献研究室、中央档案馆编《建党以来重要文献选编（一九二一——一九四九）》第 2 册，中央文献出版社，2011，第48 页。

③ 《湘区报告》（1924 年 5 月），载中共中央文献研究室、中央档案馆编《建党以来重要文献选编（一九二一——一九四九）》第 2 册，中央文献出版社，2011，第 46 页。

增加，但9人被开除。考工处原拟多开除工人，因工人群起抗议而作罢。[①] 7月，纱厂放暑假，厂内青年团员利用厂方在暑假时发放若干元“提红给奖”的旧例，组织工人争红协进会，推出代表90人，从中再推选总代表20人，与公司交涉。由于工人代表均须回家，争红协进会仅留5人驻省，公司乘工人不集中，开除全部总代表，其中青年团员10人，争红运动失败。9月，暑假结束，工厂不按时开工，1000余工人失业。青年团湖南区委组织纱厂工人同难会，进行开工运动，促使纱厂于11月24日开工。1925年1月7日，梳并部工人又因工资减少，待遇变坏，率尔罢工3小时，结果工人被开除出厂。公司呈文省实业司，称青年团出入厂中煽惑工人，政府批示查禁。[②] 第一纱厂是湖南较大的现代企业，由于经营形势不好，工人不可能在短期内连续提高收益。工人组织程度还不高，斗争自发性较强，因而失败居多。

炭塘子锰矿位于长沙、湘潭交界，有搬运矿砂工人400余人。资方裕甡公司历来用大秤剥削运砂工人。省财政、实业两司定24两为1斤，裕甡公司加至33两6钱，其职员更擅自加至50余两为1斤。1924年4月19日，运输工会代表向公司提出4项要求：承认锰矿工会为工人代表；改换收砂秤，增加运费；公司每月津贴工会教育费200元；公司招收工人须征求工会同意。对此，裕甡公司置之不理，并串通湘潭县政府镇压。21日，县知事派兵拘捕工友一名。5月1日，全体运砂工人罢工。4日，长沙、湘潭两县军警拘捕工人38人，后放出37人。8日，长沙县警备队强行封闭工会，鸣枪胁迫工人复工。工人与警方搏斗，4人被捕。28日，又有3名工会负责人被捕。[③] 由于军警驻矿，坚持一个多月的罢工斗争终遭败绩。1925

---

① 叔夷：《一年来湖南之劳动运动》（1924年4月），载湖南省总工会、湖南省社科院历史所、湖南省档案馆编《湖南工运史料选编》第2册，内部版，1984，第20页。

② 《团湖南区委兼长沙地委关于长地青年农工运动的报告》（1925年1月15日），载中央档案馆、湖南省档案馆《湖南革命历史文件汇编（群团文件）》（1925年），内部版，1985，第4—6页。

③ 参见《民国日报》1924年5月22日。

年4月，郭亮来到炭塘子，领导工人再次罢工，要求提高运价和平粜。罢工坚持了半个月，迫使资本家将运砂工人工资由每月2元4角增加到4元2角。郭亮还在该矿办起了第一所工人夜校。

因钢铁生产锐减，汉冶萍公司债务重重，资本家不断向日本借款维持，公司面临着或是被日本收购，或是破产的困境。无论哪一种办法，对工人都不利。但是，胜利后的工人头领和群众并没有认识和理解这种危险局势，反而一味要求进攻，提出一些过分要求，如不断增加工资，缩短工作时间，提前出窿，还采取一些为当时情形所不允许，容易授人以柄的鲁莽行动。[①] 1924年6月，刘少奇写了《救护汉冶萍公司》，11月又写了《整顿萍矿意见书》，提出通过整顿，维持和提高生产，挽救萍矿不致破产，以达到维护工人已经得到的利益，保障俱乐部合法存在的目的。

群众的自发行动，往往产生出领导这种行动的领袖，他们要得到超越当时许可的利益。刘少奇等为了工人的长远利益，当然不能代表这种要求，工人一度还不能接受。1924年7月起，矿局开始拖欠工人薪饷。到1925年1月5日，矿局不但不发欠饷，还要取消1922年9月大罢工得到的年终双薪的规定。刘少奇和俱乐部其他领导人及时领导了罢工斗争，迫使矿局发放了年终双薪。这个斗争是必要的，非此则不能保持1922年罢工胜利的成果。由于策略得当，俱乐部的组织又比较有力，安源工运在危机隐伏的形势中继续前进着。

9月16日至18日，汉冶萍总工会第二次代表大会在安源召开，刘少奇当选为执行委员长。同年秋，为了加强安源地方党和团的建设，在刘少奇领导下，党和团的安源地方组织合办党校，分编初级班和高级班，开设政治经济浅说、俄共党史、少运史课程，训练当地工人和学生，这是中国共产党最早举办的党校之一。

赵恒惕保持着“自治”面孔，湖南全省工团联合会得以合法存在。1924年5月1日，省工团联召集长沙所属工会4300余人，在省

① 参见《萧劲光同志的回忆》，载中国社会科学院近代史研究所、安源工人运动纪念馆编《刘少奇与安源工人运动》，中国社会科学出版社，1981，第154—155页。

教育会坪举行纪念大会。郭亮在会上指出劳动节是工人流血换来的，是悲壮的纪念日；湖南工会派别林立，应该联合起来，团结一致，共谋劳动者的幸福。会后工人冒雨游行，并向省议会递书请愿。① 当日，受官方操纵的湖南省工会举行游行集会，2000多人参加。工业总会、中华工会也有活动。6月23日，湖南全省工团联合会召开代表大会常会，安源路矿工人俱乐部、长沙人力车工会、长沙电气工人俱乐部、铜官陶业工会等21个工团的43名代表出席。刘少奇主持会议，郭亮报告了一年的工作，讨论了会务进行办法，选举郭亮、谭影竹、朱菊和等10人为新一届干事。② 郭亮继续担任委员长。

湖南全省工团联合会的存在和发展，使赵恒惕政府深感不利，便试图通过颁布《湖南工会暂行规程》，成立官办的省工会来加以束缚，以便瓦解湖南工人运动。8月28日，湖南省实业司登报颁布《湖南工会暂行规程》，委任甲种工业学校校长蔡湘等5人组织省工会。这个规程除了给工会一个名义外，没有赋予任何真正有价值的东西。相反，它使资本家、厂店主加入工会，使之成为劳资混合的机构，紧紧地束缚工人的手脚，目的是将工会完全置于官方的控制之下。各地资本家、厂店主、工界人士纷纷发起成立工会，形成官办的湖南省总工会一派。湖南全省工团联合会、中华工会、工业总会以及取代原湖南省工会的湖南省总工会几种机构并存，反映了革命工会在低潮时期被围困而不能壮大，冒牌工会则乘机兴起的情状。

5. 东北工人运动的恢复

东北是我国近代工业发展较早的地区，产业工人相对集中。但是，这里又是北洋军阀奉系的大后方。吉林省长春以南的铁道附属地和大连，处于日本殖民统治之下。北满地区最主要的产业中东铁路由中苏两国共管，由于实行苏联的劳动法规，中国工人的工资收入和生活待遇相对来说有所改善。共产党在东北地区的活动比较晚。因此，整个东北地区工人运动的准备和组织比较困难、比较薄弱。

---

① 参见长沙《大公报》1924年5月2日。

② 参见《民国日报》1924年7月1日。

大连沙河口工场华人工学会是大连乃至整个东北第一个工人组织，它的成立是东北地区工运开始兴起的标志。

沙河口工场是日资企业，属南满铁道株式会社，有五六千名职工。1923年12月2日，华人工学会成立，傅景阳任会长。工学会的名称是在“工”“会”中加上“学”字，看似组织工人学文化、学技术的团体，便于向大连日本殖民当局立案。年底，李震瀛、陈为人与傅景阳接上联系。1924年初，受中共中央指派，李震瀛再返大连，开展了4个月的秘密活动，他在工人夜校的讲演深受欢迎。在他的指导下，工学会修订了章程，调整了机构，并将范围扩大到整个大连，改名为大连中华工学会。

1924年6月和年底，邓中夏两次到大连考察。鉴于大连工运已有的基础及其重要性，中共中央将其列为重点工作地区。1925年2月，傅景阳到郑州参加了全国铁路工人第二次代表大会。会后，即以工学会为基础，成立南满铁路工会，并任委员长。大连中华工学会改为南满铁路大连工会，为便于活动，对外仍用中华工学会名义。①

工学会的初期活动，侧重于在工人中作启蒙教育。工人夜校有5间教室，邓中夏、王荷波、李震瀛、陈为人等在夜校作过演讲，本地爱国知识分子和社会名流也应邀作报告。夜校还设有图书阅览室。从启蒙入手，乃是开展真正工人运动的初级阶段。

1924年4月28日，大连中华印刷职工联合会成立，赵悟尘任委员长，它是在李震瀛的组织和指导下产生的。该会出版油印小报《曙光》，在会员和其他群众中开展宣传，还创办了大连印刷工余学校。

6. 军阀统治区工人参加国民会议运动

孙中山北上之际，提出召开国民会议以解决中国政治问题的主张。中共中央发出通告，并与团中央联合发出通告，指示各地迅速组织国民会议促成会，宣传真正人民的国民会议及其预备会议，乃出自人民自身的需要，应当在国民会议运动中，使工会等与共产党

---

① 参见唐韵超：《回忆大连中华工学会》，载刘明逵、唐玉良主编《中国近代工人阶级和工人运动》第5册，中共中央党校出版社，2002，第151—152页。

有关系的团体充实起来。在共产党的推动下，国民会议运动在全国蓬勃兴起，军阀统治区各地工会和其他工人团体踊跃参加。

1924年12月1日，湖南全省工团联合会参与发起成立了国民会议湖南促成会，郭亮等被推为负责人。20日，国民会议湖南后援会成立，铅印活版工会、青年工人互助社、泥木工会、人力车工会、新工人社、工团联合会工人补习学校、陶业工人俱乐部等工会和团体参加。不久，后援会并入国民会议促成会。常德、湘潭、湘乡、平江等县成立了分会。1925年1月14日，湖南全省工团联合会召集长沙各工团代表会议，发表宣言反对善后会议。

1924年12月4日，汉冶萍总工会发表快邮代电，反对段祺瑞召集善后会议。14日，由武汉学生联合会、反帝国主义大同盟等团体发起的湖北国民会议促成会在汉口成立，汉冶萍总工会等50余团体代表出席。

在浙江，11月19日，杭州印刷工人俱乐部致电民国日报馆转孙中山，对于“开真正国民会议的宣言主张，完全表示赞成”①。12月14日，杭州工人协会发表国民会议意见书，提出9条最低限度要求，“备为国民会议之必要议案”②。15日，浙江国民会议促成会成立筹备会，杭州印刷工人俱乐部、烟业职工联合会、东阳工界同乡会参与筹备。

在郑州，全国铁路工人第二次代表大会专门讨论了工人阶级参加国民会议的方针问题，提出工人阶级要以“主人翁的资格”去参加国民会议。

在上海，中共中央拟由上海国民会议促成会召集全国国民会议促成会联合会。11月24日，由全国学生联合会领衔，各派工人组织等62个团体，发表通电，公认召集国民会议的主张，“确为救中国之良药，希全国各工团一致赞助”③。26日，上海店员联合会、机器

① 《民国日报》1924年11月22日。

② 《民国日报》1924年12月21日。

③ 《民国日报》1924年11月24日。

工人俱乐部等27个团体代表，发起组织上海国民会议促成会，并成立筹备会。其后，杨树浦平民学校校友会、淞沪机械职工同志会、沪西工人俱乐部、上海粤侨工界联合会、上海机器工会，陆续申请加入。还在筹备期间的国民会议促成会于11月29日发表宣言，号召大家联合起来拥护孙中山先生国民会议的主张，督促临时政府执行孙中山先生的主张。[①] 12月1日，《民国日报》刊登了上海店员联合会于11月15日发出的宣言，主张国民会议“须纯由人民团体自动的集合，不能再为军阀与政客所操纵”，“赞成孙中山氏所提倡之九团体的代表会议，而反对段祺瑞氏所主张之军民长官善后会议”。[②] 上海店员联合会是共产党领导的，这个宣言反映了共产党赞成国民会议、反对善后会议的立场。

12月12日，上海国民会议促成会在北城商业联合会会所正式成立，加入的团体由发起团体27个增加到143个，选出邵力子、俞秀松、林钧、刘清扬、向警予、孙良惠等21人为委员，通过了章程和宣言，要求北京执政府立即召开人民代表组成的预备会，并于3个月内召集国民会议，明令取消治安警察条例，恢复被解散的工会等民众团体。29日，上海国民会议促成会通电全国，提议组织全国国民会议促成会。

除上述湖南、湖北、浙江、河南、上海等地外，江苏、福建、江西、山西、直隶、绥远、山东、安徽、陕西、热河等省区也成立了国民会议促成会的组织。香港工团总会通电国内，赞成国民会议，反对善后会议。这些地方的国民会议促成会，无论是否有工会的参加，对唤起本地工人参加国民革命，都发挥了积极作用。

1925年2月1日，段祺瑞悍然召集善后会议。国共两党发起在北京召开国民会议促成会全国代表大会，抵制善后会议。3月1日，国民会议促成会全国代表大会在北京大学第三院大礼堂开幕，先后到会代表共229人，列席代表100余人。工人、农民、教职员、学

① 《民国日报》1924年11月29日。

② 《民国日报》1924年12月1日。

生、记者、律师、民族资本家都有代表参加。“各地工会皆派代表积极参加，做了会议中的主干”[①]。共产党人组成了大会党团，赵世炎任书记。苏兆征作为广东代表团的代表参加会议，并作了工人问题的报告。大会针对善后会议《国民代表会议条例草案》，揭露了它的反动性，表示坚决反对。4月15日，大会通过《国民会议促成会全国代表大会宣言》《国民会议预备会议条例》等文件，成立了国民会议促成会联合总会，苏兆征作为工人代表为21名执行委员之一。30日，京师警察厅查封了北京国民会议促成会和国民会议促成会联合总会。

在尚未彻底推翻军阀统治的条件下，试图通过召集由各界民众团体推选代表召开的国民会议，实现民主政治，这是不可能成功的。但是，国民会议运动传播了民主政治的主张，揭露了军阀政府假民主、真独裁的面目，有助于提高人民群众的觉悟。工人阶级投入国民会议运动，壮大了运动的规模和声势，经受了政治锻炼，有助于使它把眼光从局部经济利益、地方政治斗争，扩大到全国性反帝反军阀斗争。

四　迎接全国工人运动和革命斗争新高潮

1. 中共四大的召开与无产阶级领导权的提出

1925年1月11日至22日，中国共产党第四次全国代表大会在上海闸北横滨路6号召开。出席会议的有表决权的代表为14人，代表党员994人。[②] 参加会议的还有无表决权的代表。维经斯基受共产

---

① 邓中夏：《中国职工运动简史一九一九——一九二六》（1930年6月19日），载《邓中夏文集》，人民出版社，1983，第531页。

② 参见中共中央党史研究室、中央档案馆编《中国共产党第四次全国代表大会档案文献选编》，中共党史出版社，2014，第62页。1925年2月5日，张伯简给东方大学同志的信也说有表决权的代表为14人，代表党员903人。见中共中央党史资料征集委员会、中共中央党史研究室编《中共党史资料》1982年第3辑，第23页。陈独秀在中共五大的报告称四大前党员有994人；中共六大期间统计四大召开时党员人数为980人，到会代表20人。

国际指派，专程来华指导。

国共合作以后，国民党以国共合作为“容共”，有人试图由“容共”进而“溶共”，共产党人总体上坚持了独立性。在国民党分化加速，工人运动日渐复兴，大江南北革命形势开始高涨的现实环境中，共产党人加深了对于中国革命基本问题的认识，特别是对无产阶级在民主革命中的领导权的认识，并且共产国际第五次代表大会关于共产党在民族革命中必须保持独立性、掌握领导权的精神传来，这就为中共四大做了必要的实践准备和理论准备。

中共四大深化了对中国革命的认识，明确了民族革命与世界革命的区别和联系，强调无产阶级政党以其阶级独立的地位与目的参加民族革命，只有无产阶级的有力参加，方能防止资产阶级的妥协。大会总结经验教训，指出过去发生的“左”的和右的倾向，需要通过“确定无产阶级在民族运动中的地位与目的”来加以有效的纠正。大会通过分析中国社会各阶级得出结论：“最受压迫而最有集合力的无产阶级是最有革命性的阶级”，“中国的民族革命运动，必须最革命的无产阶级有力的参加，并且取得领导的地位，才能够得到胜利”。

基于此，大会决定调整在国民党中工作的政策：第一，须努力保持阶级斗争的成分；第二，认国民党是民族运动的重要工具，但不是民族运动的全部。关于现时中国革命的性质及其前景，大会肯定中国革命在俄国十月革命后已成为世界革命的组成部分，与世界共产主义运动相联结，但是，革命胜利后，“能否接着就是无产阶级的革命，是否必须经过资产阶级民主制度，必得无产阶级在民族革命中自己阶级的革命准备至何种程度及那时的社会的客观条件定之”①。

根据无产阶级在民主革命中的领导权的理论原则和工人运动现实发展的需要，大会通过了《对于职工运动之议决案》，总结了工人运动的发展，分析了当时的趋势，阐明了工人运动与民族运动的关

① 《对于民族革命运动之议决案》（1925 年 1 月），载中共中央文献研究室、中央档案馆编《建党以来重要文献选编（一九二一——一九四九）》第 2 册，中央文献出版社，2011，第 222 页。

系、工人运动的策略、工人运动中党的政治教育和党的组织、工人运动的组织等重大问题，制订了工人运动的具体计划。

《对于职工运动之议决案》接受了共产国际关于落后国家的共产党担负双重任务的观点，指出“在半殖民地的中国，工人阶级不仅为本阶级的利益而奋斗，同时还要参加民族革命运动，并且在民族运动中须取得领导地位”。为此，作为工人阶级“唯一的指导者”，党应对工人运动特别注意，使各种产业工人力求其“完全组织在我们共产党指导之下，成为纯阶级性的独立组织；并且要尽力发展我们自己党的组织，力求深入群众”。对于中共三大后屡屡争议的产业工人应否加入国民党的问题，决议案的理论认识是：“民族运动中工人阶级的危险，还不在于工人加入国民党，却在于共产党在真正工人群众中没有势力及没有独立的职工运动。”实际策略是：在必要时，在一定区域内领导大产业工人群众加入国民党，可“使国民党特别的革命化”；在国民党组织尚未达到的工人区域内，非必要时，“不必急急为国民党组织党部”；对已在国民党名义下的工人组织，应尽力从中活动，取得指导权；应加强工人群众中的政治教育及党的组织。①

在工人运动的策略问题上，提出应当“主动力争工会的公开”，避免给群众造成工会的恢复是国民党或所谓“进步的”军阀的恩惠的印象；“主张工会的统一”，不在已有派别、有群众的工会之外建立共产派工会，而是加入原有工会之中去争取群众，暴露反动派的真相；在运动中提出适当的口号，领导群众做切实的斗争；在劳资利益发生冲突时，应当坚持阶级斗争原则，不能因资方是“民族主义”的，而对他们实行无原则的妥协和让步。②

---

① 《对于职工运动之议决案》（1925 年 1 月），载中共中央文献研究室、中央档案馆编《建党以来重要文献选编（一九二一——一九四九）》第 2 册，中央文献出版社，2011，第 226—230 页。

② 参见《对于职工运动之议决案》（1925 年 1 月），载中共中央文献研究室、中央档案馆编《建党以来重要文献选编（一九二一——一九四九）》第 2 册，中央文献出版社，2011，第 231—232 页。

大会指出工人运动与党的政治活动互相影响，应当注意两者相并而行，并通过党的活动促进工人阶级的组织与发展，应当防止脱离党的政治活动单纯组织工会的倾向，在工会中加强党的政治教育和组织工作，避免发生“工会主义运动”的危险。

决议坚持了上年中共中央执委扩大会议的决定，继续以工厂小组为工会基本组织。规定如小组人数过多，可组织“十人团”。工厂各小组代表大会，是该厂工人最高机关，选举产生工厂委员会。在不能公开活动的地方，工厂小组作为一种秘密组织，乃是工人运动发展的“原动力”。工厂小组不但是训练工人的基本单位，也是“培养工人阶级战斗力量的养成所”。①

决议还制订了工人运动的具体计划，其内容是：（1）以产业工人运动为重点，尤其注重铁路、矿山、海员和纺织工人运动。铁路总工会应加强与各路的联系，建立真正群众的基础；矿山运动应努力打破停滞局面；海员运动既要从上层改造海员工会，又要进入各帮公所、寄宿舍和俱乐部，实行上下活动结合，把海员工会改造成产业的、斗争的工会；纺织工会要努力建成全国统一的产业工会。（2）对上海、汉口、天津三大工业区的工运应特别注意，从中建立全国工运稳固的基础。对青岛、无锡、南通、大连等地，也应予以相当的重视。（3）加强大城市手工业工人运动的力量。（4）与党的妇女部和青年团协同，分别开展女工运动和青工运动。（5）推广合作社建设，引导工人从经济斗争中加强团结。为执行上述任务，决议还规定了若干具体措施。②

中共四大形成了农民天然是工人阶级同盟军的认识，指出：“中国共产党与工人阶级要领导中国革命至于成功，必须尽可能地系统

---

① 参见《对于职工运动之议决案》（1925 年 1 月），载中共中央文献研究室、中央档案馆编《建党以来重要文献选编（一九二一——一九四九）》第 2 册，中央文献出版社，2011，第 234—235 页。

② 参见《对于职工运动之议决案》（1925 年 1 月），载中共中央文献研究室、中央档案馆编《建党以来重要文献选编（一九二一——一九四九）》第 2 册，中央文献出版社，2011，第 235—337 页。

地鼓动并组织各地农民逐渐从事经济的和政治的争斗。没有这种努力，我们希望中国革命成功以及在民族运动中取得领导地位，都是不可能的。”[①] 对青年运动、妇女运动亦作出相应的决议。

大会选举陈独秀、李大钊、蔡和森、张国焘、谭平山、瞿秋白、彭述之、李维汉、项英为中央执行委员会委员，候补委员5人。中央执行委员会选举陈独秀、蔡和森、瞿秋白、张国焘、彭述之组成中央局，陈独秀为总书记兼中央组织部主任，张国焘任中央工农部主任，彭述之任中央宣传部主任，蔡和森、瞿秋白任中央宣传部委员。[②] 其他中央执行委员、候补委员的分工是：李大钊驻北京，谭平山驻广东，项英驻汉口，李维汉驻长沙，邓培驻唐山，朱锦棠驻安源，罗章龙、王荷波负责铁路总工会工作，张太雷负责青年团中央工作。向警予后来被补为中央局委员，负责妇女部工作。[③]

为加强党的领导，中共四大决定在国民党和工会等重要政治团体中设立党团，按其性质隶属于党的各级执行委员会，以发挥其领导核心作用。不久，又成立中央职工运动委员会，隶属于中央工农部，张国焘兼主任，李立三、刘少奇为副主任，邓中夏为秘书长。1925年10月，中共中央执委扩大会议决定取消工农部，分设直属中央的职工运动委员会和农民运动委员会。12月上旬，中央职工运动委员会成立，李立三为主任。各区委、地委也设立了专门领导工运的机构。

中共四大从理论上初步解决了无产阶级在民主革命中的地位和作用问题，树立了在革命中保持领导权和掌握领导权，建立工农联盟的思想，并相应作出安排，这是它突出的历史功绩。但是，这次

---

① 《对于农民运动之议决案》(1925年1月)，载中共中央文献研究室、中央档案馆编《建党以来重要文献选编（一九二一——一九四九）》第2册，中央文献出版社，2011，第239页。

② 参见《关于党的第四次全国代表大会——彭述之给中共旅莫支部全体同志的信》(1925年2月2日)，载中共中央党史资料征集委员会、中共中央党史研究室编《中共党史资料》，1982，第3辑，第19页。

③ 参见中共中央党史研究室：《中国共产党历史》第1卷（1921—1949）上册，中共党史出版社，2011，第127页。

大会对民族资产阶级缺乏正确的分析，认为中国民族资产阶级还未形成独立的阶级，还不能参加民族革命运动。这就造成了两方面的结果：其一，或是把它混同于买办资产阶级一齐加以反对；其二，或是无视它正在同无产阶级争夺领导权的事实，放弃或忽视同它的斗争。从历史的发展来看，造成放弃同民族资产阶级争夺领导权的斗争是主要的。这个缺点所造成的消极影响，在以后的革命运动发展中逐步明显地表现出来。

大会正确处理了工人运动与国民革命关系，纠正了前一阶段思想上和实践上出现的错误倾向，对全国正在复兴并即将进入高潮的工人运动发挥了重要的指导作用，为第二次全国劳动大会的召开和中华全国总工会的成立，作了思想上、政治上的准备。大会闭幕后，陈独秀发表文章，高度评价中国工人阶级，“是新生产力的代表者”，“是富于集合力及决战力者”，“是天然的农民之同盟者”，指出“工人阶级是最富于革命性的”，“是一个不妥协的革命阶级”，“中国国民革命运动中，若没有工人阶级有力的参加奋斗，决没有得到胜利的可能”，工人阶级“不仍在决战的心理上是不妥协的革命者，并且在客观上也富有能够革命的力量”。[①] 这就在思想上改变了他在国民党改组前后关于工人阶级在民主革命中地位和作用的观点，实现了自我纠偏。

2. 第二次全国劳动大会的召开

中共四大闭幕后，中共中央决定在广州召开第二次全国劳动大会，成立中华全国总工会。

第二次全国劳动大会原定 1923 年 5 月 1 日由中国劳动组合书记部召集在武汉举行。二七惨案发生，大会不能如期召开。国共合作以后，国民党右派造谣攻击共产党及其领导的工会运动，危言耸听地把劳动组合书记部说成是“洪水猛兽”一样可怕的“过激派”，使一些不明真相的工人和工会对书记部产生疑虑和畏惧。为了避开国

---

① 独秀（陈独秀）：《中国国民革命运动中工人的力量》（1925 年 2 月 7 日），《向导》1925 年第 101 期。

民党右派在这个问题上的无理纠缠，防止他们借以破坏大会，中共中央决定不再用劳动组合书记部的名义召集，改由中华海员工业联合总会、汉冶萍总工会、全国铁路总工会和广州工人代表会等当时最大的4个产业和地方总工会联合发起，具体筹备工作由中央职工运动委员会进行。

4月26日，中共中央发表给第二次劳动大会的信，传达鼓励和期望，信中说："你们所代表的力量是伟大的，你们所负的责任也是重大的，你们的敌人虽然众多而且强有力，只要你们团结起来不断的奋斗，不但中国国民革命的胜利终属于你们，全世界工农专政的胜利也必然属于你们。"① 《中国工人》出版"五一特刊"，张国焘发表《敬祝第二次全国劳动大会》，邓中夏发表《劳动运动复兴期中的几个重要问题》，阐明了第二次全国劳动大会的地位、意义和任务。

5月1日，第二次全国劳动大会代表齐聚广州，共襄盛举。到会代表281人，代表工会166个，代表有组织的工人54万余人。② 是日上午，在广东大学操场举行盛大的"五一"国际劳动节庆祝集会。会场主席台正中，高插铜质镰斧模型的大红旗，四周标语、旗帜林立，大书"我们目前的要求集会结社言论出版罢工自由权"，"我们目前的要求八小时工作最低度工资"，"检阅自己的力量向敌人进攻"，"我们的敌人帝国主义军阀资本家大地主工贼"，"我们的力量工农大联合由全国而全世界"。第二次全国劳动大会全体代表和广东全省农民代表大会代表，以及青年军人联合会、黄埔军校、铁甲车队等武装力量和学校、市民团体代表，不下10万人参加。场内锣鼓喧天，红旗飘扬，精神振奋，情绪激昂。胡汉民担任会议主席。谭平山代表国民党作报告，阐述今日盛大集会的意义，指出：出席大会的工界代表来自17省，可以说工人运动统一了；大会有农民、士兵出席，他们是工人的天然同盟者，工农兵要大联合；工农阶级革命的任务，是打倒

---

① 《中国共产党给第二次全国劳动大会的信》（1925年4月26日），《向导》1925年第112期。

② 参见亦农（罗亦农）：《中国第二次全国劳动大会之始末》，《向导》1925年第115期。

帝国主义和军阀，争取解放。赤色职工国际代表奥士脱洛夫斯基发表演说，提出工农兵大联合，就是被压迫阶级争得自由的炮台。出席第二次全国劳动大会的张国焘、林伟民、邓中夏、邓培、女代表孔燕南等先后发表演说。[①] 会后，举行游行，观者如堵，气象壮伟。晚间，劳动大会和广东农民大会的代表在广东大学联欢。

2 日，第二次全国劳动大会与广东全省农民大会在广东大学大礼堂合并举行开幕典礼。刘少奇、苏兆征、邓培为劳动大会方面主席。廖仲恺出席大会，并任农民协会方面主席之一。3 日，劳动大会移至广东省教育会礼堂继续举行。大会期间，刘少奇代表筹备处报告了筹备经过。张国焘、邓中夏分别报告了工农联合的意义和中国工人运动状况。海员工会代表林伟民、上海代表孙良惠、全国铁路总工会代表邓培、汉冶萍总工会代表刘义、香港代表梁子光、广东代表冯菊坡、湖南代表谭影竹、湖北代表袁告成，先后向大会报告了本产业或本地区工运状况。赤色职工国际代表奥士脱洛夫斯基多次发表讲话。大会通过了《工人阶级与政治斗争的决议案》《经济斗争的决议案》《组织问题的决议案》《工农联合的决议案》《对于赤色职工国际代表报告的决议案》《铲除工贼决议案》《工人教育的决议案》《中华全国总工会总章》等文件。大会在选举了中华全国总工会领导成员后，于 5 月 6 日胜利闭幕。

第二次全国劳动大会所通过的决议，根据中共四大的精神，明确规定了在国民革命中开展工人运动的方针、策略和组织原则。

关于工人运动与国民革命的关系以及工人阶级在其中的地位和作用，《工人阶级与政治斗争的决议案》明确指出：“工人阶级必须作政治斗争”，必须反对工人运动中改良主义的倾向。工人阶级斗争的目标，“是要推翻帝国主义，打倒军阀，实现民族解放，促进世界革命”。夺取国民革命的胜利，是达到最终目标的第一步。中国社会各阶级本身的地位和现状，决定了各阶级共同参加的民族民主革命，“非得工业的无产阶级参加，并取得领导地位，提携着广大的农民群

---

① 参见《广州民国日报》1925 年 5 月 4 日。

众进行，是不能成功的”。[1]

大会对工农联盟有明确的认识。《工农联合的决议案》断定“无产阶级倘若不联合农民，革命便难成功”，提出工人应帮助农民组织农会，工会、农会应当互派代表，工会应对农民的斗争给予切实的援助。[2]

关于工会建设问题，《组织问题的决议案》提出：“工会是工人阶级最宽泛的群众组织，它必须设法使所有的工人加入。”各地政治环境不同，组织形式难于一律。最好的组织是产业工会，铁路、海员、矿山、纺织及其他产业中，必须按产业原则组织产业工会，小铁厂、理发店、裁缝店、小建筑等小工厂及手工业，可酌情采用职业组织。在军阀统治区，工会不能公开存在时，“要利用许多公开的名义”，在工人中开展活动，并通过这些活动“秘密发展工人的组织”。这项决议规定“工厂支部当为工会的基本”，调整了前一阶段以工会小组为基本组织的规定。强调工会组织的形式无论有何种不同，但工会组织的性质是阶级的，工会工作的内容是阶级的，工会的教育同样也是阶级的，因此，工会会员不宜包含雇主、高等职员及包工头等“与工人利益相反的分子”。[3]

为了强固工会的组织，提高工人的战斗力，必须加强工人教育。《工人教育的决议案》指出了实施工人教育的意义，第一是促进工人觉悟，第二是训练斗争能力。规定无论何种形势，均应积极开办补习学校、工人子弟学校、工人阅书报社，进行化装演讲、公开游艺，以达到教育工人的目的。

开展经济斗争，改善工人劳动条件，提高工人生活水平，是工人运动的重要内容之一。只有给工人以看得见的实际利益，才能增

---

① 《工人阶级与政治斗争的决议案》，载中华全国总工会中国工人运动史研究室编《中国工会历次代表大会文献》第1卷，工人出版社，1984，第17—19页。

② 《工农联合的决议案》，载中华全国总工会中国工人运动史研究室编《中国工会历次代表大会文献》第1卷，工人出版社，1984，第26页。

③ 《组织问题的决议案》，载中华全国总工会中国工人运动史研究室编《中国工会历次代表大会文献》第1卷，工人出版社，1984，第23—26页。

强工会的凝聚力和号召力。《经济斗争的决议案》充分肯定了经济斗争的意义，指出工人阶级的一切斗争，都是为了最后夺取政权，推翻资本主义制度，实现劳动人民的彻底解放。在达到这个最后的目的之前，为了保障工人的生存权利，促进工人为实现最后的目的而斗争，革命工作者必须领导工人进行争取改良劳动条件的经济斗争，并使这种斗争和夺取政权的政治斗争结合起来。为此，根据当时的情况和各地工人群众的要求，决议案规定了工人运动中现时切近的要求，如提出规定最低限度工资，要求实行八小时工作制，反对一切打骂虐待工人的制度，改善女工和童工的生活，实行劳动保护和社会保险，取消包工制，等等。同时，决议案要求在会后，全国总工会及其所属工会，要组织工人为实现上述要求和条件而斗争，并在斗争中相互支援。[①]

这次大会之前，3 月 1 日，在马超俊操纵之下，一伙五花八门的冒牌工会头目，假北京大中公学，成立全国各省区工会联合会，企图凭借这个拼凑的组织，窃取全国总工会的位置。第二次全国劳动大会筹备期间，上海工团联合会以 33 个工团的名义攻击四大工会发起召开第二次全国劳动大会，唆使广东、香港与之同气相求的工会头目加以抵制。广东机器工人维持会始终拒绝出席这次大会，并在大会期间再次为上年的“油机事件”示威鼓噪。第二次劳动大会代表对国民党右派、工贼和流氓分子破坏本次大会的卑劣行径群起痛击，《铲除工贼决议案》阐明了为什么会出现工贼，工贼对工人阶级的危害以及铲除工贼的办法，列举马超俊等 19 名“罪恶最著”的工贼姓名以昭告全国。

赤色职工国际代表奥士脱洛夫斯基在大会期间多次发表讲话，介绍俄国十月革命的经验。5 月 3 日，大会作出决议，声明中国劳动群众反对从属于第二国际的阿姆斯特丹职工国际，认为赤色职工国际“确能真实的为全世界工人奋斗”，“中国工人阶级此后应强固自

① 参见《经济斗争的决议案》，载中华全国总工会中国工人运动史研究室编《中国工会历次代表大会文献》第 1 卷，工人出版社，1984，第 19—23 页。

己的组织，加入赤色职工国际并拥护他的一切政策”。[①] 全场代表举手拥护加入赤色职工国际的决定。当日，大会致电苏联莫斯科，正式加入赤色职工国际。

3. 中华全国总工会的成立

第二次全国劳动大会在组织上的硕果，便是中华全国总工会的成立。

大会通过了《中华全国总工会总章》，第一章规定中华全国总工会以“团结全国工人，图谋工人福利”为宗旨，其职责有 10 项：发展全国工人组织，统一全国工会运动；整理各工会组织系统；指挥各工会行动；仲裁全国工会间与各工会内部争端；发布全国工人共同奋斗目标；代表全国工人与国际工人实施密切联合；提高工人知识，联络互相感情；促进各工会彼此间有效的互助；保障工人利益，设法解决经济及职业介绍等事项。它规定实行团体会员制，会员资格是：凡在中国境内之真正工人组合，均得为本会会员；凡产业工人已有全国一总组合之组织者，或一市、一县、一省的城市工人已有组织之组织者，由该总组合加入本会为会员；经本会审查认可，各单独组合亦可直接加入。第二章规定全国代表大会为本会最高机关，执行委员会在全国代表大会闭会期间，执行最高机关职权。执行委员会下设干事局，驻会办理事务。必要时，可在地方设办事处，可在会内设特别委员会或特设机关。第三章规定各工会必须实行本会代表大会及执行委员会的决议和命令；各工会接到本会通告，须对已发生的工人斗争一致进行声势上、经济上或实力上的援助；实行工会统一，各工会间的争端必须听候本会仲裁，不得互相攻击；各工会对本会有不满意之处，可向本会抗议或向代表大会控告，但不得有破坏本会的言论和行动。第四章规定了经费来源，第五章为附则。[②]

---

① 《广州民国日报》1925 年 5 月 5 日。

② 参见《中华全国总工会总章》，载中华全国总工会中国工人运动史研究室编《中国工会历次代表大会文献》第 1 卷，工人出版社，1984，第 34—36 页。

大会选举中华全国总工会执行委员 25 人。5 月 7 日，全体执行委员召开第一次会议，互选林伟民为执行委员长，刘少奇、邓培、郑泽生为副执行委员长，林伟民兼干事局总干事，李森（即李启汉）为组织部主任，戴卓民为秘书部主任，邓中夏为宣传部主任，孙云鹏为经济部主任。[①] 总工会办公处设于广州。共产党在全国总工会内设立党团，邓中夏任书记。

中华全国总工会的诞生，标志着在中国共产党的领导下，经过几年的英勇斗争和流血牺牲，中国工人阶级不为帝国主义和军阀当局的屠杀、镇压所屈服，战胜了国民党右派和各种反动势力的捣乱、破坏，实现了全国工会在政治上和组织上的团结与统一。第二次全国劳动大会的召开和各项决议的通过，中华全国总工会的成立，为全国工人阶级和工会组织在即将到来的大革命高潮中发挥先锋和骨干作用，做了重要的准备。邓中夏高度赞扬这次大会“成功了一个光华灿烂的好成绩”，赋予“中国劳动运动前途的新生命”。[②] 大会闭幕不久，轰轰烈烈的五卅狂飙便从天而落了！

---

① 参见《广州民国日报》1925 年 5 月 18 日。执行委员名单载于 5 月 23 日上海《民国日报》，郑泽生作“郑绎生”。

② 邓中夏：《中国劳动运动的新生命》（1925 年 5 月 31 日），《工人之路》1925 年创刊号。

第四章　五卅狂飙

国共合作后，反帝废约运动、国民会议运动鼓动了全国性革命风潮，冲破了军阀统治所笼罩的沉闷空气，刺激了人民大众反帝国主义的心理。工人运动已然逆境重兴，中国共产党领导工人阶级和人民大众，以上海为主阵地，沉重打击帝国主义统治，并将斗争火力辐射全国各地，掀起震惊中外的五卅狂飙，大革命进入了高潮时期。“上海的大罢工，唤醒了全国的民族觉悟”①。工人阶级在五卅运动中的英勇奋斗，使得“工人阶级在民族解放的革命运动中的领袖地位才真明显的表现出来”，“证明中国无产阶级是解放全民族的先锋队和主力军”。② 五卅运动兴起后，党在南方领导了省港大罢工。鉴于其相对独立性，本书下一章再作专门论述。

一　反帝斗争高潮的兴起

1. 顾正红事件

顾正红事件是五卅运动的直接导火线。1925 年 5 月 14 日，上海日资内外棉十二厂又借故开除 7 名工人。全厂当班夜班工人怠工，要求恢复他们的工作。资本家按事先计划关闭了工厂。十二厂的棉纱供七厂织布，15 日，七厂宣布停业。日班工人要求照发工资，经

---

① 独秀（陈独秀）:《第二次和第三次劳动大会之间的中国劳动运动》（1926 年 5 月 1 日），《向导》1926 年第 151 期。

② 《中国现时的政局与共产党的职任议决案》（1925 年 10 月），载中共中央文献研究室、中央档案馆编《建党以来重要文献选编（一九二一——一九四九）》第 2 册，中央文献出版社，2011，第 512 页。

多方交涉，资本家只答应发给半日工资。下午5时，照常来上晚班的工人被监工挡在厂外。工人们要求照日班办法发给工资，日本人不仅不允许，反拿铁棍乱打。顾正红带领工人挺身自卫，内外棉副总大班元木和七厂大班川村用手枪朝工人射击，顾正红成为首要目标，被击中4枪，延至17日晨不治而亡。这名年仅20岁的青年共产党员，为反抗帝国主义者的压迫，争取工人的利益，献出了宝贵生命。当日，除顾正红外，重伤的工人12人，轻伤者多人，3人被捕。[①]

事件发生当晚，李立三到小沙渡了解情况，决定："一、控告东洋人打死工人二名，提起诉讼。二、发宣言（除立刻发新闻外）。三、宗旨以不扩大罢工为要。先以东洋人惨杀工人问题，要求群众各团体援助，做一个群众反对东洋人的运动。"[②] 5月16日，陈独秀签发中共中央第32号通告，指示各区委、地委和独立支部，号召工会及其他社会团体一致援助，除声援和募捐外，还应排除日货。19日，又发出第33号通告，指示各党组织与青年团开联席会议，"下全体动员令，组织游行演讲队"，"向日本帝国主义者加以总攻击"，"此项演讲队并应设法令民校各区分部校友和我们合作"。[③]

16日，内外棉东五、西五、七、八、十二厂工人一律罢工。沪西工友俱乐部和内外棉纱厂工会组成临时委员会领导罢工，下设纠察队、交际队、救济队、演讲队。次日，推刘华、孙良惠、张佐臣为总主任。内外棉纱厂工会散发宣言和呼吁书，揭露控诉日本厂主的残暴行为，提出惩凶、赔偿、恢复被革工友工作、承认工会等8项要求。又以内外棉纱厂工会代表刘贯之、陶静轩暨全体工人2.5万人的名义，散发《为日人惨杀同胞顾正红呈交涉使文》，争取斗争

---

① 参见《民国日报》1925年5月17日、18日。

② 中共上海地委会议记录，1925年5月15日，载上海市档案馆编《五卅运动》第1辑，上海人民出版社，1991，第13页。工人死2人系误传。

③ 《中央通告第三十三号》（1925年5月19日），载中共中央文献研究室、中央档案馆编《建党以来重要文献选编（一九二一——一九四九）》第2册，中央文献出版社，2011，第330页。文中"民校"指国民党。

合法化，并扩大社会影响。

由顾正红惨死直接引起的小沙渡地区日商纱厂的罢工，得到社会各界支持。首先急起援助的是工人兄弟。顾正红逝于医院，当即有杨树浦纱厂工人七八十人乘汽车，执“杨树浦工人查视团”小旗，向普陀路巡捕房询问。连日到潭子湾沪西工友俱乐部慰问的杨树浦工人代表有数百人，各纱厂工人募捐，海员工会上海支部通电北京政府要求对日严重交涉。参加第二次劳动大会过沪的北方代表，亦前来慰问。5 月 16 日，内外棉纱厂工会、沪西工友俱乐部、上海印刷工人联合会、上海店员联合会等 35 个团体，发起组织日人残杀同胞雪耻会，近 20 个团体加入，成为五卅运动工商学联合组织的先驱。[①]

24 日下午，由内外棉纱厂工会出面，在潭子湾举行了追悼顾正红大会。顾正红的灵柩覆盖着墨书“东洋人打死中国人”的洁白绸子，遗像旁边悬挂着刘华书写的“先生虽死精神不死”“凶手犹在公理安在”的挽联，各团体代表和罢工工人近万人参加。“在会场各处悬挂的挽联轴幛中，在分发给到会者的传单中，都宣扬同样的思想感情”，那就是“誓死反抗日本资本家与帝国主义者的压迫”。[②] 追悼大会开成了控诉会、励志会。有记者慨然兴叹道：“这样伟大的无产阶级的集会，在上海，我敢说是空前的”[③]。

2. 五卅惨案

顾正红事件发生后，形势急剧发展。工人群众酝酿更大的斗争，帝国主义、日本厂主和军阀政府互相勾结，继续实施高压政策。公共租界工部局拘捕被日人打伤的工人，并将其中 7 人送往会审公廨受审。往领顾正红遗体的工人代表被拘禁，顾正红出殡的游行也被禁止。工部局总巡麦高云甚至下令印度巡捕可对示威群众开枪。淞

① 参见沈以行、姜沛南、郑庆声主编《上海工人运动史》（上卷），辽宁人民出版社，1991，第 208 页。

② 《工部局警务处 1925 年 5 月份工作报告》，载上海社会科学院历史研究所编《五卅运动史料》第 1 卷，上海人民出版社，1981，第 573 页。

③ 《民国日报》1925 年 5 月 26 日。

沪警察厅通令取缔罢工，并派警探监视、限制工会活动。日本厂主坚持不与工会接触，引诱工人上工。针对这些情况，刘华连日在工人会议上提醒大家：不要上日本人的圈套，“应坚强地团结起来，听工友俱乐部的话”。[①] 但是，仍有“工人已经自动上工，罢工虽然是失败的形势”[②]。

28 日，中央委员蔡和森、上海地委及各方面负责人李立三、恽代英、郭景仁、梅电龙、黄正厂等在上海地委召开联席会议，会议决定：分头与各校负责人谈话；向学校宣传，并派工人同志参加；印发传单，揭露帝国主义侵略的事实；星期六下午（即 5 月 30 日）举行大规模游行讲演。[③] 另据李立三回忆，同日，中共中央召开会议，蔡和森提出现在“应当把工人的经济斗争转变到民族斗争”，“要使工人斗争表现明显的反帝性质，以争取一切反帝力量的援助，同时就使工人加入总的反帝战线而成为这一战线的中坚”。“这一策略的实现，将要发展出空前未有的全国反帝的巨大运动”。[④]

把行动日期定在 5 月 30 日，有两个因素。一是会审公廨定于当日审讯文治大学为工人募捐被捕的 2 名学生和上海大学参加追悼顾正红大会被捕的 4 名学生。二是工部局定于 6 月 2 日重新召集纳税外人特别会议，讨论通过码头捐、印刷物附律、交易所注册，取缔雇用童工等 4 项提案。4 项提案如通过，码头捐将提高 50%，大大加重中国工商业者和市民的经济负担；印刷物附律严重钳制人民的言论、出版和交往自由，扼杀文化事业；交易所注册，实际上否认

---

① 《工部局警务处关于工会鼓动群众坚持罢工的情报》，载上海社会科学院历史研究所编《五卅运动史料》第 1 卷，上海人民出版社，1981，第 578—579 页。

② 李立三：《党史报告》（1930 年 2 月 1 日），载中央档案馆编《中共党史报告选编》，中共中央党校出版社，1982，第 226 页。文中“虽”为“显”之误。

③ 《中共上海地委关于抗议日人枪杀小沙渡工人讨论并议决反日示威运动各项实施办法等问题的会议录》（1925 年 5 月 28 日），载上海市档案馆编《五卅运动》第 1 辑，上海人民出版社，1991，第 18 页。

④ 李立三：《纪念蔡和森同志（节录）》（1935 年），载上海社会科学院历史研究所编《五卅运动史料》第 1 卷，上海人民出版社，1981，第 140 页。李立三所说的紧急会议或许就是前述联席会议。

在中国政府注册的合法性；至于取缔童工，情况则比较复杂。世界上资本主义发展过程中，曾经普遍使用童工，随着工业发展和社会进步，取缔童工成为趋势。在当时的中国，工人运动要求保护童工权益，但还达不到取缔童工的社会条件，同时，外国资本家也不过借此披着人道的外衣。这样，5 月 30 日举行示威，就完全有可能把工人反对日本资本家屠杀的罢工斗争，与以商界、学界为主反对 4 项提案、反对工部局越界筑路的斗争结合起来。

27 日下午，恽代英以国民党上海执行部宣传委员会的名义召集各校学生代表开会，会议决定：以传单和露天讲演的形式向公众说明罢工情况；募捐援助罢工工人；被拘押的学生如 5 月 30 日尚未恢复自由，应设法营救。[①] 29 日，上海学生联合会对次日的行动做出具体布置。工会和学联代表到各校宣传，组织演讲队伍。

30 日上午，南洋大学、复旦大学学生率先进入租界，散发传单，露天讲演。午后，上海、同济、文治等校学生大批加入。学生们对帝国主义的恐怖政策无所畏惧。上海大学演讲队每组 10 人，计划如一人被捕，则全组同往，其他组接着演讲。该校 38 个演讲组，全部分配在租界中心地带南京路、新世界至抛球场地段。各校学生争先恐后地在南京路老闸捕房门口一带演讲。“群众云集，水泻〔泄〕不通”，“红头阿三，高鼻洋鬼，奔前扑后，忙个不休”，“工人行于前，学界随于后，观众参杂其间，口号雄壮，声震屋瓦，传单飘飞，满蔽天日”。[②]

早在 5 月 26 日，工部局总巡麦高云就颁发了第 6 号警令，命令印捕于必要时对中国民众开枪，并规定“不得朝天开枪”[③]。巡捕房

---

① 参见《上海大学等校学生代表开会酝酿上街演讲，恽代英到会指导》，载上海社会科学院历史研究所编《五卅运动史料》第 1 卷，上海人民出版社，1981，第 627 页。

② 君梦：《五卅之回顾》，载上海社会科学院历史研究所编《五卅运动史料》第 1 卷，上海人民出版社，1981，第 646 页。

③ 《工部局捕头下令，准备对示威群众开枪》，载上海社会科学院历史研究所编《五卅运动史料》第 1 卷，上海人民出版社，1981，第 588 页。

拘捕演讲者100余名，没能压住示威活动。捕头爱活生恼羞成怒，召集通班印捕、华捕各11名，以半月形排在老闸捕房门口。3时45分，爱活生首先丧心病狂地向示威群众开枪射击。顿时，枪声响成一片，繁华的南京路“一大堆一大堆的鲜血沾污了人行道”，“人行道上躺着被枪杀者的尸体，鲜血从他们的裂开的伤口涌向路面”。[①]据《字林西报》报道：巡捕共射击了44发子弹，命中率至少为80%，有些医生认为有许多子弹甚至同时击中两个人。

共产党员和青年团员站在斗争最前列。此次惨案中殉难的有共产党员、青年团上海地委组织主任、上海大学学生何秉彝，青年团员、同济大学学生尹景伊，还有陈虞钦、唐良生、陈兆长、朱和尚、谈金福、邬金华、石松盛、陈兴发、王纪福、姚顺庆、徐落逢等共13人，重伤数十人，轻伤难以数计，50余人被捕。

事后，租界当局用水龙头冲洗掉了南京路的滩滩血迹。但是，死难者那血染的风采是永远也冲洗不掉的。烈士的鲜血铸就了丰碑，时刻昭示着“来者勿忘”；烈士的鲜血汇成了巨浪，成为全国五卅反帝斗争狂澜的第一个高潮。

3. 上海总工会的成立和反帝斗争的高涨

5月30日深夜，中共中央召开紧急会议，陈独秀、蔡和森、张国焘、李立三、刘少奇、恽代英、罗亦农等出席，会议决定：实行全上海的罢工、罢课、罢市，拟出要求条件大纲；租界当局必须承认此次屠杀的罪行，并负责善后；租界统治区应移交上海市民，废除不平等条约；等。会议还决定陈独秀居中指挥，立即组织上海总工会；李立三代表上海工会同全国学生总会和上海学生联合会、上海总商会和马路商界总联合会共同组织工商学联合会。斗争的策略是集中打击帝国主义，尽量减轻华资厂商的不利及保障市民的正常生活。[②] 31日晚，上海各工会代表举行联席会议，决定上海总工会

---

① 《〈大陆报〉的报道》（1925年5月31日），载上海社会科学院历史研究所编《五卅运动史料》第1卷，上海人民出版社，1981，第712页。

② 参见唐宝林、林茂生：《陈独秀年谱》，上海人民出版社，1988，第230页。

对外公开。6月4日，《热血日报》创刊，瞿秋白主编。这是中国共产党创办的第一份日报，创刊不到两周，发行突破3万份，发挥了重大的宣传和指导作用。

上海总工会于5月2日筹备成立，18日，成立大会在闸北会文路营业里召开，各工会代表100余人出席，通过了总工会暂行章程，选举李立三为会长，陈杏林为副会长，张佐臣、刘贯之、郑福宁、何量臣、孙杰三、郭尘侠、徐金珊、顾凤鸣、高雨田为董事。[①] 以上除徐、顾、高以外，都是共产党人。

6月1日午后，上海总工会正式挂牌，会所设于宝山路宝山里2号，后迁至共和新路。总工会当日发表《上海总工会告全体工友》《上海总工会宣言》，宣布："从六月二日起，上海全埠各业工友，全体一致罢工!"[②] 总工会提出7项条件：（1）惩办凶手，赔偿损失；（2）承认工人有组织工会和罢工权；（3）禁止殴打工人；（4）改良工厂卫生；（5）禁止虐待童工和女工；（6）不得雇用外国巡捕；（7）反对印刷附律。同时总工会还宣布："上海全埠工人，不达到以上七条件，决不上工!"[③]

各业工人积极响应上海总工会的号召。内外棉东五、西五、七、八、十二厂工人，自顾正红事件后已经罢工半个月。5月31日，公共租界华洋电话公司西行接线生，愤于同事唐良生在五卅惨案中殉难，由共产党员卫酉庚领导加入罢工行列。次日，该公司总行、北行等局一致罢工。6月1日，内外棉三、四、九厂，成华玻璃厂，老公茂，恒丰纱厂，马灯厂相继罢工，其中除恒丰外，均为外商企业。6月2日，参加罢工的又有内外棉十三、十四、十五厂等23处[④]，

---

① 参见《申报》1925年8月11日。关于上海总工会成立的时间，当时的文告和讲话各不相同。

② 《热血日报》1925年6月4日。

③ 《热血日报》1925年6月4日。

④ 《上海总工会罢工调查表》（1925年6月13日），载中央档案馆、上海市档案馆《上海革命历史文件汇集（上海各群众团体文件）》（1924年—1927年），内部版，1988，第22—34页。

形成了强大的罢工洪流。

5 月 31 日上午，上海各校学生代表在东亚体育专门学校开会，一致表示以罢工、罢市和罢课为最后武器，同帝国主义斗争到底。当日，大雨滂沱，学生演讲队继续和工人一道上街宣传。叶圣陶目击了学生们雨中的宣传鼓动，他写道："青布大褂的队伍便纷纷投入各家店铺。……我听见他们开口了，差不多掬示整个的心，涌起满腔的血，这样真挚地热烈地讲说着。他们讲及民族的命运，他们讲及群众的力量，他们讲及反抗的必要；他们不惮郑重叮咛的是'咱们一伙儿'！……店伙的脸比较地严肃了；没有话说，暗暗点头。"① 这种动人心弦的宣讲，配合热浪灼人的形势，搅起商界的民族情绪，促成了罢市的实现。

上海各马路均成立有商界联合会，它们联合起来组成上海各路商界总联合会（简称"商总联"），是中小商人的组织。五卅惨案发生后，各马路商界联合会和商总联分别举行紧急会议，其间已有人主张实行停业以待解决。但是，要实现总罢市，上海总商会赞同与否是关键。上海总商会主要由民族资产阶级上层人物所组成。5 月 31 日下午，总商会、纳税华人会、商总联在天后宫总商会内召开会议。工人、学生闻讯前往，到会者达数千人。除商界团体各自开会外，工、商、学又召开联合大会。内外棉纱厂工会代表当场提出上海总工会公布的 7 项条件，沪西工友俱乐部代表"坚决主张上海所有商店和工人应当宣布总罢业"。其间有人反对总罢市，"一群工人走上台去打断他的话，并将他赶下台去"。会议主持者共产党员林钧提出"只有中国人民团结一致，对付外国人，这种耻辱才能得到湔雪。中国的军阀都为外国人控制，因此人民不能指望从军阀那里得到什么帮助"。②

商总联对于罢市"以大势所趋，各会员既一致主张，首先表示赞成，由各路签字。纳税华人会旋亦表示赞同"。上海总商会的头面

---

① 圣陶（叶圣陶）：《五月卅一日急雨中》，《文学周报》1925 年第 179 期。

② 《字林西报》1925 年 6 月 1 日。

人物对顾正红事件一直避不表态，今面对要求罢市的强烈呼吁，仍然犹疑未决。其时，该会会长虞洽卿赴北京善后会议未归，副会长方椒伯称个人不敢赞成罢市。然而，群情激愤，“男女学生均环绕总商会外花园隙地中，监守门户，禁止外出”[①]，大有非通过总罢市而不可之势。方椒伯脱身不得，被迫签署了上海总商会实行总罢市的文件。大会在“打倒帝国主义!”“取消一切不平等条约!”“全体工人、商人、学生联合起来，一致为同一目标而斗争!”的口号声中结束。[②]

“三罢”斗争的实现，把上海的反帝爱国斗争推向了高潮。从实现“三罢”的过程中不难看到，工人阶级始终站在反帝爱国斗争的最前列，青年学生激进热情，坚决拥护“三罢”斗争的主张，中小商人在迅速兴起的革命高潮面前表现出较高的积极性和主动性，只有民族资产阶级的右翼受到革命潮流的裹挟以后，才参加到反帝爱国斗争中来。

面对风起云涌的“三罢”斗争，帝国主义者企图一举遏制下去。6月1日起，公共租界实施戒严，四处张贴并散发“治安章程”和禁止演说的通告。南京路及公共租界各交通道口，均布满铁甲车、马巡队、海军陆战队、外国巡捕和万国商团。至8日，到沪外国军舰已达26艘之多。6月1日，外国巡捕再次对南京路上的宣传演讲者开枪，打死工人、学生4人，伤20余人。2日，日人协同外国巡捕枪杀小沙渡纱厂工人4人，沉尸苏州河底。英人打杀杨树浦码头工人3人，拘捕数人。3日上午，杨树浦发生屠杀，死4人，重伤6人。下午，万国商团占领新世界。4日，海军陆战队强占上海大学，大夏、同德、南洋等大学随后被占领。整个6月上旬，“开枪日必数起，死伤时有所闻，上海成了帝国主义消闲寻欢的猎场”。[③] 自5月31日至6月10日，帝国主义者在上海9次枪杀中国人，当场死亡或

① 《申报》1925年6月1日。

② 《字林西报》1925年6月1日。

③ 邓中夏：《中国职工运动简史一九一九——一九二六》（1930年6月19日），载《邓中夏文集》，人民出版社，1983，第580—581页。

因伤死亡者达 60 余人，重伤者 70 余人，轻伤者不计其数。[①]

然而，帝国主义的恐怖政策并不能使上海工人却步。相反，总工会一声号令，罢工人数与日俱增。纺织工人打头，纺织、公用事业、海员、码头工人一齐上阵。四大主力带动着洋务、印刷、烟草、手工、服务等行业工人参加罢工。据上海总工会调查，截至 6 月 13 日，英厂参加罢工者共 26 处 3.6 万余人，日厂参加罢工者共 39 处 6.3 万余人，工部局所属系统参加罢工者共 8 处 3600 余人。总计在外资企业中参加总罢工的达 107 处 13 万余人。华商工厂工人亦有 11 处 2.6 万余人参加罢工。[②] 另据统计，截至 7 月 21 日，中外各业工人参加罢工的有 206 处 20 余万人。其中日商系统 46 处 6.6 万余人，英商系统 42 处 4.7 万余人，工部局系统 13 处 5500 余人，美商系统 5 处 1400 余人，德商系统 5 处 300 余人，丹麦 1 处 80 人，英美日中合资系统 21 处 2.7 万余人，国籍不明者 38 处 1.9 万余人，华商系统 35 处 3.3 万余人。[③] 有些工厂无数字记载，故实际罢工人数超过此数。同时，参加罢市的一二十万店员还未统计在内。此时的上海，"工厂无人做工，商店罢市，轮渡不通，车马断绝，交通为之梗阻"。"到上海马路上一看，只见满街贴的是反帝国主义的标语，口号，图画；处处都有游行的，演讲的，募捐的，演戏的，闹个不休，个个人都忙着反帝国主义的工作"。[④] 罢工的实现与工会的建立相互促进，以联合战线为后盾，使其来势猛烈，规模浩大，组织有序，目标明确。

国民党中央公开支持五卅运动。6 月 2 日，发表通电，号召全国民众一致起来抗议帝国主义者的暴行，号召国民党员"应一致努力

---

① 参见《五卅痛史》，《晨报》出版部出版，1925 年 7 月。

② 详见《上海总工会罢工调查表》（1925 年 6 月 13 日），载中央档案馆、上海市档案馆《上海革命历史文件汇集（上海各群众团体文件）》（1924 年—1927 年），内部版，1988，第 22—25 页。

③ 参见《五卅运动期间上海罢工厂商按国籍分布情况》，载上海社会科学院历史研究所编《五卅运动史料》第 2 卷，上海人民出版社，1986，第 70 页。

④ 刘少奇：《一年来中国职工运动的发展》，载上海社会科学院历史研究所编《五卅运动史料》第 1 卷，上海人民出版社，1981，第 69 页。

援助国民，以与英国帝国主义相搏”①。上海执行部于6月1日、4日分别发表宣言，揭露、抨击帝国主义的暴行，提出“应根据公理，与外人对我要求赔偿之前例，于惩凶赔款之外，应以取消中国与英日缔结之一切不平等条约为赔偿此次死伤污辱与损失之最低代价。在未达目的以前，举国实行与英日经济绝交”②。

“三罢”斗争以工人阶级为主力，以反帝联合战线为后盾。6月1日，中共中央决定成立工商学联合会，作为反帝运动的总指挥机关。当晚，全国学联、上海学联邀集上海总工会、商总联的代表，商议成立上海市民公会。得知中共中央作出成立工商学联合会的决定，次日，四团体决定共组工商学联合会，邀上海总商会参加但被婉拒。4日，上海工商学联合会宣告成立。在该联合会中，上海总工会的代表没有学生代表那样积极，“那样左倾”，因此，商界代表倾向于上海总工会。③

6月5日，中共中央发表告全国民众书，指出这次运动的目的，绝不止于惩凶、赔偿、道歉等“了事”的虚文，而在废除一切不平等条约。根据帝国主义实施分化反帝联合战线的动向和争取反帝斗争胜利的内在要求，提出必须注意4件大事：（1）全国民众应依靠自身的力量，不可依赖和相信政府的交涉；（2）中国人民与帝国主义无调和之余地，不可相信有什么公道和谅解；（3）要防止和反对上海上流社会的妥协倾向；（4）谨防帝国主义离间破坏。④ 中共中央预见了反帝斗争的复杂性和艰巨性，为工人阶级在五卅运动中发挥主力军作用指明了方向。上海“三罢”事成，反帝狂飙掀起，中共中央决定把

① 《中国国民党中央执行委员会为五卅事件发表通电》（1925年6月2日），载上海社会科学院历史研究所编《五卅运动史料》第2卷，上海人民出版社，1986，第311页。

② 《中国国民党上海执行部宣言（二）》（1925年6月4日），载上海社会科学院历史研究所编《五卅运动史料》第2卷，上海人民出版社，1986，第313页。

③ 《蔡和森关于中国共产党的组织和党内生活向共产国际的报告》（1926年2月10日），《中央档案馆丛刊》1987年第2期。

④ 《中国共产党为反抗帝国主义野蛮残暴的大屠杀告全国民众》（1925年6月5日），《向导》1925年第117期。

运动推向全国，在汉口、天津、广州、香港等地组织总罢工。[①]

二　上海工会组织的大发展及其斗争

1. 上海总工会机构的扩充和全总上海办事处的成立

在五卅斗争的风暴中诞生的上海总工会，是在中国共产党的领导下，中华全国总工会成立后新建立的第一个地方总工会。它既是上海工人运动的指挥中枢，又是全国工人运动的坚强支柱。当时就有外籍人士评价说：上海总工会的“势力与影响不仅仅笼罩上海，即对于全国也有深厚的影响”，“在劳动运动中的成就真是一时无两”。[②]

上海总工会制定了《上海总工会简章》，共 4 章 23 条。规定“以团结工人，图谋工人福利为宗旨”，其职权 10 项：（1）工人组织之发展；（2）统一工会运动；（3）整理各工会之组织系统；（4）指挥各工会之行动；（5）仲裁各工会间或各工会内之争端；（6）指示上海工人共同奋斗之目的；（7）代表上海工人与全国工人密切结合；（8）提高工人知识，联络互相感情；（9）促进各工会间的有效互助；（10）保障工人利益，设法解决救济及职业介绍等事项。这些内容与全国总工会章程的有关规定基本一致。简章还规定各工会必须执行总工会及其执委会的决议和命令；发生阶级斗争时，各工会接到本会通告以后，必须立即一致作声势上、经济上或实力上的援助；同一产业或职业内，必须统一为一个工会；各工会间如有纠纷可向总工会申请仲裁解决，不得相互攻击；各工会对总工会如有不满意，可直接提出抗议，或向代表大会提出控诉、控告，但不得有破坏的言论和行动。[③] 以上这些规定，充分反映了上海总工会的阶级性、革

---

① 《蔡和森关于中国共产党的组织和党内生活向共产国际的报告》（1926 年 2 月 10 日），《中央档案馆丛刊》1987 年第 2 期。

② 赫莱尔著、东篱译：《中国民族运动与劳动阶级》，《政治生活》第 61 期。

③ 《上海总工会简章》，中央档案馆、上海市档案馆编《上海革命历史文件汇编（上海各群众团体文件）》（1924 年—1927 年），内部版，1988，第 12—16 页。

命性和战斗性。

上海总工会一经成立，就投入到领导五卅反帝爱国斗争中去，其组织体制是围绕完成这一中心任务而设置的。总工会执行委员会委员长由李立三担任，副执行委员长由陈杏林、刘华担任。总工会分设总务、交际、会计、宣传、组织等科，并于必要时设立特种委员会。总务科掌管秘书、庶务等事项，设庶务、文牍、印刷、交通、杂务、传达等股，刘少奇任总务科主任，谢文锦、孙良惠为副主任。交际科掌管对外联络交往，内设交际员若干人，陈杏林为交际科主任，赵子敬、郭尘侠为副主任。会计科掌管经济，傅冠雄任交际科主任，陶静轩、杨建华为副主任。组织科掌管所属各工会的组织事项，发展新工会，吴敏任组织科主任，郑福宁、顾风鸣任副主任，内设组织员若干人。宣传科掌管本会的宣传和教育事项，设宣传员若干人，刘贯之任宣传科主任，严敦哲、张佐臣为副主任。① 不久，总工会增设了救济和码头工人两个专门委员会，前者负责办理罢工中的救济事项，后者负责办理码头工人事宜。

为了方便工会和工人办事，并加强对各工会的指导，总工会在主要工人区域设立了办事处。6 月 19 日，总工会发出布告，设第一办事处于杨树浦，设第二办事处于引翔港，设第三办事处于浦东，设第四办事处于小沙渡，设第五办事处于曹家渡，设第六办事处于南市。各办事处由总工会指派专人和各该办事处所属工会选派的 3 人，共同办理事务。后来，总工会还准备在虹口设第七办事处。

5 月中旬，中华全国总工会根据章程的规定和形势的发展，决定设立上海办事处，负责领导北部和中部各省工人运动。全总副委员长刘少奇偕执委孙云鹏赴上海负责筹备事宜。29 日，筹备中的全总上海办事处发表宣言，号召各地以实力援助上海、青岛日商纱厂罢工工人。7 月 6 日，全总上海办事处正式成立，刘少奇负总责，李

---

① 《民国日报》1925 年 6 月 16 日。此名单后来有变动。刘华为副委员长，从刘贯之回忆。

立三为组织部长，孙良惠为宣传部长，孙云鹏为经济部长，林育南为秘书部长。办公处设于闸北宝通路顺泰里第四街 30 号。[①] 全总上海办事处负责人刘少奇、李立三、孙良惠同时又是上海总工会的负责人，五卅运动期间，全总上海办事处对上海反帝爱国运动的领导，主要是通过上海总工会来实现的，只有少数必要场合，才单独或与上海总工会联合采取行动。

2. 上海总工会所属工会的发展

上海总工会成立后，即大力在罢工工人中建立工会组织。《上海总工会日刊》号召工友“快快组织工会”，指出所有问题，“都要先有工会才能解决”[②]，还具体指示了组织工会的 4 项办法。6 月 19 日，总工会在设立办事处的通告中，要求各办事处负责人应特别注意已罢工的工厂即日组织工会，没有罢工的工厂，也应设法促其组织，并要求注重基层组织的建设，规定按系统各工会每十人为一组，每三组以上，设支部干事会，干事会之上，设工厂委员会。7 月中旬，总工会宣传科设立演讲团，初定 8 种演讲题目，其中工会建设占 3 项：工会之意义；为何组织工会；工会中委员会、支部干事、十人组长之职务与责任。[③]

一方面，由于上海总工会在工人中自上而下进行发动和组织，另一方面，罢工工人不能不有所依归。2 月罢工时，沪西工友俱乐部发放罢工证，罢工工人凭证可领取补助金。五卅罢工中，救济金通过各工会造册发放，每日每人至少贴补小洋 2 角，以维持其生活。[④] 这样，各业工会就迅速进入大发展时期：6 月 7 日，总工会辖工会 44 个；10

---

① 《中华全国总工会上海办事处启事》（1925 年 7 月 6 日），刘明逵、唐玉良主编《中国近代工人阶级和工人运动》第 5 册，中共中央党校出版社，2002，第 312 页。

② 《〈上海总工会日刊〉通告：快快组织工会》（1925 年 6 月 11 日），载上海社会科学院历史研究所编《五卅运动史料》第 2 卷，上海人民出版社，1986，第 84 页。

③ 《上海总工会成立演讲团》，载上海社会科学院历史研究所编《五卅运动史料》第 2 卷，上海人民出版社，1986，第 393 页。

④ 《新闻报》1925 年 6 月 10 日。

日，增加到 67 个；到 9 月 18 日，更达到 117 个，会员 218750 名。[①] 在工人区设立办事处的同时，上海总工会致力于建立产业总工会，先后成立纱厂总工会、铁厂总工会、印刷总工会。不过，这时候工会指挥权集中于上海总工会及其办事处，产业总工会和下级工会本身没有发挥大的作用。

上海滩堪称流氓的渊薮，码头、海员、机械、纺织和服务业都有帮会势力，工人运动的发展无法回避。李立三到上海后，研究了上海工运的历史情况，觉得不理青帮不行，加入也不行，于是，采取"联合下层，反对老头子，把阶级斗争在帮会中搞起来"[②] 的办法。这样，工会中就免不了有流氓分子加入。"这些流氓进了工会，工人也买他们的账。"[③] 工会亦因此加重了教育、训练、改造和团结的责任。

总罢工之初，各业工会组织罢工工人上街集会游行，散发传单。罢工进入相持阶段，总工会通告各办事处、各直属工会，组织演讲团，分至各工会、城厢各地演讲，宣传废除不平等条约和抵制仇货。还组织工人到工商学联合会主办的夏令讲学会听讲，偕同剧社到各工人区化装演讲。引翔港第二办事处在辖区内成立 5 支演讲队，创办了工人学校。浦东地区运输工人也着手兴办工人教育事业，使工人知识有所提高。

数十万人的罢工如果没有纪律约束是不可想象的。7 月中旬，总工会发表通告，指出罢工以后第一件要紧的事，"就是要严守秩序，举动处处都要文明，使人无可借口"。"假设有少数的工友，不守秩序，有法外行动，弄到官厅来干涉，就要连累大家，连累工会，甚至罢工因此失败。"特别提请各工友注意，"我们的工会，不是行

① 参见《上海总工会被封闭后之工作概况》（1926 年 1 月），载中央档案馆、上海市档案馆《上海革命历史文件汇集（上海各群众团体文件）》（1924 年—1927 年），内部版，1988，第 90、91 页。

② 参见 1960 年 11 月李立三的回忆，载上海社会科学院历史研究所编《五卅运动史料》第 1 卷，上海人民出版社，1981，第 144 页。

③ 《张维桢同志谈上海"五卅"运动》，载中国革命博物馆党史研究室编《党史研究资料》第 1 集，四川人民出版社，1980，第 307 页。

政机关，也不是司法机关，并没有拿人截货打人的权柄”，“无论是工贼，是汉奸，是买卖英日货的奸商，我们都要文明对付，切不可拿他打他，扣留他们的货物”。[1] 严守纪律，约束自己，是总工会坚持罢工、争取同情、避免节外生枝的有效办法。

3. 围绕《工会条例》的斗争

1925 年 6 月，北京政府农商部拟定了《工会条例》（草案），报纸所披露的内容为 25 条。制定并颁布《工会条例》，是各界的共同要求，但其立场则大相径庭。工人的目的是争取组织工会、集会、罢工、言论、出版的自由，通过法律保障自己的权利。北京政府这时候抛出《工会条例》（草案），其根本目的在于控制工会组织，限制工会活动，并为封闭取缔各地工人已经建立的各种工会组织，镇压工人斗争，制造法律依据。

7 月 3 日，正在筹建中的全国总工会上海办事处和上海总工会，联合致电北京政府，提出对此次制定工会条例的要求与希望：第一，对组织工会的自由，不应加以厂主同意和教育程度等项限制；第二，对罢工、集会、出版、言论的自由和工会代表工人的权利，也不应加以限制，否则，“此次工会条例乃不为给予工人自由而设，反为束缚工人自由而设，则全国工人失望殊甚”[2]。

从报端获悉北京政府《工会条例》（草案）具有控制和限制性的内容后，7 月 6 日，全总上海办事处分别致电全国各工会和北京政府表示反对。8 日，全总上海办事处、上海总工会联衔致电段祺瑞等人，9 日，又联衔致电全国各工会，揭露《工会条例》（草案）违背民主原则的主要事实，指出这些条文“与真正保障工人利益之工会，有生死存亡绝对不能并立之关系”，号召全国各工会“一致奋起抗

① 《民国日报》1925 年 7 月 15 日。

② 《中华全国总工会上海办事处、上海总工会为工会条例事致北京政府电》（1925 年 7 月 3 日），载中华全国总工会中国职工运动史研究室编《中国工会历史文献》第 1 集，工人出版社，1958，第 100 页。

争，务必达到改修该条例，使适合于吾人需要之目的而后止”。[①]

为此，上海总工会拟定《工会条例草案》，由工商学联合委员会议通过，并派代表送往北京政府法制院，要求北京政府依据此项草案颁布，并于7月17日在《民国日报》上刊登，以广宣传。该条例草案规定工会为法人，与雇主团体立于对等地位；工会在其范围以内，有言论、出版、办理教育事业的自由，必要时得依据会员多数决议宣告罢工，凡现行“刑事违警律中所限制之集会等条文”，不适用于本法；组织工会，由从事同一业务者10人以上发起，地方得联合成立地方总工会，各地同一业务工会得联合成立该业工会，以至于全国总工会和全国某业工会联合会，中国工会得与外国同性质之团体联合或结合，工会以产业组织为主，亦可依实际情形采取职业组织；工会职员由会员选举产生，会员无等级差别；行政官厅对辖区内工会与雇主间的纠纷和冲突，得调查原因实行仲裁，但不得强制执行。该条例草案还规定了工会的职责等事项。[②]

这个草案的制定，参考了上年10月孙中山在广州颁布的《工会条例》，进行了必要的修改，使之更适合工会建设和工人群众的需要。7月20日，中共中央号召全国工人“决不承认北京政府那样的工会条例”，“推翻违背工人利益的工会条例!”[③]

8月中旬，日商纱厂交涉已经签字，日本厂主只肯承认按照北京政府《工会条例》组织的工会有代表工人权，因而工人难于立即复工。13日、15日，全总上海办事处、上海总工会先后致电北京政府，要求依照上海总工会拟定的草案，立即颁布《工会条例》。29日晚，李立三亲赴北京，办理筹款并催颁《工会条例》事宜。李立

① 《中华全国总工会上海办事处为反对北京政府拟定的工会条例草案致全国各工会电》（1925年7月9日），载中华全国总工会中国职工运动史研究室编《中国工会历史文献》第1集，工人出版社，1958，第104、105页。

② 参见《上海总工会拟定的工会条例草案》（1925年7月），中华全国总工会中国职工运动史研究室编《中国工会历史文献》第1集，工人出版社，1958，第106—109页。

③ 中华全国总工会编《中共中央关于工人运动文件选编》（上），档案出版社，1985，第72页。

三抵达北京以后，始终被暗探盯梢跟踪，行动受到限制，竟至多方设法才得以离京。在京期间，他仅得到临时执政府即日修正《工会条例》后提出阁议颁布的空洞许诺。农商部所拟原案后经临时法制院修正，交通部审查，仍保留“在某种情形下，罢工或闭厂为法制所不许，而为增进劳资好感起见，格外注意和平手段”① 等限制性条款。9月9日、14日，全总上海办事处、上海总工会再次反对，表示如不加修改而发布，“所属八十万工人，誓不承认”②。

后来，北京政府的《工会条例》终未正式颁布，全总上海办事处和上海总工会围绕《工会条例》同北京政府的斗争，成为未了之局。经过五卅风暴，官厅和资本家不得不承认工会事实上的存在。9月12日，刘少奇在日本工厂工人代表会议上提醒各位代表，五卅罢工的直接胜利，就是工会的建立，现在资本家和官厅不得不承认工会，所以“工会条例不要紧，实际工会是要紧的”③。全总上海办事处和上海总工会在复工和总工会被封后，继续半公开活动，领导工人坚持斗争。

4. 回击招牌工会的扰乱

五卅惨案发生，以上海工团联合会为首的上海各招牌工会频频召集会议，企图对工人运动施加影响，与上海总工会争夺对工人运动的领导权。6月8日，他们在南市沪军营召开工界大会，通过对有关系国罢工、中国厂不罢工，收回租界及领事裁判权，取消一切不平等条约、惩凶、赔偿损失、联络工界一致对外、募捐救济等8项主张，并组织游行。④ 10日，他们又成立了上海工团联合会非常委员会。

---

① 参见陈达：《中国劳工问题》，商务印书馆，1929，第548页。

② 《中华全国总工会上海办事处为工会条例事致北京政府电》（1925年9月9日），中华全国总工会中国职工运动史研究室编《中国工会历史文献》第1集，工人出版社，1958，第119页。

③ 《上海总工会会议记录》（1925年9月12日），上海社会科学院历史研究所编《五卅运动史料》第2卷，上海人民出版社，1986，第988页。

④ 参见《申报》1925年6月9日。

上海工团联合会不过是一个由国民党右派、工贼和流氓所控制、把持的招牌工会拼凑起来的杂烩。他们提出 8 项主张完全是表面文章，其目的是谋取私利，抢夺指挥权。事实上，“‘五卅’大罢工既实现，上海所有工厂，大部组成工会，都隶属于上海总工会旗帜之下”，上海总工会一跃而成为“工界的权威”，工团联则“相形见绌，黯然无光”。这完全是不同的性质和宗旨所决定的。

上海工商学联合会成立之初，工团联就企图挤进去占一席之地。他们的代表说：“工团联合会是代表三十余万工人的组织，有三年的历史，难道还不如三天历史的上海总工会么！”① 可是，他们的种种作为，不仅为工人所不齿，就是中小商人亦知其惯于招摇撞骗，不肯接纳其加入工商学联合会。

招牌工会的头目于心不甘，遂使出破坏招数，除了造谣欺骗，还雇用流氓、打手滋扰海员工会和发放救济费的济安会。7 月中旬，一伙流氓、地痞率 200 余人冒充码头工人，到总工会要求发放罢工救济费，未遂，便在街市强取食物，扰乱治安，还通电全国诬指上海总工会包办发放救济款。上海总工会及其所属各工会摆事实于光天化日之下，8 月 12 日，《民国日报》公布了由会计师事务所出具的 6 月 7 日至 7 月 24 日上海总工会收支账目。次日，沪西洋务工会等 37 个工会联合发表启事，揭露工团联合会所散发的传单既冒工会之名，又冒工人之名，揭穿了工贼故意挟嫌破坏所制造的骗局。

几招失灵，工团联头目们便祭出武力打杀的手段。8 月 22 日下午，流氓、工贼五六十人手持长刀、铁棒、手枪，直接冲入闸北上海总工会会所，逢人即打，遇物即毁，朱宝庭等 9 人致受重伤，直接损失上千元。上海总工会发表《告市民书》，深刻指出这绝“不是一个简单的本总工会及其职员被人加害问题，乃是帝国主义者利任工贼破坏中国人爱国运动的重大问题”②。23 日，全总上海办事处通

① 转引自邓中夏：《中国职工运动简史一九一九——一九二六》（1930 年 6 月 19 日），载《邓中夏文集》，人民出版社，1983，第 605 页。

② 《民国日报》1925 年 8 月 24 日。

电全国抨击帝国主义及其走狗的阴谋破坏。26日，全国学生总会通电抨击上海工团联合会的卑劣行径，指出“即锡以卖国之名，亦非过分”[①]。9月4日，全国总工会致电上海总工会，鼓励其更加努力团结工友，以扫除此等帝国主义走狗及工贼。

上海工团联合会本来就基层空虚，又倒行逆施，中华电气工业联合会等不屑与之为伍，先后脱离，宣布加入上海总工会。7月31日，上海总工会确定工团联所属工会加入总工会的根本条件：一是由彼方宣布其领袖王光辉、郭寄生、徐锡麟、童理璋、陈国梁等人罪状；二是登报声明脱离与工团联的关系；三是加入本会后须照本会章程改组；四是救济费办法，各工厂工人在各该工会领取，非工厂工人经调查实在另设办法。[②] 这几项办法的实施，进一步加速了工团联的分化。

9月间，上海总工会遭奉系军阀封闭，不出旬日，上海工团联合会宣告解散。如果说，在工人运动的复兴时期，工团联披着一层伪装，还存有几分控制力和影响力，那么，在五卅运动中，由于沦为反动势力的帮凶，它终为工人阶级所唾弃，彻底破产了。

三　席卷全国的反帝怒涛和海外的支援

1. 青岛工人的反帝斗争

五卅运动是帝国主义侵略中国80多年，中国人民反抗帝国主义斗争的总爆发。在共产党的领导和推动下，五卅运动的怒涛迅速席卷全国。各地约有1200万人直接参加了这次运动，其中工人约50万，“此时工人阶级，几成全国总罢工的形势”[③]。据不完全统计，全

① 《时事新报》1925年8月27日。

② 《上海总工会致外界文件底稿》，载刘明逵、唐玉良主编《中国近代工人阶级和工人运动》第5册，中共中央党校出版社，2002，第322页。

③ 刘少奇：《一年来中国职工运动的发展》，载中华全国总工会中国工人运动史研究室编《中国工会历次代表大会文献》第1卷，工人出版社，1984，第59页。

国各地为援助上海人民而发生的罢工达135次之多。[①] 近百个国家和地区的华侨举行集会，发起募捐，各国无产阶级和进步人士也表示了同情和声援，使五卅运动发展成具有广泛国际影响的反帝斗争。

1925年5月10日，青岛日商大康、内外棉、隆兴纱厂工人取得第一次大罢工的胜利而复工。中旬，全总副委员长刘少奇到青岛考察工运。他在四方机厂工人宿舍同李慰农、傅书堂等讨论了青岛工运形势，要求最大限度地把工人组织起来，为自身利益作斗争；工会是工人的台柱子，要为工人撑腰讲话，把工人团结在工会周围；要组织工人学习革命理论和文化；对形势要保持清醒头脑。[②] 刘少奇的这些意见，及时地指导了青岛工人的反帝斗争。

第一次大罢工胜利后，工会的威望大大提高，变相被日本厂主开除的50多名工人，在厂外继续活动。日本厂主必欲去工会而后快，先是收买工贼，另立组织，继而胁迫官厅武力取缔工会。工会采取紧急措施，决定收藏文件，临时停止办公，如工会招牌一旦摘去，三厂即行停车，工人不出厂，不工作，直至招牌恢复。25日下午，军警首先围困大康纱厂，摘下工会招牌。不出1个小时，三厂先后停工。从下午3时到晚上9时，警察厅长陈韬一直处在工人“归还工会牌子”强烈呼声的包围中。招牌归还后，日本厂主停电休业，工人照常进厂不误，进行第二次大罢工。日本公使芳泽借口“罢工之暴动化”，向中国外长提出抗议，要求从速采取措施予以处置，并以将采取自卫手段相威胁。[③] 在中国官厅已派军警弹压的情况下，日本仍调遣“樱”“桦”两驱逐舰从旅顺驶进青岛水域。

28日夜间，由山东军阀张宗昌派出的旅长张培勋协助，青岛胶澳商埠督办、总司令温树德派出大批海军陆战队，协同武装警察、陆军保安队秘密驰赴各纱厂附近工人住宿区。陆军围攻大康厂，保安队围攻隆兴厂，海军陆战队围攻内外棉厂。全副武装的3000余

---

① 参见王清彬等编《第一次中国劳动年鉴》，北平社会调查部，1928，第138页。

② 参见山东省总工会编《山东工人运动史》，山东人民出版社，1988，第112页。

③ 参见《申报》1925年5月29日。

人，把一个小小的四方镇围得水泄不通。29 日晨 3 时许，军警将工人武力驱逐出厂。

日本职员与中国军警一同开枪，造成青岛惨案，当场打死工人 8 人，重伤 10 余人，被捕 70 余人。有工人跳入地沟暂避者，日本人趁机用破棉纱等物，将两头沟口封闭严实，10 余人窒息其中。纱厂濒临海湾，日本人从厂中搜出工人，暗中击毙，乘夜抛尸海中，死者不知确数。工人被驱出厂房后，又被驱入宿舍，紧闭大门，每人每日仅给两个馒头度日。对于散居工人，警察重新调查户口，核实登记。纱厂工会和胶济铁路总工会及四方分会均遭查封，各工会会所房东和饭店老板，也被警方传讯。工人代表司铭章等 6 人被解往济南军法处[①]，至 7 月 2 日才被释放。

五卅惨案发生，邓恩铭重返青岛领导群众组织了上海事件后援会，李慰农领导胶济铁路总工会成立沪青惨案后援会，声援并募捐接济上海工人和青岛纱厂工人。军警到会多方阻碍，终以该会组织坚固，不为所动。而青岛纱厂数百工人得以不流离死亡，该会之力也。[②] 青岛学生带头联络各界召开市民大会，呼吁打倒强权，对英、日经济绝交，捐款援助罢工工人。6 月 16 日，市民大会在齐燕会馆举行，胶济铁路总工会沪青惨案后援会等七大团体，青岛各大中小学共 3 万余人参加，赴督署为“沪案”请愿，要求释放青岛被捕纱厂工人。是日，英国工厂、公司华人一致罢工，码头工人不装卸英国货，各商家罢市。17 日，被捕工人获释。数百名工人和 30 余团体的学生代表冒雨请求商会对英、日经济绝交。18 日，日商祥阳火柴公司罢工，声援“沪案”。20 日，载货车夫罢工，服务英、日员役 700 余人成立联合会，讨论罢业。23 日，青岛理发工会成立，议决自即日起概不为英、日人理发。青岛总商会及其 13 个团体决定对英、日经济绝交，除为“沪案”劝募捐款外，还应胶济铁路总工会沪青惨案后援会的要求，为青岛纱厂死伤、被捕工人捐出大洋

---

① 参见《青岛屠杀案之经过》，《向导》1925 年第 120、121 期。

② 天津《大公报》1925 年 8 月 6 日。

840元。

青岛惨案后，大批工人被遣散还乡。在厂工人迫于饥饿，于6月10日上工。复工后，工人更横遭压迫，第一次罢工所争得的最低条件概被抹杀。7月23日，大康厂又开除3人，工人全体挽留，日本人不仅不允，反将1名12岁童工头部打破，以致其不省人事。工人愤激不已，宣布第三次罢工。内外棉、隆兴工人先后罢工声援。

其时，张宗昌正在青岛与日领事会面，派军警强迫工人上工。24日，各纱厂工人被迫复工。26日，张宗昌解散胶济铁路总工会沪青惨案后援会，捕走20余人。在四方小学任教的中共四方支部书记、全国铁路总工会特派员李慰农，同情工人的《公民报》主笔胡信之等被捕，邓恩铭、傅书堂等被通缉。29日，李慰农、胡信之被杀害。8月6日，胶济铁路总工会韩文玉、伦克忠向北京各界揭露了张宗昌枪毙工人领袖和新闻记者，镇压工运的罪行。15日，《向导》发表《胶济铁路总工会代表呼吁书》。27日，韩文玉、伦克忠二人在北京被捕。9月6日，伦克忠英勇就义。陈独秀高度评价山东工人的英勇斗争，称其“可悲可敬的争斗与流血，比任何地方都剧烈；无论经过若何惨的失败，都没有反动的变相发生”。“他们的组织，他们的理想，虽然还很幼稚，而他们的本质，我们敢说是全中国工人中最英雄的部分。”①

2. 天津工人的反帝斗争

五卅惨案的消息传到天津，中共天津地委即召开紧急会议，决定通过共产党员、青年团员主持的各进步社团首先发动学生，唤醒市民，一致行动起来，在海河两岸掀起反帝斗争的浪潮。

6月1日，天津学联召开会议，通过10项议案，决定发起成立天津各界联合会，作为领导全市反帝斗争的公开机关。7日，邓颖超主持召开天津妇女国民会议促成会，提议联络商会，实行罢市，与英、日经济绝交。同日，天津学联由辛璞田等5人组成工人运动

---

① 独秀（陈独秀）：《第二次和第三次劳动大会之间的中国劳动运动》（1926年5月1日），《向导》1926年第151期。

委员会，发动罢工。学联发表《忠告天津工人同胞书》，号召工人起来，“只有我们的工友同胞配当作这个先锋队，因为我们所受的痛苦深，所有的力量大”①。

10日，天津各界联合会成立，通过了宣言和章程，决定出版《救国日报》。次日，邓颖超主持各界联合会代表大会，决定实行经济绝交的具体措施。14日下午，天津市民大会在南开中学大操场举行，200余家团体的10万余人出席。各商号、工厂停业或半天或全天。会场设演讲台3座。邓颖超报告了英国人在上海、汉口先后惨杀中国人的残暴行径，“全场忿极，大呼：此次交涉，不得美满结果，誓不与英日共立。慷慨激昂，有痛哭流涕者，有晕倒于地者”②。会后，市民举行示威游行，向省公署递交请愿书。

6月30日是全国公祭五卅死难烈士日。是日上午，天津各界再次聚会于南开中学大操场。纺织工会、印刷工会、电料同业会、洋务华员工会等参加，各界民众到会踊跃，达10万之众。会场设置高台，悬白布一条，上书“沪汉湘粤诸烈士之灵位”，挽联为“汉滨沪渎惨剧叠生，有许多志士仁人拼命牺牲，为中华民族力谋解放”“粤水湘江淫威叉作，要冒着腥风血雨齐心自救，向帝国主义勇猛进攻”。宣读祭文后，脱帽静默3分钟，“旗帜飘扬，一场翕然，救国爱群之心，不禁油然而生”。③

6月，天津以集会声援为主，工人群众积极参加，北洋铁工厂、裕元纱厂等各大工厂工人，久大精盐公司、永利制碱公司职工解囊相助，抽薪汇沪。21日，纺织和印刷工人联合发表宣言，提出为了生命的自卫、民族的独立，为了消除后患，绝不能就事论事，希望和平了结；必须唤起全国的工友，走革命的道路。④ 这份宣言代表了天津产业工人对五卅运动的认识，表达了把反帝爱国斗争进行到底的决心。

---

① 天津《益世报》1925年6月16日。
② 天津《益世报》1925年6月16日。
③ 天津《大公报》1925年7月1日。
④ 天津《益世报》1925年6月21日。

11日，日文《天津日报》印刷工人罢工，迫使该报临时停版。同月底，全市25处印刷工人“全体辞事”。[①] 省港大罢工开始后，英商怡和、太古两轮船公司把所属在港停泊的“奉天”“夔州”“裕生”“顺天”“惠州”“景星”“昌生”（亦作“昌升”）等7条轮船先后集中在奉系军阀控制下的天津，继续从事航运，破坏全国海员工会同盟罢工。7月上旬，中共北方区委派赵世炎到天津，与中共天津地委书记李季达、工运负责人安幸生组成海员罢工委员会，领导海员罢工。海员罢工与码头、纺织和印刷工人的罢工，汇成了天津工人反帝大罢工的洪流。

7月18日，海员工会天津支部正式成立，安幸生为负责人。“奉天”“夔州”“惠州”“昌生”“裕生”五轮海员100余人与会，大会通过章程，发表宣言，表示联络被压迫阶级共同奋斗，一切事项，归总会指挥。[②] 21日，425名海员罢工。“顺天”“景星”两轮到港后，亦加入罢工。8月10日，天津日商码头大连、大阪，英商码头怡和、太古码头工人2000余人罢工一天。

8月4日，天津总工会成立，刘亚斋、安幸生、袁子贞等15人组成执行委员会，初时辖工会20多个。总工会发表宣言，号召全市各界同胞积极援助罢工。同日，天津各界联合会济安会成立，负责筹措和接收捐款，接济罢工工人。总工会刘亚斋、伍子康、张寿年参加济安会，刘并任常住事务员。9日，天津总工会、海员工会天津支部发起罢工工人大示威。罢工海员、码头工人、印刷工会、油漆工会、纺织工会及其他团体800余人参加。

天津总工会的成立，促进了罢工的扩大。8月9日，宝成、裕大、北洋、裕元各纺纱厂男女工人2万余人罢工，50余名警察会同各厂守备队弹压，企图拘捕工人代表。工人用砖头瓦片还击，宝成管理工人部被砸。10日，宝成、裕大两厂承认工人要求，工人复工。北洋厂答

① 天津《大公报》1925年8月2日。

② 《天津海员之奋斗》，《工人之路特号》1925年8月9日。

应25日增加工资，其他条件一并承认，裕元则继续磋商。[①]

8月11日下午5时许，一队小孩持小纸旗高呼“抵制日货”经过裕大纱厂。裕大本为中国企业，由于债务关系，由债权者日本东洋拓植株式会社代为经营。日本人向小孩鸣枪示威。裕大工人突闻枪声，停工观望，日本人转向工人开枪示威。邻近的宝成工人，河西裕元、北洋两厂工人，以为是日本人枪击工人，一齐涌入裕大。日本人先朝地面开枪，致工人腿脚受伤者达10余人。四厂工人会合后，日本监督小幡竟从楼上击毙工人一名。众工人怒火中烧，将公事房门窗、桌椅、箱柜统统砸毁，账册、报表全部撕烂，又冲进机器房将动力设备和一部纺纱机砸毁。[②] 工人擒得日本人1名、士兵3名，夜间由司令部来人领走。12日上午10时，宝成、裕元、北洋、裕大工人在郑家庄开会，军阀李景林派兵3000余人，四面包围，断绝交通，工人有三四十人被打死，伤者难以数计，被捕走300余人。[③]

砸裕大看起来是偶发事件，但有深刻的根源。管理工厂的日本人平素横暴成性，动辄炫耀和动用武力，欺压中国工人，使中国工人积压极大的反抗情绪。日本人在青岛、上海滥杀中国同胞后，五卅运动在天津展开，已激起工人极大的斗争热情，同时，工会的活动又加强了工人的团结，这些，便是构成事件发生的真正原因。

随着罢工风潮的高涨，天津资产阶级发生动摇。总商会阻挠接济天津罢工工人，棉业公会要求官方“速将工会取消，派兵弹压，以维各厂营业”[④]。北洋军阀加紧摧残革命团体。8月11日下午，李景林借口开会扣留了各界联合会代表辛璞田、安幸生、杨衡南、吕职人，逮捕李散人、黄琴父等人。罢工海员被逐出广东会馆，码头

① 天津《大公报》1925年8月11日。

② 天津《大公报》1925年8月13日。1925年9月2日《政治生活》所载《天津惨剧的真相》及亲历者后来的回忆，述及砸裕大的起因均有所不同。此处从《大公报》报道。

③ 《李景林惨杀天津罢工工友》，《工人之路特号》1925年8月25日。

④ 《棉业公会致总商会函》，载中共天津市委党史资料征集委员会等编《五卅运动在天津》，中共党史资料出版社，1987，第267页。

工人被驱归各码头。印刷工会负责人陶卓元等被通缉。天津总工会、海员工会天津支部、天津各界联合会等先后被封闭。

3. 武汉工人的反帝斗争

1925年5月下旬开始，汉口英美烟公司老厂、和记蛋厂和火柴厂相继发生经济罢工。风潮所及，英美烟公司硚口新厂、纱厂和棉花厂都有起而响应之势。英国驻汉领事柏达唆使中国警察严加压迫，捕去代表4人。共产党人指导汉口工潮的发展，青年团则在武昌予以声援，迅速联络10余团体，成立罢工后援会，发表宣言、通电，散发传单，并募捐支持。蛋厂、火柴厂工人得到相当胜利后恢复工作，而英美烟公司的罢工则久拖不决。五卅惨案消息传来，“工人更形愤激，与厂家冲突”①。外资工厂的经济罢工与抗议“沪案”的政治斗争交汇，谱写出武汉工人反帝斗争的新篇章。

6月1日晚，国民党湖北省临时党部接到上海执行部关于五卅惨案的来电，当即发出紧急通告，并组成临时指挥部，内设宣传、交通、纠察、探报等队，中共湖北地委和青年团武汉地委所属成员参加了临时指挥部的工作。2日至5日，学生罢课，往汉口演讲，6000余名学生示威游行，“全呼口号，全城震动”，“传单标语刺戟（激）画贴满市壁，市上呈恐怖之象”。8日，四五千商人上街游行。几天工夫，游行队伍散发传单10余万份。中共湖北地委机关刊物《武汉评论》的号外，几乎成为舆论中心。② 街谈巷议，“那几天几全是一班愤恨帝国主义和推翻外国人的言论”③。

起初，没有公开统一的工人组织，“有许多工人，都抛弃自己的工作，来做这种运动”。他们每晚都到茶馆中演讲，或者是找人宣读

① 参见《团武昌地委临时报告》（1925年6月9日），载中央档案馆、湖北省档案馆编《湖北革命历史文件汇集（群团文件）》（1925年—1926年），内部版，1984，第79页。

② 参见《团武昌地委临时报告》（1925年6月9日），载中央档案馆、湖北省档案馆编《湖北革命历史文件汇集（群团文件）》（1925年—1926年），内部版，1984，第80—82页。

③ 若愚：《汉口屠杀案之真相（湖北通信）》，《向导》1925年第120期。

外来的传单和报纸，还将工会告士兵的传单，向士兵宣传。“至于催促他们的首领举行罢工，更是意中事了。”通过宣传发动，省工团联决定于6月13日举行大示威，14日罢工，预计届时将有5万人参加。省工团联讨论罢工的消息传出后，“工人群众中的空气，便紧张到万分”①。在酝酿罢工的过程中，英美烟公司工人于6月2日罢工，援助“沪案”。10日，武昌建筑工人表示对英、日罢工，不用英、日的材料。

6月初，英领事柏达要求各国水兵做好登陆准备，义勇队全部出动，随时准备大打出手，更要求鄂督萧耀南压迫全省民气。10日下午4时许，英商太古公司“武昌”轮抵汉口一码头卸货，太古公司职员寻衅殴伤码头工人，看守洋棚的印捕火上浇油，致3人受伤。众工人愤愤不平，9时许集合于口岸，拥至该公司质问理由。武装警士出面弹压，与工人发生冲突。洋行大班招来更多警士和军队镇压，当场拘捕8人。

6月11日晨，数千名码头工人，打着“大家起来援助我们苦工罢”的旗帜，在一码头沿江一带游行示威，散发传单，实行罢工。萧耀南一面增派宪兵到汉协同军督镇压，一面令汉口警察厅长设法迅速平息工潮。经过谈判，太古公司承认受伤工人送医院诊治，医药费由本公司负责；凶手交法庭惩办；所打破玻璃等件一概不究；从速照常工作，公司嘱令职员，以后不得无故打人。双方签字画押，准于12日上工。

工人们不知道此案已经解决，仍旧集中在河街和江汉关前。晚上7时20分，英捕房二保正到太古码头视察，见工人未散，指挥印捕干涉。“群众立时又鼓噪起来，大声呵逐”。洋保正退向二码头。其时，正有工人在河街口角，印捕上前驱逐，旁观者不服，“群相噪逐”。人群愈聚愈多，洋保正和印捕惊慌失措，狂鸣警笛。英领得报，即调英舰海军陆战队登陆，各国义勇队同时全副武装分布租界，断绝交通，各要道“均架设机枪，并且武装马巡多人，往来驰骋，

① 若愚：《汉口屠杀案之真相（湖北通信）》，《向导》1925年第120期。

如临大敌”。大智门一带四五千人见太古码头工人被逐，“愤激异常”，“万头攒拥”，涌向租界。租界内车夫、市民也聚集上千人之多。英捕用高压水龙冲射，群众冲破铁栅退入华界。中国军警大队开来，群众又挤倒围墙涌入租界。这时，“租界义勇队陆战队等便开机枪向人众轰击，枪声约百余响。一时弹如雨下，血肉横飞，死伤枕藉。顷刻秩序大乱。人众四窜，自相践杀”。随后，英兵“更把电灯灭熄，将死者尸首，用汽车移往他处，将重伤者送往医院”。[①] 工人及其他群众死 40 余人，伤者无法统计。英帝国主义者制造六一一惨案，又欠下一笔血债！

惨案发生后，租界至 13 日仍戒备森严。英租界内，各主要道路均堆沙袋，架机枪，密布电网，陆战队、义勇队荷枪放哨，汽车队飞驰巡查，日、法租界及一、二特别区（原汉口德租界、俄租界），亦严重戒备，阻断交通。英、美、日、意、法国军舰麇集武汉，一时达 17 艘之多。萧耀南加派武装军警弹压，制止召开国民大会，解散外交委员会、粤汉铁路工人沪汉案后援会、学生联合会等团体，严禁游行、演讲、散发传单，甚至禁止工人聚谈，加紧遣散学生回籍，并屠杀爱国人士肖英等人。

6 月 13 日，国民会议湖北促成会、汉冶萍总工会、轮驳工会等 30 余团体代表讨论处置本埠惨案，决定除通电声讨外，“劝导英日租界之华人，一律退出租界，不用英日货物，不坐英日轮船”。对于失业者的援助，“先本埠而后上海”。[②] 由于帝国主义与军阀相勾结，实施严密镇压，拟议中的大罢工未能实现。但是，零星罢工仍陆续发生。

30 日，武汉各界在武昌阅马场举行追悼沪汉粤死难同胞大会，6 万余人出席。各团体代表执“抗争汉案，对英经济绝交”，“援助沪粤，努力奋斗”的横幅，每人手持书有种种警语的小旗，当报告

---

① 高尔松、高尔柏编《汉口惨杀案》第 2 编，青年政治宣传会，1927，第 4—6 页。

② 长沙《大公报》1925 年 6 月 17 日。

对英六条件时，“群众齐声大呼，‘誓死力争，非达此目的不止’”①。会后进行了游行请愿。7月11日是汉口惨案周月。武汉各界在武昌公共体育场举行追悼大会，合各工人团体在内5万余人出席。会场大门挽白彩牌楼，高悬“重于泰山，轻于鸿毛，男儿死耳不为强暴屈”“人为刀俎，我为鱼肉，天下悼之乃于公理伸”的挽联，会场中扎白彩灵堂，设沪汉粤案死难同胞灵位。12座讲演台上讲演者川流不息，不下600余人。② 当日，汉口总商会也举行了追悼大会。

由于湖北全省工团联合会不能公开活动，各工厂工会负责人与学生联合会代表商定，组织工学联合会。7月8日，湖北工学联合会成立，该会“以领导民众运动，拥护民众利益，企图民族解放为宗旨”。它的宣言指出：“今后国人若认清反抗帝国主义为解放中国民族之唯一途径，则首要问题，即在谋工人群众学生群众之联合组织，以期集中民族势力，而达到解放中国民族使命。”③

4. 长沙工人的反帝斗争

长沙工人获悉上海发生帝国主义者屠杀中国同胞的惨案，闻风四起，迅即投入声援“沪案”、反对帝国主义的斗争。“指挥这运动的是工人学生为中坚的雪耻会”④。

5月29日，英商怡和公司“昌和”号快速启航，将停泊在附近的民船扫破、撞沉，导致数十名船工溺毙。6月1日晚，五卅惨案的哀音传入长沙，接连不断的惨剧激起湖南人民的无比愤怒。2日，湖南全省工团联合会和省学联等发起成立青沪惨案湖南雪耻会。学生讲演队手执旗帜往来街市，《大公报》号外飞满街衢。傍晚，市民大会在省教育会坪举行，工人和学生占了与会2万余人的大多数。次日，他们又开1000余人参加的大会，推选雪耻会领导成员。雪耻会由全省范围内各团体、各学校推派代表组成，“以团结民众，反抗

① 《申报》1925年7月4日。

② 《京报》1925年7月17日。

③ 《时事新报》1925年7月13日。

④ 罗夫：《赵恒惕铁蹄下之反帝国主义运动》，《向导》1925年第122期。

英、日帝国主义为宗旨”。其任务是宣传帝国主义侵略中国之历史及其影响，宣传青沪惨案之经过，力图实现对仇国经济绝交；提倡国货；募捐援助青岛、上海罢工工人；促进省内各地组织分会。[①] 省工团联总干事郭亮任主席。

6月4日，雪耻会发出紧急通告，宣布自当日起实行罢工、罢市、罢课。长沙各校一律停课，学生讲演队分赴城厢内外、大街小巷，讲述五卅惨案情形，商店于门首张贴“誓雪耻辱”标语，至晚6时一律歇业。5日，雪耻会举行10万人游行示威大会，纠察部维持秩序，队伍严整，声势雄壮，沿途高呼口号，散发传单。游行队伍推选代表向省议会和省长公署递交请愿书，提出11项要求。

赵恒惕急忙祭出撒手锏予以压制，遍贴告示，叫嚣威胁，强令雪耻会领导人签名负责治安。6日晚，新河英人打伤华仆，群众上街哀呼力劝军警一致对外。7日，赵恒惕在长沙实行白昼戒严，严禁学生出校，群众领袖的住宅被搜查。省长公署召集各公法团及各校长开茶话会，“赵于席上大骂过激党，要学生莫被其利用”。省教育会、总商会等团体负责人随之态度游移。[②]

雪耻会迫于赵恒惕的压力而改组，但宣传股和募捐股仍由工人和学生掌握。25日，是北京各界联席会议倡议的全国总示威日。上午10时，长沙各工厂工人与各界民众一道，整队至省教育会坪，2万余人宣誓履行5项公约：不买英、日货，不为英人做事，不用英、日货币，不向英、日银行存款，不搭英、日轮船，不供给英、日人原料、粮食、燃料。这5项公约源于6月3日雪耻会议决的经济绝交8项措施。请愿文还提出6项主张——废除一切不平等条约，收回领事裁判权，收回会审公廨，撤退外国驻华军队，收回租界，保证集会、结社、言论、出版、罢工之自由，表示“誓死坚持到底，决不承认惩凶、抚恤、赔偿等妥协条件”。会议进行中，有人断指血书，誓不苟且了事。游行队伍以“青沪惨案湖南市民游街大会”的

---

① 参见长沙《大公报》1925年6月12日。

② 参见罗夫：《赵恒惕铁蹄下之反帝国主义运动》，《向导》1925年第122期。

旗帜开道，秩序井然。[1]

早在6月3日，雪耻会就决定实行“三罢”，号召工人退出英、日工厂。25日，雪耻会又制定经济绝交公约，规定不为英国人提供劳动力。6月底至9月，英、日商店职员纷纷退职，日清码头、英美烟公司长沙新河转运站工人罢工，电气工人断绝长沙各英、日机关电力供应，缝纫工会组织国货维持会，不做英、日衣料的衣服。[2]

7月6日，雪耻会执行委员会召开全体会议，拟定了实施经济绝交5项公约的具体办法，详细规定了25条，并扩大了经济绝交范围。12日，驻湘英、日领事请赵恒惕政府制止经济绝交活动。赵迫令雪耻会负责人修改经济绝交办法，并张贴所谓“慎重爱国运动”的布告。雪耻会于是日召开1万余人的追悼青沪汉粤惨案死难同胞大会，13日上午又举行数千人的示威大会，抗议赵政府通令雪耻会修改经济绝交办法。经济绝交并没有因赵政府的压力而中止。

5. 焦作工人的反帝斗争

河南焦作是英国福公司在中国的大本营，英国人把焦作经营成一块事实上的租界。全国铁路工人第二次代表大会要求道清铁路工会与矿工联合，领导工人做经济的政治的斗争，并注意开展宣传和组织工作，发展工会。道清铁路起自河南浚县道口镇，止于沁阳县清化镇、与福公司的煤矿开采配套。五卅运动期间焦作矿工举行反帝罢工，道清铁路工会起了重要作用。

五卅惨案的消息于6月4日传到焦作。福中矿务大学的学生当晚就决定次日罢课，分赴矿区和附近市镇宣传群众。14日，福中矿务大学等校师生和商人共六七千人在矿务大学操场集会。商会宣布14日、15日罢市，为上海工人遥作应援。

7月6日，为福公司资本家服务的厨师、花匠、杂役200余人率先罢工，成立厨丁工会，拉开福公司煤矿工人反帝罢工的序幕。8日，福公司所属李封矿、王封矿罢工。9日，焦作煤矿工会成立。

---

① 参见长沙《大公报》1925年6月17日。

② 参见快客：《湖南职工运动之回顾》，《湖南工人向导》1926年第4期。

12日，煤矿工会发表宣言，列述20余年矿工所受英国资本家的种种压迫，这次罢工不仅声援上海人民，“乃是实行加入全国国民革命之大战线，尤其要归入我们自己工人阶级队伍，去打前敌冲锋!”① 这表明罢工领导者已从全局上把这次罢工作为工人阶级为国民革命奋战的组成部分。由于服务人员罢工，粮食和饮用水被停止供应，福公司英方职员及其家属撤至北京。

14日，河南特派交涉员林实奉命到焦作调查，在警察局召请工会代表闻正卿、王占标、张金波、郑长顺、王得太等谈话。工人代表义正词严地指出：“这回罢工，一方面为声援沪案，一方面也可以说是为我们焦作工人生活改良计。”青沪汉粤惨案迭演，“为争回我们的人格”，故不得不罢工；福公司“待遇工人一味的压迫，其工人生活之艰难困苦状况，有不堪言者”，亦不得不罢工。林实转述了英国人诬蔑矿工不知爱国的言辞，工人代表严加驳斥：我们工人也是国家的一分子，为什么我们不知道爱国?②

焦作煤矿工人罢工得到各地的声援，河南省各界沪案后援会特地发起募捐，河南中原煤矿公司和六河沟煤矿公司除资助津贴外，还安置了1500多名福公司煤矿工人就业，有力地支持了罢工。煤矿工会把反帝政治斗争与经济斗争结合起来，10月22日发表宣言，指出：“即使沪案解决，而福公司对于敝会工友之条件，未加承认，则我工人誓不复工，非达到最后的目的不止。”③

11月中旬至1926年3月2日，罢工工人代表和福公司代表在当地驻军和民众代表的斡旋下举行谈判，达成复工条件12项。其主要内容有：公司于中国政府未颁布工会条例前，默认工会有权代表工人；公司不得无故开除工人，不得因此次罢工借故开除工人或更换工作，如因他项事故开除或裁撤工人，须函知工会加以考察，增加工人时须由工会劳动介绍所介绍；不同幅度地增加工资和奖金，允

---

① 《焦作煤矿工人罢工宣言》，河南省总工会工运史研究室编《焦作煤矿工人运动史资料选编》，河南人民出版社，1984，第175页。

② 《民国日报》1925年7月20日。

③ 《民国日报》1925年10月31日。

诺煤价增高时，得由工会随时提出要求酌加工资，工作时间至多不得过9小时半；工伤由公司医疗，残废或伤亡给予抚恤；职员、工头、工人一律平等待遇，革除旧例；改良工人住宿条件；罢工期间在公司工作者一律开除。[①] 焦作矿工罢工坚持达8个月之久，这个胜利是五卅反帝斗争的一项重大成果。

6. 其他地区工人的反帝斗争

北京。6月1日，北京学生便开始了宣传活动。5日，工界和教育界、学界、商界、新闻界等280余团体共同组织北京各界对英日帝国主义惨杀同胞雪耻大会。10日，北京国民大会在天安门前举行，大会提出全国国民应抵制英、日货物等最低限度主张10项，对外人虐杀我同胞最低限度主张10项，强烈表示“此耻不雪，无以慰死者，此敌不去，无以求生”[②]。青年团北京地委成立工界雪耻会，25日举行总示威，工界雪耻会组织几千名工人参加。30日，纪念“沪案”周月，又有不少工人参加活动。“此次工界表示得热烈。但以慑于厂中的威严，组织大不容易”[③]。

奉天。东北工人此前的罢工很少是政治性的。6月4日，奉天制麻公司罢工。5日，英美烟公司罢工。14日，铁岭西关日商织布厂罢工。17日，营口太古洋行“宜昌”号船员罢工。在大连，15日，工人组织沪案后援会。21日，中华工学会、中华青年会、印刷职工联合会等7个团体，召集3000多人举行追悼五卅惨案死难同胞大会，进行了游行示威和募捐。[④] 后援会分4次向上海汇去现大洋8000多元。

---

① 《焦作煤矿工会复工条件》（1926年3月），载中央档案馆、河南省档案馆编《河南革命历史文件汇集（群团文件）》（1923年—1926年），内部版，1984，第110—113页。

② 《北京国民大会宣言》，载中央档案馆、北京市档案馆《北京革命历史文件汇集》（1922年—1926年），内部版，1991，第312页。

③ 《伯庄关于团北京地委工作的综合报告》（1925年7月14日），载中央档案馆、北京市档案馆《北京革命历史文件汇集》（1922年—1926年），内部版，1991，第347页。

④ 齐武：《东北工人运动史纲（1866—1949）》，中共中央党校出版社，1992，第85页。

山东。6月10日，济南各界召开市民大会，100余团体8万余人参加。学生会连日四处讲演募捐，济南民众对帝国主义者的残暴无不切齿痛恨，人力车夫相率不拉英、日人，车站搬运工不肯为英、日人搬行李。19日、20日泳仙里日侨雇工50余人，万字巷日侨雇工20余人相继罢工，联合游行。罢工工人“夜则露宿马路，昼则游行，衣食难继，困苦万分，而志不少衰”①。24日，山东各界外交联合会成立，30日在济南商埠公司召开了追悼英、日惨杀同胞大会。

直隶。6月7日、15日、25日，唐山各界连续召开救亡大会。京奉铁路唐山制造厂工人是这几次反帝示威集会的主要参加者。在第一次大会上，工人代表提出收回租界、取消领事裁判权等7条对外交涉最低要求。8月18日，开滦赵各庄煤矿工会成立，矿务局总矿师杜克茹迅即面见直隶督办李景林，密商镇压工潮办法。直隶警务处派上校杨济安到开滦指挥矿区保安队彻查究办，封闭了工会。9月5日，在林西矿捕走工人4人，6日，在赵各庄捕走工会领导人5人。13日晨4时30分，赵各庄矿一举罢工。罢工工人于8日就公开张贴10项要求，包括释放被捕工会职员，承认工会，增加工资，洋人不得打骂工人，取消平粜局包办制度等，宣布“不达目的，誓不上工！”“万众一心，坚持到底！”② 14日下午，李景林的卫队250人到赵各庄，当晚10时开始复工，次日全部复工。16日，又有4人被捕。赵各庄矿罢工失败。

河南。6月7日，郑州京汉铁路总工会和豫丰纱厂工会联合各业工人和学界、商界召开市民大会，到会300多团体9000多人。京汉铁路总工会秘书长李震瀛报告了五卅惨案情形。中共中央特派员王若飞以全国总工会代表的身份发表了讲话。市民大会通过了李震瀛提出的惩办祸首，赔偿损失，收回租界，废除一切不平等条约，抵制英、日货，打倒帝国主义的对外交涉要求。11日，河南各界援助

① 《民国日报》1925年6月24日。

② 《赵各庄矿罢工十条要求》，中共开滦党委党史资料征集办公室编《开滦工运史资料汇编》第2辑，内部版，1986，第7页。

沪案后援会在省会开封组成。14 日，工、农、商、军、学各界 4 万余人召开市民大会。25 日，开封罢工、罢市、罢课一天，加入全国总示威。30 日，郑州举行罢工、罢市和游行示威，京汉、陇海铁路中断行车，豫丰纱厂停机，人力车夫也加入了罢工行列。

在反帝斗争中，郑州豫丰纱厂进行了历时 18 天的罢工。资本家穆藕初贿通官府，开除罢工领导人，强令工人复工。8 月 19 日，前往调停的京汉铁路工人王长保、韩玉山在纱厂门口被厂丁、流氓打死，李震瀛、刘文松受伤。全国铁路总工会委员长王荷波声明，如果惨案得不到解决，工人的要求不能实现，则对豫丰实行禁运。至此，厂主不得不同工会达成协议。25 日，豫丰全厂复工。①

浙江。6 月 2 日，杭州成立沪案后援会，3 日，工、商、学各界 3 万余人在湖滨公众运动场召开国民大会，提出惩凶恤死、收回租界、废除不平等条约、经济绝交等 11 项要求。会后，各界群众以两面一丈余高的“杭州各界援助上海惨案”大旗为前导游行示威，激愤的人群包围了日本领事馆，一批示威者被军警逮捕。纺织行业工人率先罢工声援上海工人。在外国人开办的教会学校、医院工作的华员，外商企业的华工，也先后罢工。煤业工会及所属会员、电气公司职工、火柴厂工人、纬成公司工人捐款 1500 多元。余姚盐民也捐款 1600 多元。杭州各工会联合会还讨论了在杭州安排上海罢工工人的可行性。6 月 2 日，宁波印刷工人联合会、宁波机械工人联合会等团体发起成立宁波外交后援会、经济绝交委员会和抗英巡查团。5 日，工人、学生 2 万余人到英领馆前游行示威。各业工人订出公约，不搬运英、日货，不做英、日产布料，不拉英、日人，不向英、日人卖食物。宁波工人和各界群众合力捐献，半个月之中，筹集经费 4.2 万元，折合大米 60 多万斤。②

江苏。6 月 3 日，南京各界召开市民外交大会，学校罢课，工人

---

① 参见中共河南省委党史工作委员会：《中共河南党史》（上卷），河南人民出版社，1992，第 57—63 页。

② 参见浙江省总工会编《浙江工人运动史》，浙江人民出版社，1988，第 69—71 页。

罢工，商界罢市。5 日，下关英商和记蛋厂罢工。次日，工人结队入城游行。罢工后，工人向厂方提出承认工会、增加工资等条件。其间，发生流血冲突。至 7 月 17 日，由南京总商会调停，资方才承认工会提出的 12 条要求，允诺罢工期间发工资一个月，组织工会按中国官厅办法办理，按工种、级别分别增加工资，不得借故开除罢工领袖和代表。至此，工人得到完全胜利。工人复工后，资方蓄意不履行协约，拟于 8 月 1 日以停工为由，将现有工人一律裁撤，另行招工，并企图赖掉工人应得的报酬。31 日下午，该厂捕头率印捕 10 余人，与海军陆战队 40 余人，对厂中工人肆意殴打，进行报复性袭击。和记蛋厂罢工，“是南京反帝国主义运动最壮烈的一举，给予各地影响不少”。①

江西。6 月 5 日，沪案交涉江西后援会在南昌成立，工会是发起团体之一。是日，南昌工人和各界群众 3 万余人联合在公共体育场集会，抗议帝国主义者制造五卅惨案的暴行，声援上海工人。9 日，九江太古、怡和、日清 3 个洋行的码头工人和建筑、印刷工人，举行总罢工，在英租界示威。13 日，工人、学生冲破英租界巡捕阻挠，再次游行示威。

福建。6 月 10 日，上海惨案福建各界后援会组织福州工人、学生、商人和市民 3 万余人，前往仓前山各国驻闽领事馆示威。17 日，后援会又决定对英、日经济绝交，组织英、日洋务员及工人数千人罢工。在厦门，6 月 2 日，国民外交后援会成立。6 日，后援会组织举行示威游行，工人罢工，学生罢课，商人罢市。25 日，后援会领导全市对英、日经济绝交。30 日，鼓浪屿全岛罢工、罢课、罢市，游行示威，致使英驻厦门领事惶恐不安。斗争中，厦门工人因“亲受外资恶魔的压迫，感触较其他阶级为深刻”，成为反帝运动的主力军。②

四川。五卅惨案的消息传到重庆，青年团重庆地委在杨闇公领导下积极活动，成立沪案后援会，160 多个团体加入。铜元局工人

---

① 邓中夏：《中国职工运动简史一九一九——一九二六》（1930 年 6 月 19 日），载《邓中夏文集》，人民出版社，1983，第 583 页。

② 参见蒋伯英主编《福建革命史》（上），福建人民出版社，2019，第 133—134 页。

和各轮海员投入到反帝斗争中来。重庆各英、日机关及企业的华员，许多人自动实行罢工。7月2日，英水兵寻衅杀死海员，刺伤多人。3日下午，后援会不顾卫戍司令王陵基的禁令，在打枪坝举行万余人的市民大会。大会被冲散后，后援会集合数千人向省长赖心辉请愿，提出“请速撤换王芳舟，请政府派兵接收南岸英日人居留地，请政府令英日兵舰速行离渝”。①

7. 国际无产阶级和海外侨胞的支援

五卅运动得到共产国际、联共（布）、赤色职工国际的大力支援。

第一，帮助中共中央加强对运动的领导。1925年6月25日，俄共（布）中央政治局听取了斯大林关于中国形势和策略的报告，作出9点决议，最主要的3点是：“（1）务必推进以抵制、局部罢工和总罢工，而特别是铁路总罢工的形式进行的革命运动，不要害怕危机加剧；（2）一定要防止发生杀害和殴打外国人事件，防止出现诸如悬挂‘英国人、日本人和狗不得进入中国公共场所’标语之类的粗野民族主义举动，尤其不要搞大洗劫行动，要公开警告工人、小店主和知识分子，不要给外国人中的挑衅分子提供说运动具有义和团性质的口实，以使帝国主义者不便进行尖锐的武装干涉；这种警告首先应由中国共产党提出；（3）发动声势浩大的反对张作霖的宣传攻势，千方百计地分化瓦解他的军队并使之革命化”。② 7月28日，俄共（布）中央政治局中国委员会判断中国反帝运动“正在走向低潮”，提出“必须采取措施，保证有组织地脱离罢工斗争，最大限度地巩固业已取得的成果。要提出据以可能更有利地结束罢工的具体要求”③。维

① 《杨闇公致团中央信》第24号（1925年6月28日）、第27号（1925年7月3日），载中央档案馆、四川省档案馆《四川革命历史文件汇集（群团文件）》（1922年—1925年），内部版，1986，第282—287页。“王芳舟”即王陵基。

② 《俄共（布）中央政治局会议第68号记录》（1925年6月25日），载中共中央党史研究室第一研究部译：《联共（布）、共产国际与中国国民革命运动（1920～1925）》，北京图书馆出版社，1997，第636—637页。

③ 《俄共（布）中央政治局中国委员会会议第4号记录》（1925年7月28日），载中共中央党史研究室第一研究部译：《联共（布）、共产国际与中国国民革命运动（1920～1925）》，北京图书馆出版社，1997，第643页。

经斯基返回中国切实贯彻，制定行动纲领，其基本内容是“工人继续罢工，不用全国性口号，而用经济性和地方民族性口号”①。把带有民族政治斗争性质的总罢工从提出全国性要求的高度降到主要提出经济要求，促成同外国企业主谈判的可能性和缩小罢工规模，以便得到较多的成果。上海反帝大罢工的主动收缩和逐步结束，即按照这个策略进行。

第二，号召和组织各国无产阶级政党和工人阶级加以声援。6月7日，共产国际执委会与赤色职工国际、青年共产国际联合发表告工人、农民和全体劳动人民书，号召“全力支持中国工人的斗争”，抗议资产阶级国家精心策划新战争危机，抗议国际帝国主义在中国滥施暴行，要求从中国撤出外国军队。② 17日，共产国际执委会主席团致电法、意、美和其他国家共产党，建议他们“采取一切必要措施吸引工人阶级广泛的社会舆论支持中国人民争取独立的斗争，努力与社会主义国际的和无党派的工人一道组织抗议大会和募捐”③。

第三，从经济上大力支援。6月11日，俄共（布）中央政治局决定拨出10万卢布，13日，决定从苏联人民委员会储备基金中拨出5万卢布，全俄工会中央理事会将这两笔现金汇来中国。8月5日至7日，俄共（布）中央政治局中国委员会决定建议由国际革命战士救济会紧急汇款10万卢布交由上海、香港和中国其他城市的罢工者支配。④

---

① 《维经斯基给拉斯柯尔尼科夫的信》（1925年8月4日），载中共中央党史研究室第一研究部译：《联共（布）、共产国际与中国国民革命运动（1920～1925）》，北京图书馆出版社，1997，第646页。

② 参见《共产国际执行委员会关于青岛和上海惨案告工人、农民和全体劳动人民书》（1925年6月7日），载中共中央党史研究室第一研究部编《共产国际、联共（布）与中国革命文献资料选辑（1917～1925）》，北京图书馆出版社，1997，第734页。

③ 《共产国际执行委员会主席团致法国、意大利、美国和其他国家共产党中央委员会的电报》（1925年6月17日），载中共中央党史研究室第一研究部编《共产国际、联共（布）与中国革命文献资料选辑（1917～1925）》，北京图书馆出版社，1997，第739页。

④ 参见《俄共（布）中央政治局会议第67号记录》（1925年6月18日）、《俄共（布）中央政治局中国委员会会议第5号记录》（1925年8月5—7日），载中共中央党史研究室第一研究部译：《联共（布）、共产国际与中国国民革命运动（1920～1925）》，北京图书馆出版社，1991，第635、648页。

第四，苏联各地举行了声援和募捐活动。6月初，苏联民众就成立了不侵略中国会。10日晚，数千名学生在莫斯科示威游行。12日，莫斯科又有50万人进行声援中国人民的大游行。莫斯科华侨举行的大会，有39个国家的共产党代表参加。黑海地方召开的支援中国大会，募得捐款2000卢布。苏联工会还派代表团到上海、广州慰问。

各国共产党组织积极开展了支援中国反帝斗争的运动。在德国，共产党提出“不许侵犯中国”的口号，在各地举行“反对英帝国主义暴行，支援中国大会”。柏林国际工人后援会发表声援通电，汇出5万金卢布帮助中国罢工工人。设在柏林的国际革命者救济会，以英国萧伯纳、法国巴比塞、美国辛克莱等世界知名人士的名义，发表宣言表示声援和慰问。

在法国，共产党机关报就五卅事件抨击帝国主义的暴行。法国劳动同盟先后汇往中国5000金卢布和5万法郎。在英国，工人反对保守党内阁干涉中国。劳工独立党通过决议声援中国，该党议员在众议院多次提出质问。在美国，中美劳工联合大会在费城成立，美国工团联合会上书总统，建议召开国际会议，讨论废除中国境内的领事裁判权问题。

日本无产阶级反对本国政府压迫中国。7月5日，日本劳动总同盟东京铁路工会通过决议通电中国，对中国“民众之绝大痛苦，表示最深挚之同情。同时吾人当竭力与贵国民众相提携”①。当英国轮船驶抵神户、大阪港口时，中国海员全体上岸罢工，日本海员拒绝英国船主的雇佣，并筹款接济中国海员，召开欢送会欢送中国海员回国。

五卅运动中，近百个国家和地区的华侨，踊跃支援祖国人民的反帝斗争。1925年6月7日，青年团旅欧区委主办的《赤光》出版“五卅特刊”，中共旅欧支部和青年团旅欧区委发表宣言，号召旅欧华人从无穷的积怒中采取积极的行动。

---

①　参见唐海：《中国劳动问题》，光华书局，1926，第348页。

在德国，留德华侨学生总会成立了中华民族解放运动委员会，朱德等以中国留学生会的名义，致函柏林各大报社，对帝国主义分子诬蔑五卅运动是义和团的再版加以驳斥。柏林侨胞连日分区散发大量德文传单。在法国，旅法华侨成立旅法华人援助上海反抗帝国主义运动行动委员会，于6月14日，在巴黎召开示威运动大会，到会约1000人。21日，200多名留学生和华侨向中国驻法公使陈箓提出4点要求，迫使陈箓签字同意将这些要求转达国内。在美洲，旅美华侨组织国是后援会、美洲华侨筹赈祖国失业工人慈善会、筹赈祖国工人会。纽约华侨募捐，1小时中得美金5万元，并表示协同墨西哥、加拿大华侨一共筹集100万美金，先行汇出30万。在东南亚，暹罗（今泰国）华侨集资租用挪威轮船，运送银米接济国内罢工工人，一次汇往上海、广州两地救济费30万元。荷属东印度（今印度尼西亚）泗水成立了华侨外交后援会，菲律宾成立了华侨临时接济会，马尼拉一埠数日之间汇向国内4.3万余元。留日华侨组成外交后援会，派代表向日本外务省提出口头警告。京都、神户、冈山、长崎、名古屋、大阪、横滨等地华侨纷纷响应，发表通电，举行集会，踊跃捐输。

五卅运动得到世界性声援和支持，这在各国民族解放斗争史上是前所未有的。国际反帝统一战线与国内反帝统一战线相配合，使五卅运动这股民族解放运动洪流与世界资本主义国家的无产阶级革命，以及殖民地半殖民地人民的反帝解放斗争，汇合成了更为巨大的反帝国主义潮流。

四　上海大罢工的结束

1. 帝国主义的破坏和资产阶级的妥协

随着五卅运动的持续和发展，列强之间的联合有所松懈。英帝国主义在中国的既得利益最多，为了破坏中国人民的反帝斗争，实施了一整套从镇压到分化瓦解的策略。对于帝国主义国家，英国竭力宣传五卅运动是“排外”“赤化”，一则维持列强间对镇压中国革命的联合，特别是造成英、日、美联合对华的局面。再则欺骗舆论，淆乱人心，削弱各国人民对中国的声援和支持。对于中国政府和北洋军阀，一是继续鼓吹武力对华，施以恫吓；二是以同意召开关税会议示好，进行拉拢；三是提出司法调查，企图在联合调查中颠倒事实真相，抓取有利结果；四是加紧同奉系军阀勾结，共同扑灭五卅运动。对于中国资产阶级，则根据不同的利益群体，实施不同的拉拢、分化和瓦解的策略，分裂中国各阶级联合的反帝统一战线。对于中国工人阶级，始终奉行压迫和恐怖政策，并且不断地制造谣言，蛊惑人心。邓中夏认为，“英国帝国主义这些政策，有大部分成功了”①。

5 月 31 日，上海总商会副会长方椒伯在签署罢市文件后，立即走访工部局总董费信惇，向费“保证不同情罢市，并说他之所以在宣告总罢市的文件上盖章，实是出于强迫和威胁”②。方椒伯这样一些“有声望”的中国人士的态度，使费信惇坚信各商店业主和工商业者“对于当前的运动并不同情”，因而坚决主张工部局“采取一切可能的措施于最短期内扑灭当前的运动”③。同时，他希望上海总商会出面调停罢工。6 月 2 日，工部局董事会原定召开纳税外人特别会议，讨论通过此前提出的码头捐、印刷物附律、交易所注册和取缔雇用童工等 4 项提案，鉴于中国人民的反抗斗争正在高涨，特别是应在此时得到上海总商会的好感，决定以不足法定人数为由，推迟对上述 4 项提案的审议。

五卅运动前，上海总商会就向工部局董事会提出了添加华董、收回会审公廨两项要求。工部局董事会虽频频示好于总商会，但拒绝了这两项要求。“三罢”斗争起来以后，上海总商会所代表的资产

① 邓中夏：《中国职工运动简史一九一九——一九二六》（1930 年 6 月 19 日），载《邓中夏文集》，人民出版社，1983，第 586 页。

② 《工部局董事会关于五卅事件的会议录》（1925 年 6 月 1 日），载上海市档案馆编《五卅运动》第 1 辑，上海人民出版社，1991，第 344 页。

③ 《工部局董事会关于五卅事件的会议录》（1925 年 6 月 1 日），载上海市档案馆编《五卅运动》第 1 辑，上海人民出版社，1991，第 344 页。

阶级也“想乘此次运动，逼迫帝国主义对于他们有所让步”①。

6月4日，上海工商学联合会成立，上海总商会不参加。北京政府派员南下，与法、英、意、美、日、比六国参赞组成的沪案调查团谈判，指名总商会会长虞洽卿参加，虞也没有接受。虞洽卿要居于调停地位，进退裕如，又不失其主张。7日，虞洽卿在临时会董会上明确表示：“本会处调停地位，条件主简而易办者”②。事实上，他由京返沪后，一切活动均本着调停人的身份进行，“以风潮不再扩大，交涉早日结束为宗旨”③。10日，总商会召开全体会员大会，成立五卅事件委员会，作为该会办理本案交涉的主体。

7日，工商学联合会拟定反帝斗争交涉条件17条，交北京政府交涉专员蔡廷干等人，蔡廷干等认为这些条件“太过火”，不肯提出与沪案调查团交涉。总商会另行提出13条。两相比较，虽有不少条文内容大致相同，但13条的规定大都笼统含混，具体要求也较17条为轻，将优待工人的内容尽行删削，所谓“工人工作与否，随其自愿”，无异于为外国资本家随时随地开除工人提供借口，更使工人组织工会和罢工自由权被彻底剥夺，得不到保障。11日，总商会邀请工商学联合会代表讨论13条条件，李立三、林钧都表示五卅事件属全国问题，各界应同一步骤，此刻另提条件似有不妥。次日，总商会再次讨论提出13条问题，虞洽卿表示与工商学联合会再接洽一次，“如仍不赞同，则亦提出”。傅筱庵表示工商学联合会“今夜再不就范，则决提”。穆藕初、霍守华亦均表示本会有自主权，不受他界约束。④ 13条提出后，经过6月16日至18日3轮谈判，沪案调查团以对中方所提与惨案无直接关系的要求，未曾奉命办理为由，中

---

① 邓中夏：《中国职工运动简史一九一九——一九二六》（1930年6月19日），载《邓中夏文集》，人民出版社，1983，第588页。

② 《上海总商会议案录》（1925年6月7日），载上海社会科学院历史研究所编《五卅运动史料》第2卷，上海人民出版社，1986，第1079页。

③ 《申报》1925年6月9日。

④ 参见《上海总商会议事录》（1925年6月12日），载上海社会科学院历史研究所编《五卅运动史料》第2卷，上海人民出版社，1986，第1109页。

断交涉，匆匆返京。

“沪案”交涉破裂后，上海总商会再也不愿因罢市而受损失，于6月19日，召开各帮各业代表会议，决定开市，同时组织提倡国货会，抵制英、日货。抵制英货以13条得到圆满解决为止，抵制日货以内外棉厂问题解决为止。同时总商会筹款维持英、日厂罢工工人生活。[①] 24日，总商会与工商学联合会举行联席会议，李立三等4人代表工商学联合会出席，讨论通过了由上海总商会、工商学联合会、各路商界总联合会共同草拟的开市宣言，决定由总商会、工商学联合会、公共租界纳税华人会联合发表。[②] 次日，开市宣言发表，决定6月26日先行开市，“但同时仍本初志，为伸张公理而努力，于抵制英日货，与停业工人之援助，途径虽殊，目的未改”[③]。然而，开市以后，资产阶级并没有认真履行抵制英、日货的承诺，总商会也始终不肯独立承担募捐接济罢工工人的责任。

一方面，上海总商会是代表民族资产阶级上层利益的商界领袖团体，其会董、特别会董任买办的多，从事金融业的多，自然与帝国主义者多了一层关系。其会长虞洽卿既与外国资本有联系，又与军阀政府有联系，副会长方椒伯供职于中国通商银行南市分行。五卅运动期间，总商会年老的成员表现出更多的妥协性，“渴望而且支持任何旨在解决罢工风潮的行动”，某些人竟然对英国人尚未就镇江、汉口、九江等地发生的反帝事件提出抗议表示惊奇，认为“如果这次英国采取以前那样的行动，上海事件早就会失势，问题可能在几天内解决”[④]。这说明在高涨的革命潮流面前，民族资产阶级右翼的一部分跑到了反革命势力那一边。这是其阶级本性所决定的。

另一方面，上海总商会同帝国主义又有矛盾。它的政治要求，

① 参见《上海总商会议事录》(1925年6月19日)，载上海社会科学院历史研究所编《五卅运动史料》第2卷，上海人民出版社，1986，第1122页。

② 参见《新闻报》1925年6月25日。

③ 《民国日报》1925年6月25日。

④ 《工部局董事会关于五卅事件的会议录》(1925年6月15日)，载上海市档案馆编《五卅运动》第1辑，上海人民出版社，1991，第367页。

既满足资产阶级的利益，也在一定程度上反映了民族利益。为了达到目的，他们对于募集捐款、济助罢工工人，开始时是比较积极、主动的。从1925年6月到1926年6月，总商会经收募捐款总共洋236万元、银43.3万两，是罢工工人生活费的基本来源。救济款的发放机构上海临时济安会的工作，一直在总商会代表的主持下进行。李立三后来说："虞洽卿的捐款我们随时要，他随时拿，但到底有多少，我们都不知道。"[①] 总商会还曾经规定会董每人至少筹1000元，会员每人至少筹500元，自捐、另募听其自便。虞洽卿个人特捐2000元，霍守华、董杏生各特捐2655元。[②]

6月29日，在工部局董事会会议上，有人建议工部局电气处切断对各工厂的电力供应。次日，该会议宣读了英商安利洋行总理安诺德的来函，该函提出了几项破坏罢工的建议，第一项就是断绝对华商纺织工厂的电力供应，以此胁迫华商纺织资本家促成复工。7月6日，电气处停止了对150匹马力以上各工厂的用电。

这一招对分化中国资产阶级立即发生了作用。由于日商纺织企业坚持罢工，华商纺织资本家全力投入生产，获得了丰厚的利润。电气处停止供电后，他们不但不向工部局提出抗议，反过来极力压迫工人。

7月10日，华商纱厂联合会决定"各厂工人自停工之日起，每一星期，每人发给饭食大洋一元，以两星期为限；其有欲领存工者，此次贴补饭食洋概不发给。如至两星期后，工部局仍不通电，各厂不能开工，可听各工人自谋生计"[③]。14日，该会致电北京政府，敦请迅令驻沪军警长官强令电气处工人先行复工。华商纱厂联合会还派出代表径与工部局电气厂接洽复工。上海总工会要求纱厂联合会

---

① 1960年11月李立三回忆，载上海社会科学院历史研究所编《五卅运动史料》第1卷，上海人民出版社，1981，第147页。

② 参见徐鼎新、钱小明：《上海总商会史（1902—1929年）》，上海社会科学院出版社，1991，第351—352页。

③ 《上海华商纱厂联合会议事录》（1925年7月10日），参见上海社会科学院历史研究所编《五卅运动史料》第2卷，上海人民出版社，1986，第559页。

照发停工期间工人工资，电气如未按时恢复，各纱厂代为介绍失业工人工作。对此，该会一概拒绝。8月初，总工会还不得不给申新纱厂、溥益二纱厂4000余失业工人发放救济费。

阶级利益的对立，使华商纺织资本家对工人斗争产生恐惧。8月1日，华商纱厂联合会致电北京政府段祺瑞、奉系首领张作霖、上海奉军司令邢士廉等人，要求当局压制工人斗争，诬指工人的斗争“以无识之盲从，牺牲萌芽之实业”，长此以往将为“社会之忧”，要求北京政府及早颁布工会法规，限制工人行动。机器面粉公司公会，也要求警厅解散工会。

总商会宣布开市，代表中小商人的各马路商界总联合会也逐渐动摇。7月14日，商总联的代表在工商学联合会内声明本会工作范围仅限于经济绝交和救济工人。言下之意，其工作不涉及其他政治问题。这就开始从与上海总工会密切合作，积极进行反帝斗争的立场后退。

7月23日，奉系军阀的淞沪戒严司令部诬称工商学联合会组织市民演讲，是“煽惑群众，颠覆当局”，将其与海员工会、洋务工会同时查封。由于上海总工会等团体的反对，工商学联合会于7月28日启封。军阀的这一打击吓坏了商总联的领导成员，30日，他们提出“积极整顿”工商学联合会，另行选派驻会委员，并推选干事6人驻会分科任事，“凡一切文件等等，非经该干事画行者，敝会概不负责。若开会时，敝会委员缺席，该干事等亦得按缺席之数列入议席，同有表决权及建议权”。8月5日，商总联会董又决定此后“凡对外之一切文件稿类，均须三团体盖印后，再加盖工商学会印”，工商学会印章由三团体“公共保管封锁，非三团体通过，不准启用”，还决定“停办工商学日报”。[①] 商总联作出的这些决定，显然是要拉开同上海总工会的距离，限制总工会在工商学联合会中的作用，并自行脱离火热的反帝斗争前线。

这样，由于帝国主义的阴谋破坏以及军阀当局的镇压，由于中

① 《申报》1925年8月22日。

国资产阶级阶级属性的局限，各阶级联合的反帝统一战线分裂了，上海工人阶级处于孤军独进的境地。

2. 上海工人阶级艰苦奋战

1925年的整个6月，是上海工人阶级的斗争在五卅运动中声势最壮、斗志最旺的时期。“沪案”交涉开始，上海工商学联合会提出最低限度要求17条。6月9日，上海总工会通电全国总工会及各工会，坚持17条要求。

11日下午，工商学联合会在西门公共体育场举行各界市民大会，参会人数近10万（亦说五六万），“悲壮激越，为历来所未有”。据报道，与会工界团体有69个。至下午1时，“全场已无立足地，均鹄立烈日中，精神奋发”。大会主席林钧报告了外交官员对工商学联合会所提17条要求，未加置理，不负责任，拒不出席本次大会的经过。演说过程中，听众孙金栋当场断指血书“不怕死，争人格”6个大字，“血迹殷红，全场大为感动”。市民大会发表宣言，通过决议限交涉员24小时对提出17条作严重交涉，与英、日两国经济绝交，限政府于本月14日前将17条要求向公使团严重交涉，否则，全国大罢市、罢工、罢课，并致电段祺瑞：“倘仰承外人意旨，使此案延宕不决，以冀屈服我国人，是公自绝于国人也”①。大会上演说的杨杏佛在日记中写道：“白旗飘扬映着群众被热血涨红了的脸，一种慷慨愤激、勇往直前的精神，大有气吞英日帝国主义的决心。三十年来恶政府大外交家大教育家造成的媚外根性完全被英捕房枪弹打去了。”②

12日，上海总商会撇开工商学联合会另行提出13条要求，作重大让步。当日，上海总工会发出紧急通电，呼吁各界共同坚持17条要求：“所有取消一切不平等条约、收回租界、领事裁判权、撤退外兵等等，关系中华民族之生死存亡，为国人不得不誓死奋斗者，我

① 《新闻报》1925年6月12日。

② 杨杏佛：《对于上海市民大会的感想》，载上海社会科学院历史研究所编《五卅运动史料》第2卷，上海人民出版社，1986，第297页。

工界虽肝脑涂地，义无他顾。唯特别关系我工界者尚有四项：一、工人须有组织工会与同盟罢工之自由；二、罢工期内不得扣除工资；三、不得因此次事变开除工人，一律复回原职；四、制定工人保护法，切实保护工人。”① 内外棉纱厂工会等数十工会纷纷派代表到上海总工会，主张即刻召集全上海罢工工人代表会议。

13 日下午，上海总工会召开临时紧急大会，100 余人出席，各代表先后登台发言，一致拒绝总商会的修改。“各代表发言时，激昂愤慨，声泪俱下，会场中拍掌拍桌之声，不绝于耳”。与会代表表示，17 条要求中“关于工人利益者已是工人最低限度之要求，总商会非代表工人，决无权利可以修改吾人提出之条件”②。上海总工会率所属 66 个工会发表宣言，痛陈时局，坚决表示为争国权人格，“无论外人如何强硬，政府如何妥协，总商会如何让步，我二十万余罢工工人，誓当固结团体，坚持罢工，以为全上海租界市民争此一线生机”③。

总商会在“沪案”交涉中就酝酿开市，开市则意味着“三罢”斗争的结束。6 月 20 日，上海总工会召开各工会代表大会，130 余人出席，讨论开市问题。这个问题，工商学联合会多次讨论。事实上，长期罢市也做不到，关键在于以何种条件为前提开市。李立三提出对总商会要求两个条件：一是负担工人生活费若干；二是仍然对英、日经济绝交。会议议决商界开市与否，工界决不依赖；工界要坚持到底，决不上工，有上工者，大家一致对待，并扩大罢工范围。④ 25 日，总工会发表通告，号召全市罢工工人：“要下定决心，不得总工会命令，不得完满目的，则头可断，工不上！”呼吁工友们，“坚持！坚持！”⑤ 各工会响应总工会的号召，坚持罢工不动摇。

五卅惨案后，部分华商企业工人声援罢工。罢工最早、时间最

---

① 《热血日报》1925 年 6 月 13 日。
② 《申报》1925 年 6 月 19 日。
③ 《民国日报》1925 年 6 月 19 日。
④ 《热血日报》1925 年 6 月 22 日。
⑤ 《民国日报》1925 年 6 月 26 日。

长的是恒丰纱厂。中华书局、商务印书馆、南洋烟草公司、申新、溥益等纱厂、华轮海员等，也或早或晚进行了长短不一的罢工。对华商企业的罢工，上海总工会的方针十分明确，即认清题目，分别中外。总工会总务科副主任谢文锦于6月上旬提出3条原则：（1）希望华商资本家尽量容纳罢工工人来厂做工；（2）罢工各厂主切勿扣除罢工期间的工资；（3）复工工人仍本其全力支援罢工工人。总商会开市之际，上海总工会正式对华商纱厂提出两项要求：不扣除罢工期内之工资，承认工会。两事得厂主允诺即可上工。①

本此精神，恒丰纱厂工会与资方达成协议：（1）承认工会；（2）不开除罢工工人，工会办事人可以请假，事毕可复职；（3）罢工期内工资发给半数，开工一周内将厂内印捕换去。恒丰工会于复工之日发表宣言，表示"要与帝国主义者继续奋斗，并竭力予外国厂工友以经济上实力之援助"②。总工会代表赵子敬、第四办事处主任孙良惠亲自同崇信纱厂厂主达成上工8项条件，使工人满意复工。

6月30日，是五卅惨案周月纪念。是日，上海各商店下半旗，以志哀思。追悼大会于下午2时10分开始。上午10时，远处市民即陆续进入西门公共体育场。到会者均臂缠黑纱，手持小旗，上书"坚持到底""务得最后胜利"等字样，数达20万之众。到会团体，"多如过江之鲫，不胜枚举。大致则以工人最居多数，次为学生界"。会场设祭坛，满挂挽联、挽额。祭坛中以白布书何秉彝等23位烈士英名和无名氏8人。右设血衣亭，书"血泪"二字，左设遗像亭，书"杰雄"二字。何秉彝等烈士血衣，"枪痕宛然，血迹斑斑，过者抚视徘徊，莫不叹息"。大会主席为邬志豪，主祭虞洽卿（叶惠钧代表），陪祭严谔声，司仪王汉良，总指挥林钧，副总指挥李立三。主席致辞后，起哀乐。主祭就位献花，行三鞠躬礼。读祭文毕，全场高呼口号："取消不平等条约！""收回租界！""国民绝交！""烈士不死！"工人范国安、洋务工会王星章相继演说，"均以抵制仇货，努

① 《新闻报》1925年6月22日。

② 《民国日报》1925年6月24日。

力一致相勖”。[①] 结束后，少数工人团体又结队在肇嘉路、中华路、民国路等处，自行游行，沿途分撒各种传单，高呼口号。

6月的斗争高潮迭起，有特定的条件。2月以来，帝国主义者在青岛、上海、汉口、广州等地的连续屠杀，激起人神共愤，举国腾怨；上海工人的斗争得到全国同胞、海外侨胞、国际无产阶级和一切正直人士的大力支持；段祺瑞政府就“沪案”与外国公使团周旋，并允诺提供大宗款项；奉系上海当局对罢工团体在华界的活动，暂未加以干涉。可是，进入7月，形势发生变化，工人阶级必须面对并克服越来越艰巨的困难。

在统一战线内部，商界宣布开市，无疑给罢工造成心理上、物质上的影响。学生进入暑假，纷纷回家。尽管全国学联在6月底7月初召开了第七届年会，议决继续支持工人的正义斗争，但各校学生情绪猛然低落了。学生会无专人办公，内部不够团结，查仇货随意处置。还“有些学生会的职员，喜欢坐汽车，吃西餐，尤其是爱与女学生讲交际，更引起一般无聊腐败的人的评议”[②]。“等到假后学生回校，他们已如隔世人，热度冰消。”“在运动后半期，学生的毫无力量就表现了”。[③]

在中国政府方面，7月11日至14日，段祺瑞4次通电或密令各省当道，务必将反帝运动纳入“正轨”以达“内遏乱源，外崇国信”的目的。7月8日，淞沪戒严司令部令5月30日起组成的工会，一律办理登记，严加审查；23日，封闭了海员工会、洋务工会和工商学联合会，对工人运动和反帝斗争开始实施武力镇压。

在工人内部，罢工的持久使救济费的筹集日渐困难，筹集经费简直成为总工会的头号工作。7月5日，总工会致函各报馆转各地官、商、民、学，呼吁速汇寄巨款来沪，以维大局。31日，又致函

① 《民国日报》1925年7月1日。

② 恽代英：《中国民族革命运动史》（1926年），载《恽代英文集》下卷，人民出版社，1984，第967页。

③ 邓中夏：《中国职工运动简史一九一九——一九二六》（1930年6月19日），载《邓中夏文集》，人民出版社，1983，第595页。

工商学联合会，提出可以回家的工人即行发若干费用，劝导其回家；或是迁移部分工人到杭州、宁波、无锡、镇江、南京等处解决生计。这两项主张说说尚可，办起来却不容易。

众多的工会几乎是一夜之间出现的，总工会忙于应付局面，“对整理各工人的组织及教育工作，没有十分注意，况在事实上亦都做不到”①。为发放救济费，总工会屡被部分工人所困。7 月 27 日至 8 月 9 日，运输工会组织码头工人为华商出货，讲定结束之后，每人发给 4 天救济费共 4 元。检查出货委员会未能足额筹集到经费，只发 1 元，3 万多码头工人坐待终日得不到现款，上千人分别到总工会、济安会索款。运输工会不得不自闸北共和新路总工会会所迁至该会第一分会内避风。五六百名码头工人坚守总工会门外，“不论何人一概不许出入”，直至夜间 12 时，始能派人出外筹到款项，发放当日救济费才得解围。②

从整个形势上看，五卅运动形成了全国性的反帝爱国斗争，但是，除上海、广州外，其他地区的斗争时起时伏，力量不平衡，要求不一致，就是上海和广州，也未能汇成合力，形成统一而持续的斗争高潮。运动之初提出的 17 项条件，实质上是要根本推翻帝国主义在中国的统治，它起了鼓动人心的作用，但却不能指望通过一次罢工，哪怕是最有力、最持久的罢工来完成。随着罢工形势恶化，工人付出了巨大牺牲需要休整，根据形势的变化及时调整原先所制定的目标和策略，乃是正确的选择。

3. 反帝大罢工逐步结束

1925 年 8 月 10 日，陈独秀主持中共中央会议研究罢工运动的去向问题。会上，多数意见主张将运动扩大到北方，有少数同志主张武装暴动，另有一部分意见主张收缩。结果会议决定收缩，逐步引

---

① 《上海总工会被封闭后之工作概况》（1926 年 1 月），载中央档案馆、上海市档案馆《上海革命历史文件汇集（上海各群众团体文件）》（1924 年—1927 年），内部版，1988，第 92 页。

② 《申报》1925 年 8 月 13 日。

向复工。中共中央与青年团中央联合发表文告，指出由上海、香港引发的罢工，还不能立刻形成全国反抗运动，工人必须有长期斗争的准备，目前军阀日益进逼，资产阶级已想中止罢工和抵制仇货，“工人阶级如果不顾环境孤军独进，也决不足以使帝国主义者立刻抛弃不平等的条约”。应该紧缩斗争范围，为“能满足自己的经济要求及法律要求而上工”进行斗争。[①] 18 日，中共中央与青年团中央再次发表告全国工人学生兵士书，指出反帝反军阀的斗争是很长期的工作，要组织得好，要有耐久的战斗力，要有统一的政治上的指导，这便是中国共产党的指导，号召赶快加入中国共产党，全国被压迫阶级在中国共产党旗帜底下联合起来。鉴于五卅运动中工作范围扩大，实际负责的人手太少，15 日，中共中央决定上海地委改为区委，区委委员 7 人、候补委员 3 人，指定尹宽为区委书记兼宣传部主任，庄文恭为组织部主任，汪寿华为工委主任、李立三为工委委员。21 日区委正式成立。

21 日下午，上海总工会召开各工会代表大会，200 余人出席，讨论同日厂交涉、救济罢工和对外交涉等问题。五卅惨案后，英帝国主义成为反帝斗争的主要目标，日本资本家便有先行单独解决罢工的表示。因此，收缩罢工从结束日厂罢工开始。这既是必要的，也是可行的。这次会议提出了复工最低限度 9 项条件：（1）无条件交回上海会审公堂（即会审公廨）；（2）租界内出版、言论、集会、结社自由；（3）租界华人须与外人有同等参政权利；（4）承认工人有自由组织工会之权，并承认工会有代表工人之权；（5）工人一体复工，不得因此次罢工开除工人；（6）发给罢工期内工资 50%；（7）增加工资 15%，工资一律发大洋；（8）优待工人，尤须改善女工、童工工作条件；（9）赔偿死伤学生、工人。“以上九条，如能有满意之达到，并且华租界一律解严，使上列条件可以和平履行，则

① 《中共中央青年团中央为坚持罢工告工人兵士学生》，《向导》1925 年第 125 期。

当一律复工。否则一息尚存，亦须背城借一。”① 至于工商学联合会所提17项条件以及收回租界、修改不平等条约、取消领事裁判权等要求，则交由政府交涉，工人愿为后盾。上海总工会又致函总商会，提出“万勿漠视”最低限度9条要求，“如不能得到完满解决，工人万难屈服上工”②。

早在6月23日，李立三就代表总工会同日本资本家交涉复工条件，当时亦提出9项条件：承认工会，赔偿损失，惩办凶手，增资2成，工钱、赏银均发大洋，此后不得闭厂，日人入厂不得携带武器，罢工期间工资照发，不得开除罢工工人。资方不肯承认工会和增资2成，工会则对要求资方承认工会这一条坚持到底，交涉未果。8月上旬，工会再作交涉。开始，日人表示承认分工会，不承认总工会。不久，改而提出工会问题须待中国政府颁布《工会条例》后或可考量。总工会让步，表示同意。交涉中，日本人又反对总商会补助罢工工人复工费用，交涉再次搁浅。8月中旬，由日本领事、中国官厅、商界调停人几经协商，达成6项条件：（1）工厂俟治安维持确定之后，承认依中国政府《工会条例》所组织之工会，有代表工人权；（2）不发罢工期间工资，但对于良善工人予以相当帮助；（3）工人工资依技术进步程度予以增加，其余应斟酌情形，与中国纱厂协议办理；（4）工资零数转入下期，付大洋，赏金登记工折者亦付大洋；（5）日人平时入厂不带武器；（6）工厂无故不得开除工人。同时，达成3项附议：赔偿伤亡，斥退凶手元木、川村，补助工人停工损失费10万元。③

这个复工条件固然不理想，但已争取到了当时所能争取到的，中共中央有关指示精神得到了落实，既坚持了原则，在策略上又灵活可行。

协议签字以后，上海总工会召开工人代表会议，统一思想，说

---

① 《民国日报》1925年8月12日。

② 《时事新报》1925年8月19日。文中“屈”原文为“届”。

③ 《申报》1925年8月24日。

服工人及时复工。8月22日，李立三在日厂工人代表会上说：这次交涉，只要承认工会、增加工资、发罢工期间工资这3条得到资本家相当的承认，即可解决罢工。“其余细小条（件），进厂之后，仍可继续交涉。只要有工会存在，我们可以慢慢的解决，因为我们的痛苦是不能一次解除的。”① 24日，上海总工会发出通告，号召工人和平进厂工作，不要泄气，也不要骄傲，“一切的问题，以后再说，再努力进行”②。25日，各自备电力的日厂工人复工。其余的日厂在工部局电气处恢复供电后复工。9月3日，日方拨付顾正红亲属抚恤金1万元，拨付罗文照等12人200～5000元不等。

8月18日，运输总工会停止办公，各码头工人即日上工。28日，日轮海员达成协议复工。9月7日，工部局电气处工人达成协议复工。

五卅惨案的主凶是英帝国主义者。“九七”国耻纪念日，公共租界巡捕仍然枪伤工人。日厂、华厂复工后，上海总工会决定英厂罢工再坚持一段时间。9月10日，刘少奇主持英国工厂代表会，报告英厂暂不上工的理由，征求各代表意见。有代表当场表示：“我们罢工已久，无条件上工是不可以的。”各代表均主张继续罢工。刘少奇又解释了电气处工人得以上工的缘由，提出英厂工人罢工的救济费要由6元设法增加到8元。③ 18日，上海总工会被奉系军阀封闭，对英罢工顿失公开领导机关。“上海总商会把持各地汇来之救济费，不发给未上工之英厂工人，迫使英厂工人无条件复工。”④ 26日，由虞洽卿出面与英商纱厂主达成7项协议，除复工后付工人大洋3元作补助金外，余均与日厂复工条件相同。9月30日至10月8日，英厂工人相继上工。

---

① 《上海总工会代表会议录》（1925年8月22日），载上海社会科学院历史研究所编《五卅运动史料》第2卷，上海人民出版社，1986，第977页。

② 《申报》1925年8月24日。

③ 《上海总工会代表会议录》（1925年8月22日），载上海社会科学院历史研究所编《五卅运动史料》第2卷，上海人民出版社，1986，第986页。

④ 《上海总工会被封闭后之工作概况》（1926年1月），载中央档案馆、上海市档案馆《上海革命历史文件汇编（上海各群众团体文件）》（1924年—1927年），内部版，1988，第95页。

此时，唯有英轮海员罢工继续进行。中华海员工业联合总会由于省港大罢工的关系，要求上海支部继续罢工，坚持斗争，“如上海无法进行，可将条件交由广东罢工委员会提出交粤”，如在上海生活困难，“最好全体回粤”。[①] 12月初，2000多名英轮海员终因救济告乏，被迫陆续复工。其中，粤帮海员200余人由广东公所等团体资助路费全体回粤，加入了省港大罢工的行列。

在结束反帝罢工的同时，发生因停电而闭厂的华商纱厂复工问题。停工之初，总工会要求华商纱厂联合会拨发救济费，被该会拒绝。复工前，总工会决定同资方交涉一定条件。8月29日，刘少奇召开华商纱厂工人代表会，主张“现在我们提的条件只要能作的到，倒无须提的很利害”，“先提较小的条件以得到胜利”。[②] 是日，会议决定最低条件6项，其中要求停工期间发工资6元。几经交涉，厂家只承认2元，总商会允拨一元，不仅没有达到刘少奇所说的争取8元，就是6元也只有一半，工人大不满意。刘少奇说：“现在时间迫促，且在严重形势之下，若再坚持原议，事实上窒碍殊多”，“发款多少，不过是暂时关系，条件如能答应，则系长久利益”。经办交涉的赵子敬补充说：“处此情形之下，吾人为顾全大局，即牺牲少许利益亦当勿顾。如电气通后，工人仍不上工，则厂家官厅均可借口吾等为捣乱份子，实行压迫。”“总工会目下居于困难地位，望各代表顾全大局，体念总工会苦衷，务希将此事迅速解决。”[③] 经反复解释，各代表才接受发3元的协议。9月10日，总工会通告华商各纱厂工人上工。

各工厂工人上工时，情形十分热烈。内外棉纱厂复工，厂方均燃鞭炮，表示欢迎，各工友亦自燃鞭炮。日华纱厂4700余人复工，总工会第三办事处及附近各工会4000余人列队欢送，历半小时之久。日轮海员复工，由国旗、会旗前导，举行欢送游行。电气处工

---

① 《民国日报》1925年11月28日。

② 《上海总工会代表会议录》（1925年8月22日），载上海社会科学院历史研究所编《五卅运动史料》第2卷，上海人民出版社，1986，第978页。

③ 《民国日报》1925年9月7日。

人2000余人在引翔港工会开过大会，再整队复工。

上海反帝罢工是在获得一定成果后主动结束的，这对保存工人阶级的力量将来再战起了重要作用。就在反帝罢工开始结束之时，三大中资企业进行了经济罢工。8月17日，2000余名邮务工人要求增加工资而罢工，22日，商务印书馆印刷所工会王景云、发行所职工会廖陈云（陈云）和编译所同人会沈雁冰发动全馆3600名职工罢工。28日，中华书局罢工。至9月2日，这些罢工都先后得到解决，取得了局方、资方对工会的承认，增加了工资，有的还减少了工时。

五卅反帝大罢工结束了。上海工人阶级掀起的这场反帝狂飙席卷全国，开创了中国工人运动和中国革命的新篇章，在国际工人运动史上也是少见的。在中国革命斗争史上，只是到了五卅运动，由于有了中国共产党的领导，工人阶级才第一次以领导者的姿态，领导全国各阶层人民在政治舞台上叱咤风云，把反帝反军阀的革命纲领变成群众性的革命行动。参加反帝同盟罢工的上海工人数达20万，全国各地工人和其他群众踊跃参加，“打倒帝国主义”“废除不平等条约”的口号响遍各地。这是一次大规模的深刻的政治动员，极大地促进了人民群众的觉醒，形成了“反抗外国人宰制和殖民化中国的怒潮”，“中国要独立，自由，主权完整。这种怒潮的高涨真是一日千里，无人能够否认”。①

如果说中共四大对无产阶级在中国革命中的领导作用从理论上作了概括和说明，那么，五卅运动在实践中第一次使“工人阶级在民族解放的革命运动中的领袖地位才真明显的表现出来”，“证明中国无产阶级是解放全民族的先锋队和主力军”。② 五卅运动对中国社会各阶级作了一次严正的检验，证明中国军阀作为帝国主义的帮凶和附属，是中国人民的共同敌人，打倒军阀才能使反帝斗争得到最

① 赫莱尔著、东篱译：《中国民族运动与劳动阶级》，《政治生活》1925年第61期。

② 《中国现时的政局与共产党的职任议决案》（1925年10月），载中共中央文献研究室、中央档案馆编《建党以来重要文献选编（一九二一——一九四九）》第2册，中央文献出版社，2011，第512页。

后的胜利；中国资产阶级为了本阶级的利益，有参加国民革命的可能，但不可能彻底；小资产阶级能革命，但也有游移保守的妥协动摇性，工人阶级应与之联合，使其不为大资产阶级所利用，并力促其克服妥协动摇性。

工人阶级最广大的、真正的同盟军是农民，在城市中则是城市贫民。中共四大已经指出了工人阶级同盟军问题，但在五卅运动中还没有付诸实践（省港大罢工除外），工人阶级的反帝斗争没有得到农村地区和广大农民的支援。1925 年 10 月，中共中央在北京召开的执委扩大会议总结了这方面的教训，指出由于中国资产阶级在革命高涨时与敌人妥协，无产阶级“必定要格外集中积聚自己的力量，与城市里民主派的一般民众结成联合战线，引起农民群众来参加革命运动，才能对于帝国主义和军阀给以重大的打击”[①]。五卅运动后，各地加强了发动农民运动的工作，这在某种意义上，也可视为五卅运动的一个成果。

五卅运动极大地促进了各地工会的建立和发展。在斗争中成立起来的上海总工会拥有会员 20 万人，下辖工会 117 个，形成了比较完整的组织系统。尽管还没有取得合法地位，但它在斗争中所起的重大作用已使社会各界实际上认可了它的地位。全国其他地区在五卅运动中和五卅运动后，也扩大了本地的工会组织。曾经光鲜一时的上海工团联合会等一大把招牌工会，在五卅运动中彻底破产。

五卅运动促进了中国共产党的发展。召开四大时，中国共产党党员总数不足 1000 人，经过五卅运动，到 1925 年 10 月增加到 3000 人，到年底更达到 1 万人。随着运动由上海推向全国，内地和边远地区也建立了党的地方组织。党在斗争中经受了锻炼，深化了对革命的认识，1925 年 12 月，毛泽东在《革命》半月刊上发表的《中国社会各阶级的分析》，便是代表性的成果。毛泽东指出：“一切勾结

---

① 《中国现时的政局与共产党的职任议决案》（1925 年 10 月），载中共中央文献研究室、中央档案馆编《建党以来重要文献选编（一九二一——一九四九）》第 2 册，中央文献出版社，2011，第 513 页。

帝国主义的军阀官僚买办阶级大地主反动派知识阶级即所谓中国大资产阶级，乃是我们的敌人，乃是我们真正的敌人；一切小资产阶级半无产阶级无产阶级乃是我们的朋友，乃是我们真正的朋友。那动摇不定的中产阶级，其右翼应该把他当做我们的敌人——即现时非敌人也去敌人不远；其左翼可以把他当做我们的朋友——但不是真正的朋友，我们要时常提防他，不要让他乱了我们的阵线！”“工业无产阶级虽不多，却做了民族革命运动的主力”，“特别能战斗”。[①] 党在五卅运动中扩大了在群众中的政治影响，提高了政治威信。中共四大提出的无产阶级领导权问题，说到底，是中国共产党的领导。经过五卅运动，中共中央明确提出“中国共产党是中国无产阶级的代表”，“是无产阶级的指导者，是民族解放运动的领袖的指导者”。[②] 针对国民党右派所谓“共产主义不合中国国情”“共产党不必要存在”的叫嚣，陈独秀及时发表《共产主义与共产党》，高扬马克思主义的大旗，阐明共产主义与非共产主义的根本区别，揭示了共产党的基本特性，对于指引工人运动的根本方向具有重要意义。

五　后“五卅”阶段工人运动的曲折发展

1. 各地工人继续反帝反军阀

五卅运动结束后，1925 年 10 月，中共中央在北京召开执委扩大会议，分析五卅运动以后国民革命运动的形势，规定了新阶段工人运动的方针，主要是：要努力于工会的发展和巩固，力争工会公开；领导工人积极参加政治斗争，并与经济斗争结合起来；在争取工会公开的同时，必须做长时期秘密组织的准备；经过工会中的党团和

① 毛泽东：《中国社会各阶级的分析》（1925 年 12 月 1 日），汕头书店，1927，第 26、20、21 页。

② 《中国现时的政局与共产党的职任议决案》（1925 年 10 月），载中共中央文献研究室、中央档案馆编《建党以来重要文献选编（一九二一——一九四九）》第 2 册，中央文献出版社，2011，第 514、518 页。

工厂中的支部做党的宣传，使工会的行动在党的指导之下。[①] 会议认为奉系军阀是最危险的反革命力量，工人阶级应当利用国内各派军队之间的斗争，以利于建立革命的民众政权。

五卅惨案发生后，奉军借口维持秩序，进驻上海。接着，接收了江苏、安徽省政权。五卅运动后期及后“五卅”阶段，奉军在上海、南京、青岛、天津等地镇压工会，摧残爱国团体，激起全国人民的无比愤慨，反奉空气弥漫全国。奉军南下，也激化了与浙江督办孙传芳的矛盾。10月15日，孙传芳就任浙闽苏皖赣五省联军总司令，发起反奉战争。吴佩孚亦乘势而起，于21日宣布就任川黔桂粤湘浙闽苏皖赣鄂豫晋陕十四省讨贼联军总司令。20日，中共中央、青年团中央联合发表宣言，指出“反奉运动是全国民众的，直系不过是导火线”，民众“应该站在反奉运动之主体的地位”，形成反奉大潮之“主潮”，达到“从释放爱国运动中的政治犯，启封爱国机关，解除奉系及安福系的武装，废除治安警察条例、出版法及罢工刑律，保障人民集会、结社、言论、出版、罢工之自由权，一直到召集真正代表人民的国民会议，建立革命统一的民主政府，宣布关税自主，宣布废除一切不平等条约”的目的。[②] 军阀统治区的工人运动正是贯彻中共中央执委扩大会议的这一方针，在反奉倒段（祺瑞）斗争中坚持发展的。

9月18日晚，奉军淞沪戒严司令部悍然查封上海总工会会所，逮捕了刘贯之、杨剑虹，随后，通缉李立三、刘少奇。19日，上海总工会发表宣言，抨击奉系军阀摧残民众的暴行，指出“我二十余万工人，备尝巨艰，而又忍痛坚持，誓死奋斗，所为者何？乃为国家争光荣，为人类张公理，冀以稍挫世界上残暴无厌之帝国主义”，

① 参见《职工运动议决案》（1925年10月），载中共中央文献研究室、中央档案馆编《建党以来重要文献选编（一九二一——一九四九）》第2册，中央文献出版社，2011，第531—532页。

② 《中共中央、青年团中央对反奉战争宣言》（1925年10月20日），载中共中央文献研究室、中央档案馆编《建党以来重要文献选编（一九二一——一九四九）》第2册，中央文献出版社，2011，第509—510页。

而今会所竟遭封闭，职员俱遭查拿，“爱国者终遭摧残，卖国者反受保护。黄钟毁弃，瓦缶雷鸣。帝国主义之所以得逞，中国之所以将亡，其以此故欤?”[①] 24日，上海纱厂总工会等117个工会发表告全国同胞书，抗议奉军封闭总工会，指出“我上海全体工人之于上海总工会，则有形影不离之关系”，“虽已九死一生，亦必不至坐以待毙也”。[②] 25日，中共中央为上海总工会被封发表告工友书，指出上海工人“已经组织成了伟大的力量”，军阀绝不可能封闭工会至永久，更不可能封闭工人“万众一心的团结精神”。[③] 26日，全国总工会分别通电全国各界和段祺瑞，抗议奉系军阀封闭上海总工会。李立三发表谈话，表示既甘愿为工人奋斗，替工会谋利益，则生死早已置之度外。刘少奇肺病发作，仍坚守岗位，鼓励工人：一个人是否真正为工人谋利益，“在最紧急的时候看他努不努力以为断”[④]。

上海总工会被封时，当即下达4项命令：（1）不罢工；（2）不乱动，守秩序；（3）工会照常办事，不要恐慌；（4）英国厂工友决要坚持不上工。[⑤] 9月23日，由纱厂、铁厂、印刷等各大工会发起，暂行组织上海工人代表会议，以范成馨为总干事。工人代表会议实际上是总工会的化身。中共上海区委提出工代会“色彩不宜浓厚，务以能够公开的存在为标准”，应该抓紧组织工人自卫团，作为将来大奋斗的工具。[⑥]

工代会一成立，就公开领导工人开展反对“沪案”重查的斗争。10月10日，工代会发表宣言，指出“五卅惨案谁负其责，早已昭然

---

① 《上海总工会宣言》（1925年9月19日），载上海社会科学院历史研究所编《五卅运动史料》第2卷，上海人民出版社，1986，第702—703页。

② 《上海一百十七工会之宣言》，《工人之路》1925年10月4日。

③ 《中国共产党为总工会被封告工友》，《向导》1925年第131期。

④ 《上海总工会三日刊》1925年10月16日。

⑤ 参见《时事新报》1925年9月20日。

⑥ 《上海区委关于上海总工会遭封事件的宣传大纲》（1925年9月23日），载中央档案馆、上海市档案馆《上海革命历史文件汇集（中共上海区委文件）》（1925年—1926年），内部版，1988，第30—31页。

若揭”，帝国主义者再行司法调查，不过是“以冀抹煞是非”。① 18日，工代会联合上海市民协会、店员联合会、全国学联、上海学联等8团体，在闸北天通庵路严家阁止园对面空地上召开上海市民反对“沪案”重查大会，到会4000余人。15日，孙传芳的军队进入上海。21日，上总所属117个工会，22日，工人代表会等5团体，先后吁请孙军启封总工会。24日，工代会以上总筹备处的名义，在老西门红栏杆桥西东海坊2号办公。孙传芳反奉表面上染了一点民族主义色彩，其本质仍是军阀间的互斗，他并无善意于工人组织。30日，上总筹备处被封，印总、纱总、上总第五办事处职员15人被捕。11月29日，为纪念五卅惨案半年，工会又与全国学联、上海学联等在西门公共体育场召开大会，4000余工人会同各界群众，冲破军警阻挠进入会场。

11月29日，上海总工会副委员长刘华在静安寺路被租界当局捕获，并迅速被引渡给淞沪戒严司令部。12月15日，孙传芳抵沪，指示戒严司令严春阳将刘华秘密枪决。17日晚，刘华被杀害。上海总工会散发抗议传单，全总上海办事处通电全国，丁晓先、沈雁冰、周予同、胡愈之、郭沫若等44位知名人士发表人权保障宣言。《向导》发表了《悼刘华同志》，赞扬他是“上海无产阶级的首领”。一失业工人写成《悼刘华》的大鼓词，表示继他平生未竟志，个个来做革命党。②

这期间，工人运动的另一重大事变，就是安源路矿工人俱乐部被破坏。汉冶萍公司经营不善，债台高筑，欠安源工人薪饷四五个月。公司总经理盛恩颐采纳日本顾问的建议，从上海到武汉、长沙等地活动，贿通湖南省省长赵恒惕和江西督办方本仁，以取消工人俱乐部为根本之计。他在长沙刊登启事，称“凡和萍矿订的各种条件而未经股东会承认的，概不生效”。9月14日，盛恩颐到安源，一面以发欠薪一个月稳住工人，一面请赣西镇守使李鸿程派兵入山。

---

① 《民国日报》1925年10月10日。

② 《上海总工会三日刊》1926年3月7日。

21日，军队抵达安源。在工人上下班，纠察队回俱乐部的时候，两营军队伙同矿警包围俱乐部、合作社和学校，俱乐部被捣毁，俱乐部副主任黄静源等4人被捕。接着，他们在二校拘捕吴景中等4人，在一校拘捕10人，在三校和合作社亦拘捕多人。合作社10余万元财产被抢掠一空。捣毁俱乐部时，窿内工友统统被拘禁于西、南、北三区的房子里。南区工友几次冲出，均被士兵用枪托打回。冲突中，工人被打死3人、打伤1人。22日，军队又拘捕俱乐部职员数人。23日，紫家冲和株洲两处工会被封闭。俱乐部被解散后，矿局开除工人1200余人，除锅炉、电气两部外，全部停工，致失业工人达1万以上。凡被开除者，均以武力押送出境。[①] 10月16日，黄静源在俱乐部门前就义。

安源事件是五卅运动后反动潮流在全国范围再起，帝国主义、军阀、资本家互相勾结加以镇压的结果。同时，也与安源工运几年间"走进了和平道路"有关。[②] 当时，俱乐部领导人已悉敌方镇压动向，却毫无应急准备，仍忙于纪念俱乐部成立3周年各项活动，俱乐部的组织和职员，从上到下长期都是公开的。事变发生时，俱乐部主任陆沉只身出走。结果，俱乐部几乎未经招架，全体覆没。中共湖南区委书记李维汉指出："没有得到整个的最后的政治胜利以前，一切和平的建设事业，都会保持不住，而非一刻不懈的从事政治争斗（整个的或局部的）不可"[③]。黄静源的遗体被工人抢到醴陵入殓。灵柩运至株洲，工人与市民1000余人到站守候。到长沙时，各工会、学校、团体数千人迎灵。26日，由郭亮主持，在省教育会坪举行了追悼大会，1万余人参加了大会。

10月，租予日商戴生昌轮船公司的长沙大金码头租期届满，湖南全省工团联合会与长沙各公法团联合组成收回大金码头委员会。

---

① 《龚逸情致代一转团中央信》（1925年9月），载中央档案馆、湖南省档案馆《湖南革命历史文件汇集（群团文件）》（1925年），内部版，1984，第285—289页。

② 参见《关于安地事件的决议》，载中央档案馆编《中共中央文件选集》第1册，中共中央党校出版社，1982，第431页。

③ 罗夫：《安源工人之惨劫》，《向导》1925年第137期。

15日，大金码头工人罢工，组成大金码头接收委员会。日本商人早已于5月7日与码头业主江西帮篓业头人私下订立续租契约。10月17日，长沙各工会、各学校1万余人冒雨游行，将擅自续租码头的朱多畴、罗清文管理的房屋产业收交委员会管理。12月17日，工人再次游行，启封铅印工会，并烧毁了日商戴生昌的趸船。

11月，刘少奇从上海回长沙养病，12月16日，被长沙戒严司令部逮捕。中共中央、中华全国总工会、中共湖南区委奋力营救，各地各界团体纷纷通电谴责湖南军阀赵恒惕，一致要求立即释放刘少奇。1926年2月上旬，刘少奇终获准出狱，旋即转赴广州，参加省港大罢工和全国工人运动的领导。

汉口六一一惨案后，湖北地方当局与英领事进行了长达两个多月的谈判，结果完全失败。9月7日国耻纪念日，武汉三镇进行了规模空前的水陆大游行。武昌、汉口都有大批工人赴会，汉阳则以工人为主。15日，湖北全省工团联合会、汉口人力车夫工会、湖北妇女协会等团体在武昌阅马场召开国民大会，抗议英帝国主义制造汉口六一一惨案的暴行，要求政府与英领事严正交涉。

在反奉战争中，以上海、北京为中心的群众性倒段（祺瑞）运动达到高潮。12月6日下午，由工人代表会和上海学联、全国学联、妇联、市民协会共同发起的上海市民反段大会在闸北青云路举行。是日，各工厂罢工，工人整队参加大会，口号是“推倒段祺瑞!”“组织人民政府!”“启封总工会!”“履行复工条件!”到会工人、学生、市民2万余人，“工人群众占全数十分之九”。会前，武装士兵占据会场，保卫团和警察密布附近，严禁开会的布告触目皆是。赴会群众于“时间将届时，极勇敢的向前冲去，军警至此亦无法阻止”。会场中用木桌堆成高台，四周围以红布，上书“被压迫民族大示威”，奉系退走后获释的刘贯一代表总工会发表演说。游行时，“上海市民反段大会”的白旗开道，队伍壮伟，军警阻止游行，群众汹涌狂呼而过，林育英等被刺伤。游行队伍经过中华新路顺成里上海总工会会所时，一拥而上，在“上海总工会万岁”的欢呼声中将总工会牌匾高高挂起来。[①]

在北京，10 月起，工人连续几次参加大型群众集会，反对段祺瑞政府召开关税会议。11 月 28 日，爆发了被称为“首都革命”的反段交锋。是日，到会 2 万余人，以工人保卫队、学生敢死队为前导，围攻段祺瑞住宅；次日，又在天安门前举行国民大会。国民党右派雇用流氓冒充工人，扯毁北京总工会旗帜。由于国民军无意去段，“首都革命”迄无结果。然而，“经这几次运动，工人非常信仰工会与党”。11 月 28 日、29 日的反段斗争，也“最足以表现其组织能力与争斗能力”。[②]

1926 年 3 月 11 日晚，天津大沽口炮台国民军自卫还击日舰。16 日，日、英、美、法、意、荷、比、西等 8 国公使以维护《辛丑条约》为由，向中国政府发出最后通牒，并限 3 日内接受全部条件。中共北方区委决定发动群众示威，督促政府驳回帝国主义的通牒。18 日上午，国民党北京特别市党部、北京总工会、北京学生总会等 140 余团体、北京大学等 80 余校学生 3 万余人，在天安门前集会。游行队伍在铁狮子胡同执政府国务院门前请愿时，遭到政府卫队的残杀。截至 3 月 22 日，死 47 人，失踪 40 余人，受伤 32 人，轻伤者不可胜计。死者有京绥铁路等处工人 5 人，受伤者有北京总工会等处工人 15 人。[③] 三一八惨案激起人民群众的无比愤慨，国民军退出京、津前夕，屠杀民众的段祺瑞政府被赶下了台。

2. 工会活动的坚持和各地总工会的恢复与建立

这期间，坚持工会活动并卓有成效的，首推上海。五卅运动中，

---

① 参见《上海总工会被封后之工作概况》（1926 年 1 月），载中央档案馆、上海市档案馆编《上海革命历史文件汇集（上海各群众团体文件）》（1924 年—1927 年），内部版，1988，第 121—122 页。1925 年 12 月 17 日《时事新报》报道此次到会 5 万余人，工人占 2/3。

② 《团北京地委报告第一号》，载中央档案馆、北京市档案馆编《北京革命历史文件汇集》（1922 年—1926 年），内部版，1991，第 421 页。

③ 参见《北京惨案死伤之调查》，载中央档案馆、北京市档案馆编《北京革命历史文件汇集》（1922 年—1926 年），内部版，1991，第 474—478 页。

上海总工会旗下的工会组织迅速扩大，那时，坚持罢工是头号任务，来不及理清工人对工会的模糊观念。在一些工人中，或以为工会是来发救济费的，或以为工会是专搞罢工的，或以为工会是其他团体办的。上海总工会实施统一领导，出头露面的多，工人只信上总而不信自己所属的基层工会。因此，上海总工会被封，一时出现“进锐退速”的局面。这反映了工人运动曲折发展的真实情况。

上海总工会转入秘密活动以后，9月25日，中共上海区委指定汪寿华、谢文锦、项英、林育英组成党团，对外以工代会名义活动，对内调整机构，下设接洽处、发行处、交通处、日刊编辑处、文件保管处、油印处等，适当分散，以便于秘密活动，防止敌人破坏。除原五大区办事处外加闸北、南市两办事处，均分设接洽处和办公处，较大的工会也将办事处分作公开和秘密两处。12月9日，上海总工会召开工人代表大会，选举上总新的执行委员16人，推李立三为委员长，刘华为副委员长。其时，李立三受通缉，刘华在狱中，委员长一职由汪寿华代理。这以后半年中，总工会半公开工作。总工会的旗帜飘扬，成为工人群众的主心骨。

鉴于各办事处的工作事实上未出纱厂范围，上海区委决定于12月1日裁撤各办事处，按产业整顿纱总、印总，重建铁总和码总，加强海员工会的工作，积极筹备电气总工会。各产业工会派出特派员驻各工人区。上海总工会被封后，2700多人被开除，其中很多是工会办事人或积极分子，给坚持活动带来极大困难。上海总工会在整顿工会中，注意吸收比较活跃的分子为工会委员或干事，挑选有能力的培养成基层工人群众的领袖。上海区委预见了低潮时期必将出现工贼乘时泛起，资产阶级插手工会的局面，指出“将来谁能得着优势，全看在这组织的酝酿期中，谁的手段巧妙些、敏捷些而定”①。各马路商界总联合会潘冬林组织工人俭德会，向纱厂工人渗

① 《上海区委关于上海总工会遭封事件的宣传大纲》（1925年9月23日），载中央档案馆、上海市档案馆《上海革命历史文件汇集（中共上海区委文件）》（1925年—1926年），内部版，1985，第31页。

透。上总利用各种刊物加以反对，并组织浦东和杨树浦工人切实反对。海员工会登广告揭露虞洽卿在爱国募金中的舞弊行为，削弱虞洽卿在海员中的影响。为对付工贼，总工会还整顿了工人自卫团。大潮陡跌以后，组织不能公开，大批工人失业，情绪不稳定，工贼活动猖獗，保持工会基本队伍是不容易的。据统计，至 1926 年 6 月，上海总工会实际有工会 75 个、会员 4 万余人。

在宣传工作方面，上海区委整顿《上海工人》，努力将其传播到各支部去。上总组织宣传委员会，《上海总工会日刊》改出《上海总工会三日刊》，每期发行 3000 份，画报由每期 1 万份增加到 2 万份，临时宣传品每种少则印 3000 份，多则达 10 万份。五大工人区办事处也一度刊行日刊。印刷总工会、商务印书馆工会还分别有自己的宣传刊物。印刷总工会和海员、邮务均设有俱乐部。

“五卅”周年纪念是最出色的宣传活动。1926 年 5 月 28 日，中共上海区委发出紧急通告，做出周密部署，指定奠基礼活动由陶静轩为工会方面的总指挥，市民大会以陈之一为工会方面的总指挥，各工人区均指定了分指挥。29 日下午，五卅烈士公墓奠基礼在虹口方家木桥举行。会场内，血衣亭陈列烈士血衣，祭台上摆满烈士遗像，挽联、花圈围护，一片肃穆气象。陶静轩代表上总宣读了祭文并发表演讲。会后举行游行。30 日，以上总、学联、妇联和国民党上海特别市党部名义联合发起的“五卅”周年纪念大会在西门公共体育场举行，1000 余团体 6 万余人出席，工人和学生是主要参加者。会后举行了游行。下午，宣讲队在南京路两旁分散预伏 3000 余人，发布信号的绿衣邮差一过，一拥而至马路中心，实行飞行集会。小沙渡 1000 多工人突破警戒线进入公共租界示威游行。整个纪念活动热烈激昂，打破了工人中的沉闷空气。

在湖北，工学联合会的成立使工人群众在反帝斗争中有了公开的领导机构。1925 年 12 月，武汉工人代表会成立。由于吴佩孚在武汉东山再起，在军警对工人运动加强镇压的同时，工贼活动猖獗起来。1926 年 1 月 20 日，武汉工人代表会召开代表会议，工贼郭聘伯指使人告密，造成 3 人被捕。前粤汉铁路总工会委员长卢士英投靠官方作铁路局的稽查，多方破坏工会，全国总工会第一届执行委员袁告成、高秀炳也沦为工贼，致使人力车夫工会、染织工会受到破坏。

在国民军占领区，建立地方总工会、恢复城市总工会的成绩比较突出。全国铁路工人第二次代表大会以后，河南境内铁路工运迅速发展，并带动纺织、煤矿、兵工、造币等产业工会的发展，至1925年七八月间，已成立十几个大的工会组织。在中共豫陕区委指导下，王若飞、王荷波、李震瀛、张昆弟、马文彦等两次召开筹备会议，研究成立河南全省总工会问题。9月18日至20日，河南全省总工会成立大会和京汉铁路工会代表大会，在郑州福寿街青年会内同时举行。到会100多名代表，来自30多个工会和团体。大会由刘文松主持，京汉铁路总工会秘书长李震瀛致祝词，中华全国总工会代表彭芸渔、全国铁路总工会代表王荷波、冯玉祥的代表马伯援、国民二军军长兼河南督办岳维峻的代表郎恩成等，先后发表演说。大会通过了《目前政局与工人阶级的责任》《河南全省总工会章程》等决议，选举产生省总工会第一届执行委员会。省工会领导成员分工情况为：张昆弟负责全面工作，李震瀛为书记，马文彦为秘书，刘文松、余立亚、刘少猷等委员分驻各大工会。省总工会办公地址设在开封。河南全省总工会的成立，标志着河南工人运动的统一，全省7万多名产业人，参加工会的有3.5万人。①

1925年12月下旬，直系军阀李景林被国民军赶出天津，安幸生、辛璞田等出狱。1926年元旦，中共天津地委组织各界39个团体召开国民大会，欢迎国民军进驻天津，通过了11项决议，进行了盛大的群众游行。天津总工会在大东旅社挂牌办公，在新会所举行了隆重的升旗典礼，安幸生主持典礼。他说：总工会被军阀李景林封闭后，表面上虽似无形消散，“而内部的进行，未尝一日停止”，今天这样盛大的升旗典礼，表明军阀只能摧残我们工会的形势，不能

① 参见马文彦口述，张文明、黄廷秀整理：《马文彦谈大革命时期河南省总工会成立前后》，《河南工运史研究资料》1982年第3—4期。

消灭我们工会的精神。他希望全体工友“加倍努力，以期得到最广大最坚固之团结”。[①] 天津总工会创办《工人小报》，中共天津地委主办的《工人生活》也由秘密出版改为公开发行。纺织、海员、码头、印刷、油漆、地毯、雕刻、绱鞋及京奉铁路、津浦铁路等工会先后恢复，新建了人力车、烟草、电车、邮务等职业工会和一批工厂工会，设立了3个区工会办事处。1925年底，全市工会会员为17900多人，到1926年增加到32200多人。

国民军进驻唐山以后，在建立赵各庄煤矿工会中被捕的袁达时等人全部获释，京奉路唐山制造厂工会率先恢复。1926年1月17日，开滦五矿工人代表大会在唐山召开，成立了开滦五矿总工会筹备处。18日上午，五矿工会代表将奉军掠到天津的赵各庄煤矿工会牌匾，用红绸包裹送到赵各庄工会，4000多名矿工列队迎接。下午，工人大会召开，8000余人到会，当袁达时宣布赵各庄煤矿工会正式恢复时，全场掌声雷动，经久不息。28日，开滦五矿总工会在马家沟马路街正式成立，负责人为左智、袁筱岚。大会通过《告工人同志书》，指出工会是工人的司令部，为工人的利益而工作，“倘若我们不参加工会，保护它，驱除工贼并打倒帝国主义和军阀，我们将永远被资本家压迫”[②]。

五卅运动中，北京总工会秘密成立。1925年11月22日，在北京大学第三院举行升旗礼。到年底，总工会建立140多个工会小组3个工厂委员会，会员达到1400余人。1926年1月1日，北京总工会召开成立大会，通过章程，选举执行委员会，号召工人团结起来，“赶快的团结到北京总工会旗帜之下，来共同奋斗”[③]。会所设于南池子小苏州胡同12号。总工会的成立，是北京地区工运发展的重要标志。《向导》载文称“半年来北京的民众运动，所以革命化，北京总

① 《工人生活》1926年第8—10期合刊。

② 开滦档案14.3.133/240页，卷宗1.1.1，中共开滦党委党史资料征集办公室编《开滦工运史资料汇编》第2辑，1985，第9—10页。

③ 《北京总工会成立宣言（节录）》（1926年1月1日），《中国工运史料》1981年第2期。

工会实在是一个主要的动力”①。

随着吴佩孚再起后与张作霖联手对付冯玉祥国民军，国民军作战失利，其辖区工运形势再度逆转。3 月，直军占据河南，河南全省总工会与京汉、陇海两铁路总工会均遭封闭，主要领导人被迫转移。5 月，中共豫陕区委改组，由于干部或转移或被捕，致使工人运动委员会一时找不到合适的人选而暂付阙如。国民军撤出天津后，天津总工会迁入英租界义庆里 40 号秘密办公。

3. 经济斗争的此起彼伏

在五卅运动后的休整期间，各地工会因势利导，为改善工人的生活状况，进行了许多经济斗争。根据《第一次中国劳动年鉴》提供的数据，1925 年 9 月至 12 月，全国纳入统计的罢工 70 次，主要发生在长江流域和纺织、印刷、铁路等产业，其中上海 37 次，江苏 8 次，武汉 7 次，浙江 4 次。1926 年 1 月至 6 月，全国罢工 256 次，其中上海 137 次，江苏 32 次，浙江 21 次，武汉 9 次，上海始终是斗争集中之地。

上海总工会被封后，在恢复、整理工会的同时，开始经济罢工，一则借以改善工人待遇，再则借以鼓舞士气。1926 年 1 月 1 日，上海总工会作出最近 3 个月日常工作计划，决定设立经济部，组织经济斗争委员会，审查各工厂提出的罢工条件，研究各厂以前复工条件不能履行的原因，对症下药设法加以解决。经济斗争的指导原则是“不宜提出高度的条件，以使工人得以胜利”。② 总工会短暂恢复挂牌办公时，经济斗争迅即形成一个小高潮，20 多天中，就有 6 家工厂 13900 余人罢工，其中 4 个厂 11600 人得到胜利。实行怠工的有 27 个厂 6 万余人。这时的经济斗争，往往包含改善社会待遇等非经济要求。

---

① 正零：《北京职工运动概况》（1926 年 3 月 15 日），《向导》1926 年第 148 期。

② 《上海总工会最近三月内经常工作之计划》（1926 年 1 月 1 日），载中央档案馆、上海市档案馆编《上海革命历史文件汇集（上海各群众团体文件）》（1924 年—1927 年），内部版，1988，第 121—122 页。

1925年9月23日，日华纱厂工人因厂方违反复工条件，无理开除和打伤工友而罢工。工人要求开除凶手，赔偿受伤工友费用，同时，提出增加工资。日本厂主以为上海总工会已被封闭，工人群龙无首，罢工不难解决。结果，工人团结一心，迫使厂主承认工人提出的条件，罢工坚持到10月28日胜利结束。这次罢工，工人争取到增加工资1/10，停工期间的损失开工后每人补洋两元。12月，杨树浦老怡和纱厂400余人罢工，巡捕房加以干涉，4人被捕。工人包围巡捕房要求释放被捕工友，巡捕用水龙头冲射，工人不为所屈。厂主最终接受要求，除提高工资外，还规定不许厂方干涉工会开会和收月费。东方纱厂3000余人继之而起，也取得了胜利。12月22日，商务印书馆3800余人罢工，抗议开除工人，要求资方履行8月罢工达成的复工条件。罢工期间，军警前来镇压，一度发生冲突。工会领导工人坚持斗争，25日，资方与工人代表签订复工先决条件两项：被裁职工由资方发给退职金1.5万元，罢工期内工资照发。26日复工。

并不是所有的罢工都能得到胜利。12月间，同兴纱厂乘总工会自行启封，酝酿发动经济罢工。将起事时，日本厂主雇用包探、流氓50余人，毒打工人领袖，巡捕房逮捕工人18人。总工会号召小沙渡各厂工人援助，日华等6厂1万余人怠工，学生上街演讲声援，被捕17人。结果，罢工失败，18人被逐出租界，20余人失业。

1926年3月发生的杭州机织工人罢工，也是一次大规模同盟罢工。3月19日，虎林公司帮机工要求加薪未遂，相率罢工。次日，织工全体请假。影响所及，纬成等各丝织厂工人相继停工。20日下午，工人组织临时织工联合会，提出18项要求，除经济要求外，还要求承认工会，同时发表罢工宣言，举行示威游行。由于起事仓促，缺乏准备，在警方的威逼之下，工人被迫自动复工。

经过五卅斗争，武汉工人为争取改善经济条件的罢工此起彼伏，英美烟厂、日商泰安纱厂、汉口特别区人力车工人、武昌第一纱厂、汉口织袜厂、申新纱厂都发生过罢工。其中，英美烟厂的罢工影响最大。1925年12月7日，汉口英美烟厂老厂无故开除女工多人。次日，全体女工罢工，厂主与大班殴打女工，重伤6人，轻伤30余人，致孕妇一人死亡。不久，硚口新厂女工罢工，抗议厂主无理开除、拘捕、殴打工人。武汉工人代表会组织各工会援助，并呼吁全国支援。厂方被迫恢复被开除女工的工作，赔偿了工人在罢工期间的损失。

1926年5月16日，硚口新厂因添设装烟机器，裁撤女工。新、老两厂男女工人3000多人实行同盟罢工。厂主囚禁工人代表，严刑殴打，致5人重伤。中华全国总工会通电全国，号召拿出五卅运动的精神，一致起来援助汉口英美烟厂工人。上海、广东、湖南各工会、湖北各团体群起声援，罢工坚持了19天，争得3项胜利条件：无论添设装烟机器与否，不得因此开除工人；赔偿工人在罢工期间的损失每人一串钱；恢复以前被开除者的工作。[①]

大连周水子日商福岛纺织厂罢工一度震动全国。4月，福岛纺织厂因奉票与日元的兑换比率发生变化，发工资时付小洋，扣饭费则仍按日元计。这种克扣行为引起工人不满。27日，670余名工人全部罢工。中华工学会福纺分会向厂方提出5项要求：不许打骂、侮辱和虐待中国工人，增加工资1/3，不许涨饭费，工作时间缩短一小时，公休日照发工资，免收电灯费，减轻房租。这些要求主要是经济性的。

日本厂主角野久造拒绝接受工人的要求，勾结警察局逮捕工会领导人和骨干分子，并企图用集体解雇，另招新工人的办法破坏罢工。工人纠察队严惩招工工头，动员部分新工人离厂。24日，在傅景阳主持下，大连工学会在福纺厂北门外大场院召开声援大会，13家工厂和附近农民共3000多人参加。次日，傅景阳等19人被捕。中华全国总工会在接到福纺工人代表林建民口头报告后，分别致函国民党中央和广东济难会，请求设法支援和救济。同时，致函沙面日本领事，要求即日电告日本政府转告大连日本官厅，释放被捕工

① 参见白天（许白昊）：《武汉最近的几次工潮》（1926年7月16日），《向导》1926年第166期。

人，承认工人要求，否则，通令全国工人，停止为日本轮船的一切工作。[1] 中华全国铁路总工会发表了《敬告大连工友及各阶级民众书》《为日本在大连摧残华工与全日本工人及各阶级被压迫者书》。香港金属业总工会也发表公告加以声援。

经过3个多月的较量，7月下旬，福纺的总公司日本福岛纺织株式会社社长八代裕木郎不得不赶到大连处理罢工。经过谈判，工厂答应了工人的要求，8月6日，坚持罢工101天的福岛工人胜利复工。

4. 全国铁路工人第三次代表大会的召开

1926年2月7日至16日，全国铁路工人第三次代表大会在天津举行，出席会议的有18条铁路的代表58人，代表全国有组织的铁路工人21万人。[2] 在北方区委的指导下，大会圆满结束。会前，各国驻津领事联袂往见国民三军军长孙岳，企图阻止大会的召开，未能得逞。

经过五卅运动，北方各大铁路沿线城市，莫不以各自铁路工会为中心开展活动，成为当地工运和五卅斗争的支撑力量。1925年7月26日，铁总在郑州召开干事局扩大会议，作出8项重要决定：发展铁总工作，争取政治自由，反对军阀压迫，提倡兵工农大联合，整顿并扩大各路工会，设北京办事处，处理北方各路工作和主要的政治宣传工作，确定工会小组办法，等等。五卅运动后期开始，镇压铁路工运的惨案不断发生。胶济路李慰农、伦克忠，正太路高克谦，京汉路王长保、韩玉山，株萍路黄静源先后牺牲。革命高潮回落，铁总为保全组织和已得的胜利，在策略上采取了必要的退守办法。一年间，基本上恢复了二七惨案后被封的工会，新增广九、潮汕、宁阳、沪宁、沪杭、南浔铁路工会，广三、粤汉、京绥、胶济

① 参见《中华全国总工会严重警告日本帝国主义》，《工人之路特号》1926年第392期。

② 参见《中华全国铁路总工会第三次全国代表大会致中华全国总工会电》（1926年2月28日），《工人之路特号》1926年第254期。

路实现了工会统一。

第三次全国铁路工人代表大会开幕式与天津各界人民纪念二七惨案3周年大会同时在天津南市第一舞台戏院举行。邓培、康景星分别宣布开会宗旨、致开幕词。国内外工会的贺电、祝词纷至沓来。天津总工会工人小报社特意为大会赠送小红灯100盏，寓意铁路工会前途光明。

2月9日至16日，正式会议在天津法租界国民饭店举行。罗章龙报告工作，与会代表就组织、宣传、协作、救济、自卫等问题展开讨论，提交40多件提案，通过了《中华全国铁路总工会报告决议案》等28项决议，选举执行委员15人、候补执行委员5人（另缺1人）。王荷波连任铁总执行委员会委员长，中共党团书记罗章龙任总干事。

这次大会对全国铁路工运作了新部署。组织建设方面，强调巩固与发展并重，要使铁总真正成为群众性组织。在增加数量的同时，通过普遍建立工会小组，形成严密有序的网络。会后，铁总组织部制定了《铁路工会小组细则》。教育和宣传方面，针对当时工人中存在的把工会只当作要求加薪的工具的倾向，提出要始终注意把政治斗争和经济斗争结合起来。在工会组织不成熟的地方，以经济斗争引起工人走上政治斗争的兴趣；政治斗争一旦发生，工会当领导工友勇猛参加。要区别宣传和鼓动，前者偏于长期工作，后者着重于当前工作，二者不能互相取代。要注意建立工人内部的统一战线。针对统治阶级和敌对势力甚嚣尘上的“反赤”“反共产”宣传，大会旗帜鲜明地提出共产党是工人阶级自己的政党，“故大会毋忘目前赞助国民革命工作之外，更应本阶级斗争之精神，对于中国共产党予以最高之同情和援助”①。大会提出要从增强工人团结的角度而不是单纯为了经济利益去办合作社，合作社必须在工会的指导和管理之下。与城市工厂工人相比，铁路工人易于与农民取得联系，尤其是工务处工人大多来自本地农民，大会要求各工会酌情设立特种机关，

① 中华全国铁路总工会：《铁总年鉴》（1926年），第126页。

发动所在地农民参加国民革命，使之发挥工人阶级同盟军的作用。[1]

第三次大会规划了新形势下铁路工运的方略，把扫灭奉系军阀和直系余孽，完成国民革命，列为首要任务，宣布“一本初衷，为工人自身利益与自由，民族之解放与独立，誓死奋斗”[2]。大会闭幕后，铁总机关设于天津。

① 参见上述各项决议参见《铁总年鉴》(1926年)，第103—133页。

② 《全国铁路第三次代表大会经过情形》，《工人之路特号》1926年第254期。

第五章　岭南巨浪

五卅狂飙卷起岭南巨浪。为支持上海工人阶级和人民群众反对帝国主义的斗争，中共中央决定举行香港罢工。在中华全国总工会直接领导和指挥下，香港工人和广州洋务工人联手发起了省港大罢工，把矛头主要对准英帝国主义，坚持斗争长达16个月之久，“成了‘五卅’以来反帝国主义长期潮流之最后砥柱”[①]。省港大罢工既是五卅运动的重要组成部分，又有相对独立性。在其深刻影响下，广东工人运动向纵深发展，广西工人运动蓬勃兴起，推动了全国革命斗争。

一　省港大罢工的爆发

1. 省港大罢工的发动

五卅惨案的消息传到南粤，中共广东区委当即于5月31日晚召开在广州的党员和青年团员大会，报告五卅惨案经过和广东的时局，决定由共产党和青年团共同组织临时委员会，联络全国总工会、广州工代会、省农协、商协、学联和青年军人联合会六团体发起，于6月2日举行示威大游行，声援上海工人和各界人民的反帝斗争。

6月1日，全国总工会、广州工代会等6个团体发起成立工农兵学商援助上海被难同胞联合会，并决定于次日举行示威大游行。2日，广州各界群众1万余人在广东大学操场集会，大会由全国总工

---

① 邓中夏：《中国职工运动简史一九一九——一九二六》（1930年6月19日），载《邓中夏文集》，人民出版社，1983，第610页。

会代表李森（即李启汉）主持，罗亦农代表共产党发表了演说。大会向全国人民、日本人民、全世界人民发出通电，宣布组织工农兵学商大同盟，实行抵制英、日货。会后，举行示威游行。

5日，中共中央为五卅惨案发表告全国民众书，号召全国被压迫阶级的广大群众一致反抗帝国主义的野蛮屠杀，并在斗争中坚持到底。这时，滇军杨希闵部、桂军刘震寰部盘踞广州，阴谋叛乱，平叛为当务之急，全国总工会遂准备于平叛告竣，再举行反帝罢工，以响应上海。粤港唇齿相依，香港各业工人多来自广东。发动香港工人罢工，是对英帝国主义和港英当局的直接打击。广东区委书记陈延年和全总中共党团书记邓中夏经过商议，并经区委会议决定，组织港九各工会和沙面洋务工人罢工。6月上旬，邓中夏、杨殷到香港，与中共香港支部书记黄平和在港的全国总工会执行委员苏兆征、戴卓民等会合，酝酿发动罢工。

香港工会组织有上百个，最大的工会是工团总会，辖70多个工会，中华海员工业联合总会是它的台柱子。华工总会也辖30多个工会。机器、起落货、煤炭、洋务等20多个规模较大的工会则无所统属。当时，在港的共产党员不足10人，他们多为处于最下层的码头工人。青年团员人数略多，也多半是学生和教员。共产党和青年团均不能在港公开活动，以如此之少的人力面对如此分散、复杂的工会，要顺利实现大罢工，其困难之大可想而知。

但是，也存在一些有利条件。第一，香港华工处于社会底层，受帝国主义压迫、奴役最深，五卅惨案的消息传到香港以后，中华民族反抗帝国主义的情绪如火山一样喷发，这是在港各业工人奋身投入罢工的阶级基础。第二，全国总工会已在香港各工会中具有一定的影响。虽然各工会是分散的，但工团总会派代表出席了第二次全国劳动大会，并被推为主席团成员，它所属的中华海员工业联合总会重要的领导人林伟民是全总委员长兼总干事，苏兆征是全总执行委员。邓中夏等到港后，在全总执行委员、联义社总干事戴卓民家中落脚，他们与苏兆征、戴卓民等密切合作。同时，国民党在广东经营多年，与侨港工团首领也有一定联系。这是发动罢工的组织基础。此外，各工团领袖的一般心理状况也使罢工的实现存在可能性，这些领袖本来就百业不居，以抽收会费为生。发动反帝罢工，既可获得爱国虚荣，又可得到克扣罢工经费的实利，故不至于反对罢工。

邓中夏等人以在港的中共党员和青年团员为骨干，一方面在下层多方鼓动，一方面在上层极力联络，发动工作初见成效。各工会负责人第一次联席会议在香港中环车衣工会 4 楼召开，决定实行总罢工。隔日，第二次联席会议召开，成立了罢工指挥机关，各大工会领袖都被吸收进来，会上还成立了全港工团联合会。与其他地方的罢工有所不同的是，香港工人罢工必须脱离香港。为解决罢工工人返穗的交通问题、食宿问题，陈延年、邓中夏等通过廖仲恺得到政府支持。邓中夏和杨殷回广州解决了这些问题后，重返香港，在国民党广东省党部任职的共产党人杨匏安也于 6 月 13 日到香港，协助策划发动罢工。

6 月 13 日，中华全国总工会在广州成立省港罢工委员会，设办公处于广州太平南路 45 号海员俱乐部，负责办理罢工的招待、募捐、宣传、庶务等有关事项。15 日，全国总工会致信香港各工团，指出工人阶级是民族独立的先锋，开展反帝斗争，“匪特援助被害之同胞，抑亦为我工人阶级之本身利益所应有之工作也”。对香港工友热烈参与罢工的筹划，全国总工会表示“殊深嘉慰”，号召各工团“立即通令全体工友一致罢工，以制帝国主义者死命，并希提出要求条件，不达目的不止”。[①]

港英当局获悉即将出现同盟罢工，立时缇骑四布，水兵登陆，四处张贴严禁罢工的布告，缉拿罢工领袖，企图把大罢工扼杀下去。这时候，受潮流裹挟的某些工会领袖发生动摇。18 日，邓中夏通报了全国总工会的来信，为了确保罢工的胜利实现，中共党团决定在受指挥的海员、电车、印务等工会先行罢工，带动其他工会参加

① 《中华全国总工会为“五卅”惨案致香港各工团的信》，载广东哲学社会科学研究所历史研究室编《省港大罢工资料》，广东人民出版社，1980，第 120 页。

罢工。

6 月 19 日晚 9 时，香港工人大罢工爆发了！海员工会会长谭华泽本是干了 10 多年烧火行的工友，染上抽鸦片的坏习惯，在政治上变得右倾。罢工爆发时他临阵退缩，海员逼着他下罢工令说："下不下，不下以老拳奉送。"谭华泽这才被迫下罢工令。英商省港澳轮船公司行驶港穗之间的轮船抵港后，海员纷纷离船上岸，打响了全港罢工的第一炮。当晚，电车工会何耀全等人发出罢工令。次日，市内交通停顿。黄天伟率领景源排字工社中文、西文排字工人亦于 19 日晚离开报馆。20 日，循环、华字、大光、华侨等 4 家日报全部停刊。

6 月 20 日至 23 日，除海员、电车、印务发动罢工外，车衣、联福、理发、集贤、革履、酒楼、洋务、内河船、海陆理货、茶居、腊味、油业、脚货管理等工会，数万人先后加入罢工行列。深圳皇岗口岸是工人由陆路返穗的主要通道，广州各工团派出代表，手持欢迎旗帜，到广九车站列队迎接。港英当局立即宣布戒严，禁止粮食和金银、货币出口，海军陆战队登陆布防，军舰在海面游弋，一片战时状态。但是，罢工工人"激于民族义愤，万死不辞，蜂拥离港，沛然莫御"[①]。香港学生上万人罢课，近千人返回了广州。

根据全国总工会来信的精神，罢工前，全港工团联合会正式向港英当局提出了罢工条件：（1）拥护上海工商学联合会提出的废除不平等条约等 17 条要求。（2）对港英当局提出 6 项要求，其内容是："甲，华人应有集会结社言论出版罢工之绝对自由权。（中国新闻报立即恢复，被捕记者立即释放，并赔偿其损失）乙，香港居民不论中籍西籍，应受同一法律之待遇，务要立时取消对华人之驱逐出境条例笞刑私刑之法律及行为。丙，华工占香港全人口之五分四以上，香港定例局应准华工有选举代表参与之权，其定例局之选举法，应本普通选举之精神以人数为比例。丁，应制定劳动法，规定

① 邓中夏：《一年来省港罢工的经过》（1926 年 8 月），载《邓中夏文集》，人民出版社，1983，第 268 页。

八小时工作制，最低限度工资，废除包工制，女工童工生活之改善，劳动保险之强制施行等。制定此项劳动法时，应有工团代表出席。戊，政府公布七月一日之新屋租例，应立时取消，并从七月一日起减租二成五。己，华人应有居住自由之权，其山顶应准华人居住，以消灭民族不平等之污点。”① 7月中旬，全港工团联合会又增补4项条件：“（甲）罢工工人及皇家服务人皆应恢复原有工作及职务，其原有之工作牌照营业牌照皆应继续有效，（乙）罢工期内工资照给，（丙）罢工解决后不得借故开除工人工作，及驱逐工会职员离境，（丁）所有罢工期内被捕及监禁者一律省释。”② 罢工实现时，全港工团联合会对外发表宣言，庄严宣告全港工人“与上海汉口各地取同一之行动，与帝国主义决一死战”，为维护中华民族的生存与尊严，不惜以身殉国，“以鲜血铸成民族历史之光荣”。③

上述要求和宣言，集中反映了香港工人对帝国主义压迫的反抗，要求政治自由、法律平等、普遍选举、劳动立法、居住自由以及减少房租，并给此次罢工以合理的解决和保障，乃是长天回荡、浩气凌云的正义呼声。

在广州，李森、冯菊坡、刘尔崧、施卜等深入沙面英、法租界，发动中国洋务工人罢工。6月20日，沙面各工会代表决定于次日举行总罢工。21日，除警察、电报和邮局人员外，所有3000余名中国职工，静静地离开租界，回到广州市区。罢工工人成立了沙面中国工人援助上海惨杀案罢工委员会，议决广州市内所有英、日、美洋行中国职工，均应于24小时内实行罢工。其他各国洋行中国职工，实行月薪捐款，每百元工资捐5元，支持罢工。罢工委员会发表宣言，宣布“上海汉口青岛市民及工人一日不胜利，我等一日不返工，为上海案而奋斗，为解除我等自身痛苦而奋斗”④。

---

① 《为甚么罢工?》，《工人之路特号》1925年第10期。

② 《全港工团代表大会情形》，《工人之路特号》1925年第20期。

③ 邓中夏：《中国职工运动简史一九一九——一九二六》（1930年6月19日），载《邓中夏文集》，人民出版社，1983，第613页。

④ 秋人：《省港罢工的过去和现在》，《政治周报》1926年第9期。

香港和沙面的罢工工人会合在广州市区，形成一支雄伟有力的反帝大军，揭开了中国人民反帝斗争新的篇章。

2. 沙基惨案和罢工的扩大

洋务工人罢工，沙面租界当局立即实施戒严。6 月 22 日，沙面东、西桥铁闸完全关闭，水兵登陆。租界内各重要地点，沙包高筑，如临大敌。当日上午，英国浅水舰“罗便”号驶入华界水面停泊。下午，日本军舰 2 艘驶入白鹅潭水面。外国军舰停泊沙面，其中英国 3 艘、日本 3 艘、美国 2 艘。居住广州市区的英国人、日本人，全部迁入沙面。英籍税务司卑路将重要物件，尽行搬入沙面。种种迹象表明，帝国主义者将对中国人民再次实行大屠杀。

23 日，广州工农商学兵各界及港、澳各团体 10 万余众，在东校场举行各界援助“沪案”示威大会。会场中部为工农团体会场，左为学商团体会场，右为军界会场。与会者臂缠黑纱，摩肩接踵，悲壮异常。工农团体会场由谭平山主持，胡汉民代表国民党宣读了《敬告全国人民书》，指出帝国主义的暴行“所以得施逞于中国，实由帝国主义对于中国，有种种不平等条约以为凭借”，今后的民族解放运动，“唯有仍以取消不平等条约为反抗帝国主义一切行动之中心，此次暴行事件，亦可于此而得根本解决，且使此等暴行永远绝迹于中国以内”。[①] 廖仲恺发表了演说。李森代表广东各界对外协会宣读了解决上海五卅惨案的 16 项要求，包括收回海关，收回租界，取消一切不平等条约，铲除与帝国主义者妥协的汉奸，等等。这些条件，为大会所一致通过。示威大会至下午 1 时 30 分结束。

会后，众人举行示威游行，按预定线路，由东校场经惠爱东路、永汉路，出长堤西濠口，经沙基、菜栏街、蓑衣街、杉木栏、福德里、十八甫、浆栏街、太平门至西瓜园结束。游行队伍五六万人，按工、农、学、商、军的顺序进行。游行者手执小旗，高呼口号，散发传单，历一小时有余。是日，航空局出动飞机散发传单。

下午 2 时许，游行队伍到达西堤沙基口，直过东桥、沙基马路

---

① 《广州民国日报》1925 年 6 月 25 日。

一带。及至游行队伍前头转入内街，岭南大学学生及湘军游行队伍将到沙基西桥口时，匍匐在对岸沙包内的英兵，突然以机枪向游行队伍扫射。同时，白鹅潭及沙基口之英、法、葡等国军舰，以机关炮、大炮射击，顿时弹如雨下，至下午 5 时 30 分才停息。蒋先云率党军第二团第二连、第四连、第七连参加游行，眼见帝国主义者实施野蛮屠杀，当即命令官兵分列于铺门口的石柱后躲避，“一面监视前面对河帝国主义者之动作，一面掩护我手无寸铁之同胞走避。斯时死伤者已纷纷倒堕于街中，血肉横飞，惨不忍睹”。蒋先云身经东征和平叛数次激战，深感“其枪声亦无若是之密，战况亦无若是之惨”。[①] 据事后调查，此次惨案当场死亡 54 人，重伤 170 余人，轻伤者难以数计。

沙基惨案是五卅运动兴起以后，帝国主义者欠下的第三笔大血债。中国人民的血决不会白流！残暴压不倒中国工人，相反，更坚定其反抗帝国主义的决心。当日下午，各界代表联合赴广东省署请愿，要求取消一切不平等条约，收回租界，对帝国主义经济绝交。晚上，广东各界对外协会召开紧急会议，120 余团体代表 300 余人出席，通过 14 项决议，要求取消一切不平等条约，收回租界。27 日，该会就经济绝交，议决了 5 项措施，并决定将募得款项的 3/4 用于安置省港罢工工人，由广州工代会代表主持本会事务。

沙基惨案发生，国民党中央政治委员会即召集紧急会议，作出 8 项决定。随即，国民党中央发表通告，指出“英、法为此次沙面事件之行凶者，英、日为上海、汉口等处惨杀事件之原动者，我们对之引为深恨，除以取消不平等条约为根本解决方法外，并应课以此次事件之责任，但切不可出于狭隘的复仇手段”[②]。

24 日，广东政府外交部长伍朝枢照会北京外交使团首席代表、苏联驻华大使加拉罕，请他转致驻京各外交代表，“表示我们反对这

---

① 蒋先云：《六月二十三日沙基惨案报告》，《中国军人》第 6 期；钱义章编《沙基痛史》1925 年 8 月；《广州民国日报》1925 年 6 月 25 日。

② 《中国国民党中央执行委员会关于沙基惨案的通告》，载广东哲学社会科学研究所历史研究室编《省港大罢工资料》，广东人民出版社，1980，第 142 页。

次帝国主义的新的暴行，并致以最强硬的抗议”[①]。广东交涉署两次照会英、法等国领事馆，责成他们对沙基惨案负完全责任，并提出谢罪、惩凶、撤舰、赔偿及收回沙面租界等5项要求。

沙基惨案更激起中国人民极大的愤怒，促进了罢工规模的不断扩大。25日，香港搬运工、发筹人、电报投递员、送货工人、轮船伙夫，各旅馆及九龙外国人住宅服务员，大多辞职离港。26日，蔬菜、鲜鱼两行罢工。27日，酒楼茶室工人、理发工人、补磨工人、太古洋行华员、汽船轮渡水手相继罢工。7月1日，香港机器工人的罢工从华商机器厂开始。香港华人机器总会是港英当局的御用工会，会长韩文惠早已入籍英伦，任职于警厅，始终拒绝参加各工团筹备罢工的联席会。罢工开始后，他仍然拒不下达罢工令。其属下的机器、船坞工人，自行加入了罢工行列。一机器工人在九龙红磡施放炸弹，制造恐怖气氛，又加速了机器工人相率离岗。继华商机器厂罢工后，太古、渣甸等机器厂工人陆续罢工。据省港罢工委员会调查，截至7月7日，香港罢工工人已达20.9万人。[②]

沙面罢工之初，曾决定广州市区除英、日、美洋行外，其余外资企业华工不参加罢工。沙基惨案发生的次日，广州市区外资工厂和商店的中国工人都参加了罢工。至7月上旬，罢工局势大定。

3. 国内外对省港大罢工的支援

与五卅运动中全国各地反帝斗争不同的是，省港大罢工发生在革命根据地广东，得到了广东政府的大力支持。这是大罢工能够坚持下来的基本条件之一。罢工之初，政府便封闭市内赌馆、烟馆，连同空闲房屋，拨归罢工委员会安置罢工工人之用，并拨出专款。沙基惨案发生，国民党中央发布通告，主张以取消不平等条约为根本方法，对各关系国根据事实区别对待，但不施以狭隘的复仇手段。[③]

---

① 《〈中华年鉴〉有关省港大罢工资料择译》，载广东哲学社会科学研究所历史研究室编《省港大罢工资料》，广东人民出版社，1980，第807页。

② 秋人（张秋人）：《省港罢工的过去和现在》，《政治周报》1926年第9期。邓中夏称此时罢工人数约25万。

③ 参见《广州民国日报》1925年6月27日。

3日，国民党中央政治委员会研究支持省港罢工问题，作出5项决定：（1）维持罢工工人生活；（2）以“广州经济独立”的口号进行宣传；（3）打破香港对广州的封锁；（4）扩大罢工的范围；（5）发表宣言指在香港破坏罢工者以卖国论。[1] 7月1日，中华民国国民政府在广州成立，史称“广州国民政府”。8日，广州国民政府训令广东省政府执行维持省港罢工决议，着省政府令行广州市政厅暂拨东园为省港罢工委员会办事处；征收半月租捐缴交中央银行专为援助罢工之用；动员商界烟草行业酌拨赢利支援；命令各口岸禁止粮食出口，封锁香港；筹筑黄埔、石井两条公路，筹设黄埔港，以安置罢工工人就业。财政部每月拨给罢工委员会经费1万元。陈友仁主持外交部在对英谈判中，始终坚持了原则立场，维护国格和省港罢工工人的利益。尤其是在廖仲恺被刺以前，“罢工工人与国民政府差不多相依为命，有存则俱存，亡则俱亡之势”[2]。在国民党和国民政府中，廖仲恺发挥了特殊作用。他不仅提出了坚持罢工的许多实质性措施，为罢工提供了诸多条件，而且多次出席罢工工人代表大会，反复阐述罢工的意义，帮助罢工工人提高认识。在他最后的公开演说中，再次指出这次罢工“不是经济的，而是政治的。其目的就在取消一切不平等条约，为国家政治上、经济上谋独立的运动”，“这是为中华民族上最大的事”。[3]

广东各界人民踊跃支援省港大罢工。罢工之初，广东各界对外协会就决定了支援罢工的几项具体办法。为帮助解决罢工经费的不足，对外协会设立工界募捐委员会，于各工会设立募捐小组。广九、广三、粤汉铁路工人决定每月捐薪一天。广州地区工人经常与省港罢工工人一道，举行各种政治活动，互相声援，互相促进。

---

① 参见《政治委员会第二十八次会议》（1925年7月3日），载《中央政治委员会第1—100次会议纪录》，台北中国国民党党史馆，会议00.1/27.1.

② 邓中夏：《一年来省港罢工的经过》（1926年8月），载《邓中夏文集》，人民出版社，1983，第273页。

③ 廖仲恺：《最后一篇的教训》，载广东省社会科学院历史研究所编《廖仲恺集》，中华书局，2011，第280页。

广东农民协会号召全省农民以各种形式支援省港工人罢工。彭湃多次到罢工工人代表大会上介绍农民运动情况，代表全省农民向罢工工人致以深切的慰问。香港工人途经深圳返回广州时，“各商号及各乡农民，多有备办茶粥，欢迎工友，尤以农民为踊跃”①。广宁十二区农民凑集30元捐赠给罢工工人，农民协会在慰问信中称赞罢工工人与帝国主义斗争，“这种奋斗精神，怎样不令人钦佩”!② 海丰农民一次运送价值10万元的粮食，毫洋数箱共三四千元。沿海各县农民自卫军积极配合罢工纠察队执行封锁香港的任务。

广州地区的革命军队及其组织、爱国青年学生纷纷支援省港大罢工。中国青年军人联合会、国民革命军第一军政治部、中央军事政治学校或发通电、宣言，或致书罢工委员会拥护罢工。广东省学联就援助省港罢工通过专门决议，表示与工友始终紧紧结合，与帝国主义及其工具军阀斗争，誓为省港罢工后盾，不达胜利决不停止。

广州地区的民族资产阶级平素受外国资本的排斥、打击，又愤于帝国主义屠杀中国人民，对省港罢工表示同情。特别是由于罢工委员会正确运用了“单独对英”策略，民族资本家从中受益，对省港罢工更表支持。广州总商会、广东全省商会联合会、广州市商会和商民协会（合称“广州四商会”）联合成立广东商界援助罢工募捐委员会，制订了具体办法。南洋兄弟烟草公司得悉罢工委员会筹募御寒衣物，当即认捐爱国布棉衣2500件，折合银4000元。③

省港罢工期间，广东各阶层人民先后举行过两次援助罢工周。第一次于1926年2月上旬。这时，罢工已达8个月之久，由于经费困难，罢工工人一天只能吃两顿饭，寒冬天气，两人共一床薄被，卧在水泥地面上，赴东江、南路当运输队员生病的，难以得到良好的治疗。中华全国总工会、广州工人代表会、广东总工会、广东省

① 《深圳近讯》，《工人之路特号》1925年第9期。

② 《农友援助罢工之真挚》，《工人之路特号》1926年第286期。

③ 参见《南洋烟草公司捐助棉衣》，《工人之路特号》1925年第88期。

农民协会、广东妇女解放协会、广州学生联合会、中国青年军人联合会、广州四商会、国民党中央及省市党部等派代表共组广东各界援助罢工周筹备会，向罢工工人散发慰问信，各界捐款、捐物，并与罢工工人举行各种联欢活动。援助罢工周活动从广州扩展到广东各地，以周恩来为首的东江各属行政公署从汕头致电省港罢工委员会，称赞“诸君奋斗，努力，热心为国，历时弥久，意志愈坚，百折不挠之精神，直可使世界震动，非特我人敬佩也”，表示“本署同人，愿作诸君后盾，坚持到底以争最后之胜利”，并赠“反帝国主义先锋”锦旗一面。[①]

第二次援助罢工周于 8 月下旬举行。这时中英谈判破裂，广州各工会和其他团体纷纷发动捐献，并派代表慰问罢工工人。8 月 25 日至 27 日，连续 3 晚举行名流演讲大会，邓中夏、苏兆征、恽代英、彭湃等都发表演讲，揭露帝国主义的阴谋，号召罢工工人和全省人民一道，把反帝斗争进行到底。广州工人代表大会决定所属各工会工友每人至少捐出一毫，广州各娱乐场所一连 10 天将每天收入提取一成，用来援助罢工工人。

上海、北京、天津、武汉等地的工人和群众，也积极开展了支援省港大罢工的活动。1926 年 3 月，上海总工会发起援助粤港罢工工人周，专此发表告上海全体工友书，盛赞省港罢工工人“勇敢坚决的精神，刚毅不屈的志气”，号召上海工人“浩大粤港罢工工人的声势，为精神上的援助外，我们更当募捐汇粤接济罢工工友，为物质上的援助”。[②] 南京国民会议促成会等团体发起召开数万人的市民反英大会，发表声援通电。厦门外交后援会与汕头罢工委员会携手抵制英货，封锁香港，英国船到厦门不予起卸。

广东是著名的侨乡，爱国怀乡的感情使海外华侨对省港罢工工人的义举极表同情。华侨协会、南洋华侨各公司联合会分别致书罢

---

① 《东江各属行政公署电慰罢工》，《工人之路特号》1926 年第 246 期。

② 《上海总工会为发起粤港罢工工人援助周告上海全体工友》，《工人之路特号》1926 年第 259 期。

工工友，表彰他们的爱国精神，愿尽力给予物质上的援助。侨居东南亚暹罗、河内、海防、小吕宋、巴达维亚、爪哇、婆罗洲等地的中国工人，远在巴拿马、加拿大、古巴、智利、墨西哥等地的侨工，甚至侨居南非的各阶层中华人士，都纷纷解囊相助。墨西哥华侨组织了对香港经济绝交团，旅居南非的广东梅县侨商公会召开当地侨民大会，筹款募捐。1926 年 3 月 31 日，苏兆征在省港罢工工人代表大会的报告中谈及财政状况，罢工期间共收到 290 余万元，其中华侨捐款 190 多万元。[①] 这也是省港大罢工与上海罢工的不同点。

国际无产阶级有力支援了省港罢工。1925 年 7 月 5 日，苏联全俄工会中央理事会支援 5 万金卢布。苏联政府经常派出商船，运载煤炭、面粉等物资到达广州，缓解经济困难。8 月 22 日，全俄工会中央理事会的代表亲临广州，代表苏联工人和赤色职工国际所属各国工人，向省港罢工工人致敬。1926 年 7 月，英、法、比、意等国组织了国际工人代表团到达广州，慰问罢工工人。日本劳动总同盟也派出代表来华慰问。

二 罢工工人的组织和活动

1. 省港罢工委员会的组织

在酝酿和发动省港大罢工的过程中，中华全国总工会于 6 月 13 日宣布成立省港罢工委员会。这是一个临时性的办事机关。省港大罢工实现后，二十几万罢工工人离开了香港和沙面，除部分工人返回广东各地农村家乡以外，抵达广州的有 10 余万人。常住广州的有六七万人，分散在 8 个区域。罢工工人分属不同的行业和工会，工会中又存在不同的派系。罢工工人既要同帝国主义和其他反动势力的破坏活动作斗争，又要妥善处理内部的各种矛盾，急需建立统一、

① 参见《苏委员长兆征报告罢工经过》，载广东哲学社会科学研究所历史研究室编《省港大罢工资料》，人民出版社，1980，第 208 页；邓中夏在《一年来省港罢工的经过》中指出罢工所得到的总经费为 490 万元，其中华侨捐款 113 万元。

有力的领导机构。这正如邓中夏在罢工之初就指出的，“既然我们认定我们的斗争，是旷日持久的斗争，那么我们激昂奋发的感情，必有伟大缜密组织以容纳之，然后才能历久而不敝。所以我们省港工友这一次与全国一致行动而举行空前未有之大罢工，最注意的是组织问题，其次才是经济问题”[①]。

6月26日，中华全国总工会召集香港、沙面各工会代表300余人，讨论建立罢工的组织领导机构及其章程问题，决定成立省港罢工工人代表大会作为罢工的最高议事机构，成立新的省港罢工委员会作为最高执行机构。全港工团联合会亦决定迁入广州。

这时候，香港工会中某些企图掌握罢工领导权以谋私利的领袖提出反对意见。他们先是以香港、沙面应各有机关各办其事为由，反对组织统一的罢工委员会；继则主张以工会为单位推选代表大会代表，反对以各工会的人数按比例分配代表；最后又反对全国总工会关于香港方面执行委员分配方案的建议。全国总工会希望香港方面9名委员（正式选举时为7名），应包含海员、起落货、机器、煤炭、洋务各1人，工团总会和华工总会各2人，他们自以为对各工会有控制力，要求自由选举。如此一而再，再而三，无非是因为这几条都不便于他们操纵控制罢工。结果，工人代表大会否决了他们的前两项主张，选举一项则基本实现了全国总工会事前的安排。7月3日，作为罢工领导机构的中华全国总工会省港罢工委员会正式成立。13日，国民党中央政治委员会议决“组织工人代表大会为宣布政见机关”，推廖仲恺、鲍罗廷拟定组织法。[②] 15日，省港罢工工人代表大会召开第一次会议。

罢工工人代表大会是最高议事机关，由800人组成，全部由选举产生。根据章程，各工会以100人为单位，100人上下者选代表一名，200人以上者递加，未加入工会的工厂罢工工人，经罢工委员

① 邓中夏：《省港罢工工人的组织》，《工人之路特号》1925年第22期。

② 《政治委员会第三十四次会议》（1925年7月13日），《中央政治委员会第1—100次会议纪录》，台北中国国民党党史馆，会议00.1/27.1.

会酌量，准其派出代表。后来改以每50人选一名代表，50人以上者递加。根据有关规定，各代表有责任将代表大会的精神和决议传达到各该工会工人中去，与工人保持紧密联系。代表有违法行为者，得由所在工会撤换。罢工委员会各机关得向代表大会报告工作，接受监督。表决时，以少数服从多数为原则。凡罢工工人均可旁听代表大会会议。

代表大会组成以后，至1926年3月31日，举行了100次会议。是日，省港罢工委员会举行了盛大纪念活动。仅这100次会议，就通过了285项决议，按其性质，可以归纳成7类。（1）内部组织：制定或修改组织法及章程14项；选举或指派各机关职员17项；添设改组或撤销机关15项。（2）封锁政策及经济独立运动：断绝港澳交通9项；仇货充公或处罚15项；工商联合15项；黄埔开埠及筑路2项。（3）与政府合作肃清反革命巩固革命基础：援助“廖案”6项；援助东征与南征3项。（4）援应各地革命运动：援助上海罢工6项；响应北京及各地运动9项；援助广东工农运动2项。（5）国际联合：与苏俄联合4项；与英国工人联合2项；与日本工人联合2项。（6）整饬纪律：撤革职员、查办或惩戒舞弊者46项；规定职务及防范舞弊31项；镇压反动3项。（7）其他：准备解决罢工6项；改良工友生活22项；排除工会之争7项；抚恤死难工友6项；杂案43项。[①]

这项制度，赋予罢工工人以当家做主的权利，在实践中显示了极大的优越性。由于罢工策略经过集体讨论，因而有利于取得团结和一致。罢工工人内部许多纠纷，都依靠代表大会的威权予以解决。工人群众的意志，经过各代表带到代表大会。罢工消息又经过各代表传达到工人群众中。这样上上下下，群众与团体的联系得以沟通，既调动了群众的积极性，又增强了团体的战斗力。罢工各机关重要职员，都经过代表大会选举，不称职时又经过代表大会随时撤职，

① 参见《代表大会代表陈权报告代表大会经过》，载广东哲学社会科学研究所历史研究室编《省港大罢工资料》，广东人民出版社，1980，第210—211页。

因此罢工各机关不致腐化。[①] 通过代表大会统一思想，集中意志，加强团结，这是省港大罢工得以长期坚持的组织保证。

省港罢工委员会是罢工工人代表大会的最高执行机关。它由 13 名执行委员组成，其中中华全国总工会 2 人，全港工团联合会 7 人，广州洋务工团联合会 4 人。执行委员推选出正委员长一人、副委员长两人，苏兆征为委员长，何耀全、曾子严为副委员长。委员会下设干事局，分部办事，于必要时可特设机关，聘顾问以资策划。汪精卫、廖仲恺、邓中夏、黄平、杨匏安为顾问。省港罢工委员会在组织上坚持了共产党的领导，中共党团始终发挥着核心作用。邓中夏是党团书记，苏兆征、林伟民、李森、徐成章、何耀全、陈权是党团成员。罢工委员会得到国民党的支持。廖仲恺在担任顾问期间，为罢工委员会做了大量工作。担任国民政府委员会主席的汪精卫出任省港罢工委员会顾问，也有利于提高罢工委员会的政治地位。罢工委员会的组成体现了人选的普遍性，尽可能吸收各工会领袖和积极分子参加。对于被迫加入罢工的工会领袖，也不一概排斥，一方面在罢工委员会内完整保留全港工团联合会和广州洋务工团联合会，各自独立处理有关事宜，另一方面在罢工委员会职能部门中为其适当安排职务，如谭华泽被安排担任会审处主任。这样有利于团结起来一致对敌，也有利于日后实现香港工会的统一。

干事局是代表罢工委员会具体处理日常事务的机构。起初设招待、文书、庶务、宣传、交际、交通和游艺等七部，后来增设注册部。招待部负责接待返回广州的罢工工人及其家属，安排住宿、用餐。庶务部负责采购日用必需品。文书部掌理文牍、誊写、记录、油印等工作。交际部负责对外联络。游艺部负责活跃罢工工人的文化生活。交通部除职掌送信、调查及传达等任务外，还负责给回乡罢工工人发放免费车船票和赴港澳和沙面的通行证。宣传部负责出版《工人之路特号》日刊，举办训练班，开展多种形式的

---

① 参见邓中夏：《中国职工运动简史一九一九——一九二六》（1930 年 6 月 19 日），载《邓中夏文集》，人民出版社，1983，第 616 页。

宣传活动。其印行的各种宣传品，也有文字不通俗、工人看不懂的现象。

财政委员会负责筹款、保管和支配罢工经费。罢工队伍庞大，集中食宿，如接应不及，造成混乱，就会危及罢工前途。苏兆征亲自担任财政委员长。在他的多方努力和严格管理之下，经费管理始终正常运转。1925年8月8日，车衣工会负责人、罢工委员会招待部主任梁子光在罢工工人代表大会上搞突然袭击，硬指委员会办事人有受贿及舞弊之处，苏兆征当面逐条明确答复，但梁子光及其同伙一味纠缠，长达两小时之久。顾问黄平当即指出：省港罢工委员会成立以来未曾有报告受贿舞弊事情，必须维护其信用。“信口攻击委员会受贿舞弊，损失其信用，此种行为破坏。破坏罢工者等于走狗工贼”。黄平的发言得到全场代表的鼓掌赞成，梁子光等竟然喊打，大闹会场。随后，在全港工团委员会上，梁子光又鼓动殴打持不同意见的代表。[①] 梁子光等人企图夺取罢工委员会的财权，但没有得逞。后来，又有反动分子火烧东园，也是企图烧毁账目，造成混乱，煽动罢工工人不满。这一卑鄙伎俩也被事实揭穿。可以说，财政委员会在经费管理上为坚持罢工做了突出贡献。

加强制度建设，是罢工委员会工作的一大特色。法制局先后制定了《省港罢工工人代表大会组织法》《省港罢工委员会组织法》《法制局组织法》《财政委员会组织法》《纠察队组织法》《纠察队军法处组织法》《会审处组织法》《水陆侦察队暂行规则》等章程和规则，还与有关方面共同制定了与罢工斗争相关的章程，如《工商审查仇货委员会章程》《工商检验货物处章程》。法制局制定的上述章程和规则，均在《工人之路特号》上发表，1926年3月，汇编成《法制录》。这里所称之“法”当然不是法律之“法”，但其申明纪律、规范行动、彰功责过的用意及其效果是明显的。

省港罢工工人代表大会和省港罢工委员会，按照民主集中制原则创立，在实践中不断发展和完善，成为组织严密、制度健全、威

① 《黄平致罢工委员会函》，《工人之路特号》1925年第50期。

望崇高的战斗指挥部。然而，它又绝不只以单纯的罢工领导机构自限，其格局表明，这两个机构完全是共产党人领导工人阶级尝试施政的试验田。邓中夏认为法国巴黎公社、俄国苏维埃政府都是这样组织的，省港罢工委员会与之性质不同，但其工人政治的性质则是相同的，“是将来中国工人政府之先声”[①]。

这一创举出现在省港大罢工中，至少由于以下两项条件：第一，省港罢工工人是一个特殊群体。聚居广州的罢工工人，超脱家室之累，其衣食住行主要仰给于罢工委员会。凭证就餐，集体住宿的生活方式，使他们在特定条件下集中在一起，这是形成东园“工人政府”的客观前提。正因如此，东园模式有典型意义，但在国民革命时期亦即典型而已，无法推广。第二，在罢工领导者中，存在着强烈的实践无产阶级领导权的责任感和使命感，这可以邓中夏为突出代表。邓中夏在此前就明确指出，无产阶级参加国民革命，本来就是为将来建设工人政府打基础，而政权正是要从实际政治斗争中去一点一滴以至于全部地取得的。

2. 罢工纠察队对香港的封锁

香港的地理位置和港粤经济关系，使封锁香港成为坚持罢工的一个硬招。罢工委员会决定 7 月 10 日起中断穗港交通和贸易，“务使绝其粮食制其死命”[②]。7 月 20 日，国民党中央政治委员会研究了封锁香港问题，决定交军事委员会办理。

罢工委员会成立后，统一各工会纠察队，加以整理与扩充。7 月 5 日，纠察队设总队部，由黄金源为总队长，邓中夏为训育长。11 月 4 日，改总队部为委员会，以邓中夏、黄金源、徐成章、何清海、林炳、廖祝三、黎栋轩为委员，徐成章、何清海、黄金源为常委，施卜为秘书长。委员会内设秘书处、训育处、军法处、军需处、军务处、规务处、机要股、监狱看守所、劳工剧社。开始时，纠察

---

① 邓中夏：《工人阶级的一首功课》，载广东哲学社会科学研究所历史研究室编《省港大罢工资料》，广东人民出版社，1980，第 189 页。

② 《实行封锁香港》，《工人之路特号》1925 年第 16 期。

队约2000人，编成5个大队，后扩充至5000人；原先有枪500支，大半不能使用，有小火轮5艘，后来增加部分枪械，小火轮改为浅水舰，共12艘。

罢工纠察队的领导权掌握在共产党手中。中共广东区委从黄埔军校、铁甲车队抽调共产党员到纠察队担任总教练、教练、队长职务。纠察队的训练，学习黄埔军校，实行军事与政治并重，其政治训练课程有“帝国主义侵略史”“世界革命运动史”“民族革命运动史”“世界职工运动”“中国职工运动”“工会组织法”“工会论”等。纠察队负责维持秩序、截留粮食、严拿走狗、镇压工贼。布置以后，纠察队即分赴各海口布防。广东统一之前，其防线东至深圳，西至前川。统一以后，其防线延长10倍，东至汕头，西至北海。以广州为中心，划分为七区，边远地区如阳江、水东、雷州、北海、琼州、淡水，各设办事处。整个防线“蜿蜒数千里，旗色相映，鼓声相接，精神贯彻，声势浩荡”①。

罢工纠察队为维持对香港的封锁，在水上，在陆地，在每一个防区，都同帝国主义者和土匪、奸商、不法军队，进行了浴血战斗。如沙鱼涌之役，三支队在当地农民和铁甲车队的配合下，击退得到香港兵舰、飞机、大炮协助的千余不法军队的进攻。中山之役，港英当局以枪械支持土匪5000余人，并与当地军队相勾结，包围驻守中山的数十名纠察队员，致使纠察队全军覆灭，县公署被占。白鹅潭之役，纠察队与英帝国主义的炮舰发生直接冲突。“他们武器虽少，大部分虽赤手空拳，然而他们不惜牺牲生命而忠于职务”，“前者仆，后者继”。② 8月27日，执行公务时在深圳罗坊附近被英兵枪击牺牲的陈锡，是罢工纠察队第一位烈士。邓中夏亲笔写了悼文。据现有资料，罢工期间因公牺牲的纠察队员共达120多人，以年龄在30岁以下者为多，最年轻者18岁。12月10日，省港罢工委员会

---

① 冼一宇：《粤港罢工纠察队奋斗概况》，载广东哲学社会科学研究所历史研究室编《省港大罢工资料》，广东人民出版社，1980，第169页。

② 邓中夏：《一年来省港罢工的经过》（1926年8月），载《邓中夏文集》，人民出版社，1983，第279页。

举行了追悼大会，次日，召开慰劳大会慰劳全体纠察队员。1926 年 7 月 5 日，纠察队成立一周年，邓中夏撰文赞扬纠察队是“中华民族反帝国主义先锋队的先锋队”，“造成了中华民族的光荣！”[①]

封锁和罢工沉重地打击了英帝国主义，给香港经济造成严重损失。据香港总商会的布告，1924 年 8 月至 12 月，英国轮船每月进入广州者，多则 240 艘，少则 160 艘，1925 年同期，降到最少 2 艘，最多亦不过 27 艘。[②] 出入香港的船只总数，1925 年全年比 1924 年减少 86281 艘、7904214 吨。[③] 香港商务停顿，贸易和税收减少，港英当局出现财政赤字。

3. 罢工工人对国民政府的支持

如前已述，中共广东区委和中华全国总工会在发动省港大罢工中就十分注重争取国民党左派和国民政府的支持。罢工开始时，共产党内曾有人认为：“共产党是无产阶级的政党，罢工是无产阶级的事情，所以省港罢工应完全由共产党独立领导，不要国民党来过问”。中共广东区委和全总党团批评了这种意见，强调为了取得国民党和国民政府的支持，“不仅要国民党过问，而且要拉国民党来过问”。[④] 这时，国民党左派的力量占优势，省港罢工在政治上、经济上对国民党和国民政府也都是有利的，因而在罢工开始后的头半年，国民党和国民政府对大罢工给予了积极支持。反过来，省港大罢工和罢工工人又极大地支持了国民政府。

1925 年 7 月 1 日，国民政府在广州正式成立。它由孙中山在世时的陆海军大元帅大本营改组而来。当日，国民政府成立典礼在广州第一公园举行，10 万人参加。全体罢工工人出席大会，对国民政

① 中夏（邓中夏）：《光荣的纪念日》，《工人之路特号》1926 年第 368 期。

② 参见《香港受罢工之打击》，载广东哲学社会科学研究所历史研究室编《省港大罢工资料》，广东人民出版社，1980，第 770 页。

③ 参见《〈中华年鉴〉有关省港大罢工资料择译》，载广东哲学社会科学研究所历史研究室编《省港大罢工资料》，广东人民出版社，1980，第 794 页。

④ 邓中夏：《中国职工运动简史一九一九——一九二六》（1930 年 6 月 19 日），载《邓中夏文集》，人民出版社，1983，第 625 页。

府的诞生，表示热烈庆祝和真诚拥护。罢工工人在对国民政府的要求中指出，国民政府的成立顺应了中国反帝反封建斗争的需要，在这个大变动的时代，它能否担当起历史使命，还要看它是否能够坚持反帝国主义的立场，是否能够诚恳地为工农群众谋利益。罢工工人要求它拿出事实来，切实表明它“确系代表全中国被压迫人民的利益”①。

国民政府内部派系复杂，有以胡汉民为代表的官僚政客集团，有以许崇智为首的粤系军事集团，汪精卫、蒋介石表面上写在左派题名簿上，真正坚持国民党一大宣言，坚持三大政策的只有以廖仲恺为代表的国民党左派。因此，工人阶级有责任督促它在反帝反军阀的道路上奋进，不能袖手旁观，乐观其成。7月2日，邓中夏发表文章指出：“假使国民政府真能完全如国民之所希望，那么，我们绝对多数之国民——工农阶级——自然愿出死力为打倒帝国主义及一切反动势力之国民政府的后盾。”② 罢工工人有条件地拥护国民政府的立场，是对左派的支持，也是对右派的警告。

广州政府成立后，实行统一军政、财政、禁烟、禁赌等改革措施，右派分子便把反攻的矛头首先对准廖仲恺。8月20日，廖仲恺在国民党中央党部大门口被公然暗杀。当日，罢工委员会发表告工人书，指出廖仲恺之被杀，是帝国主义勾结军阀和反革命派、官僚政客破坏罢工运动的阴谋之一。“国民革命失掉了一个领导者”，“被压迫的中国失了一个真诚的革命家”，“我们无产阶级失了一个好朋友”。③ 罢工委员会号召罢工工友继续打倒军阀和帝国主义，促进国民革命。23日，罢工工人代表大会又发表宣言，指出廖仲恺的反帝国主义精神，“永留于吾工人阶级之脑际”④，号召广大工友坚持

① 《省港罢工工人对国民政府的要求》，《工人之路特号》1925年第8期。

② 邓中夏：《勖国民政府》（1925年7月2日），载《邓中夏文集》，人民出版社，1983，第150页。

③ 《无产阶级的朋友国民革命的领导者本会顾问廖仲恺先生死了》，《工人之路特号》1925年第58期。

④ 《省港罢工工人代表大会为廖仲恺先生之死宣言》，《工人之路特号》1925年第61期。

罢工到底。26 日，罢工工友参加追悼大会，要求政府肃清内奸。31 日，中共中央为廖仲恺遇刺悼唁国民党中央，指出“廖仲恺先生的革命精神没有死，赞助国民革命的中国无产阶级及被压迫民众决不会死!”[①] 国民党左派决心采取断然措施，下令捉拿刺杀廖仲恺的凶手，通缉“廖案”主犯胡毅生等人，解散梁鸿楷、魏邦平、郑润琦等人控制的旧粤军。与“廖案”有牵连的胡汉民、许崇智随后亦离开广东。

8 月 11 日，省港罢工委员会发表声明，号召各界同胞“快要联合起来一致催促国民政府及政治委员会，克日肃清帝国主义的走狗”[②]，实现广东革命根据地的统一。这时，国民政府中的右派势力还未被清理，直到“廖案”发生，国民政府才下决心肃清广东境内的反动势力。

东征军回师平定滇桂军阀叛乱后，陈炯明的势力在东江地区死灰复燃。陈军占领汕头，解散罢工委员会，恢复港、汕交通。邓本殷则在海南岛雇用轮船运送粮食专供香港。无论是统一革命根据地，还是坚持封锁香港维护罢工，都必须立即肃清这些反动势力。8 月 7 日，省港罢工委员会致函国民政府，要求政府出师讨伐邓本殷；11 日，又就讨伐邓本殷、洪兆麟、林虎发表请愿书。9 月 24 日，中华全国总工会、省港罢工委员会、全港工团联合会、广州洋务工团联合会、广州工人代表会以及广东总工会与党政学商农各界联合发表统一广东的宣言，宣传统一广东的意义。

10 月初，国民革命军第二次东征。4 日，省港罢工委员会发表通告，招募罢工工人参加运输，并派宣传队到各工人宿舍宣传。谭平山在省港罢工工人代表大会上讲话，宣传东征的意义，指出罢工工友在这场战争中担负 3 种责任：“第一要组织宣传队，宣传东征的意义，使民众了解。第二要组织慰劳队及救伤队。须知战阵的兵士

---

① 《中共中央为廖仲恺遇刺悼唁国民党中央》（1925 年 8 月 31 日），载中共中央文献研究室、中央档案馆编《建党以来重要文献选编（一九二一——一九四九）》第 2 册，中央文献出版社，2011，第 449 页。

② 《中华全国总工会省港罢工委员会宣言》，《工人之路特号》1925 年第 48 期。

精神物质方面都感痛苦的。我们要去慰劳他，使他牺牲亦不致失望。第三要组织运输队，此事我们工友既经进行了，尤望要继续做去。”[①]

罢工工人积极响应号召，5 日，纠察队委员会在东园召开小队长以上干部会，决定在穗的纠察队员全体出发去东江，协同东征军作战。纠察队第五大队、第二十二支队和纠察队总部，先后集会或致函罢工委员会，要求“亲临前敌以扫除革命障碍，而助革命政府之进行”[②]。几天之内，由数千罢工工人组成的运输队便组织起来，随军出发。前几次攻打东江，每次出兵都发生拉夫风潮，市民惊慌不安。第二次东征有了罢工工人支援，运输问题圆满解决，市廛不惊。罢工工人担负了全部运输任务，既保证了东征军作战的神速，又帮助军队实践了“不筹饷、不拉伕”的诺言，提高了政府威信。罢工工人还踊跃参加宣传队、慰劳队和救护队。从 10 月 5 日誓师出发，到 11 月 4 日进占汕头，东征军在一个月时间中就彻底剿灭了陈炯明军的主力，收复东江地区。东征的胜利，又扩大了省港大罢工的范围。

10 月间，邓本殷派兵进攻江门，配合陈炯明骚扰东江。东征结束后，国民革命军及时发动南征。11 月 3 日，省港罢工委员会发出通告，通知所属各工会即日各选出 5 人，到筑路委员会报到，参加南征运输。参加南征运输队、担架队、宣传队的罢工工友达 2000 多人。1926 年 1 月，南征军渡过琼州海峡，剿灭了邓本殷残部。

省港罢工工人支持国民政府完成了对广东的统一。广东统一又促进了两广的统一。行政、军政、财政的统一和罢工工人对香港厉行封锁，实行“单独对英”的策略，使广州商务大有起色，又极大地改善了国民政府的财政状况。

省港大罢工增强了广州国民政府的国际地位。之前，外国列强“不仅未承认广东革命政府是可代表其所辖领土内中国人民的独立政府，抑且未承认广东革命政府是代表中国国民运动与北方军阀相搏

① 谭平山：《东征的意义及其结果》，《工人之路特号》1925 年第 105 期。
② 《纠察队又有请缨出发杀贼者》，《工人之路特号》1925 年第 111 期。

持的交战团体”。有关广东的事务，各国领事和港英当局只和广东交涉署打交道，而该署在组织体系上是属于北京政府外交部的。为解决省港大罢工，由英领事和港英当局代表组成英方代表团，“屈驾”来到广州，同国民政府外交部谈判。这种国民政府与外国间正式的平等会议，“要算是破题儿第一回”①。这件事实本身，就证明了罢工工人对支持国民政府所做出的独特贡献。

此外，省港罢工工人还尽力支援了全国革命斗争。1925 年 7 月 27 日，省港罢工工人代表大会获悉奉系在上海破坏工会，当即致电北京政府段祺瑞，指出“卖国贼民，张氏实负其尤；纵恶养奸，执事亦不能辞其咎”，要求段祺瑞立即电令制止。② 同日，省港罢工委员会致电上海总工会表示慰问。刘华牺牲后，省港罢工委员会致电孙传芳，严加痛斥，指出：“苟以卖我工人之血，而残害爱国群众领袖，而易帝国主义者及资本家之金钱为得计者，则我工人虽弱，然一衷热血固足以激起全国之义愤，而诛卖国殃民如张作霖辈者也”③。在反奉倒段斗争中，日本出兵中国东北，支持张作霖，省港罢工委员会通电全国，呼吁全国各界“无为日帝国主义者出兵之消息所诓蔽，务须彻底反抗其直接间接之侵略政策”④。段祺瑞在北京制造三一八惨案，省港罢工委员会发表宣言，提出全国同胞“务以驱段废约两大主张为目前重要之标的，努力前进，救中国于帝国主义及军阀双重压迫之下”⑤。获悉上海罢工结束后，3000 多名工人失业，省港罢工工人代表大会作出决议，于杂费中每人节省半毫，得银 2000 元，捐助上海失业工友。1926 年春，国民军在直、奉军阀的联合进攻中失败，北方铁路工会遭受摧残，省港罢工委员会致函慰问，并捐款 500 元。铁路工人代表到粤请援，罢工会各部职员暨代表又各

① 邓中夏：《省港罢工中之中英谈判》，《中国工运史料》1981 年第 1 期。

② 《致段祺瑞电》，《工人之路特号》1925 年第 33 期。

③ 《省港罢工委员会质问孙传芳电》，《工人之路特号》1926 年第 191 期。

④ 《省港罢工委员会为日本出兵满洲通电》，《工人之路特号》1926 年第 204 期。

⑤ 《省港罢工委员会为十八日段祺瑞惨杀北京市民宣言》，《工人之路特号》1926 年第 273 期。

捐 2 毫，以资救济，表现了罢工工人与铁路工人的手足情谊。

4. 工会统一运动与香港总工会的成立

第二次全国劳动大会通过了《香港问题决议案》，指出香港工会林立，互不统属，“固违背近代工会统一运动之意义，也且违背民族独立运动之意义，实非佳象”，要求由工团总会、华工总会及其他各工会召开联席会议，化除门户之见，重新组织全港工会的总机关，“务使所有工会统一，集中工会力量，为全港民族的和阶级的利益及幸福而奋斗”。[①] 酝酿省港大罢工时，邓中夏、苏兆征等通过做工作，组成了全港工团联合会，联络各派工会，采取共同行动，实现了大罢工。全港工团联合会是一个临时组织。省港罢工委员会成立后，它在形式上仍然存在，但实际上已不起作用。罢工工人返回广州后，分区集中生活，集体活动，为整理、健全工会组织，实现香港工会的统一，提供了一个极好的机会。

1925 年 7 月 26 日，省港罢工工人代表举行联欢会，邓中夏出席，他向到会的工人传达了第二次全国劳动大会关于统一香港工会组织的决议精神，提出两点要求：第一，罢工工人要利用广州具有政治自由的机会，整理和统一工会；第二，罢工是对付敌人，工人不要自己打自己。“希望从今天起，大家彻底觉悟，痛改前非，整理工会的组织，促成工会的统一”[②]。11 月 28 日，全国总工会发出《对于香港工会问题意见书》，指出香港工会的统一，已是刻不容缓、势在必行的。因为工会所具有的阶级性和历史责任，使工会统一形成近代工会运动的潮流，香港各工会同在一处，没有理由不统一起来；香港在英帝国主义统治之下，中国工人是唯一有势力又有革命要求的力量，团结一致，在反帝运动中尤有必要；从争取罢工的胜利来说，团结力出战斗力，有战斗力才能保障胜利。全国总工会指

---

① 《香港问题决议案》，载中华全国总工会中国工人运动史研究室编《中国工会历次代表大会文献》第 1 卷，工人出版社，1984，第 32 页。

② 邓中夏：《在省港工人代表联欢会上的演说词》（1925 年 7 月 26 日），载《邓中夏文集》，人民出版社，1983，第 154 页。

出统一工会的途径和办法是：（1）加强宣传，打破门户、职业、乡土的观念；（2）加强协商，不分大小、派别。这时候，若干工会已开始整理本会，产生了大联合的要求。12月1日，各工会共同发表宣言，拥护全国总工会关于统一香港工会的主张。工会统一工作加快了进程。

全港工会的统一，建立在产业工会统一的基础之上。率先实现联合的是运输业。1926年1月3日，海员工会在苏兆征主持下完成改组，以海员工会为核心，联络船主司机、趸船、电报、煤炭、卸货、帆船、内河轮船、汽车、同德、海面货船、邮差、集贤、电车、海陆理货、派报、大木等共17个工会，组织香港运输工会联合会。3月13日，第一次筹备会召开。19日，联合会成立大会在广东省教育会礼堂召开，苏兆征主持了大会。29日大会闭幕。大会通过的决议，阐述了香港运输工人所处地位的重要性和联合的必要性，指出香港运输工人应通过自身的联合，促进全国运输工人联合，以完成国民革命，同时，积极与世界运输工人联合。苏兆征等7人被选为执行委员。

继运输工会联合会成立后，香港金属业工会实现统一。这项工作是从机工联合会的成立开始的。机器工人冲破华人机器总会阻挠自行罢工，回广州后，脱离该会，另组机工联合会。邓中夏在该会会刊创刊号上指出，机工会只吸纳机器工人，第一限制了自己，第二破坏了现有产业系统，应当打破职业观念，树立产业观念。冯菊坡也提出了整顿机工会的任务，认为机工会会员只占全港机器工人的1/10，要大力发展；内部有产业工会，也有职业工会，组织不统一；权力不集中；没有基层组织。必须抓住时机，大力整顿，弥补这些缺陷。① 3月10日，二次罢工中返穗的华侨机器十科举行联欢会，谋求机器工人的统一，机工会代表参加活动，赞同联合。14日，全国总工会代理委员长刘少奇约请机工会和机器十科代表座谈，阐述加强工会建设、实行工会统一的意义。他指出：“工会不只为改

① 《机工联合会会刊》1926年第1期。

良工人生活及联络感情，其最大作用还是在资本主义社会中，用以作经济斗争，用以团结训练工人；打倒资本主义后，还有建设新社会等。责任既大，故不能不严密其组织”[①]。4 月 1 日，机工会和机器十科代表在全国总工会内讨论联合问题。双方代表都主张“要思想联合和行动联合”，都主张不用过去各自的名称，统一改称香港金属业总工会。[②]

4 月 10 日，香港金属业总工会第一次代表大会在国民党中央党部礼堂开幕，376 人出席。邓中夏作政治报告，提出金属业总工会的责任，“一是内部团结，与运输工人联盟和谋香港工人联合；二是香港为国民革命前线，大家不要忘前线的奋斗责任；三是时时为本会工人作经济斗争，以增工人利益”[③]。苏兆征阐述了工人阶级加强团结的必要性，提出“要如俄国一样，不分地方、种族、国界，团结起来，夺取资产阶级的政权，才是我们的胜利”[④]。12 日，刘少奇到会作全国工人运动报告，冯菊坡作组织问题报告。这次大会，实现了香港金属业各工会的联合和统一。

香港运输工会联合会和香港金属业总工会的成立，使华工总会、工团总会实际上解体，为香港总工会的成立奠定了基础。4 月 3 日，全国总工会指派冯敬、黄金源、黄天伟、罗珠等 24 人为筹备员，筹备召开全港工会代表大会。9 日，刘少奇出席香港总工会筹备会议，强调实现全港工会联合和统一的意义，指出：“如果我们不能统一力量，就不能一致地与帝国主义奋斗，就不能战胜敌人，所以要组织这个统一的总工会，作为一个总司令部。”[⑤]

---

① 中共中央文献研究室编《刘少奇年谱（一九九八——一九六九）》上卷，中央文献出版社，1996，第 47 页。“机器十科”即电气、砂模、铁业、打铜、锅炉、车床、打磨、水样、绘图、司机等 10 个工种。

② 《广州民国日报》1926 年 4 月 5 日。

③ 《广州民国日报》1926 年 4 月 12 日。

④ 《香港金属业总工会第一次代表大会开幕详情》，《工人之路特号》1926 年第 287 期。

⑤ 中共中央文献研究室编《刘少奇年谱（一九九八——一九六九）》上卷，中央文献出版社，1996，第 49 页。

15日，香港总工会成立大会在国民党中央党部大礼堂举行，各工会代表600余人出席。会毕，全体与会人员到东校场参加庆祝大会，1万余名罢工工人冒雨整队相候。邓中夏、李森、黄金源相继演说，“每讲一句，各工友即齐声高呼努力奋斗，情形极为热烈”①。

16日至23日，香港总工会第一次代表大会召开。团体会员经过严格的资格审查，非产业、非职业工会，未经改组，一律不准加入。会议期间，邓中夏作政治报告和省港罢工报告，黄平作世界职工运动和组织问题报告，刘少奇作全国职工运动报告，冯菊坡作经济斗争报告。大会规定该会上层组织一律采用委员制，以免独裁独断的流弊，委员应由代表大会正式选出有能力，能奋斗，能牺牲的同志担任，下层组织每月举行一次代表大会，使工友与工会发生密切的联系。省港罢工的决议指出：“我们的责任还没完结，我们要将这次宝贵的经验和智识保留起来，与帝国主义作第二次第三次一直至最后的打倒帝国主义的战争”。②

大会通过差额选举，从87名候选人中选出冯敬等21人，组成第一届执行委员会。执委会推常务委员7人主持会务，常务委员会设主任一人，由冯敬担任，邓中夏、黄平、苏兆征被聘为顾问。大会宣言提出在最短时间整理、健全工会的任务，宣布加入中华全国总工会。

香港总工会的成立，实现了原来工团总会和华工总会两大派系及其他独立工会的联合和统一，建立了香港工会的总司令部。其后，统一工会的工作继续进行。4月间，香港洋务界工会筹备联合，5月24日，成立西业工人联合会。9月9日，建筑业工会联合会成立。13日，街市工会联合会成立。10月18日，粮食业工会联合会成立。各工会的内部组织结构也有很大改善。较大的工会一般都有会员大会和工人代表团，一般都由会长制改为委员制，专谋私利的腐败领

① 《香港总工会成立大会情形》，《工人之路特号》1926年第292期。

② 《香港总工会第一次代表大会省港罢工决议案》，《工人之路特号》1926年第299期。

袖被清除。

香港罢工工会的统一和香港总工会的建立，是省港大罢工的重要成果。这个变化是在大罢工的特定环境中在广州实现的，能否在香港地区开花结果，不仅有赖于自身工作的力度，还要视当地形势的状况而定。

三 罢工斗争中心策略的确立与实施

1. 罢工中心策略的确立与实施

7月9日，省港罢工委员会发表通电，宣布封锁香港，自本月10日起，所有轮船、轮渡一律禁止驶往香港。接着，又封锁了澳门。工人纠察队到各海口驻防，与港澳、沙面间的交通一律断绝。严厉封锁给英帝国主义沉重的打击，使香港一时之间处于交通瘫痪、码头冷落、市面萧条的困境。

可是，这种一刀切的封锁实施一个月后，弊端便暴露出来。首先，它不只封锁了香港，也封锁了自身。广东粮食不能自给，日用百货、医药用品和一些生产原料、工业设备缺乏，燃料尤其短缺。这些必需物品，都需要从海外输入，以资补充。中断海外交通，商品不能往来，必将使本来就存在的经济短缺形势更加恶化，对生产和生活造成严重影响。广州又是一个农副土特产品集中输出的口岸，停止海外交通，生丝、药材及其他土产不能出口。沙基惨案后，各界的爱国空气高涨，一时停止贸易商人尚可接受，而时间一长，商人就要求贸易。香港的蔬菜、肉类、鱼类产品，多由广东沿海农民供应，封锁也使农民收入减少。这样，一刀切的封锁政策，不仅会造成经济上的自困，还会造成统一战线的分裂。另外，英、美、日帝国主义争夺广东市场，矛盾不少，一概封锁的政策，也不利于分化帝国主义，倒有可能促成美、日等国与英国协同行动。这对坚持罢工是不利的。

7月31日，国民党中央政治委员会讨论罢工委员会提出的建议，相应逐条作出了决定。国民政府顾问鲍罗廷提出维持罢工的根本办法，会议相应作出两条决定：对于进出口货物之处置，须确立良好的组织，凡非英国轮船，不经香港者，特许其进口或出口，其特许手续依已有决议办理；发行公债100万元，专用于生产事业。① 8月1日，廖仲恺在省港罢工工人第七次代表大会上宣布实施特许证制度。14日，罢工委员会发布实施特许证制度的通告。

所谓特许证制度，即由罢工委员会、省商务厅、市公安局、广州国民政府外交部派员组织运输货物特许证审查会，共同签发货物流通证件。规定凡本市商民所存货仓之货，在英国货仓，如非英国产品，且为华商已买者，准其出仓，非英国货仓亦非英国产品，准其出仓入仓；凡非英国产品以及不由英国船只又不由香港运来者，一律发给特许证，持证准其出入非英国货仓；对已由香港运来而未卸下的货物，粮食、药材罚款货物总值的5%，其他原料罚10%，凡英国出品完全充公。②

办理特许证，原定手续费每张5元，印花税票2元，后改为价值1万元以下者缴印花税票1元，超过1万元者缴5元。办证前须具呈商务厅候批。后来，仿照海关报关办法，查验无误，便可发证。这个办法，可以使商界首先得益。但是广州商人以手续麻烦，手续费太贵加以反对。8月19日，罢工委员会特致函广州四商会解释实施许可证制度的必要性，未被接受。27日，国民党中央执委会政治委员会致函省港罢工委员会，提出根据目前情形，似无发许可证之必要，要求该会重新讨论。当日，罢工工人代表大会决定取消特许证制度。

为保证“单独对英、封锁香港”的中心策略不致落空，9月5日，罢工委员会与四商会共同公布了所达成的善后条例6条。其中规定：从香港、澳门来的任何国货物，都不准来广东，从广东去的，

① 参见《政治委员会第四十二次会议》（1925年7月31日），《中央政治委员会第1—100次会议纪录》，台北中国国民党党史馆，会议00.1/27.1.

② 参见《省港罢工委员会重要宣言》，《工人之路特号》1925年第51期。

无论何国货物，都不准往香港、澳门；凡英国船及经过港、澳之任何国船只，都不准来往广东内地起卸货物；凡不是英国货，不是英国船及不经过香港、澳门的，均可自由起卸；广东界内，只要不是英国货、英国船均可自由贸易及来往；凡存在广州之货，只要不是英货，不是英国人所有，除政府专卖和违禁品外，均可开仓发卖；本条例自公布之日起，直接由罢工委员会行使封锁职权，凡违背上述条例者，一律充公。14 日，又增订善后条例 1 条，规定到粤卸货后的船只，不得到香港、澳门载货，10 月 1 日起施行。①

11 月 27 日，省港罢工委员会为促进粤、沪交通与商务，订出限制进口货物通融办法 3 条：凡由上海直来之非英国货物，虽有“香港”字样，准予放行；凡非英国货物仅经过或停留香港，若经由上海转运，有关单载纸可凭，准予放行；由汕头、海南、广州湾、广东省沿岸运来，有“香港”字样之任何国货物，仍作破坏条例论。②

省港罢工委员会在与各方达成共识的基础上，成立骑船队，专司监督货物起卸之责。罢工委员会与四商会共同成立工商检验货物处，于 1926 年 2 月 15 日在省澳轮船码头办公，所有货物，凡非英国产，非自港、澳、沙面直接输入，验讫立即放行，免收任何费用，各地不得留难阻滞。这些规定和措施，切实保证了“单独对英”策略的实施。

“单独对英”的罢工策略，是在实践过程中逐步形成的。这个正确的策略，分化了帝国主义的统一战线，严重孤立和打击了英帝国主义。“单独对英”的原则公布以后，各国反应强烈。9 月 2 日，日本外务省发表声明，指出“日本对于列国对华任何‘强硬政策’，决不予以援助”③。美国一家报纸的通讯员从香港发出报道说：港英当局希望英、美、日三国共同行动，“但旅华美人，甚不愿其政府在此

---

① 参见《紧要布告》，《工人之路特号》1925 年第 87 期。

② 参见《重要公函》，《工人之路特号》1925 年第 154 期。

③ 《日英美对华不一致》，《工人之路特号》1925 年第 87 期。

时有干涉中国之事”①。

经济利益的驱使，令日、美、法等国轮船公司、洋行，纷纷向罢工委员会领证复业。早在8月底，美商嘉利洋行就要求从沙面迁入广州市区恢复营业，并致函罢工委员会，表示本行纯系美资，“决不贩卖贵会所禁止之货物，并愿遵守运输新章”②。日本、法国、德国洋行也纷纷要求复业。9月14日，省港罢工委员会颁布《对于日美法等国轮船店户条例》，规定：“凡日美法轮船店户，如不先行呈报本会，并不由本会与东西两家三方订妥条约，而私自招工及营业者以破坏罢工论”；“凡日美法轮船店户之罢工工人，未得本会之认可而复工者以破坏罢工论”；“凡日美法轮船店户，如不遵照工商所定之善后条例而经营英人商务及来往港澳及沙面商业者以破坏罢工论”；“凡日美法轮船店户，须用还原有工友及原职工金者亦须照旧”；“如该公司或商店在沙面香港澳门者，须搬离该地方许营业”；“将来大罢工解决时，仍须遵照解决罢工的条约执行”；等等。③ 据统计，1925年11月，由香港及沙面迁入广州市区营业的外商洋行，共有80余家，由香港金山庄迁来广州营业的，也有70余家。

与此同时，海上交通得以恢复。由于免去了香港这个环节，广州的航运业和商品批发业骤然兴盛起来。罢工初起时，广州海关收入较上年同期减少2/3，10月，较上年同期，不仅完全恢复，还有增加。1926年1月，较上年同期，增加了3/5，广东经济也因此摆脱了长期受制于香港的局面。实行特许证时，广州资产阶级还有不满，罢工委员会取消特许证，并提倡“工商联合”，与四商会共同商议制定善后办法，满足了他们发展商务的合理要求，这就使广州的资产阶级得以接受“工商联合”的口号，支持省港大罢工。

在实施“单独对英”策略的过程中，省港罢工委员会加强了工农联盟的工作。沿封锁线一带的农民，由于历史上、地理上与香港

---

① 《英国欲勾结美日反攻广州》，《工人之路特号》1926年第273期。

② 《广州民国日报》1925年9月3日。

③ 《省港罢工委员会对于日美法等国轮船店户条例》，《工人之路特号》1925年第89期。

的经济联系比较密切，在罢工之初实行对英封锁时，仍有人运农产品去香港。为此，罢工委员会派出工友参加广州农民运动讲习所集训，分赴各地农村开展宣传，并帮助当地农民成立农民协会，建立农民自卫军。1926 年 4 月 9 日，省港罢工委员会颁布《特准宝安农会农民经过英界条件》，允许宝安各乡、各农会农民办理手续后，可将米、田料、盐、耕牛携带出入英界，可到英界种地。[①]

4 月 17 日，省港罢工委员会又发布《关于咸鱼运输办法》，规定：凡属土咸鱼，在沿海及内地准予自由贩运，但须受当地纠察迅速检验；如由香港运入，则无论其是否系土制亦一律截缉；凡专运土咸鱼之船，不得兼载别货，但乡渡不在此例。训令纠察队委员会“嗣后对于土咸鱼，如非证实其系由港运入者，不得留难，且检验手续亦务须迅捷，以免停滞霉坏之弊，而舒贫民生活，不得稍为违玩致于未便”[②]。此外，工农联盟的工作也体现在反对地主、民团摧残农运、迫害农民方面。中国共产党工农联盟的政略，虽然在五卅运动前就提出了，但真正付诸实施，是从省港大罢工才开始的。

对英经济绝交，牵涉到英国殖民地华侨的利益。1926 年 3 月，著名的南洋华侨领袖陈嘉庚的公司，从厦门运送胶轮等货物到广州，因其有“新加坡”字样，此时新加坡属英国殖民地，货物被纠察队员扣留。省港罢工委员会当即将此事提交罢工工人代表大会讨论。大会认为陈嘉庚在南洋巨商中，为促进国内教育贡献最大，他的公司所生产的新式产品又足以与外国工商业争衡，于是决定将扣留的货物全数发还。各地华侨踊跃捐资，对缓解大罢工的经费困难起了重要作用，罢工工人不能损害他们的利益，因而罢工委员会从陈嘉庚的个案推及一般，致函国民党中央海外部，提出了优待华侨的具体办法。

“单独对英”这一中心策略，已被实践证明是完全正确的。它的

---

① 参见《附发特准宝安农会农民经过英界条件》，《工人之路特号》1926 年第 285 期。

② 《省港罢工委员会训令》，《工人之路特号》1926 年第 293 期。

实施，一方面拆散了帝国主义的联合战线，最大限度地孤立并打击了英帝国主义；另一方面，有利于工商联合、工农联盟和争取华侨的支持。这既巩固了己方的联合战线，又拆散了敌方的联合战线；既保持了对香港的封锁，又解除广东经济面临的困难，促进了广东经济的发展；既保证了大罢工能够坚持到自动收束，又推动了工人运动和国民革命的进一步发展。

2. 破坏与反破坏的斗争

毫无疑问，省港大罢工是对英帝国主义和港英当局沉重的一击。英帝国主义不甘失败，与依附于帝国主义的国内反动势力相互勾结，狼狈为奸，处心积虑地破坏罢工。省港罢工委员会领导罢工工人，坚定不移，针锋相对，一次又一次粉碎敌人的破坏阴谋。

罢工爆发时，香港总督史塔士在全港实施紧急戒严，搜捕罢工领导人和积极分子，全总执委戴卓民被捕，判罚 6 个月苦役。同期被捕的还有杨匏安等人。7 月 10 日，港英当局颁布限制华人离境禁令，大造谣言，淆乱人心，诬指罢工为“赤化”，“受俄国人和共产党利用”；称广东政局不稳，东江陈炯明军不日可抵广州；广州粮食不足，罢工工人无处住宿；香港粮食足可维持 7 个月，每日有数百工人返港；香港将于一个星期内恢复秩序和工作；等等。在广州，纠集军舰于珠江水面，制造沙基惨案。但是，造谣惑众、苛例限制和血腥屠杀，都没能阻挡住罢工的洪流。至 7 月上旬，返回广州的工人仍然络绎不绝。

7 月 27 日，全港英人召开大会，要求政府增加炮舰、飞机，派军队抵港，敦促英政府声明：“如果广州政府对于打击英国利益之举动，弗予停止，则英国政府即当广州政府对英人于战争状态。”[①] 8 月 25 日，港英当局召开第二次大会，致电英首相张伯伦，要求向广州国民政府下最后通牒。[②]

---

① 秋人：《省港罢工的过去和现在》，《政治周报》1926 年第 9 期。

② 参见秋白（瞿秋白）：《英国帝国主义对中国的进攻与广州国民政府》，《向导》1925 年第 127 期。9 月 4 日《工人之路特号》所载之最后通牒第 4 条，文字有所不同。

由于此时英政府内外交困，港英当局要求英政府直接实施武装干涉的企图没有得逞。同时，其他帝国主义国家各有打算，不想与英国一道公开反对省港大罢工，反想乘机排挤英国在华南的势力。日本公开提出："英国如欲使用武力以解决中国之纠纷，则日本决不予以援助"[①]。罢工委员会实施"单独对英"的中心策略，使港英当局企图通过联合镇压扼杀省港大罢工的阴谋彻底破灭。针对港英当局两次召开公民大会，武力进攻的气焰甚嚣尘上，省港罢工委员会发表宣言，指出帝国主义的枪炮政策，只能促使罢工的延长和扩大，并促使中国人民一致联合起来持续反对帝国主义。

公开的武装干涉不成，史塔士改而主要采取"以华制华"的策略，扶助、勾结中国国内各种反动势力从事颠覆活动。在广州国民政府内部，扶持国民党右派官僚政客，勾结粤系旧军人。这两种势力互相勾结、互相利用，试图通过谋杀廖仲恺，颠覆国民政府。他们也以为没有了廖仲恺，就可以轻易解决省港大罢工。"廖案"发生后，国民政府开展了一场肃清内奸运动，帝国主义企图从政府内部加以颠覆的阴谋破产。

接着，港英当局扶助陈炯明、邓本殷发动叛乱。1925 年 9 月间，陈炯明到达香港，港英政府准许陈炯明在香港设立机关，招兵买马，准其自由捕拿过往的汕头罢工工人、海陆丰农民及革命学生。不久，工人韦德在香港刺杀了陈炯明的重要部属洪兆麟，自己也献出了生命。韦德此举，表现了与反动势力不共戴天的至大勇气和牺牲精神，但其暗杀行动不值得效仿。全国总工会在追悼韦德时，明确指出："要打倒帝国主义与军阀，只有靠民众组织力量根本铲除其制度之存在。"[②] 陈炯明旧部在英帝国主义支持下，重新占领汕头和粤东一带，国民政府调集东征军，在罢工工人大力支援下，一举荡平东江，彻底消灭陈炯明残部。接着，南征剿灭了邓本殷残部。英帝国主义还

① 《日英美对华不一致》，《工人之路特号》1925 年第 87 期。

② 邓中夏：《悼韦德并论暗杀》（1926 年 1 月 14 日），载《邓中夏文集》，人民出版社，1983，第 205 页。

通过外交手腕，对北京政府施加压力，段祺瑞政府派遣“海容”“海筹”“永绩”“永建”等4艘军舰南下，参与封锁广东沿海，断绝广州与外界交通，并协助陈炯明运载兵力，进犯广州。

史塔士离任后，继任者金文泰虽然不那么露骨地叫嚣武力干涉，但“以华制华”的手段都是他上任后施展的。其人善于观察广东政局动向，试图在广东找到新的代理人，并指望在谈判中逼广州政府就范，使罢工陷于失败。

罢工工人除了粉碎来自帝国主义的阴谋破坏外，还要对付不法军队、不法商人和国民党右派。他们同不法军队、不法商人作流血斗争，同国民党右派则要进行种种不流血的斗争。而后者的激烈程度并不亚于前者。

1925年7月中旬，工贼林和记煽动海员复工，省港罢工委员会会审处以其案情重大，判以死刑，交政府法庭复审执行。广东检察厅长卢兴原以“尊重法律，保障人权”，“破坏罢工，罪不至死”为辞，提出抗议。省港罢工委员会分别致函国民政府、广州公安局局长和卢兴原本人，指出卢兴原施用法律原则不当，要求政府与会审处共同组织特别法庭审理此类案件。政府允其所请。但是，特别法庭还是操纵在卢兴原之手。

广东统一以后，蒋介石在国民党中的地位迅速上升。1926年1月，国民党召开第二次全国代表大会，重申坚持三大政策，批判了西山会议派，蒋介石以左派的资格一变而为新右派的领袖。在做了相当的准备以后，3月20日，蒋介石制造了“中山舰事件”，当日，派出武装军警逮捕代理海军局长兼中山舰舰长、共产党员李之龙等人，秘密监视共产党在广州的领导机关和负责人，派军警前往东山，包围苏联顾问的住地，收缴其卫队武装。指挥数万罢工工人并拥有数千武装纠察队员的省港罢工委员会，也被大批军队包围。驻在潮汕的第一军中的共产党员也在这次事变中被捕。以布诺勃夫为首的苏联高级使团作出向蒋介石让步的决策，中共中央随之也采取了让步策略。“中山舰事件”的发生，带来极为不利的影响，使省港大罢工有通过谈判而获得“极大的直接胜利的可能性”，因这个事变而

"完全取消了"。[1]

四 为结束大罢工而进行的斗争

1. 为结束大罢工的初步交涉

省港大罢工要达到的目的有3个：一是取消不平等条约；二是解决上海、广州等地的惨杀案；三是解除罢工工人的痛苦。前两项要求涉及全国，必须通过政府间的谈判来解决。

1925年8月17日，国民党中央执行委员会政治委员会决定组织北上外交代表团晋京推动北京政府解决对外问题，实现这前两项要求。省港罢工工人代表大会推选黄金源、胡荫为正式代表，毛树珍等6人为候补代表，与各界代表一同北上。这样，罢工工人只要与港英当局解决第三项条件即可复工。从五卅运动发展的形势来看，省港大罢工也应作收束的准备。8月下旬，上海开始复工。9月18日，上海总工会被奉军封闭，天津、济南等地的工人运动，无不受到镇压。反帝运动高潮回落，省港大罢工已成孤军独战的形势。10月7日，国民政府顾问鲍罗廷在国民党中央政治委员会上提议，由政治委员会向省港罢工委员会提议与香港直接交涉以解决罢工问题，政治委员会尽力支持获得罢工解决条件的谈判。

9月1日，香港各邑商会联合会致函省港罢工委员会，并另电广州国民政府，吁请同意他们选派代表到广州商谈解决罢工问题。28日，谢树棠等人到广州，吁请早日解决罢工问题。10月3日，省港罢工委员会提出复工条件15条，主要内容有：香港华人应有集会、结社、言论、出版、罢工、教育、居住及举行救国运动及游行的绝对自由；香港居民不论中、西国籍，应受同一法律的保障与待遇，立即取消对华人驱逐出境的条例和笞刑、私刑；修改选举法，增加华工选举权和被选举权；制定劳动法，规定八小时工作制，最低限

---

① 邓中夏：《中国职工运动简史一九一九——一九二六》（1930年6月19日），载《邓中夏文集》，人民出版社，1983，第631页。

度工资，工会缔结契约权，废除包工制，改善女工、童工生活，强制施行劳动保险；恢复所有罢工人员的工作；罢工期内罢工人员工资照付。广州及沙面罢工工人恢复工作条件9条，主要条款的内容与香港工人复工条件相同或相近。① 这些条件，维护了罢工工人的基本利益。

广东工农商学兵各界发表宣言支持上述条件，认为这是涉及中国工商同胞的共同要求，“凡属中国人民，所必当要求帝国主义履行者也”②。交涉之初，省港罢工委员会预计到这将是一个复杂的过程，为防止松劲情绪产生，特于9月29日发出通告，要求全体工友和各部办事人员，“更要继续努力，不可松懈，以中帝国主义之诡计”③。

这时候，港英当局把希望寄托在陈炯明和邓本殷的身上，对各邑商会联合会代表的广州之行并不在意。其指望陈、邓倾覆广州政府的计划破产后，11月间，各邑商会联合会受命再派代表抵广州调解。12月26日，侨港商人300余人组成恳亲团访问广州。此时，港英当局指派遮打、宾那、周寿臣、罗旭和为赴广州谈判代表，但他们并没有出发。12月30日，港方又派8名华商代表到广州，可是他们一不能代表政府，二不能谈判政治条件。国民党第二次全国代表大会召开后，港英当局感觉广东政坛中国民党左派的势力有所削弱，稳健派不久就会得势，同时，英、日两帝国主义正在从事奉张与直吴之间的联合，发动进攻冯玉祥国民军的战争。英国在国际上也获得了洛迦诺会议的胜利。于是，1926年1月25日，港英当局宣布停止通过谈判解决罢工问题。

对于这次交涉，罢工委员会并未寄予奢望。初步交涉停止，广东各界发起了援助罢工周。省港罢工委员会颁布《开放省澳航行条例》，便利华商返里省亲，同时，组织第二次罢工。原来未参加罢工

---

① 参见《罢工会致港商会函》，《工人之路特号》1925年第101期。

② 《广东工农商学兵各界拥护解决罢工条件宣言》，《工人之路特号》1925年第101期。

③ 《省港罢工委员会通告》，《工人之路特号》1925年第99期。

的华人机器总会、航海俱乐部等工会，以及未参加罢工的工人，纷纷响应省港罢工委员会的罢工号召，1 万多工人回到广州，又给英帝国主义者一次打击。

2. 省港大罢工的结束

1926 年 7 月 15 日，广州国民政府开始与港英当局就结束省港大罢工进行谈判，中方代表是外交部部长陈友仁、财政部部长宋子文、国民党中央宣传部部长顾孟余，英方代表是港英当局律政司凯普、华民政务司哈利法斯以及英国驻沙面总领事白利安。由于港英当局没有诚意，至 23 日，双方未能达成协议。

谈判期间及谈判停顿以后，邓中夏多次发表文章，两次在省港罢工工人代表大会上作报告，就谈判发表意见。他提出谈判停顿以后，是屈服还是继续奋斗的问题，认为“如果大家的意思，以为只有更加努力继续奋斗，那么对于封锁海口，经济绝交，只有加紧努力”①。8 月 5 日、9 日和 12 日，省港罢工委员会分别致书全国同胞、国民党及国民政府、海外华侨，指出中英谈判的结局，不外 3 个：“（一）其将不念先烈沉冤，无条件屈服乎？（二）抑将不但屈服，且进而接受其所谓实业借款条件乎？（三）或不愿屈服，须再接再厉，继续奋斗，以求最后之胜利乎？”罢工委员会坚决主张“我等奋斗经年，牺牲一切，本身利害，久非所计，如荷同胞指示，我等惟有敬谨遵循决不瞻顾”②。

7 月 21 日，广东农工商学联合会发起，全国总工会、广州四商会、省农协、省教育会参加，在广东大学举行 10 万余人的示威大会，发表宣言，严正宣告：“此地人民是一致拥护政府代表力争沙基惨案条件及罢工条件的，如英港代表无诚意接受条件，我们两广人民预备一致继续奋斗到底，誓必争回国体达到目的而后止。”③ 8 月 25 日，广东各界举行了拥护省港罢工周。是日，30 余万人参加示威

① 邓中夏：《省港罢工中之中英谈判》，《中国工运史料》1981 年第 1 期。

② 《致全国同胞书》，《工人之路特号》1926 年第 398 期。

③ 《力争沙基惨案及省港罢工条件宣言》，《工人之路特号》1926 年第 384 期。

大会。

8月13日，省港罢工委员会拟定坚持反帝罢工办法10条，主要有：增加工人纠察队人数，增加纠察队炮艇，要求汕头罢工委员会采取统一行动，组织侦察团帮助纠察队阻止走私客货供应香港，严厉处分走私分子，多派纠察前往澳门水道，检查来自香港的内河轮船。同时，加强对罢工工人的宣传，每个罢工工人饭前必三呼："打倒帝国主义！"①

早在7月上旬，省港罢工代表大会第126次会议就决定加强罢工纠察队的力量，添招2000名纠察队员。为提高下级干部素质，纠察委员会特设纠察特别训练所。规定学员由各纠察支队及各处选送，以文理通顺、体力强壮、富有革命精神、服从命令者为合格，每期120人，施行3个月的军事、政治训练，并加强纪律教育，期满由本所统一分配。纠察委员会训育处指定徐成章负责对各支队长、训育员、各职员100余人进行军事训练。

广三铁路总工会根据全国铁路总工会决议，重新组织了纠察委员会，内设军事训练委员、政治委员、纪律裁判委员。琼崖总工会鉴于常备纠察队员人手不够，决定组织义务纠察队，规定每工会选派2人。

在广东和省港罢工工人坚持罢工、厉行封锁的斗争中，英帝国主义在广州、汕头施行武力恫吓。9月4日上午，两艘英国兵舰擅自闯入广州市区西堤水面，驱走停泊在工商检验货物处附近的船艇，破坏报关，还上岸强占了罢工工人饭堂。下午，英水兵数十人占领码头。至10日，英舰连日骚扰，制造事端。同时，英舰侵入汕头，袭击并扣留工人纠察队的船只，绑架、殴打工纠队员。

9月6日，省港罢工委员会向国民政府呈报了英舰至珠江江面挑衅情形，要求政府特饬外交部，与英国领事严重交涉，克日撤退英国炮舰。次日，全国总工会为此发表告全国工友书，提出"我们为

① 《〈各项事件传闻录〉有关省港大罢工资料摘译》，载广东哲学社会科学研究所历史研究室编《省港大罢工资料》，广东人民出版社，1980，第865页。

反抗帝国主义，谋民族之解放，我们应一致起来，反抗英帝国主义，扩大对英绝交，并联络各社会团体，一致拥护省港大罢工，要求国民政府严重抗议”①。广州工人代表大会发表《反对英兵登陆挑衅宣言》。广三铁路总工会召开全体会员大会，决定从9月起每个工友每月捐工资半天，至罢工胜利止，用于援助省港罢工。10日，广东农工商学联合会召开第三次各界大会，通过了反英工作大纲。12日，中共广东区委发表宣言，反对英帝国主义的“炮舰政策”。在一片抗议声中，英舰于同日撤出珠江水面。

解决省港大罢工的中英谈判停顿以后，必须调整策略，寻找新的方式结束罢工。1926年7月，广州国民政府正式出师北伐。随着北伐战争的发展，广东的政治局势产生新变化。北伐前，广东革命根据地是全国革命的中心，省港大罢工是全国瞩目的重大政治事件。随着北伐战争的胜利，革命势力范围不断扩大，全国人民的注意力集中到了北伐战争，省港大罢工转而成为次要问题。北伐出师后，革命的主要力量相继投入前线，留在广东的革命力量相对较前薄弱，帝国主义不断在广东制造事端，破坏罢工，牵制北伐。一方面要维护革命大局，全力支援北伐，另一方面又要巩固北伐后方，以老办法继续罢工，显然难以兼顾。

从罢工的实际情形来说，旷日持久的罢工已使数万罢工工人长期失业，经济上十分困难。政府在兴兵北伐费用浩繁的形势下，仍然必须拨款维持罢工工人基本生活，经费困难也日益加大，随着国民党右派势力扩大，政府已对省港罢工表示出冷淡态度。封锁香港曾经打击了港英当局，但是，他们已陆续从东南亚一带招募大批失业工人到香港做工，其产品输出除了珠江三角洲以外，在其他地方并没有受到什么阻碍，罢工造成的直接威胁打击作用逐渐削弱。同时，持续封锁也不利于珠江三角洲地区农民的生产和生活，与商人谋取经济利益的愿望和要求，也产生了越来越大的矛盾。

共产国际执委会远东局力主尽速结束罢工。中共中央根据形势

---

① 《全国总工会重要通告》，《工人之路特号》1926年第432期。

变化，专门研究了省港罢工问题，7月31日发出通告，提出："我们现在要有决心和有很好的政策去结束罢工了，但我们的目的要工人得到有相当的经济利益，同时也不使香港得到政治的胜利。"[①] 8月8日，中共中央发表《中国共产党致粤港罢工工人书》，公开了这个对策。由于中英谈判无限期停顿，解决罢工问题又拖了下来。9月间，共产国际代表维经斯基再次提出尽快结束罢工，陈独秀也认为罢工时间越长越难解决，所提条件越损失，以后无论国民政府军事如何胜利，总须自动解决罢工。[②]

结束罢工的新方式，就是陈独秀所提出的"自动解决"。中共广东区委决定在满足5个条件的前提下，自动停止武装封锁香港。这5个条件是：不牺牲罢工工人利益，粤海关征收出入口货物附加税，加上政府对罢工工人的津贴，按月发给罢工工友，让他们自行找工作；保障罢工工友生活，督促政府兴办实业，未就业的罢工工友，仍发给伙食及津贴；罢工委员会、罢工工人代表大会、香港总工会机关仍存在，罢工未解决之前，继续执行罢工政策；保存罢工纠察队的力量；扩大反英运动，变武装封锁为人民自动抵制，并发展到北伐军占领区各省。这个策略，不是屈服，不是退让，更不是妥协，而是"继续孤立英国，使他的进攻变为打击，是用以团结反帝力量，巩固革命基础，扩大反英运动，作最后的总攻击"。[③]

根据中共广东区委的上述条件和罢工委员会与外交部的商定，9月30日，省港罢工工人代表大会正式决定变更罢工政策，10月10日，宣布当日中午12时自动撤回各海口纠察，停止封锁港澳。

是日，700余团体30万人在广州东校场集会，纪念"双十节"

① 《中央通告第二号——关于省港罢工的通告》（1926年7月31日），载中共中央文献研究室、中央档案馆编《建党以来重要文献选编（一九二一——一九四九）》第3册，中央文献出版社，2011，第342页。

② 参见《秋白由粤回来报告》（1926年9月15日），《中央政治通讯》1926年第3号。

③ 《省港罢工问题》，载广东哲学社会科学研究所历史研究室编《省港大罢工资料》，广东人民出版社，1980，第669—671页。

和扩大反英斗争，工农代表向省港罢工工人献赠了书有“反帝先锋”的彩旗。国民政府顾问鲍罗廷盛赞省港罢工纠察队高举国民革命的旗帜，维护了国家的尊严，表现了工人的威望，是全国同胞的模范。11日开始，政府与罢工委员会共同组织，单方面采取行动，对出入口货物征收暂时内地税。至此，省港大罢工事实上宣告结束。

省港大罢工因“沪案”而起，是五卅运动重要的组成部分，“是中国工人阶级用革命的方法做民族解放的斗争的表现”。[①] 它发生在国共两党合作的革命根据地广东，因而除了具有各地五卅爱国斗争的共性外，还具有它本身的不同特点。

第一，大罢工的直接领导者是中华全国总工会，中共广东区委贯彻了中共中央的总体部署和策略，共产党人自始至终直接指挥了这次行动。罢工的时间之长、规模之大、组织之严密、策略之灵活，在世界工运史上都是少见的。大罢工给帝国主义以沉重打击。正如邓中夏所论，这次罢工的意义远远超过“罢工”本身，罢工委员会“有独立的政权性质”，“在南中国的确成了各社会民众团体的总领袖，它在广东的地位的确有举足轻重之势，它的影响的确是巨大无比”[②]。专程来广州访问的苏联工会代表团，经过考察，称赞省港罢工委员会不仅在中国，就是在整个国际工人运动中，也堪称典范。广大罢工工人不怕艰难困苦，不怕流血牺牲，他们为革命所作出的贡献永垂史册！

第二，大罢工很好地运用了革命统一战线这个有力的武器。首先是工人阶级内部的统一战线，巩固了基本力量；其次是工人阶级与资产阶级、城市市民、学生、军人、华侨的统一战线，争取了革命政府的支持，拉国民党来“过问”罢工。特别有意义的是，中共四大所制定的工农联盟的战略，首先在广东因省港大罢工而得到实施。罢工工人到农村去参加并领导农民运动，农民运动又支援了省

① 赫莱尔著，东篱译：《中国民族运动与劳动阶级》，《政治生活》1925年第61期。

② 邓中夏：《中国职工运动简史一九一九——一九二六》（1930年6月19日），载《邓中夏文集》，人民出版社，1983，第638页。

港罢工，促进了工农联合。

第三，广州工人代表会已经有过建立工团军的尝试，但为时不长。省港大罢工建立了一支强有力的工人武装纠察队，它是中国共产党把工人运动与武装斗争结合起来的成功实践，是北伐战争期间各地总工会建立常备工人武装纠察队的先导和榜样，为党后来独立开展武装斗争积累了初始经验。

五　罢工期间两广工人运动的大发展

1. 广东工会的发展与统一运动

广州工代会的成立，特别是省港大罢工的爆发，促进了广州工会的进一步发展。工代会所属各工会，先后由会长制改为委员制，有的还成立了代表大会。委员会内设部（组），以专人分管业务。较大的工会，中层有支部，下层有小组。1926 年 2 月，广州地区工会总数已达 110 个、会员 14670 人，其中 82 个属工代会，6 个属机器工会，24 个属广东总工会，7 个持中立态度。[①]

工会派别有所简化，工代会占主导地位，但仍呈鼎足之势。第二次全国劳动大会就广东工会问题作出决议，指出“应由广东省各工会，派出代表开一联席会议，共同决定化除门户之见，从新组织全省工会的总联合机关，务使所有工会统一，集中工会力量，以为全省无产阶级之利益及幸福而奋斗”[②]。不久，平叛战事发生，继而省港大罢工爆发，统一工会的任务一时还提不上日程。

1925 年 8 月 6 日，广州工代会发表工会统一运动宣言，呼吁各工会为壮大工人阶级的队伍，加强工人阶级的团结，发展国民革命势力起见，亟应互相谅解，痛下决心，完成全省工人的大联合。宣

---

① 参见《广州工会运动的报告》（1926 年夏），载中央档案馆、广东省档案馆《广东革命历史文件汇集（中共广东区委文件）》（1921 年—1926 年），内部版，1982，第 325 页。

② 《广东问题决议案》，中华全国总工会中国工人运动史研究室编《中国工会历次代表大会文献》第 1 卷，工人出版社，1984，第 32 页。

言揭露过去工会组织的缺点，指出在客观上是处于手工业的经济状况之下，组织涣散，难于统一，主观上，“单做领袖间的联络，没有兼顾到各个工会的组织，未始非为重要原因之一”。宣言还指出实现工会统一，一是各工友要自己觉悟起来，自由组成整个职业或产业的组织，二是各工会领袖应摒弃私利，顾全大局，使现在的几个总机关得以合而为一。[①]

根据这个思路，工代会首先着手于组织所辖同类工会间的联合。印务工人的联合是在穗港两地工人中进行的。广州印务工人和罢工印务工人分属汉文排字工社、机器印刷工社、景源印务工社和石印工社。10 月 19 日，四团体宣布共同组织印务总工会，率先响应广州工代会统一工会的号召。11 月 6 日，印务工人在广东大学礼堂召开联欢大会，邓中夏、冯菊坡就工会统一问题及工人组织方法发表演说，“发挥尽致，演说中肯时，全场鼓声雷动”[②]。11 月 21 日，由各社分别选出第一届执行委员 13 人。印务总工会的成立，推动了省内外各地印务工人的联合。

接着，洋务工会实现联合。广州洋务工人主要集中在沙面，省港大罢工发动，各洋务工会不分彼此，一致行动，在罢工中促进了团结。12 月 13 日，广州洋务工人大会召开，发表宣言，称“外观世变内审自己责任，一致赞成工会统一”[③]。会后，成立由 21 人组成的筹备统一洋务工会委员会。1926 年 3 月 16 日至 18 日，洋务工人在广州太平戏院举行联欢大会。至 4 月中旬，绝大部分洋务工人都参加了入会登记。25 日，广州洋务总工会成立。

1925 年 8 月 28 日，粤汉铁路总工会（广州至韶关段）正式成立。原来互不统属的工程、工厂、司机、车务、木匠工会，按工作性质编为机务部、车务部、工程部，各以小组为单位。木厂工人、司机工人、工厂工人编入机务部，路上工人编入车务部，路面工人

---

① 参见《广州民国日报》1925 年 8 月 7 日。

② 《印务工人大联合中之联欢大会》，《工人之路特号》1925 年第 135 期。

③ 《广州洋务工人大会统一工会宣言》，《工人之路特号》1925 年第 170 期。

编入工程部，共有会员1600余人。广三路车务、工务、机务各立工会，工人与铁路局官员混合，屡起纠纷。广州工代会召集各部代表，协商通过改组统一，根本解决了这个问题，1926年1月9日，广三铁路总工会成立。广九路于5月21日召开全路工人代表大会，6月13日，广九铁路总工会成立。在三大铁路工会完成各自统一的基础上，全国铁路总工会广东办事处成立。

1926年3月下旬，省港青工大会和省港女工大会先后召开。青工大会由粤汉路、广三路工会和沙面青年工社发起，广九路、油业、印务、海陆理货、同德、机工、华侨工业等工会派人加入，共同筹备。整个筹备工作由共青团广东区委领导。3月28日，省港青工大会在省教育会举行，到会1000余人，其中以罢工工人为多，通过了青年工人10项要求、对省港罢工决议、对广州工人代表大会决议。省港女工大会也是共青团广东区委领导召开的，蔡畅、区梦觉等12人为筹备员。3月30日，女工大会在国民党中央党部礼堂召开大会，40多个团体1500余人出席，通过了制定新工厂法、女工保护法、省港罢工等3个提案，决定组织女工代表团参加广州工人代表大会。

在致力于本系统内各工会统一运动的同时，广州工代会加强对广东总工会所属各工会和机器工会的宣传和联络工作，对其领导人也示以友好态度。1926年2月，正式决定力谋三大工会的统一。3月中旬，工代会致函广东机器工会、广东总工会以及兵工厂工人联合会、电灯局职工俱乐部、电话竞进俱乐部、自来水工人俱乐部、粤港起落货总工会、粤汉铁路总工会、广三铁路总工会、广九工联会、海员工会、广东轮渡总工会，建议共同筹组广州工人代表大会，作为本市工人运动的总机关，以开创工人运动的新局面。

3月13日起，上述各工会代表连续举行筹备会议，对与会工团的资格、代表选举办法、宣传、经费等问题，一一作了研究。大会开幕日期定于4月1日。筹备期间，各工会连续3次举行游艺演讲大会，宣传召开此次大会的意义。三大铁路工会、海员工会、印务总工会先后发表宣言，热烈拥护召开广州工人代表大会。工代会发表宣传大纲，除阐述召开代表大会，统一广州工会组织的必要性外，还提出11条口号，其中第一条是“打倒帝国主义须先工人大联合”，第二条是“反对联合者就是工贼”。工代会做了大量工作，在全部筹备代表13人中，机器工会、广东总工会各只1名，以会员为标准选出的代表，工代会所属工会占7/10。①

1926年4月1日至8日，广州工人代表大会在国民党中央党部礼堂举行。报到工团200多个，代表2239人。中华全国总工会为大会的开幕发来热情洋溢的祝词。国民党中央党部代表陈公博、全国总工会代表刘少奇、中央党部工人部代表冯菊坡、省港罢工委员会代表苏兆征等出席开幕式并演讲。

大会的决议阐明了工会的意义、职责和作用，指出工会“为工人作战机关，为打倒资产阶级、谋工人解放之团体，并不仅是专为娱乐事业、死亡救济及技艺研究而设立的”。它的职责“就是集中利益共同之工人群众力量为严密的组织”，“为工人谋解放”。工会要履行上述职责，就应当引导工人参加政治斗争，启发工人的阶级觉悟，领导工人作阶级的联合，至于救济失业、介绍职业、发展教育、消费合作、保障工人在工厂的职业等项，只是工会的日常性工作。决议根据对工会意义、责任的认识和广州地区工会中暴露出来的缺陷和弱点，规定了5项改正办法：（1）划分组织系统，产业工人不分工种、职业，均须以企业为单位组织工会，并联合同一产业各企业工会组成本产业的总组织，职业工人方面，在同一地方、同一职业工人，只能组织为一个单位，并联系相关职业组织为产业组织。（2）设立代表大会，巩固权力机关。（3）建立各工会的基本组织。（4）规定会员资格。（5）减少基本金，以使广大工人能够入会。② 为加强工会建设，大会确定了开展工人宣传教育的方针，决定办好《广东工人之路》，以尽宣传之责。大会还要求政府在批准工会立案时，须

① 《广州工会运动的报告》（1926年夏），载中央档案馆、广东省档案馆《广东革命历史文件汇集（中共广东区委文件）》（1921年—1926年），内部版，1982，第332、333页。

② 参见《组织问题决议案》，载中华全国总工会中国职工运动史研究室编《中国工会历史文献》第1卷，工人出版社，1984，第203—207页。

先取得广州工人代表大会执行委员会的同意。

这次大会制定了广州工人利益总要求 16 条，提出规定最低工价，实行八小时工作制，减少夜工时间，危险工作补工，手工业工人划一工价，并照物价比例增加，铲除包工制，由工会介绍职业，反对工头苛待，打破高利制度，保护工人职业，改善工厂卫生设备，实行劳动保险，缩短学徒期限，给学徒支薪，男女同工同酬，女工分娩前后休息两个月并照发工资。为使这些要求得以实现，大会提出由本代表大会执行委员会统一领导罢工，对于政府所辖工厂，工人应多予以便利，但政府方面对于工人也应予以优厚待遇。[①]

根据章程，大会代表选举执行委员单位 25 个，候补执行委员单位 15 个，在第一次执行委员会上，17 个工会的代表被推选组成常委会，刘尔崧当选为委员长。

机器工会和广东总工会不满会议的筹备。在开幕式上，总工会所属熟药工会代表故意攻击机器工会，机器工会遂退出大会，广东总工会及其所属工会亦相继退出。全国总工会和广州工人代表大会分别致函机器工会，劝其继续出席，省港罢工委员会亦致函广东总工会所属茶居等 38 个工会，劝其出席大会，共策进行。机器工会和广东总工会以其利益所在，拒不出席。

这个插曲，暴露了工会统一运动还未真正深入群众。由于各种因素的作用，工会的统一，势必有一个较长的磨合过程。机器工会和广东总工会所属部分工会和群众，对两会退出大会破坏统一不满，玉石工会脱离总工会加入工人代表大会，兵工厂一部分工人也脱离了机器工会，自来水工人俱乐部拉开了同机器工会的距离。广州工代会自成立后未开过代表会，与各工会群众联系不紧，这次代表大会的召开即使机器工会和广东总工会退出，也有 138 个工会、1800 余人参加，是济济一堂名实相副的大会。机器工会和广东总工会退出大会，除了两会领导人的政治倾向以外，共产党人“过多地操纵

---

① 参见《经济斗争决议案》，载中华全国总工会中国职工运动史研究室编《中国工会历史文献》第 1 卷，工人出版社，1984，第 200 页。

一切事务”[1]，轻视两会实力，发起咄咄逼人的宣传攻势，未免不是一个失策。

6月15日至17日，广州工人代表大会召开第二次大会，出席的工会166个，由于修改了选举法，产生代表1350人。邵力子、邓中夏、苏兆征等作了报告，大会对如何实施第三次全国劳动大会决议，如何支援北伐、支援省港大罢工，以及关于经济斗争、劳资仲裁机关、解决同德与起落货工会纠纷等问题，进行了热烈讨论，并决定了实施办法。

广州工人代表大会的召开，推动了广州乃至广东全省的工会建设。广州织造业、广东运输业、广东邮务、广东粮食业、烟业，先后成立总工会。广州以外地区，工会组织建设以汕头、惠州地区的成绩比较突出。1926年1月20日，汕头工联会改组为汕头总工会。东江克复以后，由全国总工会特设办事处指导成立了惠州总工会。

1926年6月，冯菊坡指出了广东工人运动已经取得七大进步：由无组织到有组织；由上层组织到下层组织；由职业组合到产业组合；由经济斗争到政治斗争；由阶级行动到民族行动；由领袖结合到群众结合；由局部组织到全省组织。[2] 这个总结比较全面而真实地反映了自广州工代会成立，特别是省港大罢工开始后，广东工会建设的成就。

2. 宣传教育与经济斗争

广东工会的宣传教育事业，是在省港大罢工中发展起来的，除省港罢工委员会面向罢工工人兴办宣传和教育事业外，全国总工会、广州工人代表会和一些较大的工会，国民党广州市党部工人运动委员会，都有自己的宣传教育活动。全国总工会成立了教育宣传委员会，张瑞成为主任，以训练省港罢工工人为主。1926年5月16日，全总召开常委会议，专门讨论了教育宣传委员会的工作。教育宣传委员会创办了工人运动研究学校，后改名为劳动学院，第一期录取

---

① 《广州工会运动的报告》（1926年夏），载中央档案馆、广东省档案馆《广东革命历史文件汇集（中共广东区委文件）》（1921年—1926年），内部版，1982，第333页。

② 参见冯菊坡：《广东职工运动之进步》，《人民周刊》1926年第14期。

193 人，第二期录取 271 人，邓中夏为校长，校址设于罢工委员会所在地东园。邓中夏、刘少奇、萧楚女、冯菊坡等共产党人亲自执教，课程主要有“世界职工运动”“中国职工运动”“工会组织法”“罢工战术”“工会技术工作”“广东工会问题”“省港罢工问题”等。6 月 27 日晚，劳动学院举行开学典礼。刘少奇阐述了设立劳动学院的宗旨和各位学员来此学习的目的，提出各位学员要通过在劳动学院的学习，增长知识，掌握工作方法，提高水平，从而为发展工人阶级的斗争服务。他勉励学员“要看此劳动学院当作一个大火炉，自己却是当作一枝很粗的坚强的钢铁”，“炼到成一个坚强不挠能够担当伟大事业的革命家”。①

面向广大工人创办的学校有工人宣传学校 5 所，劳动妇女学校 1 所，工人子弟学校 9 所。各工人学校的课程，均以政治知识、工会知识为主。全国总工会、省港罢工委员会、广州工代会出版了一批书刊。全国总工会创办了周刊《工人之路》，以消息报道为主；省港大罢工开始后，改出日刊《工人之路特号》，以登载省港罢工消息和省港罢工委员会文告为主，后来，反映广东工运的内容增多，也辟有贴近工人生活，适合工人阅读的小栏目。该刊 1925 年 6 月下旬创办，到 1927 年 1 月下旬，共出版 553 期，是大革命时期全国工人报刊出版期数最多的一种。广州工人代表大会出版《广东工人之路》周刊。出版周刊的还有印刷总工会、粤汉铁路总工会、广三铁路总工会、广九铁路总工会。出版月刊的有海员工会、酒楼茶室工会、轮渡工会。香港各工会还办有不定期壁报，此种宣传品并非张贴壁上，而是印好分发。全国总工会还有计划地出版工人运动丛书。

宣传活动形式多样。各工会成立了宣传队、剧社，经常进行的所谓化装演讲，即是伴有演出活动的讲演会。大型群众集会和代表大会，通常是政治宣传的主要场所。如罢工工人代表大会每次开会，大都有政治报告，国共两党的活动家、工人运动领袖、社会知名人士应邀到会讲演，“各代表得聆伟论之后，各回本会转述，使各工友

---

① 刘少奇：《劳动学院开学词》，《工人之路特号》1926 年第 365 期。

间接的得到知识”[①]。全国总工会还专门举办过历时一周的演讲大会，各工会选派听讲的工友共达七八百人。标语、传单、画报、旗帜，都是重要的宣传工具。数万罢工工人常住广州，在他们中进行的宣传活动为广州工人提供了很好的示范，带动了广州工人政治意识的进步和政治热情的高涨。

这时期的经济斗争空前地高涨起来。其根本原因还是工资低，物价上涨，工人入不敷出、经济生活大多未有改善。国民政府成立后，统一了广东，工人得到了政治上的自由。然而，正如邓中夏所指出的那样：“‘自由’两个字，饥不能食，寒不能穿，工人不是把自由两个字好好地写在纸上，装在镜框里，挂在壁上，对着它说：‘自由呀！你真好！’就心满意足了。他们一想到他们的困苦生活，一定会用这个自由，去做改良自己生活的运动”[②]。

这一时期广东工人所进行的经济斗争，大致有以下几个主要特点：第一，以广州地区为中心，几乎遍及广东所有地区、所有行业和部门，这从当时广东地方出版的报纸经常性的大量报道中可以得到印证。第二，政府所属的重要部门如铁路、兵工厂，过去较难提出改善生活待遇的经济要求，有的即使提出也因受到压制而失败，这一时期这些部门往往带头起来开展经济斗争。第三，经济斗争由过去的各自为战，向由工代会统一管理过渡。第一次广州工人代表大会根据第二次全国劳动大会对于经济斗争的规定和广州地区工人经济斗争的形势，提出广州工人经济斗争要求16条，设立经济斗争委员会，统一领导各工会的经济斗争，各工会的罢工要求须先报该会审查批准。第四，经济斗争中出现了一些超过现实可能的要求和过激手段。手工工场工人、手工业工人和店员要求像产业工人一样实行八小时工作制，要求不上夜班。手工工人和店员在罢工中，往往采取封锁商店的措施，导致“关于共产党的谣言”在广州特别盛

① 卢泉：《罢工代表会一百次经过纪略》，载广东哲学社会科学研究所历史研究室编《省港大罢工资料》，广东人民出版社，1980，第196页。

② 邓中夏：《一九二六年之广州工潮》（1927年），载《邓中夏文集》，人民出版社，1983，第321页。

行。第一次工人代表大会指出了这些缺点，但所作的决议仍保留了若干超越实际的要求，而一些人还感到不能满意。

3. 广西工人运动的兴起

广西与广东并称“两广”，山水相连。李宗仁、黄绍竑、白崇禧在广西旧军人中脱颖而出，形成新桂系。他们统一了广西，接受广州国民政府的主张，实现了与广东的统一。梧州是西江流域绾毂两广的重镇，工人比较集中。在广东工人运动的影响下，广西工运便在梧州率先发展开来。1924 年 11 月 17 日，广西各工会代表 40 余人在广州成立了广西联合总工会，委员长为李天和，会址设于梧州。1925 年 1 月，直属国民党中央的梧州特别市党部成立，李天和任工人部长。10 月，梧州工会联合会改组，共产党员钟山任委员长。在中共梧州支部内，周济负责工运。1926 年 6 月 7 日至 21 日，梧州工人召开第一次代表大会，改组梧州工会联合会为梧州工会代表联合会，钟山为委员长。

五卅惨案发生后，梧州各工会、学校团体 2000 多人游行示威，到梧州善后处及广西交涉署请愿。李血泪代表工会到上海慰问。6 月 25 日为全国总罢工日，梧州全市罢工、罢市、罢课，2 万余工人和市民集会游行。29 日，梧州各界对外协会成立，其任务是响应省港大罢工，封锁港梧交通，检查英、日仇货，实行经济绝交，安置省港罢工回梧工友。港梧线“广英”“中安”两轮率先停航，实行罢工。1926 年 2 月，梧州工会联合会等九团体发起援助省港罢工周大会。罢工周结束，周济、李血泪携捐款 500 元到广州慰问，并赠“敬祝省港罢工工友努力奋斗到底”锦旗。

1925 年 10 月，中共广东区委派陈勉恕等到南宁工作，筹建国民党广西省党部。1926 年 1 月，国民党广西省党部成立，国民党左派黄家直为工人部长。陈勉恕与黄家直等在南宁创办广西工人运动讲习所，两期培训 150 多名工运骨干。同月，南宁市总工会成立。3 月，广西省总工会筹备委员会成立，罗慎之任主任，广西联合总工会撤销。到 1926 年底，广西境内梧州有工会 26 个，会员 1 万余人；

南宁有工会 30 多个，会员 8000 余人；柳州有工会 10 多个，会员 2100 余人。全省有工会 200 多个，会员 4 万余人。

4. 全国海员第一次代表大会的召开

中华海员工业联合总会自 1921 年成立以后，只有上层组织，没有下层组织。省港大罢工爆发，海员离港内渡者不下 1.5 万余人。为整理组织，完善系统，并促进联合，1926 年 1 月 5 日，中华海员工业联合总会在广州惠州会馆召开了第一次代表大会。

是日，到会代表 119 人，留粤全体海员、各工会和各界来宾共 6000 余人出席大会。苏兆征宣布了开会理由。邓中夏作政治报告，苏兆征作会务报告。张国焘代表全国铁路总工会到会祝贺并发表演说。[①] 大会讨论了政治斗争、经济斗争、打破帮口、组织、宣传教育、运输工人大联合等问题。

邓中夏的政治报告从阐述帝国主义对殖民地、半殖民地的侵略和海员在反帝国主义中的独特作用入手，提出这次大会的 4 项任务：（1）要把海员组织建设好。海员中素有广东帮、宁波帮、山东帮，只有首先打破地域观念、帮口观念，才能团结一致，克敌制胜。以打破帮口为先导，搞好海员下层组织建设，使得上下贯通，融为一体。（2）要加强联合，首先是促进全国运输工人的联合，进而加入国际联合。（3）要制定经济斗争的方针。（4）要确定对于参加反帝斗争的态度。[②]

苏兆征的会务报告，回顾了中华海员工业联合总会走过的历程，指出海员工会成立 5 年取得了进步，特别是 1922 年大罢工名震中外，但在组织上还存在缺点，只有上层组织，各轮船无下层工会组织，没有召开海员代表大会决定总会的工作方针，宣传工作也不完满。他提出这次大会要纠正这些缺点，“本我们奋斗的精神，努力工

① 参见《广州民国日报》1926 年 1 月 6 日。海员总工会在第三次劳动大会上称此次大会于 1 月 15 日开幕，代表为 122 人。

② 参见邓中夏：《在中国海员工会第一次代表大会上的政治报告》（1926 年 1 月 20 日），载《邓中夏文集》，人民出版社，1983，第 208—209 页。

作，使这次大会得一个完满的结果”[①]。

关于组织建设问题，大会决定于香港或广州设总会外，广州、上海、汕头、厦门、汉口、重庆、青岛、天津、大连等地设立国内分会，新加坡、马赛、伦敦、纽约、横滨等处设国外分会；会后一年内完成扩张并整顿组织，在各轮船设立支部；各级海员组织按规定召集会议；各地支部改为分会。会议还决定促成香港水陆运输工人的联合；促成全国运输业的联合；加入赤色职工国际运输工人宣传委员会，建立与外国工会的联合。

关于经济与政治斗争。经济斗争有5个重点：提高工资，取得雇工介绍权，实现八小时工作制，反对虐待，规定伤亡抚恤条例。政治斗争方面，海员在国民革命中责任非常重大，应帮助殖民地、半殖民地的民族独立运动，反对太平洋地区帝国主义战争。大会还决定设立补习学校，建立图书馆、剧社，创办定期周刊《中国海员》。

1月9日，大会闭幕。中华海员工业联合总会改组为中华全国海员总工会，废止了会长制，以执行委员会为最高机关，干事局为办事机构。选举执行委员15人，苏兆征为委员长，谭华泽为副委员长，何来为总干事，邓中夏、黄平被聘为顾问。

按照民主集中制原则，实现对海员工会改组，是这次大会的最大收获。中华全国海员总工会促进了香港运输工业联合会的成立，进而为香港总工会的成立创造了条件；举办宣传员养成所，培训骨干300余人，各轮船支部的建设初见成效：组成罢工代表团，每周召开罢工海员大会一次，以资训练；失业介绍所为失业海员介绍短期工作，杜绝搀夺作工；还健全了与各主要港口海员分会的关系，统一指挥全国性斗争。由于各地航运事业发展不平衡和形势阻隔，海员总工会的活动实际上仍以广东和香港为主，与其他地方海员工会只是维持着松散联系，有的海员工会甚至一直沿用中华海员工业联合总会的旧名义。

---

① 苏兆征：《中华海员工业联合总会报告》，《中国海员》1926年第4期。

第六章　中流击水

1926 年春夏，国共两党合作发动了北伐战争。中国共产党组织工人群众积极支援北伐，加快了这场旨在推翻北洋军阀统治，实现国家统一，并从帝国主义压迫下解放出来的革命战争的进程。伴随北伐军的凯歌行进，工人运动掀起了新的更大规模的高潮，浩浩荡荡。在共产国际关于争取中国革命非资本主义前途决议的指导下，中国共产党领导工人运动从经济斗争与政治斗争相结合，向由总同盟罢工到武装暴动发展，从省港大罢工“工人政府”的尝试发展到建立上海临时市政府，迈出了重要的一大步。工人阶级的代表参加国家政权机关，标志着党探索中国革命道路丰富了新的内涵。

一　第三次全国劳动大会的召开与工人阶级支援北伐

1. 第三次全国劳动大会的召开

1926 年 1 月 1 日至 20 日，中国国民党在广州召开第二次全国代表大会，坚持三大政策，重申“应遵守总理遗训及第一次全国代表大会宣言中之规定，对于各种工人运动均须切实努力参加之”[①]。这显示了国民党左派的立场。大会同西山会议派作了斗争，但其党内分化并未停止。同时，奉直军阀在英、日帝国主义的支持和操纵下，共同把矛头对准冯玉祥国民军，国内政治形势发生新变化。

2 月 21 日至 24 日，中共中央在北京召开特别会议。会议分析当

① 《关于工人运动决议案》，载中国第二历史档案馆编《中国国民党第一、二次全国代表大会会议史料》上，江苏古籍出版社，1986，第 313 页。

时政局，认为五卅运动以后工人阶级处于孤军独进的状况，更证明农民的奋起是国民革命成功不可缺少的条件。农民运动的发展，只有在国民党或国民军有政权的地方才有可能。国民军一旦失利，国民革命将面临更加严峻的局面，广州国民政府甚至有可能在四面包围中失败。为此，必须适时发动北伐。“本党现时最主要的职任，实在是各方面的准备广州国民革命势力的往北发展”①。为此，大会决定于5月1日，在广州召开第三次全国劳动大会，并与第一次农民代表大会同时举行。

值此革命斗争处于积蓄力量待机而起的阶段，中共中央及时规定了领导群众前进的策略方针。4月15日，中共中央印行《我们今后怎样工作》的小册子。这本小册子总结了过去群众工作的经验教训，提出宣传工作要深入群众，必须把全国的政治运动与本地群众日常生活的要求结合起来，“能够领导群众从事这些日常争斗，才能树立党在群众中的信仰，才能训练群众的政治意识，才能遇重大政治主张时使群众与我们一块”；斗争中要照顾群众心理，讲究艺术，“要有适合群众要求的口号”，“若果口号提高了，色彩鲜浓了，使群众畏避，自己陷于孤立，甚或群众反被反动方面吸收过去，更是危险”；要认真研究联合战线政策的实际运用，联合战线不能仅是领袖的联合，必须是群众的联合，必须形成共同的要求与口号；在工人阶级内部，也“有切实讲求整个的工人阶级联合战线，即不分党派不分职业不分宗教工人群众联合战线之必要”；联合战线的形式可以是多种多样的；在工作方法上，共产党人要努力群众化，不断保持与党外群众、社会人士的密切联系，不能脱离中国社会环境去观察问题开展工作。②

① 《关于现时政局与共产党的主要职任议决案》(1926年2月)，载中共中央文献研究室、中央档案馆编《建党以来重要文献选编（一九二一——一九四九）》第3册，中央文献出版社，2011，第108页。

② 《我们今后怎样工作》(1926年4月15日)，载中共中央文献研究室、中央档案馆编《建党以来重要文献选编（一九二一——一九四九）》第3册，中央文献出版社，2011，第156—161页。

这些策略方针虽然针对全面工作而提出，但对工人运动发展的针对性、指导性也非常强。5月7日，中共中央提出当时工作的原则，强调应当“特别注意于发展工会下层组织的秘密基础，建立工会运动中之党的核心”，只有建立了可靠的群众基础，工会公开才能真正发挥作用。“在现时严重压迫之下职工运动不能有很大的政治斗争，我们当注重部分的要求，零碎经济的要求，以促进工人的地位，扩大工人的组织，加紧工人的团结。”①

2月19日，刘少奇到广州。由于全国总工会委员长林伟民患病，刘少奇代理全国总工会委员长职务。4月8日，他主持全国总工会执行委员会议，决定于本年“五一”国际劳动节在广州召开第三次全国劳动大会，以刘少奇、戴卓民、陆沉、孙良惠、刘尔崧为筹备委员。会议电告全国各工会派代表出席，并邀请赤色职工国际以及苏联、德、法、英、日、印度、爪哇、菲律宾等国家和地区的工会届时派员观摩。他还亲自同广东总工会的负责人商谈参加第三次全国劳动大会事宜，取得圆满结果。

4月20日，中共中央致信第三次全国劳动大会，号召工人阶级不仅加强产业工人的组织，而且要普及于一般工人群众；不仅组织一般的工人群众，而且要和农民结成亲密的联盟；“我们必须努力扩大及巩固全国工人农民及一切劳苦群众的联合战线，才能够抵抗一切特权阶级的压迫，以至获得我们政治争斗的初步胜利——民族革命的胜利”②。

5月1日，第三次全国劳动大会在广州如期举行。由于第一次全国农民代表大会未能按期召开，这次大会的开幕式便与广东省第二次农民代表大会联合举行。出席这次劳动大会的代表有502人，代表全国699个工人团体、124.1万有组织的工人。邓中夏致开幕词，

① 《中央通告第一百零一号》（1926年5月7日），载中共中央文献研究室、中央档案馆编《建党以来重要文献选编（一九二一——一九四九）》第3册，中央文献出版社，2011，第183—184页。

② 《中国共产党致第三次全国劳动大会信》（1926年4月20日），《向导》1926年第151期。

刘少奇宣读了中共中央给第三次全国劳动大会的信、国民党祝词、青年团祝词。林祖涵代表国民党中央政治委员会、詹大悲代表国民党中央执委会、彭述之代表共产党、林育南代表青年团先后致辞。会后，会议代表全体出席东校场纪念大会。大会发表了开幕通电、告工友书、告农友书和致全世界工人书。次日，两个大会的代表出席了廖仲恺先生纪念碑奠基典礼。

会议期间，刘少奇先后报告了一年来全国工运的发展状况和全国总工会执委会的工作，李立三先后报告了上海总工会的工作和出席赤色职工国际大会的情况，苏兆征报告了省港大罢工的情况，国民政府顾问鲍罗廷报告了世界革命状况。与会代表分别听取了全国政治状况与社会状况、国民政府现状、世界职工运动、苏联状况以及关于工农兵大联合的报告。全国铁路总工会、海员总工会和武汉工人代表团的代表介绍了各自或本地的工作情状，汉冶萍总工会代表介绍了安源事件及其后的情况。大会通过了一系列决议。

刘少奇在报告中指出：一年来，中国工人运动有极大的发展，尤其在五卅运动中，更有长足的进步。各种奋斗事实足以证明，“工人阶级在国民革命运动中，均能领导一切民众，向帝国主义及军阀进攻”，“在国民革命运动中之领导地位，是确凿不移的”。斗争的事实，证明了帝国主义与国内军阀是人民的敌人、革命的对象；资产阶级有参加国民革命的可能，但不彻底；工人阶级“在资产阶级与帝国主义冲突最利害的时候，应与资产阶级合作，共同反对帝国主义，以增反帝国主义运动之势力；但当资产阶级一有妥协之倾向时，或压迫工人运动时，工人阶级应极力反对，以防备资产阶级骗卖自己”。应当与小资产阶级建立革命的联合战线；农民“是工人阶级天然的同盟军”，应切实提携农民，援助农民的斗争，照顾农民的利益。[①]

大会完全赞同刘少奇的报告，指出“中国工人阶级是中国国民革命的领导阶级”，“应切实联合小资产阶级，督促大资产阶级与帝国主

---

① 刘少奇：《一年来中国职工运动的发展》，载中华全国总工会中国工人运动史研究室编《中国工会历次代表大会文献》第1卷，工人出版社，1984，第65—66页。

义冲突，进行革命”，“切实提携农民，联合小商人、学生及社会上一切革命民众，建立联合战线，进行中国的革命”。[①] 这就以大会决议的形式，初步在工人运动中提出了新民主主义革命的政治路线。

大会根据五卅运动后中国社会政治形势的变化，明确规定工人阶级当时的任务是支援广州国民政府的北伐。大会向国民政府递交了请愿书，表示“现我中国工人阶级及一切被压迫民众之唯一出路，即在积极参加国民革命以与军阀、帝国主义者作殊死之斗争，根本打倒帝国主义及军阀”，要求国民政府“出师北伐，打倒一切军阀，肃清一切反革命派”，“敝大会全体代表当领率全国工人一致参加，以为钧府后盾”。[②]

为实现工人阶级在国民革命中的领导权，动员和组织全国工人准备和迎接北伐战争，并在新形势下推动工人运动进一步发展，大会根据一年间工人运动的实践经验和各地不同条件，对如何领导工人群众进行政治的、经济的斗争，巩固和扩大工会组织，提出了具体策略和方针。

大会指出，建立革命联合战线是工人运动此时的总策略。工人阶级第一个组织形式，就是工人阶级的政党，“工人政党在于团结目的一致和最能奋斗之工人为全国工人阶级之利益而奋斗”，“工人群众尤须拥护和运用工人政党以与压迫阶级相抗”。这是公开宣布中国工人阶级立于共产党的领导之下。工人阶级的其他两个组织形式，一是工会，二是各种经济文化组织如合作社、工人学校、俱乐部、图书室、饭堂、寄宿舍等。工人运动的开展，必须以产业工人为中心，联络手工业工人、小工厂工人和店员。[③]

---

① 《关于中国职工运动的发展及其在国民革命运动中之地位报告的决议》，载中华全国总工会中国工人运动史研究室编《中国工会历次代表大会文献》第 1 卷，工人出版社，1984，第 128、129 页。

② 《为促进北伐向国民政府请愿书》，载中华全国总工会中国工人运动史研究室编《中国工会历次代表大会文献》第 1 卷，工人出版社，1984，第 148 页。

③ 参见《中国职工运动总策略决议案》，载中华全国总工会中国工人运动史研究室编《中国工会历次代表大会文献》第 1 卷，工人出版社，1984，第 105—107 页。

在工会建设方面，提出必须以严密、集中为原则，搞好产业工会与职业工会的建设，加强各级各类工会的统一。工厂支部是工会的基本组织，全国性产业总工会是全国总工会的基础。在工会尚不能公开活动的地方，应厉行秘密工会的组织和活动。

大会确认经济斗争是工会运动的有机组成部分，具有政治性，是工会的日常工作。当时经济斗争的目标，一是必须有共同的普遍的要求，二是必须认定这种目标包含有改善生活、促进组织发展、不脱离政治斗争的作用。其具体要求应包括增加工资、减少工时、提高待遇、取消包工制、改善女工和童工生活等内容。至于经济斗争如何开展，则须考虑当时当地组织状况、行动步骤、行动时机等因素。

罢工是工人阶级有力的斗争武器。五卅运动，特别是省港大罢工的进行，促使这次大会提出罢工战术问题。大会规定“在每一个经济罢工的时候，一定要引导向政治的路上走，在每一个政治罢工的时候，一定要注意工人的经济要求”。决议提出没有组织过罢工的，不要畏惧罢工；罢工胜利过的，不要贸然罢工。决定罢工时，务必对这个时期的总策略、总现象与趋势、经济状况、群众心理与要求、敌我力量和社会力量，都有正确的了解和估量，切忌轻举妄动。这项决议还十分周密细致地提出 21 条进攻和自卫的策略，具有极大的针对性和指导作用。

5 月 12 日，大会选出中华全国总工会第二届执行委员 35 人、候补执行委员 17 人。大会闭幕典礼于当晚举行，李立三致闭幕词。14 日，第一次执行委员全体会议召开，选举苏兆征、邓中夏、刘少奇、李立三、朱少连、何耀全、刘文松、项英、陆枝为常务委员，苏兆征为委员长，项英为副委员长。16 日，常委会第一次会议推选刘少奇为秘书部部长，李立三为组织部部长，邓中夏为宣传部部长。

第三次全国劳动大会结束后，中共中央职工运动委员会召开全国职工运动讨论会，中央职委会、铁路总工会，以及湖北、上海区、山东、河南、湖南等地的代表分别作了汇报。会议强调在工人运动中，要正确处理共产党与工会的关系，加强党的领导；大力发展产业工会并使之统一，分全国为广东、上海、汉口、天津、奉天、湖南、青岛等7区，分别组织本区总工会，统一指挥辖区内工人运动。全国总工会通过各全国产业总工会和各区总工会领导全国工人运动，各区产业总工会受本区总工会和全国产业总工会双重领导；加强工会基层组织建设。以小组为工会基本组织，厉行秘密训练和秘密组织；在宣传方面，积极创办、出版党的工运刊物，举办“飞行集会”。会议对组织青工、女工，反对工贼和组织工人自卫团等问题，也作出了相应的决议。组织工人自卫团，是发展工人武装的重要设想，大会要求各地秘密组织工人自卫团，加强其政治的、军事的训练，加强纪律性，为发展成为正式的工人武装作准备。[①]

2. 工人阶级支援北伐

1926年5月20日，叶挺率国民革命军第四军独立团从广东先行北上，拉开北伐战幕。7月1日，国民政府军事委员会下达北伐动员令，投入北伐的有第四军第十师、第十二师，第一军，第二军，第三军，第五军，第六军一部或大部，以及从广西出发的第七军，湖南唐生智部编成的第八军。

联共（布）中央政治局坚持认为广州政府实行北伐的条件很不成熟，一再“责成广州同志保证实行政治局不止一次重申的坚决谴责在目前进行北伐或准备北伐的指示”[②]。广州方面没有理会莫斯科的阻止，倒是维经斯基回到中国后，面对北伐势在必行的态势，与中共中央协调认识，提出广州应“采取防御立场”，“工作的重点口号不是进行北伐，而应当是提高工农群众的经济福利，巩固革命政府的基地”[③]。受其影响，陈独秀发表《论国民政府之北伐》，强调广

---

① 参见《中共中央职工委员会关于全国职工运动讨论会议决案》，载中华全国总工会编《中共中央关于工人运动文件选编》（上），档案出版社，1985，第110—142页。

② 《联共（布）中央政治局会议第27号（特字第21号）记录》（1926年5月20日），载中共中央党史研究室第一研究部译《联共（布）、共产国际与中国国民革命运动（1926—1927）》上，北京图书馆出版社，1998，第268页。

③ 《维经斯基给联共（布）驻共产国际执行委员会代表团核心小组的电报》（1926年7月1日），载中共中央党史研究室第一研究部译《联共（布）、共产国际与中国国民革命运动（1926—1927）》上，北京图书馆出版社，1998，第322页。

州方面要进行的是“防御战争”，并且要在北伐中防止和反对搜刮平民以充战费、剥夺人民自由以维治安等错误的观念和行动。7月中旬，中共中央召开第三次执委扩大会议，12日发表《中国共产党对于时局的主张》，“仍旧主张国民会议是解决中国政治问题的道路”①。直到月底，共产国际远东局与中共中央达成新认识，中共中央发出通告，提出关于北伐的积极措施。

中共中央第三次执委扩大会议研究了“中山舰事件”后的时局，提出了处理与国民党关系的方针，部署了全面工作。工人运动方面，将此前的策略方针系统化，对全国总工会、各产业、各地方都提出了具体要求，重申：“本党指导工人运动不在于包办工会机关，而在于能够不断的提出切合工人阶级实际的经济的政治的要求，与党员之确能为工人群众的利益而奋斗”；“中国工人阶级目前的主要职任是领导全民族的解放斗争，工会与其他阶级民众团体建立反帝国主义反军阀的行动的联合战线，就是实现这一职任的唯一策略”。② 这对于北伐期间工人运动的发展，具有重要的指导意义。

7月25日，全国总工会就国民政府出师发表宣言。文中提到北伐的意义是“防御战争”，但指出它是“发展国民革命势力很重要的军事行动”，认为北伐的成败与民众关系极大，号召“广东的民众应一致努力援助国民革命军北伐，以防御帝国主义者反赤军的势力侵入广东，蹂躏各界民众。北方的民众尤应联合一致，集中各界民众的力量赞助国民革命军，努力奋斗，扰乱反赤军后防，使国民革命军得到胜利，拥护中国革命根据地广东，发展中国的革命势力，进行自己的解放运动”③。

---

① 《中国共产党对于时局的主张》（1926年7月12日），载中共中央文献研究室、中央档案馆编《建党以来重要文献选编（一九二一——一九四九）》第3册，中央文献出版社，2011，第259页。

② 《职工运动议决案》（1926年7月），中共中央文献研究室、中央档案馆编《建党以来重要文献选编（一九二一——一九四九）》第3册，中央文献出版社，2011，第292页。

③ 《中华全国总工会对国民政府出师宣言》，载中华全国总工会中国职工运动史研究室编《中国工会历史文献》第1集，工人出版社，1958，第267页。

国民党内各军事集团对北伐的期望不尽相同，但在通过北伐扩充实力，取得更大更多的权力上是相同的。他们片面强调当时处于北伐时期，应当限制人民自由，压制工农群众改善经济与政治地位的斗争。全国总工会旗帜鲜明指出："国民革命军所到之地，应该拥护人民一切的利益，赞助人民和各种的自由，并应帮助工农阶级的组织，扶助一切民众运动的发展。因为必须如此，才得到全国民众的帮助，才能发展中国的革命势力，巩固及扩大国民革命的基础，北伐才更有意义。若只为求得军事上的便利，不惜限制民众的自由，牺牲民众的利益，禁止民众争取自由和利益的运动，那北伐所得结果，恐仍不能达到预定的期望"①。这个立场是代表工人阶级根本利益的。虽然为保证北伐的顺利进行，国民政府辖区的工人阶级和人民群众不能不作出一定的牺牲，但这绝不应成为压制工人运动的借口。

北伐战争是革命的战争。革命战争与一般国内战争的区别，在于它拥护人民的利益，能吸引人民群众积极参与。全国总工会指出："国民革命是要全国民众自己实际来干的"，北伐的胜利，会给工人运动的发展创造出有利的环境，但工会的建设，工人的翻身，归根到底要靠工人阶级自身的力量。全国总工会还提出在北伐军占领区，应当启封工会，释放被捕工运领袖，恢复被通缉、被开除及失业工人的工作，履行以前罢工胜利的条件，抚恤和救济死伤工友，改良过低的经济条件和恶劣的待遇；在政治上，应当要求颁布劳动法和工会条例，要求集会、结社、言论、出版和罢工的自由，召开以人数为比例选派代表的国民会议；等等。

这时候，北伐军已经克复长沙。全国总工会的宣言，代表工人阶级宣示立场，是对各级工会、各地工人全力支援北伐战争的明确指示；它阐明了北伐与民众运动的关系，抵制了企图借北伐而牺牲工人利益的论调；它提出发展战区工人运动的原则和要求，有利于

① 《中华全国总工会对国民政府出师宣言》，载中华全国总工会中国职工运动史研究室编《中国工会历史文献》第1集，工人出版社，1958，第267页。

促进工运的蓬勃发展。因此，“各方面的舆论为之一变，工人全力支持这个宣言的主张”[1]。

北伐军从广东出发，支前的任务摆到了省港罢工工人和广东工人的面前。苏兆征、邓中夏等深入各工会，宣传北伐的意义和工人的责任。《工人之路特号》连续刊发评论、通讯，讲道理，树典型，造气氛。香港西业工人联合会、香港金属业总工会分别发出告工友书，号召罢工工友积极应募。香港金属业总工会组织演讲队深入罢工工人宿舍，讲演者“说得痛快淋漓，很多工友为之感动，签名愿去做运输队员的十分踊跃”[2]。广州工人代表大会召开执委会议，专门讨论北伐运输问题。

省港罢工工人在北伐军的物资运输中发挥了主要作用。6月下旬，第四军主力部队首途入湘之际，军需处函请省港罢工委员会派600人参加运输队，罢工工人踊跃报名。不久，总司令部饬广州市公安局募夫1200名，公安局又致函罢工委员会在罢工工友中招募。6月29日，省港罢工委员会特设北伐运输委员会，李森亲自担任监督。7月中旬，应募者已达2000余人。不久，军方又请罢工委员会代募工友3000人。北伐运输委员会召集各工会代表开会，分头发动会员应募，决定煤炭工会500人至1000人，海员工会500人，金属业总工会500人，西业工会300人，运输业工会1500人。9月间，汕头罢工委员会也组织运输队200人。招募大批罢工工人参加运输工作，也有缓解失业的意义。北伐运输委员会宣布运输队员报酬由每月15元增加到26元，回粤后补发茶水什费，行前预支10元购办用品。

7月4日，1000余人出发，队伍齐整，军乐开道，“省港罢工委员会北伐运输队”大旗招展，沿途燃放爆竹欢送。运输的行程是艰苦的。韶关以北衡山以南，五岭山脉崇山峻岭，道路崎岖，尤其是

---

① 刘少奇：《全国总工会会务报告〔摘要〕》，载中华全国总工会中国工人运动史研究室编《中国工会历次代表大会文献》第1卷，工人出版社，1984，第182页。

② 《各工会工友加入运输队之踊跃》，《工人之路特号》1926年第363期。

乐昌以北，形势更为险峻。时值盛夏，溽暑炎蒸，运输队员肩负重担翻山越岭，其困苦可想而知。几千工人倾一腔热忱，凭一身气力，不顾辛劳，不避艰险，帮助北伐军迅速完成了出师任务。初时，北伐部队要求工人将各种物资输送到湘南边境即可，结果路线延长，有的工人甚至随军到达武汉。

广东、香港工会和工人还组成修理队、交通队随军行动。香港金属业总工会致函全国总工会请缨北伐，愿发挥所属会员的技艺，随营效劳，沿途修理械件。广九、广三、粤汉铁路工人组织随军北伐交通队，每路各派司机、机匠、司旗、路面、工程人员 12 人。另据报道，全国铁路总工会广州办事处组织各路工人参加交通队，计司机每路 2 人，司旗每路 4 人，路面每路 4 人，会同全国总工会交通队一齐出发。[1] 铁路交通队奋战三昼夜，修复了湖南汨罗车站被水冲毁路段和汨罗江桥墩，使大军得以迅速进军岳州。工人们两三日修好了出轨的火车头，方便了北伐军由鄂南汀泗桥进军武昌。部分交通队员转战江西南浔路，使敌方不能运兵。

7 月 10 日，第四军向湘东重镇醴陵发起攻击。醴陵工人做侦探、做向导、搞运输，“都是异常努力，异常勇敢”[2]。工人和学生组成平民救国团，与农民武装队共 300 余人，分布于栗山坝、泗汾一带，协助北伐军作战。株萍铁路工人于总攻前，派人到醴陵、萍乡等地，侦察敌情，随时报告第四军。他们破坏了株萍铁路姚家铺至板杉铺的漆家坝、东冲铺附近的铁道和电线，破坏了阳山石至老关殷家冲附近的铁道和电线，破坏了株洲至渌口的电线。结果，醴陵之役，赣敌傅应珩混成旅中级军官被俘殆尽，增援之敌谢文炳部受到重创。北伐军后续部队第三军萧文谔在信件中称：此役，“我军之战中能力固强，而能于数小时内把万余敌军冲散者，得株萍铁道工人之帮助，诚不小也”[3]。

---

① 《铁路工人随军北伐之壮闻》，《工人之路特号》1926 年第 377 期。

② 希云：《自革命军到后之醴陵工人运动概况》，《战士》1926 年第 19 期。

③ 叔坚：《从广州所闻北伐军之胜利与民众》，《向导》1926 年第 177 期。

7月9日，直系叶开鑫弃长沙北逃。湖南省工团联组织1000人的工人保安队，分守8座城门和城中各条要道，与革命军游击队共同维护治安。由湘潭败退入城的敌军，多被保安队缴械，数名工人在战斗中挂彩。长沙未经蹂躏而顺利被攻下，"全赖长沙工人之力"①。

为支援大军北进，湖南省工团联组织以码头工人和人力车夫为主的运输队。长沙县署奉命增募短夫2000名，函请省工团联特别帮助。工团联从速组织，分批调遣，各队持委员长郭亮的公缄，以资联络。省工团联嘱各运输队长督率所属队员，"慎勤服务"，各队还带有画报等宣传品，沿途散布，以唤起民众。②

攻平江时，"工会遂一律参加革命工作"③。工人李春生作暗探队员，侦知平通防御司令陆沄的下落，当即报告北伐军派兵围剿。结果，陆沄走投无路，饮弹自毙，北伐军解放平江。粤汉铁路五里牌车站工人拆毁铁轨，割断电线，致敌军消息失灵，敌宋大霈部火车3列被截。在路口铺与五里牌之间，株萍铁路工人拆毁路轨两处，致3列军车受阻，北伐军获得大批军用物品。

北伐军挺进鄂南以后，株萍铁路工人随军北上，在蒲圻中伙铺与咸宁汀泗桥之间破坏铁道，使敌不能通过。继而他们在武昌土地堂与纸坊之间破坏铁道，使鄂敌陈嘉谟援兵不能南下。

武汉工人代表会以汉冶萍轮驳工人为基础，组织汉口集家嘴至易家墩沿汉水一带的划子和木船工人，汉口、汉阳部分码头工人、人力车夫，秘密组成运输队、担架队，准备迎接北伐军。侦察向导队伺机熟悉地形和线路，以便引导北伐军进入汉阳、汉口。

汉阳兵工厂工人做出了特殊贡献。9月1日，北伐军兵临武昌城下时，兵工厂工人发出响应北伐军通电，宣布总罢工。兵工厂总办派人四处威胁利诱，工人以欠饷太久，无法生活为由，拒绝复工。9

---

① 协夫：《湖南工农直接参加北伐战争之一些事实》，《战士》1926年第19期。

② 参见霍然：《近数月来湖南的工人运动》，《战士》1926年第24期。

③ 波痕：《工人参战之一斑》，《战士》1926年第18期。

月7日，北伐军攻克汉口。同日，汉阳兵工厂全体复工，为北伐军制造武器。武汉工人代表会盛赞兵工厂工人“很足为武汉各业工友的模范”①。

在江西，为配合北伐军攻打萍乡，株萍铁路工人组织5支破坏队，分布在峡山口至萍乡、萍乡至安源、安源至泸溪、安源至莲花庵、泸溪至袁州，各队“在前方与侦探队联络，破坏交通事业，报告敌方情形”②。第一、二队炸毁了萍乡镇守署，将夺获的子弹、地雷交给北伐军。

9月中旬，北伐军进攻铜鼓。上庄造纸厂工会组织数百名工人担任侦察、运输和救护工作，还派出20多名精壮工人乘黑夜以马刀、梭镖为武器，消灭了赣敌第七混成旅前哨排。

19日，北伐军第六军十九师先头便衣队，以南昌工人、学生和警备队为内应，轻取南昌。南昌工人、市民万余人召开大会慰劳北伐军。敌邓如琢攻入南昌后实施报复，被杀者最多是学生，工人次之。北伐军第三次攻打南昌时，11月8日夜间，南昌工人又带领北伐军爬城而入，俘敌万余人。

在江西北战场，九江码头工人、南浔铁路工人行动起来。10月16日，孙传芳征调商轮“江永”号在九江进港抛锚之际，码头工人帮助地下工作者实施引火爆炸，使2000余箱子弹、8门大炮、30万元银圆、3000余床棉被、4000余套棉衣及其他军用物资，或被炸毁，或沉江底，1500名士兵、500余名夫役，只有三四百人生还。③

12月，先期由赣入浙的东路军到达浙江衢州，杭州总工会派出代表专程前往慰问。处于秘密状态的杭州总工会工人纠察队抽调40名骨干，进行军事训练，拟届时充任分队长，领导工人起义。1927年2月，北伐军进逼杭州，沪杭铁路工人拆毁了笕桥至临平间的第159号桥、临平至许村间的第157号桥，拆毁了嘉兴到石湖荡一带的

① 《武汉工人代表会为汉阳兵工厂复工告全体工友书》（1926年9月7日），《工人之路特号》1926年第441期。

② 霍然：《近数月来湖南的工人运动》，《战士》1926年第24期。

③ 参见江西省总工会编《江西工人运动史》，江西人民出版社，1995，第94—95页。

铁轨。闸口铁路机厂工人卸下机车零件，防止孙传芳的部队败退时抢走火车。北伐军抵杭州六和塔时，沪杭甬铁路总工会副委员长沈干城指挥群众，对军用仓库进行扰乱和破坏。16 日，工人纠察队 600 余人发动起义，和 500 余名反正的孙军士兵协作，将溃逃之孙军从火车站追到艮山门外。18 日，铁路工人迎接北伐军从闸口进入杭州。

北伐军向嘉兴进军途中，受阻于张宗昌的铁甲车队。闸口铁路机厂工人在缺少图纸设备的条件下，奋战 3 昼夜，改装成功 6 辆装甲列车，投入作战。铁路工人还驾驶火车星夜运送部队和军火，修桥开路，支援北伐军进军上海。

浙江之战，从根本上摧毁了东南五省联军总司令孙传芳的嫡系军事力量。浙江各地工人都积极行动，配合作战。宁波铁路工人驾机车赴萧山迎接北伐军。绍兴工人纠察队与北伐军同围弥陀寺溃兵，使绍兴免于洗劫。瑞安县 2000 多人的运输队为北伐军运物资到温州。

北伐军军行所至，福建、安徽、江苏等省的工人，以各种形式，尽力予以支援。至于上海工人以武装暴动胜利的硕果迎接北伐军，更是功勋卓著。

二　北伐出师后的两广工人运动

1. 广东的工会建设与经济斗争

北伐誓师之前，广州工人代表大会召开第二次大会时，参加的工会 166 个、会员 175777 人。[①] 作为广州工人运动的领导者，广州工代会不断致力于工会的群众化和组织的集中化。一方面把更多的工人组织到工会里来，把受东家控制的工会吸引到工代会的旗帜下面来，另一方面加强性质相同或相近的工会间的联合。1926 年 10

① 参见邓中夏：《一九二六年之广州工潮》（1927 年），载《邓中夏文集》，人民出版社，1983，第 352 页。

月，广州店员代表大会实现了各店员工会的大联合，设分会 23 个，统一领导会员 1.5 万人。1927 年 2 月，广东铁路工会第二次代表大会统一了全省铁路工人运动。

1926 年 10 月 30 日至 11 月 1 日，广州工人代表大会举行第三次大会，代表工会 206 个、会员 193735 人。① 这次大会就发展会务问题作出 10 项决议，除切实整顿内部，加强宣传、教育和联络，切实指导各工会经济斗争以外，提出“努力向未加入本会之各工会工友宣传，使了解本会之组织与宗旨，加入本会，如在恶东工贼支配下之工友，则设法促其觉悟，共同努力于铲除东家工会及惩办工贼运动，以统一工人运动之战线”②。

1927 年 4 月 1 日至 5 日，广州工人代表大会召开第四次大会。参加工代会的工会已有 210 余个。会议通过 12 种决议案，要求政府从速颁布劳动法，保障工会已取得的利益和条件。在组织方面，提出巩固工会基础，统一工会组织，请求政府解散伪工会。会议认为统一工会工作颇有成绩，但是，“各工会之下层组织运用，仍未见大进步”③，全省工人运动的统一也未能实现。

广州以外，各地的工会建设也有新的发展。据报告，到 1926 年底，广东全省有工会 737 个、会员 466532 人，除去广州市，各地方有工会 498 个、会员 159698 人。④

1926 年 5 月，汕头总工会成立。“汕头工人全数集中于汕头总工会旗帜之下，受汕头总工会之指挥。”工人觉悟“日加进步”，为旧势力所蒙蔽的少数工友，“相率来与自己同阶级之工人兄弟携手”。如抽纱工会、煤炭起卸工会加入汕头总工会，铁路职工协会大部分工友加入铁路工会，绸缎店员改公会为工会。潮汕地区各县，经汕

---

① 参见邓中夏：《一九二六年之广州工潮》（1927 年），载《邓中夏文集》，人民出版社，1983，第 352 页。《工人之路特号》第 477 期载有本次大会开幕报道，称参加大会的工会为 207 个。

② 《广州工人代表大会对会务报告决议案》，《工人之路特号》1926 年第 482 期。

③ 《广州民国日报》1927 年 4 月 4 日、5 日。

④ 参见刘尔崧：《在国民党广东省第二次全省代表大会上的报告》，1926 年 12 月。

头总工会努力，组织“已日趋于统一”。如竞进工会、机器工团、华人洋务职工会合并为岭东洋务工会，缝业工人集合10县15个工会成立岭东缝业总工会，轮渡船务总工会集合10余部与各县办事处开统一大会等等。①

7月16日，全国总工会惠州办事处奉命收束，具体事务悉由惠州工人代表大会办理。12月1日，惠州工人代表大会第二次大会召开。1927年1月，台山县总工会召开工人代表大会。4月，江门市工人代表会召开第二次代表大会。代表大会的定期召开，密切了工会领导机关与基层工会和普通会员的关系。各地工会的组织制度大多由会长制、主任制相应变为委员会议制，实现了群众化。

在第一次国共合作时期，广东的工会建设成绩很大，但始终未能实现工会组织的大统一。其中有复杂的原因。从工人阶级结构上看，在广州，产业工人占8.5%，手工工厂工人占12.5%，手工业工人占60%，码头工人占6.5%，水上工人占6.5%，店员占6%。②一般说来，在手工工厂工人、手工业工人和店员中，较多地保留了地方宗法观念和行会思想。

从工会发展历程上看，广东得风气之先，建立工会比较早，但一开始就呈现组织零乱的状态，有封建时代遗留下来的行会组织，有按照专门技术组织的职业组织，有主张阶级利益、同一生产机关不分工种把工人组织在一起的产业组织。广东总工会、机器工会、广州工人代表大会分别是上述3种组织的代表。组织性质的不同和利益的不同，使工会难以统一。

从广东的经济性质上看，手工业和商业的比例大。这种经济结构常常造成小业主破产容易，工人就业困难。广东工会享有会员职业介绍权、与雇主缔结团体契约权。这对一般工人特别有吸引力，工人把入会作为职业保障。在成立工会手续简便的情况下，各业工

---

① 参见《汕头工人运动之趋势》，《工人之路特号》1926年第472期。

② 参见邓中夏：《一九二六年之广州工潮》（1927年），载《邓中夏文集》，人民出版社，1983，第349页。

会群雄并起，造成工会数目多，大工会少。根据对广州 183 个工会的调查，会员在 500 人以内的（含本数）有 75 个，其中不足 100 人的还有 7 个，超过 2000 人的（含本数）只有 40 个，① 其中一部分还号称总工会。广州工会会费比较高，征收基本金 5 元以上的（含本数）31 个，其中收 20 元以上的有 7 个，一般在 1 元至 3 元之间，极少有 1 元以内的，征收月费 3 角以上的（含本数）有 25 个。② 这是一笔不小的收入。因此，既出现对立工会互相争夺会员，也出现同一派工会互相争夺会员的现象。发展会员时，“搞宣传的人所带的不是宣传品，而是各拿一根又粗又长的木棍，如有工人不愿意加入工会，他必将受到木棍的挨打”，“如果一个商店的工人参加了两个工会，立即就会发生争夺公共福利费的冲突，有时候为了争夺会员而发生巨大的斗争”。③

从广东的政治形势看，国共合作后，反共势力一直存在。孙中山在世时他们还有所顾忌，孙中山逝世后，他们大肆活动，支持、怂恿一部分工会头目搞分裂，牵制共产党领导工人运动，广东总工会、机器工会始终靠右派分子撑腰。厂主店主害怕工会的力量，也想方设法自立工会，或收买一些工人另立工会。工会运动不能完全统一，重大纠纷时常发生，这种政治因素所起的作用是主要的。

工潮特别兴盛的根本动因，还是物价不断攀升，工人工资低。广东省政府委员甘乃光曾在商民大会上报告说：“现时生活程度，已高至百分之九十，工人的加薪，则约加至百分之七十，有少数工人已加多过物价指数，但如人力车伕之工值，则又减少百分之四十。大约大部分计算，尚有甚多未加至适合生活的标准者。”④ 工人的工

---

① 参见王清彬等编《第一次中国劳动年鉴》，北平社会调查部，1928，第 73—79 页。

② 参见王清彬等编《第一次中国劳动年鉴》，北平社会调查部，1928，第 73—79 页。

③ 《广州工会运动的报告》（1926 年夏），载中央档案馆、广东省档案馆编《广东革命历史文件汇集（中共广东区委文件）》（1921 年—1926 年），内部版，1982，第 342 页。

④ 转见邓中夏：《一九二六年之广州工潮》（1927 年），载《邓中夏文集》，人民出版社，1983，第 327 页。

资本来就微薄，增加一点，又敌不过物价的攀升，则实际工资的降低乃是无可阻止的。工人要维持劳动力的生产和再生产，不能不采取多种形式开展经济斗争。据广州工人代表大会第四次大会报告，1926 年 4 月开始的一年中，其所属工会的加薪斗争，已取得胜利的 79 件，相持未决的 15 件，失败的 12 件。究其原因，一是工会组织未巩固；二是东家勾结政治势力破坏；三是东家利用其他工会破坏。[①] 广东其他地区的情形，大体与此相似。由于政治形势的不断恶化，工人的经济斗争往往反反复复，旷日持久，付出比较大的代价，所获并不理想。

2. 两广工运形势的转变

北伐出师后，李济深以国民革命军总参谋长兼第四军军长的身份坐镇后方。1926 年 12 月，国民党中央党部和国民政府迁往武汉，决定在广州成立国民党中央政治委员会广州分会，李济深任主席。李济深是“广东有实力的右派”[②]，虽与蒋介石有矛盾，但在限制工农运动上两人是一致的。邓中夏曾把政府对于广东工运的态度分为 3 个时期：“中山舰事件”发生以前，政府确是站在工人方面；“中山舰事件”至国民政府北迁武汉，政府似乎在工人与反工运势力之间中立；国民政府北迁以后，“政府似乎连中立也不守，似乎不客气对于工潮用政治力量甚至有时还用军警力量加以取缔了”[③]。第三时期就是李济深主政的时期。

北伐前后蒋介石军事独裁倾向的发展，引起国民党左派人士不满，他们提请汪精卫回国复职，“广东内外反蒋迎汪空气异常浓厚”，“要求国民政府有一个新的改变”。[④] 鉴于国民党即将召开中央执行委

---

① 《广州民国日报》1927 年 4 月 4 日。

② 《中央局关于最近全国政治情形与党的发展的报告》（1926 年 9 月 20 日），载中央档案馆编《中共中央文件选集》第 2 册，中共中央党校出版社，1983，第 244 页。

③ 邓中夏：《一九二六年之广州工潮》（1927 年），载《邓中夏文集》，人民出版社，1983，第 361 页。

④ 《中央局关于最近全国政治情形与党的发展的报告》（1926 年 9 月 20 日），载中央档案馆编《中共中央文件选集》第 2 册，中共中央党校出版社，1983，第 245 页。

员暨各省区联席会议，中共中央连续发出党内通告，指示各地做好促成会议成功的各项工作，使之产生左派政纲，实行汪蒋合作。10月15日至28日，国民党中央各省区联席会议在广州举行，会议所通过的《本党最近政纲决议案》，是一个较为坚决的反帝、反封建、反对独裁统治和发展工农运动的政纲。它规定制定法规保障工人成立工会和罢工的自由，规定每周最长工作时间，规定实行劳工仲裁和劳资仲裁。它的公布，对战区工人阶级无疑在精神上给予了极大的支持和鼓舞，对国民政府统治区的工人运动的影响和作用则不能一概而论。在共产党和国民党左派占优势的地方，这个政纲有利于工人运动的发展；而在右派势力掌权的地方，这个政纲只是纸上谈兵，甚至有关条款还会被援引以限制工人运动。广东就属于这种情况。

北伐出师以后，广东的工运形势不断恶化。广东总工会频频制造纠纷，机器工会更公然发动武装进攻。资本家、恶东制造“无情鸡”事件，大批解雇工人、店员。党政军机关连篇累牍公布法令，对革命工会加以打击和限制。就在长江流域工人运动蓬勃高涨的时候，广东工人运动走了下坡路。

1926年7月，发生陈森事件。陈森是广州市公安局的便衣侦缉，又是广东总工会的主要头目。13日，广州工代会所属广州牙刷抿扫工会派员劝导工人入会，而东家行善育堂也搞了一个牙刷抿扫善育工会，隶属于广东总工会。善育堂东家纠合歹徒当场杀死牙刷抿扫工会2人、伤10余人。事发前，他们曾执广东总工会大旗恫吓，牙刷抿扫工会会员将旗帜收了送交警方，前两日又擒获破坏工会者并将其送交警方。结果，这些人由陈森保释，旗由陈森领回。本月2日，工代会所属广东土木建筑总工会工友，被广东总工会所属会员纠凶截击。1925年7月16日，工代会所属粉面茶馆工会会员3人被陈森主使茶居工会头目击毙，案件一直未了结。这些情况说明，工会纠纷的增多，东家工会发难是重要原因，陈森则是东家工会的总代表、总策划，是罪无可逭的幕后元凶。

7月16日，工代会代表1000余人请愿，强烈要求政府通缉陈森，予以严惩。18日晚，陈森照常出席在广东大学举行的欢送总政治部人员北伐盛会。粉面茶馆工会和牙刷抿扫工会工友将其扭送至广州工代会，后由公安局拘押。蒋介石知悉，函示公安局局长李章达，着李送陈森到总司令部。24日，工代会代表再次请愿，蒋介石不得已写了个“令公安局将陈森随传随到”的纸条，由中央党部工人部长陈树人转交请愿代表了事。①

陈森事件发生后，茶居工会纠聚众人，手执凶器，袭击位于西关的万昌、万珍及泰来等店，击毙一人、重伤多人。警方当场抓获行凶者3人。粉面茶馆工友为此停工请愿。8月9日晚，军警奉命破获了茶居工会秘密机关，搜获驳壳枪、手枪5支，以及与陈廉伯的往来信函多件，陈森等人在逃。22日，工代会召开总代表会议，议决函促国民党中央党部续开裁判委员会以惩办叛乱分子，呈请政府明令通缉陈森等归案。

茶居工会为陈森事件持械蛮斗，骚扰市廛。8月6日，国民党中央政治会议通过了解决纠纷的仲裁条例，规定工人“无论何时，各方不得聚众携械斗殴，或有违犯警律、或有危害公安之行动”，争执双方之行动，不得危及第三方，“无论何方违反此条，所有损失归其直接负责”。② 随后，总司令部发出布告，规定武力制止工人结队持械游行并扣留没收其械具，严拿纠党寻仇格斗为首滋事者，以军法从事，严禁私怀枪械。“自经此项布告颁发后，穗市械斗之风稍戢”③。

广州工会间因纠纷而斗殴，并不鲜见。手工工人受旧有械斗风尚熏染甚深，为维持秩序，公安禁止携械斗殴，无可非议。7月上旬，广州工人代表大会执行委员会决定并致函省农工厅和市公安局，要求政府出面解决工会纠纷，提议“定期邀请政府当局，及各高级工会，开一联席会议，将一切纠纷案件，共同解决”，“在未解决以

① 参见《陈森事件之真相》，《向导》1926年第169期。

② 《广州民国日报》1926年8月7日。

③ 《广州民国日报》1926年8月10日。

前，关于纠纷案件，应请贵厅局加以适当之处置，如非正当执行会务之手续凡携带武器及木棍，故意寻殴者，概应严厉制止”。① 7月中旬，广州工人代表大会召开总代表会议，就解决劳工纠纷问题进一步议决：第一步，“最好由广东农工厅，公安局，及广东总工会，广州工人代表会，各派代表共同组织一联席会议，将所有纠纷案件提出磋商解决，至工代会属下之工会，有发生纠纷时，头一次劝告，第二次警告，倘再不服从，则报告代表大会处分之，我们尤应反对资本家利用工人打工人，并促少数无知工友觉悟”②。由于发生陈森事件，召开联席会议解决纠纷的设想无法实现。“蒋介石袒护工贼陈森和非工人组织的总工会，已经使工人群众不相信蒋。”③

北伐开始后，各种非难、诽谤工人运动的奇谈怪论纷纷出笼，无非都是在“北伐”这个名词之下，“否认现在工农群众对政治及经济的正当要求”④。12月6日，国民党中央政治会议作出决议，其中关于解决工会纠纷问题，规定“（甲）不准工会擅自拘人；（乙）严行制止持械游行；（丙）工人不得擅自封锁工厂、封锁商店；东家方面，亦不得无故关闭工厂及商店；（丁）工人不得自工厂或商店强取一切什物”⑤。还规定凡军品制造业、金融业、交通业、与公共生活有直接间接关系的事业，发生工人纠纷时，仲裁委员会裁判绝对有效，由政府强制执行。12月18日，广州工人代表大会执行委员会就国民党中央政治会议的上述决议发表意见书，抗议当局一味压制工人运动，并向省政府提出3项要求：“（一）政府对于工人不得已之改良生活运动予以切实之保障，及迅予负责解决。（二）政府对于恶东及其走狗之一切破坏行为，予以切实之制止或严惩。（三）政府对

① 《广州工人代表大会请政府解决劳工纠纷函》，《工人之路特号》1926年第372期。

② 《工代会总代表会议续志》，《工人之路特号》1926年第377期。

③ 《中央局关于最近全国政治情形与党的发展的报告》（1926年9月20日），载中央档案馆编《中共中央文件选集》第2册，中共中央党校出版社，1983，第243页。

④ 《中央局关于最近全国政治情形与党的发展的报告》（1926年9月20日），载中央档案馆编《中共中央文件选集》第2册，中共中央党校出版社，1983，第243页。

⑤ 《广州民国日报》1926年12月9日。

于工会一切纠纷予以切实帮助及指导。”① 正如邓中夏所指出：对于劳工纠纷、劳资纠纷，只要坚决采取统一工会运动，规定加薪标准，开发实业救济失业的办法，问题并不难得到解决，关键是政府要真正坚持扶助农工的政策。然而，恰恰在这个问题上，广东当局已经不可指望。

广东当局的种种严禁，其实禁的都只是广州工代会，这在其后机器工会武装攻打粤汉、广三两路总工会事件中暴露无遗。

广东机器工会原为机器工人维持会，1926 年 5 月改组成立。该会首领以反共为职志，特别组有干部委员会，乃是最严密之组织，在会外另设地址办公，以从事保密、情报、斗争等工作。② 该会章程规定所有各个产业中从事机器维修工种的工人，均得从各产业工会中分离出来，另行参加机器工会。这显然就是要在已成立的产业工会中制造纠纷。就是这样一个工会，省农工厅仍然批准立案。

1927 年 1 月 2 日晨，机器工会武装分子 60 余人分乘电船 6 艘，由河南驶入粤汉码头，从后方进攻粤汉铁路总工会，另有别动队武装 100 余人，由如意坊等处 5 路扑攻总工会前门。路警开枪抵御，武装分子 4 人被捉，余均退走。粤汉路工友 1 人受伤。次日，机器工会又派武装分子 100 余人，分 3 路向石围塘广三铁路总工会进攻，路警护车队和广三路工会纠察队与之交战，武装分子方分途向五眼桥和海面退走，8 人被路警捕获。

事件发生后，政府决定由总司令部、省农工厅、省建设厅、机器工会、广三铁路、粤汉铁路各派 1 人，组织委员会共商解决办法。1 月 10 日，广东政治分会将解决机器工会与铁路工会纠纷办法作出修正，将粤汉、广三两路代表撤销，代之以全国铁路总工会广东办事处代表 1 人。这就剥夺了作为当事者之一的两路总工会直接参加调处的权利。6 项办法有 3 项作了修正：机器工会会员服务于各铁路

---

① 《本会对政治会议关于工人事件议决案之意见书》，《广东工人之路》1926 年第 11、12 期。

② 刘明逵、唐玉良主编《中国工人运动史》第 3 卷，广东人民出版社，1998，第 414 页。

者，铁路工会不得强迫其退出机器工会；新宁铁路因 1926 年 11 月纠纷而离工工人，一律应复工；此后工人互相斗殴，某方杀死对方工人，应由某方将凶手交出，否则政府即施以法律上之裁判，新宁铁路因 1926 年纠纷而毙命者，应由新宁铁路工会从优赔偿抚恤费。根据最后一条规定，机器工会索赔 2.1 万元，铁路工会答应 1100 元，经折中定为 6600 元。显然，政治分会做了机器工会的大后台。

这样一来，机器工会更有恃无恐。1926 年 12 月 31 日，省港铁轮船工会向资方锅炉制造业公会提出改善生活条件的要求 12 项，定于 1927 年 1 月 17 日签约加资。16 日，机器工会致函资方制止签约。次日上午，机器工会武装分子 40 余人，将省港铁轮船工会会所捣毁一空，300 余人被迫离厂。如果说，新宁冲突、粤汉冲突与机器工会还有瓜葛，而省港铁轮船工会既立案在先，会员又与之并无交叉，竟然无辜受戮，完全是机器工会为虎作伥的结果。

1926 年 11 月 3 日，广州工人代表大会驳复广州四商会对劳资纠纷意见并上书国民党中央，就四商会陈述的封锁与罢工、征收买卖佣、加薪问题、工作时间问题、任免职工问题、工会征费问题、征求会员问题、劳资协助问题，逐项作了申述，认为全是资方“故耸听闻，殊失其平”。为此，工人代表大会特提出 5 项请命：积极改善工友生活，保障工人职业及救济失业，帮助工人铲除东家工会及勾结恶东破坏工会的工贼，切实保障工人言论、出版、集会、结社、罢工之自由权，严禁恶东利用土匪、民团摧残工人。[①] 12 月 6 日，国民党中央政治会议作出关于解决劳工纠纷的几个“不准”以后，广东省政府相应地制定了《广东省暂行解决工商纠纷条例》。

在此前后，“无情鸡”的恶浪袭来。“无情鸡”是指以前农历正月初二，雇主借请店员吃鸡以辞退店员的旧例。它是店主绝对有职工任免权的反映。工人运动高涨以后，由于工会一般与资方订有职工任免的团体契约，“无情鸡”的做法很少出现。1926 年农历十二

---

① 参见《广州工人代表大会驳复四商会对劳资纠纷意见上中国国民党中央执行委员会书》，《中国工运史料》1981 年第 3 期。

月初，曲江县商会致电省实业厅长李禄超，要求批准恢复雇主于年初二解雇工人的权力。李禄超在呈省政府请示办法时，拟批复同意。省政府议决照准并由政治分会通过。几天之内，广州被解雇的店员、工人达5000人以上，范围涉及茶居、咸鱼、土制糖果、海味、酱料、土洋匹头、柴炭、纸行、土洋杂货、糖面、经纶等行业。

1927年1月23日，广州工代会召开总代表临时会议，决定到省政府请愿，参加请愿的达两三万人之多。广东总工会属下的工会亦有参加请愿的。请愿代表提出切实保障各工会从前与东家所订立之一切有关条件继续有效，取消实业厅提议的雇主年初二解雇权等4项要求。省政府表示在政府未将解决工商纠纷条例修改以前，从前劳资间所订立的一切条件暂准继续有效，雇主年初二解雇权除劳资已订有条件外，悉照旧习惯办理。工人只得到这样的答复，很不满意。东家继续解雇工人。

2月8日，运输联合会、店员总工会、粮食业联合会、织造总工会等派出代表，同被开除工友的工会代表一道，前往省农工厅请愿，提出以前订有条件者应照条件办理，未定条件者可换工人，但须用回原工人所属之工会会员，工资照原额不变等3项要求。省农工厅照准。10日，七十二行商亦结队向政府请愿。

在商品经济条件下，雇主视经营状况决定是否雇佣职工，乃属正常现象和合理要求。至于借经营欠佳而故意开除工运积极分子，则另当别论。这次5000余人在几天之内相继被解职，当然不完全是经济因素驱动。2月10日，工代会发表《敬告商界同胞书》，重申向政府请愿条件的前两项，“深愿彼此互相谅解让步”①。后又致函广州四商会，提出共组联席会议，讨论公允办法，由政府派员居间仲裁。但是，对于工会缓和立场倡议合作，商界毫不为之所动。

联席会没有开成，仲裁会开过几次也无成果，政治分会遂内定7条解决办法，并着仲裁会限期结束，仲裁期间商家不得再开除工人。3月2日，工代会向政治分会和省政府提出商榷修正意见，力主删除

① 《广州民国日报》1927年2月11日。

商人年初二解雇权的明文规定。工代会和商界双方均认为仲裁会不能解决问题，省农工厅顺水推舟宣布仲裁结束，静候政府解决。而事实上，5000余人已被解雇，复工无望，“年初二”问题的解决也就不了了之。

梧州是广西工运发展最快的地方，北伐期间，梧州驻军公然枪杀无辜工友，迁延数月得不到公正处理，引起两广工人强烈不满和反抗。

梧州有一家仁生麻席商行，由广西银行行长黄维与几名军官合股经营，司理为李镛焜。1926年农历六月间，轮船工会散工部搬运工两次为该行搬运货物下驳艇，李镛焜仗势不付工钱，因店门有武装士兵把守，工人不敢去讨。同月25日，该行有白麻一小艇要运往都城，搬运工人鉴于前两次未得工资，要求先付积欠的工资然后再搬运。资方不允，工人遂离开码头，转往其他船只搬运。李镛焜当即请第七军驻梧州第六旅派巡察大队捕拿工人，捕走工会会员吴循、凌二妹和李才。

案发后，中华内河轮船总工会梧州分会即分呈第六旅司令部、广西省政府、国民党广西省和梧州市党部、梧州市工会代表会，说明实情，请求援助释放。一个多月中，军政两方不予理睬，却突于9月2日以“纠聚无赖，扰乱治安”为由将3人处死刑。

因此案在广西得不到解决，梧州工会代表会和内河轮船总工会梧州分会遂派代表向中华全国总工会投诉，要求广州国民政府“严办凶手，抚恤死者家属，令行广西省政府切实保障工人”①，并分别向国民党中央和国民政府上呈申诉。

中华全国总工会迅速致电广西省政府，请其严办凶手，抚恤死者家属，保障以后不再残杀工人。迟至10月2日，广西省政府才给予一个“转咨第七军司令部查明办理”敷衍了事的答复。第六旅则更通电广州，诬称吴循等“并非工人”而“实系匪犯”。旅长韦云松致电驻粤办事处陈杰夫，令其向各方面解释，并请国民党要人钮永建出面疏通。国民党中央第二十六次政治会议居然议决公布韦云松

---

① 《全国总工会再援梧州工友》，《工人之路特号》1926年第454期。

混淆黑白的来电。

鉴于此，中华全国总工会致函广州国民政府并将其公开发表，用种种事实批驳韦云松等对被害梧州工友的诬蔑，抨击韦云松等“草菅人命，摧残劳工”，要求官方“刻日派员前往梧州切实查办，而伸冤屈，以儆凶横，而维党纲”①。10月15日，苏兆征回答《工人之路》记者的提问，再次明确指出韦云松称被害工人系勒收行水的匪犯是颠倒是非，广西省政府只要下定决心，此事并不难解决，但偏偏以官样文章以图塞责。他郑重宣称：“梧州与广州工人对于此次惨杀案，人人都是发指眦裂，闻在此星期内广西省政府未有完满之答复，梧州与广州工人，必取相当之应付，假使不幸而至举行罢工，此为工人之最终要求，那时广西省政府及第七军第六旅应负其全责，决不能又指工人为扰乱北伐后方的大题目，硬要加诸为枉死者呼吁的罢工工人”②。18日，《工人之路特号》发表了《梧州工会代表联合会暨二十四工会对轮船工会凌李吴枉遭枪决案宣言》，再次要求政府严办凶手，抚恤被难者家属，并保障今后不再发生此类摧残工人的事件。25日，上述25个工会在梧州召开全市工人大会，1万余人举行空前规模的大请愿，发表通电和宣言，表示不达目的，虽至巨大牺牲亦不顾惜。

由于梧州工人的再三抗争，全国总工会仗义执言大力支援，11月间，事件的直接责任者第六旅副官刘善鸣被撤差，被害工人家属得到抚恤。至此，事件才得到一个最低限度的解决。

梧州事件是一件地方性案件，本不复杂。可是，工会方面多方奔走，一再剖白真情，迁延数月，才得到处理。这从全局来说，正是国民党中央和国民政府内压制工人运动的势力在北伐开始以后不断增长的反映。从广西地方来说，执掌实权的新桂系靠武力起家，与国民党右派势力联系密切，对工人运动一直不冷不热。梧州事件的发生，并不只是官商勾结，官官相护，而是他们的政治态度公开右转的表现。

---

① 《全国总工会再援梧州工友》，《工人之路特号》1926年第454期。

② 《关于七军六旅枪决梧州吴凌李三工友事》，《工人之路特号》1926年第466期。

12月19日，梧州警备司令王应榆派军警袭击了在东学塘召开的废捐运动群众大会，梧州工会代表联合会委员长钟山，内河轮船工会委员长胡奕卿，梧州民国日报社主任、中共梧州地委书记谭寿林，国民党市党部执委兼民船工会负责人蔡美利等被捕。1927年3月29日，在武汉召开的国民党中央执委会常委第四次扩大会议，电令梧州警备司令部释放上述4人，钟山等人才被送到广州释放。

三　以武汉为中心北伐军占领区工人运动的新高潮

1. 湖北工会建设和政治、经济斗争

1926年9月3日，北伐军进攻武昌城，6日、7日，先后占领汉阳和汉口，10月10日，克复武昌。北伐军攻鄂前后，中共中央派张国焘为中央驻汉代表，调彭泽湘任湖北区委书记，李立三、项英、林育南等到武汉工作，加强领导力量。10月下旬，湖北区委拟定了政纲要点，并取得国民党湖北临时政治会议代理主席唐生智的赞同。关于工农问题，政纲要点提出“本省政府依据本党（指国民党）党纲及国民政府屡次之宣言，赞助工农组织之发展，谋工农生活状况之改善，所有军阀政府一切限制及干涉组织之苛例，概行废除”。关于民众问题，政纲要点提出“在国民政府统治下之民众，有绝对之言论、集会、出版、结社诸自由。本省政府必极端拥护民众之自由，并扶助民众组织之发展”。[①] 国民党湖北省党部和汉口市党部全部接受了这个政纲要点。10月26日，市党部发布政纲。12月10日，省党部将其加以修改，正式形成《湖北目前最低限度政纲》，明文规定扶助工人运动发展。

汉口一经克复，武汉工人代表会即在后城马路公开办公，后迁至友益街2号。9月17日，中华全国总工会汉口办事处成立，李立

---

① 《中共湖北区委对湖北目前几个重要政治问题的意见》（1926年11月3日），载中央档案馆、湖北省档案馆编《湖北革命历史文件汇集（省委文件）》（1926年—1927年），内部版，1983，第26—28页。

三为主任，刘少奇为秘书长，与武汉工人代表会在同一栋楼内办公。14日下午，武汉工人代表会召开恳亲大会，400余人出席。“谁是世界的创造者，只有穷苦的工人”；“一切归生产者所有，哪容得寄生虫”的标语激动人心，增添了会场的热烈气氛。会议决定改组武汉工人代表会为武汉总工会。20日，全总汉口办事处召集武汉各工会代表会议，决定成立湖北全省总工会。

10月10日，湖北全省总工会成立大会假座汉口宁波会馆隆重举行。到会代表及来宾5000余人，中华全国总工会、总指挥部、十五军政治部、农民协会、妇女协会、商会，国民党江苏、南京、湖北、汉口、武昌等党部，武汉各军政机关，均派有代表出席。中国共产党、中共湖北区委、中国国民党、江苏、南京、湖北各省市党部、总政治部、总指挥部、武汉各军政机关、青年团体等，纷纷致以训勉祝词。向忠发当选为省总工会委员长，许白昊为秘书长。省总工会下辖工会80余个、会员10余万人，宣布“此后当更加奋勉，以拥护我湖北工人群众切身之利益与必要之自由，同时努力参加革命的政治斗争，造成革命的武汉，拥护革命的中心”。鉴于此时“为北伐而牺牲工人利益”的舆论不胫而走，北伐后方屡屡发生压制工会事件，省总工会明确表示“吾人赞助国民政府及革命军之意，是在其能保障人民之自由与利益。假如政府与军队不保障人民自由与利益，则吾人殊无赞助之道”。①

武汉三镇工会会员以码头工人和店员为多，帮口作用比较大，自发性比较强。没有经过训练的群众，不懂组织方法和斗争艺术，流氓、地痞、反动派钻空子，也难于避免。尤其在分散复杂的店员中，在久受把头割据形成彼疆此界的码头工人中，这种现象更要严重一些。这些人自封所谓“三齐王”，自称工会筹备员，巧立工会名目，到处勒取入会费。“店员工会成立停业一天”的标语，几乎凡店必有。一个百货商店的店员，可能遇着各种各色的工会——制帽工会、制鞋工会、制袜工会——多个筹备委员要他出会费，弄得他不

---

① 《湖北全省总工会成立宣言》，《中国工运史料》1982年第1期。

堪其扰，资方也啧有烦言。各码头的封建把头，也有的摇身一变而为工会筹备员，办起工会来。真正的工人则莫名其妙，反倒不敢出头组织工会。所以，应尽早成立省总工会，把建立工会的工作统一抓起来。省总工会决定成立各产业总工会，将以前互不统属的工会改为产业总工会属下的支部，以改变混杂局面。汉口的码头工会有110多个，码头总工会率先成立。水电总工会、印刷总工会、店员总工会、人力车夫总部，都在积极筹备之中。省总工会还组织2000余人的纠察队，执行工会纪律，维护罢工秩序。

工会组织发展势头迅猛，领导力量一时跟不上，党的力量也薄弱，基础不稳固，这当然不利于工会的长远建设。针对这个情况，刘少奇在尚德里住所内挑灯夜战，抓紧时间写出《工会代表会》《工会经济问题》《工会基本组织》，交由省总工会宣传部印行。刘少奇讲明了工会的性质、工会的组织系统、基层组织建设、工会活动方式、经济管理等一系列问题，特别强调要通过有组织的活动，保证工会的民主集中制建设，富有思想性、针对性、可操作性，在工会建设中发挥了很大作用。他的理论阐述，在中国工运理论准备不足的情况下，显得尤为重要和宝贵。

随着工会组织大发展，经济斗争的浪潮立时汹涌澎湃起来。武汉工潮有几个显著特点：一是以罢工为主要手段；二是涉及范围广；三是绵延时间长；四是社会反响大。据中共中央局报告，12月初，已有30多个工会举行过罢工，“人数约在6万以上，大多数都是胜利的”[①]。12月17日，解决湖北劳资问题临时委员会报告，最近一个半月时间内，各业工人提出经济要求者132起，已解决95起，其中发生罢工的不过1/10，罢工历时一星期以上的又不过2/5。[②]

① 《中央局报告（十、十一月份）》（1926年12月5日），载中央档案馆编《中共中央政治报告选辑（一九二二——一九二六）》，中共中央党校出版社，1981，第169页。

② 参见《中国国民党中央执行委员国民政府委员临时联席会议第三次会议录》1926年12月17日。A. B. 巴库林《中国大革命武汉时期见闻录》所载《劳资关系问题——工商联席会议的报告》与此报告基本相同，但内称未罢工的占10%，罢工一星期以上者占40%。

发生在不同性质企业中的罢工，解决的方法不同，结果不同，影响各异。

外资企业的罢工，经济性与政治性兼具。英资企业坚持既得利益，轻易不肯让步。11 月初，英美烟厂新厂开除童工，省总工会请其恢复工作，该厂大班不允。工会提出要求 16 条。3 日晚，该厂大班转移香烟烟叶，4 日实行闭厂停工。老厂工人不愿在新厂肇事之大班手下工作，厂方不允，以同样手段停工闭厂，造成了 3000 余人失业。这与其说是工人罢工，不如说是英商罢产。20 日，汉口洋务工人向资方提出 10 项条件，日商表示让步，同意分 3 等加薪，随后，再有让步，而英、美籍各公司态度比较强硬。

英美烟厂工潮发生后，湖北政务委员会先后拨出银洋 1 万余元维持工人生活，南洋兄弟烟草公司也伸出了援助之手。外交部、财政部、总政治部、交涉署、省总工会各派代表居间调解，武汉临时联席会议进行了讨论，最后于 12 月 31 日达成解决条件。

印刷工人的罢工，在华商企业罢工中比较典型。11 月初，印刷、石印、铅印三工会设立联合办事处，向资方提出改善条件 7 项 21 条，限 48 小时答复，资方拒绝。22 日，除官纸印刷局、湘鄂印书馆、民国日报印刷厂承认工人条件工人照常工作外，其余 20 余家印刷企业全体罢工。各厂主组织武汉同业印刷公会，经过谈判和调停，于 27 日达成协议 5 项 23 条，规定了最低限度工资和增资数目，实行 9 小时工作日，改善工人待遇，工会和同业公会作为代表机关应分别得到工厂和工人的承认。同外资印刷企业达成的条件，在经济方面略优于华商企业。这次印刷工人罢工是同盟罢工。工会制定罢工规约 6 条，有利于保持工人力量的集中和统一，并使罢工有纪律、守秩序。

官办企业也不能免于工潮。汉阳兵工厂工人曾以罢工和及时复工来迎接北伐军。他们加班加点赶造枪炮，却 3 个月没有拿到工资，还被免去了吴佩孚时代的奖金。工会向厂方提出 11 条，要求把工匠的最低工资提高到每月 21 元，原有 21 元以上者一律加 3 元，艺徒依年资及技能成绩准升为工匠，规定艺徒的最低工资以及增加额，规定小工的最低工资和增加额，并酌情升为工匠，改过去的奖金为双薪，开除工人得宣布正当理由，招工须由工会介绍。厂长邓演存给工会复函，逐条作了具体答复，双方意见距离不大，武汉临时联席会议决定组织委员会审查工人条件和工厂对案再行决定。[①]

数量众多、迁延难决、纠纷频仍的主要是手工工人和店员发起的罢工。据英文《经济周刊》报道，汉口、武昌有店员工会 38 个，共有会员 25382 人。[②] 店员工会和手工业工会是按行业组织的。一个工会的成员分布在数十店家，一个工会罢工便影响数十店家。据 12 月上旬报道，11 月下半月开始的 50 余起罢工，多数属这类工会发动的。"汉口手工业工人从前没有组织，没受训练，调解他们的工潮，不比从前曾有组织曾受训练的新式产业工会工潮之易。所以最近汉口产业工潮多至六七日即解决，而手工业工潮辄二十多天不能解决"，"于是社会哗然了"。[③] 手工业主和店东也是分散的，他们的规模和条件、经营状况各不相同，难于接受工会方面统一提出的经济要求，这也是工潮难于迅速解决的原因之一。

工人的要求概括起来不外加薪、改良待遇、工作时间、工作辞就 4 项，就加薪而言，一般要求提高最低工资 1 倍至 3 倍，按级增加一二成至一倍不等。由于最低原薪在 10 串钱或 5 元以内，与同时期最低生活标准相差太远。同时，过去厂主、店主对工人实行"长支"，其数额在工资 1 倍以上。这种"长支"，如非工人自行离职则不用归还。若把它列为实支，最低工薪的提高额不过 1/2 至 1 倍。改良待遇方面，手工业、店员争改良学徒制，限制红利奖金，产业工人要求改良女工、童工待遇，实行星期日休息和获得抚恤金。工作时间一项，产业工人很少有要求减至 8 小时的，一般主张 8 至 10 小时，手工业与店员没有要求 12 小时以内的。工作辞就一项，则一

① 参见《中国国民党中央执行委员国民政府委员临时联席会议第三次会议录》(1926 年 12 月 17 日)。

② 参见王清彬等编《第一次中国劳动年鉴》，北平社会调查部，1928，第 87 页。

③ 一之：《谈谈汉口罢工问题》，《汉声周报》1926 年第 7、8 期合刊。

致要求工会的团体契约权。[1]

汉口总商会召开商民大会，针对工人方面的要求，提出“亟应依照各帮习惯，酌量现时情形，自动平允加薪改良待遇，以期早为解决”[2]。其根本点，是主张加薪按级，工作时间照旧，改良待遇和工人辞就权则完全归厂主、店主一方。12月3日，汉口商民大会作出3项决定：加资问题可由工人与资方直接交涉，无须第三者干涉之必要；纠察队的横暴行为宜从严禁止；政务委员会于12月6日前如无善后办法，商界将罢市以自卫。[3]

全总汉口办事处和省总工会领导人，公开阐释了工人罢工的原因和意义，阐释物价飞腾与增加工资的关系，引导人们正确看待工人的经济斗争。他们的基本观点是：北伐军到来之后，短时间内罢工蜂起，根本原因是工人的工资低，工人生活愈痛苦，改善生活的要求就愈迫切。从前在军阀高压之下，斗争已然不绝，现在冲破了军阀统治的束缚，自然出现罢工风起云涌的局面。物价上涨固然与罢工有些关系，但其根本原因还是帝国主义侵略，买办、军阀的扰乱，社会舆论不应毫无分辨地把一切责任都归结到工人罢工上。舆论引导虽然不可能完全化解社会的惊恐、疑惑和非难，但对于正确引导人们看待工人的经济斗争是有益处的。

在这个背景下，12月13日，中共中央在汉口召开特别会议，中央局与共产国际代表维经斯基、国民政府顾问鲍罗廷举行了联席会议。陈独秀作政治报告，主要讲国民党问题。他指出九江、南昌克复以后，联合战线有发生危险的倾向：一是军事势力有离开民众往右走的倾向，二是工农运动的发展使资产阶级恐惧，三是帝国主义改用新的分离政策，四是共产党自身的失策。为化解这个危险倾向，他提出巩固联合战线，防止党外的右倾，反对党内的“左”倾，督

---

① 参见《中国国民党中央执行委员国民政府委员临时联席会议第三次会议录》(1926年12月17日)。

② 《中国国民党中央执行委员国民政府委员临时联席会议第三次会议录》(1926年12月17日)。

③ 参见陈达：《中国劳工问题》，商务印书馆，1933，第225页。

促国民党和国民政府实行“武力与民众结合”，维持国民党军事首领势力的均衡，扩大民主主义的宣传，确定本党对于中小商人的政策。

陈独秀认为确定对中小商人的政策，是非常困难的事情。手工工人店员、厂主店东，都是联合战线所需要的，“我们势不能偏袒哪一方面，而又不能中立，我们只得采取下列政策：在消极方面，努力向店员工人解释，不便向厂主店东提出他们经济力限制以上的过高要求，更不可轻取罢工手段，尤其在日常生活品的商店（如米店、柴炭店、油盐杂货店等）；在积极方面，加紧联合战线的必要之宣传，工人援助商人对于苛税苛捐及市民自治的争斗，谋全市面的经济枯竭和金融恐慌之救济。只有这些方法，才多少可以和缓小资产阶级间的冲突，以巩固联合战线”①。

在分析商人的恐慌和党内“左”倾幼稚病时，陈独秀都以武汉为例。他指出，北伐胜利后工人组织勃起，经济罢工一发而不可遏止，不但引起大商人恐慌，就是一般中小商人也因手工业工人、店员罢工，而无法应付。“中小商人素来受帝国主义者、军阀及大商人三层剥削，现在更加上工人店员罢工，经济濒于破产”，自然很容易站到大商人、买办一边反对工人。他还说：“在长沙，在武汉，我们都没有经过国民党把手工业工人店员和中小商人的关系弄好。尤其在武汉，有些手工业工人店员的过高要求，逼得中小商人和总商会合作反对工会。至于未能制止纠察队对于商人之胁迫和侮辱，更是万分不应该继续的现象。”②

此前，中共中央就针对武汉工潮提出了4点指导意见，指出：武汉商业正当衰颓时期，此时罢工工人未见得能多得利；工潮过于扩大，易引起社会认为工人过激；应避免因工潮而在国际上陷于孤

① 陈独秀：《在中共中央特别会议上的政治报告》（1926年12月13日），载中共中央文献研究室、中央档案馆编《建党以来重要文献选编（一九二一——一九四九）》第3册，中央文献出版社，2011，第500页。

② 陈独秀：《在中共中央特别会议上的政治报告》（1926年12月13日），载中共中央文献研究室、中央档案馆编《建党以来重要文献选编（一九二一——一九四九）》第3册，中央文献出版社，2011，第495—498页。

立；不过于遏抑工人要求，亦不可肆意煽动工人起来。[①] 陈独秀在特别会议上有关工人运动的批评和对策，基本就在这个范围。

中央特别会议肯定了陈独秀的报告，并作出相应的决议。这些主张，后来被定性为右倾错误。应当说，陈独秀所主张的反对党内"左"倾幼稚病的具体措施，是有实践价值的。但在汹涌而来的群众运动大潮冲击下，特别是不久共产国际执委会第七次扩大会议精神传来，发生争取中国非资本主义前途的政治转向，上述具体措施并没有得到切实落实。另一方面，囿于民主革命历史模式，这次会议基于"在野党"的立场，把国民革命主导权放在国民党和国民政府手上，将工人运动的发展，纳入了巩固国民党左派、维持蒋介石、汪精卫、唐生智之间势力均衡的轨道，也是一种自我束缚，其消极作用已为历史所证明。

中央特别会议调整了湖北区委领导班子，以区委兼汉口地委，张国焘为书记，江泽楷、项英负责组织，蔡以忱、陈潭秋负责宣传，李立三负责工运，陆沉负责农运，董必武负责民运，聂荣臻负责军事，周慰真任秘书。会议特别强调了武汉工人运动中党的建设，指出"在武汉必须使各工会各工厂都有我们的强大的支部，必须训练这些支部成为各工会各工厂一切工作运动的中心。武汉的街道支部亦急须建立并发展起来"[②]。

1927 年 1 月 1 日，湖北全省总工会第一次代表大会在汉口总商会礼堂开幕，出席大会的代表 588 人，代表会员 29.3 万余人。同日，国民党湖北省第四次代表大会在武昌举行。武汉各界为庆祝国民政府迁鄂和这两个大会的召开，连日举行游行庆祝活动。

项英作了中国职工运动报告，许白昊作了会务报告和经济斗争报告，各产业和各县代表团报告了各自的会务。会议作出 23 项决

---

① 参见《中央局报告（十、十一月份）》，载中央档案馆编《中共中央政治报告选辑（一九二二——一九二六）》，中共中央党校出版社，1981，第 159 页。

② 《关于湘鄂赣三省党务议决案》（1926 年 12 月），载中共中央文献研究室、中央档案馆编《建党以来重要文献选编（一九二一——一九四九）》第 3 册，中央文献出版社，2011，第 515 页。

议，通过了《湖北全省总工会章程》，选举新一届执行委员 35 人、候补执行委员 9 人。1 月 10 日下午大会胜利闭幕。会后，执行委员第一次会议选举向忠发为委员长，李立三、刘少奇、许白昊、林育南、周兆秋、项英、朱菊和、张计储为常务委员，刘少奇为秘书长、项英为组织部部长、林育南为宣传部部长、李立三为交际部部长、许白昊为财政部部长兼经济争议委员会主任、向忠发为裁判委员会主任、秦怡君为女工运动委员会主任、徐如为童工运动委员会主任、朱菊和为纠察总队长。

湖北全省总工会第一次代表大会贯彻了中共中央特别会议关于武汉工运的决议和刘少奇 3 篇著作的精神。关于组织建设，《执行委员会会务报告决议案》《组织问题决议案》强调总工会要加强对各工会的指导，加强工会在群众中的基础，尤其要重视工会代表会和工会支部的设立与健全，作好武汉地区工会的统一工作，严整队伍，加强纪律，肃清反动分子，加强与各县工会的联系，尤应注意大冶、宜昌、沙市、武穴、广水、咸宁、应城、蒲圻等县的工会工作。

关于保障工人权益，大会通过了《经济斗争决议案》《女工童工问题决议案》《为停业及辞歇业工人问题决议案》，规定工会应为工人争得最低工资 13 元，工作时间不超过 10 小时，特别工作时间最高不超过 12 小时，每星期应休息一日，改良待遇，按劳动成绩分配红利奖金。在辞就问题上，争取普遍适用团体契约权，对停业、歇业而失业的工人，要求资方视情况付给相应的救济费，禁止使用 12 岁以下的童工，女工、童工每周工作不超过 48 小时，女工每月应有连续三日的休假，分娩前后得休息 8 个星期，均应照付工资。

关于工人武装，《对于纠察队决议案》提出此后的中心工作是从组织、纪律、训练上加以整顿，规定纠察队的组织、调遣、命令，完全统一在省总工会工人纠察队总部之下。纠察队的职责是纠察工贼，防止反革命分子，不得用于征收会费，应通过教育和训练，使之成为有严密的铁的纪律的队伍。

关于工会经济问题，《工会经济问题决议案》对会费标准、征收办法、会费支配、财务手续等均有明确规定。

大会对各产业工会提出了不同的要求，作出了相应的决议。还通过了《宣传及教育问题决议案》《工农联合决议案》等，发表了宣言。代表大会闭幕后，全省工会建设、工人的政治和经济斗争、宣传教育，都进入了一个新时期。

建立产业总工会与发展地方总工会结合起来。在武汉市内，继组建码头总工会、店员总工会后，陆续成立纺织总工会、五金业总工会、烟厂总工会、车工总工会、水电市政总工会、粮食总工会、棉业总工会、木船总工会、燃料业总工会。在码头总工会中建10人小组，按码头设支部，联合相近及有关支部建立分会。在木船总工会中，按运输地段建成12个分会。在各地，也加快了建立总工会的步伐。据6月20日发表的统计数据，全省有产业工会11个，职业工会4个，县总工会49个，占全省应建县工会的71%，另有县以下市总工会13个，共内辖工会229个、分会71个、分部67个、支部2793个，拥有会员513408人。①

有纪律的统一，才使工会富有战斗力。1927年2月，省总工会发出通告21条，规定工人应绝对服从工会领导，各工会的一切重要行动，均须报告上级总工会，严禁敲诈勒索等非法行为，禁止绑人游街，禁止擅自罚非会员款，禁止工人斗殴，纠察队不得任意打人、抓人及违反其他纪律。武汉店员总工会发表了整饬工会纪律宣言，作出6条规定。3月5日，《湖北省总工会裁判委员会暂行条例》发表，对制裁违纪违法行为又作了明确规定。

训练和教育是提高工人素质的必由之路。对工人进行政治上的训练和教育，最常用的办法是举行大型纪念活动，张贴标语，散发传单，化装演讲。大型纪念活动伴以文艺娱乐，工人往往踊跃参加。省总工会设立宣传大队，至3月，有宣传支队153个、小队277个，队员1382人。省总工会出版《工人导报》《工人画报》。省总工会宣传部之下，设立工人教育委员会，职司工人教育的兴办与管理。3月初，武汉各工会已开办工人学校30余所，有学生3000余人。

---

① 参见《汉口民国日报》1927年6月20日。

工人运动讲习所的创办，集科学的理论、战斗的方略与实施的技术于一体，为工运的全面推进，培养输送了急需的工会干部。1926年11月29日，省总工会工人运动讲习所开始招生。该所后由总工会与国民党省、市党部工人部合办，培养学员200余人。从现存该所课程安排和课时表推知，首期为时2～3周。刘少奇、李立三、林育南、项英等亲自授课。学员毕业后，经总工会派往武汉各工会及附近各县工作。4月初，讲习所筹备招收第二期学员，名额扩大至240名。

为维护罢工和集会秩序，打击敌对势力，工会纠察队逐步由非武装的非常备的发展成武装的常备的。省总工会纠察队3000人。4月20日，省总工会开办了训练班，300余人入学。武汉地区的纠察队编成3个大队1个干部队。

经济斗争仍旧是主要内容。湖北省政务委员会就手工工人、店员加薪提出了标准，1926年冬罢工连绵不断的状况已经得到改变。罢工是一把双刃剑，它有迫使资方提高工资、改善待遇的作用，也会使战时的经济更加紊乱。不能达到目的的长时间罢工，只能增加工人失业，使其生活更加困难。因此，谈判和仲裁是必要的。

1927年2月，省总工会发表通告，规定工人在工作中应接受工厂、店家正当指挥，遵守正当规则。劳资发生纠纷应报告工会，先用和平办法交涉，不得轻易罢工。店员总工会明确规定：工友于工作时间须尽职守，受到虐待可向所在工会陈诉，由该工会或总工会交涉办理，如无工会通知，工友不得在工作时间内假工会名义擅离职守。① 这些规定，意在约束大变动时期难以避免的自由行动。关于店员的辞就问题，解决工商纠纷委员会提出了如下原则：凡在工会任现职者不辞，但有私人过失者不在此列，亏本不能支持者经证明得收歇，亏本达到一定比例者可缩小营业范围；有过失之店员辞退后得由工会介绍补充，此须得店东或经理同意，被辞退之店员照例得发辞歇费。② 这些规定，意在约束店东借机歇业或变相驱逐工会会

---

① 参见《汉口民国日报》1927年2月8日、9日。

② 参见《汉口民国日报》1927年2月13日。

员。假如上述两方面的规定都得到了遵行，则劳资纠纷主要是经济性质的。

经济性质的纠纷，通过谈判和仲裁大都得到暂时的解决。大部分工会取得团体契约权，工作时间一般为10～11小时，大部分规定了星期日休息，最低工资为10～15元，比省政务委员会设定的最低标准4.5元高出1倍多。其中金银业店员、茶叶店员、既济水电工人工资增加的幅度是比较大的。

省总工会率领全省工人积极投入政治斗争，拥护国民党左派发起的“提高党权”运动，反对蒋介石阻止迁都武汉，反对新军阀制造赣州惨案，声援上海工人为推翻军阀而举行的政治大罢工和武装暴动。

2. 湖南工会建设和政治、经济斗争

踏着北伐胜利的鼓点，湖南工会建设先声夺人，迅速通过恢复走向了高潮。

国民党湖南省党部是共产党人主导的国共合作的地方省党部。8月16日至9月5日，举行第二次代表大会，贯彻中共湖南区委的政治主张，通过了《工人运动决议案》，提出了近期工运十大任务。10月1日至13日，中共湖南区委召开第六次代表大会，确定“本党公开的领导工人运动”，使工人阶级在革命中“取得领导地位”的方针，[①] 公布了当时最低限度政纲，其中有关工人的17条，包括工人应有政治自由、罢工自由，有武装自卫的权利，取消招牌工会，大产业收归政府公办，取消直接或间接向工人征税，救济失业等，贴近湖南实际，强调湖南工人农民必须依照这个政纲去奋斗，以求其早日实现。[②] 中共湖南区委的有力领导和国共合作，是工人运动大发展的政治保证。

---

① 《中央局报告（十、十一月份）》（1926年12月5日），载中央档案馆编《中共中央政治报告选辑（一九二二——一九二六）》，中共中央党校出版社，1981，第163、164页。

② 《中国共产党湖南区第六次代表大会宣言》（1926年10月12日），载湖南省总工会、湖南省社科院历史所、湖南省档案馆编《湖南工运史料选编》第2册，内部版，1984，第248页。

湖南省政府的支持，是工人运动大发展的外部因素。7 月，湖南省建设厅通令各县，废止前政府颁布的《湖南工会暂行规程》，实施广州国民政府颁布的《工会条例》。以后，每月拨省工会活动经费 2000 元，各县拨给县工会 120 元至 300 元不等。

湖南工人以极大的热情投入恢复和建立工会的工作。7 月 15 日，遭军阀封闭的湖南第一纱厂工会自行启封。29 日，湘潭炭塘子锰矿工会恢复，改组为湖南长潭锰矿工会。新工会条例的颁布实施，加快了各地恢复、改组和新建工会的步伐。8 月 4 日，醴陵县工会整理委员会成立，至月底，醴陵城关有 13 个行业成立工会筹备委员会。9 月 7 日，水口山矿工会成立。19 日，锡矿山矿工会恢复。8 月下旬，全省已有产业工会和地方总工会 71 个，会员达 11 万人。①

8 月 26 日，根据《工会条例》和《中华全国总工会章程》，湖南全省工团联合会改组为湖南全省总工会，郭亮继续担任委员长，会址设于长沙宝南街 51 号，后迁至东茅巷 32 号。9 月 1 日，中共湖南区委为庆祝湖南全省总工会和长沙总工会成立发表贺信。

省总工会加强对各地工会的领导，主要开展了 4 个方面的工作：第一，统一对省会各工会的领导，树立全省工会表率。9 月 1 日，成立长沙总工会。第二，派遣工运特派员，具体指导各地建立工会，全省派遣工运特派员 60 多人。第三，制定办法，颁布章程，规范建立工会及其活动的行为。省总工会拟出《湖南各地工会组织程序（草案）》11 条，由省党部工人部核准颁行。《湖南工人》创刊号公布了省总工会、地方或产业总工会、基层工会章程，印发《工会条例》。第四，取缔招牌工会，打击反动工会。8 月 26 日，长沙各工会联名请愿，查封依仗前政府势力压制工人的工业总会和长沙县工会。省总工会新化特派员解散了假冒的新化总工会筹备处。鉴于湖南劳工会在长沙恢复，长沙总工会发起取消劳工会运动。9 月 19 日，省建设厅明令取缔劳工会。常德总工会封闭常德劳工会。这项工作加强了湖南全省总工会对各级工会的统一领导和全省工人的团结，避免

① 参见长沙《大公报》1926 年 8 月 22 日。

了工人组织间的分裂和对立。到年底，省总工会辖产业工会11个、地方总工会和筹备处46个。12月14日，郭亮在工农两大会上作报告称，省总工会直辖各地工会及产业工会52处，内有工会533处、支部166处，会员326368人，其中女工7120人、童工7211人。[①]

军阀统治被推翻，广大工人重见天日，工会组织的恢复和创立，加强了工人的团结和合作，因而要求改善经济条件，提高生活水平的斗争很快便蓬勃兴起。在北伐军攻占长沙后的3个月中，湖南全省发生经济斗争和罢工运动108次，147090人成为胜利者。[②] 其中，产业工人的加薪运动和索薪斗争规模较大。根据《战士》报道及有关资料显示的39例工人运动中，23例发生在长沙，几占59%，反映了长沙是工潮的中心；罢工23例，几占59%，说明罢工是工潮斗争的主要形式；罢工的17例是店员、手工工人，几占43%，说明工潮涉及面宽，组织和引导的工作量大。

产业工人的经济斗争是井然有序的。水口山矿工会向矿局提出5项条件：矿局承认以前与俱乐部订立的18项条件；于中秋节前发清欠饷，两个月内付清红利；容纳失业工人；增加教育经费；赔偿俱乐部前次被破坏的损失。[③] 经与矿局多次谈判交涉，此事得到比较圆满的解决。锡矿山矿工会与锑业公会多次谈判，签订协议12条，包括资方承认矿工会有权代表工人与雇主订立契约，资方雇用工人须由工会介绍，开除、升降工人均应征得工会同意，规定工人最低工资，因工负伤者应得到医药费、工资津贴，因工亡故者应得到抚恤等。[④] 这两起斗争是通过谈判解决的。

粤汉铁路工人索取欠薪则通过罢工解决。粤汉铁路局积欠工人

---

① 参见《两大会联席会之第八日》，载湖南省博物馆编《湖南全省第一次工农代表大会日刊》，湖南人民出版社，1979，第225页。

② 参见《两大会联席会之第八日》，载湖南省博物馆编《湖南全省第一次工农代表大会日刊》，湖南人民出版社，1979，第225页。

③ 参见长沙《大公报》1926年9月16日。

④ 参见《锡矿山矿工会总报告》，载湖南省博物馆编《湖南全省第一次工农代表大会日刊》，湖南人民出版社，1979，第266页。

薪金达半年之久，工人与路局交涉3个月未能解决，被迫于11月11日罢工。17日，路局同意了工人的要求，罢工于19日结束。

1926年12月1日，湖南全省第一次工人代表大会在长沙开幕。开幕典礼后，全体代表护送黄静源和农运领袖汪先宗烈士灵柩至岳麓山安葬，原计划将黄爱、庞人铨灵柩同时安葬，因劳工会谌小岑、王光辉阻挠而未成。次日，长沙各界停工、停市、停课，1万余人举行大规模提灯游街大会，到处一派喜庆气氛。

12月4日至13日，工人代表大会与全省农民代表大会举行联席会议。其间，蒯去病作了中国职工运动报告，郭亮报告了世界职工运动情况和湖南全省总工会的工作。15日至18日，各地方、各产业工会代表报告所在地方或产业的工运情况。20日至25日，大会讨论并通过了18项决议案。

关于组织建设，《统一工人运动决议案》规定全省工人阶级的政治行动，一律统一于省总工会指导下。各工会对于政治有所主张时，须提交全省总工会采择施行；取消假工会，统一工会组织，铲除工贼；所有经济斗争均须事前报告当地总工会核准；统一宣传工作。实施《工会组织大纲》，该大纲对各县、市职业及产业工会组织办法、机构设置、隶属关系，以及工会代表会、执行委员会和支部干事会的职责，均作了明确规定。

关于保障工人权益，大会通过了《对于“劳工保护法草案”之决议》《青年工人运动决议案》《关于劳动妇女之决议案》，规定工人有集会、结社、言论、出版、罢工之权，雇主应承认工会为工人代表，实行八小时工作制，禁止雇用12岁以下的童工，女工分娩前后应有两个月的休息，并得领取工资，星期日、重要纪念日休假并照付工资，工资计发以现银、银币为主位，废除包工制等项。为保护女工权益，规定男女工资平等，女工在经期、孕期、生育期、哺乳期应给予相应的劳动保护；在保护青工方面，规定改良学徒、艺徒制度，青工与成年工人同工同酬，青工工作时间限于7小时，并于每年有连续两星期的长假，每月有几天假，假期内工资照发。12—16岁的青工、学徒、艺徒，组成劳动童子团。

《关于工人武装自卫之决议案》要求政府发给省总工会纠察队枪弹等武器，一年内须发枪1000支、子弹10万发。纠察队实行军队编制，各级纠察队直辖于总队部。纠察队执行上级队部命令，负责侦察工贼及一切反动派的活动，维护工会集会或参加群众运动时的秩序，保护工会。

关于经济问题，大会通过了《合作社决议案》《发展实业决议案》《取消苛税杂捐决议案》。大会还通过了《关于宣传教育决议案》《工会经费案》《工农商学大联合案》等。[①]

大会通过了《湖南全省总工会章程》，选举执行委员21人、候补执行委员9人，组成湖南全省总工会新一届执行委员会。12月27日，工农两大会联合举行闭幕式，专程回湘的中共中央农委书记毛泽东继20日出席工农两大会联合举行的欢迎大会并作演讲后，是日在闭幕式上又作了关于革命联合战线问题的演讲。同日，总工会执行委员举行第一次会议，推选郭亮为委员长，涂国钦为组织部部长（后由蒯去病继任），杨人杞为宣传部部长，袁晓煦为教育部部长，武文元为纠察部部长，庞人健为劳动介绍部部长，陈俊杰为青年工人委员会主任，张玉英为劳动妇女委员会主任，聘请欧阳梅荪为秘书长。

第一次全省工人代表大会以后，湖南工人运动得到全面发展。首先是工会组织进一步扩大。1927年2月6日，湖南区委发布通告，规定乡村工人运动原则，提出乡间手工工场集中的地方，凡同行业工人满50人的应组织工会，有3个工会而会员不超过2000人的，设县总工会所辖之市（镇）办事处，会员过2000人的，成立总工会。[②] 至5月，全省75县中有60余县成立县总工会或筹备处，拥有会员40万人。

省总工会十分重视对工人的宣传、训练。1927年1月，省总工

① 参见《湖南全省总工会第一次代表大会主要决议案》（1926年12月），载中华全国总工会中国职工运动史研究室编《中国工会历史文献》第1集，工人出版社，1958，第310—337页。

② 参见《中共湖南区委通告》（1927年2月6日），载中央档案馆、湖南省档案馆编《湖南革命历史文件汇集（省委文件）》（1927年），内部版，1984，第27—33页。

会与国民党湖南省党部工人部合作开办工会职员讲习班，夏曦、郭亮、蒯去病及凌炳等人为教员。4 月，省总工会又在长沙蚕业学校内创办了工人运动讲习所，袁旦初兼任所长，李维汉、郭亮、杨人杞、夏曦等人都曾在该所任教。讲课内容以工人运动为主，也有农民运动、社会主义、三民主义、社会各阶级分析等课程。学员配发枪支，实行军事训练。学员 80 多人，来自各县工厂、矿山，通过短期训练，“使其所得有正确的理论，战斗的方略，实施的技术”[①]。

对工人的宣传教育，主要通过发行工人报刊和政治集会来进行。1926 年 11 月，湖南全省总工会创办《湖南工人》。1927 年初，又决定由省总工会宣传部发行《工人生活》周刊，创办《工人日报》。各地的政治集会时常举行，每当重大纪念活动，省总工会都要预先布置，发表宣传纲要，阐述本次活动的意义。工人教育得到进一步发展。1926 年底，省总工会设立工人学校 9 所学生 919 人，工人俱乐部有 4 处。1927 年 4 月，省总工会劳动妇女委员会和湖南工人反帝国主义罢工委员会分别开办了劳动妇女讲习班和工人补习学校。

工人武装建设得到加强。《湖南工人周刊》指出，工人阶级武装起来，不只是工人运动的要图，而是整个的革命运动中的重要工作，湖南工人不革命便罢，如果要革命，就非武装起来不可。[②] 省总工会颁布了《湖南全省总工会纠察队组织大纲》，要求纠察队员由青壮年无不良嗜好、年龄在 18 岁以上 25 岁以下的工会会员担任。到 4 月，总工会共训练纠察队干部 6 批，每批 100 余人。县、市工会还和农会以及一些被接管的团防队共同组织工农义勇队或工农纠察队。省总工会和省农会联合创办了工农自卫军干部训练队。工人武装在反击“马日事变”中起了重要作用，并成为后来武装斗争的重要基础。

---

① 《湖南全省总工会工人运动讲习所半月刊发刊词》，载湖南省总工会、湖南省社科院历史所、湖南省档案馆编《湖南工运史料选编》第 2 册，内部版，1984，第 498 页。

② 际飞：《湖南工人运动目前应注意的几个问题》，载湖南省总工会、湖南省社科院历史所、湖南省档案馆编《湖南工运史料选编》第 2 册，内部版，1984，第 504—505 页。

湖南工人进行了内容丰富的政治斗争，工运和农运共同发展、互相支持，是其突出的特点和优点。省总工会与省政府、省党部、省农协等，共同组织湖南省审判土豪劣绅特别法庭。《湖南省惩治贪官污吏暂行条例》《湖南省惩治土豪劣绅暂行条例》颁布后，各地总工会参与本地特别法庭的工作。到5月初，全省44县建立了革命法庭。湘潭总工会委员长杨昭植、宝庆总工会委员长向暄、新宁总工会委员长宛明笃分别主持了对本地影响较大的土豪劣绅的审判和镇压。4月10日，省总工会召开1000余人的审判工贼大会，对32名工贼进行了宣判，沉重打击了工贼的破坏活动。

各地总工会与农会一起，向封建宗法势力宣战，破除封建性的政权、族权、神权和夫权对人民的束缚，联合农会共同在农村开展减租减息、清算逆产、平粜阻禁、取消苛捐杂税的斗争，工人纠察队和农民自卫军一道打击破坏农运的反动势力。

北伐胜利后，一些工农势力较大的县已开始出现工会、农会等公法团与县长共同主政的局面。3月15日，湖南全省总工会和省农会联合致电国民党中央委员会，要求参政，指出“我们对于今后民主主义新的政治中所要求的，就是大多数的工、农群众要得到参加政治的保障，各级工会、农民协会，要能派代表出席各级政务会议，实行本党主义，建设在群众基础上的主张，这是我们工、农群众对于钧会最低限量的要求”①。工人参与政务管理逐步变成现实，在县里全县性质的民众团体，大都具有高的能力和权威，能解决许多县政府所不能解决的纠纷，几乎是所有农民问题交农协，工人问题交总工会，而县政府则门前可罗雀，简直等于一种装饰品。②

省总工会通过湖南各团体联席会议，对全省重大问题的决定产生影响。《湖南区乡自治条例草案》颁布后，各地工会积极按条例规定参加区乡自治政权建设。中共浏阳县委委员、县总工会妇女部长邵维振还被推选为浏阳县长。这项工作仅仅是开始，对于工会代表

① 《革命军日报》1927年3月16日。

② 《中共湖南区执委为召集省民会议宣言》，《战士》1927年第39期。

参加政府会议，除省总工会外，各地工会“从没有向政府请愿过，只由工会备文呈请罢了”①。这是湖南工人运动的创举，它“反映了工人阶级参与并管理政权的愿望和趋势，是日后建立工农民主政权的萌芽”②。

长沙工人的经济斗争，也曾发生与武汉一样的问题，受到中共中央批评。以后，湖南区委注意对工人经济斗争加强引导和管理，规定工人的经济要求，不能超过商人、厂主的经济能力所能承受的范围，工人增加工资的要求以物价为标准，以免要求过高达不到反导致失业，“遇必要时，可以退让的还要退让一点才行”。工人的经济要求提出后，要进行内容充实而有力的宣传，以获得社会的同情和支持。经济斗争还需要仲裁，但工会方面不要单独组织仲裁机关，仲裁应交给国民党党部主持，“总工会虽赞助之，表面上仍应站在工人利益方面说话”。③

据此，1927 年春，湖南工人的经济斗争，一是向雇主提出要求，改良最低生活条件；二是整理并发展生产，通过增进生产改善工人生活。全省向雇主提出改善经济条件的工人约 21 万，平均得到增加工资 20％至 50％。株萍铁路工会支持路局整理收入，结果增加 50％以上。锡矿山工会支持矿局收回矿地，增加收入，反对洋商操纵锑业贸易。长沙粪码头工会反对公司包办，赞助政府收回公办。3 月，省总工会提出各地产业工会派员参加该项产业管理，要求政府采纳施行。

由于领导有力，方法得当，工人的经济斗争收到较好的效果，既“是有轨的行动”，又“是革命的急先锋”。④ 由于战争影响、大

① 际飞：《湖南工人运动目前应注意的几个问题》，载湖南省总工会、湖南省社科院历史所、湖南省档案馆编《湖南工运史料选编》第 2 册，内部版，1984，第 503 页。

② 《湖南工人运动史》编写组编著《湖南工人运动史》，中国工人出版社，1994，第 272 页。

③ 《中共湖南区委关于“乡村工人运动的原则”的通告》（1927 年 2 月 6 日），载湖南省总工会、湖南省社科院历史所、湖南省档案馆编《湖南工运史料选编》第 2 册，内部版，1984，第 464—465 页。

④ 《湖南民报》1927 年 3 月 19 日。

商人买办阶级把持和破坏，经济正常运行仍然出现困难，一般雇主提高物价，裁减工人，把困难转嫁出去，并煽起社会对工人的不满。当时，湖南各地普遍地发生这种严重的问题，在这个雇主反攻之下，长沙市方面失业工人和店员已达 1 万余人，各地尚无统计。①

3. 江西工会建设和政治、经济斗争

北伐军开辟江西战场后，先收赣西、赣南、赣北，后取南昌，江西工会也是依这个路线发展开来的。汉口克复后，蒋介石与唐生智争两湖失利，广东又发生迎汪复职风潮。为扭转局面，蒋介石一到安源，便在群众大会上“极力称赞安源工人”，一到袁州，便处决了上年破坏工人俱乐部的工贼。同时他还发表告全国民众书，其中“十分之七以上”的文字是从中共中央局和中共湖南区委对时局的主张上“抄下来的”。② 蒋介石这样做的唯一目的，就是借以巩固自己的地位。他以总司令的身份做出这些表面行动，颇能暂时从客观上消除发展工运的障碍。

北伐军收复萍乡后，9 月 10 日，安源路矿工人俱乐部即行恢复，并改组为萍矿总工会。在其帮助下，萍乡县总工会筹委会成立。在赣西，9 月间，铜鼓县总工会筹委会、清江县总工会成立；10 月，樟树市、万载县、宜春县总工会成立；12 月，丰城县总工会成立。

北伐军进入江西之初，陈赞贤在南康县建立总工会，后奉全国总工会命秘密回到赣州。陈赞贤还担任中共赣州特别支部书记、赣南党务及 17 县工农运动指导员的职务。北伐军占领赣州后，他与总政治部宣传员肖韶、钟友千发动各业工人组织工会 29 个、会员约 1 万人。11 月 3 日，赣州工人代表大会召开，赣州总工会正式成立，陈赞贤任委员长，肖韶、钟友千任副委员长。各工会纠察队 200 余

① 《湖南民报》1927 年 3 月 19 日。

② 《湘区书记报告》（1926 年 10 月 22 日），载中央档案馆编《中共中央文件选集》第 2 册，中共中央党校出版社，1982，第 297 页。

人，穿军衣，执长矛，“遇群众大会，全体武装起来，整齐严肃，令人望而起敬”①。到年底，组织起来的赣州工人8万多人，其中手工业工人居多。② 信丰、于都、大余、龙南、南康等县，也先后建立木业、缝业、理发、店员等工会。

南昌克复后，中共中央调整了江西党的领导班子，以南昌地委兼江西区委，李富春为书记，刘峻山负责组织，贺果负责工运，邱倜负责农运，汪群负责编辑，傅烈负责军事。③ 12月16日，地委发表《对时局宣言》，号召江西人民“必须抓住机会尽量开展巩固各种民众的组织，如工会等，以作为维护自身利益的斗争工具”④。江西工人运动的发展进入新阶段。

11月24日，南昌市总工会筹备处成立，季恨秋、傅痊痍、肖素民等5人为筹备委员。南昌市总工会筹备处领导成立工会20余个，有会员3万人以上。“各种群众运动中参加的工人，非常踊跃，工会的纠察队，也组织起来了，工人本身力量上，已有相当的觉悟和认识”⑤。12月26日，九江总工会正式成立。1927年元旦，南昌市总工会正式成立。1月上旬，南昌已成立工会30多个，有会员12万多人。吉安、九江、景德镇、抚州等地的总工会筹备处，相继建立起来。

江西的现代工业落后，工人成分以手工工人、手工业者和店员居多，组织基础比较薄弱，江西地委的力量也“是十分的弱，地委指导能力不够”⑥。地委书记、国民党江西省党部执行委员兼组织部

---

① 《赣南各县党务及民众运动总报告》，《中国国民党江西全省第三次代表大会日刊》1927年第3号。

② 《全省工人运动报告书纲要》，《中国国民党江西全省第三次代表大会日刊》1927年第×号。

③ 参见《关于湘鄂赣三省党务议决案》（1926年12月），载中共中央文献研究室、中央档案馆编《建党以来重要文献选编（一九二一——一九四九）》第3册，中央文献出版社，2011，第515页。

④ 转引自江西省总工会编《江西工人运动史》，江西人民出版社，1995，第97页。

⑤ 《南昌市党务报告》，《中国国民党江西全省第三次代表大会日刊》1927年第8号。

⑥ 《中央局报告（十、十一月份）》，载中央档案馆编《中共中央政治报告选辑（一九二二——一九二六）》，中共中央党校出版社，1981，第123页。

长赵醒侬被军阀邓如琢杀害，更削弱了党的领导力量。蒋介石收复南昌后，巩固了地位，不再以言论上的“左”掩盖行动上的右，明确提出“乡村农运可做，城市工运则当停止”[①]。这样，江西全省工会组织的发展，既受工人阶级自身队伍结构、素质和中共地方党组织状况的限制，又面临着来自蒋介石方面的限制和破坏。

江西各地工人在组织起来的同时，迅速开展了政治、经济斗争。12 月初，南昌市总工会筹备处联合南昌市农民协会、商民协会、学生联合会、妇女解放协会，商讨反英反奉对策，组织演讲队，到群众中揭露英帝国主义支持奉军南下的行径。11 日，包括南昌市各工会在内，各界团体决定成立南昌各团体反帝国主义大同盟。16 日，全市工、农、商、学各界 7 万多人举行大会，通电全国，反对英帝国主义干涉中国革命，支持苏、浙、皖自治运动，反对孙传芳。

萍矿总工会一成立就同矿局交涉发薪，后又组织工人索饷。由于长期停工待产，总工会发起赣西人民维持萍矿运动委员会，力争早日恢复生产。萍乡县总工会发起与店主、雇主订立条约，要求改良待遇，增加工资。缝纫业、绣业、弹业工人，以及店员“皆先后罢工取得胜利，而店员罢工，为日较久，尤表现力量与秩序”[②]。10 月，吉安总工会为改善童工待遇举行游行示威，开展总罢工。

影响比较大的经济斗争，集中在南昌和赣州。赣州总工会成立后，陈赞贤等深入基层工会，指导草拟劳资合同，从各行业实际情况出发，研究了工资增长幅度、工作时间、职业保障、工人权利和义务等问题。11 月 5 日，赣南纺织工会就工人入会、教师授徒、织师工资、学徒待遇、工作条件等问题，作出 25 项决议。钱业是赣州经济的枢纽，钱业资本家抵制工会提出的劳资合同。7 日，赣州 300 多名钱业店员罢工，资本家试图以美色和金钱软化陈赞贤，被严词

---

① 参见陈独秀：《在中共中央特别会议上的政治报告》（1926 年 12 月 13 日），载中共中央文献研究室、中央档案馆编《建党以来重要文献选编（一九二一——一九四九）》第 3 册，中央文献出版社，2011，第 495 页。

② 《萍乡县党部党务报告》，《中国国民党江西全省第三次代表大会日刊》1927 年第 12 号。

拒绝。他和肖韶、钟友千在报纸发表启事，称“弟等因工作忙碌，对于各方应酬一概谢绝”。资本家请陈赞贤的老师出面相劝，许以重金，亦为陈赞贤所拒绝。于是，资本家便收买旧官吏出身的赣县县长徐鉴。后来，资本家被迫接受工人的条件，签订了劳资集体合同。

南昌工人的工资极低，“闹得轰轰烈烈者，为各业工潮。数月以来，风起云涌，纪不胜纪”①。洋货、布业因战乱歇业较多，工会向资方争取到关店者发店员每人30元，减人者发被裁店员每人50元，徒弟减半。钱业店员体谅业主受江西银行的影响营业欠佳，要求加薪的条件不高，“店主均以极乐意态度而容纳之”②。

各地工人斗争中也出现了一些过高要求和冲突。12月8日，南昌洋货店员向店主提出3级加薪，甲级每月加现洋20元，乙级每月加15元，丙级每月加10元，店主难以承受。有人称南昌罢工，“所有要求大抵强迫承认，甚有将业主捆绑游街者，一种嚣张混乱情形，令人可畏”③。赣州两起同盟罢工也出现将老板游街的现象。这种情形，因“久被压迫之工人，突被解放，自属难免”④，但造成消极影响，给经济运行和社会生活造成损害。

1927年2月23日，江西全省工人第一次代表大会在南昌召开。出席会议的代表14人，代表全省有组织的工人30万。大会听取了总政治部李合林的政治报告，通过了12项决议，发表了告工友及各界同胞书、大会宣言和通电，选举了江西全省总工会执行委员，肖弩峰任委员长（后为曾延生）。总政治部副主任郭沫若出席大会并发表演说，勉励各工会“铲除封建思想，团结工人阶级，〔建立〕联合战线，并要同全世界无产阶级严密的联合起来。工人阶级要准备做新中国新社会的创造者”⑤。

大会发表的《江西省第一次工人代表大会宣言》肯定了工人阶

---

① 《晨报》1927年1月8日。

② 天津《大公报》1927年2月14日。

③ 《张雄飞致总务处函》，《商务印书馆分馆工潮专卷（3）》，第1页。

④ 天津《大公报》1927年2月14日。

⑤ 《汉口民国日报》1927年2月26日。

级在革命中的领导作用，指出“哪一次反帝国主义反军阀的国民革命的争斗，不是工人阶级当先锋，打头阵？新兴的中国工人阶级的力量，新兴的中国工人阶级勇敢奋斗的精神，使我们工人，成了中国革命运动的领导者！”宣言驳斥工人“太嚣张了”的论调，指出工人阶级参加国民革命，也要为争取自身利益而奋斗，“难道要我们工人天天饿着肚皮，安于现在牛马的地位，而不是去努力反对帝国主义与军阀，才算是正当么？”宣言指出，一班反动派“大唱其反工农运动的调子，以减削革命的中坚势力，这是一个形势如何严重的时候！”宣言要求社会打破轻视工人的成见，加强革命统一战线，说明“工人阶级改善生活的要求，并不会破坏革命的联合战线，工人阶级力量的强大，只有增加革命的势力，正是革命的利益”。[①]

大会对江西工人运动进一步发展所需要解决和规范的问题，作出相应的决议。号召全省工人在省总工会领导下，更加严密其组织，加紧训练，一方面为工人本身利益而奋斗，另一方面与农、商、学、兵一致联合，反对帝国主义、军阀和反革命派，完成国民革命，达到自身的完全解放。

江西全省工人第一次代表大会的召开和省总工会的正式成立，标志着江西工人阶级具有一定政治觉悟的战斗整体的形成。[②] 相较于湖南、湖北的全省工人代表大会，江西的大会时间仓促，决议比较空泛，对当时问题的解决并不具体。大会闭幕不久，赣州惨案发生，客观形势为之一变，已经高涨起来的江西工人运动随之发生根本转折。

4. 福建、浙江、安徽、江苏工人运动的发展

1926 年 12 月上旬，北伐军克复福建全省。1927 年 1 月，中共广东区委派罗明到厦门、漳州开展活动。福州、厦门国民党市党部

① 《江西省第一次工人代表大会宣言》，载中共江西省委党史资料征集委员会、中共江西省委党史研究室编《江西工人运动（党的创立和第一次国内革命战争时期）》，内部版，1991，第 20—22 页。

② 参见江西省总工会编《江西工人运动史》，江西人民出版社，1995，第 109 页。

工人部均由共产党人主持，一些共产党人和国民党左派在各地政治监察署任职。福建工人运动在这样的条件下发展起来。

北伐军入闽前，福州已有机工协会、电报工会、码头工会、理发工会、人力车工会等。北伐军进福州后，各业工会进一步发展。1927年春，福州店员总工会成立，下辖基层工会60多个，会员达1万余人。截至4月，福州市内各类工会有108个。[①] 在各基层工会普遍建立和整顿的基础上，福州总工会筹备会正式成立，王劲民为筹备会主任。

1927年1月24日，厦门总工会筹备会成立，罗扬才任委员长。它是在中共厦门党组织领导下建立的，“对外代表各工会，对内解决一切事情”[②]。到月底，厦门已建立工会23个，会员1万多人，至4月初，基层工会增加到30多个，会员达2万余人。[③]

漳州成立了电气、邮政、建筑等28个工会，有10个直接在共产党领导下。泉州成立了汽车工会筹备会、码头总工会及其所辖13个区工会，以及竹器、理发、丝竹、缝纫、电器、木器、咸鲜（水产）等工会。在闽西、闽东，各业工会均有不同程度的发展。

八闽大地上蓬勃发展起来的工会组织，领导各业工人开展了反帝反封建斗争。北伐军入闽后，厦门和福州的工人先后发起规模较大的反对外国教会育婴院残害中国幼婴和侮辱工人的斗争，迫使教会医院提高工人工资，实行八小时工作制，并允诺不得任意开除职工，不得强迫护士和其他华人参加宗教活动。2月28日，厦门工会响应全国总工会号召，举行了一小时反英罢工，抗议英国出兵中国干涉中国革命。帝国主义军舰炮轰南京事件发生后，3月28日，福州店员总工会召开联席会议，决定一致罢工，抗议帝国主义暴行，会后举行了五六千工人参加的示威游行。

漳州石码工人和农民开展了声势很大的“反蓝倒廖”斗争。石

---

① 参见王清彬等编《第一次中国劳动年鉴》，北平社会调查部，1928，第92、93页。

② 《厦特支关于职工运动的报告》（1927年3月16日）。

③ 参见福建省总工会编《福建工人运动史1840～1949》，中国工人出版社，1990，第77页。

码的大恶霸、大税棍蓝番芝畏罪潜逃，当地政府加以通缉，抄没其家产，其子蓝步青被捕后解送漳州。漳州驻军团长廖鸣欧受贿，放走蓝步青，数千工人、农民集会抗议。在闽西，永定篷船工人反对厘金局征收苛捐杂税。上杭县城工人和农民一道，与刚收编的十七军两个营激战，同他们的旧军阀习气和行为作斗争；入城后，县总工会领导工人纠察队将十几个土豪劣绅游街示众。[①]

在进行政治斗争的同时，福建工人在全省范围内开展了“二五”加薪运动，成绩比较突出的当推福州、厦门和漳州。

1926 年底，厦门海员要求加薪，提高待遇，并发动罢工，迫使船东同意加薪，行走厦门、同安、石码、安海等内地的海员增加工资五成。1927 年 1 月，厦门皮鞋工会、电气工会要求加薪得到胜利。2 月初，邮务工会提出增加工资、改良待遇等 8 项条件，举行总罢工，迫使邮局让步。电话公司工人也在斗争中得到增加工资五成至八成的胜利。

福州店员总工会领导所属会员开展加薪斗争，先后有 14 个工会的工人获得加薪，带动了其他工人。泥木工人约 4500 人，日工资由 700 文增至 980 文，木匠工人约 3000 人，日工资由 800 文增至 1300 文，制笔工人工资增加五成至八成。2 月 26 日，福州邮务工人罢工，迫使美籍邮务长科登答应先发给两个月的口岸特别津贴。

漳州的加薪斗争由印刷行业首开纪录。2 月初，印刷工会向资方提出要求，被拒绝后实行总罢工，迫使资方答应工人加薪五成，学徒加薪一倍。印刷工人加薪斗争的胜利，促进了丝纱、洋鞋、汽车、邮电、锡箔、理发等行业的加薪运动。

北伐军入闽后，福建党政大权由国民革命军第一军军长、东路军总指挥、福建临时政治会议主席何应钦掌握。何率军入浙，方声涛任临时政治会议代主席，一批右派分子麇集周围，各任要职，与旧势力互相勾结。在福州，国民党新右派分子拼凑福州总工会，与

---

① 参见福建省总工会编《福建工人运动史 1840～1949》，中国工人出版社，1990，第 82—85 页。

福州店员工会相颉颃。同一工帮，甚至同一工会中，并存两种势力，“剧烈争斗，纠纷不决”[①]，工人运动的发展受到严重阻碍。

孙传芳被赶出浙江后，处于秘密状态的浙江工会组织迅速恢复公开活动，并积极开展政治、经济斗争。

10月16日，浙江省省长夏超反对孙传芳而独立。18日，杭州总工会公开宣布成立。夏超独立很快告败，杭州总工会转入秘密活动。1927年2月16日，孙军退出杭城，总工会当即公开活动，设会址于城头巷同善堂。3月15日，杭州工人第一次代表大会在省教育会馆举行，500名代表出席，大会选举杭州总工会执行委员5人、候补委员2人，委员长为席锡令，副委员长石爱云（女），下设城北办事处和江干办事处，建立了纠察队。

杭州总工会大力推进工人运动，采取3项措施：一是督促各业工人迅速组织团体，加入总工会，以增强势力。二是指导各工会，向资本家提出改善待遇的要求，以经济斗争的胜利促进工人运动的发展。三是创设工人训练班。各工会积极响应杭州总工会号召，加入者络绎不绝。到4月上旬，全市建立工会260多个，铁路、印刷、机织、店员、手工业相继成立了总工会，有会员10多万人。

1926年10月21日，宁波总工会成立，王鲲任委员长。北伐军抵宁波后，总工会以江北封仁桥西首济生会为会址，公开办公。1927年3月14日总工会召开代表大会，组成新的总工会执行委员会，王鲲连任委员长。至4月初，全市建立工会近100个，有会员6万余人。

较有力量的还有绍兴、永嘉、衢县、吴兴、嘉兴等县总工会。沪杭甬铁路总工会是跨省市的工会组织，其成员以浙江铁路工人为主。1927年3月22日，沪杭甬铁路总工会在杭州国民党浙江省党部礼堂成立，丁继曾任委员长，沈干城任副委员长兼宣传部部长，薛雨霖（即薛暮桥）任组织部部长，沈乐山任纠察队总队长。据不完全统计，到1927年4月上旬，浙江全省共有市县总工会20多个，

---

① 王清彬等编《第一次中国劳动年鉴》，北平社会调查部，1928，第490页。

会员超过 30 万人。①

各地工会建设注意加强纪律性。3 月 17 日，宁波总工会通告所属工会务必执行 4 项纪律：各工会提出的条件，须经总工会审查；罢工须得到总工会同意；上工须有总工会命令；不得总工会命令，绝对不准捕人和捣毁产业。违者开除会籍。杭州总工会颁布了 11 条纪律，包括绝对服从工会命令及决议，按时出席会议，照章缴纳会费，不得破坏工会名誉，纠察队直属总工会，不得自由调动，等等。②

广大工人摆脱北洋军阀的统治，为争取自身的基本政治权利，改善经济待遇，迅速投入新的斗争。2 月 16 日，宁波总工会制定了《优待工人条例》。3 月 13 日，杭州总工会发表宣言，提出总要求 39 条，比较全面地反映和代表了工人的基本要求。沪杭甬铁路总工会向路局提出要求 30 条。这些要求是因工人群众长期贫困和痛苦的积累而产生的，大方向完全正确，但也提出了若干过高标准，如每周休息一天半，每年休假一个月，定时增加工资。要求过高，社会承受不了，枉招物议。要求提出了不能实现，又不免令群众因失望而离心。

由于革命潮流的高涨和工人不懈的斗争，资本家不得不作出一定让步。杭州机织总工会与织物公会达成丝织劳资协约 28 条、丝织劳资公约 13 条；杭州布厂工会与厂方达成协约 20 条；杭州印刷总工会就权利、工资、工时等项与资方达成协议；沪杭甬铁路总工会与路局达成 30 条；杭州米业店员与店主代表达成 25 条。明确承认工会的地位和权利，规定了工人的最低工资、增资额度、劳动时间、福利待遇，工人运动取得初步成果。

这些有利于工人的协议能够达成，环境压力是个重要因素。一旦环境改变，协议能否照旧实施就成问题。机织总工会与织物公会达成协定不久，杭城形势突变，所有协约均重新送请审核，再行仲

① 参见浙江省总工会编《浙江工人运动史》，浙江人民出版社，1988，第 89—96 页。

② 参见浙江省总工会编《浙江工人运动史》，浙江人民出版社，1988，第 102 页。

裁。因而“是项契约已否发生效力，未详”[①]。照当时形势判断，凡有利于工人群众的协议，是不会照章生效的。

3月中旬，李宗仁指挥的北伐军江左军攻占安庆。共产党人和国民党左派合作，推动安徽工人运动公开发展。

安徽省总工会和安庆市总工会在北伐胜利后建立起来，共产党员舒传贤、王少虞分别在省、市总工会中担任领导职务。各地总工会陆续建立。宿松总工会有会员2000多人，建立了自己的武装。歙县总工会下辖7个行业工会。六安县工人将自发组织的烟业公所改组为工会。青阳总工会由安徽省和安庆市两总工会直接派人组织，有会员3000多人。

北伐军到达芜湖，3月9日，芜湖邮政工会成立，要求收回邮政管理权。4月10日，芜湖总工会和农会、商会、学联、国民党党部等团体代表，共同组织群众运动委员会，“以领导群众运动，力争外交胜利，反对一切帝国主义与军阀为宗旨”[②]。

从北伐军进入安徽到四一二反革命政变发生这段不长的时间中，安徽各地工会发展很快，参加工会的人数达8万多人。在省会安庆，工会会名不统一，劳资混合，处于初始幼稚状态。

工人组织起来后，为改善自己的待遇条件而斗争。芜湖裕中纱厂工人为反对不合理厂规，提出11项条件，要求增加工资，减少工作时间，改善待遇，罢工3天。大昌火柴厂、粮食、糟酱工人等，也都为要求加薪先后罢工，取得了胜利。

北伐江左军占领安徽的同时，程潜指挥的江右军向南京挺进，3月24日进占南京，孙传芳在东南五省的最后一个据点被拔除。北伐的胜利，促进江苏各地工人运动公开发展。苏州成立总工会，委员长为舒正基，设会所于苏州皇废基旧王宫。无锡总工会设会所于无锡崇安寺，秦起任委员长。常州也建立了总工会。

无锡丝厂女工大罢工是这期间江苏工人最有影响的经济斗争。

① 王清彬等编《第一次中国劳动年鉴》，北平社会调查部，1928，第411页。

② 芜湖《工商日报》1927年4月11日。

1927年3月21日，丝厂女工提出增加工资、缩短工时、发放定洋、规定赏工等4项要求。次日，16家丝厂女工一齐罢工。23日，罢工扩大到21家，参加罢工的女工达8000人。经过商团公会调停，丝茧公所与各厂主商定，同意缩短工时一小时，工资增至5角。女工们以其基本目的达到，3月27日复工。①

由于国民党新军阀叛变革命，安徽和江苏两省的工人运动只公开发展很短一段时间，便在严厉的镇压下被破坏了。

5. 中华全国总工会迁驻汉口和铁路、邮务工人全国代表大会的召开

1926年11月26日，国民党中央政治会议决定，国民党中央党部和国民政府从广州迁驻武汉。12月13日，中央执行委员暨国民政府委员临时联席会议在武汉成立，简称“武汉临时联席会议”。1927年1月1日，国民政府各部在武汉办公。

全国革命的中心转移了，中华全国总工会继续在广州办公已不能适应形势。1月3日，全国总工会在汉口召开执委会议，决定在本年“二七”罢工纪念之前，完成全国总工会机关北迁武汉的工作，北迁后在广州设办事处，以戴卓民为主任，指导广东、广西、福建、云南、贵州、香港、南洋等地工作。会后，全国总工会就总部北迁武汉通告全国各工会，阐述了迁移总部的目的是“为适应环境之需要计，为革命前途之开拓计”，指出革命势力虽然天天发展，而革命基础尚未十分巩固，工人得到了政治自由，但经济痛苦尚未解除，工会组织也未臻十分坚固与完善，“此时吾人应为巩固与统一本身组织及谋得吾人经济利益、解除本身痛苦而努力，亦即革命势力巩固之必要条件”②。

2月11日，全国总工会在汉口歆生路义成里原华扬旅馆正式对外办公。同时，撤销汉口办事处。全国总工会在粤委员分途顺道湖南、江西考察工运，而后汇集武汉。委员未到齐之前，在武汉由刘

① 参见《新闻报》1927年4月6日。

② 《广州民国日报》1927年1月18日。

少奇、李立三、项英、朱少连以及申耀、邓培组成临时常务委员会主持工作。全国总工会增设国际通讯局。全总完成机关北迁后，专此发表通电，表示“自后更当领导全国工人，与全国各界同胞，努力奋斗，以求革命之速成，与民族的阶级的永远解放”①。

为了推动北伐战争胜利进军形势下工人运动在全国的发展，2月20日，全国总工会在汉口歆生路老圃西舞台举行执行委员扩大会议，执行委员以及各地50余名代表出席。会议历时一星期，通过了30多件决议案。

1926年12月，中共中央局就要求中央工委拟定全国职工运动总要求，预备在全总扩大执委会议上提出。根据这个指示精神，全总执委扩大会议正式通过了《全国工人阶级目前行动总纲》。

这个总纲以第三次全国劳动大会决议为基础，适应北伐开始后形势的发展变化，为统一全国工人阶级的行动和要求，作出新规定：政治方面，提出“反对一切资本帝国主义向中国武装进攻，尤其是最近英国帝国主义对华出兵”，“要求彻底完成国民革命；反对一切与帝国主义及军阀等妥协之倾向”；针对蒋介石挑起迁都之争，提出“拥护一切民主革命势力之争斗，反对代表封建势力之个人专政及军事独裁”；对于农民，提出“拥护农民一切反封建势力及获得土地权之争斗”；关于工人阶级参加政权，“要求各级总工会得派代表出席国民政府及其以下各级政府会议”。

工会组织方面，继续坚持实行工会联合和统一的方针，针对国民党右派势力借口北伐限制组织工会问题，提出“要求工会组织之完全自由，无论平时、战时，不受任何法律命令之束缚”，“要求各省、各县、市组织统一的总工会，反对一切分裂工会的企图”，“各省总工会、各产业总工会均统一在全国总工会之下”。

经济方面，要求政府颁布劳动法，实行八小时工作制，“随时增加以物价为比例之真正工资，反对降低工资”，男女同工同酬，禁止雇用13岁以下的童工，减少女工、童工工作时间，反对包工制，实

① 《汉口民国日报》1927年2月13日。

行国立失业保险，工人代表参加国有产业的管理。

处理劳资纠纷方面，要求实行团体契约权，“各企业不得雇用非会员工人及工人解雇前必须将正当理由通知工会”，反对资本家提倡改良主义欺骗工人，反对劳资联合会等其他一切阶级的协调企图，针对广东出现对劳资纠纷实施强迫仲裁的现象，明确提出“反对有强迫性质的劳资仲裁机关”。①

全国总工会指出，这个总纲“为我国工人阶级目前行动之规范，全国工人应一致拥护而力行之”，“此总纲不仅为工人阶级利益之要求，亦即革命成功之保障”。② 它的制定和公布非常及时，有利于加强对各地工运的宏观指导。同时，这个纲领也带有一些过高过急的要求，如反对资本家“分给工人红利”以改良主义“欺骗工人”，企业不得雇用非会员工人，工会不受任何法律命令束缚，这对国民政府统治区工人的政治、经济斗争和社会改革发生“左”的倾向不无影响。

2月16日至19日，中华全国铁路总工会在武汉召开第四次全国代表大会。大会开幕式在汉口歆生路老圃西舞台举行，来自各铁路工会的50余名代表出席。大会推选邓培、史文彬等人组成主席团，京汉铁路总工会代表罗海臣主持开幕式。李立三代表全国总工会致辞，他指出自革命势力发展到武汉，帝国主义和军阀用种种阴谋，破坏革命，“现值最后决战之时，是革命民众的生死关头，必须全国一致团结，尤其是铁路工人负担的责任和使命，比较更大，我们须把许多烈士牺牲得来的胜利发扬光大，一致团结，一定可以得到最后的成功”③。大会发表了开幕通电、致苏维埃俄国工农阶级电、反对英国出兵中国通电、欢迎国民党中央党部及国民政府迁鄂通电。

当晚，大会移至全国总工会内继续举行。会议期间，李立三报告了世界职工运动状况，全国铁路总工会报告了会务，广三、广九、

---

① 《全国工人阶级目前行动总纲》，载中华全国总工会中国职工运动史研究室编《中国工会历史文献》第1集，工人出版社，1958，第364—365页。

② 李昌荣:《全国工人阶级目前行动总纲浅释》（1927年5月8日），湖北全省总工会印行。

③ 《汉口民国日报》1927年2月17日。

粤汉南段、南满、新宁、京汉、粤汉北段、京奉、津浦、京绥、中东、沪杭等铁路工会的代表先后报告了会务。2月17日晚，大会讨论了当时的政治情形与铁路工人的责任问题，并作出相应决议。大会指出帝国主义分化革命势力，联合右派，攻击左派，企图与军阀共同消灭革命势力，再由交通系与奉系军阀共同管理各铁路，从工人身上榨取较多的剩余价值，无限地延长工作时间，以供其战争消耗，并勾结反动派破坏工会。“在这种严重政治局面之下，我们应有整顿全中国铁路工人政治要求与经济要求的目标，以谋工人阶级自由幸福的保障，得到生活的安全，努力于国民革命之实现”①。大会通过了《组织问题决议》《宣传教育决议》《纠察队与交通队决议》等文件。2月19日，大会在选举产生第四届全国铁路总工会执行委员会后闭幕。

第一次执行委员会选举王荷波、刘文松、李涤生、袁达时、叶云卿为常务委员，办公处附设于全国总工会内。3月28日，第一次常务委员会讨论了工作方案，决定积极整顿会务，加紧训练，“领导全国铁路工人作革命之先锋，以完成革命，而推进世界革命”，决定了今后一个时期的宣传工作方针。会议决定王荷波为总书记，袁达时、叶云卿任组织部主任，李涤生、罗海臣任宣传部主任。②

2月初，全国邮务总工会筹备处成立，广东、湖南邮务工会各派1人，湖北邮务工会派4人在全国总工会汉口办事处办公。2日，该筹备处发出通告，决定于3月1日在汉口召开全国代表大会，以“谋切身的利益并求民族的解放”，全国各邮区无论已否成立工会，均应选派代表出席，“共同努力去帮助政府收回邮政管理权并改善我们全国邮务工友的生活”③。

3月7日下午，全国邮务工人第一次代表大会在汉口总商会礼堂开幕，来自湖南、湖北、广东、广西、浙江、四川、上海、福建等

---

① 《汉口民国日报》1927年2月20日。

② 参见《汉口民国日报》1927年3月29日。

③ 《汉口民国日报》1927年2月11日。

省市的代表54人出席大会。李立三代表全国总工会向大会致贺词，提出3点希望："一，希望此次大会中，有很多具体决议案，二，取断然手段于最短时间，收回邮务管理权，三，本革命精神奋斗到底，打倒帝国主义军阀官僚，得到完全解放"①。国民党中央党部、海外部、农民部、国民政府交通部、国民党汉口市党部工人部的代表，发表了演说。

大会期间，项英作了全国工人运动状况的报告，刘少奇通报了全国总工会执委扩大会议情况及《全国工人阶级目前行动总纲》，各省市代表报告了本地邮务工运的发展与存在的问题。大会决议指出：全国工人运动已发展到更高的阶段，正处于革命运动最后斗争的时期，"不但要巩固自身组织，强大本阶级的力量，而且要尽力帮助中国农民运动的发展和斗争，建立工农同盟关系，与帝国主义军阀及一切封建势力作最后的斗争，以期完成中国国民革命"②。大会统一了各地邮工提高工资、缩短工作时间、改善待遇的要求，一致决议收回邮政管理权。关于邮务工会与邮局的关系，作出了9点决议。③

3月17日，大会选举产生中华全国邮务总工会执行委员会后胜利闭幕。邮务总工会执行委员会由19人组成，广东代表伍天德任常务委员会主席。

同月，全国印务总工会筹备处、全国海关总工会筹备处、全国矿务总工会筹备处、全国纺织总工会筹备处相继成立，办公处均设在全国总工会内，陆续开展工作。

四　收回汉口、九江英租界和其他反帝斗争

1. 收回汉口、九江英租界

国民政府由广州迁移武汉，湖北全省总工会第一次代表大会和国民党湖北省第四次代表大会召开，武汉工人和各界群众欢欣鼓舞。

① 《汉口民国日报》1927年3月8日。

② 《汉口民国日报》1927年3月9日。

③ 参见《汉口民国日报》1927年3月17日。

时值1927年元旦，庆祝活动连日不断。1月3日下午，中央军校武汉分校宣传队在汉口一码头江汉关前与英租界毗连的空场上讲演，大批武装英国水兵从江面登陆，干涉讲演，酿成一三惨案。

江汉关前的反英斗争并非偶发事件，而有其深刻的历史和现实原因。英帝国主义在中国有其巨大利益，屡屡干涉中国革命，成为中国革命的头号之敌。武汉工人对于租界当局和外国资本家屡有斗争，1925年六一一惨案是其不能遗忘的痛。北伐期间，天津英租界当局将革命党人引渡给奉系军阀，英国军舰悍然炮轰四川万县，省总工会等6团体即于1926年12月26日发起反英市民大会，一致议决实行对英经济绝交，要求政府立即收回妨碍革命的英租界。1927年的新年庆祝活动，反英斗争也是重要口号之一。在这样的氛围中，星星之火，不难燃起冲天烈焰。

其时，武汉临时联席会议正在后城马路南洋大楼召开第九次会议。英兵杀人案发生，临时联席会议当即中断原定议程，听取现场情况汇报。汉口市党部李国瑄、省总工会许白昊、武汉洋务工会屠宗根、总司令部政治部章伯钧、武昌市长黄昌谷、汉口市公安局张笃伦等先后报告了现场情况。

许白昊说："今日下午三时许，正开工会代表大会，得报告一码头英水兵与听讲之群众发生冲突，英水兵以刺刀杀人，重伤一人，此刻恐已死伤数人。群情愤激，现聚集至数千人，夺得枪一枝〈支〉。群众宣言如水兵不撤退，则群众亦不后退，恐将发生大冲突，请政府速设法制止。"屠宗根说："今日三时许，讨论英美烟公司签字事宜后至一码头，见群众与水兵对峙，英兵杀伤吾群众数人，群众约有一二万人，以石子击英兵。当劝以不宜再有冲突，应报告政府，定有解决方法。现情形甚危，急请政府即刻设法。"章伯钧报告情况后，转达了总工会的两点意见：一是请外交部即与英人严重交涉撤退水兵；二是由总政治部、总工会、商民协会、学生联合会等以旗帜宣告群众，请即解散听候解决。[①]

① 参见《中国国民党中央执行委员国民政府委员临时联席会议第九次会议议事录》（1927年1月3日）。

外交部部长陈友仁认为情形严重，主张采取比较强硬的态度和办法。鲍罗廷提出 4 条措施："一、应即派代表向群众说，联席会议闻英水兵之凶暴行为，极为义愤，我同胞一人被杀，数人被伤，人民对于此事之义愤，极为正当。但政府应有适当方法保护人民生命，在二十四小时内决定办法，防止以后再有此等〈殊〉残暴行为。为死者、伤者报仇雪耻，在政府未决定办法以前，望人民能离开租界，维护秩序，政府之办法决定后，即通知人民代表，并须在书面上签字。二、派警察多人站在群众与水兵中间。三、总工会派得力人员，帮助警察，站在警察与民众中间。四、外交部派有毅力之人员与英外交当局严重交涉，撤退武装水兵，保障秩序安全，否则，发生危险不负责任。"① 会议决定由徐谦、蒋作宾到一码头向现场群众喊话，宣布政府公告；外交部立即与英租界当局严重交涉。

帝国主义者的暴行激怒了广大工人和市民。司法部部长徐谦与湖北省政务委员会委员蒋作宾到现场宣布政府主张，组织疏散人群。至晚间 9 时许，人群始行尽散。沿江汉关至怡园，英租界方面布满革命军步哨。卫戍司令部指派党代表陈群率军进入英租界维持治安，省总工会纠察队协助。

1 月 4 日，湖北全省总工会第一次代表大会发表通电，提出 6 项要求："（一）请政府自动收回英租界。（二）在英租界未收回以前，要求英租界当局应即撤销电网沙包及各军事上之准备，并绝对不得在租界内干涉言论，出版，集会游行，讲演等自由。（三）要求立即撤退在华军舰，以后租界内永远不得有外国武装军警驻扎，由公安局派警察驻扎租界。（四）要求赔偿死伤损失。（五）要求英政府向我政府道歉，并担保以后不得有此等事件发生。（六）要求凶手即移送我政府惩办。"通电还提出 5 项措施：立即抵制英货；准备封锁英租界及对英总罢工；工人愿为政府后盾；农工商学联合会开代表大

① 《中国国民党中央执行委员国民政府委员临时联席会议第九次会议议事录》（1927 年 1 月 3 日）。

会及市民大会共同行动；全省工人听省总工会命令一致行动。[①] 同日，农工商学各界代表在汉口总商会召开紧急会议，决定对英办法8条，要求政府转达英领事，并限于72小时内圆满答复。

午后，临近英租界地带集结大批民众，人们自发推开守卫在租界入口处的士兵，自由拆除所有电网，搬走沙包。一堆堆拆下的废弃物和沙包狼藉满地。英国义勇队不得不解除武装，义勇队司令部的财物、武器装上了轮船。民众捣毁了义勇队司令部。英国水兵陆战队重新登陆处于戒备状态。晚上，共产党所组织的游行队伍举着火把走来了。至深夜十一二时，民众才开始散开。[②] 欧战纪念碑的钢链被拆掉，纪念碑上被到处贴满了标语。省总工会撤出了纠察队，陈群分别致函临时联席会议和省总工会，请求续派纠察队参与维持治安，以待军警配置完毕。

5日，刘少奇致函李立三，内称“现在有很多市民把英捕房打了，死伤很多。军警不能维持，如何办法，纠察是否可以维持，请急办”[③]，同时函报临时联席会议。徐谦前往现场，了解到发生了冲突，有轻伤，但无死亡。李立三等向临时联席会议报告，“关于纠察队完全受陈党代表指挥，此纠察队须有政府命令方可撤退”。会议决定纠察队300人，在英租界执行任务期间，每人每日发给大洋5角。并通知陈群和总工会，将欧战纪念碑上张贴的标语洗去。总工会提出总罢工，会议认为暂时不宜实行。[④] 当日，武汉市民对英示威大会在汉口济生三马路举行，参加者二三十万人，李立三担任总指挥。他接到3张条子，招呼游行不进租界，结果“群众完全不理，自己就直接向租界冲，把巡捕都打跑了，租界马上成了恐怖区域，军队

① 参见《汉口民国日报》1927年1月6日。

② 参见A.B.巴库林：《中国大革命武汉时期见闻录》，郑厚安等译，中国社会科学出版社，1985，第41、42页。

③ 《刘少奇关于湖北总工会工作致李立三》（1927年1月5日），《党的文献》2011年第6期。

④ 《中国国民党中央执行委员国民政府委员临时联席会议第十次会议议事录》（1927年1月5日）。

去了也无法维持秩序”[①]。中共六大期间，向忠发谈及此事说：“收回英租界事，群众要打巡捕房，国民政府没有办法，还是总工会去解决的”[②]。

英租界的统治者此际面临的是完全不同于制造六一一惨案时的情况，工人的背后已经是反帝反军阀的革命政府。3 日晚，陈友仁召见英副领事葛福提出口头抗议，令其立即撤退水兵及义勇队，“苟不检束，则民众将使英租界成为无价值之物”[③]。4 日晨，葛福即令水兵和义勇队撤到江中军舰，并拟移交租界管理权，英工部局不能维持秩序，葛福被迫请中国政府派兵入租界保护。

5 日，武汉临时联席会议决定组织英租界临时管理委员会，主持租界内公安、市政事宜。陈友仁发表布告，宣布该委员会成立。当晚，委员会正式照会英领事。7 日，武汉临时联席会议决定调整英租界管理机构，由交通、外交、财政部长组成英租界管理委员会，外交部长为主席委员。除警察 190 人外，留军队两连，纠察队由 500 人减至 100 人，共同维护治安。同日，湖北全省总工会第一次代表大会发出通告，鉴于英租界已由政府维持，“毋论中外各工厂工友，均须安心上工，不得三五成群，聚集英租界，发生纠纷，一切游行，须先报告本会许可，如英界有巡捕上街，不得施以殴打，并应先将情形报告本会，码头工友，尤不得在租界上叫闹”[④]。

紧接着，发生了收回九江英租界的斗争。据宋子文报告，1 月 6 日，九江税务司之妻带行李上船，纠察队阻止，与海关英国人冲突。工人受重伤，海关亦有一人受伤。工人涌入英租界。英人预备开枪，陆战队登岸，谣传将有俄人 20 人来九江，且欲烧英租界。当群众激

① 李立三：《党史报告》（1930 年 2 月 1 日），载中央档案馆编《中共党史报告选编》，中共中央党校出版社，1982，第 238 页。

② 向忠发：《职工运动讨论之结束》（1928 年 7 月 6 日），载中共中央党史研究室、中央档案馆编《中国共产党第六次全国代表大会档案文献选编》第 2 册，中共党史出版社，2022，第 771 页。

③ 《陈友仁在国民党二届三中全会上的外交报告》，载程道德等编《中华民国外交史料选编（1919—1931）》，北京大学出版社，1985，第 389 页。

④ 《汉口民国日报》1927 年 1 月 7 日。

愤时，宋子文出面演说，称“汉案”政府自有办法，望民众暂退，民众这才退去。九江事件是“汉案”的连锁反应，“也可以说是九江英帝国主义者对汉口帝国主义者的一种声援和响应”[①]。由于英商怡和、太古两公司拒绝接受九江码头工会提出的改善待遇要求，1926年12月间，工人已开始罢工，纠察队在江边巡逻，不准任何人搬运货物。因此，当税务司之妻雇人搬运行李上船时，即为纠察队员所阻。冲突发生后，英水兵加入，并将纠察击昏在地。消息传开，市民怒不可遏，欲闯入租界。英舰鸣炮恫吓，群众更加愤怒。

7日晨，工人和市民涌入租界，将所有沙包、木桩、蒺藜等障碍设施尽行破除，打通沿江一带通道。租界内人流涌动，北伐军的“各级政治部之人员，极力演讲劝告，群众始渐散去”[②]。上午，独立第二师师长贺耀祖派兵进入租界，下午4时半，正式接管租界。当晚，邓演达抵九江，决定组织维持租界治安临时委员会，以第六军政治部主任林祖涵为主席。嗣后，由国民党党部、人民团体及六军政治部组织九江市民对英外交行动委员会，与租界临时管理委员会和临时守卫司令共组办事机关。“租界内之各处公共牌示地方，均贴满各种革命口号标语，平素阴森有鬼气之英租界，一时充满革命空气”[③]。

一三惨案后，中共中央即发出党内指示，提出解决一三惨案的条件“应以低而能坚持为原则”；“外交上引导群众与政府一致”；“须极力避免一切原始暴动的状况”；“派往租界的军队必须选择纪律最严的军队”。[④] 12日，中共中央发表宣言，肯定国民政府赞助武汉民众，接管英租界，“是唯一正确的”，呼吁政府“坚持到底，不对英国帝国主义让步”。[⑤] 陈独秀在《向导》发表《谁杀了谁?》，系统披露了一三惨案真相，痛斥英帝国主义者的残暴行径，号召全中国

---

① 《中国国民党中央执行委员国民政府委员临时联席会议第十一次会议议事录》(1927年1月7日)。

② 《广州民国日报》1927年1月11日。

③ 《广州民国日报》1927年1月24日。

④ 《中央政治通讯》第15期，1927年1月。

⑤ 《中国共产党为汉口英水兵枪杀和平民众宣言》，《向导》1927年第183期。

人都应该起来反抗，“非到收回英租界，永远撤退英国驻华海陆军，收回海关不止！”[1] 5日，全国总工会发表宣言，号召全国同胞一致行动起来，“打倒这个一息仅存的英帝国主义，湔雪我们百数十年来的奇耻大辱”[2]。28日，苏兆征致电英国工党、工联会，呼吁他们速起反对保守党政府在中国的屠杀行径。

国际无产阶级也作了积极声援。1月23日，共产国际发出呼吁书，号召各国工人阶级组织起来，保卫和支援中国革命。国际运输工人委员会通告各国海员，提议一致拒绝运输军队军械至中国。苏联政府发表公报，英国共产党发表宣言，日本最大的劳工组织关东劳动组合协议会召集紧急会议，支持中国人民的正义斗争。

这样，英国统治者不得不坐到谈判桌边来。2月19日，英驻华公使代表参赞阿马利与中国政府代表外交部部长陈友仁，在汉口外交部会议室签署了《收回汉口英租界之协定》。次日，双方又签署《收回九江英租界之协定》。根据协定，1927年3月15日起，汉口、九江英租界的管理权从法律上由中国政府收回。

收回英租界，工人阶级作出了重大贡献。北伐胜利后，广大工人群众反帝斗争情绪空前高涨，排山倒海的反帝斗争的冲击，迫使英帝国主义者放弃汉口、九江租界管理权。政府接管英租界后，广大工人服从指挥，各安其业，秩序如常，杜绝了帝国主义者卷土重来的借口。在谈判阶段，工人群众又作了政府的坚强后盾。因此，收回汉口、九江英租界，是民族主义的胜利，也是中国工人阶级反帝斗争的空前胜利。

2. 两湖工人的反帝罢工

北伐的胜利进军和工农革命力量的壮大，触犯了英帝国主义的在华利益。他们挥起“炮舰政策”大旗，继续玩弄武力恫吓花招。1926年9月5日，英舰炮轰四川万县城关。1927年1月23日，天津英租界当局封闭国民党天津市党部，将17名革命者引渡给奉系军

---

① 独秀（陈独秀）：《谁杀了谁?》，《向导》1927年第183期。

② 《中华全国总工会为汉口事件宣言》，《广州民国日报》1927年1月10日。

阀。26 日，驻汉英副领事葛福策划驻汉领事团公然向国民政府“抗议”，要求取缔武汉工人运动。同日，英国亚细亚煤油公司“福光”号在汉口以下团风江面撞沉中国“神电”号客轮，致使 400 余人丧生。中国政府接管汉口、九江英租界后，英帝国主义在谈判的同时，企图凭借武力改变颓势，以防卫上海公共租界为借口，1 月 15 日至 22 日，从英国本土和印度调集大批军队开往上海。英驻华公使兰浦森照会美、法、日、意，“希各国共同出兵，在上海布设防线”①。英帝国主义者的倒行逆施，进一步激化与中华民族的矛盾，各地工人对英罢工、对英经济绝交斗争风起云涌。

2 月 23 日，全国总工会发布命令，定于该月 28 日上午 10 时，全国总罢工一小时，反对英兵来华。湖北、湖南两省总工会当即准备。湖北省总工会以第一号令转发全总令，组织各工会妥为布置，按时罢工，罢工后应在工作地点集合讲演，唱革命歌，高呼口号，各工厂、各店铺门首，务必张贴全总命令，并须派纠察队维持秩序。26 日，长沙总工会召集所属工会代表 400 余人，开罢工筹备会。湖南省总工会发起召开各团体联席会，颁布了全国总罢工长沙工人须知。

28 日上午，全国总罢工准时举行。武汉三镇 32 万工人同时罢工，各界参加者还有 20 万人。纠察队员 2000 余人，每 4 人一班，手持“全体罢工”“全体上工”两面小旗分布于各街市、工厂，指挥罢工。宣传队各持红旗分散在街市、码头、工厂演讲，唱革命歌，高呼口号。各种标语贴满市面，3 万余店员各身背标语一张，尤为新奇夺目。

巴库林记录了这场罢工的壮观情景：“在十点以前，每一个街道路口都布置了工人纠察队，十点正（整），所有工厂和长江轮船都汽笛长鸣，就象（像）巨兽怒吼一般。一切都停下来了：码头上空荡荡的；停电断水；电话不通；甚至人力车夫一听到汽笛声也就地站住，象（像）插在地上一般；乘客都被纠察队员叫下车来，听从身穿蓝短衫手持棍棒的苦力指挥，恭恭敬敬地窘迫地溜边走开；搬运工一听到汽笛声就停住脚步，卸下肩上的货物；甚至小胡同里的小

① 《晨报》1927 年 1 月 26 日。

店铺都关上了门板。真是空前未有的壮举啊！每一个路口都在举行飞行集会，在人力车夫和搬运工人平时来往的街道上，聚起了一堆一堆的人群，人群中露出演讲者的身影。”①

是日，湖北宜昌3万工友、新堤万余工友、随县600余工人同时罢工。湖南长沙10万工友以大炮为号举行罢工。汽笛鸣放一小时，全城震动。所有火车、轮船、汽车、邮政、电报、电话、店员、苦力等各业工人，一概停止工作，工人高呼口号，沿街讲演，纠察队齐唱国际先锋歌，分途维护，秩序井然。是日，湖南全省参加罢工者共达40万人。②

全国总工会领导的这次一小时全国总罢工，是反对英帝国主义出兵中国，干涉中国革命的政治大罢工，表现了工人阶级已经具备全国范围的组织性，以及强烈反对英国出兵中国的严正态度。全国7个省200余万工人参加，其中湖南、湖北、广东的成绩最好。刘少奇在第四次全国劳动大会上指出：这次大罢工，“表明了全国工人阶级很好的服从全国总工会的命令，吓破了帝国主义的狗胆。这也表明，全国工人阶级都是反对帝国主义出兵的，决不是寥寥少数人的行动。这就使得帝国主义不敢以武力来干涉我们”③。

汉口一三惨案发生后，湖南省总工会发出紧急通告，要求各工会就地邀集各公法团举行县、市反英示威大运动，各地未曾组织扩大对英经济绝交委员会的，即邀集各公法团即时依法组织，已组织的应努力工作。

1月12日，长沙英国水兵武装登陆挑衅，海员工会、洋务工人联合会、洋务职员联合会决定对英总罢工。13日下午，湖南省总工会召集各团体代表讨论援助办法，当即组织湖南人民援助反英罢工委员会。14日，长沙工人组成对英罢工委员会。16日，工农商学各

---

① A.B.巴库林：《中国大革命武汉时期见闻录》，郑厚安等译，中国社会科学出版社，1985，第87、88页。

② 参见《革命军日报》1927年3月4日。

③ 刘少奇：《全国总工会会务报告〔摘要〕》，载中华全国总工会中国工人运动史研究室编《中国工会历次代表大会文献》第1卷，工人出版社，1984，第182—183页。

团体召开反英示威大会，长沙工人对英罢工委员会扩大为湖南人民对英罢工委员会。直接参加罢工的洋务工人338人、洋务职员127人、洋务海员92人，其中以亚细亚煤油公司和太古洋行为多。罢工进行到70天时，英帝国主义的损失至少150余万元。[①] 4月18日，湖南人民对英罢工委员会扩大为湖南人民反对国际帝国主义大同盟，省总工会发挥了核心作用。

汉口英文《自由西报》宣扬“蒋介石是对的。中国人何苦去当俄国共产党的奴隶呢？那比当帝国主义者的奴隶好不了多少。中国人应当消除这种神经错乱的危险”[②]，并且赞赏赣州、九江出现的屠杀工人的反动行为。3月19日，武汉印务工会奉湖北省总工会命令，对两报实行罢工。刘少奇在印务工会招待会上指出：这次罢工反抗帝国主义侵略政策，实与上海政治罢工，有同样之意义与价值。他提出罢工的解决，权在省总工会。那些努力革命工作的人，绝非摇头口讲者所能及，印务工人在这方面可称为领导革命的模范。帝国主义侵略压迫中国有软硬两手，英文《楚报》《自由西报》挑拨破坏，就是帝国主义施行的软的一手，我们反对它的办法就是罢工，使它停版。[③] 武汉印务工会复信《自由西报》编辑部，指出这次罢工就是反对该报进行反动宣传，破坏工会和革命民众，要想复工，必须同省总工会谈判，并特别提出“希望你们觉悟起来”[④]。参加两报罢工的共有106人，至4月5日尚未复工。

3. 湖南工人收回邮权和海关

在收回汉口、九江英租界的斗争前后，湖南工人开展了收回邮政和海关的斗争。1926年10月，中华全国总工会派伍天德、廖铿然

---

① 参见邓立平：《湖南对英罢工近况》，载湖南省总工会、湖南省社科院历史所、湖南省档案馆《湖南工运史料选编》第2册，内部版，1984，第447—452页。

② 转引自A.B.巴库林：《中国大革命武汉时期见闻录》，郑厚安等译，中国社会科学出版社，1985，第117页。

③ 参见《汉口民国日报》1927年3月27日。

④ A.B.巴库林：《中国大革命武汉时期见闻录》，郑厚安等译，中国社会科学出版社，1985，第121页。

到长沙，协助邮政工人组织湖南邮务工会筹备委员会。11 月 16 日，湖南邮务总工会成立。全省邮局工会分会、工会支部或小组共 83 个，有会员 900 余名。

近代中国邮政管理权一开始就落在外国列强手中。北洋军阀统治时期，邮政管理隶属北京政府交通部，管理仍由外国人包办操纵，洋员与华员、管理人员与工人，地位待遇悬殊。湖南邮务总工会成立后，立即开展了争取权利、改善待遇的斗争。

12 月 5 日，邮务总工会委员长蔡声硕致函湖南邮务长法国人饶略，提出包括书面承认邮务总工会，发放薪水、津贴一律改元为两，每服务满一年加薪一次，工作时间为 8 小时，工会职员在任期内不得调职，开除会员工人，应得工会同意，巡员、稽查差由工会选举等 14 项条件。饶略仅承认其中次要的 3 项。

邮务总工会再次致函邮局，要求 5 日内圆满答复，否则，实行罢工。12 月 16 日，全体邮政工人停工，向省政府请愿。邮总在青年会招待长沙各界，披露工潮经过，发布宣言，将 14 项条件公布于众，呼吁各界支持。17 日，省总工会委员长郭亮致函饶略，支持邮工。他指出邮务当局对工会提出的要求，“答复极不圆满，殊无体恤工艰之意。现该工人愤懑异常，势非罢工不可”，希望“早日予以圆满答复，俾工潮早日解决”。①

18 日，邮局仍置工人要求于不顾，罢工即将举行。省总工会和建设厅出面调处，请邮务工人宽限一周。23 日，建设厅邀长沙总工会委员长、邮务工会代表和邮局正副邮务长会商，但饶略仍不接受条件。当晚，邮务总工会议决先将邮务长公寓的轿班、水手、杂役一律停工，发表快邮代电，请国民政府从速撤换正副邮务长，同时，暂停发动全省罢工。

28 日，建设厅厅长邓寿荃约集邮务长、省总工会委员长、省党部

① 《省总工会郭亮委员长致函省邮局支持工人提出改良待遇十四条》，载湖南省总工会、湖南省社科院历史所、湖南省档案馆《湖南工运史料选编》第 2 册，内部版，1984，第 424 页。

农民部长、交涉署科长、工人代表等再次作调解。当日，邮务工人结队到建设厅请愿，要求饶略当面圆满答复。饶略先是拒不承认邮务总工会，继而将津贴发放范围仅限于长沙邮区，并以种种借口不接受条件。工人包围谈判场所，至当晚11时30分，饶略不得已而勉强签字。

但是，邮务当局并不甘心失败。29日，饶略及其他洋员不上班，并将邮票、汇票封存。驻湘美国领事以代理驻湘法国领事资格致函湖南省政府，以饶略被“压迫签字”，官署方面“有以使然”，“将来不能认为有效”等语相威胁。湖南省政府分别致函饶略和驻湘美国领事，指出邮工照常工作，饶略自应到局上班，但却“封锁邮票，停止兑款，致市面咸感不安，斯则涉及扰乱秩序问题，湘政府为巩固后防起见，决不愿有此现象”。邮工与邮务长订立条约，应否生效，属于中国内政，“代理法领对之遽加判语，不无干涉内政之嫌”，而持论较饶略“尤为激迫，殆以交通停滞，使中国民众甚感不便欤”![1]

鉴于饶略一意孤行，破坏邮政，1月3日，湖南省总工会邀集省会各公法团体代表讨论维护邮政，决定成立湖南人民收回中华邮政管理权委员会。4日，武汉政府交通部派员来湘调处。至10日，饶略才到省府参加协商，并与工会达成协议，承认邮务总工会，自1926年12月起增发工人津贴。洋员会计长到局发放邮票，而汇兑仍被饶略封锁。

1月21日，邮务总工会为缓和各地索汇，拟定5条应付办法，并电呈交通部、省政府、省党部、省总工会，请求设法解决。27日，交通部电令湖南省政府克日恢复汇兑业务，由湖北省邮局筹集现金接济。3月17日，武汉政府交通部下令，解除湖南邮务长饶略职务。

在日益高涨的反帝浪潮中，湖南工人于4月上旬收回了由英国人所把持的长沙海关和岳州海关。1926年12月17日，长沙海员成立工会。汉口一三惨案发生后，湖南对英罢工委员会实行洋务工人罢工，抵制英货。3月下旬，英、美军舰炮击南京后，湖南对英罢工委员会决定收回海关。

---

① 长沙《大公报》1927年1月8日。

4 月 6 日，湖南全省总工会收回海关委员会率海员和长沙市民向省政府请愿。长沙海关税务司英国人毕尚留函省交涉署，称“工人要求，难于应付，本人拟即他去，请即接受海关”①。10 日，岳州海关税务司英国人阿克乐出走，工人将其截获令其签字移交海关管理权，岳州工会收回岳州海关。

邮政和海关都是关乎国家主权的重要部门。湖南工人有组织、有领导地收回邮政和海关管理权，是继汉口、九江收回英租界以后的又一重大政治行动，是北伐军占领区工人运动的一个重要成果。

4. 武汉工人抗议四三惨案

4 月 3 日下午 4 时左右，日本水兵 4 人乘人力车到汉口日租界南小路一日本酒店门前下车。因所付车资不足，车夫要求增加铜圆 2 枚，日水兵大冈胜芳不仅不允，反而猛踢车夫，致其身受重伤。一工人见状，急忙上前救援，被日水兵用刺刀刺中腰部，当场殒命。酒店内水兵冲出助虐。市民闻讯，聚集起来与日水兵搏斗，当场捕获日水兵 6 人、商人 4 人，送往省总工会，后转送武汉卫戍司令部。日本领事闻报，调集 500 名陆战队员登陆，追杀中国民众，至 6 时许方止。日方当场打死群众 7 人，次日又有 2 人因伤死亡，伤数十人。“帝国主义在汉口之屠杀，此为最惨”②。

惨案发生后，“武汉民众甚为激昂，而尤以工人为剧”。省总工会当即发出两则通电和第一、二号布告，表示坚决“领导全体工友，本‘一三’对英精神，与日帝国主义作坚决之奋斗。除呈请国民政府严重交涉，要求撤退日本水兵及其他案［条］件，并派遣军警及纠察队维持秩序”，同时要求全市工人阶级和各界群众，“静候政府交涉，万勿聚众骚动，扰乱秩序，堕反动派之奸计，予日人以口实，致碍交涉之进行”。③

---

① 《湖南工人运动大事记》，载湖南省总工会、湖南省社科院历史所、湖南省档案馆《湖南工运史料选编》第 2 册，内部版，1984，第 642 页。

② 《汉口民国日报》1927 年 4 月 4 日。

③ 《汉口民国日报》1927 年 4 月 4 日。

4 月 4 日，武汉各团体派出宣传队分途讲演，向群众报告惨案真相。下午，各团体在汉口特别市党部召开紧急会议，刘少奇报告惨案经过。会议决定由全国总工会、湖北省总工会、国民党中央党部等 17 个单位组成武汉人民对日委员会，提出要求国民政府与日领事交涉的 7 项条件，内容包括立即撤退日本水兵，收回日租界，凶手交中国法庭审判，赔偿死者损失，日本政府正式向国民政府谢罪，日本不得因此次事件封闭工厂辞退工人，日本担保以后不得再有惨杀中国人民的事件发生。当晚，全国总工会召集武汉各工会代表紧急会议，刘少奇报告各团体紧急会议的经过，会议拥护上述 7 项条件，提出“取消中日间一切不平等条约”，誓作政府外交后盾，“信赖国民政府办理‘四三’惨案的一切交涉”。[①]

6 日，武汉工人和各界群众在武昌阅马场、汉口济生三马路举行追悼大会，各工厂罢工一天，学生、公务员、商人分部罢课、罢工、罢市半天。8 日，工人大会在汉口血花世界召开，刘少奇主持，大会提出 4 项要求：对日严重抗议；撤退日本水兵；拍卖日本工厂及商店存货，救济失业工人；请政府接管日本工厂，继续生产。刘少奇代表省总工会向武汉国民党中央报告了上述要求。

四三惨案发生后，日人关闭工厂、商店，造成工人失业。武汉政府苏兆征、陈公博、谭平山组成四三惨案失业工人救济委员会，经过 20 多天谈判，4 月 25 日，与日本领事达成 6 条非正式解决办法：日方撤退水兵，撤出防御工事；日商复业，发还华人工资；武汉政府撤退驻防华界军警及纠察队；工人绝对服从政府命令，决不仇视日人；政府负责保护日人生命财产安全；“四三”案保留，俟适当时机，再开谈判。至 7 月上旬，烈士遗骸仍放置在济生三马路操场，刘少奇在离汉养病之前致函国民党中央工人部，要求该部会同有关团体出资安葬。[②]

① 《汉口民国日报》1927 年 4 月 5 日。

② 参见《刘少奇关于呈请发资安葬“四三”惨案烈士致薛修》（1927 年 7 月 10 日），《党的文献》2011 年第 6 期。

汉口四三惨案比一三惨案严重得多，而武汉政府的处理远不及对一三惨案处理来得及时和有力。究其原因，前者对英，是确定的打击目标；后者对日，政府希望分化英、日，指望形成从柏林到莫斯科、到东京、到武汉的国际联合战线，极力设法“拉拢”日本，促成中日和解。同时，政府方面对外面临各国联合干涉，对内正筹备第二次北伐和反蒋，便在外交上采取“暂时退却”的策略。而这一退，预示了武汉政府的向右转向，也表现了中共领导人一定程度的动摇。

五　上海工人三次武装暴动

1.1926 年夏秋罢工潮与启封总工会的斗争

上海五卅惨案周年纪念活动冲破军阀禁锢如期举行，提升了工人运动的气氛，官厅和资本家联合加强压迫。近 10 年间，沪上米价只涨不跌，1925 年每石大米不过 13 元，1926 年 6 月突破 17 元，牵动百物腾贵，工人生活更加困难。在这种形势下，上海工人罢工相继发动，工潮进入蓬勃的时期。

6 月，上海总工会调整充实了内部机构，在执行委员会内设常务委员会，汪寿华、项英、张佐臣、李泊之（即李震瀛）、谢文锦为常委，汪寿华为委员会主席兼秘书处主任，项英为组织部主任，何味辛为宣传部主任。为便于指挥各区工会，将杨树浦和引翔港、小沙渡和曹家渡、南市和浦东各划为大区，分别以李泊之、张佐臣、谢文锦为总工会代表，驻办一切。执行委员会由正式委员、候补委员 47 人组成，其中中共党员 35 人。[①] 各区成立工人代表会，由 3 人主席团主持工作。

① 参见中央档案馆、上海市档案馆编《上海革命历史文件汇集（中共上海区委宣传部组织部文件）》（1925 年 8 月—1927 年 4 月），内部版，1986，第 488、489 页。另据《上海总工会呈第四次全国劳动代表大会的报告书》，上海总工会常务委员会人选包含宣传部主任何味辛。

罢工潮起于闸北天通庵地区允余丝厂。丝厂女工的罢工带动纱厂工人。接着，罢工迅速从纺织行业向印刷、烟草、邮电、金属、码头搬运等行业和店员、手工工人中发展蔓延。6月、7月是罢工的第一个高潮期。参加罢工的企业都在100家以上，罢工人数超过7万人。6月，工人提出条件117项，取胜49项。7月，提出条件180项，取胜60项。8月、9月是第二个高潮期，8月新参加罢工的企业60家，罢工人数超过3.6万人，手工工人成为继产业工人罢工后的新生力量。8月，工人提出条件329项，取胜76项。9月中旬，小沙渡地区日商内外棉各厂罢工结束，上海总工会把主要精力转向了发动第一次武装暴动。

罢工潮兴起以后，中共上海区委组织部部长兼总工会党团书记赵世炎以“施英”的笔名，在《向导》周报上“七论”罢工潮，为罢工工人呐喊，作具体指导。他指出罢工潮的兴起，除了米价高涨、资本家向工人反攻和五卅惨案周年纪念的促进以外，组织上的力量与团结运动是重要的主观原因。各业工人对上海总工会的拥护和信赖，体现了工人的团结一致和革命精神。他说：“工人的痛苦只有工人自己才知道。工人的利益，只有工人自己的工会和工人自己的政党来拥护。工人的政党就是帝国主义者、军阀、资本家等所反对严拿的‘赤化’党——即共产党。惟有共产党员才是工人群众的先锋队，始终拥护工人的利益。”①

上海总工会公开活动，一方面积极鼓动，以取得工人的信仰；另一方面多方调解，以取得社会的同情，社会地位因之大为提高。军阀当局眼见广大工人以总工会为代表，没有总工会出面，工潮轻易得不到解决，极度恐慌。6月27日下午，淞沪警察厅以总工会调停工潮不力为由，悍然派警力至闸北中华新路顺成里，第二次封闭了上海总工会会所。

当日，上海总工会发出通告，严正宣布：总工会会所是被封闭

① 施英（赵世炎）：《上海最近的罢工潮》，《向导》1926年第159期。

了，但是，“我们的精神事业，也还是继续着的”[1]。通告号召全体工友一致起来恢复总工会。28日，总工会向社会各界发出紧要启事，表示“敝会为上海三十万工人托命所在，责任重大，绝不因此而稍有灰心，丧失勇气”[2]。

各工会立即开展和平请求启封运动。28日，海员、印刷、码头、纱厂、邮电、金属、商务、店员等各产业工会，在宝山路印刷总工会举行联席会议，决定发表拥护总工会宣言，派代表请求警方启封总工会。各工会分别召开代表会、报告会，报告总工会被封情形及应对办法。纱厂、印刷、码头、铁厂等总工会、海员工会、南市、杨树浦、引翔港、小沙渡、浦东等工会代表会联合发表紧急启事，郑重声明誓死拥护上海总工会。商务印书馆、中华书局、彩印、墨印、华商铅印，日华、老怡和、同兴、东方、恒丰等纱厂，内外棉三、四、东五、西五、七、八、九、十二、十三、十四、十五等厂工会也联合发表启事，以总工会“实为上海唯一的真实的领袖”，“誓死拥护，永远在总工会领导之下继续奋斗”。[3]

7月2日，中华全国总工会通电孙传芳，要求启封上海总工会。省港罢工委员会、中华海员工业联合总会也发表了声援通电。5日，小沙渡地区各工厂工会派出代表30余人，到上海总工会慰问。13日下午，各工会代表20余人赴龙华淞沪商埠督办公署，要求总办丁文江出面启封总工会。

在和平请求启封过程中，上海总工会在纱厂总工会内继续办公，并在法租界设半公开机关，保持与各工会的公开联系。7月11日，上海总工会召开第三次代表大会，132人出席。汪寿华报告工作，全国总工会上海办事处主任刘文松报告第三次劳动大会经过及其决议。大会改选了总工会执行委员会，选出执行委员31人、候补委员15人。李立三、李泊之、叶大公、汪寿华、张佐臣、谢文锦等被选

---

① 《民国日报》1926年6月28日。
② 《民国日报》1926年6月28日。
③ 《民国日报》1926年6月30日。

为常委，李立三为委员长。因李立三不在上海，仍由汪寿华代理。

代表大会通过了14项决议。在组织方面，规定发展和巩固各工会组织，尤其要切实整理各工会委员会和支部；实行工会群众化；切实注重工会内部训练和教育，极力打破工人中的地方和帮口观念，统一工会的组织和工人阶级的力量；设立工友补习学校和子弟学校；设立俱乐部和互济机构；保护童工、女工利益；普及工人宣传，扩大五日刊和画报的出版。

大会根据当时情况和群众要求，提出上海工人最低限度总要求11条，作为近期斗争的纲领。其内容主要有：工资每月至少15元；每年按物价增加工资一次；每天工作时间不得超过10小时；星期日休息，工资照发；不准打骂工人、滥罚工人；不准任意开除工人；规定因公死伤抚恤金；工人有病由厂方医治，并发给半数以上工资；女工生育前后休息一个月，工资照发；工人有集会、结社、言论、出版自由；改良工厂安全卫生设备。①

这个纲领，切近广大工人的要求，深得工人拥护，进一步鼓励了工人群众的斗志。上海总工会会所虽被军阀封闭，但在工人中的地位和社会中的影响，并没有因此而降低。

7月中旬，中共中央召开第三次执委扩大会议，指出上海总工会的基础局限在一部分纱厂和印刷工人上面，今后要扩大工会基础，重点放在海员、铁路、邮电、码头、街道、交通工人中。会议认为："上海工人因生活痛苦或阶级自觉心较甚之故，最易发生无组织的罢工与暴动，须本党工厂支部和低级工会强大起来，方能使上海工人的动作成为有组织的有计划的动作，同时应极力争得上海工会的公开存在，并普遍宣传上海工人的总要求。上海党部尤须指导上海工人参加上海的地方政治和经济的改良运动，上海工人方能积集他们革命经验和夺得他们的社会地位。"②

① 参见《申报》1926年7月12日。

② 《职工运动议决案》（1926年7月），载中共中央文献研究室、中央档案馆编《建党以来重要文献选编（一九二一——一九四九）》第3册，中央文献出版社，2011，第297页。

据此，上海区委和总工会把工人经济斗争与政治斗争结合起来，组织了小沙渡地区日商内外棉各厂的罢工。实行罢工的根本原因是要解决经济问题。由于8月4日日轮“万里丸”水手无故打死小贩陈阿堂引起公愤，纱厂总工会根据中共上海区委主席团的部署，把解决陈阿堂案作为罢工的首要条件，把罢工的经济性和政治性结合起来。

8月20日，纱厂总工会发布罢工令，号召内外棉东五、西五、七、八、十二厂工人实行同盟罢工。7000多工人在闸北潭子湾集会，提出5项条件。数日内，内外棉在上海的另外6个厂亦先后加入罢工行列，总数达22600余人。

但是，这次罢工并未成功。此时，正值纱价疲软，运销不畅，日本资本家正企图借整顿生产为名，向工人进攻。6月间，内外棉三、四厂，7月间，内外棉九厂、日华纱厂都是厂方主动关厂。厂主停工闭厂不仅不受大的损失，反以米价上涨，生活困难，要挟工人。工人罢工事实上具有被动抵制的成分。由于把解决陈阿堂案列为首要条件，资方便以这次罢工是政治罢工，否认工人的经济要求。在工人方面，顾正红事件曾经成为五卅斗争的导火线，一个重要因素是顾正红本是内外棉七厂工人领袖，在工人中有影响。顾正红的牺牲，激起内外棉各厂工人的公愤。而这次罢工以解决陈阿堂案为首要条件，但陈阿堂并非工人，在内外棉工人中不足以产生强烈共鸣。罢工的准备也很不足，只是由于厂主大批开除工人领袖，许多工人领袖非常愤激，要求总工会下令罢工。罗亦农、赵世炎不赞成罢工，汪寿华起初赞成，后来也产生怀疑。在基层工人领袖强烈要求下，工会才决定罢工，对这次罢工的形势及其可能产生的问题，自然缺乏足够的估计。结果，群众希望开厂上工，而领导者还以为尚可支持，领导与群众脱节。后经虞洽卿居间调停，以增加米贴每人每日大洋3分，复工后每人可借款4元的条件，于9月16日复工。改良待遇、不得用巡捕进厂毒打工人等要求，被厂主否决。①

① 参见《小沙渡日厂罢工的经过与教训》（1926年9月20日），载中央档案馆、上海市档案馆编《上海革命历史文件汇集（中共上海区委文件）》（1925年—1926年），内部版，1986，第351—365页。

这次失败使共产党组织、工会和工人群众均受到相当大的损失。罢工结束后，厂主立即反攻倒算，开除罢工工人300余人，许多党员或遭开除，或被迫离厂，脱离了党组织，其中许多是新党员。罢工各厂的支部工作需要重新做起。然而，小沙渡地区工人的失败，并没有消解整个罢工潮。8月参加罢工的有4.2万余人，9月仍有4万余人。

1926年夏秋的罢工潮，本因经济问题而起，厂主的压制与反动统治势力支持资方助纣为虐，使经济斗争带上政治要求而成为政治性斗争。影响所及，工会组织得到发展和壮大。至9月，全市工会恢复到90个，交纳会费的会员有5万余人，所影响的工人当然不只此数。

2. 第一次暴动的发动

6月间，由联共（布）中央政治局批准的共产国际执委会远东局在上海设立，远东局主席维经斯基作为共产国际代表，进入中共中央执委会，参加其日常工作。此前，共产国际向上海派驻有代表，但不是一个集体。这样，中国共产党的事务，不仅有共产国际执委会的遥控，而且有近在身边的集体机构远东局的参与。

第一次暴动发生在10月23日、24日，其结果，“只可说是架了一个势子”，“算是未成”。其主要原因，上海区委总结了3点：一是失了时机，未与浙江省省长夏超闹独立的行动配合好；二是技术上的准备太不充分；三是“过于依赖了资产阶级方面，失却了自己独立的地位”。[①] 这第三条实为根本原因。

之所以造成这个局面，推原究始，就要论到行动的指导方针。10月17日，上海区委制定《上海自治市的运动计划》，规定在当时运动中，共产党“对资产阶级的态度是：推动资产阶级一步一步的前进，而不是机械的跟着他们走，抛弃真正为市民利益和民族争斗

① 《上海区委关于第一次武装暴动的总结报告》（1926年11月24日），载中央档案馆、上海市档案馆编《上海革命历史文件汇集（中共上海区委文件）》（1926年—1927年），内部版，1987，第34—35页。

之我们的独立政纲，同时也不是在行动上跑过他们的前面”。对于当前运动的要求，“我们不幻想现时在上海可以用市民暴动的力量，实现平民政权，只求能够尽量减少军阀的统治势力，实现一个相当意义的资产阶级式自治市政府。在这样政权之下，我们所希望得到的，只有工会组织事实上的存在，一般市民集会、结社、言论、出版、罢工之相当自由以及反抗租界帝国主义之根据地这三件事”。①

这个方针的确定，经过区委反复讨论。罗亦农指出：上海正酝酿一个改良运动，大部分都是反对孙传芳的，“为形成改良派的资产阶级的势力起见，为避免色彩及帝主借口反赤起见，非市民的资产阶级起来不可，连国民党也不应起来处号召的地位”②。他在另一次会议上说：“政权给谁，就是保安委员会，工人可不参加，我们完全让他们组织商人政府，民众可得到好发展机会”。赵世炎指出：这次起义“是一部分的暴动”，即部分工人参加行动，其意义是：“1. 我们是无阶初步暴动的尝试，不拿政权，得到自由。2. 对于统治权只是一个警告，不是要政权。3. 取得自己的自由，工会等都公开。”③王若飞同样表示：“上海非商人执政不可，我们不妨在和平会得不到地位。”“在组织上，我们不能去占多数，只在旁参加与暗中指导。”④

其实，上述方针来自中共中央，或者说与中央的指导思想正相契合。这一点，从12月5日《中央局关于全国政治情形及党的策略的报告（十、十一月份）》中可以看到，文中“孙传芳失败中之上

① 《上海自治市的运动计划》（1926年10月17日），载中央档案馆、上海市档案馆编《上海革命历史文件汇集（中共上海区委文件）》（1925年—1926年），内部版，1986，第406、407页。

② 《中共上海区委全体会议记录》（1926年10月15日），载上海市档案馆编《上海工人三次武装起义》，上海人民出版社，1983，第9页。“帝主”即帝国主义。

③ 《中共上海区委召开特别活动分子会议记录》（1926年10月18日），载上海市档案馆编《上海工人三次武装起义》，上海人民出版社，1983，第20、22、23页。“无阶”即无产阶级。

④ 《中共上海区委主席团临时会议记录》（1926年10月17日），载上海市档案馆编《上海工人三次武装起义》，上海人民出版社，1983，第13页。

海自治市运动”有关指导思想部分，其要义与《上海自治市的运动计划》完全一致。[①] 无论中共中央还是上海区委，对于资产阶级的过于依赖和推重，都是对第三次中央执委扩大会议决议精神的实践。这次会议明确指出：中国民族解放革命的远景，乃是“由工农阶级领导小资产阶级，推动资产阶级，以革命手段达到民族的资本主义之建设”。共产党的责任，“就在努力扩大工农群众的力量，拿住小资产阶级，推动资产阶级，始终能够巩固民族运动的联合战线”。“在估计革命运动之社会的力量中，便非要不要资产阶级参加的问题，而是资产阶级是否参加及是否参加到底的问题”。[②]

进一步说，这是共产国际指导的结果。远东局明确提出当时开展的反对孙传芳的斗争应以资产阶级为主体。9 月 11 日，远东局俄国代表团决定：“在孙传芳占领的五省，整个工作的目标应当是破坏孙传芳的军事力量和使那些他用和平和有机工作的口号聚集在自己周围的大中小资产阶级阶层离开他。考虑到资产阶级在整个这一地区的组织性和领导作用，认为有必要使反对孙传芳的运动不是在国民党的领导下和公开支持广州的口号下进行，而是由该资产阶级中反对孙传芳的人士（部分是亲日派）来领导，在五省退出战争、建立地方政权等口号下进行。我们党应该对这场运动从旁边加以支持，不抛头露面，也不谋求领导权。”[③] 这就很清楚了，前引罗亦农、赵世炎和王若飞的观点，实源于此。

次日，远东局将准备给中共中央提出的包括上述内容的建议，报告了共产国际执委会。10 月 22 日，维经斯基致电共产国际执委会，再次肯定地指出：“在争取商人和城市民主派自治的旗帜下将孙

---

① 参见《中央局关于全国政治情形及党的策略的报告（十、十一月份）》（1926 年 12 月 5 日），载中央档案馆编《中共中央文件选集》第 2 册，中共中央党校出版社，1982，第 367 页。

② 《中央政治报告》（1926 年 7 月），载中央档案馆编《中共中央文件选集》第 2 册，中共中央党校出版社，1982，第 115、117 页。

③ 《共产国际执行委员会远东局俄国代表团第 24 次会议第 18 号记录（摘录）》（1926 年 9 月 11 日），载中共中央党史研究室第一研究部译《联共（布）、共产国际与中国国民革命运动（1926—1927）》上，北京图书馆出版社，1998，第 432 页。

逐出上海的方针实践证明是正确的”，“由民族资产阶级和城市民主派组成的这个人民政府委员会定将成为过渡政权的最通用形式”。[①]维经斯基所指的过渡政权即上海区委力求资产阶级上层代表人物虞洽卿出面主持的上海和平维持会，亦即罗亦农所说的保安委员会和王若飞所说的和平会。此项设计，得到了联共（布）中央政治局的肯定。

暴动发动前，远东局成员参与了讨论。10月15日至18日，远东局俄国代表团召开会议，决定在即将与中共中央执行委员举行的联席会议上，强调并坚持暴动的发动，必须组织无产阶级的独立行动。他们的所谓独立行动，并非指政治独立，而是指工人阶级参加暴动不是与合作对象的统一行动而是分头独立行动。当时，中共中央和上海区委已决定除装卸、电车、邮电以及电厂这几个有助于瓦解敌军的部门实施罢工外，不要求上海全体无产阶级参加政治罢工，这次行动以资产阶级为主体，共产党人和工人阶级只是从旁参加暗中指导。

在这样一个根据“二次革命”理论，按“在野党”地位设计的思想指导下，上海区委在加紧准备己方力量的同时，花了很大精力去争取虞洽卿、联络钮永建，以实行推动资产阶级。

虞洽卿是上海民族资产阶级上层代表人物。傅筱庵在孙传芳支持下，从他手中夺走了上海总商会会长职务。8月28日，孙传芳又下令解散他所控制的商界保卫团，两人矛盾激化。在自治运动中，他所代表的商人派提出实行和平，保境安民，上海永不驻兵，市民管理市政，恢复保卫团的政纲，代表了民族资产阶级的要求。北伐军进抵武汉后，这部分人很积极，主张工、商两界协同动作，尤其要利用码头工人和交通工人的罢工。陈独秀指示上海区委，“要特别更具体与虞洽卿谈组织地方政府”，同时，又指出“只是与虞洽卿接

---

① 《维经斯基给共产国际执行委员会的电报》（1926年10月22日），载中共中央党史研究室第一研究部译《联共（布）、共产国际与中国国民革命运动（1926—1927）》上，北京图书馆出版社，1998，第588页。

洽是不够的，要在各方面都去活动，恐被他一人所卖”。[1] 上海区委已发现“虞等必不能有积极的革命的行动”，考虑到必须建立反孙联合战线，不致虞受国民党新右派钮永建的指挥，决定“仍以虞为领袖”，继续“推动他”，“设法壮虞之胆”。[2]

钮永建系反赤要人，9 月间，他作为国民党中央驻沪军事特派员，在法租界环龙路志丰里 5 号设立了办事机关。他与上海各界头面人物建立了联系，通过杜月笙、黄金荣、张啸林等人，拉起了一支以流氓无产者、落伍军人和青洪帮分子为骨干的队伍。钮永建反对市民自治运动，他到上海，就是为蒋介石集团独揽政权做准备，反对支持国共合作的国民党上海特别市党部同上海总工会保持联系。他“要工人帮助他，听他的号令起来动作”，许诺“事成，国民政府当然保护工人”。[3] 鉴于虞洽卿动摇退缩和钮永建气势凌人，10 月 12 日，赵世炎在区委主席团会议上提出，“我们自己确要好好预备一下”[4]。

上海区委的准备工作是多方面的。9 月 7 日，汪寿华提出要着手建立 2000 人的工人纠察队，其中杨树浦、黄埔大班已组织 400 人，朝西、朝东各 300 人，设 3 个办事处，浦东分 4 处，以三菱井为发动点，第二、三、四、五分会各组织 250 人。23 日，区委决定加强上海总工会的组织和领导，健全上总，强化党的领导，各部门工会机关和代表，受党的部委管理。工运方面，暂时放弃小沙渡地区纱厂工作，集中力量于城区，加强海员、码头、电车、铁路、邮务等交通方面的工作。10 月 17 日，上海区委发出《上海自治市的运动计划》，组织码头、电灯、电车行业 300～500 名武装工人暴动；南北

---

① 《上海区委主席团会议记录》（1926 年 9 月 7 日），转引自许玉芳、卞杏英编著《上海工人三次武装起义研究》，知识出版社，1987，第 156—157 页。

② 《上海区委主席团会议》（1926 年 10 月 12 日），转引自许玉芳、卞杏英编著《上海工人三次武装起义研究》，知识出版社，1987，第 173—174 页。

③ 《上海自治市的运动计划》（1926 年 10 月 17 日），载中央档案馆、上海市档案馆《上海革命历史文件汇集（中共上海区委文件）》（1925 年—1926 年），内部版，1986，第 408 页。

④ 《上海区委主席团会议》（1926 年 10 月 12 日），转引自许玉芳、卞杏英编著《上海工人三次武装起义研究》，知识出版社，1987，第 174 页。

市商人罢市，两三千游民武装暴动，保卫团响应；钮永建运动的水警响应。临时政权拟由国民党方面和商界领袖为主组成，称“保安委员会”，亦称“和平维持会”。[1]

同日，上海区委主席团召开临时会议，研究统战工作及罢工、暴动的组织和指挥问题。汪寿华报告了与钮永建、吴稚晖、虞洽卿、王晓籁等人会谈的情况，通报了浙江省省长夏超已正式接受国民革命军第十八军军长职位，输诚广州国民政府的消息。10 月 16 日，夏超在杭州独立，隔绝了上海孙军与其主力的联系，暴动出现了有利时机。汪寿华在当日会上提出，上海总工会的准备工作是：码头罢工半天，夺取浦东，成立码总；邮差组织特别通讯队；华商电车罢工；向钮永建要 200 支枪武装纠察队；本日下午召开刘华追悼会趁机发动群众，会后开代表会。罗亦农提出用上海市民和平维持会的名义，进一步实现市民会议，掌握政权，委员 13 人中，工人、学生要各占 2 名；己方已有工人 300 名，海军有 6 艘军舰可望接洽；若资产阶级态度坚决，后天即时发动暴动。会议最后决定由罗亦农（秘密）、李泊之（公开）担任总指挥，奚佐尧、钟尔梅担任技术总指挥，李泊之、奚佐尧、高尔柏、汪寿华、罗亦农组成工人自卫团指挥处。至此，第一次暴动进入临战状态。

10 月 18 日，中共上海区委召开特别活动分子会议，作战前动员。罗亦农提出总的指导思想是：消灭孙传芳，使国内政治呈国民政府与奉系对峙的局面，让民众选择，两年后就可以统一中国。因此，要充分表现工人力量，充分表现民众力量，资产阶级只要不与帝国主义勾结，就可以维持其地位，而我们自己只求得到民众自由，不要奢望。他还指出，上海是帝国主义经济侵略的大本营，北伐军不能解决上海问题，“上海的问题非市民起来不可”，上海问题得到解决，则“上海所有工人运动、民众运动必可大发展，C. P. 可以得

---

① 《上海自治市的运动计划》（1926 年 10 月 17 日），载中央档案馆、上海市档案馆编《上海革命历史文件汇集（中共上海区委文件）》（1925 年—1926 年），内部版，1986，第 409 页。

到更深基础”。赵世炎在会议上报告了行动大纲，指出这次行动的范围，工作方面是全体动员，深入民众，投入暴动的则只是一部分，“虽要尝试暴动，但前途如何，还难预料”。他提醒大家，“不要过于乐观”，还要“绝对保秘密工作”。①

19日，上海区委主席团又比较具体地研究了行动计划，以李泊之为内部指挥，罗亦农、赵世炎、汪寿华负责区委秘密接洽。同日，区委发布《中共上海区委宣传部政治宣传大纲》，阐述当时政治形势，公布了市民运动的方针、口号。20日，区委发表《告上海市民书》。这期间，上海总工会大量印发传单，宣布孙传芳十大罪状，宣传一切工会公开出来，工人要自由，传唱《倒孙（传芳）拒张（宗昌）歌》。

22日，夏超独立失败，孙传芳恢复了对浙江的有效控制。次日，上海区委得到夏超失败的消息，同时又获悉九江已被北伐军克复（实际是11月5日），叶开鑫倒戈，且与驻沪海军也取得了联络，遂按原计划与钮永建联合发动暴动，双方分头行动。

23日下午5时，上海区委下达暴动命令。工人纠察队、自卫团在指定地点集合待命，以停泊在黄浦江上反正的军舰发炮为号。由于泄露风声，警方早有准备，黄浦江上的军舰未能发出号炮。一开始，行动计划完全被打乱。

24日凌晨，各处按预定计划行动。在浦东预备有136人，但只有10余支枪。因事发匆忙，未及起事就有6人被捕。在引翔港，原组织纠察队10余人、运输队20人，只有纠察队员7人、运输队员9人赶到。在南市，在临时分配运送枪械途中，奚佐尧被捕，其余3人逃散。在小沙渡，组织了40名别动队员到闸北、南市，留100余人在本地，但他们因害怕未准时起事；后又组织30人，未及发动即奉命收束。在闸北，准备开市民大会，因暴动未成而放弃，青云路会场的群众临时散去。曹家渡地区因人少，无人活动。华商电车公司也因形势不好未罢工。整个行动，计划投入的工人武装300人

① 《中共上海区委召开特别活动分子会议记录》（1926年10月18日），载上海市档案馆编《上海工人三次武装起义》，上海人民出版社，1983，第18—25页。

（一说 200 人），真正参加行动的只有 80 人。

当日，钮永建也派了武装分子从徐家汇整队向高昌庙兵工厂进发，被警方发觉后一哄而逃。虞洽卿的保卫团，根本没有参加行动。临到暴动将起时，虞洽卿、王晓籁等人不出面组织保安委员会，不出面召集各帮各业会议，拟议中的罢市也没有实现。

10 月 24 日，上海区委召开临时主席团会议，25 日，召开各部书记临时联席会议，26 日，又召开活动分子会议，分别对这次行动进行总结。罗亦农从 6 个方面总结了教训，指出“我们过于估量了资产阶级，其实他们终究是不能做革命主力的，我们要完全想〔相〕信自己”①，“以后上海的运动，应很坚决的认定只有工人阶级可以主动，否则一无所有”②。

从这次失败中，共产党认识到资产阶级终究不能做主力，要以自己为主体推动他们，这是继续发动武装暴动的指导思想发生变化的内在根据。

10 月 28 日，远东局与中共中央举行联席会议。远东局委员拉菲斯批评“党的政策过错不仅表现在斗争中的军事因素和政治因素的相互关系问题上，而且表现在无产阶级的独立发动问题上”。他指责中国共产党“现在不仅不谈领导权，而且甚至像在上海这样的城市里，党也根本不把无产阶级考虑在内”。维经斯基支持拉菲斯，指出“我们应当记下主要的结论：应当这样来进行准备工作，要使整个无产阶级都被吸引到行将到来的斗争中”。把重点放在资产阶级身上，本是远东局的主张，现在转身指责中共不谈领导权，这明显是诿过于人。陈独秀没有正面反驳，只是强调“中国无产阶级是国民革命运动领导者的理论是完全正确的，但是在目前要运用这一理论既没有主观条件，也没有客观条件”，如果拉菲斯“想使无产阶级的发动不依赖军事力量，那么这是不对的”。他提出第二次暴动的力量组

① 《中共上海区委召开活动分子会议记录》（1926 年 10 月 26 日），载上海市档案馆编《上海工人三次武装起义》，上海人民出版社，1983，第 57 页。

② 《中共上海区委各部书记临时联席会议记录》（1926 年 10 月 25 日），载上海市档案馆编《上海工人三次武装起义》，上海人民出版社，1983，第 48 页。

合，依次是工人、国民党军事力量和资产阶级。资产阶级将是胜利后的一个政治因素，但在暴动中不要把它看作先锋队。如果国民党军事力量取胜，未来政权形式将是资产阶级加国民党。①

这次讨论，使与会人员对必须使无产阶级对行将到来的发动进一步做好准备，特别是必须更仔细地做好军事发动准备，达成了共识。不过，无论共产国际执委会、远东局还是中共中央，也都还没有考虑到共产党和工人阶级夺取政权、参与政权的问题。11月9日，上海区委将几次会议确定的指导方针和行动计划通告全区，尽管提出了“准备创造一个上海的巴黎公社”的新口号，但不是从无产阶级执掌政权，而是从无产阶级率领革命群众广泛参与的角度提出的，仍然主张“完全以比较左倾的资产阶级出来掌握政权。我们无产阶级的工人及许多下层民众，纯处监督地位”。与上次不同的是，此次强调由“无产阶级的工人及比较革命的学生群众、一部分小商人、自由职业者起来担负这个民众暴动的领导责任。C. P. 是领导革命民众的政党，值此重要关键，更当特别在各革命民众中活动，宣传与组织，实行领导他们向前努力”。②

这时，孙传芳派李宝章率军进驻上海。李宝章任上海防守司令，与淞沪警察厅一起，实施严酷的报复行动。10月26日，奚佐尧牺牲。11月16日，陶静轩牺牲。奚佐尧是中共中央军委技术书记，第一次暴动的技术总指挥。10月24日凌晨，他在南市沪军营亲贤里被捕，被捕后“勇敢自认，揭发军阀罪恶”，被难时“态度不变，毫未表现怯惧”。③ 陶静轩是上海总工会委员、码头总工会副委员长，暴动时在浦东被捕，临刑“毫无惧色，并一方面大骂军阀的罪恶，一

① 《共产国际执行委员会远东局委员和中共中央执行委员会委员联席会议第8号记录》(1926年10月28日)，载中共中央党史研究室第一研究部译《联共（布）、共产国际与中国国民革命运动（1926—1927）》上，北京图书馆出版社，1998，第598—602页。

② 《中共上海区委通告（第八六号）》(1926年11月9日)，载上海市档案馆编《上海工人三次武装起义》，上海人民出版社，1983，第82—83页。

③ 《中共上海区委告同志书》(1926年10月27日)，载上海市档案馆编《上海工人三次武装起义》，上海人民出版社，1983，第62页。

方面向那些监兵士演说革命的意义并告诫他们不要再当军阀的走狗”①。他们的牺牲，使上海工人阶级痛失两名忠勇领袖。

3. 自治运动、工会公开与第二次武装暴动

11 月 5 日，北伐军攻克九江。6 日，上海区委连续 3 次开会，研究再次举行暴动问题。晚上开第三次会议，陈独秀、彭述之参加，罗亦农报告了区委的策略：指导思想依照上次市民自决的口号，工人须处主动地位。是否发动暴动，仍依钮永建及李宝章等态度而定。陈独秀阐述了中央局对于长江下游革命斗争的政策，说明仍要竭力去做民众运动工作。彭述之提出“在发动中，要以工人为主，管理时要偏重资产阶级”，“决不要只是钮惕生为军事中心，工人为民众中心，非要资产阶级参加不可，管理时政权可以落到资产阶级的手里”。陈独秀补充指出：“我们现在可以要两个领袖，钮永建军事的，虞洽卿民众领袖。”汪寿华表示，“民众发动，工人当为主力”，总同盟罢工人数大概是 5 万至 7 万人。②

9 日，上海区委发出第 86 号通告，指出民众的暴动和市民自治政府的实现，可以动摇孙传芳后方军心，使其不能安守南京，也可以威吓奉军不敢轻易南下。如果北伐军打到江苏，自治政府的实现既可避免帝国主义直接干涉，又可对奉军作一缓冲。运动的方式是，“纯全以民众式的暴动”，工人准备总罢工，学生准备总罢课，争取部分商人罢市。“要首先做数天公开的广大的宣传工作，把群众鼓动起来，造成一个全上海大骚动的局面，最后乃用广大的群众示威方法，使暴动发生，求实现上海市民自治的市政府，完全以比较左倾的资产阶级出来掌握政权。”③

---

① 《孙良惠关于陶静轩烈士遇难及善后料理经过的报告》（1926 年 11 月 20 日），载中央档案馆、上海市档案馆编《上海革命历史文件汇集（上海各群众团体文件）》（1924 年—1927 年），内部版，1988，第 208 页。

② 《中共上海区委主席团特别会议记录》（1926 年 11 月 6 日），载上海市档案馆编《上海工人三次武装起义》，上海人民出版社，1983，第 74—79 页。“钮惕生”即钮永建。

③ 《中共上海区委通告（第八六号）》（1926 年 11 月 9 日），载上海市档案馆编《上海工人三次武装起义》，上海人民出版社，1983，第 83 页。

从这一段讨论和安排可以看出，上海区委关于政权的指导思想没有改变，但对于无产阶级政党在暴动中作用的认识加强了；在运动方式上，纠正了上次暴动中发动群众配合不够的缺点，但对武装仍只作“相当准备”，也没有充分考虑与北伐军近距离配合的因素。

11 月 7 日至 11 日，发动群众的工作很热烈，散发了传单，部分工会召开了会议。但是，这些行动尚未达到一定广度和深度。“单以工人言，电车工人要打死工头才可以、码头非钱不兴、杨树浦只三厂可靠、小沙渡也很勉强。学生群众除 C. P. C. Y. 、民左外，都尚未动，没有散传单的非同志。自由职业者，小商人更未普遍。”① 资产阶级的头面人物害怕，虞洽卿躲进窑子吃酒，说是避免监视。钮永建与广州方面闹矛盾。两个中心都不起作用。同时，北伐军夺取九江后，并未立即东下。

有鉴于此，11 月 12 日，上海区委在活动分子会议上，明确提出以北伐军东下和资产阶级的发动为暴动条件，以北伐军靠近上海为时机。如果北伐军不东下，而群众准备充分，则以非武装夺取的形式，开展和平的自治运动。19 日，根据陈独秀的来信，上海区委主席团决定暂停发动暴动。

为争取在北伐军不东下的形势下，也能够以非武装夺取的形式实现政权转移，上海区委领导工人阶级参加了市民自治运动，同时，上海总工会发起了工会公开运动。

上海市民自治运动首先发生在闸北，其机构有闸北自治公所。自治运动是资产阶级领导的，采用和平方式进行，具有反军阀性质。孙传芳自任淞沪商埠督办，以丁文江为总办，不允许自治公所存在。8 月 28 日，自治公所被接收。虞洽卿控制的商界保卫团也被解散。资产阶级领导的自治运动告一段落。孙传芳在九江失利后，加强同张作霖、张宗昌的勾结，引起上海各阶层民众的恐慌，自治运动再起。与此前不同的是，此时上海区委领导工人参加自治运动，综合

① 《中共上海区委召开活动分子会议记录》（1926 年 11 月 12 日），载上海市档案馆编《上海工人三次武装起义》，上海人民出版社，1983，第 88—89 页。

运用和平和武装的手段，并把武装暴动作为实现自治的一种斗争形式。

11 月 10 日，上海工人、学生及各团体开始上街，进行打倒孙传芳、要求自治的宣传。11 日、12 日，上海商业联合会、上海总工会、国民党上海特别市党部相继发表宣言，一致提出拒绝奉鲁军南下，划上海为特别市，上海市民自治，上海永不驻兵，召集国民会议。14 日，以新苏公会、全浙公会、全皖公会为基础，苏浙皖三省联合会成立。

苏浙皖三省自治运动的基地在上海，必然推动上海的自治运动。11 月 28 日下午，上海总工会、上海学生联合会、南京路商界联合会等团体，召集上海各界在南市西门公共体育场召开市民大会，5 万多人出席，反对奉鲁军南下，反对使用军用票，要求实行自治。大会决定恢复五卅时期被封闭的工商学联合会。会后，举行游行示威。12 月 3 日，工商学各界召开代表会议。为扩大范围和权力，会议决定把工商学联合会改组为上海特别市市民公会，作为自治运动的领导机构，并定于 5 日在南市公共体育场召开 10 万人的市民大会，宣布上海自治。鉴于苏浙皖三省联合会中各界分子都有，他们又很有地位，上海区委决定邀请其头面人物加入市民公会，以增强市民公会的号召力。

鉴于市民公会是市民政府成立前最高的群众性领导组织，组织庞大，成分复杂，其行动关系到自治运动的成败，12 月 6 日，上海区委决定建立市民公会党团，汪寿华、赵子敬、沈良为、范云卿、王景云、张佐臣等代表总工会参加。如有临时动议，汪寿华的发言是其他人表态的标准之一。同日，上海市民公会召开成立大会，三省联合会负责人沈钧儒任主席，大会制定了市民公会组织大纲，决定了常务委员会的人选。①

上海防守司令李宝章、警察厅长严春阳奉孙传芳电令阻止市民

① 参见《中共上海区委特别市民公会党团会议记录》（1926 年 12 月 6 日），载上海市档案馆编《上海工人三次武装起义》，人民出版社，1983，第 98—101 页。

公会开会，并于12月8日查封了上海总工会。12日，市民公会改开团体代表会议，300余团体代表出席。中共党团书记林钧作了报告。教育家、社会活动家蔡元培在会上提出局势紧急，上海应组织特别市。会上通过3项提案：上海如不划成特别市实行市民自治，市民暂不纳税；拒绝奉鲁军南下；委托市民公会筹组上海特别市市民政府。沈钧儒宣读了通电。会议发表了宣言和《告上海市民书》。孙传芳断然取缔三省联合会，缉拿蔡元培等70余人。1927年1月8日，设于法租界白来尼马浪路丰裕里84号的市民公会会所，被孙传芳的部下勾结法捕房封闭。

上海市民自治运动本质上是反军阀的，在军阀统治下，自然不可能获得实质性成果。但是，工人的参与，打破了原来囿于工商界、知识界、绅士、名人的狭小圈子，使自治运动真正具有群众性，壮大了反军阀斗争的声势。

在市民自治运动的浪潮中，上海总工会于1926年11月30日再次自动启封，以闸北东横滨路景云里14号为临时办公处，要求所属各工会于5日内一律公开会所，对外办公。

当日，纱厂、海员、金属业等总工会，杨树浦工人代表会等30多个工会，派代表前往上海总工会办公处致贺。纱厂、码头、手工业、铁厂等总工会，海员工会、丝厂互济会、小沙渡、杨树浦、引翔港、南市、浦东等工人代表会，联合发表了拥护总工会公开办公宣言。一连数日，前往祝贺的代表络绎不绝。曹家渡工人代表会、申新工会准备了绸幛、爆竹，雇用军乐队送到总工会。中华全国总工会、中华全国海员总工会发来贺电。

总工会的第二次自动启封和公开办公，带动各业工会公开办公。一批新工会陆续成立，全市性的工会公开运动，壮大了自治运动的声威，推动着反对北洋军阀的斗争迅猛发展。12月8日下午，淞沪警察厅又派出警力，第三次查封上海总工会会所。

上海总工会当即宣告："此次之被封，不过愈加激起上海工人对于军阀残暴之决心"，本总工会的"精神及工作，永远不能封闭，对于上海自治运动，当更努力参加；对于有利于工人之一切事业，仍更积极从事。所望全国各界同胞，对于军阀统治，更深其推翻决心”。[①] 12月11日7时许，各区工人代表2000余人，在闸北集会，情绪高涨的工人群众无视当局的禁条，毅然自动启封总工会会所，将总工会所有器具、贺仪，尽行搬入印刷总工会内。沿途并高呼口号，燃放爆竹，以示力争自由自治之热烈与反抗压迫之坚决。[②] 短短11天内，连续两次自动启封上海总工会，体现了工人阶级大无畏的革命精神，也反映出反军阀斗争形势极大的高涨。

在自治运动和公开工会过程中，上海总工会加强了产（行）业总工会的建设，使其能在本产（行）业中发挥核心作用。11月16日，邮务工会、工部局电气处工人俱乐部、华商电车公司、法商电车公司、英商电车公司和自来水公司的工人代表49人，在杨树浦开会，决定成立水电邮务工人联合会。不久，上海市政总工会成立，所辖分工会有电气、公共汽车、救火会、电车、黄包车夫、自来水、邮务、马路小工、清道夫、工部局、电话、粪夫、电料、电报、殡葬工等工会。

11月7日、21日，上海总工会两次召集各手工业工会负责人联席会议，研究成立手工业总工会，以便打破行帮隔阂，加强集中领导和进一步扩大组织。12月10日，上海手工业总工会成立，下辖手工业工会24个，会员6000余人。在洋服、洋务、水木、小贩摊户等人数众多的行业中，工会的力量还比较有限。[③]

12月4日，上海各业店员代表在布业公益会举行会议，成立上海店员总联合会，推选商务印书馆发行所职工会、华洋布业、估衣业、南货职业公会、药业、煤业友谊会、典质业同人会等9团体为执行委员单位，以商务印书馆发行所职工会和布业公会为核心。店员总联合会成立后，帮助酱业、米业等店员建立了组织。

---

① 《申报》1926年12月9日。

② 《民国日报》1926年12月15日。

③ 参见《上海手工业总工会对十四个行业工会状况调查表》（1926年12月），载中央档案馆、上海市档案馆《上海革命历史文件汇编（上海各群众团体文件）》（1924年—1927年），内部版，1988，第235—250页。

在基础比较扎实的工会中，领导机构经选举产生。如浦东日华纱厂、杨树浦老怡和纱厂的工会委员会就是经过各车间、各部门推选产生的。这样的工会，在工人中有威信，在长期罢工中，能引导工人共同奋斗。在店员、手工业等非产业工人中，则取灰色而宽弛的办法，凡事先经委员会讨论，然后付诸施行，至于工会以下的组织，则一般均甚空虚。

上海区委直接领导了工会建设，区委职工部成员均是上海总工会领导成员，党的部委负责本地区职工运动大的计划与政策的制定，部委书记在公开场合就是上海总工会的代表。

10 月 1 日，上海区委制定了职工运动改进计划，检讨过去工作 28 条缺点，提出必须解决四大问题，即工会群众化问题；发展新势力问题；工会建设问题；以及共产党在工会中的作用问题，并相应地规定了 32 条具体措施。1927 年 1 月 25 日，区委又对今后工人运动规定了 6 条方针：要求工会在革命运动中保持民族革命的联合战线，防止改良主义侵入；启发工人群众的阶级觉悟，防止发生改良思想；正确对待劳资仲裁组织，避免群众对它产生幻想；把工会组织建设作为最重要的问题来抓；有组织、有计划地进行经济斗争；正确处理工人群众同国民党和国民政府的关系，保持工会组织独立性。另外，区委还就工会组织问题、宣传问题，分别作了规定。

根据上海区委的决定，上海总工会调整领导机构，由汪寿华、郑覆他、李泊之、龙大道组成主席团，任命手工业总工会、店员总联合会、邮电工会、海员工会的党团书记；加紧进行军事培训，制定《军事训练大纲》《武装准备及行动规律》，规定了指挥要领和战斗要领。

1927 年 1 月 20 日以前，远东局收到共产国际执委会第七次扩大全会《关于中国形势问题的决议》，即决定“首先要使中央委员会正确理解这一决议，完全接受决议的观点”[①]。该决议第一次提出中国

① 《维经斯基给联共（布）驻共产国际执行委员会代表团的信》（1927 年 1 月 21 日），载中共中央党史研究室第一研究部译《联共（布）、共产国际与中国国民革命运动（1926—1927）》下，北京图书馆出版社，1998，第 99 页。

共产党人应当参加政府的问题，指出中国革命虽然带有资产阶级民主革命性质，但在俄国十月革命胜利后的历史条件下，“中国革命的结果并非一定要造成导致国家向资本主义发展的社会政治条件”，“这个国家将不是纯粹资产阶级民主国家。这个国家将是无产阶级、农民和其他被剥削阶级的民主主义专政。这将是向非资本主义（社会主义）发展的过渡时期的反帝革命政府。中国共产党应该竭尽全力争取最终实现过渡到非资本主义发展轨道的这种革命前途”[①]。中共中央政治局立即进行了讨论，宣布接受这个决议，并决定此后一切政策和工作计划，即须按照这个决议的方针、战略进行。上海区委也召开代表会议，进行了传达和讨论。

2月18日，远东局向中共中央明确提出在上海建立政权问题，认为“上海无产阶级在相应的政权形式下能够对整个国民政府的进一步革命化产生极大的影响”，“完全有可能和有必要按照苏维埃制度建立起称之为‘人民代表会议’的政权”。[②]

于是，中国共产党便开始“有争取领导权、夺取政权这样的意见”[③]。至第二次暴动前，更正式宣布“目前我们唯一的重大责任，在于指示上海的市民及工人阶级创造民主的革命的市政府”[④]。不过，这种转变还没有到位。虽然已经明确了暴动的发动要以工人阶级为主体，胜利后要建立各革命阶级的联合专政，但仍然把施政的主要责任交给了资产阶级。

2月16日，新的上海区委召开第一次全体会议，决定执行区代表大会的决议，“要有一个工人为主的武装暴动，主要的总罢工，次

---

① 《关于中国形势问题的决议》，载中国社会科学院近代史研究所翻译室编译《共产国际有关中国革命的文献资料》第1辑，中国社会科学出版社，1981，第278页。

② 《曼达良、阿尔布列赫特、纳索诺夫、福京关于第二次上海起义的书面报告》（1927年3月4日），中共中央党史研究室第一研究部译《联共（布）、共产国际与中国国民革命运动（1926—1927）》下，北京图书馆出版社，1998，第138—139页。

③ 周恩来：《关于上海的武装起义》（1927年3月3日），《党的文献》1994年第1期。

④ 《中共上海区委特别通讯（第一号）》（1927年2月21日），载上海市档案馆编《上海工人三次武装起义》，上海人民出版社，1983，第131页。

要的武装继续”。“要赶快准备，表示民众力量，仍旧欢迎北伐军来，至于暴动中联合战线主要的为小资产阶级”。通过强有力的革命群众运动，遏制蒋介石对帝国主义的妥协。会议决定特别应向工人群众宣传口头反蒋。① 次日，上海区委秘书处发出第 11 号通讯，指出在反对新右派的斗争中，要与左派合作，但这种合作，“是要我们能勇敢的立在主体地位，使左派来帮助我们，不是要左派为主体，我们去助他”②。

这样，上海区委对于与资产阶级争夺领导权的问题，有了进一步的认识，不再强调帮助资产阶级建立自治政府，而是趁孙传芳的势力根本动摇之际，举行总同盟罢工，促使其根本覆灭，以取得政治领导地位，并取得相当的武装。这是认识和策略的重大转变，直接影响和指导了总同盟罢工的发动、革命委员会的成立和第二次武装暴动的爆发。

2 月 17 日，北伐军东路军占领杭州。同日，中共中央决定实行罢工，时机选定在北伐军到达松江车站之时。此处距上海 30 公里。但是，中共中央和上海区委还未就总罢工和武装暴动的具体策略和行动要求作出适当部署，全市的总同盟罢工便爆发了。

18 日晚，上海总工会召开代表大会，约 200 人参加。会间，传来北伐军占领嘉兴的消息。此地距上海也只有 60 公里。与会者群情振奋，一致通过决议宣布全体总罢工。汪寿华遂以总工会代理委员长的名义，发出第 1 号、第 2 号通告，决定自 19 日起，“举行全沪工人总同盟罢工，援助北伐军，打倒孙传芳”，夺取上海。此次总同盟罢工系政治罢工，故“绝对不能有经济要求之提出”。③ 由于晚间戒严，会议组织者无法向中共上海区委请示，仅由区委领导人之一

---

① 《中共上海区委第一次全体会议记录》（1927 年 2 月 16 日），载上海市档案馆编《上海工人三次武装起义》，上海人民出版社，1983，第 115—118 页。

② 《中共上海区委秘书处通讯（第十一号）》（1927 年 2 月 17 日），载上海市档案馆编《上海工人三次武装起义》，上海人民出版社，1983，第 120 页。

③ 《上海总工会为举行总同盟罢工的通告（第二号）》（1927 年 2 月 18 日），载上海市档案馆编《上海工人三次武装起义》，上海人民出版社，1983，第 123 页。

的赵世炎以个人名义同意总罢工。事后，他设法通知了区委书记罗亦农。所以，瞿秋白在当时就说罢工之宣布，“未由党正式决定”①；周恩来也指出“总罢工的命令是总工会下的，而党并不知道”②。

19日，上海总工会向全市工友下达总同盟罢工令。要求令到之时，即刻行动，一切行动须听从总工会指挥，无令不得复工。同日，发表罢工宣言，提出全上海工人政治经济最低限度总要求17条。

总同盟罢工令首先通过参加代表大会的与会者传达到各基层工会，声势浩大的总同盟罢工开始了。这一天，罢工人数达到15万（一说10万）。从杨树浦到南市，从浦东到沪西，大批工友关门停工，许多外商工厂工人也走上了街头。到罢工第四天，参加罢工总人数达到36万以上。赵世炎记录了总罢工的壮观场景，指出这次罢工，“不仅是上海历来未有的大罢工，亦是全国历来未有的大罢工”③。

总罢工实现后，上海区委宣传部于19日发布对工人的宣传大纲，指出响应北伐军，打倒孙传芳，是“上海工人目前唯一重大责任”，“我们工人在这次应该充分表现革命的精神，充分表现作战的能力，以增高我们工人的政治地位”，“应该一致起来集中我们的势力与北伐军做一个内应外合，根本消灭孙传芳的统治，肃清一切反革命势力，创造一个好的政治”。④ 20日，中共上海市委发出《告上海市民书》，提出最低限度政纲12条，要求由上海市临时革命政府召集市民代表大会，成立正式的上海市民政府。提出以市民代表大会产生市民政府，是对前次主张建立商人政府的进步。

由于总同盟罢工毕竟缺乏周密的布置和准备，因而动作不整齐，

---

① 瞿秋白：《上海“二·二二”暴动后之政策及工作计划意见书》（1927年2月24日拟），载上海市档案馆编《上海工人三次武装起义》，上海人民出版社，1983，第154页。

② 周恩来：《关于上海的武装起义》（1927年3月3日），《党的文献》1994年第1期。

③ 施英（赵世炎）：《上海总同盟罢工的记录》，《向导》1927年第189期。

④ 《中共上海区委宣传部对工人的宣传大纲》（1927年2月19日），载上海市档案馆编《上海工人三次武装起义》，上海人民出版社，1983，第125页。

工人群众还不明确这次罢工的意义，商界也没有罢市。21日，上海区委发出特别通讯第一号，提出“扩大罢工运动，维持罢工工人的情绪，提高罢工工人的兴趣”，“用各种方法使各街商人罢市”。[①] 当晚7时，区委又为促成罢市、扩大罢工发出宣传鼓动工作通知，要求把扩大罢工，“在工人群众中不发生恐怖的心理，而弥布革命的热情”，作为“巩固本身阵线的第一个重大问题”来加以解决。[②]

上海防守司令李宝章联合租界工部局实行白色恐怖，22日，20余人遭李宝章部残酷屠杀，被拘入防守司令部生死不知的更达300余人之多。

总同盟罢工实现后，在沪的中共中央委员连续召开临时会议，经过一天半的讨论，决定将总同盟罢工转为武装暴动。上海区委在特别通讯第一号中指出：“目前我们唯一的重大责任，在于指示上海的市民及工人阶级创造民主的革命的市政府，只有这个革命的政府实现，才能解决上海市民的一切压迫。这一个革命政府之实现，是要人民共同的血战出来的。”[③] 这个新生的革命政权，定名为“革命委员会”。

22日中午12时，由汪寿华、罗亦农、钮永建、杨杏佛、虞洽卿、王晓籁、章郁庵、王承伟、刘荣简、周孝公、张曙时组成的上海市民临时革命委员会正式成立。下午4时，中共上海区委发出特别紧急通告，宣布于当晚6时，实行全上海暴动。

按照当初的设计，暴动以工人为主，管理时偏重资产阶级，临时革命委员会由钮永建出面号召。因此，在临时革命委员会的会议上，正式提出立即实行暴动。钮永建马上就明白了是怎么一回事，

① 《中共上海区委特别通讯（第一号）》（1927年2月21日），载上海市档案馆编《上海工人三次武装起义》，上海人民出版社，1983，第131页。

② 《中共上海区委为促成罢市、扩大罢工的宣传鼓动工作的通知》（1927年2月21日），载上海市档案馆编《上海工人三次武装起义》，上海人民出版社，1983，第133页。

③ 《中共上海区委特别通讯（第一号）》（1927年2月21日），载上海市档案馆编《上海工人三次武装起义》，上海人民出版社，1983，第131页。

向罗亦农指责共产党要与他们联合，又事先作了暴动的决定。[①] 另据吴稚晖记述："二月廿二日早上，汪寿华忽集原有之诸人，加来王晓籁刘荣简数君，议更设一市民革命委员会"。"杨杏佛君来告曰：'共产党极可怪。早间明明决议军事动作应明后日再议。乃今日午时半，忽走告钮君曰，海军今晚必欲动，请发命令'"。"余即随杨同至钮所，钮正对侯绍裘汪寿华发气曰：如此相欺，何能合作。"[②] 两种记载，情节不一，但有一点相同，即共产党独立决定了第二次暴动的发动，钮永建、吴稚晖等心存戒备，不愿共产党独自先行，不肯下命令。

下午 6 时，停泊在黄浦江上的"建威""建康"舰，发炮轰击高昌庙兵工厂，宣告暴动开始。几炮以后，兵工厂挂出白旗，兵工连四散跑到街上。军舰炮口转向督办公署和司令部。这两个机关接近法租界，几颗炮弹落入法租界，帝国主义乘机加以干涉。停泊在黄浦江上的法国军舰，要求中国军舰停止炮击。起义军舰在炮击两个小时后停止开火。

按计划，浦东地区应组织 200 名纠察队员集中在码头，乘汽艇上军舰取武器，然后占领兵工厂。但只有五六十人按时到达指定地点，接送人员的汽艇迟迟不到，纠察队员大部分四散，剩下不过 10 人，获得武器的计划流产。海军停止炮击后，撤离军舰，但事先没有指定他们上岸参战。南市工人武器既少，又失去浦东的支援，加以联络失时，结果，纠察队只占领警察署，夺得几支手枪和两三支步枪。虽然南市距督办公署、龙华司令部、兵工厂不过一二公里，但起义者没有集中力量实现对这些战略据点的占领。总指挥部设在闸北，与起义军舰相距 10 多公里，没有听到号炮，大部分工人纠察队员以为情况有变，没有采取实战行动，只有少数工人与军警发生了巷战。

23 日，中共中央与上海区委举行联席会议，决定停止暴动，经过商界调停，由上海总工会下令复工。24 日，中共中央为上海总同

① 《上海三次暴动》，载许玉芳、卞杏英编著《上海工人三次武装起义研究》，知识出版社，1987，第 248 页。

② 吴稚晖：《用真凭实录再与汪先生商榷》。

盟罢工告上海全体工友，盛赞上海工人“这样伟大的政治总同盟罢工是中国工人阶级直接反抗封建军阀的第一次伟大的政治斗争”，“表现出上海工人阶级的伟大势力、伟大的团结力量”，“是真正反抗恶势力为一切民众争自由的先锋队”；同时，指出这次罢工“主要的缺点是没有武装准备，没有准备武装暴动的决心”，“工人的组织与团结还没作到充分的程度”。中共中央号召全上海工人集中战斗力于上海总工会的指导之下，充分准备武装，领导其他市民坚决奋斗，根本消灭孙传芳的暴政，建立民主政权。① 同日，总工会下达了复工令。25 日，中共中央又为上海总罢工告全国工人和民众。

第二次暴动未成功，但做出了真刀实枪的武装行动。从总同盟罢工转到暴动，共产党掌握了主动权和领导权。上海区委书记罗亦农以共产党名义加入革命委员会，在政权中“占得委员一席为全国从来未有之创举”；总工会代理委员长汪寿华以上海总工会名义加入，代表工会参政，也是全国前所未有的创举。钮永建花了很多钱未能成功运动海军反正，这次海军在中共秘密工作后发炮起义，同样是“数年来之不易得的行动”。②

这次行动显示了上海工人阶级高度的组织性和坚定的革命性。总工会一声令下，30 多万人依令罢工，在白色恐怖之下，坚持 5 日之久，大部分坚持到复工令下才上工。罢工两天后，当局疯狂镇压，共产党下令暴动，工人义无反顾地参加。周恩来评价说：“这样严守纪律的同志，这样好的群众，可以说是非常难能可贵的。”③

第二次暴动失败是多种因素造成的。主观上，领导者准备不足。总同盟罢工前，上海区委作出从总同盟罢工发展到以工人为主武装暴动的决议，但并未进一步作有针对性的讨论和决定。罢工后，要

---

① 《中国共产党为上海总同盟罢工告上海全体工友书》（1927 年 2 月 24 日），载上海市档案馆编《上海工人三次武装起义》，上海人民出版社，1983，第 146—147 页。

② 《中共上海区委秘书处通讯（第十二号）》（1927 年 3 月 4 日），载上海市档案馆编《上海工人三次武装起义》，上海人民出版社，1983，第 267 页。

③ 周恩来：《关于上海的武装起义》（1927 年 3 月 3 日），《党的文献》1994 年第 1 期。

不要转为暴动？如何进行？能够夺取哪些力量？“党和差不多全体同志都惘然若失，不知所措”[①]。总工会宣布罢工时，以其政治罢工性质，严厉规定不准破坏工厂商店，不准打外国人，不准敲诈金钱，罢工工人必须服从工会命令，不得总工会命令，不准擅立工会。[②] 作出这 5 条规定是完全必要的，但组织者又未能把罢工与暴动统一起来，以致工人不知如何行动。罢工后，工人四散回到家中，削弱了罢工所应发挥的力量。由于没有思想准备，罢工后，在沪的中共中央委员经过长达一天半的连续讨论，才提出或是继续罢工并转变到武装暴动，或是有组织地停止罢工，或是渐渐地取消罢工这 3 种办法，紧急关头迟疑不决，缺乏果断决策。

暴动的力量准备不足。罢工前，有 600 名武装纠察队员，但事先并未集中，罢工后，临到要暴动时又难于召集。武器总共不过 100 多件，堆放在一处，未试用，未保养，也未分发。暴动当天才发放武器，有的得到的武器不能使用，有的得到了武器不会使用。浦东方面夺取军舰武器的计划落空，各区彼此缺少联络，总指挥部也缺乏统一而有效的指挥。

群众性的政治宣传也很不充分，虽然多次发布政治宣传大纲，但其精神并未贯彻到群众中去，工人甚至都不知道这次罢工的意义，对革命委员会的成立，更莫名其妙。即便对工人干部和骨干的宣传和培训，也由于理论色彩太重而降低了效果。

从客观上说，时机不当，罢工过早，暴动过迟。原定北伐军到达松江时罢工，而开始罢工时，北伐军还远在嘉兴。北伐军尚未接近上海，罢工和暴动就只能孤军作战。暴动在人数不足、训练不够、缺少外援配合的状况下发生，其胜败不问可知。从技术上说，暴动应选择罢工风潮高涨时发动，而这次起事却是在军阀大镇压，罢工者士气低落的时候。从与罢工的衔接上看，动作过迟；从整个形势

① 周恩来：《关于上海的武装起义》（1927 年 3 月 3 日），《党的文献》1994 年第 1 期。

② 参见《新申报》1927 年 2 月 20 日。

的发展及与北伐军的呼应看，暴动仍属过早。

4. 第三次武装暴动的胜利

2 月 23 日，中共中央和上海区委举行联席会议，决定停止暴动；同时，成立党的特别委员会，统一领导和继续准备新的暴动。

特别委员会亦称“特务会议”，简称“特委”，由中共中央总书记陈独秀，上海区委书记罗亦农，上海区委主席团委员、组织部长兼职工运动委员会主任赵世炎，上海区委主席团委员、职工部长、上海总工会代理委员长汪寿华，上海区委主席团委员、宣传部长尹宽，中共中央委员彭述之，中央组织部秘书、中央军委委员、上海区委军事委员会书记周恩来以及肖子璋（亦说王亚璋）组成。

特委是最高决策和指挥机关。它的成立和陈独秀的亲自参加，表明中共中央基于对实行武装暴动、夺取政权，争取实现非资本主义前途的认识，加强了领导。这是暴动取得胜利的思想保证和组织保证。

在将近一个月的时间里，特委先后开过 31 次会议。有时一天开两三次，及时交流新情况，研究新问题，作出相应对策。自 3 月 5 日起，特委成员每日 7 时、12 时碰头，情况紧急时，陈独秀、罗亦农、周恩来、汪寿华必须到场，以确保指挥中枢决策的集中、果敢和有效。

总结前两次暴动的教训，特别是接受了共产国际执委会第七次扩大会议决议，确认中国革命不必走资产阶级革命的老路，应当争取非资本主义前途，特委把扩大武装、夺取政权，作为第三次武装暴动的指导方针。根据这个方针，一方面大力发展工人武装，加强训练，提高素质，同时，极力分化军阀队伍；另一方面，积极准备召开市民代表大会，以树立基本权力。陈独秀指出：“此种市民代表会议，要各地方各区域都成立，成功一种权力，上海市政府即建筑在许多小政府上面，非常有力量的。”① 一手抓武装，一手抓政权，以武装斗争建立民众的政权，标志着“上海工人阶级的政治斗争，

① 《特委会议记录》（1927 年 2 月 26 日），载上海市档案馆编《上海工人三次武装起义》，上海人民出版社，1983，第 192 页。

走入最正确的路线”①。

根据新的指导方针，特委提出要把暴动与总罢工结合起来。2月26日，陈独秀提出“要决定为夺取武装，为开代表大会而罢工，不应回到家去，不要为罢工而罢工”②。据此，特委作出了相应决议。3月4日，罗亦农表示已宣传为暴动而罢工，不能像上次那样，罢了工都回家去。

第二次暴动时，就已认识到必须与北伐军实行里应外合。2月26日，陈独秀指出北伐军不到上海，上海无法解决。当然，没有北伐军逼近上海所形成的军事压力，军阀部队不至于分崩离析，仅靠纠察队、自卫团，不足以拿下大上海。3月5日，特委讨论了发动时机的选择。陈独秀提出两条：一是上海已无驻兵；二是北伐军到松江后继续前进，或待到新龙华。彭述之认为这太迟缓，提议苏州或松江被攻克后即可发动。周恩来认为“假使松江下，必可动，因毕（庶澄）决不致再守上海。苏州下，也必可动，因他也不能枯守上海，同时他的兵队必有一部分溃散”③。最后，陈独秀作结论：松江被攻下，苏州被攻下，麦根路与北火车站兵往苏州退，3个条件有一个就发动。

特委成立了特别宣委，由尹宽、郑超麟、高语罕、贺昌（一说刘昌群）、徐伟组成。特别宣委加强力度，文字宣传方面，办有《平民日报》《工人快报》《上总通讯》；口头宣传则主要是通过会议进行，组织演讲队上街演讲。区委宣传部及时下发宣传大纲。3月19日，赵世炎提出应立即正式执行“红色礼拜周”，把党的政策迅速传达到群众中去，让群众真正了解市民会议的意义、罢工的意义，扩大共产党的政治影响。

军事上的充分准备，是克敌制胜的前提。特委下设特别军委，

---

① 施英（赵世炎）：《上海工人三月暴动纪实》，《向导》1927年第193期。

② 《特委会议记录》（1927年2月26日），载上海市档案馆编《上海工人三次武装起义》，上海人民出版社，1983，第192页。

③ 《特委会议记录》（1927年3月5日），载上海市档案馆编《上海工人三次武装起义》，上海人民出版社，1983，第282页。

由周恩来、顾顺章、颜昌颐、赵世炎、钟汝梅组成，后来，增加罗亦农、王一飞；下设运输、消息、策反、纠察队、自卫队、特别队等部门。

周恩来主持特别军委立即作出几项决议：一是充实领导机构，各部委分别组织军委；二是组织武装力量，纠察队近期要达到3000人，目标是5000人，自卫团目标500人。纠察队先编出符号，自卫团实施训练，教授巷战技术。同时，落实特别队；三是准备武器；四是加强敌军工作和情报工作。周恩来、郭有恒、郭寿生组成海军委员会，策反驻沪海军。派人到松江、龙华及南京、无锡等地了解敌情。

2月下旬，特别军委派人到各处筹款，购置武器。周恩来选调当过兵、有实战经验的共产党员任教员，举办军事训练班，训练武装骨干。他先后到商务印书馆、法商电车公司、各市区工人中了解准备情况，到小沙渡部委出席纠察队长会议，指导解决纠察队员结队过租界时，如何避免租界当局干涉和行走的路线等问题。3月3日，他在特委会上提出自卫团应注意要武器、打工贼、练技术和调查路线。对于前来接洽的军队和保安团警察应特别注意。同日，他在军委会上总结了第二次暴动的经验教训，指出召开市民代表会议和实行暴动、夺取政权这两项工作要同时进行。① 11日，周恩来又在特委会上提出把自卫团扩充到1000人，组织几支别动队。他建议上海总工会组织纠察队委员会，各部区都要有相应的组织。纠察队为常备军一个团1500人，后备军3个团，入伍期3个月。特委当即决定成立上总纠察队委员会，以顾顺章为书记。

2月下旬，上海区委发表关于武装暴动的训练大纲，提出“打倒李宝章、孙传芳”“响应北伐军，拥护国民政府”等7条政治口号，规定每个战斗员必须具备勇敢、决心、牺牲精神、镇静态度、行动敏捷、确守时刻、服从指挥等7项基本条件，规定每个队员应

① 参见周恩来：《关于上海的武装起义》（1927年3月3日），《党的文献》1994年第1期。

注意随时应变、坚守任务、坚定决心、态度静严、动作敏捷、掌握群众、鼓励群众、切实联络、命令明确、报告精确等10项基本事项，向他们传授了巷战要领，介绍了各种武器的使用方法。[①] 3月，区委制定了作战计划，分全市（除租界外）为闸北、南市、沪东、沪西、浦东、吴淞和虹口等7个地区，分别规定了每个地区的攻击目标、作战重点、作战要领、指挥人员及兵力配置、注意事项等。这样细致部署，可使下级指挥人员和经过初步军事训练的人员有所遵循，在暴动后心中有数，忙而不乱。

对海军的策反方面，在过去工作的基础上，集中争取驻沪海军司令杨树庄。3月12日，杨树庄正式宣布脱离北洋军阀，输诚国民革命军。这有利于北伐军攻克沪、宁和上海工人夺取武装暴动的胜利。

共产党组织和工会组织的恢复和整顿，是取得暴动胜利的基础。2月25日起，区委召开部委书记、国民党内各共产党员负责人、上海总工会各产总、各部委组织员会议，宣传形势，稳定情绪，统一思想；3月18日起，在产业工人和学生、店员、小商人群体中，用公开签名征求的办法发展党员，区委领导层中成立主席团，全市基层党组织分属闸北（包括江湾）、南市、沪东、沪西、公共租界（沪中）、浦东、法租界、吴淞等8个部委。

3月7日，区委主席团决定调整上海总工会领导机构，增设经济斗争部、交际部、纠察部，连同原有的秘书部、组织部、宣传部共6个部。8日，上海总工会执行委员会正式选举汪寿华为委员长，杨培生为副委员长，任命李泊之为组织部长，赵子敬为宣传部长，龙大道为经济斗争部长，顾顺章为纠察部长，郭景仁为交际部长，赵并欢为秘书长；决定增加新工会150个，到13日，工会会员要达到30万人；罢工令下后，6小时内要实现同盟罢工。

15日，罗亦农代表上海区委主席团在全区活动分子大会作报

---

① 《上海区委关于武装暴动的训练大纲》（1927年2月），载中央档案馆、上海市档案馆《上海革命历史文件汇集（中共上海区委文件）》（1926年—1927年），内部版，1987，第240—244页。

告，指出上海已进入最革命的状态，工会运动是党此时最重要的工作，要抓住时机在所有工人中开展宣传，建立工会，并要资本家承认，要提出缩短工时、增加工资、改良待遇的要求。他认为“上海的工人在社会上已有很大的威权，将来公开活动，必为各方面人民所瞩目”，因此，应特别注意一要保持工会在政治上的领导权，二要使每个工人都加入工会。[①] 赵世炎深入各产业工会，逐个检查落实，现场解决疑难问题。

16日，上海总工会召开工人代表大会，300余人出席，会议当场表决60万工人罢工援助北伐军。[②] 20日，上海工人代表大会又作出两项决定：一是“本代表大会誓以至诚拥护中国共产党”；二是“本代表大会为响应北伐军消灭直鲁联军、建立民主政府，服从上海总工会命令，六小时内，实行全沪工人总同盟罢工，不得到总工会命令，誓不复工”。[③] 同日，一声令下即可投入罢工的工人，据统计已达28万人。罗亦农要求各部委、各产总继续加紧工作，力争扩大到五六十万人。

第三次武装暴动的准备，坚持既联合又斗争的方针，排除了国民党钮永建方面的干扰。3月5日，罗亦农会见钮永建、吴稚晖、杨杏佛。钮称李宝章已退南通，毕庶澄退苏州，松江已被攻克，继续发动暴动便失去了对象；工人武装是应当的，但不要徒然牺牲。杨杏佛说工人武器很弱，如牺牲，则将来北伐军一来，元气消损，就无力量与帝国主义斗争。罗亦农告以工人暴动和罢工，“是为北伐军来，为防止抢劫，现在工人情绪很高，未便抑遏”[④]。这样，才得到他们的赞成。18日，汪寿华在国民党上海政治分会第七次例会上，

① 参见《中共上海区委主席团关于政治与本党工作方针的报告》（1927年3月19日），载上海市档案馆编《上海工人三次武装起义》，上海人民出版社，1983，第332页。

② 参见《中共上海区委每日通讯（第十七号）》（1927年3月18日），上海市档案馆编《上海工人三次武装起义》，上海人民出版社，1983，第244页。

③ 《时报》1927年3月21日。文中“直鲁联军”指奉鲁军和孙传芳部队的联军。

④ 《特委会议记录》（1927年3月5日），载上海市档案馆编《上海工人三次武装起义》，上海人民出版社，1983，第279页。

报告总工会决定实行全市总罢工，征求该分会意见，钮永建仍代表蒋介石不赞成。事先，白崇禧曾来函赞成罢工。讨论中，侯绍裘力主罢工，杨杏佛也赞同。结果，政治分会多数赞成通过，并致函上总，以克复松江为实行罢工的信号，蒋介石、钮永建所设置的障碍被排除了。

总之，在特委领导下，上海区委、特别军委、特别宣委、上海总工会根据特委的总体部署，从思想上、政治上、组织上、军事上分头进行了充分的、周密的准备，使取得暴动胜利，在北洋军阀土崩瓦解的背景下，成为水到渠成的势所必然。

北伐军攻占杭州以后，孙传芳被迫向奉鲁军求援，将上海防务无条件地交给张宗昌。2 月 24 日，张宗昌派其亲信第八军军长兼渤海舰队司令毕庶澄率部进驻上海。毕庶澄南下，加剧了军阀之间的矛盾。李宝章占据兵工厂和吴淞炮台等重要防地，迟迟不撤。李拜访毕庶澄，毕借故避而不见。毕欲调渤海舰队南下，加强上海防务，也被海军司令杨树庄一口拒绝。毕庶澄接收上海防务后，张宗昌即在上海发行库券 1000 万元，令地方绅商团体劝认，奉鲁军还在市面强行流通军用票，激起一片反对声。不久，毕庶澄自知大势已去，也同钮永建就投降条件议价。由于要价过高，双方没有谈妥。

3 月 16 日，北伐军攻克溧阳、宜兴、金坛、丹阳等地。同时，嘉兴方面的北伐军开始进军上海。18 日，北伐军前锋抵达松江境内石湖荡，沪杭交通被切断。在赵世炎指导下，以吴淞机车厂工人首发的铁路工人罢工逐渐扩大，至 3 月 15 日，沪宁全线罢工。

发动第三次武装暴动的时机最终到来了！3 月 18 日晚，周恩来获悉松江大战。19 日上午 8 时，上海区委主席团召开会议，进入临战状态。上午 9 时，区委召开活动分子大会，赵世炎作了“革命的现状与我们的责任”的报告，布置了此时最紧急的几项工作。接着，罗亦农指出：“上海今明天就要大的发动，现在为新旧上海交替时代，未来的上海是一切民众与军事力量合作，取得民众政权。我们是绝对的指导者，我们所有负责的同志要严密注意党的组织，绝对受支部部委的指挥”[①]。下午 2 时 30 分，罗亦农在各部委、各产总联席会议上下达了预备动员令。同日，上海区委发布总同盟罢工行动大纲，规定了注意事项和行动总口号，强调此时上海民众的责任是：“总同盟罢工、罢市、罢课、武装暴动、响应北伐军，用民众的力量，最后的根本的消灭反动军阀的统治，建立上海民众的直接政权。”[②]

早在 3 月 3 日，蒋介石就密电何应钦，指示北伐军如攻上海，至龙华、南翔、吴淞之线为止，“军队不越此线为妥”[③]。蒋介石此举，隐含两个目的：一是不配合上海工人的罢工和暴动；二是避免因北伐军进攻上海市区而与列强冲突。这样，到 20 日，北伐军前敌部队又不急进，特委决定派人与何应钦、白崇禧联络，敦请军队前进。白崇禧对共产党派出的联络人员置之不理。当晚，北伐军逼近龙华，按兵不动。

20 日白天，上海市区大场方面自东南可闻大炮和机枪声。晚间，南市方面自西南彻夜可闻枪炮声。毕庶澄由苏州前线匆匆返抵上海，加强戒备。各租界也戒备森严，如临大敌。深夜 12 时，上海总工会主席团召开特别紧急会议，根据特委部署，决定于 21 日正午时开始总罢工。21 日上午，上海市民代表会议执行委员会召开紧急常务会议，汪寿华为主席。他指出形势紧急，民众非起来动作不可，应立刻宣布总同盟罢工、罢市、罢课，“以响应党军，对封建军阀之残余势力，下总攻击”。会议决定发布总同盟罢工罢课罢市命令，宣布“三月二十一日正午十二时起，各界市民一致动作，宣布总同盟罢工罢市罢课，专特飞报，仰我全市市民，一体遵照执行，不得迟延”[④]。

---

① 《中共上海区委召开活动分子大会记录》（1927 年 3 月 19 日），载上海市档案馆编《上海工人三次武装起义》，上海人民出版社，1983，第 343 页。

② 《中共上海区委行动大纲》（1927 年 3 月 19 日），载上海市档案馆编《上海工人三次武装起义》，上海人民出版社，1983，第 347 页。

③ 转引自周尚文、贺世友：《上海工人三次武装起义史》，上海人民出版社，1987，第 142 页。

④ 《申报》1927 年 3 月 22 日。

声势浩大的总同盟罢工开始了。21日上午10时，沪东部委发出罢工令。刚过一个小时，罢工即陆续实现。至下午3时，本地区有统计者32厂85300人，合计无统计者约10万人，全部罢工。① 在沪西，12时30分各厂一律关车。各厂工会执行委员会在厂内召开全体工人大会，说明罢工意义。下午1时后，整队出厂，过苏州河后，经共和路至虬江路空场集合。是日，参加罢工的有70余厂10万人以上。②

在租界区，工人不惧当局禁令毅然罢工。公共租界、法租界电车公司工人准时一致罢工，所有行驶各路的有轨、无轨电车，公共汽车，一律停驶。邮务工人，不论邮务生、拣信生、听差、邮差，均自下午1时起罢工。中西武装探捕百余人，驰赴邮政总局，英国陆军两个大队包围邮局四周，邮务工人全部被封锁在邮政总局内，至下午4时30分才陆续散放完毕。公共租界各业工人，至晚间才完全罢工，共计2.8万人。③

《时事新报》报道："工人千万成群，巡行于闸北宝山路宝兴路一带，高呼打倒直鲁军阀、欢迎北伐军、实行民选市政府，满街墙壁，俱贴总工会布告及红色标语"④。赵世炎记录了大罢工的壮观情景："各工厂、各作坊、各机关、各大商店、各手工业场、车站、轮埠、码头，全体工人罢工到了街市的中心来，纷纷向预定的集合处集合"。"所有租界中的工人群众，一小时内齐到了中国城市。""铁路截断了。电话局被占领。电报局亦被占领。电灯线断。自来水断。完全肃静的空气笼罩了全城市，只有断续不已的枪声与群众的革命呼声。"⑤ 原定6小时以内实现罢工，结果，大部分地区3个小时内

① 参见《沪东部委参加第三次武装起义情况报告》（1927年3月24日），载上海市档案馆编《上海工人三次武装起义》，上海人民出版社，1983，第383页。

② 参见《申报》1927年3月22日。

③ 参见《中共上海区委各部委书记联席会议记录》（1927年3月23日），载上海市档案馆编《上海工人三次武装起义》，上海人民出版社，1983，第367页。

④ 《时事新报》1927年3月22日。

⑤ 施英（赵世炎）：《上海工人三月暴动纪实》，《向导》1927年第193期。

就实现罢工了。上海总工会发出布告，宣布“本总工会领导全沪八十万工友一致奋起，响应北伐军，维持上海秩序，拥护上海临时市民革命政府，望各界人民安居乐业”①。

总同盟罢工的同时，复旦大学、暨南大学、上海大学等 20 余校学生罢课，1270 余名学生组成 254 个宣传队，分赴各区宣传。各街商店，实行了罢市。

全市总同盟罢工后，立即转入暴动。总指挥部设在闸北宝山路横滨桥南商务印书馆职工医院内，周恩来、赵世炎分任正、副总指挥。特委设于北四川路一个秘密机关内，陈独秀坐镇，与周恩来保持直接联系。全市 7 个地区的罢工工人，在武装纠察队、自卫团带领下，纷纷向预定目标发起攻击。赵世炎记载了这个情景：武装纠察队按照目的地，对各警署、各兵营与军队驻在所开始行动。武装在前，群众在后。“巷战开始了。陆续不断的枪炮声，与群众口呼的口号，立刻震动于遍城市中各地。”“徒手无武装的群众，逐渐夺得武装到手中来。革命的武装力量增加了。敌人在包围中，或在逃散中。从敌人的队伍蛇动蠕行中发现以竹竿系手巾的白旗，这是敌人降了。素习凶恶压迫人民的警察，自剥其黑色的制服而逃散。大小警署的门前推出了枪械，并悬白旗，这是警察投降了。”②

南市是包括上海县城的沪南区域。21 日下午 1 时 30 分，南市工人和公共租界中区工人一齐行动，陆续占领警察一署三所、二所一分所。徒手的工人从警察厅和各分署中夺取枪械。沿途游巡队均被群众缴械降服。解决了警察的武力后，工人大队进攻高昌庙兵工厂，无激战而将其降伏，接着，占领南火车站。下午 5 时，工人大队到华商电车公司集合。南市区域的武装暴动，在 4 个小时内取得完全胜利。

虹口三面与租界接壤，一面邻近市郊，无驻军。虹口电力、丝

---

① 《申报》1927 年 3 月 22 日。《上海总工会呈第四次全国劳动代表大会的报告书》称此次罢工人数“当在六十万以上”。

② 施英（赵世炎）：《上海工人三月暴动纪实》，《向导》1927 年第 193 期。

织与金属业工人占领警署，夺取枪械。逃散的警察，纠合当地流氓反扑骚扰，纠察队予以迎头痛击。战斗结束后，纠察队管理全区，担当起维持和管理社会治安的任务。

浦东各工厂工人在预定时间内实行总罢工，扑攻烂泥渡第三区警察署。平素压迫民众、残害工人的警察150人，全数缴械投降。占领第三区警署后，工人进而扫除游巡队，沿途缴械，相继占领三区警署一分所、二分所。此时，得悉有溃败的军队包围商人保卫团，工人当即前往解围并将其缴械。经过4个小时战斗，全部解除本地区反动军警的武装。纠察队、保卫团及数万群众召开大会，宣布成立临时保安局。以工人纠察队为主，联合当地保卫团，共同布防，管理浦东全区的社会治安。投机分子携带武器，伪造旗帜、徽章、委任状来接收公共机关者，尽被纠察队拒绝和扑灭。同时，浦东地区各业人民代表大会宣告成立。这是暴动后建立的第一个区级革命民众政权。

21日中午，吴淞地区铁路、铁工厂和纱厂工人罢工并举行暴动，围攻当地驻军，夺取武器。下午6时许，同济工友会工人、中国铁工厂、华丰和大中华纱厂男女工人在公共体育场召开群众大会。会后，举行示威游行。9时30分，队伍行至西镇第二警察署，将其捣毁一空，枪械子弹，尽数收走。然后，又将东镇商埠警察局捣毁，枪支弹药，一一收捡，员警逃避一空。[①] 吴淞工人胜利后，召开群众大会，成立吴淞区民代表会。吴淞各工会联合会领导近10万工人群众，实际管理临时区政权。

沪东部委指挥杨树浦自卫团先后收缴虹镇、胡家木桥、香烟桥等处警署枪械。老怡和纱厂工人纠察队20余人、工人宣传队1000余人，袭击天同路五区三分所，纠察队员臂系长方形红布，凭借临时堆成的沙包围攻。至下午3时许，实行火攻。警力不支，纠察队由后门攻入，捉巡长一名，全体警士缴械投降。随即，纠察队召集

① 参见《申报》1927年3月23日。

当地市民 1000 余人开会，“当众宣布该巡长罪状，全体议决，执行枪毙”①。引翔港自卫团围攻五区二分署、马玉山路警署，均未得手。午后 1 时，杨树浦和引翔港的罢工群众分头集中在韬朋路底及马玉山路两处，各约 2 万人，开市民大会。会后，自卫团为先导，群众结队向闸北进发。杨树浦工人群众因自卫团屡战得胜，“情绪激昂非常”。5 时，群众抵江湾路天通庵火车站附近。适时奉鲁军由吴淞开来军车一列，群众拆除路轨，军车出轨倒地。奉鲁军以排炮、机枪扫射，工人死伤甚众。闸北纠察队与杨树浦工人夹击奉鲁军，战斗至翌日方告结束。引翔港群众行抵虹镇，已是 5 时，闻枪炮声烈，逐渐散去。22 日晨，杨树浦、引翔港两处自卫团汇合于闸北，继续参战。至 23 日下午 5 时，战斗共持续 40 小时，“两夜通宵，不避饥寒，勇毅非常”②。

沪西各工会接到命令后，一律关车停工。暴动工人一路由曹家渡出发，至六区警察署，警士抵抗，工人赤手冲锋，将其缴械。工人至潭子口警署时，警察逃避一空，全部枪械均为工人所获。工人得胜后，直奔北火车站。另一路由摆渡口过苏州河，攻共和路及恒丰路两警局。3 万工人勇往直前，敌以机枪抵抗，工人前锋虽有伤亡，因有自卫团和纠察队指挥和维持，“前仆后继，不稍畏避，即十余岁之女童工，亦直立街心，高呼口号，以壮声威。民众革命之情绪，工人阶级本有之勇气，于此可见一般”③。

以上 6 个区域的作战，进展比较顺利，21 日当晚基本结束。最后的决战，集中在闸北。工人武装汇聚在闸北的有沪东、沪西两部及闸北境内一部，其余的因租界隔绝，未能前来支援。

闸北，北面是吴淞要塞，南面是公共租界。毕庶澄的主力集中于此，重要据点多达 20 余处，是重点地区。攻打闸北的主要力量是商务印书馆、邮政、电气、铁路等企业工人，以及上海大学、复旦

---

① 《申报》1927 年 3 月 22 日。

② 《沪东部委参加第三次武装起义情况报告》（1927 年 3 月 24 日），载上海市档案馆编《上海工人三次武装起义》，上海人民出版社，1983，第 384 页。

③ 《申报》1927 年 3 月 22 日。

大学、暨南大学学生纠察队。重要进攻目标是北火车站、湖州会馆、商务印书馆俱乐部、天吉里五区警察署、广东街分署、中华新路警署分所，以及天通庵车站等处。

3月21日中午12时起，10余万罢工工人陆续涌入街市，枪声四起，巷战遍于全境。北火车站奉鲁军的大炮，奉鲁军雇佣的白俄军开动的铁甲车，一齐向市镇轰击。英帝国主义的铁甲车，也在北浙江路口乘机开炮，帮助奉鲁军对工人作战。至下午4时，暴动队伍先后攻下第五区警察署、广东街分署、中华新路警署分所和湖州会馆。各处警岗，全被驱散。暴动总指挥部由商务职工医院移入第五区警察署。

位于宝山路上的商务印书馆俱乐部是敌军的军需仓库。敌驻军不过30余人，但自恃楼房坚固，弹药充足，负隅顽抗。商务工会纠察队将俱乐部团团围住，命令奉鲁军缴械。奉鲁军居高临下，与纠察队对抗，并不时抛掷炸弹。双方对峙通宵，互有伤亡。直至22日下午4时30分，敌久待援军不至，有人化装易服，企图从后门逃走，被纠察队生擒，其余人迫不得已，悬旗请降。随后，上海总工会纠察队总指挥部移入俱乐部内。

天通庵车站开始时并未被列入重点攻击目标。21日，由吴淞退回的敌军500人将至北火车站，指挥部为防止北站之敌得到增援，决定由铁路工人纠察队和学生在天通庵车站南路破坏铁轨。下午4时后，车抵天通庵出轨。是时，杨树浦工人抵达天通庵。敌以排炮、机枪扫射，工人死伤甚众。杨树浦和闸北工人对敌夹击。入夜，敌伏于两旁沟中，防守通宵。纠察队火力不足，未能得手。直到22日正午，敌军才被迫称降，300余人被俘。逃到广东街者，被纠察队缴械，逃至北四川路者，被日本水兵缴械。

北火车站是战斗最激烈的地方。闸北工人纠察队在宝山路、共和路和大统路三面围攻北火车站。下午4时以后，奉鲁军和白俄铁甲车大炮轰击，炮弹散落在密集的民房中间，宝山路义品里一带火光冲天，民房2000余间被烧毁。6时，沪西工人纠察队赶到麦根路，从车站西侧发起进攻，敌用大炮轰击，致共和路带也发生火警。难民纷纷向工人纠察队防线逃来，纠察队分队将其护送至青石路广场暂避。火势盛时，纠察队员奋不顾身，以水龙扑救。附近居民，义愤填膺。居民壮丁，自愿加入作战。老者少年，则自取木板、砖石、布袋，为纠察队布置防线。22日上午，敌人再次实施火攻，烧房屋无数。由于自来水断绝，无从扑救。纠察队退至第五道防线，但敌人也不敢前进。天通庵车站、商务俱乐部两处战斗结束后，集中兵力进攻北火车站。经过一个多小时的猛攻，白俄兵逃入租界，奉鲁军溃退。当日下午6时，北火车站被上海工人武装胜利占领。

至此，上海工人完全推翻了北洋军阀在上海的统治。“暴动之功，至是完成。”①

当上海工人与奉鲁军浴血奋战的时候，已进至上海近郊龙华的白崇禧按兵不动。3月22日下午，上海工人、商人、手工业者的代表往见白崇禧，欢迎北伐军进城，白崇禧仍以服从钮永建暂缓进城的命令推托。第一军第一师师长薛岳“坚决的申明说他将不听钮永建的命令而进至上海，使白崇禧不得不颁布进攻的命令”②。下午7时许，薛岳的部队进入北火车站。此时，战斗已经结束，溃逃中的奉鲁军被薛岳部俘虏。

上海工人暴动的胜利，是在中国共产党领导下，用鲜血和生命换来的。它是大革命时期工人运动的一次壮举，是北伐战争时期工人运动发展的最高峰，是党领导城市武装斗争的大胆尝试。初时工人拥有不过300支手枪和少量手榴弹，他们不断地从敌人手里夺取武器，武装自己，先后缴获长短枪近4000支、轻重机枪近1000挺，全歼奉鲁军3000余人、军阀警察2000余人。暴动中，工人有200多人牺牲，1000余人负伤。③ 除了工人阶级英勇顽强、特别能战斗

① 施英（赵世炎）：《上海工人三月暴动纪实》，《向导》1927年第193期。

② 《上海三次暴动》，许玉芳、卞杏英编著《上海工人三次武装起义研究》，知识出版社，1987，第260页。

③ 参见周尚文、贺世友：《上海工人三次武装起义史》，上海人民出版社，1987，第191页。事实上，缺乏权威性统计数字。

这一基本条件外，这次暴动能取得成功，还有其他方面的因素：客观上，北伐战争节节胜利，在上海的北洋军阀日暮途穷；主观上，中国共产党坚持了独立自主原则，认真总结经验，准确把握时机，把罢工与暴动、暴动与建政结合起来，以周恩来为首的特别军委科学运筹，严密部署，身先士卒，为争取胜利，提供了可靠保证。3月28日，中共中央告全国工人阶级，盛赞上海工人阶级“真可为全国工人阶级之模范”，他们“以自己的血和肉从事实上证明，工人阶级的确是全国最革命的阶级，能够切实担负起革命的使命”。① 对此，上海工人阶级当之无愧！

六　暴动胜利后的上海工人运动

1. 领导建立上海临时市政府

中共中央根据共产国际关于争取中国革命非资本主义前途的精神，在发动第三次暴动过程中，就对胜利后上海革命政权的建立，进行了细致的谋划和准备。2月24日，瞿秋白拟具了《上海“二·二二”暴动后之政策及工作计划意见书》，提出暴动的指导思想应当是：“上海市民应以工人阶级为领袖，武装暴动响应北伐军（而非欢迎），自动召集（以市民公会名义）上海市民代表紧急会议”，“所以‘一切政权归市民代表大会’是一个总口号。北伐与暴动之目的是在上海建立市民代表大会的政权，反帝国主义的民权独裁制，拥护汉口国民政府”。工人阶级“夺取参政权之目的”是“征取小资产阶级的同盟军共同执行民权的群众的独裁”，使大资产阶级代表人物加入市民代表紧急会议，是逼迫他们服从“民意”，“不是使他们来指挥市民会议”。② 26日，陈独秀在特委会议上强调：“最要紧的是真正

① 《中国共产党为此次上海巷战告全中国工人阶级书》，《向导》1927年第193期。

② 瞿秋白：《上海“二·二二”暴动后之政策及工作计划意见书》（1927年2月24日），载上海市档案馆编《上海工人三次武装起义》，上海人民出版社，1983，第156—157页。

的群众大会"，"此种市民代表会议，要各地方各区域都成立，成功一种权力，上海市政府即建筑在许多小政府上面，非常有力量的"。[①] 28日，他提出要赶快做代表选举工作，要宣传市政府是民选市政府。

3月6日，赵世炎在上海区委、各部委、各产总联席会议上提出：暴动胜利后，"我们要参加政权，不是派个代表参加政府就完事了，必须要在政治思想上拿住群众"[②]。8日，他在区委会议上讲到市民代表会议的性质和党的领导，指出"市民代表会议是民主主义政治，在中国应有一个工农小资产阶级的民主独裁制。在上海，如没有工人来领导，大、中、小资产阶级是不会发【展】起来的，所以我们要明了这个运动是工人领导的，而且是永久的，一直到纯粹的工人政权成功"，"在将来市政府中，我们的党团就是后台老板，这个后台老板要认真工作，主张上毫不客气，做到真实工人领导政权的形式"。[③]

15日，罗亦农在区委活动分子大会上作报告，指出中国革命的前途，"必须是革命的工农与小资产阶级联合，战胜一切反动势力，直接取得政权建立民主独裁制"。此时上海革命的中心问题，就"是要上海的工人群众及所有小资产【阶】级自由职业者等等的民众直接夺取政权。其方法：要各种民众自动的联合起来以革命的民众力量自己制造法律，自己推出代表，组织上海市民代表会议。由这市民代表会议在革命爆发时产出市民政府，这就是革命的民众政府，革命的民众独裁制"。"必须以工人阶级为主体，因为没有工人阶级为骨干，便没有国民革命的苏维埃，因为工人阶级是最革命，不与一切反动势力妥协的"。[④]

---

① 《特委会议记录》（1927年2月26日），载上海市档案馆编《上海工人三次武装起义》，上海人民出版社，1983，第191、192页。

② 《中共上海区委各部委各产总联席会议记录》（1927年3月6日），载上海市档案馆编《上海工人三次武装起义》，上海人民出版社，1983，第289页。

③ 《中共上海区委全体会议记录》（1927年3月8日），载上海市档案馆编《上海工人三次武装起义》，上海人民出版社，1983，第296、297页。

④ 《中共上海区委主席团关于政治与本党工作方针的报告》（1927年3月19日），载上海市档案馆编《上海工人三次武装起义》，上海人民出版社，1983，第323—327页。

基于上述认识，特委统一领导，为召开市民代表大会和成立临时市政府做了大量而细致的工作。3月6日，特委制定了《市民代表会议之组织法及其职任拟案》，确定了召开市民代表会议的原则与方法。7日，南市、引翔港、杨树浦、法租界、浦东等处，分别召开市民代表会。同日，上海市民公会召集各团体代表会议，通过了《上海市民临时代表会议组织法》。11日，特委会议听取罗亦农的报告，决定了市民代表会议30名执行委员的分配方案及候选人名单，其中工界8名，商界8名，学生3名，教职员、海员、律师、会计师、著作家、医生各1名，共产党、共青团、国民政府、国民党市党部、省党部各1名。出席市民代表会议的代表将有1200人，陈独秀提出代表中“工人占一半”，“如果商人太多，工人要增加，可多预备候补的”。[①] 上海总工会负责先选好工人名单，临时经群众通过，限制反动派当选。

钮永建、吴稚晖从根本上反对市民代表会议：钮称“现为军政时期，人民未训练，所以不能实行代表会议”[②]；吴称“C.P. 对于市民会议是表现造反，说民选市政府为脱离国民政府”[③]。杨杏佛赞同召开市民代表会议，但不主张设立经常性的执行委员会，主张以省、市党部为省、市议会，地方团体也应有选举资格。陈独秀、罗亦农、汪寿华等在会谈、协商中坚持立场，原则问题上没有退让。由于召开市民代表会议的主张深入人心，2月底起，各区市民代表会议在工人代表会议的基础上陆续举行，并引起商人的注意，各马路商界的代表大多数主张积极进行。“上海市民代表会议的口号不但已得到民众的同情，且资产阶级已积极参加，有争领导权之势”。[④] 至此，

① 《特委会议记录》（1927年3月5日），载上海市档案馆编《上海工人三次武装起义》，上海人民出版社，1983，第283页。

② 《特委会议记录》（1927年3月9日），载上海市档案馆编《上海工人三次武装起义》，上海人民出版社，1983，第300页。

③ 《特委会议记录》（1927年3月5日），载上海市档案馆编《上海工人三次武装起义》，上海人民出版社，1983，第278页。

④ 《中共上海区委每日通讯》（第十号），载上海市档案馆编《上海工人三次武装起义》，上海人民出版社，1983，第236页。

钮永建等人不得不表示赞同。

3月12日下午，以上海市民公会的名义，召开了上海第一次临时市民代表会议，200余团体200余人出席。大会宣布“本会之责任，即在执行全市市民之意旨，接收上海政权，建设民选市政府，而对于军阀之走狗、官僚、土豪劣绅之流，当依国民政府颁布之条例行之，为民除害，决不宽容”。大会确定了起草组织法的原则，汪寿华、林钧及孟心史被推为组织法起草委员。大会从50名候选人中选出执行委员31人，其中有共产党员和共青团员15人。他们是：罗亦农、汪寿华、顾顺章、王承伟、王景云、王亚璋、朱英如（女）、章郁庵（以上除罗亦农外均为工人代表）、林钧、熊天荆、侯绍裘、徐伟、刘荣简、丁晓先、王汉良。① 特委关于上海政权建设的主张初步实现。次日，上海区委发出第9号通告，要求从速动员各团体拥护临时市民代表会议，以壮声威而固基础。

21日，上海市民代表会议执行委员会常务委员会下达总同盟罢工、罢市、罢课命令，开始行使职权。22日上午9时，第二次市民代表会议在南市九亩地新舞台召开，1000余团体4000余名代表出席。汪寿华、林钧和王晓籁为主席团成员。林钧作报告。大会通过了经国民党上海政治分会同意的临时市政府委员19人名单，共产党员、共青团员占10人，他们是罗亦农、汪寿华、林钧、何洛、丁晓先、侯绍裘、王汉良、李泊之、王景云、顾顺章。工人阶级及其政党在政权上的领导权在组织形式上有所体现。

23日上午10时，上海临时市政府迁入蓬莱路上海县署办公，召集政府委员会议，罗亦农、侯绍裘、林钧、杨杏佛、郑毓秀、王晓籁、丁晓光、谢福生、李泊之、王景云、汪寿华、陆文韶、王汉良出席。会议推选白崇禧、钮永建、杨杏佛、王晓籁、汪寿华为常务委员，林钧为秘书长。下午，50余万民众云集闸北青云路广场，召开拥护市民政府、欢迎北伐军市民大会。龙大道代表上海总工会发表演说，表示要用热血拥护所争得的自由，拥护革命的市政府。会

① 参见《申报》1927年3月13日。

后举行了盛大的庆祝游行。24日，武汉国民党中央电告上海市党部，承认上海市民代表大会为上海市民正式代表机关，承认市民代表大会产生的市政府委员会。

29日下午，上海特别市临时政府在九亩地新舞台召开市民代表大会，举行就职典礼，5000余人出席。罗亦农、汪寿华、虞洽卿、王晓籁、林钧、侯绍裘、王汉良、李泊之、何洛、丁晓先、陆文韶、王景云、顾顺章，身挂红绢徽章，宣誓就职。4月6日，市政府委员会议推选产生了市政府各机关负责人。其中，汪寿华任劳动局局长，丁晓先任教育局局长，林钧任秘书长。

上海临时市政府的成立及其活动，遭到蒋介石、白崇禧的干扰和破坏。市政府委员宣誓就职，本已经过武汉国民党中央批准，蒋介石却提出"务望暂缓办公，以待最后之决定"，白崇禧不承认其市政府委员职务，钮永建、虞洽卿、陈光甫、杨杏佛、王晓籁、谢福生、郑毓秀等先后提出辞职。4月8日，蒋介石指派的吴稚晖、钮永建、何应钦、白崇禧、叶楚伧、吴忠信、陈果夫、陈其采、杨杏佛、蔡元培、杨树庄、郭泰祺等另行组织上海临时政治委员会，在沪海道尹公署正式办公，以会议方式决定上海市一切军事、政治、财政事务。这样，上海特别市政府虽然成立，却难以开展工作，上海市政权被国民党新军阀集团所窃夺。

经过上海工人武装暴动所产生的市民代表会议和特别市政府，是中国共产党领导下最早由民众在大城市建立起来的民主政权。其阶级构成体现了工人阶级、小资产阶级和民族资产阶级的联合；其政权形式以"苏维埃"为模范，实行议行合一，废弃了资产阶级三权分立的体制。它虽然只存在24天，但作为党领导工人阶级夺取政权的重要探索而载入了史册。

2. 工会组织与工人武装纠察队的建设

暴动胜利后的特委和上海区委对革命前途和道路产生了简单化的乐观理解，认为"暴成，工革开始"，"向前继续革命领导小资阶向社主走"，"可以担负世界革命的责任，将来可造成全世界革命局面"。[1] 十分可贵的是，基于这一份历史责任感，他们检讨了工作缺点，深感难以担负此责，遂把工会工作列为目前最重要的工作，增强了主动性。3 月 24 日，上海区委发出行动大纲，规定每个工厂都要成立工会，每个工人都要加入工会，各工会立即公开，选举执委公开办公，拥护上海总工会，各区域、各产总均应设机关办公，区委负责整顿上海总工会，各部委负责整顿各工会联合会和基层工会。[2]

同日，上海总工会迁入闸北湖州会馆公开办公。经过战火硝烟的湖州会馆整饰一新，红底白字的"上海总工会"横幅高悬于门口，10 余名武装纠察队员分立门口，分外引人注目。各工会代表携礼物、爆竹前往祝贺，爆竹声自晨至午不断。络绎不绝的祝贺者达万余人之多。其后一连数天，各工会往贺者更多。25 日，祝贺代表竟超过 2 万人，"无不喜形于色"。[3] 上海总工会代表工人群众的利益，坚持同帝国主义和北洋军阀英勇斗争，几次被封闭，终于又在推翻军阀统治后公开办公，怎么不令广大工人群众欢欣鼓舞呢！

3 月 27 日，上海总工会举行升旗典礼，并召开工人代表大会，选举执行委员 40 人、候补执行委员 17 人，通过了整理工会组织的决议，决定各工会要以改良工人生活，改良不良待遇，提高工人地位和阶级意识作为自己的责任。次日，执行委员会议选举常务委员 7 人，委员长汪寿华，副委员长杨培生，组织部长张之甫，宣传部长李泊之，经济斗争部长龙大道，交际部长赵子敬，纠察部长顾顺章。[4]

---

① 《中共上海区委召开扩大活动分子会议记录》（1927 年 3 月 25 日），载上海市档案馆编《上海工人三次武装起义》，上海人民出版社，1983，第 395、396 页。"工革"指社会主义革命。"小资阶"即小资产阶级。"社主"即社会主义。

② 参见《中共上海区委行动大纲》（1927 年 3 月 24 日），载上海市档案馆编《上海工人三次武装起义》，上海人民出版社，1983，第 381、382 页。

③ 《申报》1927 年 3 月 25 日、26 日。

④ 参见《中共上海区委主席团会议记录》（1927 年 3 月 28 日），载上海市档案馆编《上海工人三次武装起义》，上海人民出版社，1983，第 429 页。1927 年 3 月 30 日《申报》发表的名单中，副委员长为王梅卿，组织部长为张昆弟。

为达到每个工厂都有工会，每个工人都加入工会的目标，上海总工会将工会章程和组织纲要等材料各印 10 万份，广为散发。同时公布加入上海总工会的先决条件：服从上海总工会，统一工人运动；在政治上拥护国民政府及上海市政府，督促工农政策的实现；绝对拥护工人阶级的利益。[①] 暴动的胜利打破了旧枷锁，工人入会的热情空前高涨。连日来，新工会不断涌现，各大报纸刊登的工会成立消息和启事，令人目不暇接。总工会组织部加强对各级工会的管理，于一个星期内重新登记。

1 月间，上海总工会所属产业总工会已增加到 12 个，第三次暴动后，经过整理，又增加到 16 个，分别是手工业、华洋服、烟厂、地方运输、市政、药业、铁路、纺织、印刷、化学、金属业、艺界、店员、海员、建筑业、食料工会。在原有 6 个工会联合会的基础上新增 2 个，并改组成沪东、沪西、南市、浦东、闸北、吴淞、法华、虹口等 8 个工会联合会。

自 1926 年夏秋罢工潮起，工会发展的大方向是上升的。1926 年 6 月，全市有工会 75 个，会员 43100 人；9 月，有工会 96 个，会员 51961 人。1927 年 1 月，有工会 187 个，会员 76245 人；3 月，有工会 502 个，会员达到 821282 人，[②] 达到这个时期上海工会发展的顶点。

北伐战争期间上海工会发展的历程，说明了以下几个问题：第一，上海工会和会员数增长非常快。特别是在暴动胜利后，其增长速度更是突飞猛进，连攀新高。列宁曾说："革命无疑是非常迅速、非常深刻地教导着人们，这在和平的政治发展时期看来是不可思议的。而特别重要的是，革命不仅教导着领导者，而且也教导着群众。"[③] 反帝反军阀革命斗争的发展，极大地激发了广大工人的积极

① 参见《时事新报》1927 年 3 月 16 日。

② 《上海总工会呈第四次全国劳动代表大会的报告书》(1927 年 6 月)，载中央档案馆、上海市档案馆编《上海革命历史文件汇集（上海各群众团体文件）》(1924 年—1927 年)，内部版，1988，第 362—364 页。

③ 列宁：《社会民主党在民主革命中的两种策略》(1905 年 6—7 月)，载《列宁选集》第 1 卷，人民出版社，2012，第 527 页。

性，使得工会出现如此快速增长的形势。当然，也不排除潮流裹挟的因素和强制入会的局部情况。

第二，由于各统计数字相距的时间跨度大，现有统计数字呈直线上升，事实上是波浪式上升的。1926 年 9 月，小沙渡地区日厂工人罢工失败后，该地工会会员减少 1/3。前两次暴动失败后，工会和会员数也均有下降。上海总工会曾解释说：这种“斗争失败后的锐减，不是表示工人的退缩，是一种恢复疲劳、酝酿以后更大或另一方面斗争的现象”[①]。应当承认，在一部分工人和一部分下级工会领导者中，一定程度的退缩肯定是存在的。组织程度不同，觉悟高低有别，出现退缩是正常现象。只是由于革命风潮是如此的强劲，上海区委和总工会从各方面加强了领导，斗争形势的恢复和迅速发展，才使这种退缩的情绪和现象，在尽可能短的时间中得到克服，并走向新的发展阶段。

第三，血缘、业缘、地缘关系在工会发展中仍然存在较大的作用和影响。这时候，一般工人还习惯于旧式组织如帮口、同乡会、兄弟会的活动，自发产生的工人领袖转变为现代工会领袖，对工会组织的发展会产生很大的号召力和推动作用。这些人如果仅仅只是现代工会组织的同情者，那么，只有当工会活动的目标与其意图相符时，他们才能起积极作用。工会组织活动遭受挫折一时消沉，与这些领袖的逃避和消极态度大有关系。

1927 年 1 月 30 日，中共上海区委发出第 110 号通告，将武装工人和纠察工作分开办理。这个文件提出武装工人的目的，一是自卫以对付工贼，二是准备工人武装暴动的基础。武装工人须挑选在职产业工人中的革命分子，施以政治训练和军事训练，必须保持秘密。这是一种经常性的工作。纠察工作则是为维持罢工而产生的。纠察队应以真正产业工人为限，行动不可越出范围，不能逮捕工人、商

---

① 《上海总工会呈第四次全国劳动代表大会的报告书》（1927 年 6 月），载中央档案馆、上海市档案馆编《上海革命历史文件汇集（上海各群众团体文件）》（1924 年—1927 年），内部版，1988，第 365 页。

人，不能封闭工厂、店铺，不能强迫征收会费、发展会员，尤其不能用作两派不同组织间械斗的武装，不应成为经常性的武装组织。[①]

这是一种很新颖的主张。它所指出的纠察队工作的不足，事实上是存在的。在历次武装暴动的准备中，上海区委、上海总工会都把武装和训练自卫团放在首位。应当说，纠察队是一种常见的组织形式，只要加强建设和管理，也并非达不到武装工人和实施纠察的两重目的。

因此，3 月 11 日，特委决定上海总工会组织纠察队委员会，其主任参加上总主席团，各部区都要设立相应机构，确定人数。纠察队常备军为一个团 1500 人，后备军 3 个团。

3 月 23 日晚 9 时，上海工人武装结束在闸北火车站的激战不久，特委会议就及时讨论了纠察队问题。罗亦农针对纠察队连续几天战斗得不到休整的情况，提出将其安排在湖州会馆暂时休养，并集中势力。战斗所缴获的枪械，一部分送给薛岳，一部分以送薛岳为名集中在湖州会馆，用于充实纠察队的武器装备。陈独秀指出："纠察队要组干部会，要调得力者百余人为干部，【做】纠察队中心。"罗亦农也认为现在纠察队分子"非常复杂，要严密改编"。赵世炎提出最好是把复杂分子送到军队中去。最后，陈独秀归纳起来作出 4 条决定："（一）组干部，（二）编制，（三）训练，（四）以送薛岳为名，实行淘汰。"[②]

24 日，全市各工会纠察队实施改编，实行"一切武装都要集中上总"，拟分 8 个大队。按计划，纠察队员将实行轮换制，每两个月为一期，照此办理，半年可训练 1.2 万人。[③] 为此，设立了纠察队训育部。

上海工人阶级及其武装力量的战斗力，使蒋介石、白崇禧如坐

---

① 参见《中共上海区委通告（第一一〇号）》（1927 年 1 月 30 日），载上海市档案馆编《上海工人三次武装起义》，上海人民出版社，1983，第 110—111 页。

② 《特委会议记录》（1927 年 3 月 23 日），载上海市档案馆编《上海工人三次武装起义》，上海人民出版社，1983，第 377—378 页。

③ 参见《中共上海区委召开扩大活动分子会议记录》（1927 年 3 月 25 日），载上海市档案馆编《上海工人三次武装起义》，上海人民出版社，1983，第 401—402 页。

针毡，十分不安。3 月 27 日，汪寿华见蒋介石，报告上海工人暴动经过时，蒋“不大注意”，“并无赞扬上海工人”。谈及纠察队问题，蒋虚与委蛇，只说“目前可以”，公开表示“不相信上总能代表全上海工人”。[①] 白崇禧到沪后，与外国领事往来密切。24 日，他即决心解除工人武装。25 日，他向日本记者表示，工人如有扰乱情形，各国都可出租界缴械。对此，中共特委已有思想准备。25 日，陈独秀表示：“中国革命如不把代表资产阶级的武装打倒，中国就不想要革命”，将来的纠纷问题，即“为纠察队的武装解除问题”，“我们现在要准备一个抵抗，如果右派军队来缴械，我们就与之决斗”。这个决斗将直接揭露蒋介石的政治面目，故“实比对直鲁军斗争还有更重要的意义”。[②] 陈独秀的这些意见，上海区委完全赞同。26 日，区委在活动分子会议提出策略：“如果右派军队要来缴械，我们绝对武装抵抗不稍退让，如胜则全国政局可大变，如败则我全上海工人为全国革命而奋斗，也很有意义”[③]。

从一般工人、普通民众到成为担负革命重任的武装分子，在某种意义上，这是一种质变。这种变化的完成，必须通过教育和训练，并得假以时日。4 月 1 日，上海区委各部委书记汇报了本地区纠察队的情况。沪东“纠察队现象很不好，他们用人不得部委同意，使流氓得势，好的同志消极”；闸北“纠察队太凶，又拆烂污，所以市民与商务工人都有反感，又与委员会有冲突，要注意”；浦东“纠察队工作很糟糕，……有人说纠察队好，有的说太凶”；南市“纠察队现在很好，但在五天以前还很混乱，现渐有组织”。[④] 这些情况表明，

① 《中共上海区委主席团会议记录》（1927 年 3 月 28 日），载上海市档案馆编《上海工人三次武装起义》，上海人民出版社，1983，第 427—428 页。

② 《特委会议记录》（1927 年 3 月 25 日），载上海市档案馆编《上海工人三次武装起义》，上海人民出版社，1983，第 389 页。

③ 《中共上海区委召开活动分子会议记录》（1927 年 3 月 26 日），载上海市档案馆编《上海工人三次武装起义》，上海人民出版社，1983，第 407 页。

④ 《上海区委召开各部委书记会议记录》（1927 年 4 月 1 日），载中央档案馆、上海市档案馆《上海革命历史文件汇集（上海区委会议记录）》（1927 年 3 月—1927 年 5 月），1991，内部版，第 470—478 页。

对工人武装纠察队的整顿和加强，任务是相当繁重而艰巨的。由于时间紧迫，来不及完成这些任务，因而在反击蒋介石反革命政变的斗争中，其战斗力的发挥就不能不受到限制。

3. 改善工人生活条件的斗争

1926年7月11日，上海总工会第三次代表大会就为改善工人生活条件作出过决议。21日晚，总工会在招待新闻记者时公布了工人总要求11条。1927年2月19日，上海总工会又将这11条扩充调整成上海工人政治与经济最低限度总要求17条。在经济方面作出增补和调整的内容有：限制物价高涨，要求八小时工作制，星期日、节日休息工资照发，不休息者工资加倍，恢复失业工人工作，雇主不得借罢工关厂，开除工人须得工会同意，男女同工同酬，女工分娩前后休息6个星期工资照发，童工不得做过重的工作。上海总工会将此17条作为全上海工人行动的目标。①

3月15日，上海总工会发出致各厂主公函，将第二次暴动中提出的17条删除5条政治要求，增加废除包工制和修改厂规及雇佣契约各条，整理成最低限度经济总要求14条，作为与厂主谈判的条件，用以统一、规范全市工人的经济斗争。第三次暴动前，上海总工会发布工作方针，在上述17条基础上，增补5条：反对革命政府与北洋军阀政府妥协，继续革命；工人武装自卫；要求政府制定劳动保护法，实行社会保险；废除包工制；修改厂规及雇佣条约。23日，上海特别市政府临时会议承认这22条要求。24日，上海总工会发出紧急启事，鉴于市政府临时会议已接纳全部条件，宣布本日上午10时起，全沪工友除武装纠察队外，一律复工。②

从11条到22条，上海总工会始终站在运动前列，根据环境的变化和时局的进展，指导着各业工人为改善自身条件而斗争。尽管具体条文有所不同，但都是当时斗争的旗帜，代表了全市工人的利益。在领导工人进行经济斗争时，上海区委根据北伐开始以后各地

① 参见施英（赵世炎）：《上海总同盟罢工的记录》，《向导》1927年第189期。
② 参见《申报》1927年3月24日。

特别是广州、汉口的形势，在第三次暴动前夕，及时提出应特别注意店员问题，“要注意条件，不要太高，否则要闹成商潮了”①。

第三次暴动胜利后，上海总工会铅印22条散发给各工会，指示工会斟酌本单位情形，参考总要求，提出各自的经济条件，要求厂主承认。“各厂主鉴于工人力量之增高，政治环境之趋势，除了很顽强的几个厂主外，大多数都与工人条件以完满的答覆。可以说二十天内上海工人将得到的经济条件，要比以前任何工潮的结果为多”②。

这时候，政治情形波谲云诡，极度复杂。中共中央、上海区委、上海总工会，都把主要精力用于应付蒋介石集团随时可能施加的压迫，疏于对工人经济斗争作具体的指导，也由于暴动的胜利使工人中长期积压的反抗情绪得到极大的释放，因而，经济斗争中出现一些行为过激和要求过高的情况。

南市童涵春药店店主童光甫，曾勾结奉系张作霖，阻挠药业友谊会成立。3月22日下午，1000余名药业友谊会店伙，在纠察队员100余人带领下，砸开童涵春药店大门，三五百人一拥而入，将其捣毁一空，逮走7人。事后，药业友谊会发出宣言，说明此次行动，“非本会故与资主为难，实童光甫平日势焰有以致之”，“本会对于其他和善之店主，始终以友谊态度相待，决不使劳资双方共趋极端，而致药业前途之多事也”。③ 25日下午，典押业职工会600余人集会，因少数成员受店主阻挠未能到会，遂往各店交涉，捣毁锦丰等5家押店。事后，“整队唱歌归会而散”④。此类行为不是主流，但与产业工会中某些超过实际的要求汇合在一起，无疑会加剧资产阶级本已存在的动摇。

---

① 《中共上海区委各部委产总联席会议记录》（1927年3月20日），载上海市档案馆编《上海工人三次武装起义》，上海人民出版社，1983，第363页。

② 《上海总工会呈第四次全国劳动代表大会的报告书》（1927年6月），载中央档案馆、上海市档案馆编《上海革命历史文件汇集（上海各群众团体文件）》（1924年—1927年），内部版，1988，第341页。

③ 《申报》1927年3月23日。

④ 《申报》1927年3月26日。

七　华北、东北、西南地区和国民军占领区的工人运动

1. 华北地区的工人运动

在中共北方区委领导下，各地工会因地制宜，通过秘密和半公开形式坚持活动，领导工人从事政治、经济斗争。由于形势险恶，华北地区工人运动形势消沉，与同时期其他地区工人运动蓬勃发展的局面形成强烈反差。

五卅运动爆发以后，军阀张宗昌加强了在山东的统治，工人运动一直是沉寂的。胶济铁路总工会被封闭后，各大站保留了工会基础，其中张店、坊子、高密、四方等站情况较好。津浦路大槐树、德州、泰安、兖州、临城也有工会组织，对全国铁路总工会“尚有绝对信仰”。纺织业中，济南鲁丰、青岛沧口及四方各纱厂有一定基础。市政工人方面，青岛邮局，济南电灯、电话、面粉、机器厂，以及洋车夫行业均有小规模工会组织。矿工中，淄博淄川鲁大公司工会小组有500人，山东第一大矿中兴矿7000余人，“群众情绪很好”。①

1927年春，山东工人开展了一些经济斗争。4月间，鲁大公司工人要求资方发欠薪不用纸票，每个工人争取到每天增加5枚铜子。6月，胶济铁路全线工人反对使用山东省银行以“开发”名义发行的纸币，四方、高密、坊子、张店均参加行动。北伐战争向山东发展时，工会通告全路各站工会做破坏工作，如损坏机车零件、放火之类。四方工会预备暴动，张店工会预备炸桥，破坏日兵输往济南。②

山东工人运动消沉的原因，中共山东省委归纳了4点：（1）人

① 复元：《山东职工运动情况》（1927年6月26日），载山东省总工会、山东省档案馆编《山东工人运动历史文献选编》第1集，内部版，1984，第111—113页。

② 参见复元：《山东职工运动情况》（1927年6月26日），载山东省总工会、山东省档案馆编《山东工人运动历史文献选编》第1集，内部版，1984，第111—114页。

党的工人同志大都是各厂中工资较高的，革命勇气不足；（2）经济斗争少，对工人的吸引力不强；（3）限制了工人打击资本家的斗争；（4）农民生活普遍恶化，破产农民的增加使工人产生一种比较心理，减弱了斗争勇气。[①]

1926年10月25日，北京总工会发表宣言，反对北京政府与帝国主义列强召开关税会议，号召受压迫的民众参加北伐战争，铲除奉系军阀的专横，使战争的结果，不要尽为军阀所左右，再酿成以后军阀与军阀的战争。[②] 1927年初，京华印书局工人先是要求分年终奖金，结果每人得到12元，继而要求加薪，各课工人推出代表10余人，分成3批，准备前赴后继地坚持下去。厂主以营业亏损为由拒绝，工人断电怠工，迫使厂主不得不给工人每人每月加薪3元。[③]

京奉路唐山制造厂工人不满厂方用纸币发工资加重剥削，要求用银圆发工资。这时候，该厂成为奉系的军工厂，日夜加紧生产军事装备。工人骨干利用英籍管理人员与奉系的矛盾，开展怠工斗争，并逐步在同乡、同厂、同工种的工友中串联，扩大怠工范围。怠工斗争于1926年八九月间从南北机房开始，逐步发展到客车系统和机车系统，10月扩大到全厂。一个月的任务，两个月也完不成。可是，奉军找不到工人代表，只好默许厂务经理詹姆森提出的每人每天加工资两角，怠工斗争才告结束。

1926年8月，中共天津地委领导了北洋纱厂的罢工斗争，重振天津工运。罢工指挥部设在法租界五号路35号楼上。地委书记李季达、宣传部长傅茂公（即彭真）、组织部长粟泽指挥。资方害怕“砸裕大”的事件重演，释放了3名粗纱工人代表，答应每人每天增加工资5分钱。这以后，铁路工人、印刷工人也进行了索薪斗争。

---

① 参见复元：《山东职工运动情况》（1927年6月26日），载山东省总工会、山东省档案馆编《山东工人运动历史文献选编》第1集，内部版，1984，第118页。

② 《北京总工会第一次对时局宣言》（1926年10月25日），《中国工运史料》1981年第2期。

③ 北京市总工会工人运动史研究组编《北京工运史料》（2），工人出版社，1982，第177、178页。

为抗议英帝国主义军舰炮轰四川万县，天津总工会通电全国工会、农会等各界团体，谴责英帝国主义的暴行。致函省港罢工委员会，对罢工工友表示全力援助。由于白色恐怖的严酷，天津总工会不能公开活动，仅用其名义而已。年底，天津城市工人俱乐部在法租界四号路72号成立，作为总工会的公开活动机关。

1927年元旦，天津总工会召开代表大会，各纱厂工会，津浦、京奉两路工会，地毯、邮务、油漆扎彩、铁厂等工会和店员联合会的代表出席。“各业工人，济济一堂，拥挤不堪。”到会工友自由演说，大谈建立革命联合战线的意义，认为“吾工人阶级之组织如坚固，彼敌人阶级自然屈服”。会议决定由各厂自由募捐，救助在狱工友；成立天津总工会扩大组织委员会，以各厂代表任委员，在最短期间将全市工人组织在总工会的旗帜之下，共同奋斗；筹备成立天津纱厂总工会；发布了11条口号作为行动纲领。[①]

天津工人运动重整旗鼓，引起军阀褚玉璞极大的恐慌和仇视。早在1926年7月8日，天津警备总司令袁振青发出布告，严禁“擅立名义，鼓动工潮”；10月17日，直隶督办公署下令严防共产党活动；24日，直隶保安司令命令交涉署照会各国领事协助查禁共产党机关。继11月23日国民党天津市党部和中共天津地委的秘密联络站被英租界当局破坏后，1927年1月13日，天津总工会被法租界当局破坏，总工会委员长吴雨铭等数十人被捕。[②] 被捕人员关押在法租界西开分局，经多方营救，才以“驱逐出境”之名获释。2月初，北洋纱厂的中共组织又被破获，7人被捕。4月18日，褚玉璞将从天津英租界引渡的江震寰等15名革命志士全部杀害。

4月28日，奉系军阀张作霖在北京将中国共产党创始人之一、中共北方区委领导人李大钊等20人全部杀害，中共北方区委被破坏。李大钊第一个登上绞刑台，“神色未变，从容就死”，“以身殉主

---

① 参见《汉口民国日报》1927年1月11日。

② 参见《汉口民国日报》1927年1月25日。

义，死或无悔”。[1] 他是马克思主义在中国的播火者，中国共产主义运动的先驱，现代工人运动的开拓者。“人生最高之理想，在求达于真理”是他的箴言。他追求真理，信仰真理，传播真理，把马克思主义的真理之光洒向工人大众，在中共工人运动史上写下光辉篇章。

1925 年底，中共太原地方执行委员会成立，工作重点由学生运动向工人运动转变。1926 年初，太原地委工人运动委员会书记邓国栋到榆次，筹建中共晋华纱厂支部，5 月 1 日，召开榆次纪念“五一”国际劳动节大会。北方区委代表耿炳光和邓国栋一起，深入工人住处，动员工人到夜校上课，他们亲自任教。资本家把河南工人、山西北部工人、山西南部工人分成彰德派、晋北派、晋南派，挑动工人闹对立，耿炳光、邓国栋教育工人克服地方主义，团结起来，共同对敌。5 月下旬，晋华纱厂工会成立，中共太原地委负责人崔锄人、王瀛、邓国栋等参加了成立大会。[2]

7 月间，晋华纱厂借故连续开除工人，并张贴布告，声称“如有议论国事，煽动工潮者，厂方将送交政府，严加查办”，纱厂党支部决定发动罢工。经过一番准备，纱厂工会向经理曲佩环提出要求：反对厂方随便开除工人；要求每人每日增加工资两角；实行八小时工作制。厂主拒绝了工人的要求。16 日，全厂 1300 余名工人罢工，举行游行示威，“工会旗帜及纠察队旗帜，飘扬于群众之前，群众手执小旗，旗书各种标语跟随于后，传单如雪花之乱飞，极一时之壮观”[3]。曲佩环是阎锡山的妹夫，向阎锡山搬来一个连的士兵保卫纱厂，工会主席索清泉举着大旗，指挥罢工工人冲进工厂。这次大罢工坚持 40 天，由于阎锡山军队镇压，200 多名工会会员被开除，10 多名代表被捕。

1926 年冬，阎锡山派代表到武汉、南昌联系，输诚国民政府。对于民众态度有所转变，太原总工会因而成为太原革命的重心，

---

① 《晨报》1927 年 4 月 29 日、《申报》1927 年 4 月 30 日。

② 参见武正国等：《晋华风云录》，山西人民出版社，1985，第 21—26 页。

③ 《民国日报》1926 年 8 月 7 日。

1927年3月13日，国民党右派雇用流氓、打手100余人将太原总工会捣毁。不久，阎锡山追随蒋介石集团反共，山西工人运动转入消沉。

2. 东北地区的工人运动

北伐战争期间，大连福岛纺织厂工潮处于平息阶段，东北地区零星的、短暂的、小规模的经济斗争连续不断，基本上没有发生较大规模的工人斗争。由于组织薄弱，斗争旋起旋落，得到胜利的不多。

在中东路长春站、安达站和满沟站，工人要求增加工资、改善待遇，斗争对象主要是从路警处取得包办运输权的雇主，而不是中东路局。安达、满沟是黑龙江省龙江道区特产输出地，每年入冬输出粮食日装车数百。安达站有搬运工2000余人，满沟站有1000余人。1926年12月5日晨，安达站工人全体罢工。当晚，满沟站工人响应。次日，长春站数百人声援。安达、满沟两站推出代表，提出5项条件与雇主谈判，并限期于该月15日前答复。罢工后，货物堆积如山。雇主方面"以工人态度坚决"，不得不于11日晚承认条件。工人遂于次日复工。此次工潮，为期甚短，但工人得胜。①

在南满地区，据日本研究者统计，1926年发生67起罢工，1927年发生94起罢工。劳动纠纷发生的根本原因是工人收入太低，处境太坏。数以千计的日商企业"无力顾及劳动问题"，因而"要求增薪的劳动争议的发生，是完全可以理解的"；"现在谈论满洲赤化的那种论调有点为时过早，但在现在的情况下，值得考虑的是，如果老不采取补救对策，生活的苦难，会驱使工人们同情共产主义的"。②显然，工潮连绵不断，乃是日本资本家敲骨吸髓地压榨中国工人的必然结果。

这期间，南满地区影响较大的有奉天制麻公司和大连机械制作所奉天分厂的罢工。1927年5月2日，奉天制麻公司机织部工人90

① 参见《民国日报》1926年12月21日。

② ［日］佚名：《满洲的劳动争议风潮》，1927年。

余人罢工，要求增加工资。罢工纠察队劝阻散住厂外揽军屯一带工人入厂，参加者增加到300多人。4日，日本警察开始逮捕工人，10日，日警利用发放工资的机会，逮捕了罢工领导人祁长祥等3人，工人与日警发生冲突，互有人员受伤，另有工人被捕。全厂工人卷入同情罢工。15日，资方关厂，开除全部工人。经调解，罢工工人于23日复工，增加工资的目的没有达到。[①] 6月29日，大连机械制作所奉天分厂工人要求厂方将最低限度工资“改为现洋五毛”，否则，即行罢工。厂方以夏令为生产压缩时期，坚持“以现制最低工费奉洋二元”。交涉决裂，30日，该厂140名工人被开除。

大连的罢工主要由中华工学会组织，工学会在福岛纺织厂、中村铁工所、大华窑业会社等处建立了分支机构。1926年7月23日，日文《辽东日报》报道说：“前次奉天大安烟草公司工人为要求提高工资而发生纠纷时，曾经说有工学会在背后牵线。这次发生奉天满洲汽车会社车务员罢工事件，又有了这种说法。前些日子曾有一件由奉天寄给大连中华工学会的信件，上面有‘同志寄’的字样，可见在奉天至少已有志愿参加工学会的人了。”10月20日，日文《满洲日日新闻》透露：奉天满蒙毛织会社10月15日发生的同盟罢工，与大连工学会有关。[②]《北满工人》给北满工人的信，也说明了中华工学会和大连工人运动对北满地区工人运动的示范作用。信中说：大连福纺工人罢工，“一声霹雳，震动了北满工人，而开了朵鲜红的花，光耀在北满，做着工人运动的先锋队！”“只有步着大连福纺纱厂工人那样的勇敢的奋斗，才能够达到我们的目的哩”。[③]

3. 西南地区的工人运动

西南地区的工人运动主要集中在重庆和成都。四川是地方军阀并立的地方，共产党人和国民党左派利用军阀之间的矛盾，坚持在

---

① 参见齐武：《东北工人运动史纲》，中共中央党校出版社，1992，第91页。

② 转引自刘功成：《大连工人运动史（1879—1949）》，辽宁人民出版社，1989，第196页。

③ 《北满工人》1926年第5号。

四川开展革命活动，发展工人运动。在北伐胜利的形势下，川中军阀先后改旗易帜，输诚国民政府。这是1926年秋到1927年春四川工运发展的政治背景。

四川的近代产业不发达，以小手工业为主，大多数工人比较分散。这种状况使等级制在工人中盛行。按当时人的说法，以这种等级制为基础，一种职业便有一种“工贼”，历史遗传的神会组织更形成“特种工贼”，这些人勾结绅士、军阀，剥削工人。四川军阀在输诚国民政府以前，特别压迫工人，“对于他们的集会、结社，乃至于游行运动，都特别禁止”。国民党右派和工贼合流，诬称“‘共产党是要分工人们的钱，譬如工人一天得钱一千，共产党要分去五百’”，惹得工人十分害怕。[①] 因此，四川的革命工会是在同右派和工贼的斗争中发展起来的，由于军阀各有势力范围，故未能形成全省统一的工会领导机构。

在成都，根据省议会的条例，工人称之为“老板工会”的四川省工会成立，受命于国民党右派设于重庆的省党部。成都以邮务工会为基础的职工会，与省工会配合默契。1926年10月10日，成都市工会成立，刘惟一、钟世民分任正、副会长。它“是由各个工人组成各个业别的小团体而后加入组织的，他（它）的下层组织比较充实”，“确为工人争得了自身的利益和要求，所以一般工人很坚决的拥护它”。[②] 1927年3月18日，奉中华全国总工会令，成都市工会更名为成都市总工会。

1926年11月21日，重庆市总工会成立，叶兰奎为委员长，中华全国总工会予以批准，也得到国民党左派的支持。中共重庆地委书记、国民党四川省党部工人部长杨闇公、省党部秘书长李筱亭到会祝贺，“希望工友们既组织斯会，须要誓死的拥护它……要按二七

---

① 四川省档案馆、四川省总工会编《四川工人运动史料选编》，四川大学出版社，1988，第28页。

② 四川省档案馆、四川省总工会编《四川工人运动史料选编》，四川大学出版社，1988，第28—29页。

之京汉流血向前奋斗”[1]。

至11月，四川各县有10余处成立工会，最多的有会员1000余人。11月28日，杨闇公在国民党四川省第一次代表大会上作工人运动报告，提出此后开展工运的意见：确定经费；增设工人夜校；增设工人俱乐部；规定工人最低工资标准；排除政治压力和工贼的破坏。

反对英帝国主义制造的万县惨案，是四川工人反帝斗争史光辉的一页。1926年8月29日，英轮“万流”号在云阳江面撞沉中国木船2只（一说3只），溺毙万县驻军杨森部押运盐款的官兵56人。该轮抵万县后，泊万英舰水兵横蛮地解除了前往查询的杨森部武装。“万流”号上驶后，杨森部驻军扣留了由重庆下行的英轮“万县”号、“万通”号。9月5日，英舰悍然炮轰万县城关，致使500余人死伤，1000余户房屋被焚毁，直接经济损失达1000万元以上。[2]

9月8日，重庆各界390多个团体800人集会，成立万县惨案四川国民雪耻会，提出斗争办法17条，重庆市总工会叶兰奎等10人作为工界代表被选为雪耻会执行委员。11日，重庆市总工会率38个工会11万余工人通电全国工人和各界同胞，呼吁全国革命民众继续振刷“五卅”以来残余的革命精神，燃烧着沸腾的革命情绪，一致奋起，打倒英日帝国主义及其扶植之新旧直系军阀，废除一切不平等条约。[3] 18日，重庆工人和各界民众一起，举行水陆城乡游行示威大会，公布对英经济绝交公约，决定查禁英货，不为英国人工作。

9月15日，成都市工会通电全国，主张对英经济绝交，反对帝国主义的屠杀政策。10月20日，成都市工会成立万县惨案成都国民雪耻会罢工委员会，制定公约11条，一致与英国人断绝往来，未经批准，不得复工。罢工委员会发布《告市民书》，呼吁共同实行对英经济绝交。11月4日，罢工团代表与英侨代表达成3项协议：成都

---

① 《国民公报》1926年11月22日，文中“按”原为“暗”。

② 参见《民国日报》1926年9月26日。

③ 《新新日报》1926年9月11日。

工人此次罢工纯系爱国举动，罢工期间的工资，资方不得扣除，不得无故开除工人；侨蓉英人发出宣言，对万县惨案主张公道，公平解决；改良工人待遇。[①] 罢工工人复工后，又于11月21日组织九五爱国工友联欢社，监督驻省外侨不敢横行妄动，维护工人自身利益。

重庆、成都、自贡等地工人开展了经济斗争。1927年3月31日，四川军阀刘湘在重庆制造了三三一惨案，重庆市总工会被捣毁，工人纠察队被解散，全省工人运动形势急转直下。

4. 国民军占领区的工人运动

国民军占领区的工人运动，主要是陕西的工人运动。1926年9月17日，冯玉祥在绥远五原召开誓师大会，率国民军联军参加北伐。11月底，占领西安。国民军联军入陕后，陕西革命运动的领导机构出现国民军、国民党、共产党三位一体的新格局，其决策和指挥权由冯玉祥控制。

1927年2月25日，中共陕甘区委在西安成立。3月，以区委名义向各地党组织提出开展工人运动的工作要点：（1）先调查重要城市的工人情况；（2）按实际情况从下层着手组织，鼓动罢工，由经济的斗争引导到政治斗争上去；（3）必要时应设立职工运动委员会，暂时由一人负责；（4）在适当时间成立全省总工会。[②] 1月间，国民党陕西省党部成立，下设工商部，省党部常委会由共产党员组成。

国共合作推动了陕西革命运动的兴起，工人运动得到一定的发展，成为“红色的西北”重要的组成部分。二三月间，陕西邮务工会、印刷工会、制造局工会、电话工会相继成立，纷纷发表宣言，指出要免除一切痛苦，“只有我们自己团结起来，为我们自己的利益奋斗”，“将压迫我们的敌人打个落花流水”。[③] 3月29日，陕西全省总工会筹备处成立，4月10日，公布了《工会组织大纲》。

---

① 《中国成都服务英侨罢工团、侨寓成都英国国民签订复工条件》，载成都市总工会工人运动史研究组编《成都工人运动史资料》第3辑，1983，第77页。

② 参见《陕甘区委给各级党部指示信》（1927年3月），载中央档案馆、陕西省档案馆编《陕西革命历史文件汇集》（1927—1929年），内部版，1992，第49页。

③ 《陕西民国日报》1927年2月23日—25日。

5月1日至3日，陕西全省工会第一次代表大会在西安举行，30多个工会团体的代表出席。国民革命军第二集团军驻陕总司令于右任、苏联共产党代表哀格习到会祝贺并讲演。会议通过了接受全国总工会领导、接受国民党关于工人的政纲、统一工会组织、教育宣传、工人待遇、组织消费合作社、设立职业介绍所、保护青工利益等项决议。5日，西安6万余人在莲花池广场集会，纪念“五一”国际劳动节。绥德等地也举行了纪念活动。7日，省总工会执行委员会举行第一次会议，张含辉、严振五、李子静任常务委员，周志学任总干事。①

在省总工会领导下，西安工人开展了改善待遇的斗争。5月中旬，新履公司工人罢工，提出13项条件，坚持4天。16日，该公司经理亲自到总工会表示复工后一定履行13项条件。“经此次奋斗后，工人始知团结之必要与工会之认识，因而新履工会组织愈加严密”②。国民军联军总部修械处长期拖欠工人工资，并以军纪绳治工人。5月21日，省总工会致函国民军联军总部，转达了修械工会提出的要求。协济工厂厂主拷打学徒，引起全厂工人愤怒，并一致罢工，提出9项要求，包括政治权利、劳动时间、工作待遇、学徒工资等项，因罢工反对虐待学徒而发，故未涉及工人工资，比较全面地反映了工人运动所要实现的初步要求，厂主迫于工人罢工，完全承认。

1927年春，冯玉祥在西安公布《陕甘区域内之临时劳动法》，其中有义务劳动、称工人组织为公社、女工分娩得休息16个星期并发原薪、工人患病工资由劳动保险支付等条款，受苏联劳动法的影响比较大。这或许是冯玉祥身边的苏联顾问起了作用的缘故。冯玉祥东出潼关后，不再支持工人运动，因此，这个文件只是一份宣传品，并未付诸实行。

5月6日，冯玉祥率第二集团军东征。7日，占领河南陕县。陕县的陕州分工会成立于4月10日，冯玉祥军到，“工会方公开办

① 参见《陕西民国日报》1927年5月3日、9日。

② 《陕西民国日报》1927年5月17日。

公”。工人生活困苦，多往他处做小生意，留陕者甚至没有时间到工会来，工会也不能替工人解决任何经济问题，故未发生实际作用。[①] 冯玉祥到河南后，以韩复榘坐镇洛阳。韩复榘叫嚣“你们什么共产党派啦，左派啦，其实在我看来都是右派，我要一下子把【你们】肃清”[②]。经过郑州会议和徐州会议，冯玉祥公开拥蒋反共，国民军占领区的工人运动陷于失败。

① 《刘明佛对豫西工作视察报告》（1927 年 7 月 15 日），载中央档案馆、河南省档案馆编《河南革命历史文件汇集》（1925—1927 年），内部版，1984，第 55 页。

② 《刘明佛对豫西工作视察报告》（1927 年 7 月 15 日），载中央档案馆、河南省档案馆编《河南革命历史文件汇集》（1925—1927 年），内部版，1984，第 38 页。

第七章　道阻且长

北伐战争的胜利，极大地改变了中国政治力量结构。蒋介石发动四一二反革命政变后，共产国际认为中国出现工、农、小资产阶级联合战线，革命更向前发展了，要求共产党坚持国共合作，促使国民党发展成为真正的人民政党。囿于这种理论和模式，中共中央未能从剧变的现实出发，独立自主，及时转变合作方式，采取得力措施挽救革命危机。汪精卫集团"分共"，国共合作完全失败，工人运动和革命斗争大发展的政治环境根本改变。从此，中国共产党领导工人运动走上苏维埃革命道路，继续奋力开拓前进。

一　反抗反革命大屠杀的斗争

1. 声讨赣州惨案

北伐军进抵长江流域以后，广州国民政府偏处华南已不能适应指导全国革命运动发展的需要。1926 年 11 月 26 日，国民党中央政治会议决定将中央党部和国民政府从广州迁往武汉。12 月 13 日，到达武汉的部分国民党中央执行委员和国民政府委员组成临时联席会议，代行最高职权。

迁都武汉，本是蒋介石三番五次所要求的。他当时的意图是以迁都武汉来限制唐生智，并阻止汪精卫回国。当他在南昌站住脚跟，北伐军收复福建并进入浙江，席卷东南胜券在握时，改而要求中央党部和国民政府暂驻南昌，以便直接置于他的控制之下。这就形成了南昌和武汉两个中心的公开对峙，共产党支持国民党左派发起提高党权运动，反对蒋介石独裁。1927年3月10日至17日，国民党在汉口举行二届三中全会，通过坚持三大政策和加强集体领导的一系列决议，限制了蒋介石的个人权力。但是，会议保留了蒋介石国民党中央常委、军事委员会委员和国民革命军总司令职务，使他得以继续利用其合法身份从事反革命活动。

2月21日，蒋介石在南昌总司令部的讲话中大肆攻击共产党，自称作为“中国革命领袖”，并不仅是国民党一党的，“共产党员有不对的地方，有强横的地方，我有干涉和制裁的责任及其权力”①。对国民党二届三中全会的决议，他表面上拥护，实际上加紧对抗。工人运动是共产党领导的，是革命的柱石，蒋介石反共反人民，便要从破坏工人运动入手。惨杀江西赣州总工会委员长、共产党员陈赞贤，正是蒋介石在北伐战争中走向公开反动、背叛革命的起点。

赣州是江西南部地区工人运动最有声势、斗争最激烈的地方。工会发展起来后，迅速开展了经济斗争，引起商会会长刘甲第等的抵制。北伐军到后，国民党江西省党部封闭了国家主义派的《赣南新报》，该报股东、省立二女师校长欧阳魁等恨之入骨。新编第一师党代表倪弼是反共分子，必欲排除陈赞贤，打击工人运动而后快。他一到赣州，便召集各工会开会，称“各工友工会甚好，惟有陈赞贤不好，如你等能打倒陈赞贤，我当时常来指导你等”。工人不服，倪弼威胁说：“你们拥护陈赞贤，便是反革命。”②

12月30日晚，要求增加工资而罢工的洋货绸缎布匹店员工会几个店员到二女师观看新剧，受到刘甲第之妹刘淑贞的阻拦。某店员在校门外照墙上用黄土写了“男女不平等便是反革命”“男子睡上，女子睡下”“打倒二女师”等字样。次日，欧阳魁召集各团体在县署开会，称店员侮辱妇女，要求解散洋货绸缎布匹店员工会。主持人“只许妇女演说骂工人，禁止工人演说辩白，因此引起工人责问”。

① 《蒋介石在南昌总部第十四次纪念周演讲》，载《四·一二反革命政变资料选编》，人民出版社，1987，第37页。

② 《赣州各工会代表团请愿书》，《向导》1927年第191期。

欧阳魁等捏造蜚言，诬称“总工会委员长陈赞贤萧韶钟友千等，纠集工友千余人，包围会场见人就打，捣毁器具，殴打党员捣毁县署”，并派代表到省城请愿。[①] 个别店员写了几句失礼失当的话是不对，但不能归咎于工会。陈赞贤认为对个别店员的失礼可以赔礼，保证不再犯，但工会不能解散，罢工也必须坚持。欧阳魁等人与倪弼勾结，企图借此彻底瓦解赣州工运。

1927 年 1 月 26 日，倪弼函请赣县临时政务委员会，召集各团体负责人开会，意欲借机拘捕陈赞贤。陈事先得悉，避未出席，并化装逃走。代表工会出席会议的肖诗友当场被拘禁。当晚，总工会被军队搜查，捕去职员、工友各 2 人。同时，断绝总工会交通、邮电，通缉陈赞贤等领导人。2 月 12 日，赣州各工会代表赴南昌请愿，向政府提出撤换倪弼，取消通缉令，释放被捕人员，撤退邮电局驻军，保障工人集会、结社、言论、出版、罢工自由等项要求。3 月 12 日，《向导》周报发表了赣州总工会横遭摧残的报道，公布了《赣州各工会代表团请愿书》。

倪弼的行径在军内受到以一团长、共产党员范荩为首的官兵反对，倪弼也跑到南昌请援。

在南昌，赣州各工会请愿代表团两次往见蒋介石，均被拒之门外。第三次，各代表目睹倪弼、贺其燊步出总司令部大门。而代表们鹄立雨中许久，等到蒋介石出门，拦舆请愿，才见到蒋一面。然而，蒋却始终没有对请愿代表提出的要求给予明确答复。倪弼见蒋介石时，蒋说：“你有脸来见我，有本事回赣州去!”[②] 事后，蒋以找范荩谈话为由，将范处死。[③]

陈赞贤赣州脱险，密赴南昌，参加江西第一次全省工人代表大会，当选为省总工会执行委员。3 月 1 日，陈偕省总工会特派员刘国

---

① 赵幼侬：《赣州总工会横遭摧残的情形》，《向导》1927 年第 191 期。

② 《汉口民国日报》1927 年 3 月 22 日。

③ 参见《审讯倪弼记录（节录）》（1958 年 7 月 19 日），载中共江西省委党史资料征集委员会、中共江西省委党史研究室编《党的创立和第一次国内革命战争时期江西工人运动》，内部版，1991，第 261 页。

臣返回赣州。行前，有同志劝他暂缓回去，他坦然说：“革命应有牺牲精神，死生观念早已看破，我陈赞贤死了又有第二个陈赞贤。”倪弼、贺其燊回到赣州后与县长郭巩等人密谋策划，于5日定下杀陈毒计。6日晚，陈赞贤主持总工会开会，新一师秘书胡启儒诡称政府开会，党代表和县长派他来接陈赞贤。陈一出门，就被军警围住，实质上是被绑架。在县府内，陈赞贤被秘密杀害，身中18枪，“被击时大呼打倒帝国主义，打倒新式军阀等口号”。①

赣州惨案发生后，3月13日，全国总工会通电国民党中央、国民政府、各省党部、各省政府、各民众团体及全国同胞，同时专电蒋介石，指出“此种摧残工人事实，开明军阀所不敢为者，而竟发生于号称国民革命军中，实为国民革命前途莫大危险”，号召“全国同胞，一致愤起力争，以救革命危机”，要求严行查办。② 全国总工会领衔，与南昌总工会、江西省农民协会等12团体组成江西陈赞贤惨案委员会，抗议新军阀摧残工人运动，谋划陈案的彻底解决，扩大反右派宣传。该委员会正确指出了赣州惨案的性质，认为陈案不是陈赞贤一个人的问题，不是赣州一个地方的问题，乃是反革命派向革命民众进攻之开端。我们若不起来自卫，若不起来为陈赞贤申雪，则反革命派之势力将益形猖獗。③

赣州各工会组成请愿团到武汉，代表2万余工人向国民政府请愿，指出陈赞贤之死，“是革命政府革命军以及党的前途一严重问题”，强烈要求严惩倪弼、胡启儒、郭巩、贺其燊、段锡朋等人。④《汉口民国日报》全文发表了赣州各工会请愿团报告。湖北省总工会、武汉店员总工会、湖北邮务总工会等纷纷通电声讨。3月20日，武汉各界举行追悼大会，隆重追悼陈赞贤及湖北阳新农民协会死难烈士。

① 《陈赞贤烈士事略》（1927年4月13日），赣州各界追悼烈士陈赞贤大会印行。

② 《汉口民国日报》1927年3月14日。

③ 《江西陈赞贤惨案委员会宣言》（1927年），载中共江西省委党史资料征集委员会、中共江西省委党史研究室编《党的创立和第一次国内革命战争时期江西工人运动》，内部版，1991，第223页。

④ 参见《汉口民国日报》1927年3月23日。

共青团江西区委机关刊物《红灯》发表文章，揭露陈赞贤惨案真相，号召革命的同志们从这个事件中找到出路，“一直继续赞贤同志的精神，勇猛的向那红光中前进!”[①]。赣州总工会发表宣言，宣誓继续陈赞贤的精神奋斗。4 月 13 日，赣州各界举行追悼陈赞贤烈士大会，散发了《赣州各界追悼陈赞贤烈士宣言》《陈赞贤烈士事略》。

2. 反抗四一二大屠杀

蒋介石离开南昌，经九江、安庆去上海，走一路，杀一路。1927 年 3 月 26 日，蒋介石乘“楚同”舰抵上海，设行辕于枫林桥旧淞沪交涉使署。此时，江苏、浙江和上海、南京一带完全被北伐军占领，蒋介石控制了中国最为富庶的地区。战争期间，蒋介石收编大批军阀部队，军事实力和经济实力大为增强。蒋介石加紧同帝国主义，特别是同日本帝国主义的勾结，在南昌时，会见了日本军部派来的信使铃木贞一，对日本政府希望他与共产党分手，搞纯正的国民运动，表示一到南京就正式表明态度。帝国主义军舰炮击南京后，蒋派人向日本驻宁领事“道歉”，并称所谓入宁军队侵害领事馆和侨民，“决非党军领导人之意，而是军队内部不良分子和南京共产党支部成员共同策划蓄意制造的”，“对（共产党）党支部，已经下令解散”。28 日，蒋介石派员到与“南京事件”有关的五国驻沪领事馆表示“遗憾”，并通过报界宣称国民革命军“决不用武力改变租界的现状”。[②] 到上海后，蒋介石更进一步加紧与帝国主义勾结，帝国主义列强公然鼓动他“迅速而决断地行动起来”，“使长江以南的区域免于沦入共产党之手”。[③]

同时，蒋介石也密切了与上海资产阶级，特别是占主导地位的金融业资产阶级的关系。江浙财团保证给他以全力支持，并赠送巨款。3 月 27 日，虞洽卿在上海商业联合会中称：“蒋对政治决取公开

① 子文：《悼我们的同志——陈赞贤》，《红灯》1927 年第 5 期。

② 转引自沈予：《“四·一二”反革命政变与帝国主义关系再探讨》，《历史研究》1984 年第 4 期。

③ 《字林西报》1927 年 3 月 28 日。

主义”，对该会宗旨“极赞同”，“抱维持资本家主张”。[①] 虞通报了蒋拟在南北两商会及银钱业两公会中遴选、延聘数位财政与外交委员的消息。次日，上海商业联合会代表吴蕴斋、穆藕初、叶惠钧等见蒋，蒋称：“此次革命成功，商界暗中助力，大非浅鲜，此后仍以协助为期。至劳资问题，在南昌时已议有办法。所有保商惠工各种条例，不日当可颁布，决不使上海方面有武汉态度。”[②] 有了蒋介石的这般许诺，4 月 4 日，上海银行公会和钱业公会代表与江苏财政委员会主席订立合同，以江海关二五附税作抵，筹集现款 300 万元，为蒋介石反共反人民提供紧急经济支持。25 日，他们又订立合同，按前项办法，再筹资 300 万元。[③] 18 日，上海银行公会因武汉集中现金，停止与武汉的金融往来，加剧了武汉政府的经济困境。29 日，上海商业联合会临时召集会员大会，讨论筹募库券垫款问题，吴震修表示：“大家须将题目认清，吾人借款系处于主人地位，并非因受人压迫而筹款”。王晓籁表示，“欲保永久安宁，必须筹款”，“吾人所最怕之事，即共产，现在幸经解决”，倡议各团体积极筹募。这次会议确定了由各团体集议认销库券办法。[④] 这些情况说明，当工人运动和革命斗争不断向前发展，对于资产阶级维持自身的地位和既得利益产生威胁，资产阶级便产生恐慌。他们为了维护自身利益，寄希望于蒋介石。

3 月 27 日，蒋介石将吴稚晖、李石曾等人接进总部行营，连日密商“清党”大计。4 月 1 日，汪精卫由国外归来，抵达上海，汪、蒋等人就“分共”问题多次密商，但在“分共”的时机和方式上未能达成协议。汪精卫赴汉后，蒋介石进一步加紧了反革命部署。

---

① 《上海商业联合会听取虞洽卿会见蒋介石等情议事录》，载上海市档案馆编《一九二七年的上海商业联合会》，上海人民出版社，1983，第 46 页。

② 《上海商业联合会代表迎见蒋介石新闻稿》，载上海市档案馆编《一九二七年的上海商业联合会》，上海人民出版社，1983，第 48 页。

③ 《蒋介石为筹集饷款以江苏财政委员会名义与银钱两业两次订立垫借合同》，载上海市档案馆编《一九二七年的上海商业联合会》，上海人民出版社，1983，第 57—59 页。

④ 《上海商业联合会为筹饷组织审查委员会及讨论筹募库券垫款有关文件》，载上海市档案馆编《一九二七年的上海商业联合会》，上海人民出版社，1983，第 69—70 页。

为了扳倒上海总工会和工人武装，蒋介石一到上海，就派总司令部特务处成员董福开、前宁波警备司令张伯岐等组织上海工界联合总会，与上海总工会相对抗。4月3日，这个御用机关在北浙江路华兴坊原沪海道尹公署对外办公。6日，蒋介石派东路军政治部秘书邓祖禹代表自己向上海工界联合会送去“奋斗到底”锦旗一面，为其撑腰鼓气。同时，蒋介石通过特务处长杨虎和东路军政治部主任陈群与青帮大流氓黄金荣、杜月笙、张啸林取得联络。黄金荣等盗用反清革命团体共进会名义，成立中华共进会。上海工界联合总会的成立和共进会的恢复，表明蒋介石收罗并豢养了一批镇压工人运动的打手和急先锋。

上海工人第三次暴动胜利时，北伐军首先进入上海的是第一军第一师。“薛岳军最左，主张工兵联盟，主张工人有武装”①。这对蒋介石发动政变是不利的，他索性调防，以刚收编的周凤岐第二十六军驻防闸北，充实反革命政变的武力。东路军前敌总指挥部通告沪上各报馆，禁止刊登转载来自武汉的函电、消息和总政治部的宣传，违者按戒严条例惩办。4月8日，蒋介石指定的由吴稚晖、钮永建等组成的上海临时政治委员会在原沪海道尹公署对外办公，以会议方式决定上海一切军政事务，使民选的上海特别市临时政府无法正式办公。9日，白崇禧、周凤岐分别就任淞沪戒严司令部正、副司令，上海淞沪警察厅根据戒严条例，宣布禁止集会、罢工、游行。同日，蒋介石查封总政治部的布告见报。大上海处于山雨欲来风满楼的危急时刻。

蒋介石磨刀霍霍的时候，并没有放弃反革命的另一手。3月28日，他亲口答复上海总工会交际部主任赵子敬，称“纠察队本应武装，断无缴械之理”，“余可担保不缴一枪一械”。② 30日，蒋答复日本新闻记者的提问，称上海总工会纠察队武装“系工人自卫上所必要者，惟为武装必须令受军事训练”③。4月6日，上海总工会在闸

---

① 《中共上海区委召开活动分子会议记录》（1927年3月26日），载上海市档案馆编《上海工人三次武装起义》，上海人民出版社，1983，第407页。

② 《申报》1927年3月29日。

③ 《申报》1927年3月31日。

北青云路广场举行纠察队授旗典礼，蒋介石派人送来一面“共同奋斗”的锦旗。

对于蒋介石的叛卖，共产党人有所认识，但严重不足。1926 年 11 月，中共广东区委在给中共中央的政治报告中就提出：新军阀比旧军阀更厉害，不能指望他们能够成为左派，与共产党人长期合作，现在就应该准备力量，“强固民众的势力”，以便在将来绝大冲突到来时，就应用工、农、商、学联合的势力去打倒他。[①] 对于广东区委认为此时广东并不存在左派，应发展自己力量的观点，中共中央认为是“一个极大的、极危险的根本错误”，“若不加以痛切的纠正，其所生的恶影响将至破坏中国革命运动的进行”。[②] 对于蒋介石到上海后进行的种种阴谋，共产党人虽然也认识到“此是国民党与共产党最后的决斗”，国共分裂将“是中国革命运动的根本危险”，[③] 但是，把缓和斗争的希望完全寄托在汪精卫的身上。

4 月 5 日，上海各报登载由汪精卫与陈独秀联名签署的《国共两党领袖联合宣言》。这份宣言出自陈独秀之手，把“国民党领袖将驱逐共产党，将压迫工会与工人纠察队”这个街谈巷议即将发生的严峻事实，称为“不审自何而起”的“谣言”，表示社会主义在中国，“现在固然不发生这样问题，即将来也会不至发生”，“中国国民党多数同志，凡是了知中国共产党的革命理论及其对于中国国民党真实态度的人，都不会怀疑孙总理的联共政策”。[④] 这些说法产生了掩盖时局真相、迷糊人心的消极作用。如罗亦农在上海区委活动分子会议上就说：“汪精卫的态度非常之好，政治观念很稳定，与 C. P. 可以合作下去，甚至于到建设社会主义制度”，“陈汪联合宣言，已使

---

① 参见《粤区政治报告（二）》（1926 年 11 月 23 日），载中央档案馆编《中共中央文件选集》第 2 册，中共中央党校出版社，1982，第 357 页。

② 《中央致粤区信》（1926 年 12 月 4 日），载中央档案馆编《中共中央文件选集》第 2 册，中共中央党校出版社，1982，第 348—349 页。

③ 《中共上海区委召开活动分子会议记录》（1927 年 4 月 6 日），载上海市档案馆编《上海工人三次武装起义》，上海人民出版社，1983，第 446 页。

④ 《国共两党领袖联合宣言》（1927 年 4 月 5 日），《申报》1927 年 4 月 5 日。

许多造谣中伤的右派伎俩都将打破，许多怀疑的国民党的分子也可不怀疑”。[①] 尹宽在《平民日报》宣称该宣言“不独给两党同志一个切实的指导，并且给全国革命民众一个兴奋剂，教帝国主义及一切反革命派大失所望”[②]。共产党的领导机关和上层领导人，陶醉于与汪精卫的往来之中，以为即可据以抵消蒋介石的破坏能量，严重脱离实际。

4月初，蒋介石在上海约集国民党将领李宗仁、白崇禧、黄绍竑、李济深和国民党中央监察委员张静江、吴稚晖、李石曾、蔡元培等举行反共秘密会议，诬蔑共产党要打倒国民党，打倒三民主义，贻害北伐军，主张立即以暴力手段“清党”。

反革命派经过周密策划，定于4月12日凌晨在各处同时向上海工人武装下手。11日晚，杜月笙以宴请为名，将汪寿华诱入法租界杜公馆，而后活埋于枫林桥畔的荒林之中。汪寿华是上海工人运动的杰出领袖，上海区委和总工会的对外联系多由他办理，敌人在政变前夜实施这桩毒辣的谋害，显然是要根本破坏上海总工会的指挥系统，使其应变失灵。

12日凌晨，数百名流氓，个个臂缠白布黑“工”字符号，手持各种武器，分头冲出租界。他们佯扮工人武装，扑向各处工人纠察队驻地，制造工人内讧假象，配合军队骗缴纠察队枪械，捣毁工会会所。4时许，闸北湖州会馆上海总工会会所方面传出枪声，驻在商务印书馆俱乐部内的工人纠察队总指挥顾顺章，即带卫士两人并军医及书记，赶往湖州会馆，入内略事休息，枪声复作。顾顺章外出探视，发现60余名假扮的工人朝会所放枪，纠察队20余人还击。不到10分钟，二十六军二师第五团邢霆如率部开到，迅速将流氓武装悉数缴械，并将其捆绑起来。纠察队员见状，开门迎接。邢对顾说：“既有今夜这件事实发生，请你同我们到二师司令部见我们师

① 《中共上海区委召开活动分子会议记录》（1927年4月6日），载上海市档案馆编《上海工人三次武装起义》，上海人民出版社，1983，第447、449页。

② 转引自沈以行、姜沛南、郑庆声主编《上海工人运动史》（上卷），辽宁人民出版社，1991，第364页。

长，商议解决办法。”顾顺章不疑，与6名纠察队员同往。行至半途，邢突然说：“他们的枪械，既已被缴了，可是你们的枪械，也应该缴下才好。”顾答：“不可，他们流氓是捣乱的，我们工人纠察队是革命的，如何能够缴械呢?”随行章营长不理顾的申辩，指挥卫队将顾一行人的枪械缴下，并令顾返回会所，要求全部纠察队员自动缴械。顾顺章坚持不从，说：“本会委员长外出，未得总工会命令，不能擅专。”邢、章继续诱骗，说：“是的，缴械这事是不好看，不要缴吧！我们另外想想法子，请你们把枪统统靠起来。”纠察队员见总指挥被捉，只得依言三叉式将枪靠好。邢等令纠察队员后退三步，并将机枪对准徒手的纠察队员。至此，会所内的枪械全部被缴，军队占据了会所。顾顺章被带到二师司令部，至下午3时始行释出。[1]

宝山路商务印书馆印刷所与商务印书馆俱乐部相对，所内驻有纠察队员60余人。凌晨5时许，6名流氓执枪与印刷所守卫开枪对垒。不久，二十六军大批士兵开到，大喊不要开枪，他们前来调解。守卫见军队到，依言开门，士兵一哄而入，将纠察队完全缴械。5时20分左右，二三百名着军装、缠“工”字符号的流氓向商务印书馆俱乐部纠察队总指挥处进攻，纠察队副队长杨凤山当场牺牲。由于纠察队力量较强，他们未能攻入。至8时许，邢霆如率部前来，称奉命调停，以上午11时为限，某方不服从即解决某方。纠察队未允邢某入内交涉缴械。邢再次玩弄花招，要求纠察队派代表同到总工会交涉，后又称须向司令部呈明经过。结果，代表周某被禁于司令部。邢返回商务印书馆俱乐部后，向纠察队员喊话，诡称愿意保护纠察队，现在已拿到反动派30余人，将予严办，纠察队可将枪械尽量藏起来不动，不会缴枪，并声称“外间对于今早这件事发生误会，最好由我派一连徒手士兵，与纠察队徒手游行一次，表示切实联络”。纠察队员不察，居然鼓掌赞成。刚一出发，该团遂将俱乐部完全占据，不仅枪械，即连银钱，乃至一衣一袜，尽行搜走。[2]

---

① 参见《申报》1927年4月13日。

② 《申报》1927年4月13日。

敌人对闸北地区纠察队武装实行武力胁迫下的骗缴，而在南市，则完全是依仗武力强势进攻。凌晨 4 时 30 分，二十六军第一师一团一营以机枪连、步兵各一连、手提机枪一队，包围华商电车公司，该公司内有纠察队 100 余人驻防。至 5 时许，敌人未能攻入。6 时，大门被攻破，全部枪支弹药、公文信件被抄走，至下午 3 时，军队才退出厂区。

三山会馆是南市工人纠察队指挥部所在地，二十六军第一师二团一营于凌晨 3 时 30 分发动进攻。因馆墙高厚，敌人未能进入。团长赵观涛见强攻无效，命翁连长、傅排长与自外回馆而被扣的一名纠察队员一同入内谈判，以 30 分钟为限。40 多分钟后，华商电车公司方面枪声传来，翁、傅乘机要挟。馆内派代表会同翁、傅出馆，对赵观涛说，内有纠察队 600 余人，亦可抵抗，且群情愤激异常。赵令该代表回馆，再作商议，并限 15 分钟答复。过 10 余分钟，华商电车公司方面的士兵向三山会馆增援，馆内纠察队被迫开门，兵士缴走全部枪械，脱去纠察队员制服，大队长何杰被解往龙华总指挥部。[①] 同样的事件，还发生在闸北、南市其他地区，以及浦东、吴淞、曹家渡等地。纠察队员被打死 61 人、打伤 300 人。

工人纠察队从奉鲁军手中夺来的枪支，被白崇禧指挥军队收缴了，这是一个充满了血腥、强暴和欺骗的过程。当日，白崇禧总指挥部发出布告，颠倒黑白，谎称“本早闸北武装工友，大肆械斗”，“妨碍地方安宁秩序”，“不得不严行制止”，“除派部队将双方肇事工友武装一律解除外，并派员与上海总工会妥商善后办法，以免再起斗争，而维地方秩序”。[②] 同日，东路军前敌总指挥部政治部、第二十六军司令部、上海戒严司令部，也先后发出与此内容相同或相近的通告、布告、通电。白崇禧、周凤岐威胁工人，如有罢工情事发

① 上海总工会：《四·一二大屠杀纪实》（1927 年 4 月 15 日），《党史资料》1953 年第 7 期；《蒋介石屠杀上海工人纪实》，《向导》1927 年第 194 期；《申报》1927 年 4 月 13 日。

② 《申报》1927 年 4 月 13 日。

生，将“不问首从，定即按照戒严条例，严惩不贷”①。

严峻的事实擦亮了人们的眼睛。上海总工会发布紧急罢工命令，号召“用总罢工的手段”对付反动派，“望各工会转所属工友们，接到这个万急命令，立刻火速罢工，誓死奋斗，非达打倒反动派，赔偿本会一切损失的目的，誓不休止!”② 各区、各厂工人得悉工人纠察队被缴械，总工会被占领，多自动罢工。

4 月 12 日中午 12 时，在上海总工会的领导下，闸北、南市、吴淞、浦东、小沙渡等处，同时举行市民大会，悲愤已极的工人和市民踊跃参加。数万名工人及市民在闸北青云路广场召开大会，与会群众由青云路至湖州会馆，要求军队交还总工会会所。军队一开始拒绝工人要求，工人不顾性命，夺回会所。上海总工会即时入内照常办公。总工会在大天井中召集工会代表大会，议决发表宣言、通电，实行总同盟罢工，请愿发还枪支，通电武汉政府查办等。至下午 6 时，各区工人到总工会慰问与示威者达万余人。宣传队控诉蒋介石背叛革命罪状，声泪俱下，“群众无不摩拳擦掌，誓死反抗。当夜万余工人即在会所露宿，男下女上，秩序井然，饱餐风雨，均无倦容”③。

原定在南市西门公共体育场举行的上海市民欢迎汪精卫复职大会，改变主题为向白崇禧请愿。30 万人整队到龙华，提出 5 项条件。总工会、南市工联会、市政总工会、店员总联会等 9 个团体派出代表，与白崇禧的代表总指挥部秘书主任潘宜之谈判。数十万群众于大雨中鹄立门外，无一退让，历 3 小时之久，“为从来所未有”④，体

① 《上海戒严司令部布告》（1927 年 4 月 12 日），载《四·一二反革命政变资料选编》，人民出版社，1987，第 144 页。

② 《上海总工会发布紧急罢工命令》（1927 年 4 月 12 日），载《四·一二反革命政变资料选编》，人民出版社，1987，第 149 页。

③ 《上海总工会呈第四次全国劳动代表大会的报告书》，载中央档案馆、上海市档案馆《上海革命历史文件汇编（上海各群众团体文件）》（1924 年—1927 年），内部版，1988，第 349 页。

④ 《各界市民为解除工人武装事大请愿》（1927 年 4 月 14 日），载《四·一二反革命政变资料选编》，人民出版社，1987，第 197 页。

现了广大工人的同仇敌忾和坚贞不屈。

上海各革命机关和团体，给上海总工会和工人纠察队以真诚的援助。国民党上海特别市党部、上海市民代表会、上海临时市政府、上海学生联合会，或派代表赴龙华要求保护工人纠察队，彻查事实真相，或发电函、宣言，以示声援和抗议。

13 日，上海总工会再次在青云路广场召开工人群众大会，沪西、沪东、南市地区工人因沿途军警堵截不能参加，但仅闸北地区工人仍不下 8 万，合计学生、市民约 10 万人。大会主席王炎夏报告开会的意义，说明新军阀和帝国主义者收缴工人枪械，屠杀工人，总工会委员长汪寿华已遭杀害，所谓革命军不仅不帮助工人，反演成空前未有的屠杀，实在令人痛心。工人群众闻言悲愤万分，多有痛哭失声者。最后，大会通过决议：收回工人武装；惩办破坏工会的军官；抚恤死难工人家属；向租界帝国主义者严重抗议；通电中央政府并通电全世界起来援助；保护上海总工会。群众高呼："打倒新军阀！""为一切死难工友复仇！""为委员长复仇！""收回工人武装！""严办肇事军事长官！""拥护总工会！""拥护武汉国民政府！"①

下午 1 时大会结束，工人整队游行，齐赴宝山路天主堂二十六军二师司令部请愿。队伍行至宝山路三德里附近时，二师士兵从各里弄奔出，肆无忌惮地向游行群众开枪扫射，工人当场被击毙者"在百人以上，伤者更不可数计"。屠杀过后，军队"即实行清街，禁绝行人，用大车将死者拖至荒郊埋藏，每车堆装十余人；尚有重伤不及死者，亦被兵士横拖倒曳放置车上，送入土窟"②。

宝山路大屠杀后，周凤岐继续造谣，掩盖事实真相，谎称军队"为自卫起见，不得已开枪还击"，"当场捕获凶徒 90 余人，检得有直鲁联军散兵 65 名，身藏符号，混杂其间，是上海总工会通敌已有

---

① 上海总工会：《四·一二大屠杀纪实》（1927 年 4 月 15 日），《党史资料》1953 年第 7 期。《上海总工会呈第四次全国劳动代表大会的报告书》载，本日到会者近 20 万。1927 年 4 月 14 日《时事新报》载，本日到会 600 余人，大会由顾顺章主持。

② 上海总工会：《四·一二大屠杀纪实》（1927 年 4 月 15 日），《党史资料》1953 年第 7 期。

确实证据”云云。[①]

然而，由胡愈之起草，上海知识界正直的知名人士郑振铎、冯次行、章锡琛、胡愈之、周予同、吴觉农、李石岑署名的致上海临时政治分会委员蔡元培、李石曾、吴稚晖书，以目击者的身份，揭露了宝山路大屠杀的真相。联名信写道：“四月十三日午后一时半闸北青云路市民大会散会后，群众排队游行经由宝山路，当时群众秩序极佳，且杂有妇女童工。工会纠察队于先一日已被解除武装，足证是日并未携有枪械。群众行至鸿兴路口，正欲前进至虬江路，即被鸿兴路口二十六军司令部门口守兵拦住去路，正在此时，司令部守兵即开放步枪，嗣又用机关枪向密集宝山路上之群众标准扫射，枪历十五六分钟，至少当有五六百发，群众因大队拥挤不及退避，伤毙甚众，宝山路一带百余丈之马路，立时变为血海。群众所持青天白日旗，遍染鲜血，弃置满地，据兵士自述，群众当场死亡约五六十人，而士兵则无一伤亡者。事后兵士又闯入对面义品里居户，捕得青布短衣之工人，即在路上枪毙。”所谓革命军的这种暴行，大出他们之始料所及。他们指出：“革命可以不讲，主义可以不问，若并［摒］正义人道而不顾，如此次闸北之屠杀惨剧，则凡一切三民主义、共产主义、无政府主义，甚或帝国主义之信徒，皆当为之痛心。”[②] 署名者无一是共产党员，他们仗义执言，伸张正义，揭穿了反动派骗人的把戏。

上海总工会紧急罢工令下达后，海员工会所属2000余人当即罢工，南市工联会亦宣布全体罢工，沪西工联会决定13日起全体罢工。至14日下午4时，沪东参加罢工57199人，浦东烟厂、纱厂全部罢工，码头工人一半罢工。丝厂联合会所属工会除两班厂外，其余全罢工。沪中罢工以先施公司及烟兑业表现最好。闸北工人都反对蒋介石。[③]

---

① 《民国日报》1927年4月15日。

② 此信分载《时报》1927年4月15日，《时事新报》1927年4月15日等，文字略有不同。原件于新中国成立后从李石曾在上海的寓所中发现。

③ 参见《中共上海区委各部委产总会议记录》（1927年4月14日），载上海市档案馆编《上海工人三次武装起义》，上海人民出版社，1983，第453—454页。

宝山路大屠杀后，湖州会馆和商务印书馆俱乐部再被军队和流氓占领。14日，警察厅下令查封一切工会组织，凡工人佩有上海总工会符号者，随时可被拘捕判罪，工人集会和罢工，皆以“反革命”论罪。15日，各工会在召开追悼汪寿华及死难工友大会后，忍痛复工。

自四一二反革命政变始，新军阀的白色恐怖笼罩上海，至6月第四次全国劳动大会开幕，工人牺牲者近200人，受伤者500人，被捕者1200余人，失业者达5000余人。[①] 另据上海人道互济会1927年7月的调查，据各方探听，牺牲者约400人，被捕者不计其数，尚在狱中者约400人。上海总工会委员长汪寿华、沪西工联主任王炎夏、虹口工联主任何大同、《平民日报》编辑主任糜文浩、南市工人纠察队大队长何杰、浦东工人纠察队大队长陈博云等工运领袖英勇献身，上海变成了“狼虎成群”的恐怖世界！

4月14日，共产国际发表宣言，指出蒋介石“已经成为中国革命和中国人民的叛徒，成为全国反革命势力的核心人物”，“是国民党革命派的敌人，是工人运动的敌人，也是共产国际的敌人”，“中国资产阶级背叛了反帝斗争”。[②] 17日，武汉国民党中央开除蒋介石党籍，免去其本兼各职。20日，中共中央发表宣言，抨击蒋介石新军阀代表封建资产阶级，“业已变为帝国主义的工具”，必须放弃任何策略上的顾虑，推翻新军阀蒋介石，“形成一个巩固的革命民主主义的战线来对付与战胜帝国主义、军阀、封建、资产阶级的联合势力之最有效力的唯一方法”。[③]

---

① 参见《上海总工会呈第四次全国劳动代表大会的报告书》（1927年6月），载中央档案馆、上海市档案馆《上海革命历史文件汇编（上海各群众团体文件）》（1924年—1927年），内部版，1988，第353页。1927年4月15日，上海总工会致武汉国民党中央和国民政府呈文称工人被杀300余人。

② 《共产国际执行委员会关于蒋介石发动反革命政变告全世界无产者、农民以及一切被压迫民族书》（1927年4月14日），载中国社会科学院近代史研究所翻译室编译《共产国际有关中国革命的文献资料（1919—1928）》第1辑，中国社会科学出版社，1981，第294页。

③ 《中国共产党为蒋介石屠杀革命民众宣言》（1927年4月20日），载中央档案馆编《中共中央文件选集》第3册，中共中央党校出版社，1989，第39、44页。

反革命政变发生后，中共中央派李立三、陈延年、赵世炎、周恩来及国际代表维经斯基组成特务委员会，后加入罗亦农和3名俄国同志。4月16日，特委会议传达中央对上海问题的决定，讨论致电武汉反蒋。周恩来提出“要指明上海暴动后有右倾错误，如继续非常危险”，“国共联合宣言毫无积极意味”，主张在军事上先东征讨蒋后北伐奉张。赵世炎指出：“目前实为中国整个的革命与党的最严重的时期，如果策略稍有差池，关系非常重大”，“现在如要消灭新军阀与资产阶级，问题并不简单，最重要的是我们要有很坚决的策略”。[①] 会议决定由周恩来执笔起草致中共中央意见书，要求迅速出师讨伐蒋介石。赵世炎、罗亦农、尹宽、陈延年、李立三、周恩来在意见书上签字。建议书提出“为全局计，政治不宜再缓和妥协”，建议党中央与国民党“左派同志切实商复”，督促武汉政府“下决心讨伐，迅速出师，直指南京”。[②] 这个主张，有很大的革命义愤成分。汪精卫和武汉政府不可能真正讨蒋；共产党没有独立掌握正规武装，能够指挥的军队人数有限，且在指导思想上要与汪精卫搞联合战线，也不能够独立发动讨蒋，因而东征讨蒋的计划终被束之高阁。蒋介石集团在上海和华东、华南各省连续发动镇压，轰轰烈烈的大革命斗争和工人运动遭到严重失败。

3. 反抗四一五大屠杀

4月初，李济深偕黄绍竑等抵达上海，参加蒋介石召集的“清党”反共密谋活动。李济深系国民革命军总参谋长、第四军军长，国民党中央广州政治分会主席，广东省政府常务委员兼军事厅长，控制了广东党、政、军大权。他原与蒋介石有矛盾，故也说些赞同共产党《向导》周报主张的话。蒋介石为抵制汪精卫回粤，把广东大权全部交由他操纵，所以，他“所说的话完全是代表地主的，对

---

① 《特委会议记录》（1927年4月16日），载上海市档案馆编《上海工人三次武装起义》，上海人民出版社，1983，第458—459页。

② 《迅速出师讨伐蒋介石》（1927年4月），《周恩来选集》上卷，人民出版社，1980，第6—7页。

工人的事他不大说话，而关于农民的事他的态度比任何人坚决”[①]。在上海莫利哀路孙中山故居召开的谈话会上，李济深报告了广东方面特别是海陆丰农民运动的情况，称“如果不早日清党，早日镇压，其他各县的农民都将起来效尤。广东的局面就无法维持了”。黄绍竑也主张“必须早日清党反共”。[②] 4月5日，李济深和甘乃光、陈孚木还联名致电福州谭曙卿等人，通报“清党”决定，督促他们施行。

上海密谋结束，李济深匆匆返穗，12日到达广州，14日下午即部署“清党”。李济深委任广属警备司令钱大钧兼广州戒严司令，令市公安局协同动作。15日凌晨2时，钱大钧宣布广州全城戒严。大批军队在各马路、街道，协同警察巡逻站守。军队和各区警察，按址搜捕共产党人、工会等革命机关和团体领袖。电报、电话被监视，交通断绝，各马路及繁华要冲，均有双岗步哨警戒。中华全国总工会广州办事处、广州工人代表大会、海员工会等均被搜查，武器被抄走。惠爱东西中路、永汉南北路、东南堤一带，只有佩戴白布蓝字通行标识者才被允许通过。全城戒严至下午才逐步解除。

粤汉、广三、广九三大铁路工会是军队进攻的重点。广东机器工会年初受挫于粤汉和广三，这次形势大异，于是助纣为虐。第四军派兵两连，会同公安局保安队共300余人，包围粤汉铁路总工会。机器工会派船两艘，至黄沙河面，会同陆上军警进攻。铁路总工会纠察队联合路警，在北江农民武装支持下激烈抵抗。军警屡攻不下，乃增调第二十师士兵和保安队100余人增援。激战至上午9时，工农武装自正门冲出，退入西村继续抵抗。战斗中，工会方面被“缴枪数十，捕工人二十余，伤毙六十余人”。凌晨3时，钱大钧、李福林部各一营进攻广三铁路总工会，工会方面被缴枪械200余支，被捕工人10余人，伤毙六七人，官兵伤五六人。广九铁路总工会“被

① 《粤区政治报告（二）》（1926年11月23日），载中央档案馆编《中共中央文件选集》第2册，中共中央党校出版社，1983，第355页。

② 黄绍竑：《四·一二政变前的秘密反共会议》，载《文史资料选辑》合订本第16卷，中国文史出版社，2011，第12页。

缴枪数十杆，拿去十余工人”。[①] 广东总工会体育队搜查广州洋务工会等团体，捕去数十人。

15日下午2时，李济深召集留粤国民党中央执监委员、广东省党部和广州市党部执监委员联席会议，成立国民党广东省特别委员会，实行“清党”。22日，广州市公安局发表布告，禁止民众自动集会。23日，广东省农工厅发表布告，严禁工人擅自罢工。

17日，广东机器工会接收粤汉、广三、广九三大工会。同日，省港罢工委员会、广州工人代表大会被广东省特委会派员改组。广东总工会宣称“要绝对服从四月三日上海中央执委监察的解决党内纠纷会议议决办法，并促其实行”[②]。

接连数日，革命工会和其他革命团体屡遭摧残，至4月20日，共产党员、工运领袖和革命战士被捕达5000余人。[③] 据报道，“永汉马路南关戏院附近各马路共派分子逮解者，如百川汇海，均由军队押送，用草绳捆缚”。大批被捕者“或高唱国际歌，或高呼共产党万岁口号。至南关戏院内，仍呼喊演说不辍，有时更杂以拍掌声”[④]。广州的反革命政变同时蔓延到广东全省。李森、刘尔崧、邓培、何耀全、张瑞成等工运领袖，以及著名共产党人萧楚女、熊雄等，均在这次反革命政变中壮烈牺牲。

21日，中华全国总工会广州办事处、省港罢工委员会、广州工人代表大会、香港总工会、一日总同盟罢工委员会联合散发传单，号召于22日举行总罢工，抗议反动派封闭工会，拘捕和杀害工友，决定罢工时不示威、不巡行、服从命令、维持市面治安与秩序。[⑤] 23日，海员、汽车、人力车、印刷、渔业及一部分店员参加罢工。24

---

① 《申报》1927年4月17日。

② 《广州民国日报》1927年4月18日。

③ 《黄埔日刊》1927年4月20日。据瞿景白《广州反革命事变中的工人斗争》载，此次事变中在广州逮捕了2100余人，被秘密枪毙的有100余人。

④ 《黄埔日刊》1927年4月20日。

⑤ 参见瞿景白：《广州反革命事变中的工人斗争》，载《第一次国内革命战争时期的工人运动》，人民出版社，1954，第535页。

日、25 日，又有一些工人陆续罢工，二三十人因罢工被捕。

4. 东南地区革命工会被破坏

北伐军入闽后，国民党新右派便在工人运动中制造分裂。林寿昌等人拼凑、把持的所谓福州总工会，要求省临时政治会议、东路军后方总指挥部解散福州店员总工会、人力车夫工会、福建民众运动统一委员会等革命组织和团体。3 月 8 日，他们为此威逼所控制的工人罢工，纠集 3000 余人举行集会游行。次日，以福州店员总工会为主，在南校场召开了万人市民大会，针锋相对地提出解散福州总工会、拿办摧残革命分子的反动派等要求，革命势力与反革命势力激烈交锋。

3 月下旬，国民党右派分子即在福州酝酿“清党”，得到蒋介石的赞许和支持。4 月 3 日上午，国民党右派以武力要挟福州各界在南校场召开“拥蒋护党大会”，抛出紧急决议案 16 条，叫嚣“肃清跨党分子”。当日下午，方声涛召开省临时政治会议紧急会议，实行全省戒严，逮捕共产党员、国民党左派和工农革命团体负责人、积极分子。

次日，谭曙卿、张贞分别就任福建省、福州市戒严司令。福州店员总工会组织的游行请愿队伍被军队解散，福州店员总工会等革命团体被取缔，30 多人被捕。福建军政当局镇压革命的行动，立即得到蒋介石的鼓励与支持。控制福州总工会的林寿昌，被委为福建全省民众运动特派员。[①]

5 日，李济深等从上海致电谭曙卿等人，通报了蒋、汪等人上海秘密会谈的内容。谭曙卿等接电后，当即向各地党部、驻军发出命令，一致开展“拥蒋护党”运动，肃清左派势力，并特派专员前往各地指导。这样，破坏和镇压革命工会的事件，便在福建全省范围内相继发生。

8 日，厦门警备司令部参谋长林国赓宣布自 9 日起实行戒严，停止一切集会。9 日晨 3 时 30 分，林国赓下令通缉市总工会重要职员罗扬才、杨世宁、黄埔树等人。随即，军警出动全市。8 时，陆战

① 参见蒋伯英主编《福建革命史》上册，福建人民出版社，2019，第 187—188 页。

队一连包围了总工会，逮捕了罗扬才等6人。由新右派控制的建筑工会是当日“拥蒋护党”大会的主要力量。下午2时，印务工会罢工，并串联电灯、自来水厂罢工，因军方有备未成。10日，厦门总工会被新右派接管。[①] 晋江、泉州、莆田、龙岩、上杭等地，先后召开“拥蒋护党”大会，工会组织全被破坏，其领导人或被杀害，或遭拘捕，或受通缉，福建工人运动被镇压。

东路军入浙后，浙江党、政、军大权完全操纵在国民党新右派手中。浙江工人运动的高涨，实在是东南地区工人运动被蒋介石集团破坏和镇压前的一个激浪。

3月20日，经宁温台防守司令王俊一手策划，已分裂出去的店员总工会头目施振芳冒充宁波总工会代表，骚扰宁波商民协会成立大会，假冒商民的流氓和无业游民簇拥店员总工会头目冲击宁波总工会，乘机放火焚烧总工会会所。这是蓄意肇事，并企图嫁祸于总工会的花招。次日，宁波总工会实行总罢工，抗议反动势力摧残总工会。[②]

在杭州，杭县国民党县党部工人部长杜震芗等人，在金衢严处四府同乡会基础上，成立杭州职工联合会，专门与杭州总工会唱对台戏。省党部和省政府不予承认，但是由右派控制的公安局不执行省政府将其解散的决定。3月30日上午，杭职联在造币厂广场开成立大会，号称10万余人参加了大会。会后，他们直奔杭州总工会会所，与保卫总工会的纠察队员发生激烈冲突。总工会房屋财产受到严重破坏，工人被打伤。当晚，总工会发出全市罢工命令。次日，罢工工人的游行队伍冲破军警阻拦，到太平坊公安局门口，军警开枪夹击，死伤枕藉。游行队伍一下子被打散，数十人被捕。下午，东路军总指挥部杭州行营主任罗为雄发出布告，称“总工会纠察队强迫人民罢市罢工罢课举动，无异存心扰乱本军后方，与敌以隙”，“不能不从严取缔”。公安局诬称“纠察队暴动”。军警当局严令工人

① 参见《申报》1927年4月17日。

② 参见《申报》1927年3月28日。

复工。各工会执行总工会命令坚持罢工。4 月 1 日晚，省政务委员会召集省党部、总工会、总指挥部代表讨论办法，取消了杭州行营和公安局的布告。总工会认为已达到目的，遂决定于 4 月 2 日下午 1 时复工。①

事实上，4 月 1 日晚达成的协议只是暂时的。更严重的斗争正在加紧酝酿之中。9 日，王俊在宁波逮捕共产党人和国民党左派，宁波总工会、农民协会、宁波民国日报社被捣毁，总工会委员长王鲲被捕。次日，王俊宣布改组市党部，查封工会，另组织工人同盟会，宣称“非于最短时间肃清反革命，决不回头”②。

11 日，大批军警在杭州职工联合会的协助下，包围和查封了国民党浙江省党部、杭州总工会、杭州学生联合会等机关，大肆搜捕共产党员和进步人士。总工会会所内，20 多人被捕。次日，公安局局长章烈令各区署警察除“随时将区内各工会严密监视外，如有共产分子潜匿情事，一经查获，即行拘案解局严惩”，并宣布革命者“一律不受法律之保障”。③

4 月 9 日在宁波开始的反革命政变，完全按照蒋介石集团在上海的密谋策划进行，并在上海之前先行一步。上海反革命政变后，这种对工人运动的破坏，对革命势力的镇压，遍及浙江各地。据不完全统计，至 7 月中旬，仅杭州、宁波两市被捕者达 400 余人，其中 117 人牺牲。

4 月初，南京公安局局长温建刚支持一帮流氓、打手，组成劳工会。9 日，劳工会流氓即将国民党江苏省、南京市两党部捣毁。13 日，驻苏州第十独立旅派兵两个排，包围设于皇废基旧王宫的苏州总工会，驱散工作人员，查抄物品，侦捕总工会委员长舒正基。④这是江苏反革命派给蒋介石的见面礼。14 日晚，驻无锡第十四军司

① 参见《申报》1927 年 4 月 3 日、5 日、6 日。

② 转引自浙江省总工会编《浙江工人运动史》，浙江人民出版社，1988，第 119 页。

③ 转引自浙江省总工会编《浙江工人运动史》，浙江人民出版社，1988，第 120—121 页。

④ 参见《申报》1927 年 4 月 16 日。

令部实行临时戒严，各城门及城中各处，由军方分兵把守。无锡总工会委员长秦起因暴徒将进攻总工会，派员至军部交涉未果，急令武装纠察队自卫。但时已夜半，集合不易，城外纠察队员不能入城，设于崇安寺内的无锡总工会因之被破坏，17 人被打死。同日，常州工会纠察队被本县法警会同卫队缴械，总工会亦被解散。①

在此期间，南京一带重兵密布。自 4 月 10 日下午 6 时起，实行戒严，“工潮经当局力持镇静，并派兵弹压，已告平息”②。15 日，蒋介石通电“清党”，在势力所及的范围内，军警机关大肆搜捕共产党人、工农团体领袖及其他革命志士，江苏革命工会无一不遭破坏。4 月 18 日，南京政府成立，26 日，发布秘字第一号令，通缉苏联顾问鲍罗廷、共产党人陈独秀、毛泽东、苏兆征、周恩来、罗亦农等以及国民党左派人士共 193 人，血雨腥风笼罩东南广大地区。

二　紧急时期的战略抉择与工人运动逆势而进

1. 中共五大的召开与争取非资本主义前途中工人阶级任务的确立

1926 年 12 月，共产国际执委会第七次扩大会议集中讨论了中国革命问题并作出决议。会后，即决定中国共产党适时召开第五次全国代表大会，强调“一切政治决议都完全应以共产国际执委会第七次扩大全会关于中国问题的决议为依据”；“要特别认真讨论”扩大全会所拟定的农民问题纲领的方法问题和共产党员参加国民革命军的方法问题；“要全面讨论”共产党员如何能真正加入国民政府问题；“要特别有分寸地”讨论国共关系问题，“目前不宜加速建立国民党左派”，以避免“可能导致国民党的实际分裂”。③ 四一二反革命

---

① 参见《申报》1927 年 4 月 18 日。

② 《申报》1927 年 4 月 16 日。

③ 《共产国际执行委员会政治书记处为举行中国共产党第五次代表大会给共产国际执行委员会代表们的指示》（1927 年 1 月 19 日），载中共中央党史研究室第一研究部译《联共（布）、共产国际与中国国民革命运动（1926—1927）》下，北京图书馆出版社，1998，第 92 页。

政变发生，共产国际作出上述决定的政治基础遽然改变，可是，共产国际代表团照本宣科，非资本主义前途调门高起，以致中共五大未能制定挽救革命危机的正确措施，指明前进的正确方向。

1927 年 4 月 27 日，中国共产党第五次全国代表大会在武昌湖北省立第一小学公开举行开幕式，正式会议移至汉口济生三马路黄陂会馆举行，5 月 9 日闭幕。出席大会的代表 82 人，代表党员 57967 人。共产国际代表罗易、多里奥、维经斯基出席。国民党人谭延闿、徐谦、孙科应邀出席开幕式，汪精卫应邀列席了一次会议并讲话。

共产国际执委会第七次扩大会议中国问题决议的精神贯穿了中共五大全过程。作为大会实际主导者的罗易，作了 5 次冗长的讲话，篇篇不离非资本主义前途。鲍罗廷没有出席会议，而是通过党内关于战略方针的争论实质性地影响大会的进行。鲍罗廷认为既然非资本主义前途的实现离不开国民党和国民政府，那么在土地问题、武装问题、群众运动等问题上，就不能不满足后者的要求。他与罗易的主张，既有矛盾之处，又有共同点。这个局面，实际上导源于联共（布）、共产国际关于中国革命战略策略的多面性。联共（布）和共产国际对国民党做了公式化的分析和评价以后，罗易抓住非资本主义前途，鲍罗廷抓住国共合作，他们对联共（布）、共产国际所推崇的“革命联盟”“民主专政”各取所需。这种状况，直接影响到中共五大的决定及其执行。

早前，中共中央收到共产国际执委会第七次扩大会议决议后，曾向党内做过解释，承认此前“有一个根本错误”，“我们自己头脑中，把国民革命和无产阶级革命之间划了很大的‘天然的不可以人力逾越的’一道鸿沟”，今后“必须抓住这两种革命的连锁，使之一气呵成”。[①] 尽管有此解释，党内高层的认识并未真正达成一致。罗易发现陈独秀不同意这个决议，远东局工作人员阿尔布列赫特称彭

---

① 《中央政治局对于〈共产国际执行委员会第七次扩大全体会议关于中国问题决议案〉的解释》，载中央档案馆编《中共中央文件选集》第 3 册，中共中央党校出版社，1989，第 19—22 页。

述之公开说不同意，瞿秋白则无条件接受。大会开幕前，瞿秋白写了长文《中国革命中之争论问题》，在批判“彭述之主义”的名义下，检讨党的路线错误，在大会代表中散发。不过，了解这个小册子的人很少。[①] 多年以后，王若飞仍说瞿秋白的小册子“并未起什么作用”，“争论只是在几个同志的脑子中，没有开展”。[②]

陈独秀代表党的第四届中央执行委员会作了长达 6 个小时的报告。报告的政治部分讲了以下问题：革命的形势及其发展和党的策略；关于资产阶级的作用；对小资产阶级的态度；土地问题；无产阶级的领导权；军事力量和革命的社会力量；革命基地和西北理论；国民党问题；改组军队问题；建立革命民主政权。财政经济政策；党的部分主要讲了党的发展和中央工作情况，以及党对工运、农运和青年运动的领导。陈独秀在报告中对从四大以来以他为首的中央所犯的某些错误作了检讨，同时，进行了辩护。

大会通过了《政治形势与党的任务议决案》，指出“中国革命的发展，已符合第七次国际扩大会议决议案所指出的道路”，“现在革命已进到第三个阶段，封建分子与大资产阶级已转过来反对革命。在这个阶段中，革命势力之社会基础是无产阶级、农民与城市小资产阶级的革命的联盟”。“在这时期里无产阶级成为争斗的原动力，应该以土地革命及民主政权之政纲去号召农民和小资产阶级。”由于蒋介石发动了四一二反革命政变，大会认为资产阶级退出了革命联盟，国民党成了工、农、小资产阶级的联盟，共产党与国民党共同担负责任，共同担负政权，“共产党不能做国民党的旁观者或反对者”。[③]

---

① 参见《纳索诺夫、阿尔布列赫特和曼达良给联共（布）驻共产国际执行委员会代表团的信》（1927 年 5 月 21 日），载中共中央党史研究室第一研究部译《联共（布）、共产国际与中国国民革命运动（1926—1927）》下，北京图书馆出版社，1998，第 271—272 页。

② 王若飞：《关于大革命时期的中国共产党》，载中国社会科学院近代史研究所编《中共党史革命史论集》，中共中央党校出版社，1982，第 119 页。

③ 《政治形势与党的任务议决案》（一九二七年四月二十七日——五月九日），载中共中央文献研究室、中央档案馆编《建党以来重要文献选编（一九二一——一九四九）》第 4 册，中央文献出版社，2011，第 176—183 页。

大会通过了《土地问题议决案》，指出“中国农民占全国人口的绝大多数，没有他们自动的自觉的来参加，国民革命是决不会成功的”，贫农是猛攻宗法封建势力的革命斗争的中坚，是农民革命政权的领导者。“现在革命的趋势，是要推翻土豪乡绅的政权，没收大地主及反革命派的土地，以贫农为中坚，建立农民的政权，实行改良农民的经济地位，一直到分配土地”。[①] 大会提出土地问题的急进解决，就是实行土地国有，在平均享用地权的原则下，将土地再行分配，而在目前，只没收大地主及反革命派的土地，由土地委员会分配。

大会通过的《职工运动议决案》，更多地染上了“左”的色彩。决议总结了两年多时间工人运动的发展，分析了形势，制定了工人运动的新方针，并对经济斗争、组织问题、失业问题、童工与女工问题、宣传与教育工作、工人纠察队与武装、工农关系、与各国工会建立亲密关系、党与工会的关系等方面，都作出了规定。

大会所确定的工人运动新方针是：第一，要极力从政治上、经济上向资产阶级勇猛地进攻，一直到要求没收一切银行、矿山、铁路、轮船、大企业等归国有的实现；第二，要求工人参加国有产业的生产管理，监督生产，使国有产业能向非资本主义的路线发展，不致官僚化；第三，要求政府实行高度劳工政策，颁布劳工保护法、工厂法，规定八小时工作制，最低限度工资等，使工人生活水平能随时提高；第四，要求实施社会保险，救济失业工人，建立工人宿舍、公共食堂等；第五，要求设立国家商店，公卖一切日用必需品，发展合作社等组织；第六，各地总工会应该随时提出工人行动的总纲，作为工人阶级奋斗的目标；第七，发展全国一致的政治经济斗争，各全国产业总工会应即提出总的经济要求。决议强调应加紧斗争，使上述各点在国民政府辖区内加速实现；在蒋介石政权之下、

① 《土地问题议决案》（一九二七年四月二十七日——五月九日），载中共中央文献研究室、中央档案馆编《建党以来重要文献选编（一九二一——一九四九）》第4册，中央文献出版社，2011，第189—193页。

北方军阀政权之下的地区，应极力宣传。

关于工会组织问题，决议把强固中华全国总工会，强固并建立各产业总工会，作为首要任务。提出在行会色彩浓重的地方，要限制手工工厂主、店东、包工头等加入工会，同行会主义作斗争；在工厂中，要组织强固的工厂委员会；决议把国民党新军阀控制的工会确定为黄色工会，提出要在其中开展群众工作；按职业和习惯规范手工业工人、店员的组织；铁路、海员、矿山、重工业的工运，都要极力加强。决议认为工人领袖官僚化的问题严重，应当切实实行“工会民主化”。鉴于国民党应该是“以无产阶级为领导之政党，因此应无限制的引导工人阶级加入国民党”。

关于工人纠察队，决议认为它是保障工人、农民、小资产阶级民主政权的武装之一，只要有工会，不论是秘密的或公开的，都应有这样的组织，应当组织工人到军队中去，促使军队革命化并建立真正的革命军队。

关于经济斗争，决议提出在南京政府统治区内，应极力提高工人的经济要求，尽量发展经济斗争；在北洋军阀统治区，在宣传上提出总的经济要求以吸引群众，并在可能时举行大的斗争，以增强工人的团结；在武汉，一方面提高工人的经济要求，继续斗争，另一方面要求政府限制物价，或设立国家商店，公卖一切日需品，反对限制工人的斗争。手工工厂工人和店员，“是地方的无产阶级的代理人”，是“地方政治上的领导势力”，要组织他们成为政治斗争的领导力量。①

大会还通过了《中国共产党第五次全国代表大会接受〈共产国际执行委员会第七次扩大全体会议关于中国问题决议案〉之决议》等决议，发表了宣言。

大会选出31名中央委员、14名候补委员，组成党的中央委员

---

① 《职工运动议决案》（一九二七年四月二十七日——五月九日），载中共中央文献研究室、中央档案馆编《建党以来重要文献选编（一九二一——一九四九）》第4册，中央文献出版社，2011，第196—202页。

会。五届一中全会选举陈独秀、蔡和森、李维汉、瞿秋白、张国焘、谭平山、苏兆征、李立三、周恩来为中央政治局委员，苏兆征、张太雷为政治局候补委员，陈独秀、张国焘、蔡和森为政治局常委，陈独秀为总书记。张国焘、蔡和森、周恩来、李立三、谭平山分别担任组织、宣传、军事、工人、农民部长。第一次在党的代表大会上选举产生中央监察委员会，王荷波、杨匏安、许白昊、张佐臣、刘峻山、周振声、蔡以忱为中央监察委员，杨培生、萧石月、阮啸仙为候补委员。

大会闭幕以后，5 月 30 日，中共中央政治局常委会决定了中央职工运动委员会人选，他们是：李立三、林育南、苏兆征、项英、刘少奇、王荷波、许白昊，李立三为书记。①

中共五大是在蒋介石发动武力“清党”、革命遭受严重失败的形势下进行的，党必须因应这个重大变局提出自己的战略和策略。大会在争取无产阶级领导权、建立革命民主政权、实行土地革命方面，根据共产国际的精神、自己的实践经验和理论探索，提出了一些正确原则，但对如何争取无产阶级领导权，如何领导农民进行土地革命，如何正确对待国民党和国民政府，如何解决革命武装问题，都没有提出足以解决实际问题的有效措施。相反，把无产阶级社会主义革命的任务，现实性地放在了工人阶级的面前，这无疑完全超越了现实，不能解决当时的问题。虽然也有少数人看到了罗易提出的路线与中国的客观情况不符，似乎是完全机械的公式，但并未引起大多数同志的严重怀疑并提出异议。在日益恶化的局势中，出现了统一战线方面继续往右发展，而群众运动方面部分往“左”发展的两个倾向。群众运动方面的部分“左”倾行动，刺激国民党统治集团更加向右，而共产党领导集体为了挽救统一战线，采取了更加迁就的让步政策，以致覆水难收。

① 参见中共中央文献研究室编《刘少奇年谱一八九八——一九六九》上卷，中央文献出版社，1996，第 69 页。

2. 国际工人代表团来华访问与太平洋劳动会议的召开

1927年2月中旬，由英国职工运动代表汤姆、美国工人联盟代表白劳德、法国工人代表多理越及秘书、苏联人施端理和其他随员组成的国际工人代表团到达广州。其使命，一是代表西欧及全世界工人阶级，对中国工人运动和反帝斗争，给予全力支持；二是实地考察中国革命情况以及革命民众的要求，以便把中国革命的情形，介绍给西欧及全世界无产阶级。此外，代表团有关人员还负责同中华全国总工会磋商即将召开太平洋劳动会议的事宜。

3月6日，代表团结束了在广州的考察，经江西，于当月30日晚抵达汉口，全国总工会委员长苏兆征与代表团同行。代表团受到全国总工会热烈欢迎。在欢迎宴会上，李立三评价国际工人代表团访华有3大意义：一是西方工人运动已有百年以上的历史，代表团传授工人运动的经验，我们引为借鉴，有利于制定斗争的策略和方针；二是东方被压迫民族和西方工人阶级的共同敌人是帝国主义，联合起来方能克敌制胜，西方国家工人阶级反对本国政府干涉中国革命，说明中国的国民革命运动，已经与西方工人解放运动联合了；三是各位代表无种族之分，无宗主国与殖民地之分，是真正的世界工人阶级的领袖，中华全国总工会作为赤色职工国际的成员，欢迎来自赤色职工国际方面的指导。①

代表团成员在武汉先后出席了各界欢迎会、国民党中央执委会常委扩大会议欢迎会，访问了武汉地区的基层工会。在所到之处，都介绍了英、法、美等国工人对中国革命的支持，赞扬中国工人阶级大无畏的革命精神。代表团成员从华南到华中，既亲历了中国工人运动的高涨，又目睹了革命统一战线的分化。他们站在中国工人阶级一边，以乐观的情绪和法国革命、俄国革命虽分化而仍成功的先例，肯定只要中国大多数农工努力前进，便能得到最后胜利，鼓励中国工人阶级继续奋进。②

① 《汉口民国日报》1927年4月1日。

② 《汉口民国日报》1927年4月2日。

4月下旬，国际工人代表考察了湖南工人运动。太平洋劳动会议开幕，汤姆、白劳德分别作为英国、美国代表出席了大会。

汤姆、白劳德、多理越分别来自英国、美国和法国，这3个资本主义国家，已经跨越资本主义自由竞争进入垄断阶段。生产的社会化和资本家集团榨取超额垄断利润，使这些国家的工人运动出现新的特点。生产的社会化，能够使工人实现更大范围的团结和统一行动，资本家集团对超额垄断利润的榨取，使工人把参与产业管理的斗争提到日程上来。同时，进一步改善劳动条件、增加社会福利，既有必要，也有可能。中国工人阶级面临的是另一种情况。中国是半殖民地半封建国家，现代产业不发达，自然经济占主要地位，新兴生产力的分布极不平衡，工人阶级队伍中手工工人、店员等非产业工人占70%。中国工人阶级面临的主要任务是反帝反军阀。对于资产阶级，既要反对和限制他们对工人的过度剥削，又要利用其与帝国主义和封建主义的矛盾，促其参加革命。经济斗争的举措应以不阻碍民族资本生产力的发展为度，以利提高综合国力。因此，对资产阶级，既要有劳资斗争，也要有劳资协商。这就要求中国工人运动需要有不同于西方发达国家的目标模式，西方国家工运的具体经验，不能简单地运用到中国工运实践中来。这时候，频繁出现的中小企业经济性同盟罢工，要求按物价水平而不是按劳动生产率增加工资，最高八小时工作制，超过生产力水平提高福利待遇，没收大产业为国有，要求实行非资本主义措施等等，都不免超越了中国社会和革命的发展阶段。国际工人代表团在汉口期间，刘少奇就此同白劳德交流，得到的答复是，这些问题他在美国工人运动中还未遇到过。

1924年6月，在广州召开的太平洋运输工人会议，开始了中国工人运动同国际工运的联系。为了加强在赤色职工国际领导下太平洋地区各国工人阶级的团结与联系，1927年5月，太平洋劳动会议在武汉召开。会议原定在广州举行，随着中华全国总工会北迁，会址相应移到武汉。

5月20日中午，大会开幕式在汉口血花世界大舞台举行。出席会议的代表日本6人、朝鲜1人、法国1人、苏联5人、中国15人、美国2人、英国1人、爪哇2人。会场高悬马克思、列宁和孙中山的画像，遍布各界所赠贺幛、祝词，场内座无虚席。

苏兆征致开幕词。他在简要回顾了会议的发起和筹备经过以后，重点阐述了召开这个会议的意义：一是团结太平洋沿岸各国工人，阻止第二次世界大战的发生；二是唤起太平洋沿岸各国工人，一致援助中国国民革命；三是统一太平洋沿岸各国工人经济斗争的要求；四是建立太平洋沿岸各国工人的共同组织；五是加强斗争和宣传，扩大太平洋劳动会议在各国的影响。①

赤色职工国际委员长洛佐夫斯基在大会上致辞。他分析了中国革命和工运的形势，比照俄国的历史，预言中国人民经过很勇敢的牺牲奋斗，“将来是一定能够肃清国内一切反革命派，并能打倒帝国主义的”。他认为中国革命运动，“现在虽然还免不了也有些幼稚的地方，但是比西方各国的革命势力还要进步些”。②

大会期间，洛佐夫斯基作了《中国革命与世界职工运动》的报告，李立三作了中国职工运动的报告，上海工人代表报告了上海工人运动状况、三次武装暴动和蒋介石在此前不久的大屠杀，法国代表拉克门报告了法国工人运动状况，英国代表报告了英国工人运动状况、介绍了印度工人运动状况，朝鲜代表、爪哇代表亦均有报告。苏联代表多次发言。中华全国总工会代表刘少奇介绍了中国工人阶级的劳动状况和正在进行的斗争，指出中国工人阶级的出路，在于“向世界帝国主义与中国资产阶级奋斗”，“只有在太平洋劳动大会的共同利害之下，坚固的联合起来，才能打败世界帝国主义与中国军阀联合进攻的危险！”③

洛佐夫斯基作了主题报告。该报告的结论是：第一，中国革命已经给资本主义的稳定一个莫大打击，形势的变化使中国革命必定

---

① 《汉口民国日报》1927年5月27日。

② 《汉口民国日报》1927年5月23日。

③ 《汉口民国日报》1927年5月23日。

由工人阶级领导的工农小资产阶级的联盟来完成，各国工人阶级应该一致起来援助；第二，建立太平洋各国工人联合的基础，作为防止第二次世界大战，根本消灭帝国主义的中心势力；第三，统一太平洋工人目前的经济要求，提高殖民地工人的生活程度，打破帝国主义的离间政策，发展国际工人运动的统一战线。各国代表围绕这个报告进行了热烈的讨论。

会议通过了 20 项决议，其中主要是经济要求纲要 10 条，即：八小时工作制；实行每星期有 42 小时的连续休息（或为 24 小时之误）；社会保险制度，如疾病、遇险、残废、失业，一切保险费由雇主和政府负担；禁止雇用妇女做夜工，女工生育前后各休息 8 个星期并不得扣除工资；绝对禁止贩卖童工，禁止雇用 12 岁以下的童工；一国之内与国际之间统一工资，凡做同样的工作应得同样的工资；组织自由、集会自由、言论自由、罢工自由；废除肉体刑罚、罚金，废除以工厂出品抵付工资制度；实行职工会选举的劳动检查院制度；为反对法西斯主义和工贼，有自由组织工人纠察队之权。6 月 12 日，李立三对外披露了上述各条，他认为“如果太平洋各国工人阶级能本着这个精神这些决议去奋斗，一定要使帝国主义者在工人阶级面前发抖，结果还要碎灭在工人阶级铁锤之下”。①

会议决定成立太平洋工会秘书厅，由上海总工会代表 2 人，苏联总工会代表 2 人，日、英、美、法各国工人代表各 1 人组成，每半年召集会议 1 次，发行《太平洋劳动者》和《太平洋劳动大会会报》，使之成为沟通太平洋各国工人运动的总机关，并扶助其发展。

26 日，大会闭幕，洛佐夫斯基致闭幕词。发表了致中国劳苦民众书，盛赞中国劳动阶级的奋斗和中国工会运动的功绩，认定中国革命是永生的、发展的、有根基的，并肯定它必将夺取最后的胜利。

5 月 31 日，全国农协和湖北省农协在汉口普海春联合召开欢迎太平洋劳动会议代表大会，毛泽东致辞，充分肯定太平洋劳动会议

① 立三：《太平洋劳动会议的意义》，《向导》1927 年第 198 期。

的意义，指出："中国革命是世界革命一部分，在过去只能有空洞之口号，然在今天欢迎会上已充实了此口号的内在性"。他还强调："中国农民运动，是革命进程中重要之力量，尤须与全世界工人阶级携手前进，深赖工人运动之影响与指导，这证明是工人天然成为农民之领导者。"①

太平洋劳动会议在蒋介石集团发动反革命政变，工人运动已在东南地区遭到失败的形势下在武汉召开，起了声援中国工人阶级的作用。这个会议看上去有利于密切太平洋沿岸地区各国工人运动的联系，但是，各国工人运动的发展虽有共性，有互相支持的内在要求，可以在互相交流中取长补短，互相支援，毕竟各国国情差别很大，基础不同，工人运动任务不一，试图制定一个共同的纲领，统一指挥各国的工人运动，而且其纲领本身又是超越发展阶段的产物，显然脱离了实际，免不了说一些大话和空话，得到的只是一些纸面成果。

3. 第四次全国劳动大会的召开

为了贯彻落实中共五大关于工人运动的决议，总结第三次全国劳动大会以来全国工人运动的经验教训，制定适合当前时局需要的工运方针，克服面临的危机，中华全国总工会在武汉召开了第四次全国劳动大会。

会前，李立三撰写了《中国职工运动概论》。他回顾了中国共产党领导下工人运动的历史进程，高度评价其业绩和地位，指出工人运动"从原始的暴动，一直发展到了武装起义；在政治上从要求组织工会的自由，一直到了参加掌握政权的实现；在经济上从要求废止封建式的待遇，一直到了参加生产管理的实现；在组织上，从零碎的行会的组织发展到统一的产业组织，并且跳上了国际的舞台，扮演了一个重要的角色"，较之西欧工人运动，"真是超越了几十年的历史"。李立三从中国社会性质、经济结构和阶级结构出发，断定并赞扬中国工人阶级"必然富于革命性"，并认为工人阶级的势力在

① 《汉口民国日报》1927 年 6 月 6 日。

客观上“已远超过资产阶级”。他提出在四一二反革命政变以后，工人运动应当承担九大任务，即：组织工人自卫武装，反对法西斯；防止改良主义侵入；反对工会分裂；领导工人参加革命政权；参加国有企业的生产管理；没收大企业大工厂，建立非资本主义经济；要求政府实行高度的劳工政策；拥护农民的斗争；建立强固的工厂委员会。[①] 这同中共五大的政治路线和赋予工人运动的目标任务是一致的。李立三对当时工人阶级力量的估计过于乐观，其《中国职工运动概论》的基本思想，在第四次全国劳动大会上得到体现。

6 月 19 日下午 3 时，第四次全国劳动大会在汉口血花世界开幕。会前，大会筹备处成立，组织了包括苏兆征、邓中夏、李立三、刘少奇、向忠发等在内的 25 人主席团和 5 个专门委员会，全国总工会发表了宣言和宣传纲要。出席会议的各地工会代表 400 余人，代表全国有组织的工人 290 余万。

血花世界被装扮起来，大厅里挂满了红旗和各色纸花、彩条。到处插上青天白日旗、镰刀斧头旗，主席台上方挂着孙中山画像和多面红旗。代表们穿着蓝色的白色的工装，精神抖擞。持续的高温酷暑，丝毫没有影响代表们的热情。参加太平洋劳动会议的各国工会代表和国共两党、国民政府、军队及各界群众团体来宾应邀出席，连同旁听者，到会达 3000 余人。

苏兆征宣布大会开幕。全体起立，为各地死难烈士默哀 5 分钟。苏兆征致开幕词，他指出：在蒋介石叛变、帝国主义干涉中国革命的形势下，我们要保障革命胜利，“第一便要反对帝国主义武力干涉中国，第二要反对蒋介石屠杀民众，第三要与国民政府同生死，第四要帮助农民打倒封建势力”[②]。共产国际代表罗易在大会上演说，他延续来到中国后的调子，提出全国总工会在会后更应该要领导中国工人向左边路上走；小资产阶级是可以革命也可以反革命的，应想办法要它革命，以增加革命战线的力量。陈独秀勖勉工人阶级，

---

① 李立三：《中国职工运动概论》（1927 年 5 月），《党史资料》1954 年第 4 期。

② 《汉口民国日报》1927 年 6 月 21 日。

应联合农民、小资产阶级，向帝国主义及大资产阶级进攻；应扩大其组织力量，努力作经济与政治的斗争。汪精卫已在郑州秘密与冯玉祥达成“分共”默契，在此公开场合仍装腔作势地侈谈工人在政治上要结成联合战线，应与国民党、国民政府共同奋斗，实现非资本主义的革命前途。在此时刻，国共两党领导人的讲话，给人两党仍有共同语言的假象。

20日上午，李立三作政治报告；下午，洛佐夫斯基作世界工人运动的报告。22日上午，汪精卫作政治军事报告，陈独秀发表演讲。23日上午，全体代表参加武汉各界纪念汉口“六一一”、广州“六二三”及追悼北伐阵亡将士与各地死难烈士大会，下午由刘少奇作会务报告。其后几天中，苏兆征作了海员总工会报告，罗珠作了香港总工会报告，向忠发作了湖北工人运动报告，广东、四川、江西、湖南、北方、上海、铁路总工会等方面的代表，分别报告了各自的会务。

与会代表进行了热烈讨论。21日大会，各地代表提出了许多挽救革命的意见，主要是：反对白色恐怖；上海工人准备第四次大暴动打倒蒋介石，请国民政府明令讨蒋；工人武装起来；在上海开第五次劳动大会；巩固工农小资产阶级联合战线，没收帝国主义产业；帮助农民解决土地问题；在反动势力下，工人准备大暴动；国民政府不要对反革命优容；工人参加国有产业管理；要求国民政府第三次北伐，直捣幽燕；请全国总工会派员到北方领导工人运动；共产党是真正为工农谋利益的，国民革命没有共产党参加不会成功；等等。22日，湖北代表提出临时提案，反对国民政府取缔农工运动，请政府急速派遣讨伐军，大会通过了这项提案。25日，湖北代表团提议，向国民党中央党部请愿，替上海死难工人复仇，要求主席团请共产党负责人来大会讲演；上海代表团提议继承上海死难烈士精神，回到本地为第四次暴动准备后援；浙闽代表团提议，东南各地代表赶快回东南去，打倒蒋介石，为烈士复仇。会议通过了《关于中华全国总工会会务报告的决议案》《政治报告决议案》《组织问题决议案》《经济斗争决议案》《反对法西斯主义及对法西斯工会斗争决议案》等14项决议。[1]

28日，李立三宣读了第四次全国劳动大会闭幕宣言，邓中夏宣读了中共中央致大会书，赤色职工国际和苏联职工总工会分别向大会赠送了“全世界无产阶级联合起来”的满地红胜利旗，爪哇代表赠送书有“劳工神圣”的锦旗。李立三致闭幕词。29日上午，大会选举中华全国总工会正式执行委员35人、候补执行委员19人，并补行闭幕典礼。[2]

6月30日，中华全国总工会新一届执行委员会召开第一次全体会议，选举苏兆征、向忠发、李立三、王荷波、邓中夏、陈寿昌、罗珠、郑覆他、林育南为常务委员，刘少奇、董锄平、杨人杞、马超凡、黄剑为候补常务委员。苏兆征再次当选为委员长，林育南任秘书长，李立三任组织部长，邓中夏任宣传部长。

第四次全国劳动大会决议明确了全国总工会的组织系统，以便加强集中统一领导。其系统为：各地方产业总工会加入各地方总工会，有关地方的问题受地方总工会领导，有关产业性的问题，受该产业上级总工会领导。全国除海员、铁路、邮政已有全国总工会外，其他如纺织、印刷、矿工、电报、金属等工会须于最短期内建立全国组织。在各级工会中，应加强常任代表会和工厂或街道委员会的建设。大会认识到手工业工人和店员的组织工作，在今后工会组织工作中最为重要，必须研究这个问题，以便消除内部纠纷。所有工会组织的发展，必须与各种政治的、经济的斗争结合起来。大会注意到工人阶级的斗争已由单纯的经济斗争发展成为政治的武装的斗争，规定了加强武装工人的几点办法：动员觉悟高的工人参加军队或军事学校，组织工人武装纠察队，组织工人义勇队，工余进行武装训练。工人纠察队按军队编制组织，并应特别注意纪律性，工会在指挥时应特别谨慎。

---

① 详见中华全国总工会中国工人运动史研究室编《中国工会历次代表大会文献》第1卷，工人出版社，1984，第242—270页。

② 《汉口民国日报》1927年7月2日。

在工人阶级没有得到完全解放以前，经济斗争始终是工会的经常性工作。它既是改善工人生活的需要，也是工人阶级获取斗争锻炼的需要。第四次全国劳动大会所通过的经济斗争决议案内容广泛，规定具体。关于产业工人，在工作时间上，除了八小时工作制，星期天、节假日休息外，另规定繁重和危险的产业工作时间减至 8 小时以内，夜班工作较白天工作缩短一小时，工资与白班同等，必要时的加班每次不超过 2 小时，每月加班不超过 24 小时，加班工资加倍，每年连续一周的休假，工资照发。在工资和雇佣条件上，提出由政府根据物价水平，规定工人的最低工资标准，由政府与工会共同规定工人增加工资的比例，工资以现款为标准，每周支发，不得以实物代替，雇佣工人应订立劳动合同，规定劳资双方须遵守的条件，工人退职应发给至少一个月津贴。单从其中工作时间和工资的规定，就可以看出这明显超越当时社会生产力的水平。保护童工女工、劳动保护、医疗和劳动保险等方面，也有一些过左的规定。

关于经济斗争的方式，决议规定有劳资谈判、请第三者调解或提请仲裁、罢工。工人失业是经济不发达，特别是政局变化、发生战争情况下的普遍现象，武汉地区的工人失业问题尤为突出。大会通过的决议案，规定了救济失业工人的办法 14 条，包括设立救济失业基金，限制解雇工人，设立劳动职业介绍所，政府维护行将破产的企业防止工人失业等。对手工业工人的经济斗争，这次大会也有所规定。

四一二反革命政变以后，出现了大地主大资产阶级所组织、控制、利用的工会。第四次全国劳动大会通过了《反对法西斯主义及对法西斯工会斗争决议案》，决定在任何情况下不让工人加入国民党新军阀所控制的工会，争取已加入这些工会的觉悟不高的群众，重视经济斗争以加深工人对工会的信仰。大会提出巩固秘密工会，以特殊的工人组织对付法西斯恐怖。在蒋介石集团统治区，革命工会公开活动的条件已不复存在，白色恐怖严重，已在客观上要求工会转变工作方式。这时候不让工人加入当局控制的工会是不可能的，也是脱离群众的。

第四次全国劳动大会决议带着中共五大路线的烙印。大会通过的《政治报告决议案》指出工人阶级在政治上最大的责任是全力巩固工、农、小资产阶级联盟，建立工、农、小资产阶级的民主专政，然后将一切帝国主义手中的企业，以及关系国计民生的重要企业收归国有，以使国民革命走向非资本主义的前途。在这样的政治路线之下，打击民族资产阶级，甚至由于宁汉对立，把某些小资产阶级业主作为反革命加以打击，没收其产业归国有，尝试工人参加企业管理，这些情形的发生便不足为怪了。此时，武汉地区的劳资斗争，仍大量属于手工业工人、店员与手工业主、店主的斗争，决议提出对于手工业工人、店员的经济要求，应当照顾小资产阶级经济条件的可能性，这倒不乏务实的意义。

对于武汉政府，第四次全国劳动大会是拥护的。但此时武汉政府已严重蜕变，不仅没有断然处理破坏工运的事件，而且通令取缔工人组织。大会对政府的此番所作所为"深感遗憾"，认为流传的所谓工农运动"过火"的论调，不过是大资产阶级煽动小资产阶级的主要口号的一例。此际"如果指摘群众的革命行动为'过火'，即无异是否认革命"[①]。问题不在于是否承认工农运动有"过火"行为，而在于是否出于适应汪精卫集团的政治态度来看待和处理这一问题。这时候，以陈独秀为首的中共中央，无疑主要是以适应汪精卫集团的政治态度来处理所谓"过火"问题。第四次全国劳动大会的态度与之有所不同。

第四次全国劳动大会是在汪精卫集团频频出招限制工农运动的时刻召开的，汪精卫集团背叛革命的步伐越来越急，中共党内机会主义错误也日益严重，整个局势急转直下，国共合作前景渺茫，它所通过的一系列决议，正确也罢，不正确也罢，都没有付诸实施，大会没有解决什么实际问题。作为中国共产党领导工人运动历史链条的重要环节，对后来工人运动的发展仍有一定影响。

---

① 《政治报告决议案》，载中华全国总工会中国工人运动史研究室编《中国工会历次代表大会文献》第1卷，工人出版社，1984，第244页。

4. 武汉国民政府劳工部的设立

3月14日，国民党中央执行委员会政治委员会根据共产党的推荐，决定任命中华全国总工会委员长苏兆征为武汉国民政府劳工部部长。

广州国民政府成立的时候，中国共产党没有派代表参加政府。共产国际执行委员会第七次扩大会议要求共产党人参加政府，以便发挥领导作用。共产党人参加政府，是通过国民党二届三中全会决定下来的。这次会议通过《统一革命势力案》，决定国共两党立即举行联席会议，共同讨论一般的合作办法，统一民众运动，共同指导工农运动；共产党派负责同志加入国民政府和省政府，共同担负政治责任。为此，国民政府决定设立劳工部和农政部。

5月30日上午，苏兆征在汉口血花世界大剧场举行就职典礼，国共两党代表、国民政府代表、国际工人代表团成员、各工会代表及各界来宾1000余人出席。吴玉章、彭泽民分别代表国民党和国民政府致训词，中华全国总工会代表李立三、国际工人代表团苏联代表、汪精卫的个人代表、共产党代表先后致贺词。汪精卫在就职典礼结束之前到达会场，作了简单讲演。

苏兆征发表了就职通电。他指出：劳工部之设，在于应付新的环境，给予劳工群众以最低限度的保障。当前，工农与工商业者之间，不容稍有罅隙，“今后更当竭其能力，追随诸先进同志后，为工人谋应得之利益，减去劳资间无谓之纠纷，务使劳工群众，与农民工商业者，在革命联盟之下，认清敌人所在，共同奋斗”①。

苏兆征作为第五届中共中央政治局候补委员、中华全国总工会委员长，主持武汉政府劳工部，这是工人阶级参政的标志性事件。中国工人阶级自19世纪中叶诞生后，为了得到政治自由和经济解放而不懈奋斗，以其血肉之躯，推动着社会历史的发展。但是，工人阶级只是到1927年才有自己的代表进入中央政府，这当然是破天荒之举。

劳工部的职责主要是从事劳工保护、劳动保险、失业救济、劳

① 《汉口民国日报》1927年5月31日。

资仲裁，内设秘书处、劳动保险处、失业救济处、劳动监察处，另设参事会。秘书长由原任全国学联主席的共产党人林钧担任。解决失业是劳工部面临的当务之急。部内设立了失业救济局，工作范围暂限于武汉三镇，故又称湖北失业工人救济局。该局设立后，湖北省总工会失业救济局的工作与之归并。由于生产不能转入正常，失业救济工作毫无起色。

国民党虽在口头上宣称领导工人运动，事实上知道工人运动是共产党负责的。由苏兆征主持劳工部，即有借共产党之手约束工人运动之意。“共产党在当时责无旁贷答应政府这些事”①。6 月 17 日，劳工部发表布告，称此后各劳工团体或个人，如有违反国民党中央训令的幼稚行动，当依法彻究，决不偏袒；而借词蒙蔽假以摧残劳工团体或个人者，亦当依法彻究不贷。②

在急剧恶化的形势下，由于阶级利益的冲突，统一战线的分化势所难免，劳工部根本无力保护工会，也无力依法彻究破坏工会的不法分子。武汉国民政府劳工部的设立，是工人阶级参政的象征，但也只是共产党领导工人运动的历史上匆匆翻过的一页；它的开创性意义垂诸史册，但在现实生活中所发挥的实际作用却又十分有限。

5. 东南地区革命工会反对工统会改组会

1927 年 4 月 3 日，蒋介石指派董福开、张伯岐等人组织上海工界联合总会。12 日，东路军前敌总指挥部政治部主任陈群奉白崇禧之命，以上海工界联合总会为基础，成立上海工联总会专员委员会，以董福开为主席。13 日，宝山路大屠杀时，工界联合总会的大批流氓、地痞追随二十六军一部，强占闸北湖州会馆，殴打、驱逐会内人员，所有图章、文件、用具等悉被霸占。下午 3 时，董福开一伙在湖州会馆就职。14 日下午 2 时，这批流氓、打手开全体会议，宣称取消上海总工会、上海工界联合总会，改组成立上海工联总会。

① 刘少奇：《关于大革命历史教训中的一个问题》，载中国社会科学院近代史研究所编《中共党史革命史论集》，中共中央党校出版社，1982，第 45 页。

② 《汉口民国日报》1927 年 6 月 17 日。

工联总会的名称使人一看就知道它与工界联合总会的渊源关系，后者在反革命政变中充当打手角色，名声实在太臭，不足以欺骗、笼络工人。因此，陈群又另组上海工会组织统一委员会（简称“工统会”），以邓祖禹为主任，把“清党”列为首要工作。25日，杭州成立工会组织统一委员会。随后，宁波、温州、绍兴、嘉兴、吴县等县、市也相继成立这一组织。

四一二反革命政变后，上海总工会转入地下坚持斗争。赵世炎担任上海总工会常务委员会主席，张佐臣、袁达时负责组织部，吴雨铭负责宣传部，帅朝吟负责经济斗争部。对工统会，上海总工会开始时制定3条策略：一是绝对受上海总工会指挥，不加入统一委员会者为上策；二是受上海总工会指挥，表面上宣布工会不事党争者为中策；三是加入工统会而能受上海总工会指挥者为下策。工统会具有合法地位，对下属工会施行威逼利诱和欺骗手段，上海工人运动所面临的是比以前军阀时代还要困难的时期，“倘使坚持不加入他们的统一委员会，不去登记注册，则群众大部分会趋于沉寂，失业愈多，困难日增，困斗无益”①。在赵世炎主持下，经中共上海区委主席团同意，采取了上海总工会所属各工会加入工统会的策略方针。

上海总工会不可能在秘密状态下继续维持过去那样庞大的组织系统，5月中旬以后，实行组织和机构收缩，取消不健全的建筑业工会、食料工会、化学总工会，将原独立工作的烟厂总工会、药业职工友谊会、金属业总工会、纺织总工会、地方运输总工会，或由上海总工会直接指挥，或划入各工联负责办理。月底，将一部分环境恶劣的工会加入工统会，以便开展经济斗争，巩固群众的信仰。6月5日，上海总工会常委会就当时工会工作确定了新的策略和方针，决定以绝对受指挥为原则，各工会加入工统会，求得公开机会，恢

① 《施英关于上海工会状况及斗争策略问题给亦农等转呈中央局的信》（1927年5月15日），载中央档案馆、上海市档案馆编《上海革命历史文件汇编（上海各群众团体文件）》（1924年—1927年），1988，第306页。

复群众活动。

“五一”国际劳动节是反革命政变后第一个政治纪念日。上海工人罢工一天，上海总工会组织各区、各厂工人抵制反动派召开的南北市大会，自行开会示威，共200多起。5月28日，又有约60万人罢工，分区、分厂纪念五卅运动2周年。30日，上海总工会组织工友1万人在西藏路至外滩一带和平示威。

7月初，上海总工会机关再被破坏，赵世炎、杨培生、张佐臣被捕牺牲。吴雨铭继任上海总工会常委会主席，郑覆他负责组织部，帅朝吟负责经济斗争部，宣传部的工作并入上海总工会秘书处。赵世炎牺牲时年仅26岁，作为中国共产党重要的政治活动家、工人运动领袖，他把自己光辉而短促的一生，献给了党和工人阶级的壮丽事业。

杭州工人对工统会态度比较冷淡。沪杭甬铁路总工会以本会乃独立的产业组合为由，一直拒绝改组。6月26日，铁路总工会7名执委被捕。转入地下活动的铁路总工会继续保持独立地位，不同工统会往来。

在广东，机器工会和广东总工会之后，冒出一个革命工人联合会。由于各工人组织各自背后都有靠山，广东当局企图新设广州工人代表会改组委员会加以控制。5月26日，当局召开总代表会议，到会代表仅50余人。组织者见到会者多是以前工代会的成员，便想借口不开。各代表强烈要求开会，结果决定以特别委员会代行前执委会的职务，特委会委员由25个工会选派。这样，改组委员会便失去作用。反动派又将工会职员当作共产党员加以逮捕，并利用广东总工会和机器工会体育队强迫工人入会，最后将工人代表会完全解散。工人则组成自救队、义勇团、剑仔队等组织，对付改组委员。

6月19日，秘密的省港罢工委员会召集2万工人开群众大会，举行示威游行，纪念省港罢工爆发2周年，提出保护罢工工人的一切权利，释放一切政治犯，要求工人的一切自由，打倒委派的改组委员会等口号，鲜红的旗帜飘扬在广州上空。23日，罢委会和工代会特委会又召集3万人大会，纪念沙基惨案，与会工人赶走了前来参会的改组委员。[①] 革命工会和广大工人反对改组会的斗争，成为后来广州暴动组织力量和群众基础的重要组成部分。

四一二反革命政变以后，东南地区工人在各地共产党组织的领导下，坚持开展工会活动，在空前的白色恐怖中，与国民党新军阀作不屈不挠的斗争。革命工会适应新形势，同工统会、改组会斗争，维持了基本队伍，为在国民党政府统治下开展工人运动积累了经验。

6. 两湖地区工人运动克难前行

4月初起，武汉政府在外交上实行战略退却。这以后，工会的反帝斗争只是作宣传战。5月9日，全国总工会发表《告外国水兵书》，提出与外国水兵一致联合，打倒共同的敌人帝国主义。11日，在汉口怡和二码头搬运棉花的码头工人，偶因细故，被英国水兵刺伤。15日，全国总工会发表《告各国水兵书》，结合怡和码头工人和日租界店员被杀伤事件，重申前旨，呼吁各国水兵不要作资产阶级的工具。20日，湖北省总工会发表《告英水兵书》，痛述被伤工友的遭遇，称英水兵也是受压迫者，受欺骗者，虽有此次事件，但并不怪他们，不恨他们，账要记在英国资本家的名下。5月下旬，全国总工会就纪念五卅运动2周年发表宣言和宣传大纲，提出继承五卅精神，发展革命运动。日本借口保护侨民出兵山东。6月4日，全国总工会通电反对，7日，致电日本工人，呼吁他们制止本国政府的荒谬举动。这些行动说明，反帝斗争作为经常性的活动还在维持，但已失去进攻势头，从一个侧面体现工人运动的高潮正在消退。

四一二反革命政变后，两湖地区和江西的工会和工人掀起讨蒋浪潮。当蒋介石叛迹已著，磨刀霍霍的时候，3月14日，湖南省总工会就联合500余团体，在长沙召开10万市民大会，总工会委员长郭亮历数蒋介石破坏三大政策，实行军事独裁的事实，作出“若我们再不起来一致反对，国民革命将会葬送蒋介石之手”的预警。[②]

① 瞿景白：《广州反革命事变中的工人斗争》，载《第一次国内革命战争时期的工人运动》，人民出版社，1954，第536—538页。

② 《长沙评论》1927年第20期。

4月24日，湖南省总工会宣传部发布《为什么要打倒蒋介石》80条。26日，长沙工人参加各界讨伐蒋介石及反对国际帝国主义示威大会。湖南人民反对国际帝国主义大同盟发表长篇宣言，除揭露帝国主义压迫中国人民的罪行外，还列举蒋介石11大罪状，指出应该认清我们的敌人，不仅是帝国主义和奉鲁军阀，尤其要打倒帝国主义的“新工具蒋逆介石”①。

5月1日，江西省总工会等团体在南昌召开5万人纪念“五一”国际劳动节大会。朱克靖、李富春、朱德等相继发表演说。朱德号召工友们团结起来，打倒蒋介石，肃清南昌的反革命，争取得到彻底解放。大会通电全国民众，声讨背叛革命的蒋介石，“一时讨蒋空气，充满全场”②。4月16日，九江市工人与第六军联合召开第二次北伐大会，总工会代表表示：“革命之成功，工人之功劳居多，然蒋介石漠视之。而压迫工人，且不服从中央之命令，非将此等反革命之新军阀打倒，则革命前途危矣。”③

4月15日，湖北省总工会发表讨蒋通电。电文公布了蒋介石背叛革命的6大罪状，指出蒋的种种反叛行为，“在革命观点上已为反革命，全国革命民众人人皆得而诛之，在党的纪律上为叛党，应即请求中央开除其党籍，撤职查办”④。

各地工会把反蒋与肃清反革命结合起来。湖北省总工会最先提出肃反主张，早在3月中旬，即发出第78号布告，号召工友注意将确有证据的反革命分子即行扭送总工会转交政府严办。下旬，省总工会议决了肃清反革命6条办法。4月14日，工贼郭聘伯、袁子英、卢士英在汉口伏法。9日，湖南省总工会审判工贼破坏工运案件15起，将负有血债的工贼李为章执行枪决。

7月6日，全国总工会电请出师东征讨蒋，针对武汉政府行将与南京合流的动向，指出“反动分子正图内应蒋逆倡分裂联合战线之

① 《汉口民国日报》1927年4月30日。

② 《汉口民国日报》1927年5月7日。

③ 《晨报》1927年4月20日。

④ 《汉口民国日报》1927年4月17日。

说，是实抛弃三大政策，投降于蒋逆等之伪三民主义”。国民革命到了最危险的时刻，解决问题的关键是即日出师东征，讨伐蒋介石。①

全国总工会电请东征讨蒋，激起武汉地区工会又一轮讨蒋浪潮。全国印刷总工会第一次代表大会决定在革命势力公开的区域，积极支持革命宣传，严禁反动宣传品；在革命势力不能公开的区域，则应以罢工、怠工、排错字等方法，制止或减少反革命宣传的效力。②湖北省总工会第四次总代表大会推举代表，向武汉国民党中央和国民政府请愿，要求克日出师讨伐蒋介石。此后，武汉木船总工会、武汉燃料业总工会、海员总工会汉口分会、江岸铁路工会等，或请愿或通电，要求东征讨蒋。

蒋介石集团发动反革命政变时，奉系从河南加强了对武汉国民政府的攻势，武汉政府决定先发动“二次北伐”。4 月 19 日，武汉国民政府在武昌南湖举行第二次北伐誓师典礼。为支援“二次北伐”，汉阳兵工厂工人增产枪支弹药，京汉铁路工人组织铁路大队，修复铁道和电线，配合北伐军作战。湖南工农群众积极筹集、加工、输送军粮。陇海铁路工人极力帮助冯玉祥的军队东征。湖北省总工会发表《巩固北伐武装工友宣传大纲》。6 月初，由省总工会、京汉铁路总工会等单位发起，组织湖北工、农、商、学、妇慰劳前线负伤将士代表团，筹集经费 4000 元，购置药品、食物，分郾城、驻马店、信阳、广水、江岸 5 个地点，救护在途伤员。6 月 3 日至 8 日，湖北省总工会举行慰劳伤兵运动周；11 日至 18 日，举行救护伤兵运动周。武汉纺织业总工会捐款 5000 元，店员总工会、缝艺总工会、洋务工会、粮食业总工会、兵工厂工会等均踊跃捐资捐物。英美烟厂工人失业 7 个月之久，烟厂总工会决定每个工友捐 300 文，车工总工会特备 60 辆慰劳伤兵交通车，免费运载伤兵。

正当武汉政府精锐之师出兵河南之际，5 月 13 日，独立十四师师长夏斗寅发出反共通电，叛军由鄂南直趋武汉，与进入鄂西的川

① 《汉口民国日报》1927 年 7 月 8 日。

② 《汉口民国日报》1927 年 7 月 7 日。

军杨森配合行动，呼应南京政府。武汉国民党中央和国民政府措手不及，市面一度混乱，人心浮动。湖北省总工会承担了协助政府维护社会治安的工作。19日，发表紧急通告：命令武汉店员总工会转令各钱业店员，切实调查各钱庄所存铜圆数量，限定各钱商依照前3日内价格兑换铜圆，并不得拒绝中央纸币，函请各工会、商协，严饬各店员一律照常安心营业；召集武汉粮食业总工会动员全体工友，调查和收集所有谷米杂粮供应武汉民食；命令码头总工会、车工总工会禁止工友为商民住户搬家避乱，以免造成人为的恐慌；命令童子团总部全体出发，有秩序地制止商民住户搬家；宣传队全体出发，制止住户往外搬家，宣布夏斗寅罪状，附带维持市面秩序。[①] 通过实施这些紧急措施，20日，市面略为安静，至21日，社会秩序基本恢复。

各工会发动讨伐夏斗寅的政治攻势。5月19日，湖北省总工会在汉口德国球场召开讨夏示威运动大会，各工会一律停工参加，要求政府出兵剿灭叛军。全国铁路总工会发表宣言，提出12条讨夏口号，指出讨夏斗争正“是革命势力与反革命势力肉搏之时，是民主势力与封建势力斗争之时”，号召广大工人武装起来，帮助军队运输，巩固革命根据地。[②]

为讨平叛乱，湖北省总工会发表通告，号召工友报名参军，但以不妨碍工作为前提。码头总工会、车工总工会招募运夫，不遗余力。5月19日、20日，两天即招募400余人。粤汉铁路总工会组织铁道交通队40余人、宣传队30人，配合第二十四师叶挺部出发前线应敌。交通队迅速修复被叛军破坏的铁路，宣传队沿途宣传。鄂南铁路沿线工人，或当侦探，或参加作战，或帮助运输。夏斗寅叛军终不能立足，溃出鄂境，革命中心地武汉在广大工人的大力帮助下度过了一次危机。

在帝国主义与蒋介石集团联合封锁之下，两湖地区经济形势更

---

① 《汉口民国日报》1927年5月22日。

② 《汉口民国日报》1927年5月20日。

加严峻。武汉政府试图通过外交退却，恢复外商在辖区内的生产和经营，缓解经济困难。为此，政府一方面派人到各省贯彻新策略，一方面在工人中严格执行纪律。在工会大发展、经济斗争蜂起，工人教育和训练相对滞后的情况下，因其自发性而出现“左”的倾向，是不可避免的，而且消极能量不小。加强纪律性，纠正幼稚病，既是维护工人阶级根本利益的需要，又是度过当时困境的需要。

5月7日，湖北省总工会发表通告，规定无论任何工会，均不得擅自调遣各该工会纠察队员，纠察队的使用必须由省总工会核派；童子团员多至万名，未经允许，各级童子团及团员均不得向工会强制要挟置办物件，亦不得向厂店主直接要求置办物件，在正当工作时间内，应遵守规程，照常工作，不得借故离岗或任意怠工。① 26日，湖北省总工会发出通令，转发国民党中央训令。该训令规定工人有违反纪律者，该工会得加以制裁；违反纪律的工人若情节重大，应交政府机关办理；工会不得有逮捕、罚款及其他压迫之情事。省总工会同时宣布5项执行办法：（1）一切裁判集中于总工会裁判委员会，各工会除调解及仲裁会员相互间之纠纷及申斥不守纪律者外，余均由总工会办理。（2）各工会会员有违反纪律者，得报告总工会逮捕之，于逮捕后4小时内，须送交总工会裁判委员会，不得私自扣押，尤不得先行殴打。（3）各工会及工友不得逮捕会员以外之人。（4）如有特别情形来不及报告，可将人证拿获送交附近岗警，或送交公安局、总工会，不得有超过一小时的扣留，总工会在接收此项人证后，4小时内交政府机关办理。（5）绝对禁止在工会范围外罚款，会内罚款各工会限一元以内，超过一元由总工会办理。② 6月9日，省总工会又发表通告，禁止各工会干涉诉讼，如工会会员确有冤屈事实，得由总工会转交法院办理，各工会不得直接行动。③

5月间，湖南全省总工会发出第312号训令，作出执行纪律的3

① 《中央日报》1927年5月7日。

② 《汉口民国日报》1927年5月26日。

③ 《中央日报》1927年6月9日。

项规定。17 日，平江县总工会根据省总工会训令精神，作出 8 项规定：非得当地总工会许可，不得私自逮捕；凡逮捕之土豪劣绅、贪官污吏、反革命分子，应送交总工会转送特别法庭审讯判决，不得自行处理；非总工会不得向任何人罚款；不得派捐勒借或敲诈财物；非有政府命令，不得查封任何人产业；土豪劣绅、贪官污吏犯罪，不得株连其家属；不得擅自入外国人住宅或公司洋行滋搜；不得侵占教堂。①

在执行纪律过程中，“因为说服得不够与采取强迫办法（与逮捕工人），就不能不引起了工人的反感，大大的丧失了工会与党的信仰”②，而工人按感觉行事的现象仍然发生。如汉口花楼街龙家巷附近德和布店，因拒绝工会介绍失业工友就业，布业店员总工会将其物品一律查封。③ 裕和盐号经理高价收购到汉煤炭，店员总工会从汉阳将其抓获，送至各界联合会“凭众究办”。④ 震动工商两界的没收汉阳洪顺机器厂老板周文轩（汉阳商会会长）和恒顺机器厂老板周仲暄财产事件，命令是国民党汉阳县党部发出的。当时的报道把此次行动作为工人参加管理企业的典型。结果，司法部否定此案，释放“两周”，发还其资产。

北伐军占领武汉后，由于战争和帝国主义实行经济封锁，武汉失业工人数目猛增，几达 30 万人之多，成为“武汉目前最大政治问题与社会问题”⑤。湖北省总工会设立失业救济局，一方面发放救济津贴，组织失业工人为“二次北伐”担任运输，另一方面拟兴办政府基建工程，以工代赈。据测算，救济武汉三镇失业工人，每月需要 60 万元，武汉政府拿不出这笔钱，生产又不能恢复，因此武汉的

① 《平江县总工会训令》，载湖南省总工会、湖南省社科院历史所、湖南省档案馆编《湖南工运史料选编》第 2 册，1984，第 510—511 页。

② 刘少奇：《关于大革命历史教训中的一个问题》，载中国社会科学院近代史研究所编《中共党史革命史论集》，中共中央党校出版社，1982，第 46 页。

③ 《汉口民国日报》1927 年 5 月 10 日。

④ 《汉口民国日报》1927 年 5 月 12 日。

⑤ 《汉口民国日报》1927 年 5 月 19 日。

失业问题一直没有得到解决。

纺织行业使用童工的比例大。武汉纺织总工会向国民党中央工人部和国民政府劳工部提出，请明令实行童工八小时工作制，把它作为安插失业工友的办法之一。7 月 12 日，省总工会执委与汉口商民协会执委联席会议关于童工问题执行条例公布，该条例确定了童工、学徒八小时工作制的实施细则，规定了最低工资额，确认童工有加入工会和充当童子团的自由。[①] 这个条例满足了武汉纺织总工会前项呈请基本要求，由于汪精卫集团宣布“分共”，该条例未能得到实施。

1926 年秋冬的罢工潮，曾经在武汉商界产生强烈反应。由于工会方面加强了对经济斗争的领导，通过调解、仲裁等方式，既使工人的经济状况有所改善，又使工商业生产能够继续进行。武汉地区的劳资纠纷，店员与店主之间的纠纷比例大，牵涉面广。商店的经营，多半与人民生计相关联，其规模一般也不大。处理好店员与店主之间的关系，对于保障市民生计，维持店员就业，团结店主参加国民革命，都是必要的。

5 月 16 日，湖北省总工会全体执委与汉口商民协会全体执委举行联席会议，就工商间 15 个方面的问题作出决议。此项决议得到了武昌商民协会和汉阳县商民协会同意，于 20 日对外公布施行，表明此决议在武汉三镇同时发生效力。25 日，省总工会与三商会共同发表《湖北工商联席会议宣言》，刘少奇参与了该宣言的起草。其中指出：“我们的工商联合，是有我们共同利害，共同敌人，共同奋斗的目标，并不是任何人凭空想像（象）的虚空的联合，而是社会进化的历史决定我们要联合。我们能够坚固的联合，双方解放的前途都有保障。”[②]

这次工商联席会议既解决了原则问题，又解决了具体问题。前者如划定工商界线、店东用人权、管理权，后者如改善店员待遇、

---

① 《汉口民国日报》1927 年 7 月 12 日。

② 《湖北工商联席会议宣言》，《中国工运史料》1982 年第 1 期。

规定店员工作时间、童子团、营业收歇、平抑物价等。会议决定成立工商俱乐部，解决一切工商间的纠纷问题。鉴于前一时期停工集会过多，决定凡工会单独通告会员参加的大会，每年限 2 天，非工会单独通告的普通纪念大会，每店以 1/3 店员轮流参加。每月召开一次工商联席会议。省总工会派刘少奇等参加定期工商联席会议，许白昊等参加工商俱乐部。5 月 26 日下午，武汉店员总工会召开第五次代表大会，刘少奇出席并报告了工商联合的意义和联席会议决议。与会代表一致表示执行。[①] 28 日，省总工会召开工商联合代表大会，2000 余人出席，进一步宣传工商联合精神。6 月 10 日，手工业工人代表大会召开，250 余人出席。刘少奇作政治报告，龙大道解释了工商联合决议。

加强劳资协商，巩固工商联合，当然不是什么放弃阶级斗争。阶级斗争是有层次、分主从的。工人阶级与小资产阶级之间，无疑也有斗争，但在整个阶级斗争中，始终只居于次要的、从属的地位。加强联合，正是为了维护共同利益，为了坚持对帝国主义和封建主义的阶级斗争。小资产阶级是工人阶级在城市的同盟军，舍弃同盟军，工人阶级不能实现对革命的领导权。从这一点讲，工商联席会议的召开及其决议的制定，是必要的、有意义的。

事实上，效果也是好的。工商俱乐部成立后，处理了一批事虽不大但纠缠不清的纠纷，有利于化解矛盾。国民党中央执委会政治委员会就店员工会应否存在征求各商业团体意见，6 月 26 日，汉口商民协会开执委紧急会议，讨论 5 小时之久，最后作出决议，认为“店员务必有团体之组织……至店员工会或有组织上之瑕疵，店员亦有幼稚之行动，则或为局部问题，或为过去事实，均不能影响于店员工会之存在”[②]。这种谅解和认同的态度，与广州四商会在“无情鸡”事件中毫不让步的态度迥然不同，工商联合的工作做得比较好，无疑应是重要的原因之一。

---

① 《汉口民国日报》1927 年 5 月 29 日。

② 《汉口民国日报》1927 年 6 月 30 日。

三 艰难的转折和历史的经验

1. 第一次国共合作彻底破裂和历史的转折

在中共五大召开前后，武汉地区的形势急剧恶化，以汪精卫为首的武汉国民党中央和国民政府迅速走向了反动。

4 月 10 日，汪精卫抵达武汉。在一系列公众活动中，他没少唱革命高调，但是，深藏内心的却是对工农运动的不满和敌视。他曾说到抵达武汉以后，发现武汉“已成为共产党把持的局面”，“工人运动农民运动，其理论与方法已完全是共产党的，而不是国民党的了”，碍于第二次北伐，不便立即“分共”，“只提出裁制违反本党主义政策之言论行动”。[①] 4 月下旬开始，拥汪势力、反蒋势力、反工农势力不同程度地集中在汪精卫周围，形成压制工农运动的大合唱。

5 月 12 日，汉阳县政府应县党部请求，派公安局逮捕了汉阳县商会会长周文轩、副会长周仲暄，5 家工厂财产被作为逆产没收。[②]此次事件，工会方面没有参与。事后，县党部和总工会向国民党中央呈文要求组织管理委员会进行管理。16 日，国民党中央政治委员会讨论对此事的处置，提出应警告或解散汉阳县党部。18 日，国民党中央发表训令，完全混淆革命阵营中主力军与同盟军之间的关系，严厉指责工农运动，公然把导致革命危机产生的根本原因，完全转嫁于工农运动。

湖南“马日事变”进一步加剧了汪精卫集团的动摇。5 月 19 日晚，驻长沙的三十五军留守处部队将押解工贼途经的工农纠察队缴械。当晚，富雅里 10 号发生火警，兵工厂工人纠察队维持秩序，军人强夺枪支，打伤纠察队员。20 日，中共湖南省委、国民党湖南省

---

① 汪精卫：《武汉分共之经过》（1927 年 11 月 5 日），载中国人民解放军政治学院党史教研室编《中共党史参考资料》第 4 册，第 475—476 页。

② 汪精卫在 5 月 16 日政治委员会上说接到报告有 8 家被没收。董必武当即说据郭树勋实地调查只有 5 家，且均为自动停工，其中一家为有限期的停工。汪精卫在《分共以后》的报告中又夸大为 15 家。

党部会同省总工会等团体，在湖南人民俱乐部召开紧急联席会议，决定实施全省戒严；以全省工农武装组成义勇队由省政府指挥戒备一切等5项措施。21日晚，三十五军三十三团团长许克祥统一指挥，分兵向长沙市区各革命机关发动突然袭击。据不完全统计，当晚被杀的共产党员和群众达100余人，被捕40余人，被临时拘押的不计其数。[①] 反革命屠杀迅速向全省蔓延，至6月上旬，“湖南革命民众的被屠杀者，当在一万人以外”[②]，“各种工人中的尚未被杀之领袖分子，均不能立足”。[③]

事发后，湖南全省总工会委员长郭亮率部分工人纠察队员突围出城，后转道赴武汉。省农会秘书长、代理委员长柳直荀到湘潭，与中共湘潭地委书记、县总工会委员长杨昭植取得联系，23日，召开军事会议，决定成立湖南工农义勇军总司令部，武装反抗反动派的屠杀，以县党部、农会、总工会等团体名义发出《漾日电报》，指示各地“集中一切实力，采取联合战线，于电到日向长沙出发，以期恢复省垣原状，而资镇压”。[④] 28日，柳直荀、杨昭植等在株洲开会，决定组织工农武装四路进军长沙，29日出发，31日会师。26日，全国总工会、全国农协急电湖南全省总工会、省农协，告知武汉政府已派员前往处理“马日事变”，“望转告全省工友农友静候政府解决，避免冲突为要”。[⑤] 这体现了中共中央的指导方针。“在省方的负责人不知道武汉方面的实情又听说国民党中央派人来湘调查和解释误会，以为不可暴动，破了面子，将来难于收复，中途改变方

① 参见《湖南工人运动史》编写组编著《湖南工人运动史》，中国工人出版社，1994，第283页。

② 《湖南请愿代表团关于长沙事变经过情形第一次报告纲要》（1927年6月），载湖南省总工会、湖南省社科院历史所、湖南省档案馆编《湖南工运史料选编》第2册，1984年，第525—526页。

③ 《任弼时给中央的报告（二）（节录）》，载湖南省总工会、湖南省社科院历史所、湖南省档案馆编《湖南工运史料选编》第3册，1985，第12页。

④ 《漾日电报》，载湖南省总工会、湖南省社科院历史所、湖南省档案馆编《湖南工运史料选编》第2册，1984，第512页。

⑤ 《汉口民国日报》1927年5月28日。

针，叫他们停止出发”[①]。这样，号称10万工农武装会师长沙的计划便流产了。只有浏阳工农义勇队由于没有接到撤退命令，按原计划行动，5月31日下午单独扑城，没有得到内应和配合以后，被迫退却。

25日，国民党中央政治委员会主席团决定组织特别委员会赴湘查办。鲍罗廷、谭平山等人乘火车行至岳州，受阻于当地驻军原路折返，所谓“查办”不了了之。30日，孙科说：“湖南的事，难道真是许克祥一个人的意思？成天的嚷无产阶级领导革命，那里有这一回事。如果真是无产阶级在领导革命，上海、广东、长沙各处的工农运动，也不会一下子就被军队压下去了。”汪精卫撕下了书生面孔，凶相毕露：“这个训令公布之后，再有不听的，就是我们的老子，也要杀他。”[②] 唐生智嫁祸于共产党，宣称“湖南以前种种惨劫，完全是在湖南的共产党所造成。在湖南做工作的共产党要负完全的责任的”。[③]

第一次国共合作先天不足，后天失调，已然沉疴在身，远离中国现场的莫斯科开出了新药方。5月13日，斯大林决定由联共（布）中央政治局致电鲍罗廷、罗易和陈独秀，以“建议”的名义下达3条指令。20日，共产国际执委会第八次全会致电中国共产党，宣布中国革命进入最高阶段；中国反帝反封建的资产阶级革命，现在只能在同已经成为反革命阶级的中国资产阶级的斗争中来完成；要加强工农联盟，千方百计开展土地革命。[④] 全会作出了关于中国问题的

---

① 直荀（柳直荀）：《湖南马夜事变之回忆》，《布尔塞维克》第1卷第20期。

② 《中国国民党中央执行委员会政治委员会第二十五次会议速记录》（1927年5月30日），载中国第二历史档案馆编《中国国民党第一、二次全国代表大会会议史料》（下），江苏古籍出版社，1986，第1223、1225页。

③ 转引自《湖南工人运动史》编写组编著《湖南工人运动史》，中国工人出版社，1994，第293—294页。

④ 《共产国际执行委员会第八次全会给中国共产党的电报》（1927年5月20日），载中共中央党史研究室第一研究部译：《联共（布）、共产国际与中国国民革命运动（1926—1927）》下，北京图书馆出版社，1998，第259页。

决议，指出武汉政府是国民党左派的政府，已经走上了无产阶级和农民的专政的道路，共产国际极其坚决地反对退出国民党的要求。[①] 30 日，联共（布）中央政治局发来 5 条指令，习称“五月紧急指示”：一是以实际占领土地的方式开展土地革命；二是实行政治没收土地；三是改组国民党中央；四是动员 2 万共产党员和两湖 5 万革命工农组建新军；五是成立以著名的国民党人和非共产党人为首的革命军事法庭。联共（布）责成共产党人与武汉国民党和国民政府共同执行。6 月 23 日，莫斯科再给武汉政府 200 万卢布援助，并允诺讨论 1500 万元新贷款的请求。同日，决定致电汪精卫，宣称国民党左派与共产党人的合作有坚实的客观基础，通过国民党民主化、更多地联系群众、停止领导层内的动摇是可以挽救革命事业的。[②]

“五月紧急指示”提出了土地革命、建立武装等挽救革命的措施，同时一再重申必须坚持与国民党党内合作。这就造成具体政策与基本原则的互相冲突，置中共中央于两难选择之中：继续维持同武汉国民党和国民政府的关系，就不可能放手开展土地革命、组建武装，当然也推不动武汉国民党和国民政府实施这些政策；共产党自己独立去干，则势必要突破党内合作框架，不可能原封不动地继续维持同武汉国民党和国民政府的关系。

苏联顾问鲍罗廷选择继续维护国共合作。鉴于目前状况，他拒绝立即实施莫斯科的激进政策。陈独秀和中共中央领导集体的多数人或者在多数时候，在所有重大问题上与鲍罗廷保持了一致。陈独秀认为“五月紧急指示”不可行，“莫斯科不了解中国的实际情况”。谭平山也认为，这只是“想让我们振作精神”，“不应过高估计莫斯

① 《共产国际执行委员会第八次全会关于中国问题的决议》（1927 年 5 月），载中国社会科学院近代史研究所翻译室编译：《共产国际有关中国革命的文献资料（1919—1928）》第 1 辑，中国社会科学出版社，1981，第 327、329 页。

② 《联共（布）中央政治局会议第 112 号（特字第 90 号）记录（摘录）》（1927 年 6 月 23 日），载中共中央党史研究室第一研究部译：《联共（布）、共产国际与中国国民革命运动（1926—1927）》下，北京图书馆出版社，1998，第 346 页。

科的电报”。[1] 在国民党的框架内落实“五月紧急指示”做不到，退出国民党又不被允许，陈独秀选择了以妥协退让的办法继续维护国共合作的路子，而这也是走到了尽头没有光明的死胡同。

5月12日，陈独秀在中央政治局与共产国际代表联席会议上通报了与汪精卫谈话的情况，说到汪精卫直截了当提出领导权问题，陈独秀提出6条以供讨论：小地主和革命军官的土地不没收；成立解决小资产阶级与工人之间纠纷的仲裁委员会；商人有权参加各种自治机构，反革命分子除外；不禁止、不妨碍帝国主义的贸易；邀请国民党积极参加工农组织；支持国民党政府增加和征收捐税，条件是不剥夺贫困居民阶层。政策因时而变是常态，是主动作为，但这几条对策的让步，在主观上是适应了汪精卫“问责”的要求。次日，继续讨论。蔡和森认为“让步还是必要的”，同时指出已多次向小资产阶级让步，能否保住工人阶级和农民所取得的成绩现在还没有保证，如果继续让步，工农的利益就会丧失更多。[2]

6月4日，共产党就当前政局发表致国民党的公开信，说了国民党和国民革命军不少好话。6日，中共中央发出农字第七号通告，纠正农民无组织行动。13日，中共以全国农协名义发表训令，要求各地农协一致请求明令保护，肃清反动势力。

6月间，中共党内曾一度鼓起“进攻”的空气。在一次中央政治局会议上，罗易建议组织武汉全体工人总罢工，抗议国民政府纵容许克祥屠杀工农，汉阳兵工厂工人应特别罢工，表示不平息许克祥叛变，不再造枪炮杀自己人；发出宣传大纲，反对朱培德、冯玉祥、许克祥。两项建议经过一番争议勉强通过，但在党内引起轩然大波。结果，下一次会议把抗议国民政府的罢工和示威，变成欢迎

---

① 《罗易给联共（布）中央政治局的电报》（1927年6月8日），载中共中央党史研究室第一研究部译：《联共（布）、共产国际与中国国民革命运动（1926—1927）》下，北京图书馆出版社，1998，第308—309页。

② 《中共中央政治局和共产国际执行委员会代表联席会议记录》（1927年5月12—13日），载中共中央党史研究室第一研究部译：《联共（布）、共产国际与中国国民革命运动（1926—1927）》下，北京图书馆出版社，1998，第248—251页。

北伐军凯旋的集会。15 日，武汉三镇群众在汉口德国球场冒雨参加欢迎第二次北伐官兵凯旋大会，要求讨伐蒋介石，拿办许克祥，抗议朱培德驱逐工农领袖和停止工农运动。游行队伍向国民党中央和武汉政府请愿，汪精卫认为这个活动是反对他的，跑到陈独秀、鲍罗廷面前诉说湖北省总工会联络武人打倒他，陈独秀在政治局扩大会议上，将这次活动列为开罪国民党左派的主要原因。

由于形势日非，中央机关的领导陷入混乱之中。蔡和森向陈独秀、李立三提议提高反帝运动调门，进而在抵抗武装干涉的反帝高潮之中猛烈地实行土地革命。陈、李皆以为然，中央常委为此向上海发了指示信。蔡后来承认，这“显然表示一种没有出路的冒险主义、拼命主义的精神，及借民族争斗来遮掩阶级争斗之理论上的根本错误”①。

在中央政治局召开的一次紧急会议上，周恩来、张太雷报告何键即将起事的消息。张提出纠察队、童子团问题今日一定要解决，周报告中央军部与省委军部已决定于今日下午将省总工会纠察队调过武昌编入张发奎部队。为避免耳目计，过江时不穿队服，不携武器。蔡和森说：“这实际是解散纠察队了，何不率性公开宣布，以消灭何键暴动之借口？”会议遂决定公开宣布解散纠察队，实际编入张军。② 6 月 25 日，向忠发报告国民党中央执委会，称本月 23 日缴还步枪 583 支予第四军核收，武汉工人纠察队 3 个大队自 7 月 1 日起改编为一个大队，其余工友遣散。③ 28 日，纠察队全体解散。④ 7 月 1 日、2 日，省总工会先后发表通电、宣言、告军士同志书，称自动停止纠察武装，“是为了顾全革命利益，消灭反动派造谣的目标，巩

---

① 蔡和森：《党的机会主义史》（1927 年 9 月），载中央档案馆编《中共党史报告选编》，中共中央党校出版社，1982，第 130 页。

② 蔡和森：《党的机会主义史》（1927 年 9 月），载中央档案馆编《中共党史报告选编》，中共中央党校出版社，1982，第 134 页。

③ 《向忠发呈国民党中执会函》（1927 年 6 月 25 日），汉口档案 0868 号，台北中国国民党党史馆。

④ 《汉口民国日报》1927 年 6 月 29 日。

固兵工联合的表现”[1]。

自动缴枪，解散武汉工人纠察队，这是右倾机会主义错误危害工人运动的突出表现和典型事例之一。自动放弃武装，公开宣布解散，不仅造成人心更大浮动，社会影响极坏，而且其初衷就是为了消除反动派造谣的口实，避免反革命政变，是丧失原则的消极防御。在一片惊慌失措的失败主义气氛中，湖北“省委及总工会处理纠察队之事，手忙脚乱，未向负责同志说明，以致一时大形混乱，纠察军及办事人弃枪弃职，逃走一空”[2]。“武装纠察队自动解散了，工人领袖逃避一空了！在那时候，有多天召集不起各产业负责【人】的会议来，甚至连最负责的人都追想不出群众的锁链”。在这“应该急起反抗的时候，别说群众示威，就连动弹都无有点可能了”。[3]

7月3日，中共中央在武昌召开扩大会议，讨论并通过《关于国共两党关系决议案》（即十一条）。陈独秀指出脱离国民党、执行独立政策的路线“不正确”，执行自己的政策，留在国民党内又“行不通”，只有“实行退却，以便留在国民党内”是唯一出路。[4] 会议决议承认国民党“当然处于国民革命之领导地位”；声明共产党人参加政府和两党联席会议，“只是以国民党员资格参加”，并“不含有联合政权的意义”；工会等民众团体“均应受国民党党部之领导与监督”，所提出的要求“应依照国民党大会及中央会议之决议案及国民政府公布之法令”；工农武装“均须服从政府之管理与训练”，武汉现有的武装纠察队，“如因避免政局之纠纷与误会可减少或编入军队”。[5]

---

① 《汉口民国日报》1927年7月1日、2日。

② 蔡和森：《党的机会主义史》（1927年9月），载中央档案馆编《中共党史报告选编》，中共中央党校出版社，1982，第135页。

③ 《中共湖北省委工委李震瀛报告》（1927年9月26日），载中央档案馆、湖北省档案馆编《湖北革命历史文件汇编（省委文件）》（1926年—1927年），1983，第65页。

④ 转引自中共中央文献研究室编著《任弼时传》，中央文献出版社，1994，第104—105页。此次会议，《中共“八七”会议告全党党员书》写作6月30日，蔡和森《党的机会主义史》写作7月1日。

⑤ 《中国共产党中央执行委员会告全党党员书》（1927年8月7日），载中央档案馆编《中共中央文件选集》第3册，中共中央党校出版社，1989，第277—278页。

如此让步，蔡和森称之为机会主义“最后的破产”。[1] 这是中共党内以陈独秀为代表的右倾思想发展为右倾机会主义错误并在党的领导机关中占了统治地位的结果。李立三说：“武汉时期政治局就是混乱不堪的”，“我们时而觉得‘左’有理，时而觉得右很对，毫无一定的路线”。[2] 之所以如此，终究还是整个党处于不成熟的状态所决定的。

对于汪精卫集团违反孙中山的革命原则和革命政策，推行反革命的所谓“新政策”，国民党左派的杰出代表、孙中山夫人宋庆龄于7月14日发表声明，严正指出“对于本党新政策的执行，我将不再参加”，“我认为这种政策是注定要失败的”。[3] 国民党左派邓演达亦出走苏联莫斯科，反对汪精卫集团背叛革命。

7月14日晚，武汉国民党中央政治委员会主席团召开秘密会议，接受汪精卫的“分共”主张。15日，国民党中央执委会常委会召开第二十次扩大会议，通过“分共”决定，“制裁”共产党，宣告中国共产党与国民党的第一次合作彻底破裂。

沧海横流，方显出英雄本色。7月12日，根据共产国际执委会的指示，中共中央领导机构改组，成立由张国焘、周恩来、李立三、李维汉、张太雷组成的中央临时常务委员会，代行中央政治局职权。党的主要创始人之一的陈独秀被停止工作，并自此离开了中共中央总书记岗位。临时常务委员会临危受命，挑起了领导反击国民党反动派的重担。任命周恩来为党的前敌委员会书记，前往江西发动武装暴动，8月1日，武装反抗国民党反动派的第一枪在南昌打响，一支完全由共产党领导的新型军队开始创建。3日，决定在湘、鄂、

---

① 蔡和森：《党的机会主义史》（1927年9月），载中央档案馆编《中共党史报告选编》，中共中央党校出版社，1982，第137页。

② 《第二十三号李立三在政治报告讨论时的发言》（1928年6月23日），载中共中央党史研究室、中央档案馆编《中国共产党第六次全国代表大会档案文献选编》下卷，中共党史出版社，2015，第512页。

③ 宋庆龄：《为抗议违反孙中山的革命原则和政策的声明》，载《为新中国奋斗》，人民出版社，1952，第3—4页。

粤、赣四省农村举行秋收暴动。

8月7日，中共中央在汉口召开紧急会议，初步清算了前一时期党的领导机关的右倾机会主义错误，作出了实行土地革命，武装反抗国民党反动派的战略决策，实现了政治路线的根本转变。会议通过《最近职工运动议决案》等一系列文件，要求工人阶级应当时刻准备着能领导并参加武装暴动。会议选举了临时中央政治局，瞿秋白在政治局常委中负主持的责任。9月23日，中共中央临时政治局常委会决定把党的中央机关由武汉迁往上海。会后，中华全国总工会机关亦迁往上海。

9月9日，毛泽东领导湘赣边界秋收暴动爆发，安源路矿工人武装被编入工农革命军第一师参加了暴动。中共中央高度评价安源工人在秋收暴动中的重大作用，称赞他们训练有素，在攻打萍乡、醴陵、浏阳中，充当了“血战几百里的领导者和先锋”。[①] 暴动后，毛泽东不拘泥于夺取长沙的既定方针，灵活地指挥暴动队伍转兵湘赣边境，在罗霄山脉中段的井冈山开辟了第一块农村革命根据地。12月11日，党的南方局和广东省委实行广州暴动，广州工人赤卫队7个联队是参加暴动的重要武装力量之一。暴动后，广州苏维埃成立，宣布一切政权属于工人、农民和士兵。中共中央宣布广州暴动标志着“中国革命现在已经开始了‘苏维埃革命’的阶段”[②]，即建立工农民主专政新政权的新阶段。

经过大革命失败到土地革命战争前期的艰苦探索，党领导革命开辟了“农村包围城市、武装夺取政权”的中国特色革命道路，工人运动在党的工作总体格局中实现了“以城市为中心”到“以乡村为中心”的战略转变。

---

① 《中共中央关于立即发动武装起义给湖南省委的信》（1927年12月15日），载中共中央文献研究室、中央档案馆编《建党以来重要文献选编（一九二一——一九四九）》第4册，中央文献出版社，2011，第786页。

② 《中央通告第二十八号》（1928年1月12日），载中共中央文献研究室、中央档案馆编《建党以来重要文献选编（一九二一——一九四九）》第5册，中央文献出版社，2011，第43页。

2. 党领导早期工人运动的历史经验

从党的创建到大革命时期，中国共产党坚持共产主义理想和社会主义信念，制定并实施民主革命纲领，奠定初心，牢记使命，领导工人阶级和人民大众浴血奋战，百折不挠，开拓前进。在建党之初，掀起第一次工人运动高潮；在大革命时期，推进并帮助国民党改组，在国共合作的政治条件下着力发展工人运动，并与青年运动、农民运动、妇女运动和军事斗争相汇合，掀起大革命高潮，取得反帝反封建斗争一个又一个胜利。强大敌人的突然袭击使革命遭到惨重失败，但是，党在革命斗争的洗礼中锤炼了坚强的意志，积累了宝贵的经验，构筑了继续探索中国革命道路、夺取革命新胜利的基础。

这是一段探索性的进程，这是一层开创性的积淀。以唯物主义历史观和正确党史观为指导，深入研究党领导早期工人运动的历史，深刻认识这段历程是怎样走过来的，积累了哪些基本经验，以正确的历史认知和清醒的历史自觉，筑牢共同记忆，坚定历史自信，从而增强历史主动性，对于今天完成新时代光荣伟大的历史使命，具有十分重要的意义。

党领导早期工人运动的历史说明，必须坚持党的领导。中国共产党是领导我们事业的核心力量。党是在中国人民和中华民族的伟大觉醒中，在马克思列宁主义同中国工人运动的紧密结合中产生的。中国工人运动以争取工人阶级的自身解放、实现中华民族的伟大复兴为旨归，达到这一目的，坚持党的领导是根本保证。党的领导，是政治上、思想上和组织上的全面领导。中国共产党是中国工人阶级的先锋队，是工人阶级最高的政治力量，代表工人阶级和人民大众的根本利益。没有党的领导，就没有工人运动的健康发展，就没有工人阶级的翻身解放。坚持党的领导，工人运动才能确保坚定正确的政治方向，不致发生经济主义、工团主义的消极影响，工人阶级才能实现广泛的阶级团结，真正担负起中国革命领导力量的历史责任，从而在中国革命大潮中从胜利走向新的胜利。这一时期，上海工人代表大会公开宣布“本代表大会誓以至诚拥护中国共产党”，旗帜鲜明地表达了工人阶级服从党的领导、坚持党的领导的强烈心声。

党领导早期工人运动的历史说明，必须弘扬伟大建党精神。人无精神不立，精神引领行动。党在创建中形成了“坚持真理、坚守理想，践行初心、担当使命，不怕牺牲、英勇斗争，对党忠诚、不负人民的伟大建党精神，这是中国共产党的精神之源”①。这一时期，在开展工人运动的生动实践中，党弘扬伟大建党精神，着力实行党的政治建设、思想建设和组织建设，使党组织成为工人运动坚强的领导核心；着力锻造和升华工人阶级的先进性和革命性，培育工人阶级凝练了紧跟党走、不辱使命、担当主力、英勇奋斗的工运精神和品格情操。

党领导早期工人运动的历史说明，必须重视思想武装。“拥有马克思主义科学理论指导是我们党坚定信仰信念、把握历史主动的根本所在。”② 马克思主义理论“必须中国化才能落地生根、本土化才能深入人心”③。中国工人运动所处的国情和所担负的任务，与西方资本主义国家的工人运动完全不同，不能照抄照搬马克思主义的词句，也不能照抄照搬国外工人运动的具体做法，必须把马克思主义基本原理与中国实际密切结合起来，用马克思主义理论之“箭”去射中国革命之“的”，不断提高对工人运动和中国革命基本规律的认识。通过理论创新，形成中国化时代化的马克思主义。只有坚持以中国化时代化的马克思主义为指导，工人运动和革命斗争才能不断开辟新局面，夺取新胜利。中国工人阶级形成的历史不长，其社会

---

① 习近平：《在庆祝中国共产党成立100周年大会上的讲话》，人民出版社，2021，第8页。

② 习近平：《高举中国特色社会主义伟大旗帜　为全面建设社会主义现代化国家而团结奋斗——在中国共产党第二十次全国代表大会上的报告》（2022年10月16日），《人民日报》2022年10月26日。

③ 《中共中央关于党的百年奋斗重大成就和历史经验的决议》（2021年11月11日中国共产党第十九届中央委员会第六次全体会议通过），《人民日报》2021年11月17日。

地位和生存条件决定了自身无法形成科学社会主义意识，工人阶级由“自在的阶级”变为“自为的阶级”，只能是经过马克思主义教育、加强理论武装的结果。这一时期，党通过工人报刊、工人学校、工人集会，大力普及马克思主义基本理论和国际工人运动知识，让工人群众懂得中国共产党是什么、要干什么，工会是什么、要干什么，工人为什么受压迫受剥削、工人阶级的历史使命是什么的问题，从而提高思想觉悟，帮助工人群众克服落后性和自发性。

党领导早期工人运动的历史说明，必须联系工人群众。“人民性是马克思主义的本质属性”；[①]“民心是最大的政治”，“党的最大政治优势是密切联系群众”。[②] 工人阶级是中国共产党的阶级基础，脱离工人阶级，党就变成无本之木，就会一事无成。这一时期，党从工人阶级独立登上政治舞台并发挥强大的政治能量的现实中，深刻认识了工人阶级在改造中国社会中的巨大作用。党的领导者们换上工人服装，深入劳动场所，建立与工人群众的亲切关系。党从工人群众的根本利益出发，把经济斗争和政治斗争结合起来。想群众之所想，急群众之所急，带领工人群众从争取切身利益入手，不断扩大工人运动的成果。党领导的工会，是所有工人的群众性团体，是党与工人群众之间的桥梁和纽带。密切联系群众，既是思想方法，又是工作方法。通过联系群众，达到团结群众，形成强大的阶级力量，既筑牢党领导中国革命的根基，又锻造“特别能战斗”的革命队伍。

党领导早期工人运动的历史说明，必须实行独立自主。“独立自主是中华民族精神之魂”，是中国共产党“立党立国的重要原则”。[③]

① 习近平：《高举中国特色社会主义伟大旗帜　为全面建设社会主义现代化国家而团结奋斗——在中国共产党第二十次全国代表大会上的报告》（2022年10月16日），《人民日报》2022年10月26日。

② 《中共中央关于党的百年奋斗重大成就和历史经验的决议》（2021年11月11日中国共产党第十九届中央委员会第六次全体会议通过），《人民日报》2021年11月17日。

③ 《中共中央关于党的百年奋斗重大成就和历史经验的决议》（2021年11月11日中国共产党第十九届中央委员会第六次全体会议通过），《人民日报》2021年11月17日。

走自己的路，是党领导中国革命走向胜利的必然要求，是党百年奋斗得出的历史结论。这一时期，中国共产党是共产国际的支部，共产国际和联共（布）对于中国共产党领导中国革命给予了必要的指导和帮助，但是，把马克思主义教条化、把俄国十月革命经验模式化、把共产国际和联共（布）的决议神圣化的倾向，严重损害了中国共产党人探索中国革命道路的自主性。大革命后期，以陈独秀为代表的右倾思想发展为右倾机会主义错误并在党的领导机关中占了统治地位，党和人民不能组织有效抵抗，致使大革命在强大的敌人突然袭击下遭到惨重失败，其主观原因，与党处在幼年时期还不成熟有关系，与共产国际和联共（布）指导上的失误同样有很大关系。“中国革命斗争的胜利要靠中国同志了解中国情况。”① 1930年毛泽东提出的这一论断，就是对包括这一时期在内的党的历史经验的深刻认识和科学总结。党经过实践的磨炼，吸取正反两方面的经验，从而确立独立自主“活的灵魂”的地位，任何时候都不可放弃。

党领导早期工人运动的历史说明，必须坚持敢于斗争。“敢于斗争、敢于胜利，是党和人民不可战胜的强大精神力量”。② 党领导早期工人运动的历史，是敢于斗争、善于斗争的历史。中国工人阶级在五四运动中以坚决斗争的精神风貌独立登上政治舞台；京汉铁路工人大罢工以“头可断，没有总工会的命令工不可上”的顽强意志，把第一次工人运动高潮推向顶峰；上海工人大罢工掀起五卅运动大风暴，席卷全国，震惊中外；省港大罢工坚持16个月之久，创造了国际工人运动史上的范例；北伐战争中，武汉工人奋勇夺取汉口英租界，上海工人三次武装暴动，胜利后首次建立了革命政权。这一幕幕无不是“特别能战斗”的英雄品格的壮美呈现。幸福不会从天降，斗争赢得胜利来。中国革命所要完成的任务是极其艰巨的，环

---

① 毛泽东：《反对本本主义》（1930年5月），载《毛泽东选集》第1卷，人民出版社，1991，第115页。

② 《中共中央关于党的百年奋斗重大成就和历史经验的决议》（2021年11月11日中国共产党第十九届中央委员会第六次全体会议通过），《人民日报》2021年11月17日。

境是极其复杂的，只有发扬敢于斗争的革命英雄主义精神，善于斗争，知难而进，迎难而上，才能克服一切艰难险阻，到达胜利的彼岸。

党领导早期工人运动的历史说明，必须建立统一战线。“建立最广泛的统一战线，是党克敌制胜的重要法宝”。[①] 在近代中国，半殖民地半封建的社会性质和反帝反封建的革命任务，决定了党领导中国革命必须建立统一战线。在这一时期，党从中国革命的性质和工人阶级在二七斗争的失败中，认识到建立统一战线的必要性。党帮助并推动国民党改组，形成了国共两党合作的统一战线，更广泛的统一战线则存在于工人阶级、农民阶级、城市小资产阶级和民族资产阶级之间。中国的社会经济状况和革命性质决定了各阶级对于革命的立场不同、态度有别，因应革命斗争的发展和统一战线的形势，党提出无产阶级在中国革命中的领导权和工农联盟的主张，通过发展工农运动，壮大革命力量，在国民党中团结左派，争取中派，孤立右派。改组后的国民党是统一战线的主要载体，如何正确处理与同盟者的关系，做统一战线的主导者，不做统一战线的尾巴，既是原则问题，也是策略问题。历史经验是，统一战线是法宝，团结起来力量大；必须正确运用这一法宝，坚持有原则的斗争则统一战线存，一味无原则地退让则统一战线亡。

“正入万山圈子里，一山放过一山拦。”中国革命的道路崎岖曲折，中国共产党从历史中走来，在包括早期工人运动在内的革命斗争淬炼中成长。党从历史、理论和实践中汲取智慧和力量，锚定目标，满怀信心，带领工人阶级和人民大众踔厉奋发，披荆斩棘，勇毅前行，继续谱写中国工人运动和革命斗争历史的新篇章。

---

① 《中共中央关于党的百年奋斗重大成就和历史经验的决议》（2021 年 11 月 11 日中国共产党第十九届中央委员会第六次全体会议通过），《人民日报》2021 年 11 月 17 日。

主要参考文献

1. 山东省总工会，山东省档案馆合编. 山东工人运动历史文献选编（第一集）. 内部版，1984.

2. 中央档案馆，广东省档案馆编. 广东革命历史文件汇集（群团文件）（1922 年—1924 年）. 内部版，1982.

3. 中央档案馆，上海市档案馆编. 上海革命历史文件汇集（中共上海区委文件）（1925 年—1926 年）. 内部版，1986.

4. 中央档案馆，上海市档案馆编. 上海革命历史文件汇集（中共上海区委文件）（1926 年—1927 年）. 内部版，1986.

5. 中央档案馆，上海市档案馆编. 上海革命历史文件汇集（中共上海区委宣传部组织部等文件）（1925 年 8 月—1927 年 4 月）. 内部版，1986.

6. 中央档案馆，上海市档案馆编. 上海革命历史文件汇集（上海各群众团体文件）（1924 年—1927 年）. 内部版，1988.

7. 中央档案馆，广东省档案馆编. 广东革命历史文件汇集（中共广东区委文件）（1921 年—1926 年）. 内部版，1982.

8. 中央档案馆，北京市档案馆编. 北京革命历史文件汇集（1922 年—1926 年）. 内部版，1990.

9. 中央档案馆，湖北省档案馆编. 湖北革命历史文件汇集（群团文件）（1922 年—1924 年）. 内部版，1983.

10. 中央档案馆，湖北省档案馆编. 湖北革命历史文件汇集（群团文件）（1925 年—1926 年）. 内部版，1983.

11. 中央档案馆，湖北省档案馆编. 湖北革命历史文件汇集（省委文件）（1926 年—1927 年）. 内部版，1983.

12. 中央档案馆，湖南省档案馆编. 湖南革命历史文件汇集（省委文件）（1927 年）. 内部版，1984.

13. 中央档案馆，湖南省档案馆编. 湖南革命历史文件汇集（群团文件）（1925 年）. 内部版，1984.

14. 中央档案馆，四川省档案馆编. 四川革命历史文件汇集（群团文件）（1922 年—1925 年）. 内部版，1987.

15. 中央档案馆，河北省档案馆编. 河北革命历史文件汇集（甲）（第 1 册）. 内部版，1997.

16. 中央档案馆，河南省档案馆编. 河南革命历史文件汇集（群团文件）（1923 年—1926 年）. 内部版，1983.

17. 中央档案馆，陕西省档案馆编. 陕西革命历史文件汇集（1927—1929 年）. 内部版，1992.

18. 中央档案馆编. 中共中央政治报告选辑（一九二二——一九二六年）. 北京：中共中央党校出版社，1981.

19. 中央档案馆编. 中共中央报告选编. 北京：中共中央党校出版社，1982.

20. 中共中央文献研究室，中央档案馆编. 建党以来重要文献选编（一九二一——一九四九）（第 1—6 册）. 北京：中央文献出版社，2011.

21. 中共中央党史研究室，中央档案馆编. 中国共产党第四次全国代表大会档案文献选编. 北京：中央文献出版社，2014.

22. 中共武汉市委党史研究室，中共五大会址纪念馆编著. 中国共产党第五次全国代表大会. 北京：中共党史出版社，2007.

23. 中共中央党史研究室，中央档案馆编. 中国共产党第六次全国代表大会档案文献选编（上、下卷）. 北京：中共党史出版社，2015.

24. 中共中央党史研究室第一研究部编. 共产国际、联共（布）与中国革命文献资料选辑（1917—1925）. 北京：北京图书馆出版社，1997.

25. 中共中央党史研究室第一研究部译. 联共（布）、共产国际与中国国民革命运动（1920—1925）. 北京：北京图书馆出版社，1997.

26. 中共中央党史研究室第一研究部译. 联共（布）、共产国际与中国国民革命运动（1926—1927）（上、下）. 北京：北京图书馆出版社，1998.

27. 中共一大会址纪念馆编. 中共首次亮相国际政治舞台（档案资料集）. 上海：上海人民出版社，2016.

28. 广东省档案馆，中共广东省委党史研究委员会办公室编. 广东区党、团研究史料（1921—1926）. 广州：广东人民出版社，1983.

29. 中华全国总工会编. 中共中央关于工人运动文件选编（上）. 北京：档案出版社，1985.

30. 中华全国总工会中国职工运动史研究室编. 中国工会历史文献（第一集）. 北京：工人出版社，1958.

31. 中华全国总工会中国工人运动史研究室编. 中国工会历次代表大会文献（第一卷）. 北京：工人出版社，1984.

32. 中国社会科学院近代史研究所，中国第二历史档案馆史料编辑部编. 五四爱国运动档案资料. 北京：中国社会科学出版社，1980.

33. 中国社会科学院近代史研究所翻译室编译. 共产国际有关中国革命的文献资料（第一辑）. 北京：中国社会科学出版社，1981.

34. 中国第二历史档案馆编. 中国国民党第一、二次全国代表大会会议史料（上，下）. 南京：江苏古籍出版社，1986.

35. 中国第二历史档案馆编. 中华民国史档案资料汇编第 4 辑（上，下）. 南京：江苏古籍出版社，1986.

36. 中国第二历史档案馆编. 中国无政府主义和中国社会党. 南京：江苏人民出版社，1981.

37. 李玉贞主编. 马林与第一次国共合作. 北京：光明日报出版社，1989.

38. 程道德，等编. 中华民国外交史料选编（1919—1931）. 北京：北京大学出版社，1985.

39. 广东省社会科学院历史研究室编. 廖仲恺集（增订本）. 北京：中华书局，1983.

40. 马克思恩格斯选集（第1卷）. 北京：人民出版社，2012.

41. 马克思恩格斯文集（第2卷）. 北京：人民出版社，2009.

42. 马尔西. 马格斯资本论入门. 李汉俊，译. 上海：社会主义研究社，1920.

43. 习近平. 在庆祝中国共产党成立100周年大会上的讲话. 北京：人民出版社，2021.

44. 中山大学历史系孙中山研究室，广东省社会科学院历史研究所，等编. 孙中山全集（第9、10卷）. 北京：中华书局，1986.

45. 毛泽东选集（第1—4卷）. 北京：人民出版社，1991.

46. 毛泽东文集（第1卷）. 北京：人民出版社，1993.

47. 毛泽东书信选集. 北京：人民出版社，1983.

48. 邓中夏文集. 北京：人民出版社，1983.

49. 列宁选集（第1、2卷）. 北京：人民出版社，1995.

50. 柯祖基. 阶级争斗. 恽代英，译. 上海：新青年社，1921.

51. 任建树，张统模，吴信忠编. 陈独秀著作选（第二卷）. 上海：上海人民出版社，1993.

52. 刘少奇选集（上卷）. 北京：人民出版社，1981.

53.《阮啸仙文集》编辑组编. 阮啸仙文集. 广州：广东人民出版社，1984.

54. 中国李大钊研究会编注. 李大钊全集. 北京：人民出版社，2006.

55. 林育南文集. 北京：人民出版社，2014.

56. 罗亦农文集. 北京：人民出版社，1999.

57. 周恩来选集（上卷）. 北京：人民出版社，1980.

58. 赵世炎选集. 成都：四川人民出版社，1984.

59. 恽代英文集（下卷）. 北京：人民出版社，1984.

60. 蔡和森文集（上、下）. 长沙：湖南人民出版社，1980.

61. 蔡和森的十二篇文章. 北京：人民出版社，1980.

62. 《谭平山文集》编辑组编. 谭平山文集. 北京：人民出版社，1986.

63. 瞿秋白文集：政治理论编（第六卷）. 北京：人民出版社，2013.

64. 上海社会科学院历史研究所编. 五四运动在上海史料选辑. 上海：上海人民出版社，1960.

65. 上海社会科学院历史研究所编. 五卅运动史料（第一卷）. 上海：上海人民出版社，1981.

66. 上海社会科学院历史研究所编. 五卅运动史料（第二卷）. 上海：上海人民出版社，1986.

67. 上海市档案馆编. 五卅运动（第一辑）. 上海：上海人民出版社，1991.

68. 上海市档案馆编. 上海工人三次武装起义. 上海：上海人民出版社，1983.

69. 上海市档案馆编. 一九二七年的上海商业联合会. 上海：上海人民出版社，1983.

70. 山东省总工会工运史研究室，青岛市总工会工运史办公室编. 青岛惨案史料. 北京：工人出版社，1985.

71. 文虎. 京汉工人流血记. 北京：北京工人周刊社，1923.

72. 广东哲学社会科学研究所历史研究室编. 省港大罢工资料. 广州：广东人民出版社，1980.

73. 王清彬，等编. 第一次中国劳动年鉴. 北京：北平社会调查部，1928.

74. 中华全国总工会工运史研究室，等编. 二七大罢工资料选编. 北京：工人出版社，1983.

75. 中共开滦党委党史资料征集办公室. 开滦工运史资料汇编（第二辑）. 内部版，1986.

76. 中共中央马克思恩格斯列宁斯大林著作编译局研究室编. 五四时期期刊介绍（第一集，上下册）. 北京：生活·读书·新知三联书店，1978.

77. 中共武汉市委党史办公室编. 五卅运动在武汉. 武汉：武汉出版社，1988.

78. 中共天津市委党史资料征集委员会，等编. 五卅运动在天津. 北京：中共党史资料出版社，1987.

79. 中华全国总工会中国工人运动史研究室编. 中国工运史料（第 1—8 期，下）. 北京：工人出版社，1984.

80. 中华全国总工会中国工人运动史研究室编. 中国工运史料（第 9—19 期）. 北京：工人出版社，1979—1982.

81. 中国社会科学院近代史研究所编. 中共党史革命史论集. 北京：中共中央党校出版社，1982.

82. 中国人民解放军政治学院党史教研室编. 中共党史参考资料（第 1—4 册）. 内部版.

83. 中共中央党史资料征集委员会，中共中央党史研究室编. 中共党史资料（1982 年第 3 辑）. 北京：中共中央党校出版社，1982.

84. 中国人民政治协商会议广东省委员会文史资料研究委员会，等编. 广东文史资料（第四十二辑）. 广州：广东人民出版社，1984.

85. 中共中央党史资料征集委员会编. 共产主义小组（上，下）. 北京：中共党史资料出版社，1987.

86. 中国社会科学院近代史研究所，安源工人运动纪念馆编. 刘少奇与安源工人运动. 北京：中国社会科学出版社，1981.

87. 中共广东党史研究委员会办公室，中共珠海市委党史办公室编. 苏兆征研究史料. 广州：广东人民出版社，1985.

88. 中华全国总工会中国工人运动史研究室. 张浩纪念集. 上海：上海人民出版社，1986.

89. 中共江西省委党史资料征集委员会，中共江西省委党史研究室. 党的创立和第一次国内革命战争时期江西工人运动. 内部版，1991.

90. 中国革命博物馆党史研究室编. 党史研究资料（3）. 成都：四川人民出版社，1982.

91. 中华全国铁路总工会编. 铁总年鉴（全一册）. 1926.

92. 中国人民政治协商会议武汉市委员会文史资料委员会编. 武汉文史资料.

93. 四川省档案馆、四川省总工会编. 四川工人运动史料选编. 成都：四川大学出版社，1988.

94. 北京市总工会工人运动史研究组编. 北京工运史料.

95. 包惠僧回忆录. 北京：人民出版社，1983.

96. A. B. 巴库林. 中国大革命武汉时期见闻录. 郑厚安，等译. 北京：中国社会科学出版社，1985.

97. C. A. 达林. 中国回忆录 1921—1927. 侯均初，等译. 北京：中国社会科学出版社，1981.

98. 成都市总工会工人运动史研究组编. 成都工人运动史资料. 内部版.

99. 刘明逵，唐玉良主编. 中国近代工人阶级和工人运动（第1—6 册）. 北京：中共中央党校出版社，2002.

100. 四·一二反革命政变资料选编. 北京：人民出版社，1987.

101. 李寿葆，施如璋主编. 斯特朗在中国. 北京：生活·读书·新知三联书店，1985.

102. 张国焘. 我的回忆（第 1、2 册）. 北京：现代史料编刊社，1980.

103. 张金保回忆录. 长沙：湖南人民出版社，1985.

104. 武正国，等. 晋华风云录. 太原：山西人民出版社，1985.

105. 罗章龙. 椿园载记. 北京：生活·读书·新知三联书店，1984.

106. 罗伯特·诺思，津尼亚·尤丁编著. 罗易赴华使命：一九二七年的国共分裂. 王淇，杨云若，朱菊卿合译，北京：中国人民大学出版社，1981.

107. 河南省总工会工运史研究室编. 河南工运史研究资料. 内部版.

108. 唐山市总工会办公室工运史研究组编. 唐山工运史资料汇辑（第一辑）. 内部版，1985.

109. 埃德加·斯诺. 西行漫记. 董乐山，译. 北京：生活·读书·新知三联书店，1979.

110. 维什尼亚科娃—阿基莫娃. 中国大革命见闻（1925—1927）. 王驰，译. 北京：中国社会科学出版社，1985.

111. 第一次国内革命战争时期的工人运动. 北京：人民出版社，1954.

112. 湖北省总工会工运史研究室，武汉市总工会工运史研究室编. 武汉工运史研究资料. 内部版.

113. 湖北省总工会工运史研究室编. 湖北工运史研究资料. 内部版.

114. 湖南省总工会，湖南省社科院历史所，湖南省档案馆编. 湖南工运史料选编（第二册）. 内部版，1984.

115. 葛懋春，蒋俊，李兴芝编. 无政府主义思想资料选（上册）. 北京：北京大学出版社，1984.

116. 山东省总工会编. 山东工人运动史. 济南：山东人民出版社，1988.

117. 广州工人运动史研究委员会办公室. 广州工人运动简史（初稿）. 内部版，1988.

118. 广西壮族自治区总工会编. 广西工运大事记（1876—1990）. 内部版，1992.

119. 天津市总工会工运史研究室编. 天津工人运动史. 天津：天津人民出版社，1989.

120. 中共中央党史研究室. 中国共产党历史第一卷（1921—1949）上册. 北京：中共党史出版社，2011.

121. 中共中央文献研究室编. 毛泽东年谱一八九三——一九四九（上卷）. 北京：人民出版社，中央文献出版社，1993.

122. 中共中央文献研究室编. 周恩来年谱（一八九八——一九四九）. 北京：人民出版社，中央文献出版社，1990.

123. 中共中央文献研究室编. 刘少奇年谱一八九八——一九六九（上卷）. 北京：中央文献出版社，1996.

124. 中共中央党史和文献研究院. 中国共产党一百年大事记（1921 年 7 月—2021 年 6 月）. 北京：人民出版社，2021.

125. 中共广东省委党史研究室编. 中共广东党史大事记（新民主主义革命时期）. 广州：广东人民出版社，1993.

126. 中共广东省委党史研究室编. 香港与中国革命. 广州：广东人民出版社，1997.

127. 中共广西壮族自治区委员会党史资料征集委员会编著. 中共广西党史大事记（新民主主义革命时期）. 南宁：广西人民出版社，1989.

128. 中共河南省委党史工作委员会. 中共河南党史（上卷）. 郑州：河南人民出版社，1992.

129. 中共武汉市委党史研究室. 中国共产党武汉历史（1919—1949）. 北京：中共党史出版社，2011.

130. 中共湖南省委党史委编. 湖南人民革命史（新民主主义革命时期）. 长沙：湖南出版社，1991.

131. 中共湖南省委党史资料征集研究委员会主编. 湖南党史大事年表（新民主主义革命时期）. 长沙：湖南人民出版社，1986.

132. 中村三登志. 中国工人运动史. 王玉平，译. 北京：工人出版社，1989.

133. 刘明逵，唐玉良主编. 中国工人运动史（第 1—3 卷）. 广州：广东人民出版社，1998.

134. 刘功成. 大连工人运动史（1879—1949）. 沈阳：辽宁人民出版社，1989.

135. 江西省总工会编. 江西工人运动史. 南昌：江西人民出版社，1995.

136. 齐武. 东北工人运动史纲. 北京：中共中央党校出版社，1992.

137. 许玉芳，卞杏英编著. 上海工人三次武装起义研究. 上海：知识出版社，1987.

138. 沈以行，姜沛南，郑庆声主编. 上海工人运动史（上卷）.

沈阳：辽宁人民出版社，1991.

139. 陈达. 中国劳工问题. 上海：商务印书馆，1929.

140. 张云汉、张伯荧编. 青岛工人运动简史. 青岛：青岛市社会科学研究所，内部版，1981.

141. 武汉市总工会工运史研究室编. 武汉工人运动史. 沈阳：辽宁人民出版社，1987.

142. 周尚文，贺世友. 上海工人三次武装起义史. 上海：上海人民出版社，1987.

143. 徐鼎新、钱小明. 上海总商会史（1902—1929）. 上海：上海社会科学院出版社，1991.

144. 唐海. 中国劳动问题. 上海：光华书局，1926.

145. 唐宝林，林茂生. 陈独秀年谱. 上海：上海人民出版社，1988.

146. 唐山市总工会工运史志研究室编. 唐山工人运动史. 北京：中央文献出版社，1993.

147. 浙江省总工会编. 浙江工人运动史. 杭州：浙江人民出版社，1988.

148. 费约翰. 唤醒中国：国民革命中的政治、文化与阶级. 李恭忠，等译. 北京：生活·读书·新知三联书店，2004.

149. 蒋伯英主编. 福建革命史（上）. 福州：福建人民出版社，2019.

150. 曾宪林主编. 国民革命事典. 武汉：湖北辞书出版社，1996.

151. 湖北省总工会编. 湖北工人运动史（1863—1949）. 武汉：湖北人民出版社，1996.

152. 湖北省总工会编. 湖北工运大事记（1863年—1949年）. 武汉：湖北人民出版社，1993.

153. 《湖南工人运动史》编写组编著. 湖南工人运动史. 北京：中国工人出版社，1994.

154. 福建省总工会编. 福建工人运动史（1840—1949年）. 北

京：中国工人出版社，1990.

155. 裴宜理. 安源：发掘中国革命之传统. 阎小骏，译. 香港：香港大学出版社，2014.

156. 薛毅. 英国福公司在中国. 武汉：武汉大学出版社，1992.

157.《人民周刊》（影印本）

158.《工人周刊》（影印本）

159.《工人之路》（影印本）

160.《大公报》（长沙）

161.《大公报》（天津）

162.《广州民国日报》（影印本）

163.《中国青年》（影印本）

164.《中国工人》（影印本）

165.《中央政治通讯》（影印本）

166.《中央档案馆丛刊》

167.《申报》（影印本）

168.《汉声周报》

169.《汉口民国日报》（影印本）

170.《民国日报》（影印本）

171.《共产党》（影印本）

172.《向导》（影印本）

173.《红灯》

174.《江声日刊》

175.《劳动界》（影印本）

176.《劳动者》（影印本）

177.《劳动与妇女》（影印本）

178.《劳动周刊》（影印本）

179.《时事新报》

180.《每周评论》（影印本）

181.《星期评论》（影印本）

182.《革命军日报》

183.《陕西民国日报》
184.《战士》(影印本)
185.《政治生活》(影印本)
186.《政治周报》(影印本)
187.《前锋》(影印本)
188.《党的文献》
189.《益世报》(天津)
190.《晨报》(影印本)
191.《湖南全省第一次工农代表大会日刊》
192.《新青年》(影印本)
193.《新民国》

后　　记

本书开门见山，没有撰写前言。因此，关于选题的旨趣和写作设想，以及有关本书编著和出版应当说说的人和事，就一并写在这里，是为后记。

中国共产党是中国工人阶级的先锋队，是中国人民和中华民族的先锋队。自其早期组织问世起，就投身于工人运动，很快掀起了第一次工人运动高潮。1923 年二七惨案以后，党实行革命重心转移，主动把工人运动纳入国共合作的国民革命轨道，促进反帝斗争掀起全国规模的空前大高潮，推动反军阀的北伐战争取得决定性胜利，在党的历史上写下了光辉的篇章。这个时期的工人运动，锻造了中国工人阶级的组织性和阶级力量，彰显了在半殖民地半封建社会的中国，只有工人阶级才是新民主主义革命的主力军和领导者。工人阶级的革命觉悟不是自发得来的，其领导地位也不是凭空而来的，乃是中国共产党把马克思主义基本原理和中国实践相结合，深入工人群体开展宣传、教育、团结和组织工作，持续进行经济斗争、政治斗争的结果。建党以来，在领导工人运动的实践中，中国共产党人深刻认识到中国社会各阶级的特性及其在革命中的地位和作用，只有工人阶级真正是中国革命的领导者；工人阶级要实现自己双重的历史使命，必须与农民阶级结成牢固同盟，必须坚持广泛的革命统一战线。党在领导早期工人运动的实践中，积累了初步的经验。

在通史型的中共党史著作中，工人运动历来只占到有限的篇幅。而在中国工人运动史著作中，中国共产党的领导虽然受到重视，但限于体例也未能完全展开。因此，完全有必要从专门史的学术视域，撰写出中国共产党工人运动史。本书即试图全力聚焦中国共产党早期工人运动的历史活动，进一步说明：中国共产党是怎样把马克思主义基本原理与中国实践在工人运动方面相结合的，有什么经验和教训；工人运动中涌现和成长的党的卓越领导人关于工人运动和中国革命取得了哪些理论成果，怎样在工运实践中发挥了领袖群伦的作用；国共两党第一次合作对工人运动有什么样的影响，有哪些变化；共产国际、联共（布）及其代表对于中国工人运动的指导，哪些是正确的，哪些脱离了中国实际；不同地区工人群体自组织情形、各阶段工会组织的内部建设状况如何，对党的领导产生了什么影响；工人运动代表性人物的思想和活动怎样发挥示范作用；等等。显然，全面再现从建党到大革命这一时期中国共产党对工人运动的领导，以及工人运动的发生、发展，研究和回顾党在领导工人运动方面的艰苦历程，有利于进一步深入和拓宽中国共产党历史研究，有利于进一步细化和丰富中国工人运动史研究，有利于进一步探究马克思主义中国化的历史进程和历史经验，也有利于建构共同记忆，传承红色基因，坚定历史自信，从而在全面建成社会主义现代化强国、以中国式现代化全面推进中华民族伟大复兴的进程中把握历史主动。

本书以现在的样貌完成，经历了较长的过程。20世纪90年代初，我的老师湖北省社会科学院历史研究所所长曾宪林先生准备撰写第一次大革命时期工人运动史，他带上我到北京中国社会科学院近代史研究所拜访工运史专家刘明逵先生。其时，刘老师正主持国家社会科学基金项目“中国工人运动史”研究，同时主持编纂多卷本历史资料《中国近代工人阶级和工人运动》。他对曾老师的写作计划很是支持，交谈中，有意把《中国工人运动史》第3卷交给曾老师完成，曾老师接受了。同时，他们商量《中国近代工人阶级和工人运动》第6卷由我负责完成编纂。回来以后，曾老师和我商量了新的写作大纲，并由我负责撰写北伐战争发动以后到国民革命失败这一部分内容。可是，天有不测风云。曾老师未及动笔，不幸于1996年底因病去世。刘老师综合各方面因素，经慎重考虑，决定由我独自把第3卷的写作任务完全承担下来。为此，他经常给我写信，及时给予鼓励和指导。我也在信件中，谈谈想法。书稿写出以后，刘老师召我到北京讨论，在近代史研究所职工宿舍地下室招待所里，他和唐玉良先生同我作竟夕谈，晚间停电了，谈话一直没有停。经过刘老师、唐老师两位主编精心打磨，6卷本《中国工人运动史》于1998年由广东人民出版社出版。该书出版后，获得第十二届中国图书奖，入选广东省“五个一工程”奖。2002年，我主持编纂并承担主要任务的《中国近代工人阶级和工人运动》第6卷，也由中共中央党校出版社出版。在那以后，随着其他相关项目的进行，我越来越感到《中国工人运动史》第3卷有修改的必要和空间。2017年前后，我开始琢磨修改事宜，几经考虑，写成如今的局面。现在，呈现给读者的《中共早期工人运动史》，相当大的程度上基于《中国工人运动史》第3卷的成果而完成，虽然书名不同，结构相异，叙述有变，但曾老师、刘老师的教诲仍然传承其间。

2022年元旦前夕，欣闻本书列入国家新闻出版署“十四五”时期国家重点图书出版专项规划，这是出版社的一项成绩，我身为作者与有荣焉。此时此刻，我要向福建人民出版社致以深深的敬意！1991年，我主编的《中国共产党建设七十年》由该社出版，林荣先生为责任编辑。该书的出版，促使我把党建史的研究持续了下来。2013年间，我通过网络与江典辉先生建立了联系。他是一个古道热肠、周到负责的人，所有我关于出版选题的询问，总能不厌其烦地及时答复，有时还主动提供征稿信息。在他大力支持下，《筑梦中国》（2014年）、《锤头镰刀旗下——中共建党之路与共产国际》（2017年）先后得以出版。《中共早期工人运动史》申报选题计划时，从书名到内容，都曾得到他的宝贵意见和建议。本书责任编辑韩腾飞先生，工作细致，其默默奉献的精神令人感动。没有他们的支持、帮助甚至奉献，我的这些著作难以面世。

本书于2021年3月完稿。交付出版社后，经过了审读审批。我认真消化吸收审读专家提出的修改意见和建议，多次修改，部分内容重新撰写。不足之处，敬请读者批评指正！

2020年10月，我受聘于黄冈师范学院大别山红色文化研究中心，其间校、院及中心领导对我的研究工作给予了大力支持，在此，谨一并表示衷心的感谢！

凡属过往，皆为序章；心有所愿，春山可望！

曾成贵

2025年2月13日